U0556712

江沛——主编

中国近代交通社会史丛书 004

交通、区位与近代中国经贸发展

第二届中国近代交通社会史研讨会论文集

丁贤勇　江沛　杨玄博——主编

社会科学文献出版社
SOCIAL SCIENCES ACADEMIC PRESS (CHINA)

本书的出版得到南开大学中外文明交叉科学中心的资助，特此致谢

关于开展中国近代交通社会史研究的若干思考（代总序）

江　沛

人类生活空间的大小，长期受地理空间及自然条件约束，限制着生活、生产、文化等诸种交流。此种空间与条件约束着人类获得各种生活资源的能力，影响着其视野的拓展、知识的丰富性甚至想象力的丰富程度，这也是约束人类能否相识相知、能否构建人类共同体的关键所在。而拓展空间的关键所在，一是借助交通工具“压缩”空间距离，展开交流；二是借助通信手段进行信息交流。

古代人类生活的空间，受制于旧式交通工具的简陋及传统交通体系的落后，而无法达成真正的自在生活状态。庄子曾有《逍遥游》，称自北冥南迁的大鹏：“怒而飞，其翼若垂天之云。……鹏之徙于南冥也，水击三千里，抟扶摇而上者九万里。去以六月息者也。野马也，尘埃也，生物之以息相吹也。天之苍苍，其正色邪？其远而无所至极邪？”[①] 其想象力不可谓不丰富，但羡慕与无奈之情溢于言表。受制于交通落后，古人要想远足，只能“适百里者，宿舂粮，适千里者，三月聚粮”。[②] 直至清末，曾国藩从湖南赴京应试，水陆并用仍需费时三月之久。出行处处受制，极度不便，古人何来“逍遥”？难以克服地理局限的人类，只能局促一地，坐井观天。从这个意义上讲，世界古代的历史，基本是各地域单独的历史发展进程，难称人类文明融合的真正意义上的世界历史。

古代人类交流信息，除利用飞鸽传书，多需借力牲畜（如驿运）、水

---

① 陈鼓应注译《庄子今注今译》，中华书局，1983，第1～3页。

② 陈鼓应注译《庄子今注今译》，第7页。

运或人的行走。同样受制于交通工具的落后，信息交流十分不便，唐代诗圣杜甫曾有“烽火连三月，家书抵万金”的慨叹；宋代赵蕃也有“但恐衡阳无过雁，书筒不至费人思”的感怀；宋代陆游更有“东望山阴何处是？往来一万三千里。写得家书空满纸！流清泪，书回已是明年事”的无奈。

人类自18世纪渐入近代社会，随着工业技术飞速发展、工业化规模生产及市场化的需求不断增加，以机械为动力的现代交通运输业应运而生。限制人类交流、沟通的地理空间，因现代交通及信息技术的发达日益缩小，人类活动的地理及文化空间大增。庄子当年浩叹的大鹏飞行距离，在现代交通体系下，普通的民航飞机、高速列车均可在以小时为单位的时间内完成，对于航天飞机而言则只是以分钟计算的事情。显然，人类借助现代交通工具克服了农业社会地理空间的羁绊，拓展了自己的生存空间，虽然未至自由王国，但自在状态已大大提高。

人类社会在人、信息与物的交流上发生的这一重大变化，得益于英国工业革命后以铁路、公路、航运、航空为表征的现代交通体系的建立及日益成熟。它不仅使世界各国间经济连为一体，市场贸易体系真正世界化，使不同地域间各民族对于异文化的了解成为可能，极大丰富了各自的知识体系，拓宽了视野，也使人类社会在逐渐的相知相识基础上互相学习、取长补短、摆脱偏见、渐趋大同。也只有在这一基础上，我们才能谈及“地球村”、全球化的可能性。由此，我们应该对现代交通体系与人类社会发展间的重要关系有一个清晰的认识。

一　与世界比较中产生的问题意识

众所周知，英国工业革命在推动人类克服自然限制、开发资源、提高生产能力与效率的同时，也拉开了真正意义上的世界近代历史进程的大幕。工业技术的日益成熟及工业生产效率的大增，既推动了交通运输能力的成熟，也需要交通技术的支撑，现代交通体系的完善使工业化向全世界扩展，使欧美国家迈开了向现代化转型的步伐。工业造就了近代世界，工业也改变了人类历史进程。工业化与欧美国家现代化发展间的重要关系，得到了普遍认可。

当眼光转向近代中国的历史进程时，在关于工业化与近代中国社会变革进程间关系的认识上，我们的思考却有了极大差异。一方面，自鸦片战争直至1949年，近代中国饱受西方列强包括日本的武力侵略及政治、经济上的掠夺，形成了极为强烈的民族主义情感，追求国家与民族独立成为近代中国一股强大的思潮。另一方面，在世界现代化进程中处于领先地位的西方国家，在侵略中国的过程中又不自觉地持续输入以工业生产、国际贸易、革命思想、民族及人权观念、民主共和体制为特征的现代性思潮。马克思曾言如果亚洲国家安于现状，不思进取，无法产生工业化的自我革命，那么无论英军犯下了多少罪行，它对印度和中国的侵略，就是在不自觉地充当着推动亚洲工业化的工具。[①] 马克思、恩格斯还认为，资本主义经济“首次开创了世界历史，因为它使每个文明国家以及这些国家中的每一个人的需要的满足都依赖于整个世界，因为它消灭了各国以往自然形成的闭关自守的状态”。[②] 吊诡的是，侵略中国的西方列强同时又是现代性的倡导者和引入者，中国人既要反对西方对主权的干预，又要不断学习西方的现代化。尽管“国学”理念的提出，旨在强调中华民族特性及儒学文化的特性，但以传统儒学为核心的本土资源显然无法提供抗拒西方现代化进程的思想资源。以魏源、林则徐、薛福成、王韬、郭嵩焘、曾国藩、慈禧、张之洞、李鸿章、袁世凯、孙中山等为代表的清末民初重要人物，无论政治倾向如何，在面对世界现代化进程中国应如何抉择的重大课题时，均会在面对西方的双重性特别是现代性时陷入欲迎还拒的窘态。这种意识经日本侵略时期、冷战时期持续强化，演变成一种面对西方不自觉猜测其“阴谋论”的心态，极大影响着我们看待世界现代化进程的角度及思维。

受此影响，在世界现代化进程中处处影响巨大的现代交通体系，在中国近代史的研究中却呈现出了极不正常的研究意识及学术状态。当铁路、航运进入近代中国时，我们正确地看到了西方国家开拓中国市场时

---

① 马克思：《鸦片贸易史》《不列颠在印度的统治》，《马克思恩格斯文集》第2卷，人民出版社，2009，第623、683页。

② 《德意志意识形态》，《马克思恩格斯文集》第1卷，人民出版社，2009，第566页。

对于政治、经济利益的贪婪追求，但基本停留于此，没有进一步讨论现代交通体系在清末民初构建时的艰难，其经济功能对于中国经济转型、城市化进程甚至人们思想的开放所具有的重要价值及深层次的影响，从而进一步思考近代中国对外开放的规律性。对近代港口及航运、铁路运输如何改变近代中国经济结构、贸易走向、经济中心变革与城市格局、农村人口向城市流动甚至跨区域流动，交通运输（包括电政）推动信息传播与改变地方主义、家族意识间的关系，交通及信息传播与近代中国国族认同间的重大关联性等，均缺少从世界经济体系视野展开的认真而有逻辑性的思考与研究。显然，对中国近代交通社会史的讨论，是对60余年来侧重展示近代中国反帝反封建运动的革命正当性及道德正义性的一个重要补充，也有助于理解被纳入世界经济体系的近代中国社会所呈现出的新旧杂陈、变与不变的历史复杂性，更有助于思考这种历史复杂性背后实际生发着的从传统向现代转型的社会发展主旋律及其深刻的社会影响。

二　技术与经济：近代中国转型的根本动力

在这一由欧美国家主导的全球现代化进程中，中国并不能自外于源自“西方”的这一发展趋势。近代中国历史的发展特征显示，中国文化与历史的内在能量强大，如美国学者柯文（Paul A. Cohen）所言，不能只从西方出发去考察近代中国的变化，要“在中国发现历史”，但近代中国至今几乎所有的制度变革、经济变革、生活变化等重大事件，都是在以现代技术、外贸为主导的经济体系变革和西方体制冲击下产生的，这是不争的事实。只有具有国际视野，才能真正理解近代中国历史与社会变革的根本动力所在。

以轮船、铁路为主导的现代交通体系，其知识系统是在1820～1840年代传入中国的。据樊百川先生考证，中国有火力推动的轮船驶入，是在1828年。1830年，一艘属于英国麦尼克行（Magniac & Co.）的名为“福士”（Fobers）的轮船，抵达珠江口。至1842年鸦片战争失败后中国开放五口通商，英轮陆续进入中国内河航运业。1870年4月，清廷准许英国大东公司（Eastern Extention，Australasia and China Telegraph Co.）开设沪港航线，但3月丹麦大北公司（Great Northern Telegraph Co.）开设的沪港线未经允许业已开通。1865年，英商杜兰德在北京宣武门外造小铁路1里许，试行小火车，是为铁路输入中国之始；此后，英人于1875年在上海建造连接吴淞码头与县城的淞沪铁路15公里，营运不久即被清廷收购并拆毁。中国真正意义上的第一条铁路，是1881年李鸿章主导下出现的由唐山至胥各庄煤矿的轻便铁路——唐胥铁路，该线持续延伸到天津。此后，随着开埠通商范围逐渐扩大与外贸需求、行政控制、国防与垦边的需要，也由于俄、日、英、德对在华利益的争夺与瓜分，缺少水运条件和拥有政治中心的华北、东北地区率先在建筑港口的同时修筑了京汉、津浦、胶济、北宁、陇海、南满、中东等诸条铁路，华东地区修筑了沪宁路，华南也有粤汉路。这些铁路不仅与港口连通，形成原料、农产品出口与工业品进口的重要通道和经济腹地，强化了区域间的经贸往来，也成为清末民初中国行政管理的重要通道和国防运输线，构成了今天中国铁路网络的基本格局。以铁路、港口为骨干，公路、水路、驿运互为关联而形成的这一现代交通体系，对于近代中国从自然经济向现代经济转型、区域城市成长、工矿化生产与相关产业生长、农业产业化种植等，具有前所未有的重要推动作用。以之为基础，电信业日渐发达，邮政业崛起，新闻媒体业快速成长，区域间人员流动大增，对于国防、军事甚至防疫也有重要作用。这些现代性因素，对于近代中国民族－国家意识的形成以及中华民族凝聚力、认同感的形成，也是意义非凡的。从今天看，作为一个产业和经济发展基础的现代交通体系，在近代中国社会变动中的作用是举足轻重的，正体现了工业技术体系对于现代经济与社会发展的引导与支撑作用，而这些却因为学界基于传统史观过于强调社会变革中政治、人文因素的重要性而被忽略。但事实上，毕竟如马克思所言，是物质决定意识、生产力决定生产关系而非相反。

因此，中国近代交通社会史的研究，要力求在宏大的国际视野下考察近代中国经济与社会变动，立足于现代交通体系引发区域变革的切入点，希冀形成相关的系列研究成果，以弥补过去对于现代交通体系推动经济与社会变革所具有的重要价值认识之不足，推动学界在新的视野下重新审视近代中国社会变革的若干新生产力及其新技术形式问题。

三 中国近代交通社会史研究的主要范畴

关于中国近代交通社会史的研究，首先要对其学科性的基本要素进行分析，在强调其与以技术特性为出发点的交通史研究旨趣相异的同时，特别要注重把握现代交通体系与近代中国社会变动间的关系。

第一，对近代中国交通体系基本形态进行考察。主要是对诸如铁路、港口、内河水运的规划方案、管理机制、规章及实施效果的考察，特别要考察现代交通体系整体建设过程中，历届政府是基于何种原因进行定位和规划的，其建设方案优劣及实际效果如何。深入探讨现代交通体系形成的诸种因素，特别是政治、外交、经济、民生间的诸种复杂关系，摆脱非正即反的思维，有助于既从现代化进程也从中国近代社会转型的特点上把握现代交通体系的个性及其多方面的影响。从纯技术性层面考察现代交通体系的功能与效率，是过去较少展开却不容忽视的分析视角，诸如规划线路更改、铁路轨距、车厢大小、整车运输能力、车站功能等，港口的选址、迁移及扩展，相关配套企业的设立，港口与铁路连接等问题，都是理解现代交通技术在商贸经济、军事、城市空间扩展等方面重要影响所不可缺少的，也可以由此透视现代交通体系在近代中国不断完善与发展的艰难历程。现代交通体系的管理部门、规章制度、管理阶层、线路维护、联运制度、价格制定、诸种交通方式间的衔接等，也是影响现代交通体系能否顺利发生作用的重要因素。管理的效率是经济发展的生命线，也是提升经济效率不可缺少的重要环节。

第二，对诸种交通方式间的关系进行考察。现代交通体系是在传统运输体系的基础上转型而来的，铁路、水运、港口三位一体，逐步压缩畜力、人力运输的空间，也是内河水运日益衰落的主因。然而这种趋势并非一蹴而就。在清末民国时期中国地域广大、地理条件复杂、交通体系落后的整体背景下，诸种交通方式间的竞争与互补关系，共同构成了交通体系向现代转型的有机整体以及这种转型的过渡性和复杂性。如各铁路线间既有连接、互补的关系，联运制度便是最好例证。在货源相对紧张时，各线路均以降低运价、减少税收为吸引力，其竞争是十分激烈的。铁路运输网络的诸环节，如何在统一协调下共同发展，是清末民国时期各届政府努力的目标。在铁路与河流并行的地区，水运在与铁路的竞争中势头良好；在铁路与河流逆向的地区，水运与铁路形成了自然互补关系。人们想象中的铁路一出，水运立衰的状况并未出现，铁路与水运的共同协调发展，是 20 世纪前半叶的主流。作为近代外贸的终极市场，港口与铁路的有机连接，是现代交通体系的主要形态。海运激增，不仅使港口不断扩大，港口城市空间扩张，工商业日益发达，也使铁路运输日益增长。但港口对于铁路线的依赖非常明显，没有铁路线扩大港口的腹地，港口衰落就是必然。烟台与青岛此消彼长的格局，就是一个生动的例子。在 20 世纪前半叶，由于技术及设备的需求较高、价格过高，汽车运输难以普及，公路运输在各地商贸运输体系中只占有 3% 左右的运输量，位列铁路、水运、人力运输之后，但在一些大城市周边的特定地区，少数公路与铁路还是形成了一定的互补关系。当现代交通体系发展起来后，人力、畜力运输由于成本过高逐步减少，甚至被取代，但在偏远乡村和山区，人力、畜力的运输仍是主力。

第三，对港口—铁路体系与经贸网络的重构进行研究。近代交通体系的规划及建设原因颇多，甚至国防、军事、行政管辖等因素更为突出，但交通线路完成后其服务经济的基本性质无从改变。① 以北京为中心的华北区域铁路建设，最终却成就了天津的华北最大贸易与工业中心地位，要因在于天津具有持续扩张吞吐量的良港。在外贸拉动下，津浦、津京、京汉、京奉（北宁）和胶济铁路，无论方向如何，主要的货物流向均以天津、青岛等港口形成了东西向的新的商贸走势及网络，东部的率先开发与工业中心的建立，是经济发展的自然选择。以上海为中心的港口—腹地关系，决定了长江流域以水运为中心的经贸运输体系，但此时华东地区的铁路系统则受经济不发达的限制而建设缓慢。这些探讨对于重新认识近代中国开发的世界因素、思考近代中国东西部差距形成的诸种原因以及现代交通体系与腹地开发的关系具有重要价值。以港口为终极市场、以铁路为主干的近代交通体系的构建，其基本功能在于获得丰富的物资及客流，因此腹地的开发是至关重要的。腹地开发既要沿袭商贸传

① 江沛：《清末华北铁路体系初成诸因评析》，《历史教学》（下半月刊）2011 年第 7 期。

统网络，也会因现代交通体系的运转而重新构建。以铁路枢纽为依托的中级市场是腹地开发的关键所在，腹地范围越大，表明现代交通体系参与经济和社会发展的辐射能力越强。现代交通体系运量大、运速快、运距长、安全性好的特点，不仅促进了商贸网络的延伸，更是催生现代工业的“媒婆”，诸如传统运输体系条件下难以大量开采的铁、煤矿因此而生，引入近代技术可以大量生产的工业制造中心亦赖此兴起。两者相互依存、相互补充，甚至一些城市完全依赖现代交通体系而生，在成为新的工业中心后地位日升并逐渐演变为新的政治中心。华北区域的传统商贸网络，多以行政中心及沿官道、河流而设的城市为结点，也有如经张家口展开的边贸固定路线。近代交通体系兴起后，因外贸需求刺激，以港口为终极市场的新商贸网络不可避免地展开，传统商路以南北向为主，此时则一变而为东西向；以往以行政中心为结点的商贸网络，此时发生重构，铁路交叉点或铁路与港口的连接点成为新的商贸中级市场或终端市场，而交通枢纽的变更导致中级市场或地域经济中心的此兴彼衰，是由现代交通体系引发的商贸格局变化的必然。

第四，关注现代交通体系与产业转型的关系。现代交通体系本身既是一个物流、人流与信息流的运输系统，也是一个工业部门，又是一个经济领域，其成长对于传统社会难以扩张的工业、矿业的开发与增长的刺激作用是非常明显的。华北区域一些地方如焦作、唐山、阳泉、博山等，即因现代交通体系的成长催生出工矿业的发展。由于需求旺盛，不少工矿业迅速引入先进技术，大大提高了劳动生产率和产品质量。为保证工业原料的供应，一些地方如胶济沿线的美种烟草、河南许昌地区的烟草与棉花也开始了产业化种植，高阳土布业形成了规模，农产品商业化趋势大增，石家庄的城市化则是在铁路转运业的刺激下开始的，上述变化构成了华北区域经济的近代转型进程。现代交通体系的完善方便了出行，刺激了客流量的增长。20 世纪前半叶，不少区域的旅游业增长快速，各条铁路均出版了旅行指南，一些偏远地区的自然及人文景观不断受到关注，相应的产业也有所发展。据统计，客运收入在各条铁路均占约 1/3 的份额。现代经济发展的核心是产业分工导致的生产率提高，是劳动与资本分离，使用机器大大增加了企业的固定资本，流动资本愈益增大，区域经济的互补性因交通而得以实现，现代经济制度逐步形成。[①]这一变化，离开现代交通体系的运作难以为继。

第五，考察现代交通体系与社会变动的关系。以现代交通体系为纽带，商贸市场网络、工业体系、农业产业化体系渐次形成，巨量商品流通的结果，不仅是经济利益的增长，更是工农业的发展、人们生活水平的提高，特别是这种经贸网络的日益紧密，大大加快了区域经济的分工与整合进展，改变了人们大而全、小而全的经济与生活理念。由于现代交通体系推动了产业化发展、贸易运输的快速发展，市场竞争带来了产业、贸易内部及外部环境的利益分歧及重新分配，传统社会较为缺少的社会组织应运而生，诸如各个层次的商会、产业工会、员工协会逐步产生并发展，成为协调利益、保护工人、理顺产业内部机制的重要组织，带动了新职业的兴起和就业机会的扩大，对于市场的有序运作具有重要作用。现代交通体系的兴起，大大加快了城市化进程。新式交通枢纽的建立，是近代经济中心所必需，也是市场链式扩张的需要，由此，不少地区因交通线路所经而完成了城市化的进程。哈尔滨、长春、营口、石家庄、郑州、张家口、徐州、兰州、宝鸡、武汉、镇江、上海、重庆等地的崛起，都是极好的例证。当然，如保定、开封则因失去交通枢纽而渐次衰退。此时多数城市人口数量有限，但各区域的城市格局及经济格局由此而变，影响至深且巨。对于现代交通体系与行政管理、移民、救济、疾病传播、犯罪、工人运动、军事、现代时间观念形成等关系的探讨，是考察现代交通体系特征及功能不可缺少的。由于现代交通体系的建立，人员流动大增，信息产业增长，邮政、电话、电报、报刊业在清末民初高速增长。长期以来因国土广阔山河相隔的区域、内地与边疆间都得以连通，一体化进程使工业时代的政治、文化、风俗、理念得以广泛传播，国人的文化认同、民族认同、国家认同有了实现的前提及可能性，这是民国以来社会运动风起、社会动员得以实现的必要技术条件。“中华民族”等概念，之所以在20世纪上半叶渐次形成，除了外来侵略的强化作

---

① 〔法〕保尔·芒图：《十八世纪产业革命——英国近代大工业初期概况》，杨人楩等译，商务印书馆，1983，第21~22页。

用，一个很重要的条件是现代交通体系包括媒体传播手段的日益完善，在共同信息影响下的民众心态及社会思潮渐次形成，这使现代民族国家意义上的新中国成为可能。

综合而言，开辟中国近代交通社会史的研究，具有丰富中国近代史研究范围的功能，对于细化近代中国从传统向现代转型的过程十分必要，有助于从国际化和世界历史的视野去理解近代中国变动的起因及动力；从现代技术与经济变革的角度切入，中国近代交通社会史研究也具有方法论和价值观上的启示意义。究竟如何看待近代中国社会变革的动力及走向，是一个亟待重新认识的学科基础性问题，是一个有助于深化理解中国近代历史规律及特征的重要课题，更是一个如何理解与运用历史唯物主义史观的问题。

（原载《史学月刊》2016 年第 8 期，有所修改）

目录

第一章

航运业的竞争、革新与成长

甲午战后列强在中国沿海航线上的争夺*

马克思曾说，“资产阶级社会的真实任务是建立市场（至少是一个轮廓），和以这种市场为基础的生产”。又说，“交通运输业的变革，是夺取国外市场的武器”。①

19世纪末20世纪初，因中日甲午战争中国失败和《马关条约》的签订，帝国主义列强航运势力获得了进一步扩大在华轮船航运权的机会。为扩大在华权益，攫夺中国资源和抢占在华市场，发展在华轮船航运业成了帝国主义列强争夺的中心权益之一。此时，英、德、法、日等国是在华航运权争夺战中的主力，而日本航运势力的迅速崛起和增长，尤为引人注目。

鉴于此一时期日本在中国长江流域扩张和与帝国主义列强争夺的情况，笔者已有专文论述，② 而列强此间争夺中国沿海航线航运权和彼此间势力消长的状况，尚未见有专文叙述，故本文拟回顾、分析这一段历史，以求抛砖引玉。

一　列强通过条约进一步扩大在华航运特权

1895年中日战后，中国被迫签订的《马关条约》，首开外国在华大幅扩张航运特权之门。其第六款第一条规定：现今中国已开通商口岸之外，

* 本节作者朱荫贵，复旦大学历史系教授。

① 《马克思恩格斯全集》第29卷，人民出版社，1972，第348页；第23卷，人民出版社，1972，第494页。

② 参见拙文《1895年后日本轮运势力在长江流域的扩张》，原载《中国社会科学院经济研究所集刊》第10集，中国社会科学出版社，1988。后收入拙著《中国近代轮船航运业研究》，中国社会科学出版社，2008。

应准添设湖北省荆州府沙市、四川省重庆府、江苏省苏州府、浙江省杭州府，为通商口岸，以便日本臣民往来侨寓，从事商业、工艺、制作……

第二条规定：日本轮船得驶入下开各口，附搭行客、装运货物：从湖北省宜昌溯长江以至四川省重庆府；从上海驶进吴淞江及运河以至苏州府、杭州府。①

这两项规定把列强过去攫夺的长江航行权从宜昌延伸到重庆，同时打破过去外国轮船不能驶入长江主流以外内河的限制，为列强进一步扩张中国航权开拓了新的起点。

由于此前不平等条约中，都有“利益均沾”的规定，故日本从《马关条约》中获得的特权，其他列强也得以享受，并激起它们向中国要索更多、更大特权的欲望。《马关条约》签订后几年，是中国航权在列强逼迫下步步丧失的几年。其中，比较重要的约款还有以下几项。

1896 年签订《中日通商行船条约》。日本进一步扩大了通商行船权益。其约第四款规定：日本臣民准带家属、员役、仆婢等，在中国已开及日后约开通商各口岸城镇来往居住，从事商业、工艺制作及别项合例事业。

第五款规定：中国现已准做停泊之港，如安庆、大通、湖口、武穴、陆溪口、吴淞等处及将来所准停泊之港，均准日本船卸载货物、客商，悉照现行各国通商章程办理。

第八款规定：日本臣民任从自雇船只，驳运货、客，无论何项船只，雇价银两听其与船户自议，中国政府官吏均毋庸干涉，其船不得限定只数，并不准船户、挑夫及各色人等把持包揽运送等情。

第十五款规定：日本臣民使用各种小船，装运客商、行李、书信及应免税之货，往来中国通商各口，均毋庸纳船钞。②

1897 年中英签订《中英续议缅甸条约附款》，英国取得在西江通商行船的权利专条：

……今彼此言明，将广西梧州府、广东三水县、城江根墟开为

① 王铁崖编《中外旧约章汇编》第 1 册，三联书店，1957，第 614～616 页。

② 王铁崖编《中外旧约章汇编》第 1 册，第 662～666 页。

通商口岸，作为领事官驻扎处所。轮船由香港至三水、梧州，由广州至三水、梧州往来，由海关各酌定一路，先期示知，并将江门、甘竹滩、肇庆府，及德庆州城外四处，同日开为停泊上下客商货物之口，按照长江停泊口岸章程一律办理。[①]

南部西江航行权落入英国之手时，北方松花江的航行权也被俄国攫取。俄国于1896年引诱清廷订立《合办东省铁路公司合同章程》，其中列有“凡该公司建造铁路需用料件，雇觅工人，及水、陆转运之舟、车、夫、马并需用粮草等事”，中方“皆须尽力相助”的条款。[②] 此后俄国即据此胁迫清政府驻俄公使许景澄订立使用轮船拖带运料船只通过松花江办法六条，准许东省铁路公司在松花江用轮船拖运建筑铁路材料。此本临时性质，铁路建成后即应停航，俄国却借机成立东省铁路公司船舶部，购置大批轮驳，除运输铁路建筑材料，兼运旅客货物。虽经中国多次抗议，俄方亦置之不理。1898年俄国强租辽东半岛后，将东省铁路展筑至旅顺、大连，又用同样的办法非法侵夺了通行辽河和营口的航行权。[③]

1898年，英国利用向清廷贷款以归还日本赔款之机，提出三项条件，其中之二即“开放内地航行于外国船只”。[④] 清廷知不能拒，遂“许四月以内开办”，[⑤] 同时命总税务司赫德拟定内港行轮章程。此后，在同年由赫德拟定清廷颁布的《内港行船章程》中明确宣布：“中国内港，嗣后均准特在口岸注册之华、洋各项轮船，任便按照后列之章往来，专作内港贸易。”其中“内港”二字之定义，“即与烟台条约第四端所论‘内港’二字相同”。[⑥] 而《烟台条约》之“内地”界定，却是“沿海，沿江、沿

---

① 王铁崖编《中外旧约章汇编》第1册，第690页。

② 王铁崖编《中外旧约章汇编》第1册，第673页。

③ 王铁崖编《中外旧约章汇编》第1册，第784页。并参见樊百川《中国轮船航运业的兴起》，四川人民出版社，1985，第318页。

④ 樊百川：《中国轮船航运业的兴起》，第318页。

⑤ 聂宝璋、朱荫贵编《中国近代航运史资料》第二辑上册，中国社会科学出版社，2002，第28页。

⑥ 王铁崖编《中外旧约章汇编》第1册，第786页。

河及陆路各处不通商口岸，皆属内地”。[①]

如此，通过《内港行船章程》，外国轮船已取得航行中国各处通商和不通商口岸的权利，所有内河内港，都已向外国打开了大门。

1898 年是列强对中国航权进行大规模破坏与侵夺的一年。在列强的胁迫压力下，“各种受理内河航运的规章”相继颁布，在这些规章下，“轮船开始发展成为一个巨大的运输事业”。[②]“且其通行货物于内地，只在一关纳税，以后抵内地各处，皆可直行无阻”，[③] 上海的外商坦率表示，获得在中国内河航行的这些权利“是从 1858 年的条约以来从中国所能获得的最重要的特许”。[④]

此后几年，帝国主义列强利用镇压义和团运动后的余威，又胁迫清廷先后签订中英《续议通商行船条约》、中美《通商行船续订条约》、中葡《通商条约》和中日《通商行船续约》等条约以及附件，[⑤] 进一步攫取到一批特权，这些约款中涉及航权的主要内容有：

（1）增开湖南长沙、四川万县、安徽安庆、广东惠州及江门等城市为通商口岸，并增加一批内河轮船停泊处所；

（2）允准外国在内河内港两岸租设轮船码头和栈房；

（3）中国课外国轮船货物之税，不得比课本国轮船之货税为重；

（4）凡禁止外国轮船行驶之内河，“华轮亦应一律禁止”；[⑥]

（5）凡能走内港之外国轮船，无论大小，只以能走内港为准，“均可照章领牌，往来内港，中国不得借词禁止”。[⑦]

至此，随着甲午战后一系列不平等条约的先后订立，中国的航权丧失殆尽。其后果是：中国的轮船在自己的领水内不能自由航行，不能享受轻税权利，外国轮船反可不受禁阻地行驶。光宣之际，这种不正常局面已达登峰造极地步。

---

① 王铁崖编《中外旧约章汇编》第 1 册，第 786、349 页。

② 聂宝璋、朱荫贵编《中国近代航运史资料》第二辑上册，第 26 页。

③ 聂宝璋、朱荫贵编《中国近代航运史资料》第二辑上册，第 27 页。

④ 聂宝璋、朱荫贵编《中国近代航运史资料》第二辑上册，第 29 页。

⑤ 王铁崖编《中外旧约章汇编》第 2 册，第 101～114、181～200 页。

⑥ 王铁崖编《中外旧约章汇编》第 2 册，第 113 页。

⑦ 王铁崖编《中外旧约章汇编》第 2 册，第 197 页。

晚清中国航权旁落，帝国主义国家向外侵略扩张是一个要因，清廷腐败无能和昏聩愚昧同样是要因之一。例如，清廷并不清楚国际间直接贸易与本国沿海内河航运在航权上的区别。以长江航运通商而言，假定限于国际间直接贸易，在近代国际惯例上，未尝不可以相当条件而容许，可是清廷初则深闭固拒，等到一败再败不得不允许时，竟连内河航行权也一并送上，似乎既已允许外轮入江，则任其在沿江各口岸间运输货物，已理所当然、无足轻重。[①]

清廷在外国要求内河行船这个问题上，也有顾虑，但它所顾虑的，一是影响木船船民生计，导致统治不稳；二是偷漏厘税减少财政收入。并非注重于航权丧失。所以前后所订章程，都在征税防弊方面着眼。1876 年《中英烟台条约》，英国要求添开长江口岸以备行轮时，全权商约大臣李鸿章上奏时对增开口岸的看法即是："似不在停泊处所之多寡，要在口岸内地之分明……如此办理，该总税司敢保洋税毫无偷漏，厘课并无耗损。"[②]

此外，清廷中尚有从"增税裕饷"角度认为列强在华行轮是"足国足民"的好事。[③] 1898 年，总理衙门在上奏修改长江通商章程片中即认为，"中国自与各国通商以来，江海口岸轮船畅行，商务因之日盛"，又说"拟将通商省份所有内河，无论华商洋商，均准驶行小轮船，借以扩充商务，增收税厘"。[④]

以下是列强获取一系列在华航运权益后，在中国沿海航线进行争夺和势力消长变化的具体分析。首先看华南一带沿海航线。

二　华南沿海线及汕厦南洋线外轮势力的扩张变化

1895 年前后，以怡和、太古为首的英国航运势力，拥有大批轮船，已经对汕头与北方港口和广州、香港与上海等处的航线形成垄断之势。怡和、

---

① 参见王洸《中华水运史》，台湾商务印书馆，1982，第 245 页。

② 《李鸿章全集·奏稿》，第 7 册，安徽教育出版社，2008，第 144 页（"烟台议结滇案折"，光绪二年七月二十七日）。

③ 朱寿明编《光绪朝东华录》第 4 册，中华书局，1958，第 4062 页。

④ 聂宝璋、朱荫贵编《中国近代航运史资料》第二辑上册，第 96 页。

太古之外，英商德忌利士轮船公司也早已控制着福州、台湾和香港之间的航运。此时，英国的力量主要集中在香港以东地区，香港以西则主要是德国和法国的势力范围。德国的捷成洋行，法国的孖地洋行（包括它租用的丹麦船），很早就有轮船往来于香港和海防之间，中途在海口、北海停船。

中日甲午战争之后，这种久已形成的格局因为日本轮船的到来而被打破。

战后台湾割给日本，日本大阪商船会社认为，尽早开辟日本与台湾间以及台湾沿岸一带的航运，对于统治和开发台湾至为重要，因而迅即着手开辟台湾航线。1895 年，该公司派职员前往当地调查海陆交通情况，拟具计划。1896 年 2 月，大阪商船会社将资本额增加为 500 万日元，用以开辟、充实台湾航线。并向日本台湾总督府呈请开辟台湾定期航线。5 月，大阪—台湾线作为日本政府的“命令航线”正式通航，[①] 为此，向英国订购了 1700 吨的最新式钢铁客货轮 4 艘，3000 吨的大型客轮 3 艘，合计 7 艘。1897 年 1 月，又将资本追加为 1000 万日元。当年 4 月，下述五条“命令航线”在台湾全部开通。[②]

表 1　1897 年日本开航台湾航线概况

航线	停靠口岸	使用船只数（艘）	每月航海次数（次）
直达台湾线	神户、宇品、门司、长崎、基隆	3	3
经过冲绳至台湾线	1. 神户、鹿儿岛、大岛、冲绳、基隆 2. 神户、门司、三角、冲绳、基隆	4	3
台湾沿岸东行线	基隆、苏澳、花莲港、卑南、南湾、车城、打狗、安平、澎湖岛、基隆	4	3
台湾沿岸西行线	基隆、澎湖岛、安平、打狗、车城、南湾、卑南、花莲港、苏澳、基隆	2	3
基隆支线（又称基隆涂葛窟线）	基隆、淡水、大安、涂葛窟	2	4

资料来源：神田外茂夫『大阪商船株式會社五十年史』、1934 年、第 209 ~ 211 頁。

① 根据日本政府需要设立，获得日本政府航运补贴费用，同时需承担日本政府指派义务的航线，被称为“命令航线”。

② 神田外茂夫『大阪商船株式會社五十年史』、1934、第 209 ~ 211 頁。

此外，日本政府又津贴鹿儿岛人松田每年 2 万元，令其派船（载重 2000 吨）专做台湾沿海生意。考虑到沿海各处，仅派一船实不敷用，又有“近伊藤侯爵亲往该岛查勘，目睹情形，遂悉照商船会社前次条陈办理。该会社副董田中于本月十六日专因此事前往东京，与政府商议津贴款项”。在开发台湾航路之际，已将华南纳入其计划：“淡水厦门香港之间一路，可载之货颇多，能望获利”，但此时日本也知道，英商之德忌利士轮船公司“已派有五船常川往来。将来互相争利，在所不免耳”。①

在大阪商船会社开辟华南航线之际，日本三井公司也派船进入中国的华南沿海地区。1899 年，《申报》报道说，英商德忌利士轮船公司各轮舟往来台、厦及香港、汕头、福州五口，独擅利权，无人与之争夺，已三四十年于兹矣。“自日本三井公司派轮船往来淡水厦门，遂相与争揽客货……”②

日本轮船在华南航线的进入，迅即激发英日两国的航运竞争，这种竞争从英日两国轮船公司的跌价竞争开始，十分激烈，“德忌利士公司轮船与日本三井公司争先贬价，积不相能。凡遇两公司轮船同时在港开行，则不收水脚，每客仅取饭菜资小洋银一角，以广招徕。鹬蚌相争，而令渔人之利转为泉漳人所得，甚无谓也”。③

日本轮船与英商轮船的竞争，以日本商业贸易在中国扩张为背景进行。日本在占领台湾之后，3 载之间，日籍台商洋行在厦门开设者 40 余号。复有日本大商三井洋行资本巨富，历在东京、神户、大阪、横滨等处设有银行，汇理各口银票。1898 年腊月，其分支机构在厦门设点。三井洋行原有商轮舞鹤丸等 10 余艘，现先拨 3 艘往来台北、厦门、香港等处，从前往来台北等处，只有德忌利士商轮“海门”“海龙”“柯摩沙”三艘。三等船票每名洋银 5 元，兹因三井轮船前来，彼此降价，每名仅收洋银 5 角，载货船费亦降数倍，互相招徕。④

日本轮船势力增长迅速，仅在厦门一口，除三井洋行，1900 年，日

---

① 聂宝璋、朱荫贵编《中国近代航运史资料》第二辑上册，第 172～173 页。

② 《申报》光绪二十五年三月三十日（1899 年 5 月 9 日）。

③ 《申报》光绪二十五年七月十五日（1899 年 8 月 20 日）。

④ 《中外日报》光绪二十五年四月二十五日（1899 年 6 月 3 日）。

本大阪商船公司亦派船进入，使“日本商船较上年多一百五十一艘”。行走汕头、厦门、淡水之大阪商船会社与香港德忌利士公司，全年仍彼此争衡；行走香港、厦门、台南与香港、厦门、福州者，大阪商船会社“每处添轮船一艘”，日船有政府津贴。激烈跌价竞争之下，英商轮船公司已处下风，英商“德忌利士公司因未能与争衡者，立就均利之约，已将所收载资减照昔日之数，并将走台南之轮船停歇”。① 但大阪商船会社亏损亦在不少：光绪二十二年度亏损 10 万日元，二十三年度亏损 25 万日元，二十四年度同样将“可能亏损二十万日元”。②

在日商轮船与英商轮船大力竞争之际，华南沿海各港口实际已成各国航运势力混战之所。

1901 年，琼州口，法国孖地洋行与德国捷成公司轮船“互相揽载，争跌水脚，每百竟跌去五十之多”。③

次年，宁波口，“现有日商越丸轮船到宁，由美益洋行代为经理，招揽搭客，开往沪上。其价目照别轮折减，每客只收五角，已于初八日开行”。④

1903 年，法国亦欲将航运势力伸展到汕头一带，“闻法国将在汕头设一领事署，此诚无从索解者。盖法国在汕头绝无商务，不独法国商船无一来汕，即法国商行亦无一家，虽有法人一二，亦只从事洋关，其他无有矣。故设立领事署在汕头，实不知其何用。惟既欲设立，则必另有命意。据华人言法人因欲在香港立一中法轮船公司，由香港行驶轮船，经沿海各口以至汕头”。“则是举亦未始无因”。⑤ 同年，据报道，“法人于近数月中欲在广东珠江，增加商船，以推广其商务，故于数月之前，在广东设一轮船公司。现在公司之中，其船共有三艘，每艘载重二百吨。第一艘船系在南茨地方所造，于本月十六号至西贡地方。此船之用处专以备日后行驶香港广东。又有一船从本月十五号由法国启碇。第三船现

---

① 聂宝璋、朱荫贵编《中国近代航运史资料》第二辑上册，第 169 ~ 170 页。

② 神田外茂夫『大阪商船株式會社五十年史』、第 211 頁。

③ 光绪二十六年，琼州口，《华洋贸易情形论略》，上海通商海关总税务司署编《通商各关华洋贸易总册》，编者印，1901，下卷，第 86 页。

④ 《中外日报》光绪二十八年二月十二日（1902 年 3 月 21 日）。

⑤ 《中外日报》光绪二十八年十二月初九日（1902 年 1 月 7 日）。

将造竣，俟既竣即将至东方。此三艘中有两艘取法国官员之名，一取印度中国总督之名，一取现驻广东法领事之名。其取名甚奇，意者该轮船公司由彼二人创始，故即用其名耶”。①

1903 年的福州口，则更是各国轮运势力竞争混战之所在：夏秋二季及至年末，德国轮船“得力臣”，重六百二十三吨，来往沪闽，冀争其利。而招商局复于海琛外又驶一船，互相争竞。“得力臣”自知不敌，始行改道他往。至由本口来往香港、厦门、汕头等处之船，除德忌利士行之“海坦”“海澄”“爹厘士”，更有日本轮“安平丸”一只，均往来无间……轮船之往来三都澳者，除日本小轮船，更有怡和行之“定生”轮船，重 1450 吨。后“定生”停驶，怡和行乃复赁小轮船名“万常”，重 32 吨，来往三都。至日本大阪公司轮船往来该口者，非 98 吨之“溪龙丸”，即 166 吨之“纪摄丸”，亦均更替无间。德国邮船，于夏秋之间，每月约来闽两次，运茶往外洋，此外复有铁行及太古、怡和、乾记等行之大公司轮船，亦偶或来闽运茶，前往欧美等处。自不通商内地各处，亦可行驶轮船后，本口贸易虽少，逊于风气大开之粤省，亦觉渐见增长，蒸蒸日上。②

在激烈的跌价竞争中，不惟各国轮船公司间互相争斗，即使同为一国间的不同轮船公司，亦难免互相跌价竞争。1898 年，汕头德国两家轮船公司之争竞，即为典型一例：“近日此间前往暹罗做工者甚多，皆由德国甲乙两公司轮船载往。两公司因争揽搭客，遂将船价各跌。甲公司跌价至每客船价一元，人争趋之。乙公司见此，遂将船价减至每人半元。前公司船价减至一元之后，途中复宰猪以饷搭客，因此不但无业者争往暹罗，即在本土有工作者亦皆前往。”③

汕头的英商轮船公司亦出现相同一幕：1903 年，汕头暹罗航线英商太古洋行代理之雷公司轮船，与英商怡和轮船公司同样成为竞争对手。雷公司轮船购自暹罗公司，常川懋迁汕、暹之间，历有年所。而此间生

---

① 《中外日报》光绪二十九年九月十二日（1903 年 10 月 31 日）。

② 光绪二十九年，福州口，《华洋贸易情形论略》，上海通商海关总税务司：《通商各关华洋贸易总册》下卷，第 71 页。

③ 《中外日报》光绪二十八年十二月二十四日（1902 年 1 月 22 日）。

意，不啻为其所创。“不谓夏间贸然来有励公司之轮船一队六艘，归怡和洋行代理，以思分沾利权。”“夫利之所在，人所必争，故两公司相见之下，即一决雌雄。虽资本盈千累万，付之东流，所不惜也。六、七、八、九月之间，两公司运货载人赴暹，不取分文，甚至津贴餐饭，以广招徕。而旅客之利其便宜，争购船票，人数徒增倍蓰，均在意想间耳。所幸此次商战，虽速且猛，然为时不久，迨至小春，励公司各轮皆停驶不走，甚至为雷公司所购并者，正不少也。叻汕之懋迁，亦为牵动。又有本年印度公司派来之轮与之争逐，故其川资亦减。”①

在这种混战中，力弱者败走，力强者扩展。1904 年，德国轮船已有被日本轮船公司租赁者：“德国轮船脱来恩甫载重一千五百八十吨，已被大阪商船会社所租赁。该日本轮船公司用此船以来往厦门安平也。”②

次年，兴化三江口内港，日本轮船在与英商轮船公司的竞争中败北。“数年前日本以纪摄丸、海龙丸二轮船行驶，至旧年英国亦以镇江轮船往来，诸货陆行者多由水运。本年纪摄丸、海龙丸停驶，惟有镇江一轮自三月间镇江因修理停有数期，现已修完，照旧开驶矣。”③

表 2 是 1905 年至 1911 年福州、厦门、汕头三口各国轮船进出吨位统计表，这张统计表，大致可以反映出此期华南沿海一带外国轮船的消长情况。

表 2　福州、厦门、汕头三口历年进出各国轮船吨位统计

单位：千吨

年份	总计		中国		英国		德国		日本		挪威	
	吨位	%	吨位	%	吨位	%	吨位	%	吨位	%	吨位	%
1895	4062	100.0	131	3.2	3418	84.1	393	7.7	—	—	49	1.2
1897	4236	100.0	304	7.2	3519	83.1	247	5.8	48	1.1	51	1.2
1899	4812	100.0	239	5.0	3641	75.7	414	8.6	387	8.0	64	1.3

① 光绪二十九年，汕头口，《华洋贸易情形论略》，《通商各关华洋贸易总册》下卷，第 79 页。

② 《中外日报》光绪二十九年十二月二十八日（1903 年 2 月 13 日）。

③ 《中外日报》光绪三十一年五月十三日（1905 年 6 月 15 日）。

续表

年份	总计		中国		英国		德国		日本		挪威	
	吨位	%	吨位	%	吨位	%	吨位	%	吨位	%	吨位	%
1900	4672	100.0	135	2.9	3459	74.0	299	6.4	677	14.5	48	1.0
1901	4987	100.0	56	1.1	3455	69.3	494	10.0	802	16.1	16	0.6
1903	5774	100.0	310	5.4	3721	64.4	695	12.0	832	14.4	65	1.3
1904	5507	100.0	326	5.9	3635	66.1	1024	18.6	104	1.9	189	3.3
1906	5718	100.0	277	4.9	3270	57.2	655	11.5	933	16.3	157	2.7
1908	5893	100.0	311	5.3	3473	58.9	598	10.2	1237	21.0	67	1.1
1911	6292	100.0	372	5.9	3644	57.9	689	11.0	1139	18.1	180	2.9

资料来源：樊百川《中国轮船航运业的兴起》，第 366 页。

从表 2 中的数字可知，挪威和中国的轮船进出数字变化不大，所占比例也很少。英国依靠长期奠定的基础，尽管在总比例数中所占的比重逐渐下降，可依然占据霸主地位。德国起伏较大，但在 1904 年后，基本处于稳定状况。只有日本，是此期间增长最快的国家，除 1904 年因日俄战争轮船被征调，数字骤降成为例外，其他年份轮船吨位数均仅次于英国。

三 华北及东北地区外轮势力的扩张争斗

华北和东北地区，特别是华北地区的外国航运势力，长期以来被英国垄断。甲午战争后，英国无法阻止俄国、日本和德国等国轮运势力的挑战和竞争。以下主要对这些国家航运势力在华北及东北地区的扩张争斗情况进行勾画，借以观察其势力演变和消长情况。

1. 俄国轮运势力

沿渤海、黄海各口的北方航线，长期以来由英商怡和、太古两大公司垄断。他们除了各有上海经烟台至天津、营口的定期航线，还有自华南香港、汕头经上海开来的直达航线，控制着各口之间与沿海其他各处及长江的往来运输。1898 年，俄国强租辽东半岛后，展修中东铁路支线，将哈尔滨中东铁路公司船舶部航线扩展到渤海、黄海沿岸。该年有报纸报道俄国添设商轮计划说，“俄人现拟设立轮船公司，造大轮船十六艘，专走旅顺至太平洋各口岸，来往贸易”。[①] 同年，据日本调查后的报道，俄以铁路垂成，拟先经营东洋航业，专议开创东洋航路方策。俄政府定航业格外之保护，凡搭客、载货、船工、保险、修缮费，皆与金额准标以保护之，以助商业活动。其航路大略分为以下八路。

①自浦港（即海参崴）至上海、香港间、以长崎为寄碇之处，延长至广东，一周一回；②自浦港至朝鲜各港，及牛庄、天津、芝罘、上海间，本线联络中国及朝鲜各港，直达清俄铁道，以通黑龙江，水陆定期交通；③自浦港至上海、汉口间及黑龙江，接续义勇舰队，船傍扬子江沿岸，专办华茶往来输送；④自浦港至下关、神户、横滨间，此本邮船独占之路，后被德商侵略，今更增整，与德劲敌；⑤自浦港至函馆、横滨间，与西伯利亚铁道全通，为接续美国邮船最捷路线。又经函馆新潟，而达浦港之航路，于 1897 年末定期开通；⑥尼克来夫斯克至函馆间，在黑龙江河口，居北部商业之中，渔业甚盛，年高一年，非常增加，本邦渔业航渡者亦不少。渔物运输至函馆，每岁 400 吨，内外之汽船 10 艘，帆船百艘，至夏季更盛，鞑靼海峡，东西港湾，及小樽等处，皆来往交通；⑦自浦港至萨哈林岛、鞑靼海峡，经尼克来夫斯克；⑧在浦港至萨哈林岛开义勇舰队及商会之航路。除八路外，尚有黑龙江畔，浦港附近沿岸，及满洲黑龙江支流，亦驶行汽船。[②]

1899 年烟台海关“最引人注意的事就是俄国船只的陡增。1898 年还只有 26 只，今年一跃而至 160 只”。[③]

俄国在华经营之轮船公司可分两类：一是经远洋航线而来驶行中国港口或沿海之船；二是以在华运输为主要业务之公司。前者以俄国义勇舰队为代表；后者以阿穆尔轮船公司（黑龙江轮船公司）和东省铁路轮船公司为代表。

（1）俄国义勇舰队

俄国义勇舰队汽船往来欧美二国各口者，过去有 12 只，尚苦不敷。

① 《中外日报》光绪二十四年七月初六日（1898 年 8 月 22 日）。

② 聂宝璋、朱荫贵编《中国近代航运史资料》第二辑上册，第 180～181 页。

③ 光绪二十五年，烟台口，《华洋贸易情形论略》，《通商各关华洋贸易总册》，1899 年，第 57 页。

1898 年时，该舰队遂赴英国订造一大汽船，载重 10500 吨，命名“墨斯哥号”，将派遣东洋运送兵民器械。后又与英国订立合同制造二船，其式样与“墨斯哥号”相同。又旅顺海参崴向来只有一汽船往来航海，政府认为不甚方便，又订造二汽船，待竣工后将于两海口行驶。[①]

1908 年，俄民议院议准，由商务大臣与义勇舰队订立条约，“自西历一千九百〇八年六月十五号起，由政府拨助津贴六百九十万〇五千卢布，分十一年给领”。而义勇舰队则须开办新航路两条如下：海参崴津轻海峡间航线，每一星期开行两次，行程 101280 海里；海参崴上海间航线，每一星期开行一次，须在长崎、釜山两埠寄港，行程 118560 海里。

民议院复议定，年助该舰队 7.5 万卢布，以便在海参崴、尼古拉维斯克间之黑龙江流域，开办定期航业。“俄政府津贴义勇舰队，与远东大有关系。”[②]

俄国的此种做法，实际是仿效日本政府设立“命令航线”，以政府资助为背景和助力扩张本国在华航运势力。

（2）阿穆尔轮船公司（黑龙江轮船公司）

为俄人所经营，乃有限公司性质。已付之资本，共 2332333 卢布。该公司自有行驶黑龙江中之船舶一组。近该公司在圣彼得堡开年会，宣布利息百分之十，并决议该公司自行收买大宗满洲大豆。该公司最大股东为道胜银行，流通之资本既甚充足，又自有汽船，长袖善舞，与满洲产物之出口商，大有关系。至该公司运输办法，先向乡间收购货物，乃运至沿松花江之某点，装入本公司之汽船。由松花江下流驶入黑龙江，直达尼古拉耶夫斯克（即庙街），再将货物改海轮，前往欧洲。故该公司毫不费铁路水脚，但需本地运货小费及水道之汽船而已。[③]

阿穆尔轮船公司航线为什尔克河、额尔古纳河、黑龙江、黄河、麒麟甲河、布列河、乌苏里江、宴公河，其中以黑伯（黑河至伯力）航线为第一。豆饼、元豆、小麦等物均由此转海参崴。伯庙（伯力至庙街）

---

① 《中外日报》光绪二十四年十一月初四日（1898 年 12 月 16 日）。

② 《中华新报》光绪戊申年（1908）八月初七日。

③ 《近闻，俄人经营汽船公司之获利》，“选载门”，第 9～10 页，《农商公报》第 1 卷第 2 期，1914 年 9 月 15 日。

航线次之，春夏由伯力运面粉、布匹至庙街当地销售，秋冬则由庙街运鱼与皮张至伯力转哈尔滨或海参崴。计客船 18 艘，船头 39 艘，拖船 89 艘，装载总数为 250 万布特。[①]

（3）东省铁路轮船公司

前已提到，俄国于 1896 年引诱清廷订立《合办东省铁路公司合同章程》，其中列有“凡该公司建造铁路需用料件，雇觅工人，及水、陆转运之舟、车、夫、马并需用粮草等事”，中方“皆须尽力相助”的条款，[②]此后俄国即据此胁迫清政府驻俄公使许景澄订立使用轮船拖带运料船只通过松花江办法六条，准许东省铁路公司在松花江用轮船拖运建筑铁路材料。东省铁路轮船公司即为以此理由成立的轮船公司。

该公司成立时归其支配的船舶，由英国订造者有轮船 15 艘，由法国订造者有轮船 2 艘及挖泥船 1 艘，由黑龙江各商办轮船公司购到者有轮船 2 艘，由俄国交通部供给者有轮船 6 艘，其中之“第一号”轮船于 1898 年 7 月 20 日在乌苏里铁路驿马站装配完竣，开始行驶，是为松花江航运之肇端。至 1903 年，铁路修竣，已无筑路材料可运。俄方遂借口 1858 年《瑷珲条约》规定之“为中俄两国彼此和睦起见，准许驻在黑龙江、乌苏里江及松花江沿岸之两国人民相互贸易”及“沿黑龙江、松花江及乌苏里江一带，只大清及俄国之船可以航行”，将船舶移作松花江商航之用。该年经路局接收之船舶，内有轮船 16 艘，拖船 38 艘，风船 3 艘及挖泥船 1 艘，总吨量计共 24500 吨强。同时为管理松花江航务起见，并于管理局内特设航务处，实施下述各种职责，即：①划定松花江货客航线，行驶东铁船只；②经管工作船只之维护及修理，因此于冬季停船地点，即哈尔滨船坞，特设修船所专司其事；③计划改良江道之办法，特以轮船一艘，拖船二艘组成汲泥舰队；④征（税）状况，及搜集关于农产收成、林产、航运货载数量，行销物品市价并江水水平状况等类之材料。

1904～1905 年，东铁竣工未久，日俄即起战端，所有东铁之船只，大都忙于军运，或载木材及燃料，以供东铁消费，在此期内，航运货载

① 邢契莘：《松黑两江航政考察纪略》，无版本信息，1923，第 12 页。

② 王铁崖编《中外旧约章汇编》第 1 册，第 673 页。

总额不下80万吨，其中客货一宗，为数最少。1906年及1907年，战争虽已终结，经济又告恐慌，故航运之客货，仍旧不见畅旺，唯自1908年起，商载转运，逐渐恢复发达，而一切货客航线，亦经确定如下：松花江下游航线，原由哈尔滨以达三姓（今黑龙江省依兰县），其后并至佳木斯及富锦，上游航线由扶余至哈尔滨及由吉林至陶赖昭。[①]

另，由华俄道胜银行代理的东省铁路轮船公司，1899年在《申报》上刊登有“宁古塔轮船准于七月初四日开往胶州、烟台、旅顺口”的广告，其活动范围显已有相当扩大。[②]

2. 日本航运势力

日本自始即将华北、东北一带看成向中国扩张的必争之地。1898年，大阪商船会社即已开始从日本到华北各口的定期航线。[③] 次年，日本邮船株式会社也开行从上海至天津和从日本至华北的定期航线。[④] 由此，日本在华北、东北各口进出的轮船只数和吨位数，都有迅速增长。1900年，牛庄口日本轮船进出的数量就已超过英国，[⑤] 在烟台、天津进出的轮船，也分别在1902年和1903年超过中国而居第二位。[⑥] 这些轮船大多为日本国内直接开来，尚不足以对英国在这些港口的地位形成根本挑战，但已为同俄国争夺中国东北权益准备了部分条件。

日俄战后，日本国际地位提高，其在华日轮“亦由二百万吨涨为五百五十万吨，竟占航行中国船舶吨位总额百分之二十二强”。[⑦]

1905年一月，日本攻占旅顺，大阪商船会社很快开通了大阪大连线，同年，日本邮船股份有限公司也令该公司华北航线的轮船“横滨丸”“芝罘丸”停靠大连。日本政府后进行分工协调，规定大连航线专归大阪商

① 《松花江航运之调查》，《东省经济月刊》第6卷第2号，1930年2月。

② 《申报》光绪二十五年七月初一日（1899年8月6日）。

③ 『大阪商船株式會社五十年史』、第266、388、390頁。

④ 『日本郵船株式會社五十年史』、第174、175頁。

⑤ Decennial Reports, 1892－1901, vol. 1, p. 44.

⑥ 光绪二十八年，烟台口，《华洋贸易情形论略》，《通商各关华洋贸易总册》，1902年，第96页；光绪二十三年，天津口，《华洋贸易情形论略》，《通商各关华洋贸易总册》，1903年，第65页。

⑦ 聂宝璋、朱荫贵编《中国近代航运史资料》第二辑上册，第188页。

船会社经营。1906 年 4 月 1 日，由日本交通部指定该线为命令航线，调拨了 1500 吨的“大义丸”“大仁丸”代替“舞鹤丸”“舞子丸”。此后又以新造船只“铁岭丸”“开城丸”代替了“基隆丸”“安平丸”。[①]

1909 年，大阪商船会社与满铁合作开始旅客及包裹行李的车船联运，同年 5 月 1 日又增加货物联运。同时又与满铁制定了旅客及行李包裹的全程联运。1910 年 4 月 1 日开始日满联运，1911 年 3 月 1 日开始日满俄联运，[②] 加上同年日本邮船会社与南满铁路签订的联运提货合同，[③] 日本在东北交通上的地位日益提高。

3. 德、英航运势力

1897 年，德国强租胶州湾后，德商捷成洋行在德国政府的支持和补助下，即用两艘轮船开设了一条由上海经青岛、烟台至天津的定期航线。[④] 此后，德人锐意经营胶州湾，大兴土木。海岸一带滩涂之处，筑为陆地者十之六七，道路沟渠亦均开浚，并拟增设电灯。湾内青岛设有码头，计长 250 尺，业已竣工。又有一轮船局、牌号“美最时”洋行，有轮船 3 艘，各载重 600 吨，行驶上海、芝罘、天津等处，每礼拜来往一次。[⑤]

1898 年，德国驻守胶州之统兵官，拟自次年兴造船坞工程，期以 4 年修竣，须令 1 万吨内外之兵船亦可驶入。预估经费每年约 200 万马克，若议院不允支给，则拟在山东先借民款兴办，办有成效，以后再请议院议准。[⑥]

同年，德国捷成轮船公司准备开行轮船，来往广州、香港、青岛、牛庄等处，定于 3 月 15 号由青岛直往香港，即于 3 月底由香港载搭货客仍回青岛。捷成轮船公司此举与青岛商务大有关系，今后南方货物商客不必经由上海即可直来青岛，即山东和北方货物如豆油、花生油、天津

① 『大阪商船株式會社五十年史』、第 243～244 頁。

② 『大阪商船株式會社五十年史』、第 244～245 頁。

③ William D. Wray, Mitsubishi and the N. Y. K, 1870－1914, p. 398.

④ 光绪二十四年，烟台口，《华洋贸易情形论略》，《通商各关华洋贸易总册》，1898 年，第 57 页。上海口，第 244 页。

⑤ 《申报》光绪二十五年七月初二日（1899 年 8 月 7 日）。

⑥ 《中外日报》光绪二十八年二月二十九日（1902 年 4 月 7 日）。

丝粉、柿饼、红枣、雪梨、核桃、苹果、山东绸缎、牛皮、羊皮等各项货物，亦可由青岛直接出口载往南方。①

从1909年德国亨宝轮船公司的广告可以看出，该公司往来上海、青岛烟台、大连湾等处的轮船，名为“提督”“西江”“大臣”“塘沽”，每逢星期三和星期日中午由上海开，星期二和星期六由青岛开，星期一由烟台开，星期日由大连开回。星期五到大连，星期一和四到上海。② 在沿海一带，已成为定期航行的重要力量。

对于俄国、日本和德国等国轮运势力的扩张和竞争，英国无法阻止，但此时英国在北方口岸与上海和华南各口航线上的优势，这些国家还无法动摇。在竞争中，英国采用改换大船、增加航线和航行班次的方式扩大实力。如此，英国虽然失去了此前的垄断地位，但在华北和东北地区仍然不失为霸主；日本则由于取得辽东半岛和东三省南部的势力范围，航运势力随之猛增，成为这些地区主要的外国航运势力。德国以青岛为根据地，奠定了牢固的地区优势；俄国在失去南满地区的势力后，其在东北三江仍然占有航运垄断地位。

四　外国在华航运势力的消长

长期以来，英国在中国的轮船航运中占据着绝对优势的地位，1900年时，英国在中国交通方面的投资，几乎完全集中于航业。有几条重要的英商航线，总公司设于香港。据说“以上海为中心的沿海贸易，几乎全在三个公司手中”，③ 这三个公司中除中国的招商局，其余两家是英商怡和轮船公司和太古轮船公司。英商所有常川行驶中国水面的轮船，共计80只至85只，平均每只轮船约计1500吨位，每吨约值美金50元。照此计算，英人所有沿海内河的轮船共值美金650万元。再加上岸上设备、码头、栈房及轮船公司所有办事处，英国对中国航业的投资共值美金

① 《中外日报》光绪二十八年二月十四日（1902年3月23日）。

② 《时报》宣统元年十二月二十四日（1909年2月3日）。

③ 聂宝璋、朱荫贵编《中国近代航运史资料》第二辑上册，第502、503页。

1000 万元。也因此，中国对外贸易及各口岸间贸易的总吨数中，英国在航业方面所占的比例，1899 年以前，约为 60%，该年降至 59%，清末时大约为 41%。换言之，清末时中国贸易中的中外航业，2/5 为英船所操纵。若专就沿海贸易而论，50% 的航业为英船所有，60% 的货物总值为英船所载。①

从轮船运费收入方面，也可看出轮船航运力量的强弱和变化。据 1905 年日本人对在华外轮货运及运费的估算，外国贸易方面的货物“属英船所载者居多。英国运费三亿九千余万海关两，其次则数德国之八千八百万海关两，再次则数中国之七千七百余万海关两，日本有一千三百余万海关两”。但“中国近数年来，所增者仅六万余两耳”。国内贸易方面之货物，“英所载者，运费四亿三千七百余万海关两，中国三亿三千二百余万海关两，德国次之，日本再次之”。②

此为 1905 年时日本人的估算，即使其有一定的准确度，也需要补充说明两点：一是此后随着日本航运势力的发展，日本所占比例继续提升；二是这里的估算数字中特别是“国内贸易方面”，中国的数字因为包括木船运输数字在内，所以中国的数字偏大。

英国之所以独占垄断地位，除了远洋航线中的欧亚航线几被其独占，更重要的是，英国在中国的老牌航运公司太古，怡和两大轮船公司早已稳占长江和南北沿海地区航运的垄断地位。长江航线还有英商麦边洋行（MacBain & Co.）、鸿安轮船公司（Hung An Steam Navigation Co.）行驶。省港澳轮船公司（Hongkong，Canton and Macao Steam-boat Co.）垄断着香港、广州、澳门间的轮船航运。德忌利士轮船公司垄断着香港到台湾间的航线。只有香港以西经琼州、北海至越南海防的航线，由德国的捷成洋行和法国的孖地洋行两家较小的企业掌握。德国的禅臣洋行、瑞记洋行、美最时洋行虽都有轮船航行于南、北沿海，但都远不能同英国抗衡。

---

① 〔美〕雷麦：《外人在华投资论》，蒋学楷、赵康节译，上海商务印书馆，1937，第 337、338、343 页。

② 杨志洵：《各国在中国之海运事业》，摘译日本《太平洋》，《商务官报》第 21 期，光绪三十二年九月二十五日，第 28 页。

英国这种垄断地位，在1898年后，受到挑战，各国航运势力出现变化并形成新的格局。

1899年时，中国沿海内河的外国定期轮船状况如下：美国至上海间有18艘，欧洲、上海间有100艘内外，上海、长江间有19艘，上海、华南间有17艘，上海、华北间28艘，香港至海参崴间合计定期船约有200余艘。而且，“各国为获取中国贸易的实权，无不锐意扩张其航路而不稍懈怠。其中英德两国尤为热衷，德国亨宝轮船公司的东洋线不但延长至上海，并在上海天津间使用汽船3只每周航行，还用汽船数艘进入长江航行。英国为保长江流域即中原丰饶之地为其势力范围，同时迫使中国内地的河川对外国轮船开放，已经建造了吃水二尺半的新式浅底小炮舰6艘，准备深入长江的源流去测量水深，计划保持垄断长江的水运实力”。①

但是，最突出的变化出现在日本。日本在甲午战争获胜后，为了改变在中国权益争夺中落后的局面，首先发动了攻势。1898年1月，日本的第二大轮船企业大阪商船株式会社在政府的支持和授意下，派船驶入长江，率先开始了上海至汉口间和汉口至宜昌间长江主流航线的航行，此举拉开了列强航运势力新一轮争夺战的序幕，同时也使日本在中外船舶总吨数中所占的百分比，从1897年的1.96%一举上升到4.58%。接着，德国在租得胶州湾后，立即开设上海经胶州、烟台到天津的定期航线。另一家航运企业亨宝轮船公司（亦称汉美轮船公司Hemburg-Amerika Linie）在买并原有的金星线轮船后，与美最时洋行经营的北德路易轮船公司（The North Deuscher Lloyd）一起分置轮船，于1900年闯入长江，并同时扩大沿海和远洋航运的轮运实力，使德国在中外船舶吨位总数中的百分比从4.72%猛增到9.88%，翻了一番还多。法国于获取广州湾租借权后，在加强华南西段沿海航运势力的同时，也组织东方轮船公司（Compagnie Asiatique de Navigation），于1906年进入长江，参与竞争，并在西江与英国进行角逐。在中外船舶吨位总数中所占的份额首次超过4%。

① 聂宝璋、朱荫贵编《中国近代航运史资料》第二辑上册，第35、36页。

表 3　1895～1911 年中外船舶进出中国通商口岸吨数及占比

年份	中外船舶吨数合计		中国		英国		美国		日本		德国		法国		其他外国		外国合计	
	吨数	%	吨数	%	吨数	%	吨数	%	吨数	%	吨数	%	吨数	%	吨数	%	吨数	%
1895	29737078	100	5220121	17. 55	20525798	69. 02	86427	0. 29	121691	0. 40	2442185	8. 21	341345	1. 15	999511	3. 36	24516957	82. 45
1896	33490857	100	7251292	21. 65	21847082	65. 23	165578	0. 49	565992	1. 69	1945019	5. 81	434415	1. 30	1281479	3. 83	26239565	78. 35
1897	33752362	100	7819980	23. 17	21891043	64. 86	269780	0. 80	660707	1. 96	1658094	4. 91	423122	1. 25	1029636	3. 05	25932382	76. 83
1898	34233580	100	8187572	23. 92	21265966	62. 12	239152	0. 70	1569134	4. 58	1658098	4. 84	420078	1. 23	893580	2. 61	26046008	76. 08
1899	39268330	100	9349247	23. 81	23338230	59. 43	310107	0. 79	2839741	7. 23	1854246	4. 72	613191	1. 56	963568	2. 45	29919083	76. 19
1900	40807242	100	7864217	19. 27	23052459	56. 49	474479	1. 16	3871559	9. 49	4032147	9. 88	664987	1. 63	847394	2. 08	32943025	80. 73
1901	48416668	100	6434824	13. 29	26151332	54. 01	898063	1. 85	5518376	11. 40	7542829	15. 58	733041	1. 51	1138203	2. 35	41981844	86. 71
1902	53990002	100	9341082	17. 30	26950202	49. 92	493831	0. 91	7350515	13. 61	7220146	13. 37	833759	1. 54	1800467	3. 33	44648920	82. 70
1903	57290389	100	9911209	17. 30	28122987	49. 09	559686	0. 98	7965358	13. 90	7310427	12. 76	1178200	2. 06	2242522	3. 91	47379180	82. 70
1904	63774206	100	14767971	23. 16	32933873	51. 64	924809	1. 45	4290350	6. 73	7602304	11. 92	1264320	1. 98	1991079	3. 12	49006735	76. 84
1905	72755547	100	16407352	22. 55	35095658	48. 24	1293416	1. 78	6238918	8. 58	8187871	11. 25	1699121	2. 34	3833211	5. 27	56348195	77. 45
1906	75819888	100	16186751	21. 35	33450560	44. 12	1351200	1. 78	11376430	15. 00	7477518	9. 86	3125749	4. 12	2851680	3. 76	59633137	78. 65
1907	80109424	100	16686305	20. 83	33316618	41. 59	1045899	1. 31	15598213	19. 47	6639767	8. 29	4712188	5. 89	2110434	2. 63	63423119	79. 17
1908	83991289	100	16945860	20. 18	34405761	40. 96	998775	1. 19	18055138	21. 50	6585671	7. 84	5071689	6. 04	1928395	2. 30	67045429	79. 82
1909	86771809	100	17860810	20. 58	34026704	39. 21	806523	0. 93	18949404	21. 84	7243742	8. 35	4919889	5. 67	2964737	3. 42	68910999	79. 42

续表

年份	中外船舶吨数合计		中国		英国		美国		日本		德国		法国		其他外国		外国合计	
	吨数	%	吨数	%	吨数	%	吨数	%	吨数	%	吨数	%	吨数	%	吨数	%	吨数	%
1910	88776689	100	19597822	22.08	34253439	38.58	725279	0.82	18903146	21.29	7060521	7.95	4923492	5.55	3312990	3.73	69178867	77.92
1911	85771973	100	17881542	20.85	34712440	40.47	712161	0.83	19172727	22.35	6849069	7.99	3154157	3.68	3289877	3.84	67890431	79.15

注：1. 中外船舶吨数中包括在通商口岸登记的帆船，但其数量不大，其中又以中国船为多；

2. 其他外国包括挪威、丹麦、荷兰、俄国、西班牙、奥地利、葡萄牙等国；

3. 各国吨数栏目后的百分数，是这些国家在中外船舶吨数总数中所占的百分比。

资料来源：杨端六、侯厚培《六十五年来中国国际贸易统计》，中央研究院，1931，第133～141页。

英国为了保持它在中国航运中的垄断地位，一面强迫中国开放西江和全部内港航运，极力攫取宜昌以上川江的航运权，力图夺占湖北以上至四川的长江上游航运；[①] 一面加强原有轮船公司的实力，增设新的轮船公司，与其他列强展开激烈角逐，力图保住自己在中国的势力范围。俄国在组织中东铁路公司船舶部，侵入松花江和华北沿海后，又新组东海轮船公司，和原有的黑海义勇舰队轮船公司一起，派船远航远东，加强新占夺的辽东半岛同本国的联系，并力图寻找机会继续南下。

其余美国、挪威、荷兰、丹麦、西班牙等国或加强自己在中国的航运实力，或增强远洋各线航行中国的航运力量，窥视机会参与中国内江内港的竞争，在角逐中国权益的争夺中获取一杯羹的意图同样十分明显。

因此，正如表3所统计的，在1895至1905年的10年中，中国各通商口岸进出口登记的轮船吨位数从2973万余吨跃增为7275万余吨，10年中增长了近1.45倍。其中，除中国所占的份额大体不变，其余主要列强如英、德、日、法的吨位数都有较明显的增长。英国虽然净增吨位数达1457万余吨，在列强中遥遥领先，但在吨位总数中的比例却从69.02%下降到48.24%。居第二的德国净增吨位数574万吨，10年间增长2.35倍，增势强劲。但更明显的变化却在日本，日本虽然吨位数仅增611万余吨，但增长的幅度却位列第一，10年间增长50.27倍，一跃跻身于列强第三位，在总比例数中达到8.58%，仅比德国落后不到3个百分点。实际上，还在1902年时，日本的轮船吨位数就已超过德国，位列外国航运势力的第二位了，只是因1904年和1905年日俄战争使部分船只移作军用，才退居德国之后。然而，日俄战争结束之后（1906），日本的轮船转瞬之间即猛增500多万吨，超过德国近6个百分点，此后一直保持着领先德国的地位。此间法、美等国虽有所增长，但增长势头均不如德、日，尤其远不如日本。

此后，中国各通商口岸船舶进出吨位总数继续增加，1911年达到8577万余吨，与1905年相比，6年间又净增1302万余吨。其中，英国虽然仍然保持着领先的地位，但吨位数却比1905年时下降了38万余吨。

① 参见聂宝璋《川江航权是怎样丧失的?》，《历史研究》1962年第5期。

德、法、美等国在激烈的竞争中实力也有下降。

引人注目的现象依然是日本在大多数列强势力有所削弱的时候，仍然保持着持续强劲的增长势头。1911 年在 1905 年的基础上又净增吨位数 1294 万余吨。增长幅度在列强中绝无仅有，这不仅因为日本在南满、华南和沿海的航运势力都持续增长，更由于日本在长江流域的航运势力迅速扩展的缘故。如以 1911 年与 1895 年时相比，日本的吨位数从 1895 年时微不足道的 12 万余吨持续增长至 1911 年的 1917 万余吨。17 年间增长约 158.75 倍。这种速度不可谓不惊人。中国虽然由于清政府在向列强拱手交出航运权的同时不得不解除对华商行轮的限制，使大批华商小轮公司在此期间出现，而使中国的轮船总吨位数从 1895 年时的 522 万余吨增加至 1905 年的 1640 万余吨，再增加到 1911 年的 1788 万余吨，但值得注意的是，中国自有的船舶吨位在 1908 年以前，一直领先于日本，此后则退居日本之后。而且由于中国增加的绝大多数为小公司和小轮船，多数基础不稳，旋起旋落，其中还包括部分帆船，因而总体实力根本无法与列强，尤其是老牌的英国和后起的日本相抗衡。

可以说，在 19 世纪末 20 世纪初的这段时间里，世界各主要帝国主义国家的航运势力几乎都参加了在中国的权益争夺。从轮船公司看，英国的怡和、太古、麦边，德国的亨宝、北德，法国的东方，日本的大东、大阪、日邮、湖南以及由这 4 公司合并组成的日清汽船株式会社，[①] 是这场航运势力争夺战中的主角。

从地区看，长江流域是列强争夺的焦点。因为长江流域位于中国的腹心地带，水运条件极为方便，更因为长江流域是中国经济最发达的地区，贸易量最大，因而必然成为列强在中国扩展侵略势力最重要的目标。

在这场激烈的争夺战中，日本航运势力的崛起和迅猛增长，成为列强航运势力竞争中最突出的现象。日本航运势力的增长过程，突出反映

---

① 日本这四家轮船公司及日清汽船会社在长江流域争夺航运权的情况，请参见拙文《1895 年后日本轮运势力在长江流域的扩张》，原载《中国社会科学院经济研究所集刊》第十集，中国社会科学出版社，1988，后收入拙著《中国近代轮船航运业研究》（论文集），中国社会科学出版社，2008。

了日本向外侵略扩张的特点，反映了新兴帝国主义国家日本与老牌侵略势力英国及其他列强在争夺中国权益中的矛盾冲突，是日本扩大在中国的重要侵略计划之一，也是日本在中国争夺市场和攫取资源的重要保证条件之一。

近代中国的开港城市与东亚*

中国是一个既拥有广大的内陆，又面向浩瀚的海洋的大国。自1842年中国被迫五口通商和香港被英国占据以来，来自欧美的先进生产力和政治经济在中国的主要沿海口岸城市登陆，并顺着重要交通路线往广大的内陆地区推进，中国开始走上艰难而又痛苦的现代化的道路。这种现代化的进程，今天仍在进行之中。基于这种认识，吴松弟、戴鞍钢等在20世纪末开始研究“港口—腹地与中国现代化”问题，此后吴松弟更指导他的研究生，以天津、大连、烟台、青岛、上海、宁波、镇江、汉口、芜湖、重庆、福州、广州、北海等沿海沿江口岸城市和云南边境口岸城市，以及它们的腹地为研究对象，进行了至今已达20余年的研究。这项研究，致力于探讨自1842年港口城市陆续开埠以后，西方生产力和政治经济进入引起的中国经济的变化，试图解释港口城市和其腹地的经济发展以及双方之间的双向互动关系，并注意到中国各港口之间的联系。①

由于较近的区位和历史上千丝万缕的联系，以中国、日本和朝鲜半岛为主的东亚地区的国际贸易关系一直较为紧密，探讨中国开港城市与东亚其他开港城市的密切联系，有助于我们从更广大的视野，探讨中国的“港口—腹地和现代化进程”问题。本节拟对相关问题进行探讨。

---

* 本节作者吴松弟，复旦大学历史地理研究所教授；王哲，复旦大学历史地理研究所副教授。

① 吴松弟研究团队目前主要由复旦大学中国历史地理研究所的吴松弟、樊如森和历史系的戴鞍钢、上海社会科学院历史研究所的唐巧天和经济研究所的方书生、上海海关学院的姚永超、南开大学历史系的毛立坤和经济学院的王哲、山东曲阜师范大学历史系的姜修宪、华东师范大学资源与环境学院的王列辉、南通大学地理系的陈为忠、上海航海博物馆的张珊珊、云南师范大学历史系的张永帅、河南大学黄河文明中心的武强等10余位研究人员所组成。

一　近代的中国港口及各港口间的贸易网络

1842年五口通商之后，广州、厦门、福州、宁波、上海都成为中国对外贸易港口，香港被英国占据。就贸易规模而言，厦门、福州、宁波都远不能与上海和香港相比。上海的发展速度远快于广州，自1853年开始，上海港进出口总额大大超过广州港，跃升为中国第一大港。第二次鸦片战争后，中国进一步开放了天津、烟台、牛庄、汉口等商埠，加上之前中俄设立的陆路口岸，共开辟20处商埠。此后，天津很快成为继上海、广州后的第三大港，并成为华北贸易的枢纽，汉口则成为内地贸易的枢纽。到1930年广东中山港开埠，在中国大地上共出现104个开放商埠，4个租借地，加上香港、澳门，可供外国人贸易的口岸达到110个。①

尽管有着如此众多的通商口岸，但最重要的通商口岸仍然是沿海通商口岸，其次是以长江沿线口岸为主的内地口岸，沿边口岸所占的比重微不足道（见表1）。

表1　中国各地带海关贸易总值及占全国的百分比

	1882年		1912年		1931年	
	总额 单位：两	%	总额 单位：两	%	总额 单位：关平两	%
沿海海关	185461660	73.5	789093596	64.6	3212687879	81.6
沿边海关			61618815	5	39422959	1
内地海关	66837827	26.5	371536156	30.4	683327317	17.4
（长江沿岸）	66837827	26.5	277275742	22.7	504190015	12.8

注：贸易总值都包括洋货进口净值、土货进口净值和土货出口总数三项。

资料来源：《光绪八年通商各关华洋贸易总册》，第六款；《中华民国元年通商各关华洋贸易总册》，第八款；《民国二十年海关中外贸易统计年刊·统计辑要》，《民国十八年至二十年海关贸易货值按关全数》。中国第二历史档案馆、中国海关总署办公厅编《中国旧海关史料（1859—1948）》京华出版社，2001。

① 吴松弟主编《中国百年经济拼图：港口城市及其腹地与中国现代化》，山东画报出版社，2006，第4页。

中国最主要的沿海、沿江开埠港口是上海、天津、广州，以及东北的大连（大连兴起前东北主要港口是营口）和山东的青岛（青岛兴起前山东主要港口是烟台），长江中游的汉口，以及英国占领下的香港。图1反映了上海、广州、汉口、天津、大连等五个主要港口在中国不同时期的进出口中所占的份额。

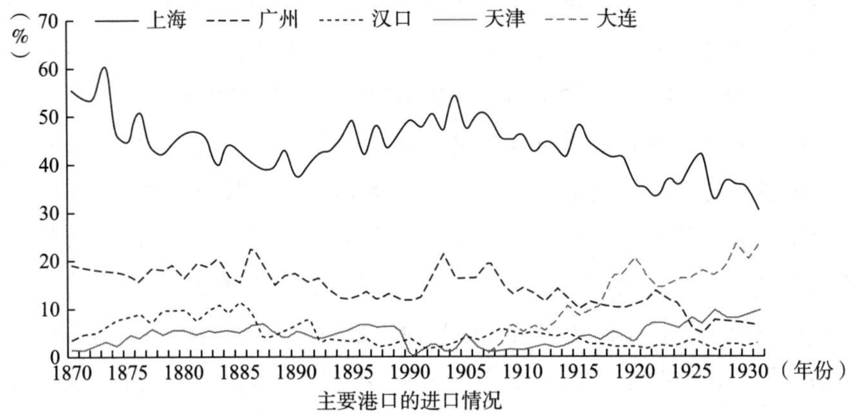

主要港口的进口情况

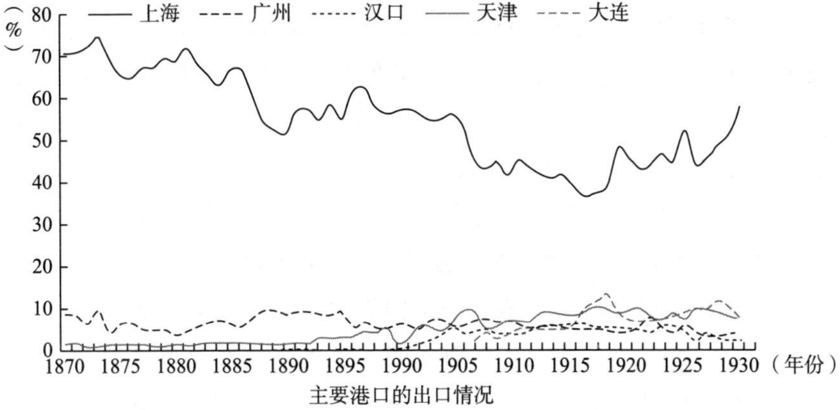

主要港口的出口情况

图1　主要港口在中国进出口中的份额

资料来源：1. 1870～1928年比重，除大连数据依据中国第二历史档案馆、中国海关总署办公厅编《中国旧海关史料》，京华出版社，2001；大连数据系大连关历年统计整理而得；其余据杨端六、侯厚培《六十五来中国国际贸易统计》（国立中央研究院社会科学研究所专刊第四号，1931），第十四表《六十一年来出入口货价值港口统计表》，以及第一表《六十五年来出入口货总数统计表》中相关数字计算。2. 1929～1931年比重，据《中国旧海关史料》相关数字计算。

中国的沿海口岸无疑以上海最重要。图 1 表明，1870 年代，上海在中国总进口中的比重达 60% 左右，到了 1874 ~ 1887 年间虽然有所下降，其占总进口的比重仍在 40% 以上。这一期间，上海在中国总出口中的比重虽然低于其进口在全国总进口中所占的比重，但仍远远高于其他主要港口。此后在 1888 ~ 1906 年间上海所占的比重均有所下降，但始终是中国最主要的进出口贸易港，一般占全国进出口货值的一半左右。此后出口货值所占比重呈下降趋势，进口货值比重先有下降后又有所提高，到 1931 年仍是全国第一位的港口，但所占比重已下降到 34% 。

图 1 表明，随着更多对外贸易口岸的开放，广州港在中国对外贸易中的地位日趋下降，后期甚至被天津、大连超过。长江中游的汉口是以土货出口为主的港口，其洋货直接进口甚少，在全国总额中的份额很小。20 世纪以来，在日本的控制下，大连港得到飞速发展。1907 ~ 1916 年，大连在中国总出口中的比重由开埠初的不足 1% 上升至 10% ，1917 ~ 1931 年基本保持这一数字。在中国主要出口港口的位置中，大连在开港后的两三年先后超越天津和汉口，1917 年更是越过广州成为第二大出口港。

天津地处华北东部，地势平坦，“九河下梢天津卫”说明了其内河航运的便利，开埠之前，天津便是北方经济重镇。1860 年，《中英北京条约续约》使天津成为北方开埠三口之一，由于其广阔的腹地范围以及河流运输条件，天津成为北方毫无疑问的龙头港口。但在大连开埠以后，更为优越的海港自然条件使大连在 1920 年代的进出口贸易值超越天津。尽管如此，多年的贸易积累仍旧让天津成为北方工业和金融业的中心城市。①

香港因在英国统治下，不属于中国海关总税务司署的管辖范围，且其是自由港，并无统计数据。然而香港是近代中国对外贸易的主要转口港之一，凭借优越的地理位置及独立自由的贸易机制，形成了与国内其他通商口岸有很大差别的贸易模式。这体现在香港贸易以转口为主、正常贸易与走私贸易并行、特货贸易发达等方面。② 当时，大批身在异国他

① 樊如森：《天津与北方经济现代化（1860 ~ 1937）》，东方出版中心，2007 年，第二章第二节。

② 毛立坤：《晚清时期香港对中国的转口贸易（1869 ~ 1911）》，博士学位论文，复旦大学，2006 年，未刊稿，第 19 页。

乡的华侨对国内农副土特产品的需求量很大，同时也把当地的农产品运往国内销售，而当时南洋和上海之间的直接班轮较少，大部分经由香港转口。上海与香港就是这条双向贸易路线上最重要的两个点，上海是国内广大腹地各类出口土特产品和进口洋货的集散地，香港则是对土货进行精加工并分销南洋及将洋货转口国内的中转地。①

除了以上主要的港口，在中国的沿海沿江还有数十个规模较小的港口和陆地口岸。各港口不仅开展进出口贸易，也开展口岸之间的埠际贸易。因口岸城市的增多，1936～1940 年间国内埠际贸易的网络较之1885～1904 年更加复杂。

如果将枢纽性的港口与支线港口分开，并对其进行较长时间尺度的考察，可以进一步看出国内埠际贸易流的网络变化趋势（见图 2）。

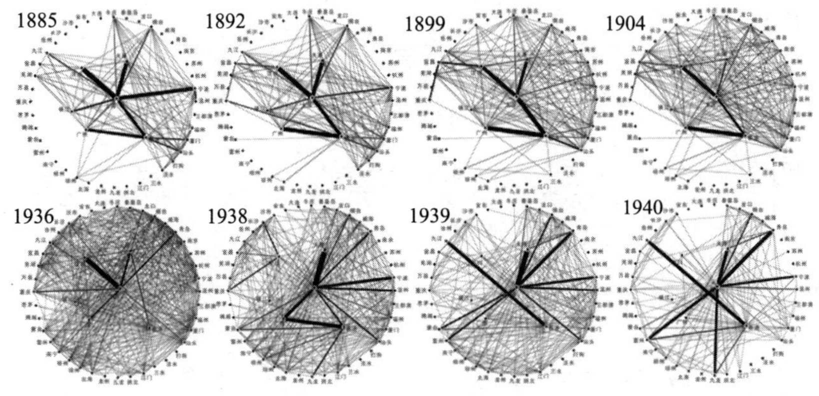

图 2　1885～1904 年和 1936～1940 年中国的国内埠际贸易网络

资料来源：引自王哲《晚清民国对外和埠际贸易网络的空间分析——基于旧海关史料的研究（1873～1942）》，2010 年复旦大学博士学位论文，未刊稿。贸易数据依据《中国旧海关史料（1859～1948）》。

如图 2 所示，1885～1904 年，在饼状图中心的天津、上海、汉口和广州等枢纽性的港口间的贸易，占了全国贸易总量的绝大部分。这一状况在此 20 年间一直未曾变化，体现了开埠初期的特点。尽管如此，还能看出一个不甚明显的趋势：上述枢纽城市间贸易份额在逐渐减少。1936～

① 毛立坤：《晚清时期香港对中国的转口贸易（1869～1911）》，第 14 页。

1937 年是全面抗战爆发前国内埠际贸易的顶峰时期，贸易结构已极大的复杂化。另外，最重要的若干枢纽城市（津、沪、穗、港）间的贸易规模未与全国贸易总量成比例同步增长，主要原因是较小城市间的直航代替了枢纽城市的转运功能。换言之，随着全国埠际贸易的扩大化，枢纽城市的所占份额和中转作用均明显下降。

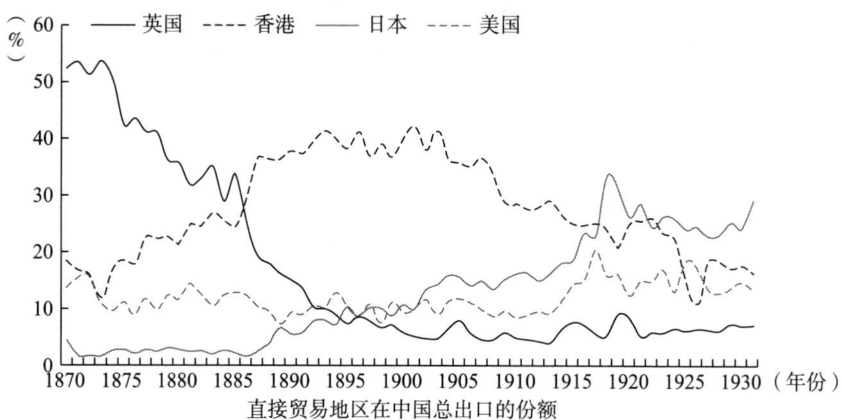

直接贸易地区在中国总出口的份额

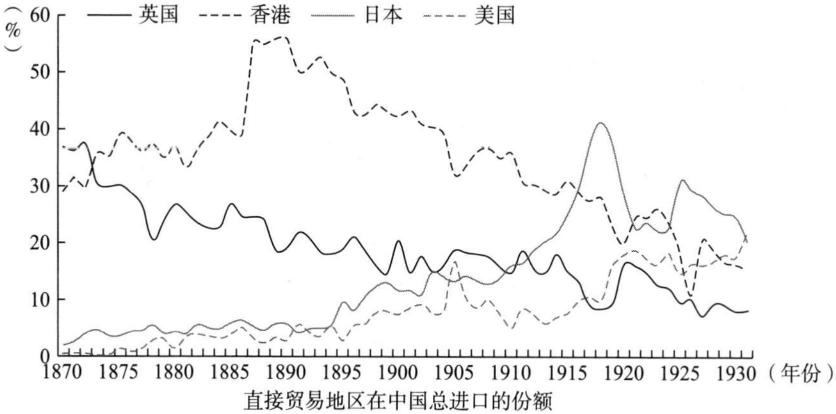

直接贸易地区在中国总进口的份额

图 3　直接贸易地区在中国进出口的份额（1870～1931）

资料来源：杨端六、侯厚培：《六十五年来中国国际贸易统计》，第 99、105～106、118 页。中国第二历史档案馆、中国海关总署办公厅编《中国旧海关史料（1859～1948）》第 6 册，第 6－7 页；第 9 册，第 464～465 页；第 15 册，第 10～11 页；第 24 册，第 12～13 页；第 37 册，第 14、15 页；第 52 册，第 10～13 页；第 76 册，第 40～45 页；第 96 册，第 106～111 页；第 110 册，第 90～97 页。

二 中国港口与东亚的贸易网络

由于靠近中国且有着方便的海上交通，东亚各国是中国传统的贸易对象国，在近代中国的对外贸易中也占有重要地位。1870 年代到 1880 年代中期，东亚在中国总出口中约占1/4，在总进口中占1/3至1/2。中法战争之后的晚清和民国时期，东亚在中国总出口中的份额过半数，在中国总进口中大致占 1/2 ~2/3 不等。

中国与东亚国家的贸易，以中日间贸易为大宗。图 3 表明，1870 ~ 1931 年中国对日本出口可分为三个主要阶段。1870 ~ 1888 年，日本在中国总出口中的比重除 1870 年和 1888 年稍高外（4. 49% 和 3. 86%），其余年份大多在 2% ~3% 内；1889 ~ 1893 年之间也只提高到 6% ~8%。中日甲午战争以后，尤其是 1905 年日俄签订了《朴茨茅斯条约》以后，日本继承了俄国在中国东北的大部分特权，自中国进口额迅速增长。1895 ~ 1915 年，日本从中国输入商品占中国总出口的份额已经提升到 10% ~ 20%；第一次世界大战发生后，西方列强暂时放松了对中国争夺，日本趁机发展对华贸易，1915 ~ 1931 年，日本在中国总出口中的份额进一步提升到 20% ~30%，1918 年甚至达到 33. 63%。

日本对华输出商品方面，1870 ~ 1894 年占中国总进口比重的变动范围在 1. 96% ~ 6. 37%，并且多数年份在 5% 附近摆动。此后增长迅速，1895 ~ 1912 年间，日本对华输出商品基本占中国总进口的 8% ~ 18%，1913 ~ 1931 年日本在中国总进口中的份额大体在 20% ~ 30% 之间，1918 年前后几年更是在 40% 附近。总之，在一战期间以及一战之后，日本在中国总出口和总进口中均跃升到首位。

甲午战争以后，随着日本势力的扩张以及东北、华北商品经济的发展，中国各区域的港口在全国进出口贸易中所占的比重发生了微妙的变化。表 2 将海关有所统计的全国港口，按东北、华北、上海、长江流域、华南五个区域进行合计。

据表 2，1895 年和 1931 年各区域港口贸易货值在全国所占的百分比有较大的变化。一是上海虽然仍是全国最大贸易港，但其在全国所占的百分比由过半下降到略超过 1/3；二是华南港口由占近 40% 下降到不到 18%；三是东北、华北和长江流域港口以前在全国占较低的百分比甚至可以说微不足道，1931 年均有较大的提高，东北、华北的提高尤其显著，已分别占到全国的 17% 和 17.1%。简言之，1895 年，全国进出口贸易货值主要集中在上海和华南的港口，到 1931 年前已形成上海、北方（东北、华北）、南方（长江流域、华南）各占 1/3 左右的局面。显然，中日甲午战争以后中国的开埠通商朝着北方和长江流域发展，20 世纪以来这一进程仍在持续，而且新港口的进出口贸易发展迅速，导致中国港口体系新格局的形成。

表 2　中国各区域港口贸易货值及占全国的百分比

	1895 年海关进出口贸易值		1931 年海关进出口贸易值	
	进出口贸易值（两）	占全国份额（%）	进出口贸易值（两）	占全国份额（%）
东北	——	0	669687408	17.0
华北	17214281	5.3	674535994	17.1
上海	168839947	52.2	1344803490	34.2
长江流域	6849187	2.1	540502461	13.7
华南	130336756	40.3	323240171	17.9
全国合计	323240171	100.0	3935438155	100.0

资料来源：杨端六、侯厚培：《六十五年来中国国际贸易统计》，第 73 ~ 98 页；中国第二历史档案馆、中国海关总署办公厅编《中国旧海关史料（1859 ~ 1948）》第 110 册，第 99 ~ 104 页。

日本自明治维新以后迅速成为东亚的强国，中国与东亚的贸易主要就是与日本的贸易。而且，1910 年 8 月 22 日日本正式吞并朝鲜，此后朝鲜从中国国际贸易的国别中消失，有关贸易数据并入日本统计。有理由认为，中国东北、华北两大区域开港数量的增多和区域进出口贸易货值的不断增加，与日本在这一区域的经济扩张同步进行，体现了同样的发展趋势。显然，日本的经济扩张及其产生的强大影响，是东北和华北港口贸易发展的主要动力之一，并促进了中国港口体系的改变。

日本经济扩张对中国各地港口的影响，不仅可从东北、华北两大区域在全国进出口贸易货值中所占的比重得出结论，也可从我国各地港口贸易对象的变化中得到佐证。武堉幹于 1930 年出版《中国国际贸易概论》，详论了中国当时的对外贸易状况，其中专辟一章分析中国各主要口岸的贸易对象，为我们清楚地展示了各国在这些港口中的贸易地位。①

大连是当时东北最主要的港口，“就各国在大连贸易上的势力以观，自以日本居第一，美国居第二，英国、埃及、荷兰、德国等次之。民国十四年，大连由日本输入之货物，几近五千万两；出口至日本之货，且达八千四百余万两，其贸易总额，差为美国之九倍，英国十三倍有余，其他各国更无足论矣”。进出大连的各国轮船，以装货吨位为标准，日本所占的吨数，常为大连进出口船只总吨数70%以上。

安东（今辽宁丹东）同为东北对外贸易两大门户，由于安东和大连两港都以日本为主要贸易对象，“实则不啻谓为对日贸易两大门户之为当”。安东有铁路通往日本占领下的朝鲜半岛，并通过对马海峡连接日本的铁路，铁路的便捷使安东成为东北对朝鲜和日本贸易的重要口岸。安东进口的日本棉布之多，超过东北的任何口岸，其他各货的进口也颇以称盛。到了1920年代以后安东对日本的出口也“渐臻盛矣”。

天津是北方最主要的港口。1912年进出天津的外国轮船以英国居第一，日本次之，美国最微。10年后便以日本居首位，英次之，美更次之。日本轮船吨位，1912年608804吨，1920年为735905吨，在全部进出天津的外轮吨位中所占的比重分别是26%和29.5%。1925年日本轮船吨位为1840000吨，已占各国进出天津的外轮吨位的38%。在近代，各国轮船一般都是运输输出入本国的货物，因此各国进出某港的轮船的吨位的多寡，大体反映了在该港进出口贸易中的地位。

青岛是北方的另一个主要口岸城市。早在1913年，青岛的直接对外贸易即以日本为最盛。1921年青岛对各国的对外贸易额，日本为3000万两，香港为530万两，美国为270万两，英国为140万两，日本远远超过其他国家。就进出青岛的外国轮船吨位而言，1921年日本已占了64%以上。

上海是中国最大的港口，近代以来一向以英国、美国为主要贸易对象，20世纪以后日本的贸易增长迅速。如表3所示，在1924～1926年

---

① 武堉幹：《中国国际贸易概论》，商务印书馆，1930，第六章“由主要埠别上观察中国国际贸易”。

间，美国居上海对外贸易的第一位，日本略逊之居第二位，而英国已退居第三位且在这三年中也呈下降趋势。此外，菲律宾群岛也是上海在东亚的贸易伙伴之一。

表 3　1924～1926 年部分地区与上海的贸易额及其所占比重

单位：关银百万两

地区	1924 年		1925 年		1926 年	
	贸易额	占比（%）	贸易额	占比（%）	贸易额	占比（%）
英国	131.60	17.40	99.26	13.40	123.43	12.90
美国	180.57	23.90	179.96	24.40	228.67	23.90
中国香港	46.07	6.09	39.22	5.30	56.40	5.88
菲律宾群岛	5.20	0.70	6.47	0.88	8.24	0.86
日本	153.08	20.25	150.89	20.44	174.53	18.21

资料来源：据武堉幹《中国国际贸易概论》，第 361 页《近三年上海对外贸易国别比较表》改制。

汉口是长江中游的主要港口，长江中上游地区的进出口物资集散地。1913 年日本已居汉口对外贸易的第一位，达到 1500 余万两，英国占 580 万两居第二位，美国、印度、俄国及其他国家和地区合计不过占 100 万两上下。第二年因欧洲发生第一次世界大战，对德贸易逐渐消退，英国地位为美国所取代，日本贸易额继续增加。因此，汉口对外贸易额，以日本为第一，美国居第二，英国第三。1925 年在汉口进出口总额中，日本和美国分别占 30.35% 和 20.64%。

广州是中国南方的贸易大港，由于靠近英国统治下的香港，英国在广州一向有着特殊优越的商业地位。日本对广州贸易虽有所增长，仍未能超越英国。

武堉幹的《中国国际贸易概论》较少提到朝鲜以及它的港口，1910 年 8 月 22 日日本正式吞并朝鲜，此后朝鲜从中国国际贸易的国别中消失应是主要原因。尽管如此，该书仍零星提到中国东北的个别边境口岸与朝鲜的贸易。例如，珲春的对外贸易以对日本最盛，对俄国和朝鲜也重要。龙井村的对外贸易以日本最盛，其次是朝鲜。

中国海关总税务司署发布的1922年至1931年的《最近十年各埠海关报告》，在介绍各埠的进出口贸易时，也简略提到主要的贸易对象。在1922～1931年东北和华北12个港口城市的主要贸易对象，2个（哈尔滨、瑷珲）是苏联，4个（营口、葫芦岛、烟台、威海）是日本；在其他6个通商口岸城市，日本都是主要的贸易对象国之一，日本之外的主要贸易对象分别是英美（秦皇岛、天津、青岛）、香港（大连、青岛）、俄国（沈阳、珲春）、朝鲜（珲春、安东、大连、青岛）。长江流域和华南的17个港口的主要贸易对象，3个（温州、基隆、高雄）是日本，4个（杭州、宁波、广州、香港）是英美；在其他10个通商口岸城市日本都是主要的贸易对象国之一，日本之外的贸易对象分别是英美（上海、武汉、宜昌、长沙、九江、福州、厦门、汕头），以及香港地区（上海）。据此可见，无论在东北、华北、长江流域和华南的港口城市，日本都是主要的贸易对象国，只是其贸易地位在东北、华北要高于在长江流域和华南，而在长江流域和华南美英的贸易地位大体上仍高于日本。

日本学者岡本二雄1942年在『港湾规格の统一』一书中对中国港口分类：上海、天津、香港定为第一等港口，港口的目标是吸引国际航路的船舶；青岛为二等甲类港口，汉口、南京、广东为二等乙类港口，主要吸引太平洋、印度洋、大东亚海等地的船舶；秦皇岛、芝罘、连云港等为三等港，吸引日本海、黄海、东海、南海的船舶；其他港口为四等港，只吸引中国沿海的船舶（见表4）。这与本文上述分析大体契合。

表4　中国沿海港口分类

<table>
<tr><th>种别</th><th>水深（米）</th><th>船舶吨数</th><th>目标</th><th>港口</th></tr>
<tr><td rowspan="2">一等港</td><td>11</td><td>50000</td><td rowspan="2">国际海运航路船</td><td rowspan="2">上海、天津、香港</td></tr>
<tr><td>10</td><td>20000</td></tr>
<tr><td rowspan="2">二等港</td><td>甲9.5</td><td>15000</td><td rowspan="2">太平洋、印度洋、大东亚海</td><td>青岛</td></tr>
<tr><td>乙8.5</td><td>8000</td><td>汉口、南京、广东</td></tr>
<tr><td rowspan="2">三等港</td><td>甲7.7</td><td>5000</td><td rowspan="2">日本海、黄海、东海、南海</td><td rowspan="2">秦皇岛、芝罘、连云港、重庆、厦门、海口</td></tr>
<tr><td>乙7</td><td>3000</td></tr>
</table>

续表

种别	水深（米）	船舶吨数	目标	港口
四等港	甲 5	1000	中国沿岸	其他
	乙 3	500		

资料来源：王列辉《驶向枢纽港：上海、宁波两港空间关系研究（1843—1941)》，浙江大学出版社，2009，第 76 页。

三　近代上海在东亚港口中的地位

毫无疑问，上海港是中国近代第一大港。但上海港在东亚港口网络中的地位仍具争议。我们不妨看看 1923～1925 年世界各大港的情况。

表 5　1923～1925 年世界各大港口的进口船舶吨位

单位：百万吨

港口	1923 年	1924 年	1925 年
伦敦	21	23	24
纽约	19	—	—
利物浦	18	19	20
神户	17	19	19
香港（除帆船）	16	17	14
汉堡	15	16	17
上海（进口帆船亦并计内）	15	17	15
鹿特丹	14	16	17
蒙特利尔	13	15	17
新加坡（50 吨以下不计）	11	12	13
横滨	8	9	9
大阪	8	11	11

资料来源：武堉幹《中国国际贸易概论》，第 358～360 页，《最近世界各大商埠进口船舶吨位比较表》，不计本为通过口岸的苏伊士运河和巴拿马运河。该表据上海浚浦局出版的“The Ports of Shanghai”中的图表改造而成的。

依据表 5，在 1923～1925 年，进入上海港的船舶吨数通常在 1600 万～

1700 万吨上下，在全球次于伦敦、纽约、利物浦、神户 4 个大港。武堉幹对此评论道："以现在黄浦港口尚未浚深，其发达已届如此，则将来之发展诚未可限量也。"[①] 然而，远东的另一个港口神户在世界港口中的地位超过上海，香港的地位则与上海不分伯仲，而日本的另两个港口横滨、大阪也列于世界大港之列。就东亚港口的排名而论，神户第一，上海第二，横滨第三，大阪第四，中国在东亚的四大港口中只占有 1 个。

王列辉依据中国海关 1935 中的数据，制成《1934 年世界十五大港口进口船只吨位表》，展示了 1930 年代中的世界大港状况。据表 6，在世界大港中，神户第三，上海第五，香港第六，大阪第八；在东亚的大港中，上海排在神户之后，大阪排在上海之后。上海港包含国内贸易的份额，如果将之去掉，则在世界和东亚的排名将下滑。

表 6 1934 年世界十五大港口进口船只吨位

单位：吨

排名	港口	吨位	排名	港口	吨位
1	纽约	34948123	8	大阪	17928027
2	伦敦	29373605	9	费城	17000013
3	神户	26832622	10	安特卫普	16839835
4	鹿特丹	20962096	11	利物浦	16737928
5	上海（1934）	19935047	12	马赛	16636723
	上海（1935）	19846017	13	旧金山	16296314
6	香港	18611437	14	新加坡	14922617
7	汉堡	18432459	15	洛杉矶	14582536

资料来源：王列辉《驶向枢纽港：上海、宁波两港空间关系研究（1843—1941）》，第 82 页；原数据来自 *Trade of China*，*1935*，载《中国旧海关史料（1859—1948）》第 118 册，第 173 页。

以港口体系的角度来看，上海港毫无疑问是国内港口的枢纽，但是在世界航运体系中，尤其是在中美航线上，上海港却是日本港口的支线港口。这主要是因为日本轮船公司在航线选择上有较大的权力。

---

① 武堉幹：《中国国际贸易概论》，第 360 页。

港口发展的水平与国家综合实力是紧密相关的，全球的航运中心首先在伦敦建立，后来移到纽约，皆因全球经济重心的转移。而在近代东亚地区，经济贸易发展水平并不高，上海、香港、神户三个港口呈现三足鼎立的局面，没有一个港口能够建立起统治性的地位。

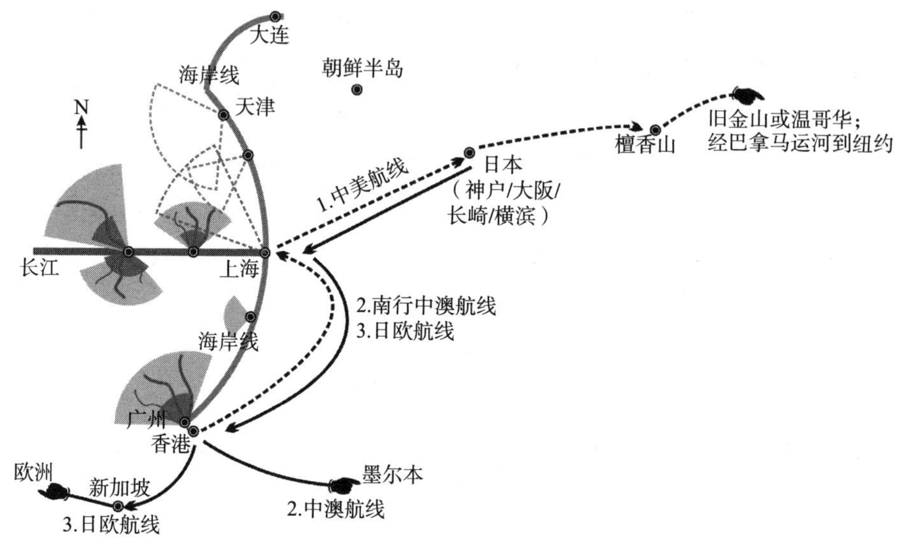

图 4　上海港在东亚港口网络中的作用

资料来源：王列辉《驶向枢纽港：上海、宁波两港空间关系研究（1843—1941）》，第 84 页。

如图 4 所示，中国远洋航运可分三线：一是东行的中美航线，其起点在小吕宋或香港，上海为经过的一个大商埠，再经过日本的长崎、神户、大阪、横滨，寄碇檀香山，以达温哥华或旧金山，更可由巴拿马运河以达纽约。二是南行的中澳航线，其起点在日本，经过上海至香港，更向南分两路：一路经马尼拉或新加坡，巴达维亚；一路经槟榔屿、加里亚得来特，以达悉尼及墨尔本。三是西行的亚欧航线，其起点亦多在日本，上海为经过之一大商埠，复由香港，西经西贡、新加坡、哥伦布，经苏伊士运河，出地中海以达欧洲各大埠。由此可知，上海港是中国三条远洋航线的主要港口，但不是三条航线的始发港或终点。①

① 王列辉：《驶向枢纽港：上海、宁波两港空间关系研究（1843—1941）》，第 84 页。

四 结语

综上所述，我们可以得出如下几点结论。

第一，近代中国不同区域之间，港口的开埠、各区域的经济发展水平有不同的消长，由此导致各区域在全国对外贸易中的比重有升有降。东北在19世纪末仍旧以农业生产为主，其对外贸易仅占全国的1%有余，而在1930年代，由于大连等港口的出口贸易拉动，东三省农业发展加速，农产品运销量极大，港口进出口贸易值占到全国17%。华北的对外贸易亦在同期内有了3倍的增长，港口进出口贸易值同样占到全国17%。与之相反的是，华南诸埠的进出口贸易权重则有了明显降低，由全国之40%降低为跟华北一样的份额。对具体港口而言，上海一直占据中国港口进出口贸易值的首位，但第二、第三名港口的争夺非常激烈。开埠十余年之后，广州成为第二位的港口，由于东三省出口量的激增，大连港在1907年设立海关之后的短期内就升到了全国第二位。

第二，中国各区域内部的经济发展和列强在中国经济扩张的时间和力度，是决定中国外贸主要对象和港口体系变迁的决定性因素。开埠初期，英美等西方国家在中国进出口贸易值中占据大头。1894年甲午战争以后，日本开始展开在中国的经济扩张，另外则是东北开发的扩大和华北工矿业和农业商品化的进展。一战期间以及之后，由于地缘优势以及日本工业的发展，日本产品逐渐蚕食英美产品的相当一部分份额，同时也成为中国北方出口农产品的主要市场。在1922~1931年，中国东部港口基本都以日本为最重要的贸易对象，东北和华北的港口尤其如此。在东北和华北，日本产品的广泛流通和本地农产品对日本的大量出口，恰和大连港和天津港的增长，构成互相推动的正反馈关系。就此而言，20世纪初前后中国的对外贸易对象、港口体系、外资构成，都随着北方区域经济增长和日本经济势力的迅速扩张而发生了不可忽视的重要改变。这一点对研究中国近代的对外贸易史、对外交通史、外资投资史、经济变迁史，乃至政治史、国际关系史以及日本对华战争的背景研究的意义，必须高度注意。

第三，东亚地区并未出现垄断性的港口，尽管神户的地位在上海之上，但神户、上海和香港仍各自拥有自己的优势，发挥不同的区域功能。虽然近代中日间经济发展水平差别较大，但日本港口并未建立统治性的优势，这是因为中国诸多港口依托广阔的腹地，种类繁多、价值巨大的出口土产和巨量的消费人口，将进出口贸易值维持在一个较高的水平，使东部诸多港口拥有了较高的区域地位。

第四，不应忽略中国口岸之间的埠际联系。中国是一个地域广大的海陆国家，主要通过沿海港口联系世界。广大内陆口岸及部分沿海口岸城市将自己的货物输送到沿海主要口岸城市，进而通过它们连通国际市场。中国内部繁密的埠际贸易既是区域经济联系的主要方式，也是走向国际市场的必不可少第一站。研究东亚开港城市，不能忽视各国内部的埠际贸易联系的研究。

（本文系2011年12月参加韩国仁荷大学韩国学研究所主办的国际学术会议“18. 2011年东亚开港都市国际学术会议”的会议论文，以英文在韩国发表，原题 The Economic Connection between the Opening Port Cities of China and East Asia during 1843 – 1949，刊于 *The Journal of Korean Studies*, No. 26, Feb., 2012, Korea: Center for Korean Studies Inha University, pp. 119 – 142，第二作者王哲。

民国时期浙江嘉兴地区轮船航路网[*]

正如“南船北马”所言，中国江南地区自古以来水路网发达，用船走水路要比走陆路更加方便。因此人们长期以来多利用木造帆船，19世纪末，随着近代轮船即蒸汽船的出现，情况有所变化，成立了许多轮船公司。①

特别是关于中国内河的轮船航运，日本领事报告中的《运河的小蒸汽运漕业》如实记载如下：

> 根据光绪二十四年即明治三十一年的内河章程，在运河开设小蒸汽船的航行后，持有英美国籍及清国的招商局的小型轮船等在运河投入运营历经七年，到了今年，之前加入美国籍的戴生昌转为本邦（日本）国籍，此成为本邦加入运营运河航运的嚆矢，之后大东汽船公司也从初夏开始经营此段航路。②

即光绪二十四年（1898），清朝允许小型蒸汽船在运河等内陆河川航行。最初开始运营航运业的是英国籍与美国籍的航运业者，与此同时，清朝的轮船招商局也开始了小型蒸汽船的航运。之后，戴生昌及日本的大东汽船也实行了同一经营计划。于是，轮船招商局及戴生昌与大东汽船在

---

* 本节作者松浦章，日本关西大学名誉教授；译者许晓，浙江工商大学日本语言文化学院2013级翻译硕士；校阅者孔颖，浙江工商大学日本语言文化学院副教授。

① 松浦章『近代日本中国台湾航路の研究』清文堂、2005、第3~7頁。

② 「镇江清江浦间运河状况」（明治38年10月30日附在上海帝国領事館報告）、『通商彙纂』明治38年（1905）第71号、第32頁。

内河轮船航运上展开了激烈竞争。①

最细致地记载了从清末到中华人民共和国成立前有关中国轮船航运业情况的著作，可谓樊百川的《中国轮船航运业的兴起》一书（中国社会科学出版社，2007）。樊百川从清代的帆船航运开始，详细论述了外国轮船进入中国及之后中国各地轮船航运业的兴起，以及招商局轮船的创设与中国内河的中小轮船航运业的发展与兴亡等。但中国国土辽阔，仍然留有许多需要论证的问题。

因此本节试以浙江省的嘉兴地区为中心，考察江南地区水运发达的太湖南部地区的江苏省及邻接浙江省的水路网的轮船航运情况。

图1　轮船招商总局旧址（上海外滩 作者摄于2009年9月22日）

一　清末轮船航运业的振兴

在上海发行的报纸《沪报》第66号［光绪八年六月十九日（1882年8月2日）］上登载有一则题为《论内河轮船有利无害》的报道：

> 如试办内河轮船一事，固有利而未尝有害也……内河民船就江苏而论，不下数万船户水手，皆倚以生。今轮船，初虽搭客不装货，后必装载货物，人皆贪其便，若各省行之，不夺数十万民船之利，

① 松浦章「清末大東汽船会社の江南内河就航について」『関西大学東西学術研究所紀要』第24輯、1991、第1～38頁，松浦章『近代日本中国台湾航路の研究』、第169～220頁。

> 而绝数百万船户水手之命乎。曰轮船之设，不欲与民船争利也……向应江南乡试，专坐民船，近年既有商轮，又有官轮，然乘轮船者，十不过六七，仍有三四成雇用民船，即民船减去六七成雇户。

即在江苏省内的内陆河川，从事民船航行的船上劳动者——“水手”之数不下数万，他们皆以民船航行为生。但是，新出现的轮船成了民船的巨大竞争对手。相对于民船，轮船更大且速度稳定，用轮船运输货物，不与旅客同时搭载，非常便利，深受欢迎。这也意味着以民船航行为生的水手们的生业被夺去。因此轮船数量增加、与民船进行竞争一事并不受人欢迎。而且考科举的考生以前皆搭乘民船赶考，但在1882年前后，有人开始搭乘在内河航行的商业性轮船或官营轮船，利用轮船的人达到了六七成。

在同一天的《沪报》第66号上还登载有一则题为《西报论内河轮船》的报道：

> 上海华商，拟办内河轮船一事……查苏州至沪，民船须四五日不等，风苟不顺，尚不止此数。苟用小轮船，则不过一日夜耳。此类齐观其利否，不待办而自明矣。

由上可知，利用水路交通从苏州去往上海，如果顺风顺水，民船四五天便可到达；如果逆风逆水，则需要更多的天数。但是搭乘小型轮船的话，一昼夜便可到达。轮船的省时性和准时性正逐渐被广泛认识。

到了1880年代，清朝的地方官吏也认识到轮船航运活动的价值。安徽巡抚陈彝在光绪十四年（1888）三月二十五日的奏折中这样写道：

> 查古今转输之法，用船最便，用车次之，用马又次之，用人最拙，船最小者，装载犹以百十石计，车则至重不过二三千斤，骡马驮载较车行似速，而一骑所负不过百余斤，人之所负，又仅及马之半，此其大较也……江南、江西、广东三省考官，悉由轮船行走其

间，或用海轮，或用江轮，或用内河轮船，分别酌定，一转移间，实与疲氓大有裨益。①

即在运输的便利程度上，船运要胜过陆路的车、马、人力等。即使是最小的船也可以运输 110 石（约 6.6 吨）的货物。而陆路的车最多不过装载 2000 斤～3000 斤的货物而已；一匹马最多可运输 100 斤（约 50 千克）的货物。而人力可运输的重量仅有马的一半。因此，如果在这些地区允许轮船通航的话，不仅可以给人们带来很大的裨益，其所带来的经济效果也是非常巨大的。

清末，轮船的便利性广为人知以后，许多商轮公司、轮船业者如雨后春笋般在各地水路网兴起。明治 40 年（光绪三十三年，1907）4 月出版的《中国经济全书》中记载了当时的情况：

上海、苏州、杭州的轮船航行经营始于十七年前。之后，汽船公司相继兴起。轮船公司间相互竞争，兴废无常，短则三个月，长则不过三年即面临倒闭。尤其是上海、苏州间的航路以乘客为主，往来颇为频繁，且距离较近，因此小资本公司较多。而上海、杭州间的航路与之相反，距离较远，运输主体与乘客相比多以货物为主，因此相对有实力的公司较多。②

即在 1890 年代（光绪十六年以后），连接江南的上海、苏州、杭州之间水路的轮船航运业兴起，相继创立了许多公司。尤其提到上海、苏州之间以乘客为运送对象的轮船公司多为小资本公司，因此许多公司在短期内便遭遇停业，最长也不过坚持三年便即倒闭。

有关江南地区轮船公司林立的例子，根据清朝邮传部的《邮传部第一次统计表》光绪三十三年（1907）整理如下：

---

① 《宫中档光绪朝奏折》第 3 辑，台北“国立故宫博物院”版，1973，第 749 页。

② 『支那經濟全書第三輯』東亞同文會、1907、第 395 頁。

表 1　光绪三十三年（1907）两江商轮公司

公司名	航线	经营者	开业时间	所在地	船数
利　济	江宁　镇江	华商	光绪三十年（1904）	上海	2
陆炳记	江宁　扬州	华商	光绪三十二年（1906）	上海	4
升　记	江宁　芜湖	华商	光绪三十二年（1906）	上海	3
阜　陵	江宁　扬州	华商	光绪二十九年（1903）	上海	3
庆东生	江宁　芜湖	华商	光绪三十二年（1906）	上海	1
江　安	江宁　芜湖	华商	光绪三十三年（1907）	上海	1
通　昌	江宁　六合	华商	光绪三十三年（1907）	上海	1
美　利	江宁　扬州	华商	光绪三十三年（1907）	上海	1
江　昌	江宁　芜湖	华商	光绪三十三年（1907）	上海	1
鑫森记	江宁　芜湖	华商	光绪三十三年（1907）	上海	1
公　泰	芜湖　庐州　江宁	华商		芜湖	4
江　汇	芜湖　庐州	华商		芜湖	1
泰　昌	芜湖　安庆	华商		芜湖	3
森　记	芜湖　庐州　江宁	华商		芜湖	3
江　淮	芜湖　庐州	华商		芜湖	1
源　丰	芜湖　安庆	华商		芜湖	2
普　济	芜湖　江宁	华商		芜湖	1
芜庐航路	芜湖　庐州	华商		芜湖	2
晋　新	芜湖　宁国	华商		芜湖	1
久　源	芜湖　江宁	华商		芜湖	1
江　安	芜湖　江宁	华商		芜湖	1
普　安	芜湖　江宁	华商		芜湖	1
未立名	芜湖　庐州	华商		芜湖	1
无　名	芜湖　巢县	华商		芜湖	1
福　康	南昌－湖口－九江－饶州－吉安等处	华商	光绪三十二年（1906）六月	南昌	5
道　生		华商	光绪三十二年（1906）八月	南昌	7

续表

公司名	航线	经营者	开业时间	所在地	船数
祥　昌	南昌　九江	华商	光绪三十二年（1906）	南昌	4
见　义	南昌－湖口－九江等处	华商	光绪三十三年（1907）三月	南昌	1

资料来源：《邮传部统计表第一次》光绪三十三年（1907）。

关于这些在江南内陆河川航行的轮船，日本方面光绪二十四年（明治31，1898）的领事报告——《国内外商民在清国内河的小蒸汽船行驶许可一事》中记载了“获得执照、登记名号”的规定：

> 一　自今日起，允许国内外各种蒸汽船在各省开设通商市场的各个内河港口自由进行往来贸易。
>
> 一　非海洋航行的国内外各种蒸汽船或行驶在港内、或往来于内河的轮船，除了根据各自国家之规定领取的执照外，还需呈报税务司，获得执照。在执照上需填写所有人的姓名、族籍及船名、船型和水手人员等。且该执照需每年更换一次。若发生所有人变更或停止贸易业的情况，需将该执照返还。第一次领取执照时需支付手续费海关银十两，每年更换时需交纳二两。
>
> 一　此类小蒸汽船在海内行驶时，每次不必呈报海关。如若要进入内河，需在出港回港时呈报海关。且没有执照的船只一律不得进入内河。
>
> 一　所有此类小蒸汽船必须挂起灯火，以防发生冲撞事故。水手的雇佣和替换以及蒸汽机的检查等需遵守各港口以往的规则。①

即清政府许可对外开放的通商港口与通商港口之间的轮船航路的运营。经营航运时需获得执照，且为便于管理，对执照的细节也有规定。在执

① 「清國内河ニ内外商民ノ小滊船駛行許可ノ件」（明治31年6月11日付在清國公使館報告）、『通商彙纂』明治31年（1898）第105號。

照上需开列营业者、船名、船型、船员人数等。虽然轮船航运基本上被限定于内河水路，但如需在海路航行时，必须向海关申报。并且夜间航行时，船只有义务点亮灯火。

此后不久，该章程即被修正。在《内外商民在清国各省内河的小蒸汽船行驶章程修正一事》中，第一条被修改如下：

> 一　自今日起，在清国内港（即内河港口），凡是在各通商口岸登记在册的各种国内外小蒸汽船在遵从以下规定的基础上，允许其自由往来，专门从事内河港口贸易。但不能超越清国边界去往他处。内港二字与烟台条约第四条中的“内地”是同一含义。[①]

在之前的规定中开港的只有通商市场，而修改后，国内外的小蒸汽船在通商市场的基础上，还可以在几乎所有的内河港口靠岸和离岸。第二项及之后的规定虽变动了若干字句，但含义几乎与修改前相同，故在此省略不提。

另外，关于水路网发达的江南地区的内河轮船的情况，在登载日本领事报告的《通商汇纂》第250号［明治35年（光绪二十八，1902）12月6日］中有上海帝国总领事馆的报告——《清国江苏浙江内河轮船航路状况及招商局内河轮船公司设立的始末》详细记载，详情如下：

> 上海、苏州、杭州的内河轮船航运经营始于距今十四年前，之后轮船公司兴起，相互竞争，兴废无常，短则三个月，长则不过三年即面临倒闭。尤其是上海、苏州间的航路以乘客为主，往来颇为频繁，且距离较近，因此小资本公司较多。而上海、杭州间的航路与之相反，距离较远，运输主体与乘客相比多以货物为主，因此相对有实力的公司较多。下面列举曾出现过的公司名称：同茂、兴隆恒、邵顺记、芝人富、人和、祥存、瑞生、吴楚记、高源祐、日新

① 「清國各省内河ニ内外商民ノ小滊船駛行章程改正ノ件」（明治31年7月29日付在清國公使館報告）、『通商彙纂』明治31年（1898）第110號。

昌等。根据今年（明治35）八月的调查，当时在上、苏、杭三地间及其附近地区经营航运事业的轮船公司共计九家，公司名、资本、开始年月及航路的概要列举如下。①

由上可知，从1888年（光绪十四，明治21）前后开始，在江南三角洲特别是在上海、苏州、杭州间的内河相继创设的经营内河航运的轮船公司有同茂、兴隆恒、邵顺记、芝人富、人和、祥存、瑞生、吴楚记、高源祐、日新昌等，这些公司兴废无常。现将活跃于明治35年（光绪二十八，1902）的轮船公司的规模整理为表2。

表2　中国江苏、浙江内河航行轮船公司船舶数

轮船公司名		轮船			客船	
国籍	公司名	总船数（艘）	总吨数（t）	总马力	总船数（艘）	总吨数（t）
日本	大东汽船株式会社	15〔5〕	191.32	299	12	320.16（10艘）
中国	戴生昌轮船公司	25〔6〕	404.00（21艘）	406（24艘）	7	194.00（6艘）
中国	利用轮船公司	11〔8〕	103.00（6艘）	111（6艘）	3	94.00（3艘）
中国	泰昌轮船公司	2	26.00	35		
中国	舛和轮船公司	2	25.00	29		
中国	萃顺昌轮船公司	2	30.00	32		
外国	老公茂轮船公司	3	81.00	73		
中国	华胜轮船公司	3	58.00	—	2	48.00
中国	申昌轮船公司	2	—	—		
中国	丰和轮船公司	6	—	—	1	—

注：〔　〕内的船数是借入船只。

资料来源：『通商彙纂』明治35年（1902）、1月10日第206號。

① 『通商彙纂』第250號、明治36年［光緒二十九（1903）1月29日刊］、第40頁。

二 以浙江省乌青镇为中心的轮船网

为了解民国初期江南地区轮船网情况的资料，笔者查阅了乌青镇（即乌镇）的地方志。乌青镇位于浙江省北部，与江苏省相接。从民国25年（1936）的《乌青镇志》卷二十一的“轮船一览表”“快船一览表”“航船一览表”[①] 中可见当时江南航运的情况。在该书关于航运的起始部分中有如下记载：

> 航业　市集之繁盛，全恃交通之便利。吾镇虽无铁道公路之通达，但轮舟往来，快班船、旧式航船，逐日来往各埠。暨经过者各有数起交通，亦属便利……[②]

由此可知，在1930年代，位于太湖南部的乌青镇的交通依赖于轮船的往来及旧式帆船的往来。

依据该书《轮船一览表》，关于局名、航线、班期记载如下：

局名	航线	班期
招商	菱湖、双林、乌镇、盛泽、平望、上海	每日一次
源通	上海、平望、盛泽、乌镇、双林、菱湖、	同上
通源	嘉兴、陶莨、濮院、桐乡、炉头、乌镇、双林、袁家汇、湖州	每日来往两次
通源	双林、乌镇、炉头、桐乡、濮院、陶莨、嘉兴	同上
王清记	乌镇、宗扬庙、石弯、石门、长安	同上
公大	乌镇、梿市、善练、石塚、袁家汇、湖州	同上
鸿大	南浔、乌镇、炉头、桐乡、屠甸镇、硖石	同上
翔安	德清、新市、梿市、乌镇、嘉兴	同上

① 民国《乌青镇志》卷二十一《工商》，“轮船一览表”（十五丁表～十五丁里），《中国地方志集成·乡镇志专辑23》，上海书店，1992，第594页。“快船一览表”（十五丁里～十六丁表）见第594～595页。“航船一览表”（十六丁里～十七丁表）见第595页。

② 《中国地方志集成·乡镇志专辑23》，第594页。

宁新	菱湖、双林、南浔、震泽、严墓、乌镇	同上

《快线一览表》中还有如下记载：

船　别	经由地点	班　次
王店船	濮院	每日一次
湖州船	马腰横街	同上
震泽船	严墓	同上
湖州船	双林、梿市	同上
嘉兴船	新塍、梿市	同上
塘栖船	新市、梿市	同上
南浔船	乌镇、炉头、桐乡、屠甸镇、硖石	一来一往
长安船	南浔、乌镇、炉头、石弯、崇德	每日来往
桐乡船	炉头	同上
崇德船	石弯	同上
硖石船	乌镇、炉头、桐乡、屠甸镇	隔日一次
善练船	梿市	每日一次
濮院船	石谷庙	同上
湖州濑	马腰横街	同上

在《航船一览表》中还记载有以下目的地：

船　别	班　期	船　别	班　期
上海船	十日一班	湖州船	每日一班
上海船	同上	梿市船	同上
苏州船	七日一班	桐乡船	同上
震泽船	每日一班	新市船	隔日一班
硖石船	同上	崇德船	同上
双林船	同上	杭州船	四日一班
南浔船	同上	海宁船	每日一班

嘉兴船	隔日一班	新塍船	同上
南浔船	每日一班	盛泽船	隔日一班

另外，关于位于乌青镇以西、以大运河城市闻名的嘉兴与其治下的平湖之间的水路网可见于《嘉兴新志》上编。特别是以平湖为中心的水路网如下所示：

嘉兴至平湖有航船二，逐日来回。
平湖至钟埭航船一，逐日来回。
嘉善至平湖快班船，逐日来回。
平湖至枫泾快班船，逐日来回。
大通桥至平湖快班船，逐日来回。
徐婆寺至平湖快班船，逐日来回。
苏州至平湖定班货运航船一。
上海至平湖定班货运航船一。①

将上述以乌青镇与平湖为中心的水路网绘制成图，可得图 2。

南浔与乌青镇往来频繁，其原因与南浔经济富裕有关。明治 38 年（1905）的日本领事报告中有如下记载：

南浔位于江苏、浙江两省交界，濒临太湖，市镇左右跨与湖州府城相通的河道及通往乌镇的运河的交汇处，船舶辐辏，商贾极其殷繁。此地素来为一市镇，户数仅五千余户，人口约两万有余，但富豪巨园之多，附近几乎无地能及。如被称为五大户的庞、刘、张、邱及金氏就各有五六百万元的资产，此外拥有百万元资产者亦不在少数。其中，庞氏曾以自资投资建设日英学馆，还设立了滋惠医院，延聘本国女医及助手一名。院内设备，除上海附近的二、三处医院

① 《嘉兴新志》上编，浙江省社会科学院历史研究所、经济研究所、嘉兴市图书馆合编《嘉兴府城镇经济史料类纂》1929，第 277 页。

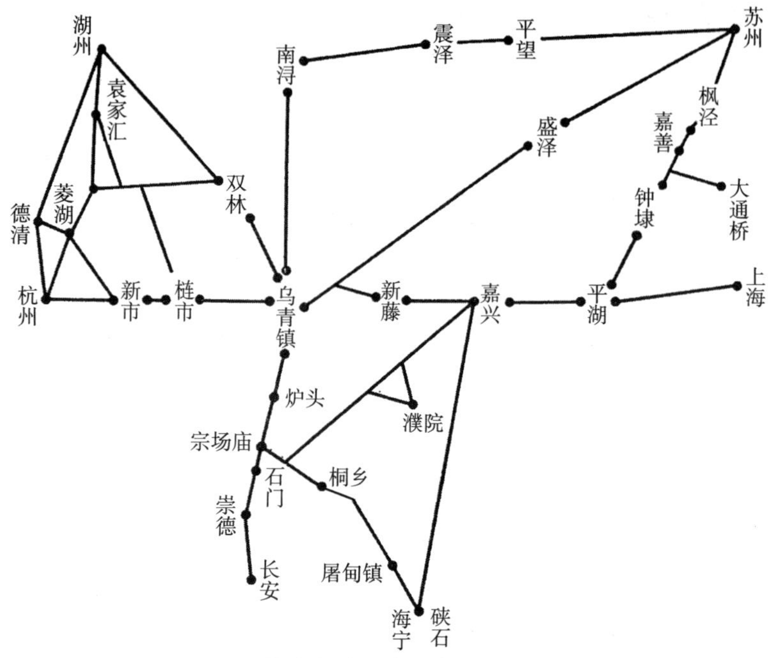

图 2　杭嘉湖地区内河主要航路略图

资料来源：本图主要参考民国《乌青镇志》《嘉兴新志》的记载及《全国交通营运线路里程示意图（第二版）》（人民交通出版社，1983）第三部分“水运”制成。

> 外，其他医院远不能及。最近又有创立洋式制丝公司的计划，专心致力于地方的改良与振兴。现寓居此地的本邦人中有两名妇女在医院工作，非常受到地方官绅的尊敬，来医院看病的人也逐渐增多。

报告中叙述了南浔的地理位置和市镇的经济背景，特别提到南浔有庞、刘、张、邱、金五家当地代表性富豪。①

南浔经济富裕的原因在于当地出产的丰富的生丝类产品。在该报告中还有如下记载：

> 此地（南浔）输出的主要是大经丝、花经丝、生丝等，专门与

① 「蘇州鎮江並杭州開ノ航路」（明治 38 年 2 月 22 日附在蘇州帝國領事館報告）、『通商彙纂』明治 38 年（1905）第 16 號、第 36 頁。

外商进行交易，这些货物大多经由上海被送往欧美各地。[①]

由此可知，南浔大量出产高品质的生丝类产品，且产品不只在中国国内，还出口到全世界。

关于南浔的经济情况，在明治 34 年（1901）11 月 2 日的在杭州日本领事报告——《清国杭州南浔间航路视察复命书》中有如下记载：

> 南浔的主要产物是丝，一年的产量在二三千包之间，丝的种类有细丝和粗丝，细丝大约七成，粗丝大约三成。细丝即花经丝，送往上海、香港及英商年哔剌洋行。粗丝转运至震泽及湖州，该地的丝质与菱湖、湖州产出的相比较为优良，适合做湖绉的原料。其价格与其他相比亦较贵，湖州的丝为每百两三十四元，而南浔的丝为四十元。其原因大概在于太湖附近的水质优良。南浔的主要丝行如下：协大、震昌、瑞记、裕丰、祥源。
>
> 包装控制在八十斤至一百二十斤之间。送往上海后，大经丝送往法国，花经丝送往美国，生丝送往英国和法国。当地丝行设一个董事，由闵次颜担任。虽说如此，但基本上还是在湖州丝业董事的管理之下。往上海运送的有一家被称为丝装船的船埠。有十余艘船，承包一切业务，每艘船内外共可装载一百包左右，如果顺风，三日左右便可到达，归途再搭载银货而回。[②]

即南浔的产物中最重要的是生丝。其中细丝占 70%，粗丝占 30%。细丝又称花经丝，由在上海或香港的英国商人出口。另外，粗丝主要运往震泽和湖州，南浔生丝的丝质远胜于菱湖和湖州出产的生丝的丝质。

湖州与南浔相同，也是出产高品质生丝之地。

---

① 「蘇州鎭江並杭州開ノ航路」、『通商彙纂』明治 38 年（1905）第 16 號、第 36 頁。

② 「清國杭州南潯間航路視察復命書」［明治 34 年（1901）11 月 2 日付の在杭州帝國領事報告］、『通商彙纂』明治 35 年第 206 號、第 115 ~ 116 頁。

湖州府距南浔约三十六哩，位于浙江省最北部，以江浙两省的制丝中心著称，人口约十万有余，商业极其繁盛，丝行鳞次栉比，专门从事蚕丝经营。生丝每年的产量大约为五百包，多运往上海；另外，以粗丝织就的缩缅每年的产量约为十五六万匹，所谓湖绉即为此物。该区域地形稍低，如遇大雨，即遭水害，若逢旱灾，则河水枯竭，行舟不便。①

由此可知，湖州自古以来也作为生产高品质生丝之地而闻名。

这里提到船舶作为联系江南水乡城市的重要交通工具而被广泛利用。至清末以后，轮船迅速登场，不论是速度还是运输量都优于以往的民船，轮船逐渐处于优势地位。

三 以嘉兴地区为中心的轮船网

下面以水路网络发达的大运河城市——嘉兴为中心探讨民国时期的轮船航路网。关于嘉兴的经济、地理情况，有登载于《通商汇纂》第185号的在杭州帝国领事馆的报告，即明治33年（光绪二十六、1900）10月24日及11月8日的《清国浙江省嘉兴》。10月24日的报告如下：

嘉兴位于浙江省中东部，与湖州相邻，土地丰穰，民力富裕。古代秦时隶属会稽，吴时称为嘉禾，隋时属于苏州，及唐朝属于杭州，五代时称为秀州。宋朝再次更名为嘉禾，及元朝成为嘉兴路，明朝始称嘉兴府，一直至今。府下有七县。即嘉兴、秀水、嘉善（位于嘉兴府东北三十九里）、海盐（东南六十八里）、石门（西南八十三里）、平湖（东南六十里）、桐乡（西南四十八里）。②

由上可知，嘉兴位于浙江省东部，自古以来以土壤肥沃而闻名。关于嘉

① 「蘇州鎮江並杭州開ノ航路」、『通商彙纂』明治38年（1905）第16號、第36~37頁。
② 『通商彙纂』明治34年（1901）第185號、第68頁。

兴的交通工具在该报告中记载如下：

交通工具……船舶即民船，其种类有客船、货船及短距离行驶的艀舟等。大小船只共计一千有余，每日出入的船舶数在二百艘以上。

轮船公司有戴生昌及大东会社。大东会社于上月（九月）之前开办有分公司，由清国的代理人经营。但为了开辟连结苏杭申三地航运，新设支店，并派日本人常驻，积极开展业务。上述公司的轮船皆每日往来于杭苏、苏申之间，进行乘客与货物的运输。此外，翠顺昌公司及合义公司运营往来于硖石与嘉兴之间的航线。还有嘉兴至上海的航路。从平湖县至松江府的轮船隔日开船。嘉兴、南浔间的轮船也是每隔一日往来。前面所详细介绍的水路由于小蒸汽船可以自由往来，使得商业活动逐渐活跃，策划轮船航运的人日渐增多，与此同时，依靠旧式民船的运输业由于速度缓慢，终将难逃优胜劣汰的结局。①

即在20世纪初期，水路航运在嘉兴的交通中占重要地位。嘉兴大致位于上海、杭州之间航路的中间位置，在当地航行的是自古以来的民船。当时，在嘉兴停泊的旧式民船有1000多艘，船舶每日的出入量在200艘以上。在这种情况下，小型轮船开始出现，并作为代替旧式民船的运输工具航行于水路网中。

在11月8日的报告中还有如下记载：

嘉兴府位于大运河上游段距上海二百三十余里处，距杭州城东北约二百四十里处，大致处于上海与杭州的中央。嘉兴县下辖七县（嘉兴县、秀水县、嘉善县、海盐县、石门县、平湖县、桐乡县），南与杭州府、西与湖州府、北与江苏省的苏州府、东与同省的松江府相接，东南临海，水路四通八达，其主要航路是上海、苏州、杭州、平湖、硖石及钱塘江等，可谓是浙江省内河水路的中心点。船

① 『通商彙纂』第185號［明治34（光緒二十七、1901）2月25日刊］、第70頁。

舶出入量大，在运河一线停泊的船只常常不下七八百艘。另外，钱塘江是浙江省内河水路的干线，从干流至杭州的距离约为三百二十哩，贯通安徽省。很多物产自古以来由宁波港运出，但自杭州开港以来，大半货物便不经由宁波水路，而是从水运便利的杭州出发，再经由北运河运出。于是宁波逐年衰微而杭州逐渐繁荣，这一事实从海关报告中亦可看出。然而钱塘江与北运河的水平面不同，因此取道杭州利用运河水运时必须将货物转船。若将嘉兴府开辟为通商港口，那么运往钱塘江上游的货物取道海宁州的硖石镇时便可省去在陆地上搬运的麻烦，船舶的航行也更加便利。①

从嘉兴到杭州、上海或到南浔等浙江省内各地的水路网完备，不论是从物流方面来看，还是从人员移动方面来看，嘉兴都是最适合利用水路网的地方。

另外，关于嘉兴府的水路状况还有如下记载：

嘉兴大致位于杭州、上海之间及杭州、苏州之间的中央位置。其作为枢要地区，水路纵横贯通，与商业贸易中的重要商品茧丝的著名产地湖州、南浔、震泽、苏州及硖石镇、海宁、平湖等地有水路相通，且这些水路幅广水深，没有障碍，小蒸汽船可以通行。土壤肥沃，土地平坦，仅东南的石门及桐乡二县有丘陵起伏。②

即嘉兴府周边的水路以嘉兴为中心向各地呈放射状发展，水路网发达，且该水路的水量适合轮船航行。因此小型轮船也可在此地航行。

杭州的浙江省档案馆中藏有浙江省各地的报纸，其中有一份名为《嘉兴商报》的报纸。这份报纸仅保留下一张，且并不是整张报纸完整地保留了下来，只是留下一些碎片，但从其登载的《嘉兴往来各埠轮船一

---

① 『通商彙纂』明治34年（1901）第185號［明治34（光緒二十七）、1901］2月25日刊）、第71頁。

② 『通商彙纂』明治34年第185號、第68頁。

览表》也可窥见当时轮船网的一些情况。

这里引用的《嘉兴商报》出版于1926年7月18日、阴历六月初九。

嘉興往來各埠輪船一覽表

图3 《嘉兴商报》所载《嘉兴往来各埠轮船一览表》

表3 1926年嘉兴往来各埠轮船一览

局　名	来往停泊地名	本埠开船时间	本埠停泊码头	船　名
泰　昌	十八里桥、新丰、平湖	单日3点半、双日9点半、下午9点半	东门外	嘉禾
新　平	平湖、新仓	下午1点	东门外	长顺
大　建	新丰、平湖、虹霓、乍浦	中午12点	东门外	大东
乍　嘉	东栅口、新丰、平湖、虹霓、乍浦	中午12点	东门外	乍浦
永　济	塘汇、杨庙、天壬庄、油车港、南汇	上午9点半、下午3点半	端平桥	
宁　绍	王江泾、平望、八尺、吴江、苏州	上午9点半	端平桥	宁安 宁平
老公茂	新丰、平湖	单日9点半、下午4点半、周日3点半	东门外	达兴
宁　绍	九里汇、新塍	8点、1点、4点半	荷花堤	清扬
宁　绍	余贤塘、沈荡、圩城、海盐	下午1点半	东门外	宁孚

续表

局　名	来往停泊地名	本埠开船时间	本埠停泊码头	船　名
通　源	陶家霓、濮院、桐乡、炉头、乌镇、双林、袁家汇、湖州	上午10点半	东门外及荷花堤	飞翔
通　源	陶家霓、濮院、桐乡、炉头、乌镇	下午4点半	东门外及荷花堤	顺发
通　源	王江泾、盛泽	10点半、6点半、4点半、1点	东门外	顺庆
招　商	王江泾、平望、梅埝、震泽、南浔	中午12点半	东门外及端平桥	飞龙
招　商	上海	时间不定	端平桥	恒升
招　商	石门、崇福、杭州	时间不定	端平桥	利航

资料来源：《嘉兴往来各埠轮船一览表》，《嘉兴商报》1926年7月18日。

局名中的泰昌局应当是泰昌惠记轮船转运局。在《航业月刊》第3卷第12期中登载的“本会会员广告之十”中有如下内容：

泰昌惠记轮船转运局

地址　上海北苏州路574号

电话　41381

经理　孙槐卿

所有船　5艘　永泰、永昌、永惠、永元、永和

源通轮船局

地址　上海北苏州路494号

电话　40219

经理　俞子佩

所有船　7艘　源祥、源吉、源余、源发、源通、源丰、源昌

宁绍内河轮船公司　上海分公司

地址　北苏州路天后宫桥西庆记轮船局

电话　40566

上海经理　严锦才

航沪轮船2艘　宁泰、宁泰[①]

其中，泰昌轮局“航行长江苏皖两省及江苏苏浙内河线”，[②] 即该公司是经营长江路线上的江苏安徽两省以及江苏省的苏州与浙江省之间的内陆轮船航路的公司。

宁绍局是宁绍轮船公司[③]经营内河路线的分局。而宁绍轮船公司由宁波商人虞洽卿等创立，于 1907 年 7 月开设了上海、宁波间的轮船航路。宁绍局不仅经营上海、宁波间的航路，在江南地区的内河水路也开展了小型轮船的定期航行。

老公茂即为老公茂洋行（Libert & Co. Ltd.[④]），宣统元年（1909），“英商老公茂添派轮船，试走乌镇南浔二处”。[⑤] 可见，老公茂是由英国商人经营的轮船业公司，在乌镇与南浔间试行轮船航运业。之后的二十多年间，老公茂一直是江南地区轮船航运业的一个组成部分。

招商局是负责轮船招商局内河航路的招商内河轮船公司。[⑥] 根据宣统二年（1910）“招商局申本部遵饬内河轮船局造送各项表式图说恳准注册给照并乞批示文”中的“招商内河轮船股文公司”章程：

公司总号，设立地方，如有分号，一并列入，总公司设立上海，分公司设立苏州、杭州、湖州、嘉兴、常州、无锡、镇江、扬州、清

---

① 上海市轮船业同业公会编《二十四年航业年鉴（航业月刊第三卷第十二期扩大号）》上海市轮船业同业公会，1936，第 10 页。

② 张心澂：《中国现代交通史》，上海良友图书印刷公司，1931，第 294 页。

③ 松浦章「寧波商人虞洽卿による寧波・上海航路の開設一寧紹輪船公司の創業一」『東アジア海域交流史　現地調査研究～地域・環境・心性～』第 2 号、平成 17 年度～21 年度　文部科学省特定領域研究一寧波を焦点とする学際的創生一現地調査研究部門、2008、第 61～86 頁。

④ 黄光域编《近代中国专名翻译词典》，四川人民出版社，2001，第 171 页。

⑤ 《本部咨浙江巡抚分别准驳洋商庆记戴生昌老公茂职商施友桐等请添轮专驶内河文》《交通官报》第一期，邮传部图书通译局官报处，宣统元年七月十五日，公牍一、咨札类、十五丁表。

⑥ 张后铨主编《招商局史（近代部分）》，人民交通出版社，1988，第 255～258 页。

江、杨庄、临淮关、正阳关等处。其沿途经过之平望、黎里、芦墟、乌镇、南浔、震泽、双林、菱湖、泗安、盛泽、珠家阁、青浦、洞庭山、黄渡、白鹤港、荡口、甘露、塘栖、石门、石门湾、双桥、嘉善、丹阳、奔牛、新丰、越河、浒墅关、横林、望亭、吕城、江阴、洛社、宜兴、溧阳、瓜洲、邵伯、高邮、界首、氾水、平桥、二浦、泾河、宝应、淮城、板闸、小河口岸大港……等处均设局所。①

可知轮船招商局下属有招商内河轮船局，从列举的地名亦可知其从事的是大运河水路航运及江南地区水路网的航运业。

将“嘉兴往来各埠轮船一览表”按照航路整理后可得图4。

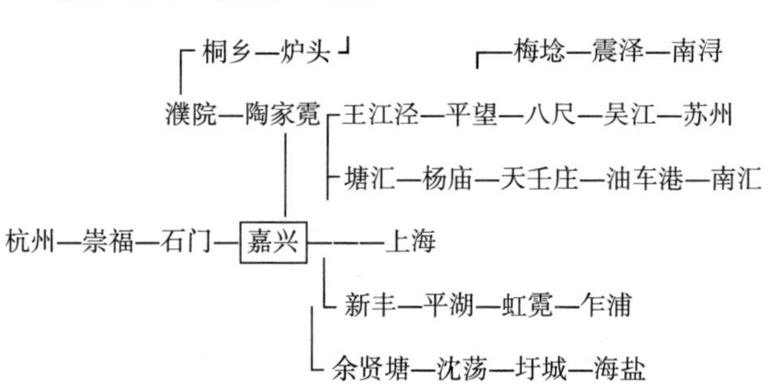

图4 以嘉兴为中心的航路图

综上所述，从以嘉兴为中心的水路网的记录可以得知，1920年代，轮船进入以往的水路网中，形成了连接各地的交通网。

小 结

综上所述，轮船在19世纪末进入中国后，不仅在沿海地区开展航运活动，还活跃于内陆河川的水路网中，各地开展定期航运的轮船航运业

① 《招商局申本部遵饬内河轮船局造送各项表式图说恳准注册给照并乞批示文》，《交通官报》第十四期，邮传部图书通译局官报处，宣统二年四月三十日，公牍二、禀呈类、十五丁里～十六丁表。

林立。这些轮船航运业即使在清朝瓦解后，仍然作为进行物流的运输机关及人们移动的交通工具发挥着作用。依据 1921 年日本的调查，关于杭州与苏州间的轮船航运业有如下记载：

> 此间（杭州苏州之间）小蒸汽船业在大运河中最为兴盛，航行需四小时，给杭州、苏州两大城市交通带来很大便利。杭州、苏州间虽有沪杭、沪宁两条铁路连接，但这是通过上海来保持联系，并不是直接联系。从杭州到上海所需时间约四小时，从上海到苏州约二小时，且需在上海换乘。而大运河的小蒸汽船在价格方面也便宜许多。①

由此可知，在苏杭之间的交通方式中，利用在大运河中航运量很大的杭州、苏州间的轮船航运业要比利用新建的沪杭铁路和沪宁铁路节约很多时间。特别是以 1920 年代的嘉兴为中心的轮船定期航行表——《嘉兴往来各埠轮船一览表》如实反映出除了上海、嘉兴、杭州及利用大运河的干线航路，从嘉兴到浙江省北部的南浔与湖州、从嘉兴到南部的平湖与乍浦、到西南部的石门与海盐等支线的定期航路也已完备并投入航运之中。

---

① 〔日〕谷光隆編『東亜同文書院　大運河調査報告』（汲古書院、1992）所収「大正十年（1921）七月（第十五回）調査報告」、第三章「大運河水運ノ現状」、第一節「大運河ノ汽船業」「第一款　杭州、蘇州間」、第 460 頁。

木帆与机械：新旧变革中的钱塘江航运（1912～1937）*

1636年十月初六，徐霞客乘木帆船自桐庐逆流而上前往浙江中西部一带，于初七日晚到达兰溪。在兰溪、金华等处游览4日之后徐霞客于十二日重新启程，十五日午间始到衢州。[①] 水路行程约6天。

1918年6月，祖籍龙游的余绍宋[②]一行自北京回衢州老家省亲，“凡七十余日，所行几及万里”。26日，余绍宋等雇用民船从杭州出发前往龙游，因“上江水势颇大，又逆风，遂属商轮曳驶”，于18时抵达桐庐。此后，民船自行，29日夜到达兰溪，7月1日上午始到衢州。[③] 水路行程约5天。

1933年11月，郁达夫从杭州经诸暨、金华、兰溪前往衢州，遍游各处名胜。9日19时，郁达夫乘火车从杭州出发，22时前后达到诸暨。在诸暨停留一日，于11日上午乘火车前往金华，15点即达金华车站。13日坐轨道汽车由金华往兰溪，15日坐汽车由兰溪往龙游，都是当日即达。[④] 陆路行程约3天。

相似的一段旅程，三个人在三个不同的时间点以三种迥异的交通方式来完成。与徐霞客全程使用依赖自然力的木帆船相比，余绍宋是木帆船与轮船——自然力与机械力——兼而用之，而郁达夫的旅程则由全机

---

* 本节作者徐杨，杭州师范大学人文学院历史系副教授。

① 《徐霞客游记》，中华书局，2009，第63～68页。

② 余绍宋（1883～1949），字越园，号寒柯，浙江龙游人，著名学者，书画家。

③ 余绍宋：《余绍宋日记》，北京图书馆出版社，2003，第390～394、447～448页。

④ 郁达夫：《杭江小历纪程》，杭江铁路局编《浙东景物纪》，该局1933年印行，第1～27页。

械化的交通方式来完成。三者恰好构成了钱塘江流域的交通方式由自然力向机械力过渡的渐变图谱。

这样的一种演变过程显然很符合进化论的逻辑并令人产生一种“规范认知”，即新式交通拥有无可比拟的优越性，内河航运在陆路新式交通的冲击下“节节败退”。但是，历史的真相果真如此吗？本节以民国时期钱塘江航运为例，对新式交通之于内河航运的影响进行新的检视。①

一 水运的革新

伴随着机械的轰鸣声，工业时代的光芒开始照耀整个世界，包括还沉睡着的“天朝上国”。轮船、火车这些工业文明的产物冲击着田园牧歌式的古典时代，新式交通工具逐步改变了钱塘江流域原有的交通体系，慢慢渗透进人们的生活。轮船的汽笛声响彻这富有诗意的田园世界，也提醒着沿岸的人们，工业时代来了。

1902 年，一位名叫为张星甫的商人向浙江巡抚衙门申请行驶小轮来往于宁波至杭州及由杭州来往富阳、余姚、桐庐等处，并请于杭州口外（凡有礁石之处）多设浮桩灯塔，以便船只不致遇险。此议得到时任浙江

---

① 在内河航运现代化问题上，李国祁认为浙江的新式航运企业相当普及发达，现代化程度颇高［李国祁：《中国现代化的区域研究：闽浙台地区（1860—1916）》，台北中研院近代史研究所，1985］。但学界也有不同意见，多位学者主张不应对内河航运的现代化程度作过高的估计，强调在早期现代化过程中传统航运业有其存在的合理性［包伟民：《江南市镇及其近代命运（1840～1949）》，知识出版社，1998；陈国灿：《论江南农村市镇的近代转型》，《浙江学刊》2004 年第 5 期］。在新式陆路交通对内河航运的冲击问题上，李国祁以杭嘉湖宁绍五府为例，认为铁路对内河航运的冲击甚大，并解构了原先以航线为主轴的市镇分布格局（李国祁：《清代杭嘉湖宁绍五府的市镇结构及其演变初稿（1796—1911）》，《中山文化学术季刊》1981 年第 27 辑）。包伟民对李国祁的观点提出了质疑，他认为铁路运输并未取代传统水运而成为江南地区货物运输的主要手段，基本只局限于扮演一种促进各种近代因素向大城市集中的角色［包伟民：《江南市镇及其近代命运（1840—1949）》］。任放认为运价是制约铁路影响力的主要因素，沪杭甬铁路沿线各市镇的商业运输仍以水运为中心。新式交通所产生的现实效应至少在 1930 年代之前是不能高估的（任放：《中国市镇的历史研究与方法》，商务印书馆，2010）。戴鞍钢也持类似观点，他认为进入 20 世纪，铁路、公路渐次修筑，但内河航运大多仍因四通八达、价格便宜长盛不衰（戴鞍钢：《江河海联运与近代上海及长江三角洲城乡经济》，第二届中国近代交通社会史学术研讨会，杭州，2011）。

巡抚的批准。当时的舆论也对钱塘江轮运的发展持乐观态度，认为“异日此人获利之大，商民来往之便，当可预卜矣”。[①] 1908 年 6 月，绅商楼景晖以资本白银 6 万两，创办了钱江商轮股份有限公司。该公司购置“德丰”“恒泰”两只小轮，往来行驶于西兴、闻堰、义桥、临浦、富阳、窄溪、桐庐沿江各埠，仅载搭客，不装货物。[②] 由此，钱塘江轮船业开始步入有组织、常态化的发展阶段。进入民国以后，随着诸多轮船公司的相继成立，行驶在钱塘江上的轮船渐次增多，航线也趋向稳定。“钱塘江汽船、轮船，日增月盛，新辟航路，以便旅客，更利拖船。”[③] 截至 1931 年，钱塘江流域共有钱江、振兴、杭诸、钱浦、大华、永安等 6 家轮船公司，最多时有轮船 40 余艘，吨位计 1100 余吨。[④]

然而，我们不应对民国时期钱塘江航运的现代化程度有过高的估计。对比省内其他流域航运业（例如浙北杭嘉湖地区的内河航运业）的发展，钱塘江航运在轮船运输业上呈现出的弱势十分明显。根据省建设厅 1929 年的统计，钱塘江流域共有轮船 22 艘，而浙北地区则有轮船 61 艘。在全省 172 艘轮船中，钱塘江流域只占 12.8%。而在钱塘江流域内，民船数量超过了 1 万，相较之下，轮船只占船只总数的 0.13%，比例相当低。[⑤]

既然在数量上轮船处于绝对劣势的地位，那么在适用范围上情况又如何呢？事实上，在钱塘江流域，轮船应用的范围极其有限。由于钱塘江中上游水浅滩多，不适合吃水较深的轮船行驶，因此轮船航线集中在下游地区（杭州至桐庐、杭州至诸暨）。“由杭州候朝门外江干至桐庐一百九十里有钱塘及振兴二公司之小轮航行。更由桐庐经建德至兰溪一百九十里，有二公司之驳船输送货客。自江干至临浦以达绍兴萧山内地，亦有以上二公司航行。又自江干至诸暨间有杭诸及钱浦二公司之小汽船航行。”[⑥] 而在上游地区，航运仍以民船运输为主。“至帆船区域颇广，溯

① 《中外日报》1902 年 6 月 13 日。

② 《中华新报》1908 年 11 月 19 日。

③ 徐蔚葳主编《近代浙江通商口岸经济社会概况：浙海关、瓯海关、杭州关贸易报告集成》，浙江人民出版社，2002，第 804 页。

④ 童隆福主编《浙江航运史（古近代部分）》，人民交通出版社，1993，第 357 页。

⑤ 《浙江各区船舶分类统计表》，《浙江省建设厅月刊》第 4 卷第 1 期，1930 年 7 月。

⑥ 交通部铁道部交通史编纂委员会：《交通史·航政编》第 4 册，第 1642 页。

航至桐庐上流有宁江滩，故至建德，不能航行小汽船，而以快船运送。更溯航至兰溪，为浙江上流中商业最繁盛之地，亦为上流帆船集中之地。”①

如果撇开由于地理因素带来的限制，那么在实践中轮船与民船又是孰优孰劣呢？

> 民船航行，依靠风力、水流或人力，因此，常因天气恶劣而延长运送日期，而且，水浸及其他事故给货物带来的损失也不少，由于保险制度不发达，这些损失得不到可靠的赔偿。轮船运货迅速可靠，而且，可以在短时间内运送大量货物，民船当然不如轮船优越。但是，轮船运货，运费较高，加之，冬季水浅，有时不能航行……所以，在货物运输上，轮船与民船并无抵触，在货物种类上自有一定界限。这就是最近轮船业虽已发达而货物运输上民船仍然拥有强大势力的原因。更就客运情形来看，大型轮船和小汽船发达的地方，旅客大都利用轮船，因为，轮船票价虽高，而旅行日数较短，而且比较安全。②

这段话比较全面地对比了在交通体系重构阶段轮船与民船各自的优势。轮船在安全性、可靠性和便捷性上要更胜一筹，而民船则在费用和适用范围上颇具优势。但需要注意的是，在钱塘江流域，轮船的优势只体现在讲求舒适度与安全性的客运上。新技术所带来的效益（速度）因素由于运输能力过小与消耗（运费）过高，使之一直未能拓展到运输业务的主要领域——货物运输。③

在交通领域，费用往往是与速度成正比的。在钱塘江流域，轮船的速度在10～15公里/小时，而民船的速度则为5公里/小时，前者是后者

① 葛绥成：《中国之交通》，中华书局，1927，第66～67页。

② 聂宝璋、朱荫贵编《中国近代航运史资料》第二辑，中国社会科学出版社，2002，第1397页。

③ 包伟民：《江南市镇及其近代命运（1840～1949）》，第142页。

的 2 ~3 倍，费用也相应增加。[①] 与轮船需要燃料等物力成本不同，民船似乎只需要时间成本。“划船所耗的力量并不与船的载重量成正比，而是于水流、风向等情况密切有关。所以，载重增加时，此类运输的费用就降低。如果船夫能够利用风向，距离只是一个时间问题，而不是花力气的问题，这样，费用就可进一步减少，这是水运的一个重要特点。”[②] 而“对时间的价值考虑在农业时代的时间观中却是淡薄的”。[③] 换句话说，对于生活在农业社会的人而言，时间并无多大的价值。从这个意义上看，民船要比轮船廉价得多。以杭州至桐庐段为例，如果雇用一艘载重 4 吨以上的民船，一般以日计算，运货一日约需 4 元；若雇用轮船运货，由桐庐至杭州，则须 200 元。[④] “因此，现在只有价值较高而需要迅速输送的货物才用轮船，既不需要火速输送又不能支付高额运费的货物，则仍然利用民船。”[⑤]

而在钱塘江流域，轮船航线本来就少，运输能力极为有限，轮船运输多集中于客运方面，于货运方面应用不大。“即杭桐线之驶行小轮者，亦已载客为主要营业，凡货运仍恃帆船。”[⑥] 即使有轮船航班的下游地区，货物都以民船为主，那么在中上游这些连轮船都无法行驶的地区，则更是民船业“一统天下”了。即使是日本的调查人员也认识到民船在钱塘江上的航行意义和影响非常重大。[⑦]

在民国时期，轮船这一新式交通工具对钱塘江航运的影响不可一概而论。在地域上，轮运业拘囿于下游地区；在类别上，轮运业偏重于客运。传统的民船业并未随着轮船的引进退出历史舞台。在钱塘江流域，轮运业与民船业并行不悖的历史现象显然有悖于进化论语境下的“单

---

① 南京铁道部财务司调查科：《京粤线浙江段经济调查总报告书》，该部 1931 年印行，“D”第 39 ~41 页；实业部国际贸易局：《中国实业志 · 浙江省》，该局 1933 年印行，“丙”第 104 页。

② 费孝通：《江村经济》，上海人民出版社，2007，第 99 页。

③ 丁贤勇：《新式交通与社会变迁——以民国浙江为中心》，中国社会科学出版社，2007，第 402 页。

④ 实业部国际贸易局：《中国实业志 · 浙江省》，“癸”第 54、118 页。

⑤ 聂宝璋、朱荫贵编《中国近代航运史资料》第二辑，第 1397 页。

⑥ 《钱塘江上下游交通及运输现状》，《工商半月刊》1931 年 8 月 1 日，第 21 页。

⑦ 東亞同文會『支那省別全志 · 浙江省』、東亞同文會、1919、第 249 頁。

线历史”观。在这里，我们看到的是一幅“复线演进”的历史图景：现代化的轮船业并没有全方位地取代传统的民船业，而是与其共同承担钱塘江流域的航运业务。或许，轮船这种机械化的运输方式终究会取代依靠自然力的民船运输，但至少在民国时期的钱塘江流域，这一过程推进得相当缓慢。钱塘江航运的现代化时钟要比其他地区或行业走得更慢。

如果说钱塘江航运的现代化所产生的影响是“低烈度”的，那么在本区同期展开的陆路交通现代化所产生的影响则至为深远。公路的修筑、铁轨的铺设改变了本区数千年来的陆运体系，呼啸而来的汽车与火车则冲击着钱塘江的航运业。那么，民国时期钱塘江流域形成的水陆运输竞争的态势，又将使钱塘江航运面临怎样的困境呢？

二 铁路的冲击

对曹聚仁父亲而言，“地盘动了”的声音是钱塘江上轮船驶过的声音，而对曹本人而言，“地盘动了”的声音则来自铁路，来自杭江（浙赣）铁路①上火车呼啸而过的轰鸣声。火车的声音让曹聚仁对“地盘动了”的感触比其父亲要深切得多。② 确如其预感，杭江铁路的修建极大地改变了浙江中西部地区的社会经济面貌。就效应而言，铁路也要比轮船更为广泛。“就大陆国家而言，轮船影响的范围尚受自然环境限制，仅能达到航运所及的地方，是点或线的。铁路则不然，逢山筑路，遇水搭桥，几乎无往而不利，影响所及，非但是点或线，更进而是面的。”③ 与此同时，火车的出现也极大地冲击了钱塘江航运，两者之间的竞争改变了当时的运输市场。

1930年3月9日，杭江铁路开工；1932年3月6日，杭州至兰溪段

---

① 杭江铁路为浙赣铁路的前身。在杭江铁路修成的当年，铁道部联合浙、赣两省，组织浙赣铁路联合公司。1935年，铁路修至南昌；1937年，随着钱塘江大桥的建成，浙赣铁路全线贯通。

② 曹聚仁：《地盘动了》，《我与我的世界》，人民文学出版社，1983，第33页。

③ 李国祁：《中国早期的铁路经营》，台北中研院近代史研究所，1976，第1页。

通车；1934 年 1 月 1 日，杭江铁路全线正式通车营业。杭江铁路起自杭县，经萧山、诸暨、浦江、义乌、金华、兰溪、汤溪、龙游、衢县、江山至江西玉山为止。杭江铁路途经浦阳江流域、兰江流域及其衢江流域，几乎与钱塘江并行，自然与沿线水运存在竞争关系。但值得注意的是，两者竞争的区域仅为杭江路全线的一半左右。“本路沿线江轮通航之处，虽有一部分货运亦受水运竞争，但其竞争地段，只约占全线之半……与小火轮强烈竞争占全线长度百分之十四，一年中受民船竹筏一部分竞争占全线长度百分之三十八。”[①] 那么在这些存在竞争的区域，铁路又是如何冲击钱塘江航运的呢？

与钱塘江水运相比，浙赣铁路具有速度快、运量大，安全性高、受自然影响较小等优势。在速度上，往昔杭州至兰溪间的货运民船，下行需 4 ~5 日，上行则需 6 ~7 日；而火车则把时间缩短至 8. 5 小时，可谓飞跃式的提高。[②] 在运量上，1933 年全年杭江铁路运送各类物资共计 78900 余吨。[③] 这种规模是钱塘江航运无法企及的。但这种优势能否转化为实际的效能，则需要从客运与货运两个层面进行具体分析。

在客运上，总的来说铁路确实发挥了巨大的作用，也抢占了一些原先属于水运的市场份额。在杭州至兰溪段通车的 1932 年下半年，杭江铁路共运送旅客 468042 人次，[④] 当然铁路客运的繁荣只是说明了钱塘江沿岸的人们在出行的时候已将铁路列为选项之一，水路客运并未完全地退出市场。

在社会经济水平相对较低的中西部，水路客运还是有一定市场的。杭江铁路的客票分头等、二等和三等三种，从杭州至兰溪的三等票为 3

---

① 《完成杭江铁路金玉段经济计划书》，《浙江省建设月刊》第 6 卷第 4 期，1932 年 10 月，“计划”第 7 ~8 页。

② 丁贤勇、陈浩译编《1921 年浙江社会经济调查》，北京图书馆出版社，2008，第 225 页；杜镇远：《今后之杭江铁路》，《浙江省建设月刊》第 6 卷第 7 期，1933 年 1 月，“论著”第 2 页。

③ 《杭江铁路二十二年份货运业务统计表》，《浙江省建设月刊》第 8 卷第 1 期，1934 年 7 月，“统计”第 1 ~3 页。

④ 《中国实业志·浙江省》，“癸”第 18 页。

元，二等与头等票分别是三等的2倍和3倍。[①] 而在铁路客运中，购买三等票的旅客占了绝大多数，“铁路之最大雇主，乃系三等旅客”。[②] 在人数上，1933年，杭江铁路运送头等、二等、三等旅客人数分别为4520人、6385人、861591人，购买三等票的旅客占总人数的98.8%。[③] 在数额上，三等客票占铁路客运进款数的80%～90%。[④] 这从一个侧面反映了当时钱塘江流域民众的购买力并不高。根据金华商会在1935年对10个行业员工工资的统计，当时金华店员平均月收入在9元左右。[⑤] 同一时期，在兰溪的农村中，佃农（兼雇农）、雇农的平均月收入分别为11元和5元左右。[⑥] 根据杭江铁路的票价，从金华至杭州的三等票价须5.7元，[⑦] 至少是城市工薪阶层和普通乡民月收入的一半以上。即使在经济水平相对较高的省会杭州，工人的平均月工资也只为13.83元，[⑧] 往返杭州至金华的费用相当于其月收入的41%。由此观之，当时沿线民众乘坐火车出行仅仅是偶尔为之的选择而非一种常态化的行为。票价成为制约铁路走入乡民生活的一个重要因素。

相较之下，即使选择最贵的工具和座席，水运也比铁路廉价得多。从杭州至桐庐乘轮船，平均票价约为0.8元；从桐庐至兰溪，普通票上行为0.6元、下行为0.4元，上等票上行1.2元、下行0.8元。来回杭兰间若普通票只需2.6元，上等票也仅须3.6元，分别只占铁路三等票价的43.3%和60%。[⑨] 1935年，鉴于火车票价超过乡民的承受能力，江山县曾向浙赣铁路局呈请“添设四等车，以惠贫民”。而浙赣铁路局则以“考

① 《中国实业志·浙江省》，“癸”第17页。

② 杜镇远：《杭江铁路之过去与现在》，《浙江省建设月刊》第5卷第11期，1932年5月，“论著”第6～7页。

③ 《杭江铁路二十二年份客运业务统计表》，《浙江省建设月刊》第8卷第1期，1934年7月，“统计”第4页。

④ 杭江铁路局：《杭江铁路发展运输营业计划》，《浙江省建设月刊》第6卷第7期，1933年1月，“计划”第6页。

⑤ 金华县商会：《金华县经济调查》，1935，第81页。

⑥ 冯紫岗：《兰溪农村调查》，杭州国立浙江大学印行，1935，第117页。

⑦ 《浙江省杭江铁路客票价目表》，《旅行杂志》第6卷第11期，1932年11月，第128页。

⑧ 《杭州工人状况》，《浙江省建设月刊》第4卷第4期，1930年10月，“统计”第97页。

⑨ 《本路未筑以前浙赣两省沿线各地之交通状况》，《浙赣铁路月刊》第2卷第8期，1936年1月，第14页；丁贤勇、陈浩译编《1921年浙江社会经济调查》，第227页。

察本路沿线各地出外营生之苦工，仍借船筏以为交通，因减低票价而改乘火车者，亦能有几”为由予以回绝。[①] 从这个角度来看，水运对于底层民众而言，仍不失为一种适宜的出行方式。

如果说在客运上钱塘江航运与杭江铁路是各应所需的话，那么这一特点在货运上仍然有所呈现。在杭江铁路通车伊始，货运业务的开展远不及客运。“盖通车之始，客运发展至远，为始料未及，乃不得不暂将仅有之少数货车，改应客运之需，直至最近，方始开办货运也。”[②] 在1933年，杭江铁路主要收入主要来自客运，货运收入仅占客运收入的1/5。[③] 此种状况显然与一般认为货运收入要高于客运的逻辑相悖。这从一个侧面说明了，在货运上，钱塘江航运还保持着一定的竞争力。

与客运一样，钱塘江航运在货运上的竞争力仍主要来自价格优势。在既通水运又行火车的义乌、浦江、兰溪、衢县等地，农产品的运输多为船运而少用火车。在义乌，每年有6万担粳谷、2万担木柴、2万只猪以船运方式行销杭州、兰溪等地。在浦江，每年有0.5万根杉木、0.5万只猪、价值15万元的火腿经水路运至杭州。在龙游，每年有5万担粳米、50多万担木材沿着钱塘江行销兰溪、杭州等地。在兰溪，每年有15万担的粮食、2万头牛和猪由船运至杭嘉湖及宁绍一带。[④] “铁路运输较水运便捷，已为公认之事实；惟一般商民，每为贪图省费，乃舍铁路而就水运。”[⑤]

但是，在钱塘江流域，水运的这种价格优势不可一概而论，必须分时间、分区域进行具体分析。与火车具固定运费不同，水运的运费虽在

① 《浙赣铁路筹设四等车》，《浙江省建设月刊》第9卷第2期，1935年8月，“工作概况”第8页。

② 《完成杭江铁路金玉段经济计划书》，《浙江省建设月刊》第6卷第4期，1932年10月，“计划”第7页。

③ 《中国实业志·浙江省》，“癸”第18页。

④ 《浙江各县物产调查·义乌县》，《工商半月刊》1933年4月15日，“调查”第53~54页；《浙江各县物产调查·浦江县》，《工商半月刊》1933年5月1日，“调查”第58页；《浙江各县物产调查·龙游县》，《工商半月刊》1933年7月15日，“调查”第57页；《浙江各县物产调查·兰溪县》，《工商半月刊》1933年5月15日，“调查”第59~60页。

⑤ 杜镇远：《今后之杭江铁路》，《浙江省建设月刊》第6卷第7期，1933年1月，“论著”第2页。

习惯上有较为固定的价格，但需交易双方临时商定。季节（丰水期或枯水期）、区域（航道条件）、航程（距离远近、上水或下水）、货物种类都能影响水运费用。以粮食运输为例。从兰溪至临浦，经钱塘江每吨米粮的运费为4～6元；而经杭江铁路整车价格则为3.66元。在这种情况下，铁路反而具有了价格优势。“自杭江路通车后，于是在时间、距离、运费上均起变化，惟大水之时，仍以船运为廉。”①

总的来说，无论是客运还是货运，钱塘江航运在与铁路竞争中都具有一定优势。两者有竞争，但也体现出了互补的一面。铁路与水路各自面向不同的市场，可谓“各应所需”。那么，更为灵活便捷的公路运输又会对钱塘江航运产生怎么样的影响呢？

三 公路的竞争②

如果说铁路在客运和货运上都对钱塘江航运造成了一定的冲击，那么公路运输的影响则极为有限。

对钱塘江航运有所影响的公路干线主要有两条，一为杭徽线；一为杭广线。杭徽线自1922年开始修筑，此后陆续延长，至1933年全线通车。在浙江境内，杭徽线自杭州起，经余杭、临安、於潜、昌化止于昱岭关，里程150公里。杭广线则完成于1934年，线路自杭州起，经富阳、桐庐、建德、兰溪、龙游、衢州、江山至路亭山。

与铁路运输客货并重的格局不同，公路运输则大为偏重客运。“各路通车营业状况，大多仍重客运，货运极为不振。”③ 这种格局的形成跟公路运输草创阶段，车辆极度匮乏，相关制度不完善有关。例如在1933年，杭长路一共才只有22辆汽车，每辆车能载20人左右，④ 如此运量，又如何去开展货运业务呢？“路局车辆缺乏，服务公路人员又未能设法广为招

---

① 孙晓村等：《浙江粮食调查》，上海社会经济调查所1935年印行，第75、79、80页。

② 本节的公路运输特指汽车运输，不包括手推车等旧式工具。

③ 《视察本省杭福线等公路之经过》，《浙江省建设月刊》第8卷第12期，1935年6月，“报告”第44页。

④ 《中国实业志·浙江省》，“癸”第47页。

揽生意，遂使每年货运损失不赀。"① 另外，运费的高昂则是制约公路运输的又一原因。在货运上，根据相关统计，相比于水运，无论是轮船还是民船，汽车的运费都要超过将近10倍；相比于铁路，汽车的运费也要高出3倍。② "陆上交通工具，在公路区段，汽车往来，固极便利；第以成本较昂，运价未能低廉，尤难获得内地农民之充分利用。"③ 仅就价格而言，公路并不具备竞争力。

但是，对于公路与水路之间的竞争问题也要进行分层处理。一般而言，在水运发达的区域，汽车运输基本上无力与之竞争。例如杭长路，其线路几与钱塘江及浙赣铁路并行，其军事价值远远高于民用价值。"常、衢、兰等地，虽已有公路，而运费綦昂，大多农村旅客，不胜负担，农村之产品，不易输出，人民徒步旅行，与运货手推土车，络绎道途，尚未直接普遍享受公路运输之利益。"④

而在水运较为不便的地方，汽车运输便能够发挥作用，获得一定的市场份额。现以徽茶的运输为例说明之。旧属徽州下辖歙县、休宁、婺源、祁门、黟县、绩溪6县，境内盛产茶叶，称为徽茶。"皖浙两省为产茶主要区域……皖南之徽州，浙西遂淳一带，产量之多，品质之佳，尤居两省其他各地之冠。"⑤ 近代以来，徽茶多运至上海行销海内外，其运输以新安江水运为主要途径。歙县、休宁、黟县、绩溪以及婺源北部出产的茶叶多由陆路运至屯溪，然后装船循新安江顺流而下至杭州，再经沪杭甬铁路运至上海。而杭州则成为徽州对外贸易的中转枢纽。"杭徽两埠为浙皖两省重要城市，皖南物产多会集于徽州，而以杭州为出口之枢纽。"⑥ 但是，新安江航道条件并不好，滩多礁多，枯水期有的地方只能通行木筏。"安徽茶叶在屯溪集中装运，装船后顺流而下，经过72个大

① 《视察本省杭福线等公路之经过》，《浙江省建设月刊》第8卷第12期，1935年6月，"报告"第44页。

② 包伟民：《江南市镇及其近代命运（1840～1949）》，第125页。

③ 《本路未筑以前浙赣两省沿线各地之交通状况》，《浙赣铁路月刊》1936年1月，第15页。

④ 《本路未筑以前浙赣两省沿线各地之交通状况》，《浙赣铁路月刊》1936年1月，第9页。

⑤ 吴觉农：《皖浙新安江流域之茶叶》，安徽省立茶业改良场，1934，第1页。

⑥ 《杭徽公路建筑之经过》，《浙江省建设月刊》第7卷第1期，1934年1月，"报告"第24页。

小湍滩才到达桐庐……经常船损、货丢。”[①]

杭徽公路的通车则为徽茶的运输提供了一条新的途径。“至若杭徽路为联运皖南要道，客货运输，备称发达；该路所经地域，悉系高山峻岭，交通素称不便……今则朝发夕至，是以影响浙皖交通，至为深切。”[②] 值得一提的，在新安江水路不便造成运输成本增加的情况下，杭徽公路汽车运输的费用得以与水运持平，有时甚至还要略低一些。从歙县运送茶叶至杭州，如选择水运，自屯溪循新安江东下至杭州，每箱茶运费从0.6至1元不等；而选择汽车，从屯溪至杭州每箱茶的运费在0.56元左右。在杭徽线上，汽车有着较为罕见的价格优势。况且，汽车还具有时间优势。若水运，须时4日至8日不等，而汽车仅需1日便可到达。[③] 在此，公路运输展现了它的便捷与高效。

当然，杭徽路只是一个特殊的案例。总体而言，民国时期的汽车并非大众化的交通工具。在那个车辆和相关技术人员都极度匮乏的年代，汽车只是面向特定区域、特定阶层、特定行业的小众工具。在商品流通的体系中，汽车也只是一种辅助手段。“建设公路之目的，在便利与运输，而就吾浙近日之车运情形，除行驶少数公路客车外，大宗货运仍未能利用公路。”[④] 因此，公路运输并未给钱塘江航运带来很大的竞争压力。

余　论

现代化的浪潮改变了古老的钱塘江航运，尽管这种改变是“低强度”的；也改变了沿线陆路的交通，汽车与火车的引入开启了机械化运输的序幕。现代化理论根植于社会进化论，而在西方的语境中，“现代”一词

---

① 徐蔚葳主编《近代浙江通商口岸经济社会概况：浙海关、瓯海关、杭州关贸易报告集成》，第672页。

② 叶家俊：《浙江省公路运输状况概述》，《浙江省建设月刊》第8卷第12期，1935年6月，“报告”第33页。

③ 建设委员会经济调查所统计科：《中国经济志·安徽省》，1935年印行，第73页。

④ 《对于今后浙省建设的几点意见》，《浙江省建设月刊》第10卷第11期，1937年5月，“检讨”第16页。

本身就含有价值尺度的意义。[①] “于是造成一种错觉，相信传统与现代是对立不相容的，传统都是不好的，现代都是合理与进步的。”[②] 依照此逻辑便会产生这样一种认知：随着新式交通的引入，在钱塘江流域轮船取代帆船，铁路盖过水路将是一件水到渠成的事情。但现实并未上演这样的剧情，对这种“规范认知”须加以修正。

诚然，汽车运输比水运灵活性更强、速度更快，火车运输比水运稳定性更强、运量更大。但是这并不意味着水运没有立足的资本。新式交通的快捷也提升了出行成本，这使得火车与汽车很难成为普通民众出行的常规选择。客运如此，更遑论货运，相对廉价的船运也因此保有一定的市场空间。考虑到钱塘江流域特别是中上游一带经济发展的水平，水运在费用上的优势被不断放大，成为其留住市场份额的一大利器。而在中国由农业社会向工业社会转型的历史时期，当时间价值并未被大多数人所意识到的时候，火车和汽车所具备的速度优势也没有完全发挥出来，至少在货运上并未成为吸引顾客的主要资本。

在近代，中国经济中的资本主义部分从未达到民国经济总产出的10%，即使在相对繁荣的1920年代，农民的收入仍处于仅够糊口的水平，随着1930年代的衰退就更陷于困境，经济发展主要是在城市，乡村仍然是不发展的。[③] 时任浙江省主席张难先曾说：“我国是贫困的国家，人民生活艰苦已极……照现在的农村经济而言，一般人民，多半父母妻子都不能养活，哪有力量来住洋房，坐汽车；纵然马路修得再多，也于平民生计无补。”[④] 在这样的经济环境中，新式交通若要实现大范围、跨阶层的发展显然缺乏一个坚实的消费基础。

无独有偶，这种现代性融入传统运输市场时所面临的困境并非只出现在钱塘江流域。事实上，直至1970～1980年代公路运输才真正开始成

---

① 罗荣渠：《现代化新论——世界与中国的现代化进程》，商务印书馆，2009，第6页。

② 李国祁：《中国现代化的区域研究：闽浙台地区（1960—1916）》，第2页。

③ 〔美〕黄宗智：《中国研究的规范认识危机——社会经济史的悖论现象》，《史学理论研究》1993年第1期。

④ 《张主席（难先）训词：建设事业要发展到农村中去》，《浙江省建设月刊》1931年5月，“演词”，第4卷第11期，第1页。

为杭嘉湖农村主要的交通工具。从杭嘉湖地区新式交通引进的个案来看，交通现代化在民国时期还处于一个很低的水平。① 富庶的杭嘉湖平原尚且如此，相对贫困的浙江中西部地区更无法全方位的接纳新式交通。火车、汽车运输面临着一个从“高端化”走向“平民化”的过程。由此观之，新式交通的普及需要与民众的生活水平同步，需要在便捷性与平价性之间保持一种平衡。因此，钱塘江航运在新式陆路交通的冲击下，仍然能够占有一定的市场份额。

当然，这并不意味着以铁路为代表的陆路交通无法取代钱塘江水运。历史发展的轨迹已经告诉我们在此后的若干年里，铁路逐渐取代水路成为交通体系中的主轴。只是这个崭新的、以铁路为中心的交通体系的重构过程需要时间。换句话说，新式交通需要以时间来换取其效能发挥的空间。

① 包伟民：《江南市镇及其近代命运》，第145～147页。

第二章

交通技术引入、资金与政治

近代铁路技术向日本的转移*

——兼与中国铁路技术引进的比较

列宁指出："铁路是资本主义工业的最主要的部门即煤炭和钢铁工业的总结，是世界贸易发展与资产阶级民主文明的总结和最显著的指标。"① 铁路运输不同于传统的水运及畜力、人力运输，具有输送量大、速度快、全天候运行的特点，对一个国家的经济发展、货物流通和人际交往以及知识的传播、教育的普及、社会风气的变化产生重大影响。铁路技术发源于英国，是19世纪的王牌技术和高新技术，也是西方国家领先于东亚国家的标志，考察近代铁路技术向日本的转移，可以了解日本对西方科学技术的接受程度、日本传统知识系统容纳异质科技知识的可能性以及日本传统知识系统的更新和向现代知识系统的转变。

一

19世纪可以说是"铁路时代"，欧美各国掀起了兴建铁路的热潮。在短短的几十年间，欧洲和美国的铁路长度就分别突破了5万多公里。铁路作为一种大能力、大规模、连续性强的运输手段，缩小了各地区经济发展的差距，克服了人力资源和自然资源分布的不均衡状态，推动各国经济发展迈上新的台阶。

当日本踏上近代化征程时，在物质层面最早引进的技术之一就是铁路技术。近代铁路技术向日本的转移主要是通过实物转移（如铁路机车、

---

* 本节作者祝曙光，苏州科技大学历史学系教授。

① 《列宁全集》第22卷，人民出版社，1958，第182页。

客货车、路轨等)、“人力资源型”技术转移（如外国技术专家的现场技术指导、课堂讲授、观摩实习等)、铁路技术书籍或铁路科技情报的转移等途径进行的。

铁道知识传入日本是在1840年代，当时日本还处在闭关锁国的状态。不过，闭关锁国并没有使日本与外界完全隔绝，“它只不过是由幕府一手垄断贸易与情报罢了”。幕府非常注意收集海外情报，经常向荷兰东印度公司和中国商船打探消息。设在长崎的荷兰商馆定期向幕府提供海外情报。幕府将荷兰人提供的情报译成日文，取名为《风说书》(又称《阿兰陀风说书》)。《风说书》分为定期的《风说书》和临时的《特别风说书》两种。弘化三年（1846）的《特别风说书》记载，法国正在制订修筑巴拿马铁路的计划，建设费为1100万法郎。这是日本文献中有关铁路信息的最早记载。德川幕府还引入各种荷兰书籍，其中一部书介绍了产业革命中产生的照相机、电信机、蒸汽机、蒸汽船、蒸汽机车等各种机械的原理、构造、使用方法等，书中还附有一幅说明蒸汽机车的断面图，“有助于理解锅炉与汽缸的构造”。“在日本，该说明也许是关于蒸汽机车的最早的说明。”1854年，萨摩藩的兰学者川本幸民将该书译为日文出版，书名叫《远西奇器述》。① 但是截至1853年，日本人对铁道的认识仍停留在道听途说上，铁道究为何物，日本人并没有感性认识。1853年8月22日，俄国海军将领普提雅廷率领由四艘舰艇组成的舰队来到长崎，要求日本改变锁国状态，开放通商港口，并谈判千岛和库页岛的归属问题。日本派出筒井政宪、川路圣谟、荒尾成允、古贺谨一郎等与俄国人进行谈判。日本人在俄舰首次见到了蒸汽机车模型。俄舰在日本待了很长时间，直到克里米亚战争爆发才离去。这就为日本人提供了一个了解和学习西方科学技术的机会。在此期间，佐贺藩士本岛藤太夫、中村奇辅等奉藩主之命赴俄舰学习蒸汽机车的制作技术。俄国人为了博得日本人的好感，毫无保留地加以传授。②

① 野田正穗・原田勝正・青木栄一・老川慶喜『日本の鉄道——成立と展開』日本经济評論社、1994、第3頁。

② 反町昭治『鉄道の日本史』文献出版社、1982、第13～15頁。

1854 年 2 月 13 日，柏利率美国舰队再次来到了江户湾，与日本签订了《神奈川条约》。柏利转交了美国总统赠送将军的 33 种礼物，其中有一组蒸汽机车模型，体积约为实物的 1/4。2 月 16 日，在横滨接待场内敷设轨道，由美国工程师指导进行模型机车的运转实验，包括幕府招待挂在内的许多日本人前往参观，模型机车的高速度令日本人惊叹不已。有一位名叫河田八之助的日本人曾坐在运转中的蒸汽机车模型上，体验坐车的滋味。他在日记中写道："花旗人（美国人）允许余试乘，升火，发动机械，烟囱里喷吐烟，车轮旋转如飞。"① 两个月后，模型机车和客车又在江户城内向幕府首脑们作了运转表演。1855 年，中村奇辅在田中久重和石黑宽二的协作下设计制作了蒸汽机车模型，这是日本最早的机车模型，长 40 厘米，宽 10 厘米，其中锅炉长 27 厘米，宽 9.3 厘米。② 此外，萨摩藩和福冈藩也有制作蒸汽机车模型的记载，然而遗憾的是这些机车模型都没有保存下来。

开国后，日本经济体系从封闭型向开放型转变，进出口贸易激增，使交通运输成为制约日本产业和贸易发展的"瓶颈"。于是，1869 年 12 月明治政府决定引用外国资金敷设东京至京都、京都至神户以及以敦贺为起点沿琵琶湖周边的铁路。

尽管日本人通过书籍、道听途说或在海外乘坐火车的经历，了解了铁路以及铁路技术，但要完全依靠自己的力量修建铁路却是不可能的。铁路最基本的要素是线路和车辆（包括机车），因此铁路建设的技术基础是土木工程技术和机械制造技术。日本的土木工程技术和机械制造技术落后，不得不高薪聘请外国技术专家负责修建铁路。因此近代铁路技术向日本的转移首先是通过外国技术专家之手进行的。"明治初年日本人无学习洋式建筑术者，故铁路创业之际，自测量、计图、督工之技师，以至火车司机，皆用外国人，惟日本人懂英语者称技手，常随外国技师通译其语言，传之于日本职工，使从事于土木。"③

---

① 日本国有鉄道修史委员会『日本国有鉄道百年史　通史』成山堂書店、1997、第 8 頁。

② 野田正穗・原田勝正・青木栄一・老川慶喜『日本の鉄道——成立と展開』、第 5 頁。

③ 伊文成、马家骏主编《明治维新史》，辽宁教育出版社，1987，第 497 页。

1870 年，外务省颁布了雇用外国专家规则，要求对雇佣的外国技术人员的人品、学术水准、薪金、薪金支付办法以及解聘的补偿等进行详细的说明，表明明治政府在聘用外国专家方面比较慎重。关于雇用外国专家的期限，太政官建议为 1 年，也就是短期聘用，这样既可以避免劳务纠纷，又可以节约经费。工部省倾向于 3 年聘期。因为铁路建设周期长，技术引进、消化需要一定的时间。短期聘用外国专家不利于铁道技术向日本的转移。工部省的意见被太政官所采纳。由于英国铁路技术在世界上处于领先地位，所以明治政府主要聘用英国专家，1886 年在聘用的 104 名外国铁路技术专家中，英国人就占了 94 人，其余的分别是美国人（2 人）、德国人（2 人）、丹麦人（2 人）等。1874 年是铁路部门聘用外国技术专家最多的一年（115 人，同年铁道寮的职员人数为 256 人），以后逐年下降，1877 年为 70 人，1879 年为 43 人，1882 年为 22 人，1885 年为 15 人，1888 年为 14 人。外国技术专家人数的减少，表明铁路技术在日本的转移比较顺利，日本人逐步掌握了铁路技术，减少了对外国专家的依赖。①

外国专家全方位地介入日本铁路建设事业，包括铁路建设计划的制订、线路测量以及隧道、桥梁和车辆的设计、铁路设备的采购、列车运行图的编制和运输事务管理等。外国技术专家担任的职务涉及铁路事业的各个领域和各个技术工种。

二

铁路技术发源于英国，然后由英国转移到法国、德国和美国等国，技术吸纳国与技术溢出国具有同等的技术水平，技术吸纳国的数学、物理学知识与英国不相上下，而且这些国家的土木工程技术、冶金技术和机械制造技术水平等也不亚于英国，也就是说技术吸纳国与技术溢出国之间不存在明显的技术势位上的落差，特别是上述国家的科学知识体系

① 日本国有鉄道修史委员会『日本国有鉄道百年史』第 1 卷，成山堂書店、1998、第 315 ~ 320 頁。

同属一源，即西方科技系统。因此铁路技术的转移非常顺利，表现在铁路技术转移成本较低、转移成功率较高。而日本在引入铁路技术时，不具有欧美国家发达的自然科学知识体系。日本或东亚科技系统与西方科技系统完全不同。所以，日本在引进铁路技术时，首先要掌握西方自然科学知识，对本国传统科技知识系统进行改造或更新，容纳异质科技知识。

1870 年 4 月，日本第一条铁路——京滨铁路正式动工，1872 年 10 月全线竣工，历时两年半。敷设京滨铁路首先是从测量工作开始的。日本也有相当精密的传统测量技术。但是敷设铁路与以往的道路建设不同，非常复杂，技术含量高，仅以铁路线路构成而言，线路分为正线、站线、段管线、岔线及特别用途线；轨道则由道床、轨枕、钢轨、联结零件、防爬设备及道岔组成；[①] 路基本体则由路基顶面、路肩、基床、边坡、路基基底等部分构成。轨道上运行着高速机车和客货车，载重量大，必须考虑列车动荷载作用和水文、气候四季变化的影响，一旦设计和施工不当，会直接影响列车运行的平稳和速度的提高。由于铁路建设投资大，为保证新建铁路能充分发挥效益，线路测量非常重要，包括初测和定测。初测是为初步设计提供资料而进行的勘测工作，其主要任务是提供沿线大比例尺带状地形图以及地质和水文资料，同时确定线路的主要技术标准，如线路等级、限制坡度、最小半径等。定测是为施工技术设计而做的勘测工作，其主要任务是把初步设计中所选定的线路中线测设到地面上去，并进行线路的纵断面和横断面测量，对个别工程还要测绘大比例尺的工点地形图。[②] 因此铁路建设技术是与道路建设技术完全不同的技术，要掌握铁路建设技术，前提条件是要了解和掌握现代测量技术。测量工作完成后，还要绘制工程图。修建京滨铁路时，外国技术专家绘制的工程图纸是把现实状态或自然状态抽象化，令日本人非常惊奇。西方工业绘图规范在 18 世纪开始逐渐标准化，即创造了工程制图。西方的工

① 肖允中主编《重大责任事故案件的现场勘查和鉴别》，重庆出版社，1993，第 365 页。

② 全志强主编《铁路测量》，中国铁道出版社，2008，第 195 页；于金帆等主编《现代铁路工程师手册》，吉林科技出版社，2004，第 893～896 页。

程制图有别于东亚国家，可以跨越时间和空间的限制，将科技信息准确地传达给他人。而东亚的绘图达不到西方工程制图控制制造的作用，如中国的工匠不但使用绘图（图），也使用模型（样）来传达技术信息。[①]在建造京滨铁路时，为了减少来自各方面的压力，明治政府决定铁路线路尽量避免穿越居民区和军事辖区，为此将东京火车站建在汐留（新桥），横滨火车站设在海岸的填筑地上，并且从野毛海岸到神奈川青木町间筑一条海上长堤，在海堤上敷设铁路。为此外国技术专家进行海岸线和水深的测量。根据测量结果绘制工程图，根据工程图进行精确的计算以制订作业计划，大大提高了工作效率和进行正确的作业。幕末时期，在建造品川炮台时，由于没有掌握三角测量技术，本应建造为正方形的炮台，结果形状歪斜，成为非正方形。根据外国技术专家经过精密测量绘制的工程图进行施工，敷设的线路很少出现歪斜现象，极大地推进了施工进度。[②] 掌握西方工程制图技术并非易事，必须经过长期的训练，要有一定的西方数学知识，尤其是微积分不可或缺。近世日本的数学，被称为和算。要了解和掌握西方的铁路技术，必须懂得其中的算式，用方法、性质完全不同的和算表现法来翻译铁路技术中的算式是非常困难的，而且事实上日本数学家，即和算家相当于初等教育程度。1872 年文部省颁布了《学制》，决定采用洋算。“和算是值得日本夸耀的文化遗产，它那种通过个别教授猜谜语似的解答问题的做法，刺激解答问题的兴趣，但花费时间，跟不上培养大量科技人员的时代要求，不能抵抗西洋数学那种体系教学法，即先牢固掌握理论然后到应用问题。”[③] 学习和使用西方制图技术也使西方的制图工具——铅笔和钢笔传到了日本。日本传统的制图工具是毛笔，描绘的线条太粗，而且用楷书在图纸上书写说明文字，字迹也太粗。[④]

在铁路建设初期，日本缺乏铁路技术人才，不得不高薪聘请外国技

---

① 王宪群：《蒸汽推动的历史：蒸汽技术与晚清中国社会变迁（1849—1890）》，《中研院近代史研究所集刊》第 64 期，台北，中研院近代史研究所，2009，第 46 页。

② 原田勝正『鉄道と近代化』吉川宏文館、1998、第 111 ~ 114 頁。

③ 〔日〕杉本勋编《日本科学史》，郑彭年译，商务印书馆，1999，第 321 ~ 322 页。

④ 原田勝正『鉄道と近代化』、第 114 ~ 115 頁。

师。外国技师月薪大大超出本国大臣月薪，如铁道指挥长的月薪是2000元，而日本最高政府官员——太政大臣的月薪才800元，总建筑师的月薪是700～1250元、副总建筑师、建筑师的月薪是300～750元，而日本铁路管理的最高行政长官——铁道局长月薪才350元，新桥站长月薪45元，品川站长月薪15元。这说明被聘请的外国铁路技术专家的待遇是相当优厚的，甚至超越了在大学任教、在政府部门任职的外国专家，如在东京大学任教的外国教师月薪在300～350元，任外务省顾问的外国专家月薪在450元左右。[①] 但是高薪聘请外国专家的做法毕竟是不能持续的，造成了铁路建设经费、营业费膨胀，往往导致在建国有铁路工程中断或出售已有国有铁路的状况，因此出现了要求改变铁路建设体制、缩减铁路建设经费的呼声。在此情况下，摆脱雇用外国人体制、追求铁路建设、运营合理化就成为一个自然选择。首任总建筑师莫莱尔建议设立专门机构培养日本本土的技术人员。铁道局长井上胜也痛感加快培养铁路技术人员的必要性，改变在铁路技术上完全依赖外国专家的状况。1872年，日本设立了工学校。工学校由大学校和作为预科的小学校组成。大学校学习年限为6年，设土木、机械、电信、化学、冶金、矿山等专业，1877年改称工部大学，即今天东京大学工学部；而小学校由于不适应铁路事业发展的需要，于1877年被废止。工部省为了加快高级技术人才和事务官的培养，从所属各部门中选拔优秀人才赴欧美留学，制定了所谓留学生制度。一般一个专业每年留学指标为2～3人，留学时间为18个月至3年。但是工部省的留学生制度于1873年3月被废止了，因此指望通过留学制度有组织地培养日本本土技术人员以代替外国技术专家是不可能的。1871年7月又启动《技术见习生制度》，从16～22岁有一定学习基础的青少年中选拔工学见习生，主要由外国专家教授土木工程技术。尽管通过《技术见习生制度》培养了一些技术人才，但由于该制度过于强调教授建筑和土木工程技术，学生的基础学科知识比较欠缺，以后工技生养成所成立，一些见习生不得不入所接受再教育。[②]

---

① 『日本国有鉄道百年史』第1卷、第330～334頁。

② 中村尚史『日本鉄道業の形成1869—1894年』、日本经济評論社、1998、第51～55頁。

通过外国专家教授西方科技知识，早在幕末时期就已开始。受柏利来航的刺激，幕府决定建设海军，向荷兰定购军舰，并在长崎设立海军传习所，请求派遣教授海军技术的专家。1855 年 7 月，海军中校佐贝尔斯·雷根（Pels Rijken）以下 22 名教官便搭乘荷兰国王赠送给日本的“辛宾号”（Soenbing）军舰来到长崎。“辛宾号”是一艘 150 马力、720 吨的蒸汽外车型船只。幕府选拔了矢田堀鸿、胜海舟等 37 名海军传习生入长崎海军传习所，各藩也相继派遣了传习生，其数达 129 名。教学先以课堂传授为主，后进行乘军舰、机械操作、驾驶出海等实习。课程有航海术、船舶驾驶术、造船术、炮术、船具学、测量学、算术、机械学、筑城学、地理学和历史学等。对教官来说最头痛的是日本学生完全缺少数学及基础科学知识。贝尔斯·雷根叹道：“（学生）全无预备修养，没有日常计算技能，完全不能计算。因此不能教授初步的几何学、船舶驾驶学。”但传习生如饥似渴地学习西方科技知识，进步很快，“一年后许多学生数学已能正确并迅速求出正方形和立方根，终于可以解决算术上最难的问题了。”[①] 这种立足于培养本国技术人员的理念被明治政府所继承，正如日本著名科学史专家杉本勋所说，面对西方的挑战，“日本敏捷地认识到：一、在西方军事优势的背后，存在着经过产业革命的产业技术优势；二、在产业技术优势的深处存在着近代科学思想；三、有必要培养本国的科技人才。中国则通过一部分先进的官僚之手引进了上述第一点的西方军事技术并谋求产业近代化。以农本主义和科举制度为基础的清朝政府，其文官官僚在十九世纪内没有积极着手根据上述第二、三点的认识进行真正的近代化。在日本，由明治新政府带头，在中央集权统治之下，不仅军事技术，还强力地直接着手于殖产兴业和进行各种制度的改革及人才的培养。在中国的革新派正徘徊于创造‘物’的阶段，日本却培养了‘制造物的人’”。[②]

1877 年 5 月 14 日铁路管理部门在大阪火车站设立“工技生养成所”，目的是快速培养中等铁路技术人才，开设数学、测量、制图、土木学基

① 〔日〕杉本勋编《日本科学史》，第 304 ~ 305 页。

② 〔日〕杉本勋编《日本科学史》，第 329 ~ 330 页。

础、机械学概要等课程，留学归国专家饭田俊德（毕业于荷兰工科大学）和井上胜亲执教鞭。由于工部大学直接采用外语进行授课，学生听课非常吃力，影响了对科学技术的快速理解和掌握。而工技生养成所因饭田俊德等日本教师执教，有利于学生克服语言障碍。工技生养成所每年5月进行相当于初中毕业程度的入学考试，考试合格者入所学习，根据学生考试成绩将其分为一、二、三级，一级生一边学习，一边配属各个施工区域进行实习，“渐得可用之才，而减雇用外人之数，以节约铁路经费。迨起工京都、大津之间则令外国人专任顾问。此时隧道、铁桥等之计图由我国人参画，至其实行之监督则不复使容喙，尽用日本人而施行之……日本人既成功于布路之工，嗣后诸线路之建筑皆仿之，不复用外国人”。[①] 工技生养成所共培养了24名毕业生，他们作为技术官员被任用，奠定了日本铁路建设事业自立的基础。日本铁路事业发展不到10年，外国专家就基本上被日本技术人员所取代。事实上，到1882年建筑和土木工程专业的外国专家或被解聘或不再续聘。最初机车司机均为外国人，日本人充当司炉。1879年起正式从有经验的司炉中选拔火车司机，逐步取代外国司机。

从1877年开始，日本技术人员逐渐取代外国专家而负责各条铁路线的设计、施工，初步形成了日本铁道土木技术官僚集团，该铁道土木技术官僚集团的构成分为两部分，即由井上胜（技监）、饭田俊德（总工程师）和本间英一郎（御用挂）等早期留学者组成的高级技术官僚阶层，和主要由工技生养成所毕业生所组成的中下级技术官僚阶层。1881年10月，在12名中级技术人员中，工技生养成所毕业生8人，早期留学者2人，其他人员2人；在15名下级技术人员中，工技生养成所毕业生10人，工部大学毕业生2人，其他人员2人。工技生养成所毕业生占了中下级技术官僚人数的70%以上，日本之所以能够在较短时间内由本国技术人员取代外国技术专家而成为铁路线路设计、施工的主要力量，工技生养成所起到了非常关键的作用。“形成了以早期留学技术者和国内教育机构出身者阶层构成为特征的早期铁道土木技术者集团，以工技生养成所

① 伊文成、马家骏主编《明治维新史》，第497页。

的教官——学生为原型的技术者集团，是早期留学技术者指导国内教育机关出身者，总体上提高了日本土木技术者的水平。”[①] 此后，在铁路管理、运输及火车运行等部门也逐渐用日本人取代外国专家。以井上胜、饭田俊德和本间英一郎等早期留学技术者和工技生养成所毕业生所构成的第一代铁道土木技术官僚者集团，一直活跃在1870年代末和1880年代。

近世以来，日本在治山、治水、开矿等适合日本地形的传统土木建筑技术方面达到了一定的水准，铁路管理部门把传统土木建筑技术与欧洲导入的技术融合起来，确立了新的建筑和土木工程技术。进入1880年代后期，除了直江津线横川—轻井泽区间工程，其他线路都由日本技术人员负责设计和施工。总之，在线路、桥梁、隧道和车站建设方面，既消化吸收外来技术，又根据复杂的地形、自然环境、经济条件，独自发展日本的技术。[②]

1892年6月21日，明治政府公布《铁道敷设法》。《铁道敷设法》指出，“政府为完成帝国所需铁道，逐渐调查及敷设预定的线路”“铁道工程按轻重缓急，分期进行”，发行公债筹集建设资金，公债年利为5%。如果确有收买某条私营铁路的必要，政府可同该铁路公司协商，预定价格，并经议会同意后予以收买。预定铁道线路中未敷设部分，经议会同意可允许私营铁路公司敷设。[③]

《铁道敷设法》的颁布具有重要意义。首先，它确立了铁路建设的法定主义原则，规定铁路的选线、敷设必须遵循法定的程序，履行一定的手续，改变了以往铁路建设的无政府状态。其次，它确立了政府是铁路建设的主体，铁路的选线调查原则上由政府进行，从而使政府掌握了铁路政策的主导权。再次，它揭示了日本未来的铁路网络。《铁道敷设法》公布了33条预定建设铁路线，向公众阐明了政府铁路建设的构想。[④] 为

① 中村尚史『日本鉄道業の形成1869—1894年』、第63~64頁。

② 『日本国有鉄道百年史　通史』、第112~113頁。

③ 運輸日報社編『帝国鉄道大観——明治・大正鉄道発達史』、第一编、原書房、1984第246~250頁。

④ 『帝国鉄道大観——明治・大正鉄道発達史』、第一编、第251頁。

了对确定的铁路线路进行实测，1892 年 8 月，铁道厅设立了线路调查委员会（委员长原口要），开始了第一期线路的调查、测量，该工作于 1893 年 2 月结束。紧接着进行第二期线路的调查、测量，由于调查、测量范围进一步扩大，必须增加更多的技术人员。1892 年 11 月设立线路调查挂（挂长原口要），新增技师 13 人、技手 53 人。民营铁路工程受经济危机的影响常常被迫中断，技术人员被解聘，国营铁路部门吸收被解聘的民营铁路技术人员。随着铁路线路调查、测量规模的扩大，铁路土木工程技术人员的需求量也大大增加，逐渐形成了新的铁路技术官僚集团。[①]

三

随着铁路技术的持续转移，日本对外来铁路技术、技术器物进行综合创新，使外来技术、技术器物民族化，经历了对外来铁路技术报道、学习、理解、消化、模仿、改良、创新等梯次演进的复杂过程。铁路的基本要素是车辆（包括机车）和线路，铁路线不可能从外国直接购买，只能引进外来技术在日本本土敷设铁路，但铁路设备，如机车、车辆、路轨等可以从外国输入，在日本进行组装，因此铁路技术转移包括技术器物转移和技术转移两部分。此外，铁路技术转移或引进是一个系统工程，涉及铁路技术与其他技术系统的匹配状态，如冶金技术、金属加工技术等。

19 世纪末，桥梁技术和隧道技术基本上摆脱了对外国专家的依赖，能够做到技术自立。1903 年，中央本线笹子隧道工程的竣工，显示了日本土木建筑技术的出色成就。笹子隧道全长 2000 米以上，在开凿该隧道时，使用了新的技术和方法。工程刚开始时，使用的是 16 马力的蒸汽动力机械，后来改变为采用 40 马力的电动机，由发电所供给电力。不仅使用机械，而且在隧道内设置电话和照明，大大提高了作业效率。电力是由附近的水力发电所供给的。为搬运材料和碎石、泥土，还在隧道内外敷设了轨道，由电气机车和翻斗式货车搬运碎石、泥土。19 世纪末、20

① 中村尚史『日本鉄道業の形成 1869—1894 年』、第 208 頁。

世纪初，高爆炸药应用于隧道工程，并采用电气点火技术。在笹子隧道工程中，普通雷管和电气雷管并用。“这些炸药和雷管是外国制造的，导火线是国产的。”①

日本铁路发展与西方国家不同，西方国家是在工业革命后或工业革命中掀起兴建铁路的热潮的，由于工业革命使西方国家在采矿、冶金、金属加工技术等方面取得了长足的进步，为敷设铁路奠定了牢固的物质、技术基础。日本铁路建设发生于产业革命之前，也就是说日本铁路是欠缺产业革命的铁路，其结果就是日本在车辆、线路以及设备制造能力方面比较欠缺，因而在车辆、路轨、设备方面不得不依赖输入。

由于国内钢铁工业发展迟缓，日本铁路建设所需钢铁制品均依赖进口，这种状况一直延续到20世纪初。八幡制铁所建立以后，日本开始了路轨的国产化。但是当时军部忙于准备与俄国的战争，八幡制铁所生产的钢材主要用于军事，延迟了路轨的国产化。1906年路轨自给率约为40%，1912年约为52%。② 路轨完全国产化则是在1928年。

对蒸汽机车技术的引进经历了器物引进、器物改造、仿制、独立设计和制造的过程，独立设计和制造机车又经历了从小型机车、中型机车到大型机车的过程。机车国产化始于1890年代初，但国产化进程并不顺利，制造机车除了技术以外，还需要各种工具机，如车床、钻床等。西方工具机起源于切割钟表中金属零部件的小车床，早在18世纪前，就已经运用工具机制造枪炮及其他机械金属零部件。工业革命大大改进了工具机，“而蒸汽机的动力推动工具机，帮助金属锻铸与削切的技术大幅进展，让金属取代木材与其他材料，成为主要的机械制造材料”。③ 尽管1893年国铁神户铁路工厂制造了日本第一台国产机车。然而动轮、汽缸等基本部件仍是进口的，由于机械加工工艺落后，无法制造承受巨大压

① 『日本国有鉄道百年史　通史』、112～113頁；日本国有鉄道修史委员会『日本国有鉄道百年史』第4卷，成山堂書店、1998、第16～17頁。

② 日本国有鉄道修史委员会『日本国有鉄道百年史』第5卷，成山堂書店、1998、第59頁。

③ 王宪群：《蒸汽推动的历史：蒸汽技术与晚清中国社会变迁（1849—1890）》，《中央研究院近代史研究所集刊》第64期，第44页。

力的铁制容器，锅炉也不得不依赖进口，说明日本的机车制造能力很弱。神户铁路工厂制造了第一台国产机车，却生产不出同样式样的第二台机车。由于没有确立独立自主制造机车的体制，主要部件依赖进口，导致机车制造费用很高，无法批量生产。机车式样五花八门，也加大了维修成本和延长了维修时间。① 从降低运营和维护成本的角度考虑，单一机车型是最合算的。随着日本铁路输送需求的日益增长和线路延伸以及线路改造的推进，必须配置新的机车，批量生产国产机车已刻不容缓。

1906 年 3 月 27 日，议会通过了《铁道国有法案》，决定从 1906 年到 1915 年将 17 个规模较大的私营铁路公司收归国有，铁路管理部门以铁路国有化为契机，加速推进机车、车辆的国产化和标准化。

1911 ~ 1912 年进入蒸汽机车全面国产化阶段，新型外国机车只是作为仿制品而输入。因为掌握了机车制作的基础技术，于是产生了购买成品进行仿制的技术导入方式，主要定购英国、德国和美国的机车。被仿制的机车有 8700 型、8800 型、8850 型和 8900 型。这是当时世界上最大级别、最优秀的机车，除 8700 型，其他机车都是过热式机车，燃烧效率很高。仿制获得了成功，并确立了批量生产体制。1914 年制造出用于亚干线的旅客机车 8620 型，这是轴配置 1C 的中型机车，标志着自行设计机车的开始。日本技术人员终于凭借自己的力量、智慧研制成功适合本国铁路线路的机车。第一次世界大战期间是日本机车技术发展的重要时期。日本科技人员在掌握了世界先进的机车技术后，并没有立即研制大型机车，而是待中型机车制造技术比较成熟时，才开始研制适合日本干线的大型机车，从技术自立角度观察，这是非常正确的举措。②

第一次世界大战以后，日本开始设计和批量生产大型机车，以提高运输能力。九一八事变后，日本逐步确立战时体制，军部指示铁路部门制造适应战争需要的重载机车和客货车，为此铁路管理部门要求将单位货物输送力从 1000 吨增加到 1100 吨，1936 年制作了新式的 D51 型蒸汽机车。这种机车是二战前的标准货物机车。1920 ~ 1930 年代，德国和美

---

① 『日本国有鉄道百年史　通史』、第 114 ~ 115 頁

② 原田勝正『鉄道と近代化』、第 125 ~ 126 頁。

国盛行内燃机车。1929 年日本从德国输入 1 台 DC11 型内燃机车，功率 600 马力，轴配置 1-C-1，翌年又从德国输入 1 台 DC10 型内燃机车，功率 600 马力，轴配置 1-C-1。由此开始研究内燃机车的构造、性能、运转方法等，推进国产内燃机车的研发。[①] 内燃机车与蒸汽机车相比，功率大、能耗低、效率高、整备时间短，启动、加速快，速度高、运行交路长、污染小、工作条件好，可多机重联牵引，使用、操作、维修方便、故障率低、维修量少，中、大修周期长，使用维修费用低，使用寿命长。[②] 但是内燃机车的研发并不顺利。

客货车的国产化时间要早于路轨和机车的国产化，因为客货车的制作技术相对简单，技术要求不高，而且所需原料基本上能够做到自给。与中国铁路不同，日本铁路是以旅客运输为主的铁路。

四

西方铁路技术向日本的转移总的来说比较顺利，日本大约用了 50 年的时间完成了对铁路技术的学习、理解、消化、吸收、模仿、改良和创新的过程。1880 年代初，首先在土木工程技术和客货车制造技术方面做到了自立，到 1882 年建筑和土木工程专业的外国专家事实上被解聘或不再续聘；1890 年代初开始了机车的国产化进程；大正初期进入蒸汽机车全面国产化阶段。路轨的国产化是在 20 世纪初。当时日本产业革命进入了重工业领域，采矿、冶金产业的发展，为路轨的国产化奠定了坚实的物质技术基础，1920 年代铁路电气技术也取得了长足的进步。

日本铁路管理部门在引进铁路技术时，注意与本国传统科技知识的结合，对外来技术和技术器物实施民族化，牢固掌握技术引进的主导权，使日本铁路朝与其他亚洲国家铁路不同的方向发展，避免了沦为殖民地铁路的命运。日本在引进西方铁路技术时，不是依靠某个特定国家，而

① 『日本国有鉄道百年史　通史』、236－237 頁；日本国有鉄道修史委员会『日本国有鉄道百年史』第 7 卷，成山堂書店、1998、第 111～114 頁。

② 张治中：《中国铁路机车史》上，山东教育出版社，2004，第 278 页。

是博采众长，引进各国最杰出的技术。

铁路是先进的交通工具，技术含量高，对铁路员工的素质有较高要求，没有一支高水平的技术人员队伍，铁路技术在日本的转移必然面临诸多困难。日本铁路管理部门非常重视对铁路技术人员的培养，较早开启了技术自立过程。日本之所以能够较早地确立铁路技术自立，与铁路技术教育及普通教育的发展密不可分。

作为19世纪的王牌技术和高新技术——铁路技术向后发国家日本的转移，对日本的影响是相当大的。马克思把铁路叫作“实业之冠”，指出：“铁路网在主要资本主义国家的出现，促使甚至迫使那些资本主义还只是社会的少数局部现象的国家在最短期间建立起它们的资本主义的上层建筑，并把这种上层建筑扩大到同主要生产仍以传统方式进行的社会机体的躯干完全不相称的地步。因此，毫无疑问，铁路的铺设在这些国家里加速了社会的和政治的解体，就象在比较先进的国家中加速了资本主义生产的最终发展，从而加速了资本主义生产的彻底变革一样。”① 作为后发现代化国家，铁路技术在日本的转移使日本知识人更新自己的观念，积极接受、消化现代西方科技知识，并对外来铁路技术、技术器物进行综合创新，使外来技术、技术器物民族化。

中国在铁路技术的引进和铁路事业的发展方面，时间上并不比日本晚多少，1872年日本修建了第一条铁路——京滨铁路，4年后铁路也在古老的中国大地上诞生。但近代中日两国铁路发展的结局却不相同，中国铁路事业发展迟缓，技术引进速度慢，筑路成本高，经济效益低下，反映了近代中国的落后。

那么在铁路技术引进方面，中日两国存在哪些差异呢？

首先，中国没有形成一个铁路技术官僚集团。尽管近代中国形成了从职工教育、高等教育到留学教育的完整的铁路技术教育系统，但兴办专门的铁路技术教育的时间比较晚，1896年南洋公学（后来的交通大学）成立，1909年第一届铁路工程班毕业，“为国内铁路专科之办理最早者”，此时距中国铁路诞生的时间已相隔了30多年。而日本早在1877年就设立

① 《马克思恩格斯全集》第34卷，人民出版社，1956，第347页。

了“工技生养成所”，快速培养中等铁路技术人才。铁路技术教育的迟缓使中国未能尽早形成一个在铁路建设和管理领域具有重要影响的技术官僚集团，占据铁路行政管理高位的不是技术官僚，而是政治官僚，如盛宣怀、梁士诒、曹汝霖、叶恭绰、孙科、顾孟余、张嘉璈等，而像詹天佑等铁路技术专家，虽然担任了一定的行政职务，但他们对中国铁路发展不具有决定性影响，这种外行领导内行现象的长期存在，在一定程度上影响了铁路技术在中国的转移。近代中国铁路留学教育也很发达，由部出资派往各国公司、局、厂实地练习，称“修习实务员”，期限一年或两年。由于中国与日本距离较近，来去方便，费用较低，故清末民初赴日留学者甚多，在日本岩仓铁道学校者共 150 人，东亚铁道学校者 174 人，路矿学堂者 131 人，东京铁道学堂者 131 人，共 586 人。[①] 但日本并非铁路技术的发达国家，大量有志于铁路事业的青年学生前往日本留学，是否能掌握最先进的铁路技术令人困惑。而日本在引进技术时，“只是采取各国最杰出的方面”。根据明治三年（1870）《海外留学生规则案》，政府对不同的学科知识应该向哪些国家学习做了明确的规定，即机械、地质金石、炼铁、建筑、造船、畜牧、商法、济贫恤穷等应向英国学习；动植物学、星学、数学、格致学、化学、建筑、法律、交际学、卫生福利学等应向法国学习；格致学、星学、地质金石、化学、动植物学、医学、制药、诸学校法、政治学、经济学等应向德国学习；水利、建筑、造船、政治、经济、济贫恤穷等应向荷兰学习；工业法、农学、畜牧学、矿山学、邮递学、商法等应向美国学习。“科学向德、法两国学，技术向英国学，相当善于识别当时世界的最高水平。”[②]

其次，在制定和统一铁路技术标准方面，中国严重滞后。标准化是现代化的基础，没有标准化就没有现代化。技术标准能加快行业结构调整和产品升级，推动行业技术进步，也是政府实现行业监管的高效方法。近代中国相当部分铁路由列强投资修筑，或由中国政府借外债修筑，因

---

① 李占才主编《中国铁路史（1876～1949）》，汕头大学出版社，1994，第 371～377 页。当时留学日本者以学工程管理者为多。

② 〔日〕杉本勋编《日本科学史》，第 335～336 页。

投资国或债权国不同，造成铁路技术标准长期不统一，列强都想把自己的技术标准强加给中国，由此导致了线路、路轨、机车、车辆等均有技术差异，严重影响了铁路联运业务，也影响了中国对外来铁路技术的吸收、消化和改造，难以在较短时间内完成铁路技术的自立。为此，1917年交通部成立了“铁路技术标准委员会”，专门负责制定和统一铁路建筑和设备标准，由技监詹天佑任会长，聘请英、法、日、美工程顾问各一人，采用万国度量衡制为设计标准，先编译一本《英法华德铁路词典》，作为技术名词的标准，经过多次讨论，最后制定了关于建筑标准规则、桥梁和钢轨技术规范、桥梁、隧道、车辆的限制截面等工程标准以及关于机车制造规范、车辆材料规范等。南京国民政府铁道部成立后，于1936年9月设立了“铁道技术标准审订委员会”，负责制定铁道技术各项标准。[①] 而日本的铁路技术标准工作从19世纪末就开始了，并严格执行，确立了铁路技术标准的权威性。早先日本的铁路技术标准也不统一，五花八门，一度考虑照搬外国的技术标准，但外国的技术标准并不完全符合日本的自然地理条件。东海道全线开通以后，铁路管理部门开始考虑结合日本的输送需要、输送力条件和自然条件，制定新的技术标准。1893年制定了土木技术标准，翌年制定了隧道标准以及桥梁的钢板梁标准，并且在1898年制定了建筑标准，1900年制定了火车站标准，逐渐把技术标准延伸到铁道建筑和土木工程的各个方面。[②] 1900年8月颁布了铁道建设规程。与日本相比，中国铁路技术标准制定时间晚，缺乏权威性，约束力小，究其原因一是中国相当部分铁路由列强投资修筑或由中国政府借外债修筑，呈现出殖民地铁路的浓重色彩，铁路建设的主导权长期掌握在列强手中；二是清朝末年国家权威严重失坠，民国成立以后，军阀混战，极大地影响了国家重建，政府无力、也无暇顾及铁路技术标准问题；三是全面按技术标准改造旧线路、更新旧设备，中央和地方政府均无此财力。

再次，国家政治局面的不稳定和其他技术系统的不匹配状态影响了铁路技术在中国的转移。铁路建设投资大、周期长、涉及区域广、技术

---

① 李占才主编《中国铁路史（1876～1949）》，第389～393页。

② 原田勝正『鉄道と近代化』、第117頁。

要求高，而近代以来中国战乱频发，缺乏持续进行铁路建设的政治局面。另外铁路技术转移或引进是一个系统工程，涉及铁路技术与其他技术系统的匹配状态，如冶金技术、金属加工技术等，近代中国冶金工业、金属加工工业落后，至1949年都没有形成较为完整的工业体系，轻工业过重，重工业过轻。铁路技术的转移或引进是否成功，仅着眼于铁路技术本身是不够的，近代中国冶金技术、金属加工技术等的落后从根本上制约了铁路技术的引进、自立和发展。

最后，日本文化具有很强的吸收能力，日本曾大量学习吸取各国的先进技术和文化，在了解和认识铁路技术的价值方面，远远走在了中国前面；而中国长期以来向外输出技术和文化，当权者形成了妄自尊大、抱残守缺的心理。中国有兴筑铁路之建议，始于1864年。此时风气未开，清廷认为修铁路会“失我险阻，害我田庐，妨碍我风水”“占我民间生计，势必群起攘臂相抗，众愤难当”。普通民众视铁路为“妖物”“诧所未闻”。反对修建铁路几乎成为朝野的共识。1874年在筹议海防问题时，李鸿章上书朝廷，要求修建铁路，然而守旧派对李鸿章的建议不感兴趣。1879年，李鸿章不顾守旧派的反对，支持敷设唐胥铁路，“以便运煤”。唐胥铁路竣工后，先以驴马拖曳，继以自制机车代替驴马，最后进口外国机车。1882年英国领事在给本国政府的商务报告中指出：“这条小铁路建造时很谨慎，倡议者一点点地试着进行。第一座火车头是在本地造的，行驶了几个星期，没有引起烦言。但不久便被命令停驶，停了几个星期。过些日子，又可以开行了。”① 直到1887年，清政府才批准海军衙门在天津等处试办铁路，“以便调兵运械兼筹利益商贾”。同年唐胥铁路展筑到芦台，翌年唐芦铁路延伸到天津，成为“京奉铁路之始基”。“此线幸免于遭遇淞沪铁路（吴淞铁路——引者注）之厄运，而得为今日中国铁路之鼻祖，否则中国之有铁路，尚不知始于何年何月。”② 1889年，清政府终于将修铁路定为国策，此时已距吴淞铁路之诞生13年矣。

综上所述，近代中国没有形成一支高水平的铁路技术人员队伍，铁

---

① 宓汝成编《中国近代铁路史资料（1863～1911）》第1册，中华书局，1963，第125页。
② 张公权：《抗战前后中国铁路建设的奋斗》，台北，传记文学出版社，1974，第2页。

路设备、器材基本上依赖进口，铁路长期为外国人所把持，技术引进缺乏计划，铁路技术标准的权威难以树立，导致运输效率低下。反观日本，自 1872 年日本建成第一条铁路以来，铁路在日本这个岛国上迅速延伸，1906 年突破 5000 英里，形成了以南北干线为核心的铁路运输体系，成为近代日本发展最快的生产门类，是西方科学技术向后发国家转移，也是后发国家导入现代科技知识的成功范例。

论邮传部的借债筑路政策*

近代铁路的建设，资金是制约其发展的瓶颈之一，借洋债作为一种应对，其出台就是这种客观现实的自然结果，但是“自刘铭传倡借债筑路之议，为众论所尼，借款修路，遂为当时所讳言。故卢汉建议之初，犹以部帑为请，未敢昌言借洋债也。借洋债自津卢、关内外铁路始”。①邮传部成立后，借债筑路作为一项政策，其影响显得尤为突出。

一 邮传部的借债筑路活动

光绪三十三年（1907）底，陈璧任邮尚时，其借债思想处于游移之状态。一方面，他认识到：“其官办之路前因借款时折扣太重，及累年镑亏过巨，以致资本不充，工程迟缓，尤当早图补救，借善将来。”其补救之策是“息借商款，或仿直隶办法募集公债”，这样，“无合同续借洋债之吃亏，有早日完工获利之成效”。② 与此同时，陈璧又“拟借外债一千万两，已缮具说帖交各枢臣核阅，其大旨略谓本部……统计需一千万两之谱，非借助外款不足以资挹注”。③ 次年九月，陈璧上《拟借款扩充交通要政片》，指出：“惟是国内官款民款既已供不给求，则借本之说又必须取于国外。”并称：“此次汇丰汇理所借款项正折内声明不索管理权、查账权、用人权，实与自办公债无异，即以利益而言……此项息率即就

---

* 本节为教育部人文社会科学研究 2008 年度规划项目“清末社会危机与政府应对”（08JA770009）成果；本节作者苏全有，河南师范大学历史文化学院教授。

① 赵尔巽等：《清史稿》第 16 册，中华书局，1976，第 4437 页。

② 《邮传部奏议类编·续编》，台北，文海出版社，1967。

③ 《邮部拟借外债一千万两》，《盛京时报》1908 年 1 月 31 日，第 2 版。

交通银行所得之六厘官利，计已赚利七毫三丝有零。”[①] 陈璧之所以思想坚定，与京汉赎路有关。

徐世昌早在东三省总督任上时即有借债主张：“非筹借巨款，亟图补救，恐无立足之地。”故拟借外债三四千万两，以发展实业，抵制日俄强邻。[②] 但他反对地方私借外债，要求清廷“照会有约各国嗣后不得与蒙藩自行交涉以合公法”。[③] 到邮传部尚书任上时，论及兴筑云南铁路，因部款支绌，徐世昌奏称：“舍借款外实无他项可提。”[④] 对于四国银行团借款，徐持赞同态度，究其原因，乃是由于“民款不足，万难给予商办，若不借外款，将来路事无成，贻误大局”。[⑤] 在力主借债的同时，徐世昌还注意到还债问题，“以国民皆竭力提倡筹还国债，而政界居最高地位，反无人提倡此举实属有限。日昨与各堂会议，拟将京张、京汉、京津三路每年盈款提出数成，捐入国债会内，以为政界之倡”。[⑥] 徐世昌主张借外债，但亦不排斥公债。“徐尚书因本部应办路电等政甚多，筹款殊觉不易，仍拟查照奏章，发行公债票，以资把（挹）注。”[⑦]

宣统二年（1910）八月，为应备资政院开议需要，邮传部特拟订借款办路说帖：“本部四政，现惟路政为最繁，然以各国铁路相衡，我国路线之待修者，正复不少，此其故不在路政之不发达，实在财政之不足挹注也。欲救其弊，舍借款办法目前实无良图。从前契约失败，约分两端，一曰伤权，一曰损利，伤权起于抵押，损利起于折扣，是为两害。因抵押侵及用人，而权更伤，因折扣并及购料，而利更损，是两害复成为四害，毋怪上下之惊疑也。苟于契约中去其伤权、损利两弊端，则借款未始非救时之策，故借款办法首在慎择所筑之路，尤在慎选用款之人……以现今腹省军政、财政情形揆之，不但设施尚非其时，即筹度亦无从着

① 陈璧：《望岩堂奏稿》，台北，文海出版社，1967，第755页。

② 徐世昌：《退耕堂政书》，沈云龙主编《近代中国史料丛刊》第23辑，台北，文海出版社，1968，第1830～1833、471～474页。

③ 徐世昌：《退耕堂政书》，第881页。

④ 陈宝琛等：《清实录》第60册，中华书局，1987，第564页。

⑤ 《邮部决意借债》，《申报》1910年3月26日，第4版。

⑥ 《徐尚书之国债热》，《盛京时报》1910年1月19日，第2版。

⑦ 《徐尚书主办公债》，《盛京时报》1909年6月22日，第2版。

手，此在办理之有秩序，而缓急操纵则存乎其人矣。”① 十一月，陕甘总督主张借款修甘肃、新疆铁路，邮传部赞成之。②

盛宣怀赞同借款筑路政策，他说：“借款修路，始于京汉京奉两条干路，如今都是很赚钱的路，于主权毫无损失。”③ 到宣统三年邮尚任上时，“盛宫保主张借正金银行巨款，并向四国磋商借款一事。吴郁生侍郎及泽公均不甚赞成，惟盛宫保坚以铁路用款不敷，非借债不足接济，况开海清徐铁路虽已开工，而款仍无着，新币铸造亦无的款，倘不借外债，势必使一切要政均置不办”。④ 论及盛宣怀借款筑路的思想渊源，他不仅主张速造铁路，且有国家速富的意图⑤。而就影响盛宣怀的外在因素言之，一为郑观应，二为马建忠。宣统三年三月，郑观应函盛宣怀道：“窃闻法、俄、英、德、日五国有瓜分中国之议，惟美国出而反对。我政府亟宜借美款，赶筑铁路、多设制造军械厂、聘工师、选将才、练民兵，以御外侮。时势危急，非振兴实业，多设学堂，标本兼治不可。若云借外款之祸烈于兵戎，将如埃及，似是敌人离间之语。恐因循延至瓜裂之时，欲借不能，悔之晚矣。”⑥ 马建忠亦主张借债筑路，“用洋人之本，谋华民之生；取日增之利，偿岁减之息”。⑦ 且另著《借债以开铁道说》，详加阐述。⑧ 郑观应、马建忠二人与盛宣怀的关系开始于中法战争之后，盛经营轮船招商局，以后在企业经营上，他们的关系颇亲密，“由此可以推知马建忠、郑官应等的思想对盛宣怀有影响……换言之，盛宣怀采纳他们的思想而实行”。⑨

---

① 《邮部固主张借款办路者》，《申报》1910年10月10日，第3、4版。

② 陈宝琛等：《清实录》第60册，第804~806页。

③ 安明子：《盛宣怀与清末铁路建设》，台北政治大学历史研究所，1986，第205页。

④ 《盛宫保主借外债之理由》，《盛京时报》1911年4月14日，第2版。

⑤ 盛宣怀：《愚斋未刊信稿》，沈云龙主编《近代中国史料丛刊续编》第13辑，台北，文海出版社，1974，第156页。

⑥ 汪熙，陈绛：《轮船招商局——盛宣怀档案资料选辑之八》，上海人民出版社，2002，第1006页。

⑦ 马建忠：《适可斋纪言纪行》卷一，沈云龙主编《近代中国史料丛刊》第16辑，台北，文海出版社，1967，第21页。

⑧ 马建忠：《适可斋纪言纪行》卷一，第24~29页。

⑨ 安明子：《盛宣怀与清末铁路建设》，第8~9页。

在外债管理方面，邮传部在宣统二年制定有《外债条例》，共分五条：一是严禁抵押。“按以路作抵，路线所至，国权随之，此通论也”。二是严禁折兑。“宜按照欧美市场常息，以平价发行为宗旨”。三是保留伸缩偿期之权。“不确期之债，可以伸缩自由……宜以不确期为宗旨”。四是严禁居间者之垄断。“此后募债，宜以直接或间接发行为宗旨”。五是保留用人购料之权。“宜载明外债事为债务关系，不及其他”。“以上五大原则，实为外债条例之要旨，凡埃及、波斯之所以亡，以其昧此，瑞典、脑威之所以借外债成路者，以其明此也。故本部宗旨，（第一），认非起募外债，分别缓急，筑造全国之路，不足以济危急。（第二），认非本此原则，迳由本部订立条例，以为募债之标本，不足防流失而杜后患焉。”并附说明书道：“其他细目，即由本部自定，此后即准此标的以为呼召焉。”[①] 对于地方借款，邮传部规定“不准以路矿作抵”，并“通咨各省实行”。[②]

光绪三十三年邮传部成立之初，其借款情形如表1所示。

表1　光绪三十三年邮传部借债一览

	京汉借款	京奉借款	正太借款	汴洛借款	沪宁借款	道清借款	广九借款	备考
借款 总数	法金 12500 万 法郎	英金 230 万镑	法金 4000 万 法郎	法金 4100 万 法郎	英金 290 万镑	英金 795800 镑	英金 150 万镑	本部铁路总局设自光绪三十三年十一月，各路
每票 数目	500 法郎	100 镑	500 法郎	500 法郎	100 镑	100 镑	100 镑	
利率 （厘）	5	5	5	5	5	5	5	
拨分余利 拨分余利 利率	2 成 2 成 5 厘	/ / 5 厘	2 成 2 成 5 厘	2 成 2 成 5 厘	1/5 1/5 5 厘	2 成 2 成 5 厘	5 厘	

① 《中国时事汇录》，《东方杂志》第 7 卷第 10 期，1910 年 10 月，第 283～285 页。
② 《电报》，《中国日报》1907 年 4 月 10 日，第 7 版。

续表

	京汉借款	京奉借款	正太借款	汴洛借款	沪宁借款	道清借款	广九借款	备考
折扣（扣）	9	89	9	9	第一批225万镑9扣，第二批65万镑955扣	9	9	收入借款多在未设立总局之前，因此，付利账册总局未能齐全，难以考其实在
经理银行	比公司	华英公司	华俄银行，后改为法公司	比公司	银公司	福公司	中英公司	
银行用费	2毫半	2毫半	2毫半	2毫半	2毫半	2毫半	2毫半	
偿还始期	光绪三十四年	光绪三十年	宣统四年	宣统五年	宣统八年	宣统七年	宣统十二年	
偿清年月	宣统二十年	宣统三十五年	宣统二十四年	宣统二十五年	宣统四十五年	宣统二十七年	宣统二十九年	
共还本利数目	66390625法郎	1250869.375镑	1002500法郎	8220500法郎	581450镑	79778.95镑	37593.75镑	

资料来源：《邮传部借债一览表（光绪三十三年）》，中国第一历史档案馆藏，档案号：47。

表2是邮传部借款筑路的总体情形。

表 2　光绪三十三年至宣统三年邮传部筑路借款一览

借款用途	借款年份	借款人	贷款人	借款		利息（年厘）	期限（年）	借款折扣（%）	折合库平银（两）
				金额	币种				
汴洛铁路	光绪三十三年	邮传部	比国铁路公司	16000000	法郎	5		94	4871200
沪宁铁路	光绪三十三年	邮传部	英银公司	3250000	英镑	5	50	90	25047847
沪杭甬铁路	光绪三十四年	邮传部	中英公司	1500000	英镑	5	30	93	11439400
赎京汉路权	光绪三十四年	邮传部	丰汇理银行	5000000	英镑	5	30	94	38131335
官办铁路	光绪三十四年	邮传部	英公司	1000000	行平银	6	1（2月）		968800
官办铁路	光绪三十四年	邮传部	汇丰银行	1000000	规银	7	12		912410
新奉铁路	宣统元年	邮传部	南满铁路株式会社	320000	日元	5	18	93	248403
吉长铁路	宣统元年	邮传部	南满铁路株式会社	2150000	日元	5	18	93	1668959
赎京汉路权	宣统二年	交通银行	英敦菲色尔公司	5000000	库平银	7	20	97.5	5000000
赎京汉路权	宣统二年	交通银行	正金银行	2500000	京平银	7	12	97.5	2355075
津浦铁路	宣统二年	徐世昌	德华银行	4800000	英镑	5	30	93	36254400
赎京汉路权	宣统三年	邮传部	正金银行	10000000	日元	5	25	95%	7703800
粤汉铁路	宣统三年	盛宣怀	四国银行	6000000	英镑	5	40	94.5%	45318000

资料来源：中国人民银行总行参事室编《中国清代外债史资料（1853～1911）》，中国金融出版社，1991，第842～843页。

由表 2 可知，邮传部在筑路借款方面，数目巨大。

二 以夷治夷的企图

1908～1911 年间铁路外债合同比之前后都对清政府有利，那么邮传部在此中起了什么作用？在今天看来，此乃邮传部借债筑路政策所蕴含的以夷制夷意图所导致的结果，这方面表现最突出者，一是徐世昌，二是盛宣怀。

徐世昌的以夷制夷思想的产生，与其东三省总督阅历有关。当时东三省处于日俄两大之间，所以他在离任赴邮传部尚书时提出："外债之借……欧西公司之所输入，皆应议定办法。"[①] 引进欧洲资本，有明显的借欧洲来抗衡日俄的意图，在这里，以夷制夷与引进外资是相互联系的。至于开放主义、联合政策，都是围绕以夷制夷这个中心来展开的，正如徐世昌所说："东省为日俄分据之场，若不借欧美以为抵制，则虽开商埠各国断无挟巨资争商务之思想。""以东省论，非联合欧美不足以抵制日俄。然或为商务之发生，或为债务之关系，或牢笼其富商大贾，予以相当之利益，使其投大资本于东省，或利用其专门学术，使备顾问而借保主权。"[②] 后徐世昌出任邮尚，其对东北等地引进美、英资本筑路计划是持赞同态度的，并与司戴德保持联系。[③] 对此，朱尔典在其向英国外务部报告中亦叹称："中国正尽一切努力，以力图挽救东三省，实在令人感动。"[④]

盛宣怀亦主张以夷制夷，他曾上书张之洞道："据怡和、汇丰言俄欲由旅顺造路至承德、热河直达京都，英以碍榆营借款诘俄，俄答以不背新约，现尚相持。窃恐英、俄说合，则宗社危矣。有无离间两大之策，以救危机。"[⑤] 出任邮尚后，盛宣怀力主"利用外债以救瓜分……盖

---

① 徐世昌：《退耕堂政书》，第 1790～1791 页。

② 徐世昌：《退耕堂政书》，第 1794～1798 页。

③ 徐世昌：《韬养斋日记（30）》，宣统二年三月十七日，天津市社会科学院图书馆藏。

④ 张守真：《清季东三省的铁路开放政策（1905—1911）》，台北，复文图书，1990，第 250 页。

⑤ 王尔敏、吴伦霓霞：《盛宣怀实业函电稿》，香港中文大学中国文化研究所、台北中研院近史所，1993，第 769 页。

谓外债愈多，则列强各有顾惜，而瓜分必可牵制，如欧西神圣同盟未能剖割法国者，良以此也”。[①] 至于四国借款，“俄日报纸，群起反对”，[②] 究其原因，实乃其以夷制夷的作用使然，正如日本舆论所道：“今回美国所主唱之四国借款，于日俄之势力范围，全然蔑视”，“实为日俄两国在满洲所有之优越权不安固之原因”，“是中国采用列强均势之意义，已无可遁”。[③]

如何评价邮传部利用借债筑路来推行以夷制夷之策，此中关键是当时的清朝政府有没有实行该政策的空间及可能性。应该说，这种可能性是存在的，这是列强的矛盾冲突所致。

列强对华投资可分为两类，“一为政治经营，一为经济经营，二者其投资则一，其性质实殊。前者意在张势力、便军事，含有侵略之意，后者则为本国商民图放资之所，意在图利，而无包藏祸心之谋”。“若全无分别，一言外款，便一律视为敌兵已至，则又何以异于杞人之见也耶。”[④] 清末列强对华政策，总体上有一个从军事牟利到经济牟利的转变，彼此之间的冲突主要体现在对华借款的竞争方面。以锦瑷铁路为例，日本就与英、美产生矛盾，驻华公使伊集院彦吉在致小村外务大臣电中道：“如英、中两国就本计划达成协议，要求日本予以同意时，我方如提出异议，势必引起英国舆论界之不满而招致契罗尔所忧虑之结果，故本案实系非常棘手的问题。”“对于以司戴德为先锋的美国对满洲正在进行的活动，将会获致如何成效暂且不论，但他们的态度自初就疏远我们，甚至企图压倒我们，无论如何也看不出想同我们接近和融洽。”[⑤] 英美与日本的矛盾为清政府提供了一个以夷制夷的机会，清政府利用列强矛盾以制衡的

① 戴执礼：《四川保路运动史料汇编》，台北中研院近代史研究所《史料丛刊》23，中研院近史所，1994，第531页。

② 伧父：《后四国借款抗议》，《东方杂志》第8卷第6号，1911年，第21页。

③ 伧父：《日本人对于四国借款之言论》，《东方杂志》第8卷第3号，1911年，第29～30页。

④ 薛大可：《铁路借款平议》，沈云龙主编《近代中国史料丛刊三编第27辑·交通官报》，台北，文海出版社，1987，第7期，第3页。

⑤ 吉林省社会科学院《满铁史资料》编辑组编《满铁史资料第二卷路权篇（1—4）》，中华书局，1979，第92、104页。

意图，日本外务省在《满洲铁路中立问题经过概要》中说得很清楚："当时中国政府所以决定采取承认锦瑷铁路预备合同的方针，不难想象，其策略是：由于美国提出了关于满洲铁路的建议，便想用以取得英美两国的好感，以控制日俄两国势力，这不外是中国在列强争议之间企图侥幸而采取的以夷制夷的一贯策略。"① 只可惜由于载沣的懦弱等原因，锦瑷铁路计划夭折。② 至于四国借款问题上英、美、德、日彼此之间的矛盾③，英、法争逐贷款云南铁路④等，都反映了列强在对华铁路贷款问题上的竞争与对立。

列强的竞争态势，对于清政府而言是机会大于挑战，"若中国果能政治自主，则取舍在我，甚或可获低利贷款"。⑤ 还有论者说："在甲午以后，虽在各国压迫之下，与我朝野的觉悟而开始大举外债筑路，然假使当时自己对于全盘计划有先后缓急之图，对于各国能了解其经济背景以及材料与技术之所长，洞悉各国间彼此利害竞争之所在，而谋一对策，则虽同有国际义务的约束，与外债的负担，而我的成就或不止此。即退一步而论借债筑路既成定局，倘使我自己争气，举国上下忍辱负重，了解铁路创建的艰难，而善为爱惜运用，则债务之桎梏虽重，自有解除之一日。"⑥

事实上，以夷制夷之策也确实取得了一定的成就。袁世凯曾拟以关内外铁路余利充京张路款，"唯关内外因有英国债款关系，英方以提用余利则京张工程须由英人主持。事为俄国所闻，以我早有长城以北铁路不得由他国承办之默契，出而反对。嗣由我与英方商定协款办法，声明由中国工程师主持，不用外籍人员，以示与他国并无关系，而杜俄人藉

① 《满铁史资料第二卷路权篇（1～4）》，第205页。

② 张守真：《清季东三省的铁路开放政策（1905—1911）》，第115～120页。

③ 戴执礼：《四川保路运动史料汇编》，台北中研院近史所《史料丛刊》23，第446～467页；《满铁史资料第二卷路权篇（1－4）》，第55页；孙瑞芹译《德国外交文件有关中国交涉史料选译》第3卷，商务印书馆，1960，第55页。

④ 宓汝成编《中国近代铁路史资料（1863～1911）》，中华书局，1963，第115页。

⑤ 苏云峰：《中国现代化的区域研究——湖北省（1860—1916）》，台北中研院近史所，1981，第437页。

⑥ 王开节、修城、钱其琮：《铁路·电信七十五周年纪念刊》，台北，文海出版社，1974，第200页。

[借] 口”。[①] 至于长江流域，“由于国际矛盾的存在，英国要独占长江流域铁路建筑权益的梦想，严格说来，并没有完全实现”。[②] 而“粤汉川路合同条款的改善，既由于民营运动的威胁，与英德的彼此激烈竞争，亦大有关系”。[③] 有文称，“中国铁路的对外关系是异常复杂的，世界各国，恐怕无一国受过这样的亏”，原因之一是“清政府的应付失策，运用以夷制夷策略，使形势愈趋复杂”。[④] 将路亏简单归因于以夷制夷，如此立论难以令人信服。

邮传部通过借款筑路而以夷制夷，这一意图或策略的实施，并非孤立之举，如东三省总督锡良就主张借美国资金以求均势，清政府当时的出使大臣亦主张速定联盟政策。[⑤]

三　邮传部的失误

在借款筑路问题上，邮传部尽管取得了相当的成就，但也确实存在许多不足。以往论者在谈及这一问题时，较多地从否定的立场出发，从政治角度予以批责，即使触及经济内容，也是由政治引发而至。其实，对于晚清时期借款筑路，我们应该不仅仅从政治角度，还要从经济角度来分析思考。1870 年代丁日昌修铁路借债，外商要价就很高，[⑥] 于此可知，即使是在纯经济的考虑下，我国也会有相当损失的，这与弱势、有求于人的地位相对应。所以，单纯的政治性批判不足以使我们对存在的问题有更为清晰的把握。清末所采取的铁路发展政策，就其效果而论自不能与美国等类比，究其原因，则与当时清政府的政治环境——列强群伺、不平

① 王开节、何纵炎：《邮政六十周年纪念刊》，台北，文海出版社，1974，第 29～30 页。

② “中华文化复兴运动推行委员会”编《中国近代现代史论集第十编·自强运动》五，台北，商务印书馆，1985，第 279 页。

③ 包遵彭、吴相湘、李定一：《中国近代史论丛——财政经济》，台北，正中书局，1958，第 133 页。

④ 大陆杂志社编辑委员会编辑《清史及近代史研究论集》，台北，大陆杂志社，1970，第 274 页。

⑤ 陈宝琛等：《清实录》第 60 册，第 688～689、472～473、998～999 页。

⑥ 李国祁：《中国早期的铁路经营》，台北中研院近史所，1961，第 70 页。

等条约的束缚等，有相当之关系。因此，不能仅仅停留在指责、抨击列强的范围里，而是要反思历史，即探究在那样艰难的困境中，如何去发展经济，发展交通事业，至于其不成功的地方，则要追究政策本身及政策执行者的责任、过失。1990 年代以来，学界尽管对借债筑路予以了相当的肯定，但也只是就经济成就立论，经济方面的问题似有忽视之嫌，试想，清末借债筑路的效果，“铁路事业较诸前期进展良多，然比之他国仍然望尘莫及，资源并未大量开发，而利权则丧失很多，是否得不偿失，宜有待于史家的考究”。[①] 出于对过去极端否定的愤慨而极端肯定，或由政治否定到经济肯定，都没有太多意义。此外，也不应简单地罗列欧美国家初期发展铁路借用外资等之类情事来证明借款筑路，因为美国和中国的国情有许多的不同，可类比、推论处较少。当时借债的国家很多，“英国筹民间善后之银岁借一百五十兆至百七十五兆佛朗，其印度债款至三十兆，新金山债款一千一百兆，率皆用制铁道，而法与意大利诸国修治铁道之费，称贷数千兆，下至弱小如秘鲁，铁道之费借诸欧洲，亦至三千二百万金镑，贫瘠如都尼斯亦借至十万金镑，而土耳其与埃及诸国无论矣”。[②] 这里需要问的是：世界上有哪些国家是通过借外资兴修铁路进而发展、富强起来的呢？哪些国家是因为借债筑路而反受其害的呢？前者的例子是瑞典、挪威，后者的例子是埃及、波斯，既然有成功，也有失败，那么类比论证反不如从其本身来梳理头绪，更能得出客观的结论。

邮传部在借款筑路方面的不足，从经济角度看主要表现在以下几个方面。

首先，有无外债政策乃一国财政健康与否的标尺，“因外债之利用必须有整个的政策，利息之高低，期限之长短，用途之分配，实在须依据国内财政状况而定”。[③] 邮传部借款筑路，尽管在宣统二年也制定了“外债条例”，但给人的感觉总有点盲目性大于计划性，无序性大于有序性，连条例的制定也有点应付资政院的色彩，且执行与否、效果如何，尚待

---

① 《中国近代现代史论集第十编·自强运动》（五），第 52 页。

② （清）宜今室主人编《皇朝经济文新编之十九》，台北，文海出版社，1987，第 93 页。

③ 包遵彭、吴相湘、李定一：《中国近代史论丛——财政经济》，第 113 页。

商讨。有人指出："我国以前曹于借外债之害，遇罗掘俱穷时，则贸然向各国借款，已而各国，亦遂利用此借款之机会，而别索种种之权利，尔时当轴者，亦遂漫应之。""某愿自今以往，我国上下，对于一切应办事，俱以审度出之。"① 盲目、无序性借款，直接导致利权丧失。联想到此前19世纪末为偿还甲午赔款而急借的英德外债，其折扣竟然是惊人的八三扣，如果再考虑到"镑价日增"的因素，② 因无序、盲目所导致的利权丧失，数目触目惊心。

清末筑路借款量究竟是多还是少呢？这是一个见仁见智的问题，如果我们试着从外资与内资的比例来看，则似可窥见问题的端倪。以光绪三十三年官办铁路资本结构为例（见表3）。

表3　光绪三十三年（1907）官办各路资本

官款	借款	商家附款	杂款	合计
29544917两2钱4分1厘5毫	206000000佛郎，749万5800镑	269810两9钱7分1厘	5383万8042佛郎54生丁，549万7441两5钱1分2厘1毫	2万5983万8042佛郎54生丁，749万5800镑，3531万2169两7钱2分4厘6毫

资料来源：《邮传部档案全宗》，中国第一历史档案馆藏，胶片编号4，档案号：40/14，第85～86页。

光绪三十三年官办各路如京汉、京奉、沪宁、正太、京张、汴洛、广九、萍昭、道清等，其官款、借款、商家附款、杂款数目中，借款最多，官路主要是靠借款发展起来的，即所谓的借款筑路，③ 借款一枝独秀，且大大超过内资，不成比例，这是非正常状态的错位，毕竟，借款的准则是量力而行，乃不争的事实。刘锦藻说："外债非不可借，先量内力，否则路之利不敌债之害也。"④ 邮传部借款筑路未能做到量力而行，

① 《拒款私议》，《盛京时报》1910年6月22日，第2版。

② 盛宣怀：《愚斋未刊信稿》，第148页。

③ 陈晖：《中国铁路问题》，生活·读书·新知三联书店，1955，第30～31页；严中平等编《中国近代经济史统计资料选辑　第一种》，科学出版社，1955，第184～185，第190页。

④ 刘锦藻：《清朝续文献通考》第4册，商务印书馆，1936，第11158页。

企望速造铁路，反映了近代国人的性急心态。[①] 高速发展或循序渐进问题，是我国铁路发展所必须做出选择的，应该说，邮传部选择的是前者，这与当时的救亡危局不无关系。总体看来，清末铁路发展应该说还是比较快的，这与大举外债有关。我们现在的问题不是指责清末铁路建设的速度缓慢，而是要理性阐释高速发展下所产生的相关问题。因为这是外债主宰、民族资本弱化下的高速度。

当然，在当时的中国，并没有一个完全没有争议的可供选择的方案，而更多的是利弊并存、取舍艰难的双刃剑。但是，邮传部忽略国内资金挖潜问题依然难辞其咎。在我国铁路建设中，邮传部在内部资金的挖掘方面应该说有许多工作没做好，其最突出的是发行公债不力。“铁路公债之额，虽叠次增加，犹不足以为病也”。[②] 宣统初年，“日本已开通之铁路约长五千二百英里，所投资本总额约五万万圆以上，此等巨款中最初筑造京滨、京神两线路一时借款二百万磅外，其余皆赖本国资本，未曾借锱铢外债，而所以有如此好成绩者，不外左之三原因：（一）最初择国内最繁要之区，敷设铁路，使民间知效用之便与利益之多。（二）为节减资本计，敷设之初，务使设备视乘客运货之增进渐次增筑改良。（三）官民竞相努力于营业方法之改善，以图收益之增加，是即铁路而能按其国之情形，而经营方法合度，则所需扩张之资金，自有产出之力，可断言也”。[③] 此外，日本政府补助利息，奖励铁路筹集资金，也起了推动作用。[④] 尽管日本与中国国情不同，但清政府内资的筹集的确太少。

其次，就借款效率而言，刘锦藻指出：“闻天津、德州一段已将英德借款糜尽，以五百万镑之资，筑百四十英里之路，平均三十万成一英里，殊骇听闻。”[⑤] 沪宁铁路“单线每一英里须二十二万余元”，而日本四大

---

① 孙景峰、苏全有主编《马克思主义在中国》，内蒙古大学出版社，1998，第235～237页。

② 《论借外债筑路之利害》，《外交报》第232期，第2页。

③ 《日本工学博士原口要铁路谈》，《近代中国史料丛刊三编第27辑·交通官报》第1期，第48页。

④ 姜明清：《“中华民国”交通史料（四）·铁路史料》，台北“国史馆”，1992，第777～778页。

⑤ 刘锦藻：《清朝续文献通考》第4册，考第11119页。

干线“其建筑费在其半额以内”。[①] 美国在第一次世界大战以前利用的英国资本虽然约为中国铁路外资的20倍，但美国筑成的铁路长达252000英里，却为中国筑成的不足6000英里铁路的40倍有余。这样一来，中国铁路网的完成遥遥无期，我国蕴藏丰富的资源自然无从开发，工业化的成绩自然非常之坏，从而生产力低下，缺乏把铁路外资转化为本国资本的能力。[②] 中国为什么缺乏通过工业化将外资转化为内资的能力？这与外资的用途有关。宣统三年二月，邮传部借日本正金银行金币1000万元，其用途是归还度支部官款，[③] 借外债还内债，借款效率可想而知。对于四国银行借款，沧父作《利用外资与消费外资之辨》一文，批评道：“今兹所借数万万元，问其用途，则曰整理币制也，推广铁路也，振兴实业也，苟惟名而已，则谁复能訾其非者？虽然，谓政府得此款而果专以用诸此途，畴能信之？即曰专用矣，而谓其遂足以举生产之实，又畴能信之？是故言整理币制，则币制局、造币厂增许多差缺、增许多支销名目已耳；言推广铁路，则邮传部堂属欣欣向荣，督办、总办诸大臣纷纷并起，而无量数之失职冗员延颈以待泽已耳；若夫振兴实业之名号广泛，尤便舞弊者，更无论矣……所借之资，不期月而消费以尽，其结果与投诸不生产之途等。”[④] 这一评论当然有所夸大，但却道出了问题的关键，就是借款的用途。有论者说：“借外款筑路，倘能善为管理，使路收不至移作他用，则不但可以以路养路，并可以以路筑路，京张成例实为最著。”[⑤]

再论借款所筑铁路的效益。铁路固然有服务经济的功能，亦有企业的特征。尽管国家办路比之商办其优长在于可以投资那些入不敷出的线路，但如果多数线路均亏负经营的话，那么肯定是非良性循环。光绪三十三年官办各路——京汉、京奉、沪宁、京张、汴洛、萍昭、道清等，除了京汉、京奉二路，其他均处于入不敷出的状况。[⑥] 导致局面如此恶

---

① 姜明清：《“中华民国”交通史料（四）·铁路史料》，第781页。

② 《中国近代现代史论集第十编·自强运动》（五），第89~90页。

③ 铁道部编《中国铁路借款合同汇编》第2册，台北，文海出版社，1987，第384~391页。

④ 《利用外资与消费外资之辨·论说二》，《国风报》第2年第14期，第21~22页。

⑤ 王开节、修城、钱其琮：《铁路·电信七十五周年纪念刊》，第245页。

⑥ 《邮传部档案全宗》，中国第一历史档案馆藏，胶片编号4，档案序号40/14，第89~90页。

化的元凶，就是借款及连带的付息压力，如道清、正太、汴洛、沪宁等均是如此。[①] 以道清路为例，光绪三十三年该路收入中，营业项下：205590.17 两；存款生息：163.06 两；道租地租项下：1429.35 两；合计：207182.58 两。支出中，营业项下：163178.48 两；工程项下：38646.04 两；付息：281217.24 两；合计：483041.76 两。收支对除，亏 275859.18 两，平均支出占收入的 23% 强[②]。如果没有付息负担，该路尚有微余。相较于道清，沪宁路更为典型。该路在通车后的第一年（宣统元年，1909），“全年行车进款共银一百七十九万六千余圆，支款共银一百二十一万四千余圆，收支两抵应存余利银五十八万一千余圆，以付借款年息一百六十六万二千余圆，实不敷银一百八万一千余圆，由部暂向交通银行借拨”。[③] 亏本主要因利息问题。利息究竟是高还是低，与借款所修铁路的偿还能力相关联，它不是一个简单的数字问题，而应因路而异，具体分析。这个问题处理得不好，带来的只能是负效益。沪宁铁路因“本巨息多”，[④] 到民国年间虽营业不差，但负担过重，所有的盈余仅足付息，资本的收回则感困难。民国 31 年底，距该路通车已 35 年，尚欠资本 2834108 镑。[⑤] 所还者不过 1/4，付出的代价太大了！[⑥] 而“沪宁铁路终以本息过巨，收赎无期也”。[⑦] 刘锦藻为此批评邮传部道：“沪宁铁路成本之巨，为世界各国所罕有，今收支两抵，不敷至百余万圆，年复一年，安有赎还之日？部臣全不措意，仅以借拨了事，可胜慨哉！”[⑧] 邮传部借款修沪宁路，存在对借款“用不得当”的问题，当无疑问。于此可知，沪宁铁路的关键并非学界所关注的行车管理权等所谓的主权问题，而是借款时机、借

---

① 姜明清：《“中华民国”交通史料（四）·铁路史料》，第 784～785 页。

② 《邮传部档案全宗》，中国第一历史档案馆藏，胶片编号 4，档案号 40/14，第 308～309 页。

③ 刘锦藻：《清朝续文献通考》第 4 册，考第 11157 页。

④ 刘锦藻：《清朝续文献通考》第 4 册，考第 11157 页。

⑤ 凌鸿勋：《中国铁路志》，台北，文海出版社，1982，第 345 页。

⑥ 王树槐：《中国现代化的区域研究——江苏省》，台北中研院近史所，1984，第 342～345 页。李国祁：《中国现代化的区域研究——闽浙台地区》，台北中研院近史所，1982，第 341 页。

⑦ 赵尔巽等：《清史稿》，第 4440 页。

⑧ 刘锦藻：《清朝续文献通考》第 4 册，第 11157 页。

款量、利息、偿本等经济性问题的政治化阐释。

如果说付息、还本尚是借款的应有之义的话，那么提取余利、酬金则属不正常。余利方面，京汉、正太、汴洛、沪宁、吉长、津浦、沪杭甬、广九等路均有明文规定，“实为各国所罕见”。酬金方面，发行公债有提成，购料有酬金，还本付息有佣金，还有其他津贴，等等。[①]

尽管我们否定对邮传部借债筑路政策失误的政治化阐释，但并不拒绝讨论其所带来的政治方面的损失，即人们常说的主权问题。因为，我国外债尽管属经济领域的问题，但所受国际政治之影响很大，[②] 完全抛开政治，就经济而论经济，也可能有悖于现实，马寅初著有《中国经济改造》一书，笼统将借债筑路的弊端归纳如下。

第一，关于国权之丧失者有四项，计（甲）借款筑路附近区域添造铁路，必须协同债主开办；（乙）五百里以内中国无自办铁路之权；（丙）凡与借款所筑铁路，有联络关系者，必须还债主管理；（丁）借款路线延长线，必向原借款国借筑。第二，关于主权之旁落者有三项，计（甲）管理权之旁落；（乙）用人权之旁落；（丙）购料权之旁落。第三，关于经济之剥削者有六项，计（甲）利息重；（乙）折扣大；（丙）强索红利；（丁）酬劳金；（戊）先期还款贴费；（己）还款期限太长[③]。

王开节将丧权归为：管理权、稽核权、用人权、购料权。[④] 清末铁路外债，以光绪三十四年为界，之前以控制权为主，以外人的管理权为特征，之后则以技术监督为主，外人的控制权较低。[⑤] 光绪三十四年，是邮传部短短不足 6 年历史中的关键年、分水岭。所以，具体而言之，中国铁路光绪三十三年以前的外债合同损失为管理用人权、财政会计管理权、经济损失、新权利的预约。光绪三十四年至宣统三年间铁路外债是丧权少而失利仍多：铁路管理权的参加，经济利益剥削，新权利的预约。[⑥]

---

① 张瑞德：《中国近代铁路事业管理的研究——政治层面的分析（1876—1937）》，台北中研院近史所，专刊 63，1991，第 13 ~ 14 页。

② 包遵彭、吴相湘、李定一：《中国近代史论丛——财政经济》，第 113 ~ 114 页。

③ 包遵彭、吴相湘、李定一：《中国近代史论丛——财政经济》，第 134 页。

④ 王开节、修域、钱其琮：《铁路 · 电信七十五周年纪念刊》，“绪论” 第 6 页。

⑤ 包遵彭、吴相湘、李定一：《中国近代史论丛——财政经济》，第 125 ~ 131 页。

⑥ 包遵彭、吴相湘、李定一：《中国近代史论丛——财政经济》，第 125 ~ 132 页。

在此需要指出的是，由于清末中国财政状况不良，外资有还款顾虑，所以要求铁路控制权，因为在当时外国投资中国存在着风险因素。[①] 光绪二十四年比利时反悔卢汉铁路借款，就是“因时局不好，感到巨款对华投资是一件极冒险的事，故仅愿暂借少数款，意存观望”。[②] 俄国在20世纪初就曾“允许一个美国资本家建筑从彼得堡通往莫斯科的第一条铁路并加以管理”；[③] 日本在筑路之初借英资时规定：“建设铁道及运转汽车之技术员，及管理金钱物品之事务员，皆聘英国人充之，非至借款全数还清，运输营业事务，亦从聘用之英国人指挥”；[④] 容闳主张将铁路修筑权、管理权、巡警权都给外国。[⑤] 如果我们再考虑到当时中国的管理水平低下这一因素的话，则似不应一概否定管理权的出让，而是应该努力探索在出让管理权之后如何避免其主权损丧，邮传部在这方面做得很不够。当然，有外国学者 T. W. Overlach 认为：“英国在中国铁路合同中所获得的‘控制权’，除了保证银行家和持票人的利益，保证借款基金确当的支用和充分的报酬之外，毫无其他意义。英国在中国的‘控制权’，因为是为私家公司所执行的，所以本质上是金融的而非政治的。”[⑥] 这一看法的偏颇十分明显，因为它抹去了近代中国的政治权力方面的损失。

四　借债筑路的原因

1. 两种不同的声音

究竟应该不应该进行借款筑路，当时的中国存在着对立的两种意见。一方是以执政者为主体，舆论界也有微弱的相同声音；另一方是舆论界主体上持相左立场。

铁路建筑之初，政界反对修路者多为御史等闲散官员，主修者多为

① 张瑞德：《中国近代铁路事业管理的研究——政治层面的分析（1876—1937）》，第20页。

② 李国祁：《中国早期的铁路经营》，台北中研院近史所，1961，第167页。

③ 《满铁史资料第二卷路权篇（1～4）》，第11页。

④ 姜明清：《“中华民国”交通史料（四）·铁路史料》，第776页。

⑤ （清）宜今室主人：《皇朝经济文新编》十九，第16页。

⑥ 包遵彭、吴相湘、李定一：《中国近代史论丛——财政经济》，第123～124页。

在职当政官员，这一趋势在之后变得越来越明显。就整个社会而言，起初是全民皆反，之后御史等闲散官员的身影渐渐凸显。[①] 其实，对新生事物反对是常有的事，英国在初始时也有反对修铁路的舆论，[②] 这里的关键是倡导者的水平。[③] 清末主张借款修路的政界权要有刘铭传、李鸿章、袁世凯、岑春煊、张之洞、升允、程得全、孙宝琦、锡良、瑞澂、徐世昌等，度支部载泽态度游移，[④] 并与邮传部发生过冲突，[⑤] 其总体上持有限度的借款主张。由上可知，清末政要大多主张借债筑路，正如《释外债》一文所道："今日主张外债之人，多在官场"。[⑥] 主政者主张借款筑路，这一现象万万不可轻忽，至于此中原因，奕譞在中法战后说"局外空谈与局中实际，判然两途"，[⑦] 可谓一语道破天机。

舆论界对于借债筑路总体上持否定态度，但其中也有一股微弱的肯定声音。宣统元年《商务官报》上登有一文称："丁酉借比国外债三千万元兴筑京汉铁路，比及十年路已告成，今复借款收赎。当时论者皆以比利时为傀儡，今路已收赎，亦不闻有何等之损失，使非借入外资，而听各省集股自办，其不为川汉覆辙，殆几希矣。川省摊诸地亩，其集股之法不为不溥，迄今数载，又何如耶？"对于外人借债是"欲夺我家产"的拒债论，该文驳斥道："外人之果欲夺我家产也，夺于厄灾之际，谁能御之？乃延其期以纾吾力，吾力不纾，乃再为之谋，以助其生利之事业，则又曰利自我生之，谋自我成之，凡所以允外债之资助者，是卖家产之蠹贼也。呜呼！果蠹贼矣乎？盍详察之。"该文还罗列了其他国家的国债情形，认为实业竞争时代不得不借外债，各国竞争投资果出于至诚有益和平无损权力等。[⑧] 同年十一月《大公报》上登有郑孝胥等所著《论筹

① 曾鲲化：《中国铁路史》，台北，文海出版社，1973，第48、50页。

② 曾鲲化：《中国铁路史》，第38页。

③ 吕实强：《中国早期的轮船经营》，台北中研院近史所，专刊4，1962，第188页。

④ 《咨行不得轻易息借外债》，《中国日报》1907年9月16日，第3版；《度部借债之用途》，《民立报》1910年11月7日，第2版。

⑤ 《借债政策难言》，《民立报》1910年10月18日，第2版。

⑥ 《释外债》，《民呼日报》1909年6月13日，第1版。

⑦ 赵尔巽等：《清史稿》，第4429页。

⑧ 《日本贸易与国债之参考案》，《商务官报》宣统元年第31册，《调查报告》第12~16页；宣统元年第32册，《调查报告》第13~15页。

还外债》一文，反对速还外债。[①] 次年，《交通官报》上刊出薛大可之文《铁路借款平议》、[②] 张元通之文《铁路借债政策刍议》,[③] 《商务官报》上刊出余先觉之《论今日欲振兴生产事业不宜拒绝外资》[④] 《对于外国人投资营业之研究》[⑤] 二文，宣统三年《左海公道报》发表社说《闽中宜借外债以筑铁路说》[⑥]，均主张借债筑路，发展实业。宣统三年底，《东方杂志》上则载文指出民国建设借债的必要性。[⑦]

杨度是清末舆论界主张借外债的代表性人物，他在宣统二年著文《致湖南铁路拒款代表函》道："士君子之处事，当平心静气，以求事理之当然，不当以客气行之。若诸君能为有款之拒款，则必将路务各项，需用几何，一一开列，作一支出预算表。现有款项实数几何，一一开列，作一收入预算表，能使出入年以相当，或不相当而所短无多，且皆确实可靠，能使度信而不疑者，则度可以屈己以从人。君子之过，日月之食，古人无固无我，度必不以客气而护前也。然度未信之日，则虽即死，不敢苟同不正确之舆论。不法律之行为，可以劫庸人，而不能以劫君子。今之拒款者，明知无款，或则曰无款宁使路之不成，或则强颜而言有款，是皆客气用事，度之所极反对。故以今日而论，诸君之议，不敢赞成。"[⑧] 梁启超也认为拒款论者"既不衷于学理，又乖于史实，徒为识者所笑"。[⑨] 孙宝瑄亦指出："东南吠声者辈，纷纷争路政之自为，而自忘其为闭关绝

---

① 郑孝胥等：《论筹还外债》，《大公报》1910 年 1 月 10 日，第 2、3 版。

② 薛大可：《铁路借款平议》，《近代中国史料丛刊三编第 27 辑 · 交通官报》第 7 期，第 2 ~ 4 页。

③ 张元通：《铁路借债政策刍议》，《近代中国史料丛刊三编第 27 辑 · 交通官报》第 22 期，第 2 ~ 5 页；第 24 期，第 2 ~ 6 页。

④ 余先觉：《论今日欲振兴生产事业不宜拒绝外资》，《商务官报》宣统二年，第 6 册，《论丛》第 1 ~ 3 页；第 7 册，《论丛》第 1 ~ 3 页；第 8 册，《论丛》第 1 ~ 3 页。

⑤ 余先觉：《对于外国人投资营业之研究》，《商务官报》第 18 册，宣统二年，《论丛》第 1 ~ 4 页。

⑥ 《闽中宜借外债以筑铁路说》，《左海公道报》第 1 期，1911 年 3 月，《社说》第 5 ~ 6 页；第 2 期，1911 年 4 月，《社说》第 3 ~ 4 页。

⑦ 高劳：《临时政府借债汇记》，《东方杂志》第 8 卷第 11 号，1912 年 5 月，第 16 ~ 22 页；《内外时报》，《东方杂志》第 8 卷第 12 号，1912 年 6 月，第 2 页。

⑧ 刘晴波主编《杨度集》，湖南人民出版社，1986，第 525 ~ 526 页。

⑨ 梁启超：《饮冰室全集 · 文集之二十二 · 外债平议》，中华书局，1932，第 41 页。

市主义，稍明理界者，多不然之。”[①]

当时外国舆论中也并非铁板一块，其中不乏一些值得注意的信息。宣统元年《商务官报》刊登《英人论本国外流之资本》[②]一文称，英国人流露出对本国资本外流过多的担心。宣统二年《外交报》上刊登《论各国宜许中国自行监理铁路借款》[③]，美国人表露出对华借款筑路的让步之意。之前的光绪三十四年《外交报》上还转刊日本舆论，认为中国应该借薄息外债。[④] 光绪三十三年美国发生金融危机，[⑤] 资金市场紧张，[⑥] 这对中国借债有制约因素。清末中国债票发行有成效，民初则差，这也折射出外债引入的艰辛。[⑦]

相对于倡导借债筑路舆论，清末主流舆论是反对借债。基于对交通救国[⑧]的渴望，外债亡国论，[⑨] 风行一时，舆论中弥漫着极端的抗外情绪，[⑩] 认为弱国不能借债，[⑪] 借外债无一利可言，[⑫] 甚而借债被认定是卖国[⑬]，乃罪状[⑭]。近代国人反对借债，其中很大一部分原因即在于外人的逼迫，[⑮] 再加上日人借债修东三省铁路，[⑯] 这导致反感情绪的滋生蔓延，

---

① 孙宝瑄：《忘山庐日记（下）》，上海古籍出版社，1983，第942页。

② 章乃炜：《英人论本国外流之资本》，《商务官报》第11册，宣统元年，第29页。

③ 《论各国宜许中国自行监理铁路借款》，《外交报》第276期，译论第15~17页。

④ 《日本舆论》，《外交报》第201期，译报第一类：第16页。

⑤ 《满铁史资料第二卷路权篇（1~4）》，第20~21页。

⑥ 上海时报馆：《粤汉铁路交涉秘密档案》，台北，文海出版社，1987，第2、26页。

⑦ 张瑞德：《中国近代铁路事业管理的研究——政治层面的分析（1876—1937）》，第8页。

⑧ 曾鲲化：《中国铁路史》，“序言”第1页。

⑨ 《外债亡国论》，《民吁日报》1909年10月11日，第1版；1909年10月12日，第1版；1909年10月13日，第1版；《译西报论埃及摩洛哥之外债与中国之外债》，《大公报》1911年10月15日，第2、3版。

⑩ 戴执礼：《四川保路运动史料汇编》，台北中研院近史所《史料丛刊》23，第147页。

⑪ 《外债利害论》，《大公报》1911年3月21日，第4版。

⑫ 《交通》，《东方杂志》第2年第11期，1905年11月，第110~111页。

⑬ 《卖路》，《民吁日报》1909年10月12日，第3版。

⑭ 戴执礼：《四川保路运动史料汇编》，台北中研院近史所《史料丛刊》23，第145页。

⑮ 《论六国争借路款之可惧》，《大公报》1909年8月6日，第3版；张大义：《各国借债热》，《铁路界》第1号，1910年7月，第69~71页。

⑯ 《日人借债筑路之办法》，《申报》1907年3月28日，第2、3版。

舆论由此形成，一发而不可收。此外则是认定我国有资金，关键是导之信之，不一定非要借债。[①]

舆论问题应该怎么看呢？光绪年间反对修路与清末反对借债修路相对应，有何值得总结之处呢？其间有一个从仇洋到惧洋的过渡，而对外来新事物认识不够及保守等也有很大影响。当时国人对外国的不了解、惧怕进而排斥、敌视，传统的心理使之总希望离外国人远一点的好。一方面是资本困难，集腋成裘成了公认的办法；另一方面，则又信誓旦旦杜绝洋资，这种强烈的排拒性与此前反对筑路风潮有相似之处，由反对筑路而为反对外债、自办铁路，然后自然而然地就应该是借债筑路了。历史问题评价的意义并不在于顺应非理性的民众舆论，[②] 而是从错误的舆论导向中寻觅教训，寻觅历史没有说出来的话。[③]

2. 借债筑路乃必然选择

中国经济由于人口的巨大压力，长期以来就是维生经济，这在封建社会的后半期表现得尤为突出。如果说盛唐时期来中国的外国人大都为其富庶所倾倒的话，那么元代以后特别是乾隆后期来华的外国人则多是感叹中国人的贫穷。正如罗尔纲在《中国社会经济史集刊》第八卷第一期上发表的《太平天国革命前的人口压迫问题》一文中所指出的，我国一般社会程度较低，自不能执诸国以为例，中国人的生活处于“低陋的社会程度”。清末，人多地少的矛盾更为突出，手工业饱受西方机器生产的冲击，加以灾害、赔款的影响，以及钱庄、银行的缺陷、税收占国民生产的净额少及贸易逆差等，[④] 导致资本严重匮乏，“中国本身不可能供给。1911 年以前，可用的资本根本不足”。“中国如果要在国际间占有相当的地位，或者要提高人民的生活水平，则中国的经济情形，势须从速吸收外资，加以充分的利用。”“发展中国经济所必需的资本，将来大部

---

① 刘锦藻：《清朝续文献通考》第 4 册，考第 11186 页。

② 《论近日民情之观感》，《大公报》1907 年 12 月 15 日，第 2 版。

③ 李国祁：《中国早期的铁路经营》，台北中研院近史所，专刊 4，1961，第 179 ~ 180 页。

④ 罗尔纲：《太平天国革命前人口压迫问题》，国立中央研究院社会研究所编《中国社会经济史集刊》，商务印书馆，1949，第 20 ~ 80 页。

分必定由西洋工业发达的国家输入，那是毫无疑问的。”[①]

中国的资本缺乏，其重要原因之一是资本流入当铺，而当铺的利息很高。在缺乏投资条件及冒险精神的农业社会，放高利贷被认为是最可靠的牟利途径，而且贷款多用于土地、救济饥荒和贫病者居多，用于工商业的极少，[②] 铁路方面，丁日昌 1876 年倡议修台湾铁路失败就是因为经费竭蹶，[③] 后来资本困难的铁路有苏浙路[④]、闽路[⑤]、同蒲路[⑥]、湘路[⑦]、晋路[⑧]、皖路[⑨]、西潼路[⑩]、烟潍路[⑪]、新法路[⑫]等。即使如此紧张，铁路资金还有被挪作军用、助赈[⑬]等情事发生。

铁路集股的不易乃资本匮乏的集中体现。清末集股中，有减薪、典质衣物，[⑭] 者，有动员女界[⑮]、妓界[⑯]、学界[⑰]者，甚至乞丐亦认购股票[⑱]，

---

① 〔美〕雷麦：《外人在华投资》，蒋学楷等译，商务印书馆，1959，第 86、171～175 页。

② 张玉法：《中国现代化的区域研究——山东省（1860—1916）》，台北中研院近史所，1982，第 842～843 页；关于我国资本流向问题，可参见刘云柏《近代江南工业资本流向》，上海人民出版社，2003，第 410～411 页。

③ 《中国近代现代史论集第十编·自强运动》（五），第 166 页。

④ 中国国民党中央委员会党史史料编纂委员会：《江浙铁路风潮》，第 110～111 页。

⑤ 《闽省铁路停工待款之困难》，《申报》1909 年 11 月 1 日，第 4、5 版。

⑥ 《山西巡抚奏同蒲铁路办理实情折》，《商务官报》光绪三十四年，第 21 册，公牍第 7～9 页；《巨绅之担任路费》，《民吁日报》1909 年 11 月 8 日，第 2 版。

⑦ 《湘路招股之近况》，《中国日报》1907 年 9 月 16 日，第 2 版。

⑧ 安明子：《盛宣怀与清末铁路建设》，第 132 页。

⑨ 谢国兴：《中国现代化的区域研究——安徽省》，台北中研院近史所，1991，第 304～305 页。

⑩ 刘锦藻：《清朝续文献通考》第 4 册，考第 11105 页。

⑪ 张玉法：《中国现代化的区域研究——山东省（1860—1916）》，第 492～495 页。

⑫ 《李恩涵．唐绍仪与晚清外交》，《中研院近代史研究所集刊》1973 年第 4 期上册，第 108 页。

⑬ 《苏路公司劝募甘肃振捐》，《民呼日报》1909 年 6 月 28 日，第 4 版。

⑭ 中国国民党中央委员会党史史料编纂委员会：《江浙铁路风潮》；《江督端午帅饬财政局妥拟坐扣文武员弁薪支换给路股办法札文》，《大公报》1907 年 12 月 13 日，第 6 版，第 140～141 页。

⑮ 《敬告女界意见书》，《大公报》1907 年 12 月 2 日，第 6 版。

⑯ 《苏州妓界招股会传单》，《中国日报》1907 年 11 月 29 日，第 2 版。

⑰ 《留日学生总会为苏浙路事开特别全体认股大会公启》，《大公报》1907 年 12 月 11 日，第 6 版。

⑱ 金士宣、徐文述：《中国铁路发展史（1876—1949）》，中国铁道出版社，1986，第 237 页。

当时“街谈巷议，人人皆以不附路股为耻”，[①] 于此可知民众集股的踊跃，[②]。以光绪三十三年粤路集股为例，“其成之速实由人心之公愤”。[③] 但是，以民族义愤为支撑而推行的商股筹集大业，其尴尬的成绩折射出的却是国内资本的严重匮乏。如烟潍路从1907年倡办起至清祚以终，虽然商界人士尽了全力，人民应募热情甚高，多次集股，都未能达到需要的800万元。[④] 光绪三十四年发行的铁路内债，大部分为外国银行承销。[⑤] 何况有限的资本也不可能、亦不应该聚于铁路一业，集中一国之力于一事业，乃经济大忌，十分危险，肯定不利于经济近代化的全面推进，[⑥]。清末铁路建设摊子过大，[⑦] 就是一大教训。毕竟，铁路是长期性投资，[⑧] 且规模巨大。为了解决资金问题，光绪二十九年十二月四川总督锡良奏办川汉铁路公司，次年二月湖南巡抚赵尔巽奏请先修常辰一路时，都曾有打算将来借洋债之意[⑨]，光绪三十四年初川汉铁路还有私集外股的传言，[⑩] 但终未实行，以至于清末我国商办铁路成绩较差，光绪三十三年时已成线仅仅237里，而拟办线却长达6168里。[⑪] 张謇曾感慨地说：“国内之资本家，有此常识，有此远规，有此眼光，有此魄力乎？国内不可求，

---

① 闵杰：《浙路公司的集资与经营》，《近代史研究》1987年第3期，第280页。

② 《慨筹还国债之结果》，《大公报》1910年7月27日，第3版；《新宁铁路股份银再收广告》，《中国日报》1907年2月21日，第6版。

③ 《邮传部档案全宗》，中国第一历史档案馆藏，胶片编号4，档案号35/9，第7页。

④ 张玉法：《中国现代化的区域研究——山东省（1860—1916）》，第492～495页。

⑤ 凌鸿勋：《中国铁路志》，第116页。

⑥ 宓汝成编《中华民国铁路史资料（1912—1949）》，社会科学文献出版社，2002，第19页；《直隶谘议局议员连合会呈都察院代奏，请饬阁臣宣布政策文》（中国近代史资料丛刊《辛亥革命》四，上海人民出版社，1957，第343页）载：“而铁路以外之实业，凋敝已极，无余沥为之分润。”

⑦ 张瑞德：《中国近代铁路事业管理的研究——政治层面的分析（1876—1937）》，前言第1页。

⑧ 《中国近代现代史论集第十编·自强运动》（五），第84页。

⑨ 中国第一历史档案馆藏《光绪朝朱批奏折》，中华书局，1996，第819～921页。

⑩ 《邮传部咨四川总督等川路实无议集外股请饬一体查察文》，《政治官报》光绪三十四年二月初一日，第123号，第16页；《四川铁路公司驻京总理乔呈邮传部请查禁谣传暗借外款文》，《邮传部复四川铁路公司准予查禁谣传暗借外款文》，《政治官报》第124号，第17～18页。

⑪ 《邮传部档案全宗》，中国第一历史档案馆藏，胶片编号4，档案序号40/14，第326～327页。

则事遂可已乎？我之不得不出于借外债以此。”[①]

资本匮乏是借债筑路的原因之一，与此同时我们放眼世界，则可发现借债筑路具有相当之普遍性,[②] 世界国债增长很快。与世界其他国家相比，我国的外债并不高，如英国在华投资在其对外投资中所占地位就较低。[③] 如果我们考虑到外债的利率比内债的利率要低[④]这一因素，以及收支盈余的京汉路这一范例[⑤]，则借债筑路似应是不争的必然。

---

① 施正康：《困惑与诱惑——中国近代化进程中的投资理念与实践》，上海三联书店，1999，第79页。

② 杨志洵：《汲修馆笔记》，《商务官报》光绪三十三年，第10册，“附录”第39~40页；杨荫杭：《北美合众国之盛况》，《商务官报》光绪三十二年，第28册。

③ 高劳：《英国之国外投资额》，《东方杂志》第8卷第5号，第44页；苏全有、马君鹏：《辛亥志士万福华的经济思想与实践初论》，《河南师范大学学报》2011年第1期。

④ 张瑞德：《中国近代铁路事业管理的研究——政治层面的分析（1876—1937）》，第11页。

⑤ 张瑞德：《平汉铁路与华北的经济发展（1905—1937）》，台北中研院近史所，专刊55，第14页。

晚清铁路产权争议中的社会、企业与政府*

——以株昭铁路的筹建和建设为例

在晚清，铁路建设的动力一般来自国防的战略需要。但也有一些短途线路的建设源于企业的需要，株昭铁路的建设源于当时盛宣怀主导下的萍乡煤矿和汉阳铁厂。然而，该路属于湖南铁路线网的一部分，以湘绅①为代表的湖南社会力量有自己的考量和诉求。这种考量和诉求与盛宣怀是不同的，矛盾由此而出现。矛盾的实质是铁路产权的争议。铁路产权②不只是对铁路的所有权，还包括筹建阶段的线路规划权（线路走向决策权）、线路建设的投资权和承办权、线路建成后的管理权和收益权等。“产权的实质是排他的权力”，③ 双方都试图通过政府力量来求得矛盾的化解，政府力量由权力中枢、交通主管部门、具体线路的督办大臣、地方督抚等构成，他们在调停双方矛盾的过程中都有所作为。株昭铁路筹建

---

* 本节作者朱从兵，苏州大学社会学院教授。

① 本文所言“湘绅”，是指在铁路产权争议中享有一定话语权并持相同或相近主张的湘绅群体，以聚集在湖南粤汉铁路公司［或称湖南铁路公司，或称湘（总）公司，或称湘路局］中的湘绅为主。除非行文特殊的需要，本文一般不特指具体的湘绅个人，也不拟从功名职衔的获得途径和类别、功名大小或职衔高低、籍贯、从事的活动或职业、政治态度等方面对湘绅进行更细的分类（相关分类参见阳信生《湖南近代绅士阶层研究》，岳麓书社，2010，第20~23页），不会特别地考察各类湘绅在产权争议中的不同主张。

② 产权是个人和组织拥有的一组受保护的使用资源的权利，它是一个总体性的概念，由若干更加具体的权利构成，一般包括所有权、使用权、占有权、处置权和收益权，它可分为私有产权、公有产权和共有产权三种类型（参见朱琴芬编著《新制度经济学》，华东师范大学出版社，2006，第132、142~148页）。本文提出的“铁路产权”是对一般“产权”概念的具体运用，从类型上来看，它不属于私有产权，而属于湘绅竭力争取的共有产权和邮传部极力维护的公有产权，株昭铁路产权争议实际上表现为共有产权与公有产权之争。

③ 〔美〕道格拉斯·C. 诺思：《经济史上的结构和变革》，厉以平译，商务印书馆，2009，第26页。

过程中的产权争议，体现了政府、企业与社会之间错综复杂的关系，值得治史者进行个案的研究。[①]

一　湘绅与盛宣怀的产权争议：张之洞的中介角色

株昭铁路的源头在萍株铁路，而萍株铁路则起源于萍乡煤矿的运煤铁路。1896 年，在准备勘察萍乡煤矿（后文简称“萍矿”）时，盛宣怀就有了建筑运煤小铁道的想法。1897 年，他已明确地提出修造由萍乡至长沙运煤小铁路的动议，得到湘绅张通典等的支持。[②] 1898 年，由于大规模开采王家源煤矿，建筑运煤铁路已提上议事日程，[③] 他和张之洞等会衔上奏清政府，提出“萍乡煤矿筑造运煤铁路通至水次，再筹展至长沙与干路相接”的要求，得到清政府的同意。[④] 由是而有萍乡运煤铁路的建设，当时计划筑至湘潭，称萍潭铁路。至 1902 年，盛宣怀动用中国铁路总公司官款，[⑤] 将该路筑至醴陵县属阳三石止。1903 年，盛宣怀等又要求展造醴陵至湘潭铁路，[⑥] 也得到清政府的批准。在美国的力争之下，由美国合兴公司存款建设，但其“存款不敷”，经费仍然不足，盛宣怀遂将萍乡展路“改至湘潭县属之洙（株）州（洲）水口为止”，称为醴株铁路，“逐节筹款，逐节赓

---

① 自觉地以制度经济学的产权视角研究中国近代铁路，始于汪戎的《晚清工业产权制度的变迁》（云南人民出版社，2004），该书第八章揭示了晚清铁路产权的多元化过程，分析了川汉铁路公司产权制度安排及其社会代价，并从产权制度逆转倾向的角度重新评价了晚清政府的“干线国有”政策（参见该书第 160 ~ 182 页）。汪戎的“铁路产权”偏重于所有权，其研究取向为铁路产权制度变迁，开近代铁路产权研究之先河。但是，近代铁路产权制度变迁过程中，各利益主体的具体诉求及相互博弈的面相，仍有待探讨。本文的研究重在铁路产权的争议，以株昭铁路的筹建为例，试图阐明萍乡煤矿、汉阳铁厂、湘绅、邮传部、地方督抚、粤汉铁路督办大臣等对株昭筹建的态度、主张和要求，从而呈现产权争议过程中政府、企业与社会的关系。株昭铁路产权争议的相关史料在《愚斋存稿》《盛宣怀未刊信稿》和《张之洞全集》等文献中较为集中，迄未得到治史者的充分利用。

② 陈旭麓、顾廷龙、汪熙主编《汉冶萍公司（一）·盛宣怀档案资料选辑之四》，上海人民出版社，1984，第 801、282、727 页。

③ 《湘报》下册，中华书局，2006，第 1350 页。

④ 盛宣怀：《愚斋存稿》卷十三，“奏疏”十三，思补楼藏版，第 13 ~ 15 页。

⑤ 盛宣怀：《愚斋存稿》卷十三，“奏疏”十三，思补楼藏版，第 13 ~ 15 页。

⑥ 盛宣怀：《愚斋存稿》卷二十三，“电奏”三，思补楼藏版，第 20 页。

修”，1906 年 1 月，全路竣工。[1] 萍醴、醴株先后建成，合称萍株铁路。

（一）萍株线路延展：自修与代修之争

萍株铁路建成后，湘绅和萍矿都在考虑延展的问题，但萍矿的延展需求最为迫切，湘绅和张之洞都倾向于由萍矿出资建设。但如何出资，湘绅、以盛宣怀为代表的萍矿各有自己的考虑。因此，湘绅与萍矿的矛盾首先由萍株线路延展办法之争而展开。在矛盾展开的过程中，因领导过粤汉铁路废约运动而众望所归、时任湖广总督的张之洞充当了中介角色。

萍株建成，从属地原则出发，湘绅们觉得自己有权决定萍株铁路在湘境内的延展走向，准备将铁路继续延伸至长沙。这种决定铁路建设走向的权利，属于铁路产权的一部分。[2] 由于萍株延至长沙对萍矿运煤有利，即萍株的延展对萍矿产生了外部性[3]，故湘绅们认为萍矿应该帮助他们，将此外部性内部化，而其办法就是由萍矿借款给他们用于萍株延展。1907 年 4 月，湘绅们提出向萍乡矿局商借银 200 万两，作为该段建设经费的想法。[4] 督办汉阳铁厂的盛宣怀对此不太积极，向张之洞抱怨，萍矿负债难有余力。[5]

张之洞似乎认同湘绅们的想法，但他的立足点在于为湘绅们减轻湖南进行铁路建设的筹款负担，由此提出了建设粤汉铁路的新设想，即先修株洲至武昌段，由湖北、湖南、萍矿分修（参见图 1）。鉴于萍矿的困难，他建议盛宣怀可“借款筹办”。[6] 很明显，这是一种代修的思路。对此设想，盛宣怀称“恐难指矿续借。”[7] 于是，他准备为湘绅“代借洋

---

① 盛宣怀：《愚斋存稿》卷十一，“奏疏”十一，思补楼藏版，第 34～35 页。

② 湘绅们意识中的属地原则，是在当时兴起的商办铁路运动中普遍认可的，各省分办各省的铁路，成为共识，许多商办铁路公司都冠以省名。

③ 所谓“外部性”，就是指经济活动的参与者不对称地承担某一项经济活动的成本或者收益。换言之，就是某个人的行为对他人福利造成的影响（或改善或损害）。给他人带来收益的情况，称为“正的外部性”；给他人带来成本的情况，称为“负的外部性”（参见杨德才编著《新制度经济学》，南京大学出版社，2007，第 56 页）。本文所言对萍矿的“外部性”，属于“正的外部性”。当然，这种外部性是相对的，因为萍矿通过铁路运煤是需要缴纳运费的。

④ 苑书义、孙华峰、李秉新主编《张之洞全集》第 11 册，河北人民出版社，1998，第 9594 页。

⑤ 《张之洞全集》第 11 册，第 9594 页。

⑥ 《张之洞全集》第 11 册，第 9607 页。

⑦ 《张之洞全集》第 11 册，第 9608 页。

款”。湖南官绅对盛宣怀此举表示拒绝，指出湘路公司只愿向萍矿借款，而且萍矿的借款以“铁厂钢轨分成抵借”，日后则以“运煤车费抵偿”。[①] 归根结底，湘绅们认为，在萍株延展问题上，萍矿和铁厂的作用只能是助修，而且向萍矿借款变为由汉阳铁厂垫轨抵借。

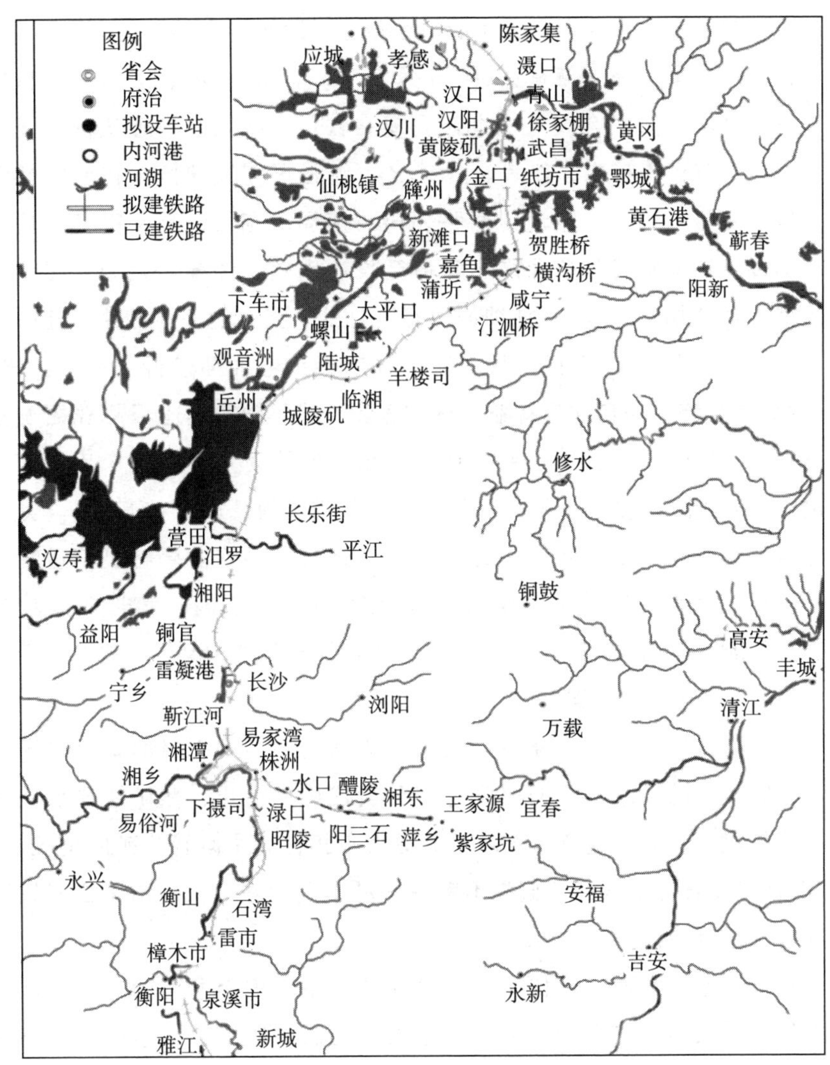

图1　晚清株萍、粤汉线路趋向示意图

---

① 《张之洞全集》第11册，第9622页。

盛宣怀虽同意这种借款办法，但不同意所修路段。他向张之洞表示，汉阳铁厂愿以铁轨“助修”株洲至昭山段（即株昭铁路），“全数记账”。这样，在代修与自修的争议中，建设株昭铁路的动议由此而提出。张之洞将盛宣怀的意见转达湘绅。他们对此主张不能赞成，表示将长沙、湘潭两个繁盛的商业区域抛却，于商情不便，且股东亦未必乐从。

盛宣怀了解湘绅的新意见后，6 月 28 日，“集董会议”。次日，盛宣怀复电张之洞告知“会议”的办法：现在铁厂、矿局合筹独认株洲至昭山段，连工费俱由矿出。他表示：矿之力勉强可完成该段。在盛宣怀看来，他的办法也很好，照顾到湘路公司与萍局的利益，是两得其利的双赢。不过，湘绅坚持要求盛宣怀兼垫至长沙钢轨。湘绅们强调，湘路公司的宗旨是“愿归自办”。湘绅们的态度打乱了张之洞关于湘路修建的总体设想，因此，7 月 27 日，张之洞令曾广镕致电湘绅进行劝说，指出：“路由矿局代修，路矿两有裨益。湘省有款，尽可随时赎还。”[①] 张之洞是同意盛宣怀的要求的，这使盛宣怀很感激，他认为张之洞“未忘厂矿之难也”，表示他复电请认株洲至昭山段，亦“实为急救厂矿起见”。为什么这样说呢？汉阳铁厂和萍矿究为扩大经济效益，均需要解决其运输问题。这样，萍矿—铁厂何以要求先建株昭铁路的原因，就非常清楚了（参见图 2）。但如何建设株昭，湘绅、盛宣怀和张之洞又各有想法。

（二）株昭建设方案之争

萍矿及铁厂急于建成株昭，但又无法满足湘绅们提出的垫付株洲至长沙全路轨价的要求，而按照张之洞分段代修的设想，萍矿还要承担湘潭支路的建筑任务，这意味着萍矿的更大负担。为了减轻萍矿的负担，7 月 31 日，盛宣怀要求湘绅们先不考虑湘潭支路的建设。他请张之洞说服湘绅接受这个建议。[②]

萍矿及铁厂既要代修株昭，又要湘绅们不考虑至湘潭的支路，这些要求是湘绅们不能接受的，因此，张之洞无法说服湘绅，遂提出了将株昭段“归鄂代修”的“变通转圜之法”。这里有三个要点：第一，关于资

---

① 《张之洞全集》第 11 册，第 9656 ~ 9657 页。

② 《张之洞全集》第 11 册，第 9657 ~ 9658 页。

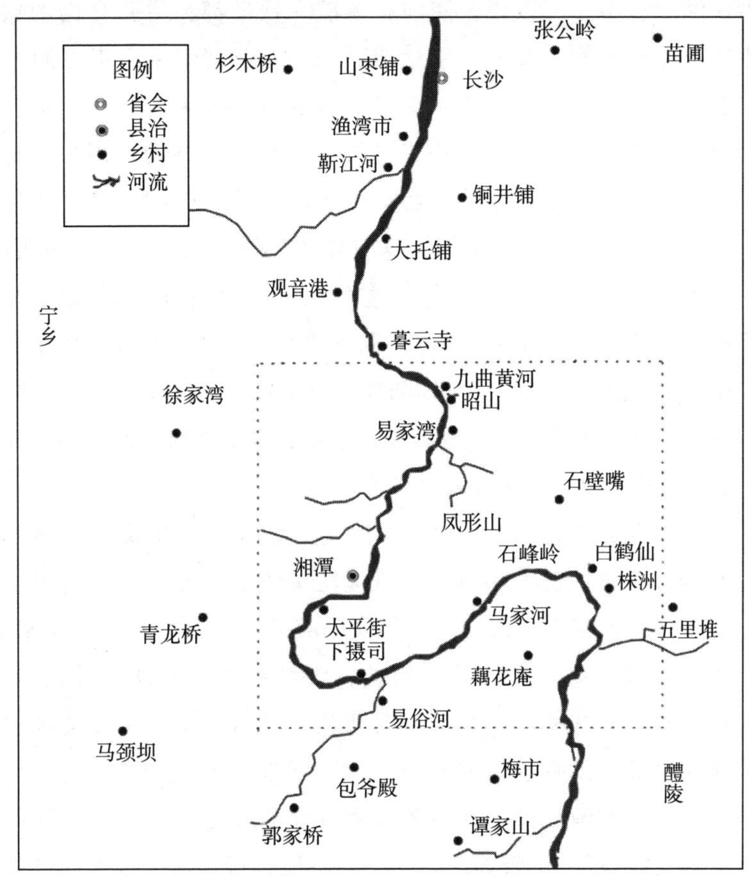

图 2　株洲、湘潭、昭山方位示意图

金，盛宣怀所筹之款 50 万两，可用来购买鄂省粤汉铁路股票，而鄂省即用此款修造株洲至昭山段铁路。第二，关于筑路，其购地、督工之员，全归鄂派，而购地员用湘人，与湘绅商；督工员用萍矿人，与盛宣怀商。第三，关于管路，此路即作为鄂修之路，将来管路之员由鄂派鄂、湘两省之官。湘省将路款还清，即拨归湘管。对于此项办法，张之洞似乎也没有把握，甚至慨叹说："湘事难办，天下所无。"当然，这个办法的最基本的前提是得到盛宣怀的同意，然后才能与湘绅们再去协商。

湘绅们始终坚持湘路湘修的原则，同时又寄望于得到萍矿－铁厂的经费支持。而萍矿－铁厂以为自己要解决经费问题，也提出了自己的主张，先是要求建设株昭铁路，继则要求独力代修株昭铁路，后又要求湘绅不考虑湘潭支路。可以说，湘绅和萍矿－铁厂都在主张自己的铁路产权，由于出发点不同，双方无法达成共识。在此情形下，张之洞以“归鄂代修”之法试图使双方都有权利参加铁路的建设和管理，湘绅在路款赎清后可得所有权，而萍矿－铁厂可望尽快获得铁路的使用权，解决运煤的问题。但是，“归鄂代修”之法的核心是要萍矿－铁厂拿出现银 50 万两用于购买湖北粤汉铁路股票，这对萍矿－铁厂来说，又是不可能的。因此，盛宣怀建议张之洞电告湘绅们这样的筑路方案：株昭段 12 英里铁路统归鄂省垫款代修，而湘集商股专顾长沙至岳州段铁路。而实际上除了轨件，一切工款仍由汉阳铁厂“分期陆续”解由张之洞处转付，如此则购地、督工、管路，概由鄂派。他还建议说：迨路成奏销之时，湘能筹还路款归湘管，湘不筹还则以部款接部款之路。[①]

张之洞基本赞同盛宣怀的建议，但认为盛宣怀的建议“胶葛太多”。他结合着盛宣怀的新建议和他自己所提购买股票的办法，又提出了一个新的办法。其内容有二：第一，汉阳铁厂所售株昭轨件及代购株昭车辆、桥梁、枕木等件，鄂省核明单据银数，填发铁路股票以抵付款；第二，筑路的购地款、土石款、一切工程薪费款，汉阳铁厂每次拨交鄂省银两若干。鄂省收银后，照数填发铁路股票，即将来以此银代付各项款目。而于路成之后的奏销问题，他不赞成盛宣怀的办法，他表示“鄂湘路亦不愿牵扯部款在内”。尽管如此，这个办法能否行得通，首要的还需盛宣怀同意，才能再与湘绅协商。[②]

盛宣怀的意思是要张之洞先用部款垫付，等萍矿－铁厂有钱了再陆续偿还。而张之洞的意思则是，虽以湖北省的名义代修，但一切费用则是由萍矿－铁厂来分次陆续垫付的。在知悉张之洞的新建议之后，盛宣怀表示厂矿实在“财力困穷”，无法挪借，故而急筹招股，以专造株昭段，则路有运煤车利可抵，而如买粤汉股票，恐全路未成无利可抵。[③] 要盛宣怀出些钱如此费劲，张之洞与三省官绅遂起意撇开他，他们与护理

---

① 《张之洞全集》第 11 册，第 9666 页。

② 《张之洞全集》第 11 册，第 9665 ~9666 页。

③ 《张之洞全集》第 11 册，第 9667 页。

四川总督赵尔丰一起拟为川汉、粤汉筹建钢轨厂。①

总之，在双方围绕萍株延展办法的较量过程中，萍矿－铁厂为最大限度地节省经费提出了株昭铁路的建设要求和方案，到后来甚至不想出资了，其意图就是谋求株萍延展或株昭建成的外部性，即不出资就能享受铁路建成的收益权，而湘绅始终坚持自修的原则，主张他们的铁路产权，要求萍矿－铁厂在建设经费上有所支持，以此消解其在株萍延展或株昭建成后的外部性。张之洞居中调和，充当中介角色，先后提出分修湘路和归鄂代修的办法，但无法解决问题。他对双方也都表示了不满，对湘绅发出了“湘事难办，天下所无”的感慨，对萍矿－铁厂则有撇开盛宣怀另行筹建铁路钢轨厂的打算和行动。

二　湘绅与邮传部的产权争议：盛宣怀的对立角色和中介角色

前述湘绅与萍矿－铁厂之间的铁路产权争议表明，由萍矿－铁厂出资延展萍株、筹建株昭的思路是行不通了。在盛宣怀的努力之下，株昭改归邮传部筹办，并拟建设株昭直线。株昭铁路产权争议转而在湘绅与邮传部之间进行。线路的走向决定权、铁路建设的承办权、铁路建成后的管理权和收益权都是铁路产权的具体内容。盛宣怀努力的这种结果，在湘绅们看来，就是对湘省铁路产权的侵夺，因此，湘绅们一反对建设直线，而主张建设株昭弧线；二反对由邮传部负责筹款的官办，坚持归湘承办。而地方督抚居间调和，提出了官商合办的要求。官商合办的体制构想似乎也不能解决产权争议。围绕着官商合办，邮传部提出了若干方案，供湘绅选择，而此时的盛宣怀反成为中介角色，从中为双方出谋划策。最后博弈的结果是，双方都做了让步，湘绅同意建设直线，而邮传部则同意改归湘绅承办。

---

① （清）朱寿朋编，张静庐等校点《光绪朝东华录》第5册，中华书局，1958，总第5735～5736页。

（一）株昭直线与弧线之争

张之洞的行动说明了他不再愿意为株昭铁路问题花费脑筋了。但是，为株昭铁路最为操心的是盛宣怀，1907 年 12 月 31 日，他先是致电新任湖广总督赵尔巽，询问其具体办法，后决定从中央政府的层面寻求出路，因此，1908 年 1 月 4 日，他致电江西巡抚瑞良说："宣此次到京，正与部筹，拟将洙（株）洲（州）至昭山铁路接通，使运道畅达。"①

盛宣怀求助于邮传部，要求将萍潭铁路交归该部管辖。自感"凡官商铁路均有统辖之责"的邮传部认为，萍潭铁路产权与萍矿收益权均属于官方，而为了尽快建成株昭铁路，同意将其"改归臣部管辖，以符定制"。如此，在部办统筹之下，铁路将可能尽快建成，满足萍矿-铁厂的快速大量运煤的需要，给萍矿-铁厂带来正外部性，体现铁路建设的公益性，使两者很好地结合起来。

株昭归部承办后，盛宣怀又争取建设株昭直线，建议将株昭直线作为萍矿的专用线。如此一来，盛宣怀不仅改变了株昭铁路的所有权，而且还要争取株昭铁路的线路走向决定权。这两者都是对株昭铁路产权的侵犯，湘绅们自然不会同意。他们对盛宣怀的建议仍然反对，湘路公司要求将株昭直线改为"绕道湘潭对河太平街以达易家湾弧线，以保潭埠商务"。简言之，盛宣怀要建直线，而湘绅主建弧线。

在此情况下，邮传部想出了意在谁也不得罪的"两全之策"，即"准其改用弧线"，但"声明不载他货，以期无损于商路"。奏请清政府的结果是得旨可行。② 邮传部还进一步建议将萍潭铁路改为萍昭铁路，并颁给萍昭铁路局关防。4 月 18 日，这个建议得到清政府的同意。③ 对此结果，湘绅仍不满意，盛宣怀似较满意，并致电陈璧提供劝说湘绅的辞令。他劝说邮传部再做些让步，将株昭官路作为运煤专用线，连客商亦不接运。盛宣怀的此番辞令未能让湘绅接受，邮传部一时"亦未便答复（湘路）公司"。但该部不复湘路公司，立即就影响了株昭铁路的筹建进展。为了

---

① 盛宣怀：《愚斋存稿》卷一百，总补遗，思补楼藏版，第 8～9 页。

② （清）朱寿朋编，张静庐等校点《光绪朝东华录》第 5 册，总第 5879～5881 页。

③ 邮传部参议厅编核科编辑《邮传部奏议类编》，沈云龙主编《近代中国史料丛刊》第 1 编第 14 辑，台北，文海出版社，1985，第 839 页。

让湘绅尽快同意“两全之策”，该部只得致电湖广总督陈夔龙、湖南巡抚岑春蓂求助，重点是请陈、岑二人“居间调停”。该部表示可再让一步，但需在必须通融处提出。让步的实质是，该部同意将官筑株昭铁路作为萍矿的运煤专用线。然而，陈、岑二人有他们自己的考虑，并未遵从该部的意见。

当时，陈夔龙正值履新赴湖广总督任，5 月 2 日接任。[①] 他到任后即收到湘路局王先谦、余肇康和席汇湘等的来电，他们“援美公司合同第十七款‘不准筑造争夺生意并行之铁路’为阻挠之议”。对湘绅此电，盛宣怀向陈夔龙解释了湘路局呈请改用弧线的原因，指出官商自造与借款之间的不同。因此，陈嘱盛“条议”，说“湘电暂不转部”，并一面电邀余肇康到鄂面商。5 月 5 日，盛宣怀缮就“刍议十三节”，密交陈夔龙“以备调停”。

“刍议十三节”的“前七条系述情形”，第一至三节主要说明株昭产权争议形成的过程：由于湘绅拖延不办，盛宣怀设法将株昭改归邮传部管辖，邮传部拟筑直线，同时亦准湘绅建设弧线。第四、五节则阐明湘绅们的诉求，湘绅们认为官筑直线有损商筑弧线的收益权，应该禁止两线并行的情况发生。而第六、七节道明邮传部拟解决争议的方案：一是仅将官筑直线作为萍矿运煤专用线；二是变通粤汉干线最初的计划，弧线、直线皆可建设。其“后六条系拟办法”，实际内容可分为两类：一类是做进一步的解释，第九、十、十一节属于这方面的内容。第九节认为官筑支路直线并非所谓的“并行之路”，有为干路客货运输分流从而“避险”的作用；第十节辩明湘绅们一直力争的所谓萍煤运输收益并不多，“每日所收不过四百两”；第十一节则解释说，从直线运输的萍煤至岳州后仍可再过干路，湘省可以享受到萍煤运输的收益。另一类内容真正是针对争议提出的办法，办法有三种：第八节提供的是目前的办法，即将官筑株昭直线作为运煤专用线，直线既不载萍煤以外的任何货物，亦不承运任何的客商；第十二节提供的是将目前和长远结合起来的办法，目前在勘测和建设过程中为商路预留双轨，将来湘绅需要建筑直线，亦有

① 陈夔龙著，俞陛云编《庸菴尚书奏议》，台北，文海出版社，1970，第 925 页。

条件；而第十三条提供的则是长远的办法，当然也是彻底解决争议的办法，即将来湘绅们如有资金，可将官筑萍昭铁路“买归商路”，从而落实产权。①

盛宣怀在为陈夔龙提出“刍议十三节”之后，5月6日，他又致函邮传部尚书陈璧，提出所谓的“调处四策”，而这“四策”，实际是“刍议十三节”的浓缩版，或是对“刍议十三节”后六条的提炼。总体来看，“刍议十三节”和“调处四策”的基本内容可概括为：如何向湘绅们做出让步性的调整，这种让步体现为两个方面：一是株昭的收益权方面，官路株昭支路只“专运萍煤”，确保商路株昭弧线或直线载运其他客货的收益，且萍煤从株昭过入干路后，湘绅仍有“接运煤费”的收益；二是湘绅实现对株昭的完全产权的途径方面，湘绅“买并”官路即可。两者的基本思路是：官商各办株昭，各得其益。盛宣怀以中介人的角色给出的“四策”意在维护湘绅和邮传部的铁路产权，而自己则坐享铁路建成之外部性。

出乎意料的是，盛宣怀的这些对策还没有派上用场，部分湘绅鉴于争议的僵局，有做出让步的打算。湘绅蒋德钧这时面告盛宣怀，湘省经过“公议”，拟准舍弧线而造直线，通过努力，他们已筹有二百余万的股本。盛宣怀答称：“如湘路公司呈请愿归直线，部似不难另奏。”蒋德钧“允即回湘开导”。②

邮传部的“两全之策”意在调和直线与弧线之争，既允许湘绅建弧线，也答应湘绅将来可建直线，形成了“官路—支路—直线（偏左），商路—干路—弧线［直线（偏右）］”的构想，虽有官商两路的运输分工，但株昭之间如此之短的距离两线并行（一直一弧），甚至还有可能出现三线并行（二直一弧）的情形，既浪费了铁路建设成本，也影响了日后铁路的收益（参见图3）。与其如此，不如官路、商路并为一线，采取官商合办的体制。邮传部和湘绅都求助于湖广总督陈夔龙，他和湖南巡抚岑春蓂遂乘势提出官商合办的倡议，湘绅与邮传部和盛宣怀之间也就由直

---

① 北京大学历史系近代史教研室整理《盛宣怀未刊信稿》，中华书局，1960，第97～99页。

② 王尔敏、吴伦霓霞合编《盛宣怀实业函电稿》（下），香港中文大学中国文化研究所、台北中研院近代史研究所，1993，第502～503页。

线与弧线之争转化为官办与官商合办的筹建体制之争。

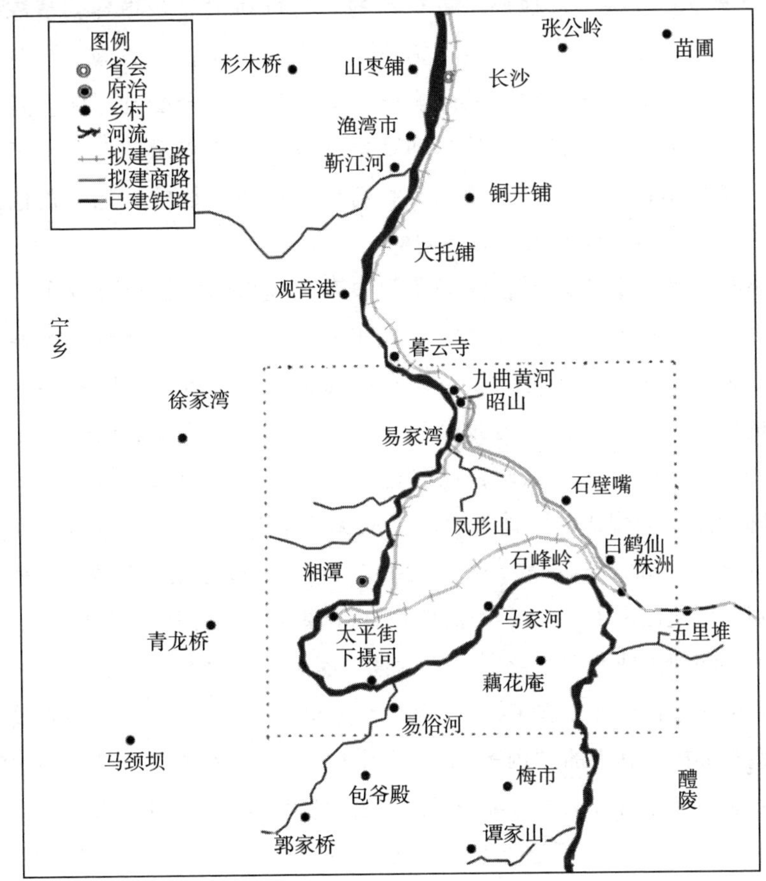

图 3　株昭铁路直线、弧线示意图

（二）筹建体制之争：官办与官商合办

其实，邮传部的“两全之策”并没有从根本上满足湘绅们对株昭铁路的产权要求。允许湘绅建弧线，将湘绅们置于决定线路走向的地位，这是对湘绅拥有株昭线路走向决定权的否定。盛宣怀将株昭视为萍矿－铁厂的专用线，而邮传部则以萍株成路在先，湘境粤汉兴造在后为由主张对萍株延展的决定权，这也是对湘绅之株昭铁路所有权的否定。运输分工只使湘绅得到了株昭铁路的部分收益权，湘绅无法得到萍煤运输的全部收益，而其他的客货运输收益还有可能受到官路（支路）的影响。

因此，邮传部关于“两全之策”的说辞，包括盛宣怀提供给陈璧的说辞，不能令湘省官绅接受，他们是有行动的。其行动主要是岑春蓂请陈夔龙致电盛宣怀，要求将株昭路线作为官商合办，萍煤仍走直线。而且，表示如不满足他的要求，株昭铁路实际的筹建工作就会受到影响。盛宣怀基本认可“合办”的意见，他当即就给陈夔龙回信表示照办。由于岑春蓂放弃了株昭弧线，盛宣怀是支持官商合办株昭直线的，他的角色开始发生变化，不再完全与湘省官绅对立。

从盛宣怀的分析来看，陈夔龙和岑春蓂提出的官商合办要求，不只关涉湘绅对于株昭铁路的附股权（亦即投资权），也关系到该路收益权的分配。而从邮传部所认可的铁路所有权确定原则来看，投资权还决定着株昭的所有权、管理权。因此，官商合办要求的实质是对株昭产权的明确分割，这实际上牵涉株昭铁路筹建和建设的体制问题。对此，邮传部尚书陈璧是不太赞成的，他虽表示“原无不可”，但认为官商合办在具体的“办事”（即管理权问题）和“分利”（即收益权分配）环节会有很多麻烦。随即，他提出了“三策”供盛宣怀和湘省官绅采择。具体来说，甲、乙两策要湘绅出钱赎回该路，而“丙策”类似于张之洞提出的归鄂代修办法，则要盛宣怀出钱。看来，“三策”不可能得到双方的同意，但陈璧试图争取盛宣怀接受其中的“丙策”。在他看来，丙策既利于盛宣怀督办的汉冶萍谋发展，又是解决湘鄂官绅纷争的办法，实为两全齐美的良策。

但是，盛宣怀并不这么想。他较为赞成甲、乙两策，而认为丙策的问题在于，“厂矿附股粤汉一二十万，恐彼必先拨，路成无期，非厂矿公司所愿”。甲策也不能令湘鄂官绅满意，因其认为湘公司“数十万亦难筹”。所以，实际可供选择的也只有乙策。换言之，名义上是官商合办，而实际上仍是官办。所谓“官商合办”，只不过是陈夔龙、岑春蓂等用来缓解官绅纠纷的办法。当时又有人在盛宣怀面前提及岑春蓂的意见，仍然强调“非合办难购地”。但是，“湘股竭”，故盛宣怀只得又致电陈璧提出，以合办名义，湘绅所出的一半由督抚来设法解决，将来的利润仍由湘省分享一半。这样，只要湘鄂督抚同意，那么，就可以立即付诸实施了。在此基础上，盛宣怀针对陈璧提出的办法，又提出了六条更详细的官商合办的意见：

“一、责成督抚克日出示，照定章购地；二、限令薛道（鸿年）赶紧开办，年内完工；三、准用潭绅数人随同薛道购地办事；四、完工结账，湘公司即缴一半资本；五、株昭行车，专立帐表，所得运煤进款，除养修外，余利准分给一半，自缴商本三日起；六、干路全通之后，官本一半亦准公司买回，以示部中维持大局，断非争利。”①

这些意见充分尊重了湘省公司的利益，也充分考虑到了湘省公司的集股状况，采取渐进的方式实现湘绅们对株昭的产权。如果湘省官绅再不爽快地同意，那就没有继续商谈的余地了。这些意见的巧妙之处在于，陈璧的厂矿附股湘省公司的要求转换成湘省公司附股株昭的构想，盛宣怀自己不用出钱，而能坐享株昭建成之外部性。而且，他试图从株昭产权争议中脱身，使产权争议转变湘省官绅与邮传部之间如何进行官商合办的讨价还价。

在盛宣怀的劝说之下，陈璧改变了对官商合办的态度，他结合盛宣怀的意见，提出了邮传部解决官商合办株昭铁路的具体办法，并致电陈夔龙和岑春蓂，将办法告诉他们。实际上，陈璧提供的是“合办并先售二策”。他要求湘省公司如愿就何策商议，“即请电闻”；同时，表明邮传部的坚决态度：“已为湘公司预留余地。”更重要的是，湘公司加紧贯通改线，可获利“无穷”，而若坚持要将“区区此四十里划归公司承造”，那么，“一切支费均须特别加增”，而且纠葛更多，管理“尤极为难”。因此，公司不妨“逐细研求，当可消释疑阻”。在陈璧看来，湘省官绅应该接受邮传部的办法，此“于全省大局、全国路政均有裨益”。而邮传部同意湘省官绅官商合办亦属仁至义尽的让步了。②

由上看来，邮传部的办法实际上是陈璧最初提出的三策中的丙策，亦即他最初比较满意的一策，只是将由萍矿附股湘公司改为由湘公司附股株昭，并提出了或按股或按里摊算的具体分利办法。仔细揣摩陈璧致陈夔龙和岑春蓂的电文，我们不难看出，虽然陈璧在讨论所谓的官商合办，但其意图的实质仍是要维持官办的体制，只是允绅附股而均利罢了，

---

① 盛宣怀：《愚斋存稿》卷七十三，电报五十，思补楼藏版，第13页。

② 盛宣怀：《愚斋存稿》卷七十三，电报五十，思补楼藏版，第13~16页。

这与湘绅们要求的官商合办还是有距离的。

（三）湘绅对盛宣怀、邮传部、陈夔龙和岑春蓂筹建株昭方案的反驳

官商合办的构想虽然消除了直线与弧线之争，以建设株昭直线为目标，湘绅们可以得到株昭铁路一半的附股权和收益权。但是，株昭自归邮传部管辖后，株昭成萍昭的一段。在陈璧的思路中，湘绅要实现对株昭的产权，就必须买断萍昭的产权。如果不能买断，就只能维持官办萍昭的现状，这就加大了湘绅实现株昭产权的成本。而在官办萍昭的大格局下，官商合办株昭一小段，湘绅对株昭的权益实际上是被稀释了，这在某种程度上说是不公平的。因此，湘绅们既不同意盛宣怀改建株昭直线的主张，不能同意邮传部给出的结论，也不会接受陈夔龙和岑春蓂提出的调停办法。

在湘绅们的意识中，铁路产权的确立是根据属地原则，即只要是在湖南境内的铁路，他们就有权根据自己的需要和考虑来谋划、确定线路的走向。但是，邮传部的意见出乎湘绅们的意料之外，他们没有预料到盛宣怀会“奏请萍路改归部辖，并由部展筑株昭”。这就彻底剥夺了湘绅对株昭的产权，违背了湘绅心目中确立产权的属地原则。为此，湘绅们采取了多种措施，抵制萍局之策。为了争取湖南的铁路产权和利益，6月13日，湘绅聂缉椝等通过都察院代奏，要求清政府收回成命，除了申述前面的理由，还对各方给出的说法和提出的办法予以反驳。

对盛宣怀，他们认为直线、弧线不能兼采，两者为“同向并行，争夺生意之路”，①这是对湘绅之株昭铁路收益权的侵犯，既使湖南失去萍煤运输之利，又使湖南无振兴潭埠之望。他们极力申辩的是，株昭属于湘省线路，湘省线路的选择由湘省官绅决定，这是湘省官绅应该享有的铁路产权的一部分，萍矿或盛宣怀没有权利参与直线、弧线的选择。

湘绅们对邮传部的反驳，主要集中在对直线、弧线的运输分工问题上，从而进一步维护自己对株昭铁路的收益权。关于商路运价的规定，他们反驳说：“是又官路能专矿煤，而商路不能专客货也。”他们由此严厉地责问：“于外人则立约以保护其利，于商民则乘隙而侵妨其利。”他们对邮传部的补充声明也痛加揭露，指出：“矿在先，路在后，路遂不能

① （清）朱寿朋编，张静庐等校点《光绪朝东华录》第5册，总第5915～5918页。

享矿之利，此例实为万国所无。”他们抓住邮传部说辞中的漏洞，表示不如尽快“核准湘公司所呈株昭直线，速令兴筑，以利萍煤”。也就是说，湘绅们是反对邮传部官办株昭铁路的。

对于陈夔龙和岑春蓂提出的官商合办或湘省承接株萍的调停办法，他们认为并不可行。关于官商合办，他们表示湘路乃是商办，而株昭为干路一段，若以该段“与全路歧异，将来计算管理等事，皆有纠葛难清之患”。关于湘省承接株萍，他们认为湘省无此财力，此法也不合情理，他们申诉道，湘省已向美公司赎回一次，岂有再向邮传部取赎一次之理？因此，他们明确表示“决不可行也”。这是明显地加大湘绅们实现铁路产权的成本。

通过以上的反驳，他们要求邮传部停止官筑株昭的筹划，交由地方官“妥筹办理”，而其实他们就是要求商办株昭，实现对株昭铁路的完全产权，即线路走向决策权、线路所有权以及线路建成后的收益权，认为如此则“庶使官民相安，路矿两利，湘路幸甚”。

（四）邮传部和湘绅的让步

湘绅们振振有词，据理力争，邮传部尚书陈璧准备做出让步，但清政府支持的却是邮传部的做法。清政府上谕称，萍株路已归邮传部管理，株昭路也准许展筑，而湘绅等“率请停止，殊属不合”。这里清政府所做的“殊属不合”的断语使湘绅们商办株昭，从而实现对株昭铁路的完全产权的愿望变成了泡影，但清政府又要求邮传部与湖广总督、湖南巡抚商议此事，“妥议具奏”。①

本拟做出让步的邮传部尚书陈璧想征求盛宣怀的意见。盛宣怀则认为清政府做出“停止不合”决策的更重要原因在于维护朝廷威权，并指出部办的理由：“萍株二百五里既属官路，故此四十里亦应遵旨官办。”且盛宣怀认为官办对于湘绅的利益妨害不大。他向陈璧建议，继续按照陈夔龙等官商合办的思路去寻求对策，但不要再将株昭与“萍株合算”，以免湘绅们产生株昭收益权被稀释的感觉。② 此时盛宣怀的中介角色已经

① （清）朱寿朋编，张静庐等校点《光绪朝东华录》第5册，总第5915～5918页。

② 王尔敏、吴伦霓霞合编《盛宣怀实业函电稿》（下），第835页。《愚斋存稿》卷73第20～21页收此电，时间为光绪三十四年五月十七日，即1908年6月15日。

得到体现了，他一方面为邮传部提供说服湘绅的理由，以维护政府的权威；另一方面又为湘绅争权益，使湘绅的株昭收益权不致被稀释。

由于清政府已定下支持邮传部意见的调子，因此，所谓“妥议具奏”就无法从根本上改变大局，株昭铁路的建设也只能回到部办的轨道上。不过，盛宣怀希望有所变通，劝说邮传部应允湘绅日后可备款赎回。但问题的关键在于，邮传部尚书陈璧并不答应湘绅日后赎路，认为“官路无商赎之例”。[①] 这样，株昭铁路的产权争议一时陷入僵局之中。

湘绅们鉴于清政府的立场，也改变了原先的要求，做出了实质性让步的表示。也许蒋德钧回乡“开导”有了结果，湘绅们取得了让步的共识，并有8个月可建成株昭直线的承诺，他们又找到时任江苏巡抚的长沙人陈启泰，请他设法劝说盛宣怀。陈启泰向盛宣怀面述以上情形，说：“湘绅志在自办，断无改移，但求邮传部复奏即可克日开工。”[②] 由此看来，湘绅们的让步只是在株昭铁路的线路走向决策权和收益权方面，最关键的是在收益权方面放弃了振兴湘潭的考虑，而专注于获取萍煤运输的收益，由此而同意了直线的走向，但湘绅们的让步是为了实现对株昭的完全产权，“自办”的要求亦即所有权和承办权并未放弃。而且，为了达到这一目标，他们又主动地联合一意要坐享株昭建成的外部性的盛宣怀，企望通过他去做邮传部的工作。由此看来，各方都在希望盛宣怀发挥作用，他的中介角色至此得到充分体现。

对此，盛宣怀在湘绅熊希龄见他时，称此事易成，他愿意出面调停。[③] 8月24日，他致函陈夔龙说：“株昭铁路，但求速成以通煤运……湘已议定，仍循粤汉原奏以湘潭为枝路，则株昭便属干线，且闻八个月可以克期告成……务求鼎力与尧帅赶紧核定，弟于冰相、玉翁两处通函，无不力求速定。”[④] 因此，8月28日，他致电张之洞和邮传部尚书陈璧表

---

① 北京大学历史系近代史教研室整理《盛宣怀未刊信稿》，第118页。

② 熊希龄：《致黄泽生姻丈函（光绪三十四年七月十二日）》，周秋光编《熊希龄集》第1册，湖南人民出版社，2008，第364页。

③ 熊希龄：《致黄泽生姻丈函（光绪三十四年七月十二日）》，周秋光编《熊希龄集》第1册，第364页。

④ 北京大学历史系近代史教研室整理《盛宣怀未刊信稿》，第128～129页。

明了他的态度。应该说，湘绅们的新表态和努力对盛宣怀主导下的汉冶萍公司是最为有利的，湘绅同意直线，减少了萍煤运输的成本，湘绅们声称集有股本并限期完工，无异是对汉冶萍公司的救急之举，是盛宣怀多年翘首以盼的事。所以，他的目的是要邮传部复奏同意湘绅们的要求，为此，他不能得罪邮传部，不得不对邮传部原来的做法表示谅解，同时又对湘绅们的新表态进行表扬，表扬的理由即是湘绅们的新表态可使湘路公司和萍矿两得其利。既然如此，盛宣怀乘机请邮传部复奏同意，说："邮传部提挈纲领，派员赴湘会议，即于路矿大局皆得保全，似可会奏，仍准湘办。"盛宣怀的努力似乎有了成效。

湘绅们做出让步，一直盼望株昭线早成的盛宣怀自是满意，株昭线由邮传部官办改归湘绅自办，从而使湘绅掌握株昭线的产权，就大有希望了，湘绅们已开始做着开工的准备工作。9月25日，《申报》报道说："湘省铁路株昭直线问题自盛侍郎允归湘路公司筑造，已经电达张中堂、陈尚书请为复奏，约以八个月告成，自奏准之日起即行开工。"①

三 湘绅对株昭产权的实现：盛宣怀、张之洞的共谋角色

邮传部并没有立即答应放弃对株昭线的产权，仍拟筹建株昭直线。湘绅们同意舍弧就直，并答应限期完工，这就意味着株昭两条直线并行，湘绅仍无法完全掌握株昭线的产权。但是，株昭之间原勘线路地势能否容纳两条线路，两线的起始点是否必须相同，这些似乎都是问题。由于湘绅们有克日兴工的打算，株昭线路走向问题必须尽快得到解决。

（一）线路走向的确定

盛宣怀认为，如果湘绅们要兴建株昭直线，那么，线路的具体走向应该确定下来。其中，涉及预留双轨问题，尤其是线路的终点问题，务须尽快解决，故盛宣怀请邮传部给予答复。其实，湘绅们还通过湖南巡抚岑春蓂与邮传部进行交涉，10月下旬，岑春蓂复电邮传部提出了新的要求，即另建一直线。这样，盛宣怀的请求和岑春蓂的要求就不一样了。

① 《湘省铁路最近消息（长沙）》，《申报》1908年9月25日，第11版。

关于盛宣怀提出的终点问题，邮传部查看此前道员薛鸿年呈交的路基说帖，其指出该支路不需至暮云寺，也不用借道九曲黄河（参见图3）。对此，邮传部认为，此前勘路委员未深考路线情形。因此，邮传部请盛宣怀安排厂矿人员与湘绅商议，以解决路线问题。[①]

也就是说，虽然湘绅同意改建直线，但邮传部还没有完全放弃原议直线，官路、商路都成了直线，并线而行，沿线地段能否容纳是个问题，而且商路直线的终点与官路直线原议终点还不同。这样，两路的终点有没有必要一致起来，株昭之间有没有必要建设两条并行的直线，就成了争议的问题，湘绅们又求助于当时已任督办粤汉铁路大臣的张之洞。

经张之洞的劝解，有关各方在10月曾达成以下决定：湘境干线，湘省拟先由长沙至株洲段开工，其株洲至昭山一线前已商允让与邮传部修筑。但是，不久，邮传部似乎有所反悔，该部反映，勘路工程师经过实际勘查，均称可容并轨。因此，该部拟遵照前奏，决定止筑至易家湾下水。从前所说展至暮云司（寺）一节，打算让与粤汉干路，至于九曲黄河之宽窄，则要求毋庸议及。而白鹤仙一段，由于地形稍窄。该部认为，应即饬工程赴该处履勘，商定办法，再行开工，以免彼此误会。张之洞对邮传部的要求似乎比较理解，因此，他电委湖北试用道李宝淦即日束装赴湘，会同两处工程师前往详细测勘。后他又电请湖南巡抚岑春蓂派定员绅，偕同工程师预备会勘。[②] 由此看来，湘绅能否获得株昭铁路原勘直线的建设权还是未知的。

从张之洞的意见和行动来看，他认可株昭官商两条直线并行，并赞成官商直线可以至不同终点，官路至易而商路至暮。由于官商直线均经过白鹤仙，他觉得白鹤仙能否容纳双线的问题必须得到解决。盛宣怀的意见与张之洞不同，11月1日，他致电邮传部，表示他反对湘绅们要求邮传部另取直线筑路，仅支持湘绅们通过陈启泰给他传来的意思，即开工8个月，该路可告成。因此，他对邮传部建议说："不必另造，以节部款。"这就很清楚地表明，盛宣怀主张只由湘绅们尽快地建成一条株昭直

① 盛宣怀：《愚斋存稿》卷七十四，"电报"五十一，思补楼藏版，第11页。

② 《张之洞全集》第11册，第9680页。

线就可以了。当然，他考虑问题的落脚点还是自己经营的汉阳铁厂。在盛宣怀的催促之下，邮传部对线路的终点问题做出决定。11月5日，该部致电盛宣怀说："现经定议展至易家湾，前商码头一节可毋庸议，嗣后应与湘人如何交涉由部酌夺。"盛接电后又表示希望可以"迅速开工"。他之所以要求"饬令迅速开工"，是因为他又发现了萍煤的新市场，即日本铁厂船厂、美洲铜矿商议购买萍焦数目甚巨。[①] 对株昭铁路"期在速成"的盛宣怀在湘绅们有了"八个月告成"的允诺之后，支持湘绅们建筑邮传部原勘直线的要求，反对在株昭之间建筑并行的两线。当然，要实现湘绅们的愿望，盛宣怀觉得要请张之洞出面"主持"。在此情况下，张之洞派出道员李宝淦与几方人员会勘株昭路线。

会勘的结果是："惟如白鹤仙、石壁嘴数处则别无路线可取势，必汇为一线，各造一轨已形逼仄，不惟粤汉干路将来永无可建双轨之地，即目前亦必将干路已定之线分别让偏，萍局方能容轨。"而且，"过线交关究多窒碍"，萍局另购民地也颇为难。在湘绅们看来，这些问题倒也简单，只要张之洞同意归湘路公司承办即可。因此，1909年2月27日，他们致电张之洞和邮传部表示，将株昭路直接交给湘路公司，只建一条直线，对各方都有好处。同时，湘绅们表示，湘公司可承受该路所办经费，并指出其"事关粤汉干路全局"。质言之，湘绅们将承办株昭路看成事关湘路公司前途的大事，不仅需有好的态度，还需进一步为他人着想，如此方可得到他人支持。因此，湘绅们又劝说道："萍局宗旨惟在不绕弧线、工速运利八字。今本公司一切担任，似可毋庸顾虑矣。"[②]

湘绅们为萍局着想，与盛宣怀就有了共谋的利益基础。湘绅们接着将致张之洞和邮传部电转告盛宣怀，希望盛宣怀帮忙，仍向邮传部申明"将株昭归公司承办"。[③] 有共谋的利益基础，盛宣怀很乐意充当湘绅的共谋人。2月28日，盛宣怀接到湘绅们的来电后即致电张之洞和邮传部，提出了同意归湘承办的一揽子方案，他指出可否由湘公司两头开工，限

---

① 北京大学历史系近代史教研室整理《盛宣怀未刊信稿》，第136～137页。

② 《洙（株）昭路线允交湘路公司承办·湘路公司呈张中堂、邮传部电》，《申报》1909年3月30日，第10版。

③ 盛宣怀：《愚斋存稿》卷七十四，"电报"五十一，思补楼藏版，第15～16页。

八个月告成，所需钢轨由汉厂定造，并由湘公司收轨付价。看来，盛宣怀是按照湘绅们的要求去做的，他的立场已完全转到湘绅一边。株昭铁路由湘路公司承办，而萍局享受铁路建成的外部性，只是作为使用铁路的客户，支付运煤经费就可以了。但是，此路前已定为邮传部官办，如要满足湘路公司的要求，改变株昭铁路的产权和建设体制，当有一个说法。接到盛宣怀来电的当天（即2月28日），张之洞致函邮传部予以解释，指出官筑株昭直线意义不大，运煤也不会有特别的收益，而且官商两线尚须“并轨”，有些困难，与其如此，还不如统交湘绅承办。因此，他是同意湘绅们的意见的，他对邮传部表示，其意拟即将该线允交湘公司承修，由其限期赶工，以免久延萍煤运道及耽误汉阳铁厂工作。[①] 这样，张之洞的立场也渐渐地转到湘绅一边了，他像盛宣怀一样，正在变成湘绅们的共谋人。

由上看来，湘绅们在做出舍弧就直的让步后，虽然邮传部并未放弃原议直线的产权，但盛宣怀和张之洞在探索株昭能否容纳两线的过程中，通过实地勘测，发现感到容纳两线既有困难，也不经济，要求邮传部将株昭线路完全交给湘绅承办，湘绅们实现对株昭完全产权的希望变得更大了。

（二）限期完工与线路建成

既然湘绅们提出的要求还算合理，而盛宣怀和张之洞都很支持，那么邮传部也不便再持原议了。3月12日，盛宣怀收到邮传部的来电，邮传部表示，准湘公司承筑该线。[②] 为了会奏，邮传部又对湘绅们进一步明确如下要求：“一、依期八个月完工；二、留双轨基地；三、运煤平价；四、受部局已购之料。”对这些要求，湘绅们都表示接受。但是，何时定为完工期限的起始时间，尚未确定。3月30日，盛宣怀致电湘路公司，征求是否以闰二月起动工。[③] 不过，时间的确定并不全由湘路公司说了算，还得征求张之洞和邮传部的意见，因此，盛宣怀又将此电同时发给了张之洞和邮传部，并请求张之洞“设法催之”。[④]

---

① 《张之洞全集》第12册，第10337～10343页。

② 盛宣怀：《愚斋存稿》卷七十四，“电报”五十一，思补楼藏版，第18页。其实，3月12日，邮传部亦将此电致湘路公司［参见《申报》（影印本）第99册，第417页］。

③ 盛宣怀：《愚斋存稿》卷七十四，“电报”五十一，思补楼藏版，第18～19页。

④ 王尔敏、吴伦霓霞合编《盛宣怀实业函电稿》（下），1993，第870页。

进入到确定完工期限起止时间的实质性问题，湘绅们似乎分外谨慎，可能觉得8个月的完工期限过于短促，遂向盛请求株昭铁路完工以1年为限。因此，盛宣怀电复张之洞、邮传部，“请以一年为限”，以呈报开工之日起算，两头并举，期于提前告成。[①] 至此，关于株昭铁路的建设问题，各方达成了一致的共识，株昭铁路建设的具体准备工作提上了议事日程。建筑铁路，首先要有工程师复勘线路，当时“工程司罗士因病辞差”，所以，王先谦、余肇康欲商借萍冶总矿师德国人赖伦“来湘建筑此段工程”，并“敬恳”盛宣怀电请赖伦到长沙与他们会晤。对此，盛宣怀当然是乐助其事，他当天就复电表示只要你们确定了任用赖伦的主意，他便请赖伦来湘。

不过，能否任用赖伦，王先谦、余肇康还有顾虑，因为张之洞对粤汉铁路的设想是一半用英国人，一半用日本人，故而担心株昭路能否任用德国人。在盛宣怀看来，这是不成问题的，因为株昭一段没有借款，任用何国人为工程师，应该是不受限制的，即便从粤汉全路来看，也应该不成问题，张之洞筹议的湖广借款中就有德国银行的参与。6月21日，盛宣怀电告王先谦和余肇康这些看法，就是希望他们早拿主意。他还要他们电请张之洞和邮传部将株昭路事从速会奏清政府。但是，株昭为粤汉一段，能否任用赖伦，王先谦、余肇康认为还需听从督办大臣张之洞的最后决定。这样，能否任用德国人赖伦竟然成了一个问题，而且，解决这个问题的关节是在张之洞处。6月23日，盛宣怀直接致电张之洞交涉此事，表明其同意借调赖伦给湘建筑株昭铁路，一是出于湘绅们的请求；二是他慷慨地帮了湘绅们的忙。言下之意是，他以为，任用赖伦已无问题，株昭及早开工就差张之洞和邮传部会奏朝廷这个环节了。进一步，他阐明自己希望尽早解决萍煤运输问题，以满足汉阳铁厂扩大生产。所以，他请求张之洞说：“王、余电到，务求中堂迅赐核定奏明办理，至深感盼。”[②] 由于盛、张都支持湘绅们的要求，因此，他们的沟通有效地解决了任用赖伦和会奏这两个问题，株昭铁路的开工条件已经成熟。8月26日，株昭铁路开工建设。

9月14日，盛宣怀致电王先谦、余肇康说：“株昭已经开工，深为感

---

① 王尔敏、吴伦霓霞合编《盛宣怀实业函电稿》（下），第870～871页。

② 盛宣怀：《愚斋存稿》卷一百，总补遗，思补楼藏版，第18～19页。

慰。报载两头筑造，似此八个月可望工竣。”9月18日，王先谦、余肇康又致电盛宣怀，希望其能“承允代招湘股”。[①] 盛宣怀应允之，与湘绅之间形成了良好的合作关系。这样，关于株昭铁路产权的长期争议得以化解，株昭铁路进入了实质性的建设阶段。至1910年9月，株昭铁路就要通车了。1910年8月30日，盛宣怀收到湘路公司的来电。余肇康汇报了株昭铁路的建设情况，指出株昭“开车即在八月”，由此他对湘路的建设前途变得乐观起来。当然，湘路建设能有这么好的发展态势是离不开盛宣怀的支持的，9月9日，盛宣怀致电余肇康表达了自己的欣喜之情，他说：“洙（株）昭路将竣，甚佩。”[②] 也就是说，在多方努力之下，株昭铁路产权问题终于得到完满的解决，湘绅们完整地拥有了株昭铁路的收益权、建设权和所有权，该路也因此而成为粤汉湘境线路的一部分。

株昭铁路产权的争议是由萍株铁路的延展引起的。从属地原则出发，萍株延展线路在湘境，湘绅享有线路产权，如何延展，延展线路如何建设，湘绅本应具有决策权，其决策又和日后的线路收益权联系在一起，湘绅考虑的收益权有两点，一是萍煤运输的收益，二是振兴湘潭商务，其目的是以这两点带动湘路的招股。而从筹资原则出发，萍株线本为解决萍煤运输而由官款建成，政府本应享有线路产权，线路如何延展、延展线路如何建设则应由政府决策，其决策权也离不开对线路收益权的考虑，这也有两点，一是降低萍煤运输的成本；二是适应汉阳铁厂扩大再生产对燃煤的迫切需要。争议首先在湘绅与盛宣怀之间围绕株萍延展办法和株昭建设方案展开，湖广总督张之洞充当中介角色，意在减轻湘绅筹建铁路的资金压力，希望盛宣怀在萍株延展问题上提供资金帮助。由于盛宣怀属于企业的代表，他谋求的是株昭建成的外部性，他的主张既不是属地原则所允许的，也不是筹资原则所支持的。更为实际的是，他所主导的萍矿和汉阳铁厂无力提供资金帮助，满足湘绅和张之洞的要求。因此，他将株昭连同萍株都交归邮传部官办，通过邮传部实现他的主张，这就符合了筹资的原则。这样，产权争议就在湘绅与邮传部之间继续展

① 盛宣怀:《愚斋存稿》卷七十四,“电报”五十一,思补楼藏版,第33页。

② 盛宣怀:《愚斋存稿》卷七十六,“电报”五十三,思补楼藏版,第9页。

开，盛宣怀逐渐地取代张之洞充当争议双方的中介人。此时的地方督抚倾向于属地原则，与湘绅有一定的合谋现象。湖广总督陈夔龙和湖南巡抚岑春蓂为了调和湘绅与邮传部的争议，提出官商合办的要求，维护湘绅的部分产权。湘绅与邮传部的争议主要是围绕株昭的核心产权，即所有权问题，先是反对邮传部官办，后是反对官商合办。在晚清中国，产权争议的最终裁断权在朝廷。在朝廷做出支持邮传部官办的裁断后，湘绅们被迫做出让步，在线路收益权方面进行调整，只追求萍煤运输的收益，在线路趋向方面舍弧就直，与邮传部、盛宣怀取得一致。但是，邮传部并未放弃对株昭铁路的产权，这样湘绅的商路直线和邮传部的官路直线是否相容就成了问题。由于在线路趋向上与盛宣怀一致，盛宣怀与湘绅又有了共谋的行为，在探讨两条直线是否相容的过程中，盛宣怀支持湘绅的主张和要求。而盛宣怀与邮传部在株昭收益权方面的追求是一致的，最终达成了两线并作一线，交由湘绅承办的共识，湘绅对株昭铁路的产权由此而得以实现。然而，湘绅的产权还是有所残缺的，由于此时粤汉铁路的建设体制发生了变化，株昭铁路作为粤汉线路的一部分，在一些问题的决策方面，如任用赖伦的问题，还要得到作为粤汉铁路督办大臣的张之洞的裁决。只是这种残缺并未影响到株昭铁路的最终建成。

在株昭铁路产权争议的整个过程中，作为企业代表的盛宣怀，从对立人到中介人再到共谋人，其角色发生了诡异的变化。发生这种变化的原因，是他设法将湘绅与他的争议转变为湘绅与邮传部的争议，自己从争议中脱身。盛宣怀寻求政府的帮助，使企业与政府有了共谋的基础。在此情形之下，作为社会力量的湘绅被迫做出让步，与企业又产生了共谋的利益。这样，企业与政府、社会力量都可以共谋时，企业的利益才能顺利实现。这是株昭铁路得以最终建成的历史奥秘。但是，能够出现这两种共谋现象的企业及其代理人，必须有足够的政府背景，也必须有一定的社会影响力。盛宣怀无疑是两者兼具、长袖善舞的人物。而汉阳铁厂所从事的钢铁工业，为“近世工业之母”，在株昭产权争议过程中，不仅一直得到地方督抚的支持，也得到清政府中央的高度重视。特别是张之洞，他作为汉阳铁厂的创办者，始终关心该厂的发展，他从争议的中介人变成湘绅的共谋人，就有着某种必然性。尽管如此，取得这两种共谋，并非易事，劳神费时，延误事机，影响效率，延误了中国铁路建设的进程，本来1年即可建成的铁路，产权争议长达5年之久。若计萍昭铁路从筹议到全线建成的历史，前后则有15年。在产权争议过程中，作为社会力量的湘绅敢于主张自己的产权，不断地辩驳盛宣怀和邮传部的种种意见、建议和对策，正是社会力量成长的表现。因此，这种延误，在某种程度上亦可解读为中国近代社会力量成长过程中所付出的代价。

国民政府时期浙江公路建设经费初探*

——兼谈蒋介石与浙江公路建设的关系

交通是国民经济发展的基础性设施，也是一个国家现代化程度的重要标志。在中国近代社会开始转型的进程中，交通事业受到了前所未有的重视。尤其是抗战前，全国出现了一个交通建设的热潮。浙江在其中具有十分重要的地位。

浙江的交通，自古以水运为主。如浙中的仙居县直到 1944 年，全县统计的交通工具还仅有“长船 130 艘，竹筏 280 对”。① 虽然水运具有价格低廉、方便等优点，却也有受气候影响大、速度缓慢等不利之处。铁路自民初开始建造，但耗资巨大，短期不易普及。而公路运输存在运输便利、速度快捷、工程相对简单等优势。特别是蒋介石出于内战和国防等方面的考虑，对浙江的公路建设予以了异乎寻常的关注。所以在国民政府时期，尤其在抗战前，浙江的交通建设以修筑公路为主，发展速度在全国居于领先地位。据统计，从 1928 年到 1937 年 10 月间，浙江省共增加通车里程 3307. 38 公里。②

财政为百事之先，要建造公路，首先就要解决筑路的经费问题。当时公路除国道，都需要当地负担修造的经费。而浙江在这方面是相当困难的。

一方面，浙江公路的造价很高。毫无疑问，当时公路的规格远不能和今日相比。1929 年，浙江省公路局订定的《公路建筑法规》规定干线

---

* 本节作者方新德，浙江大学历史学系教授；孙丽娜，山东滨州第一中学教师。

① 仙居县政府编《仙居县统计简编》，浙江省档案馆 L029—1—868 卷。

② 浙江省汽车运输总公司编史组编《浙江公路运输史》第 1 册，人民交通出版社，1988，第 30 页。

路基宽7.5米，路面宽至少5米。弧线处逐渐放宽，山地或其他特别地段，经核准认可为可减者，路基宽度可减1.5米，但距离太长时，应于相当地点设待避所。[①] 但即使按这样一个不高的标准，在当时缺乏建路机械设备，需要耗费大量人力情况下，公路的造价仍是很高的，对浙江来说尤其如此，原因有二：

一是浙江省西南一隅地势崎岖、山岭起伏。连接赣、闽两省的缙丽、缙云、龙庆、绍平及江常开等边防各路，路线多依山坡建筑，随处都要开凿岩石，工程十分艰巨，有时每公里的开山费用要达到七八千元之多。

二是浙江北部和东部地势虽相对平坦，却河流众多，尤其沿海一带，筑路需要建造大量桥梁，造桥经费往往占各路总经费的最大部分。以杭富路为例，该路建造费用平均每公里为2835.66元，各项经费支出之分配：造桥占28.63%；次为路面，占23.81%；路基占17.93%；其余管理费占9.45%；水管涵洞占6.54%；收回路价占4.16%；站屋费占3.87%；迁拆费占2.66%；电话设备费占1.06%；防护工程占1.04%；杂用占0.39%；特种设备费占0.38%；标志费占0.08%。另外如鄞奉段桥梁工程达23万余元，占全部工程费用的1/3以上。国道杭长路因经过路线河道错杂，总造价115万元中，仅桥梁一项建筑费就达51万，几近一半。[②] 而在我国其他省份，这项费用比浙江可以低上5%。[③] 无奈之下，浙江凡较宽的河流，只能放弃造桥而改用渡船的办法。据一位考察过浙江大部分公路的人士说，浙江公路渡河的地点，不下数十处，如台州临海的大渡，汽车过江，有时竟需两小时之多，即使小渡也差不多需要半小时，这就大大减少了公路的使用效率。

此外浙江还是一个多雨的省份，土路不能常年通车，必须铺设路面，如沙砾、卵石、碎石、碎砖、水泥、柏油等，使筑路费又有所增加。

综合上述因素，浙江的公路单位造价就很高。据1934年8月2日浙江建设厅长曾养甫致蒋介石电中的数字，当时拟建的浙江几条公路的估价为：

---

① 徐望法主编《浙江公路史第1册（近代公路）》，人民交通出版社，1988，第40~41页。

② 浙江省政府建设厅统计委员会：《浙江省公路统计》，浙江省建设厅，1933，第9页。

③ 洪瑞涛：《公路与铁路》（交通杂志社丛书之四），京华印书馆，1935，第185页。

“青田至景宁长 220 华里，约需 150 万元；景宁至泰顺长 180 华里，约需 150 万元；泰顺至寿宁长 100 华里，约需 80 万元；云和至景宁长 60 华里，约需 60 万元；龙泉至庆元长 210 华里，约需 60 万元；庆元至寿宁长 250 华里，约需 200 万元……以上六线共长 1027 华里，约需 700 万元。”① 以上线路，基本上为山区，平均每公里约需 13645 元。② 而当时对苏浙皖赣湘鄂豫七省筑路经费的分析为，“每公里最多为二万零八百六十元，最少为二百二十元，每公里约一千四百元”。③ 比较起来，浙江要高出一倍有余。换一角度看，如按“苏浙皖赣豫鄂湘七省公路会议”议定的每公里公路工程费概算标准，甲等路每公里造价为 7900 元，乙等路干线为 7500 元，乙等路支线为 6400 元，丙等路 6100 元，浙江造价也明显为高。④

另一方面，当时的浙江是个农业省份，政府收入有限，支出又很大，往往入不敷出。1931 年全省支出 2520 万元，赤字 400 万元。1932 年支出约 3173 万元，其中行政经费（包括党务、公安等经费）占 26%，偿还债务也占 23%，仅此两项已占支出的近一半。到 1934 年，省地方负债已等于全省五年半的全部税收收入，省财政已到山穷水尽的地步。而且在政府的开支中，人头费用占了相当比例，可用于建设的费用十分紧张。1931 年全省预算中，实业费只有不到 57 万元，交通费与之大致相同，建设费近 90 万，合起来只有支出的 8% 左右。即使全部用于公路，也不过能造百把公里的短路而已。⑤ 所以要建造起全省的公路网，仅依靠省政府财政中安排经费是不现实的。为此，当时政府采取了多渠道筹集资金的方式，主要来源有以下几个方面。

---

① 《曾养甫电蒋中正请示青田至景宁等六线是否均须建筑及经费如何筹措等》，台湾“国史馆”藏《蒋中正总统文物》，典藏号：002080200173029。

② 按 1931 年 5 月《浙江省各县田赋废除银米名目改用银元为本位办法大纲》所列价格折算，当时每石大米（120 市斤）可折算为 3.3 银圆，以现今每市斤大米价格在人民币两元左右的数字换算，1 银圆（后为法币）约等于今天的人民币 75 元，即每公里造价为 100 万元左右。

③ 叶家俊：《七省公路现况之概述》，《浙江省建设月刊》第 9 卷第 7 期，1936 年 1 月，“记载”，第 6～7 页。

④ 胡美璜等：《中华公路史》（下），台湾，商务印书馆，1984，第 173～174 页。

⑤ 以上数字，参见潘国旗《民国浙江财政研究》，中国社会科学出版社，2007，第 106～107、151 页。

一　省库自筹

如上所述，浙江省财政极其紧张，预算内无法安排大量的经常性建设资金款目，凡有所需，即以增加捐税来解决。其他项目如此，公路建设也只能依靠这一方法。当时用于筑路的捐税大致有以下三种。

（一）卷烟特税。浙江省在第一次公路网规划完成之后，由于当时省财政支出很大，大部分筑路经费没办法解决。1922 年，省道局长周凤岐提出征收卷烟特税，作为公路建筑费。除一部分用作征收机构（卷烟特税局及其支派机构）的经费外，均专款存入银行作为省道经费。从 1923 年到 1926 年间，卷烟特税总计收入 572 万余元。① 等到 1927 年，卷烟税收归国有后，由财政厅于 1928 年 12 月份在浙省应解中央协款内，每月划拨 10 万元专充筑路经费，该项专款均列入 1928 年、1929 年、1930 年各年度全省总预算案岁收项费。自 1931 年裁厘后，浙江省已没有协款解缴中央，故每月筑路费遂短少十万元收入。②

（二）田赋附加。田赋长期来是我国的主要税种，自清康熙年间定下"永不加赋"的制度后，在正额上另添附加，已成为统治者有额外开支时的习惯增收手段。"查吾国人口，百分之八十为农民，仍为一农业国，农地亩数；尚有薄册可稽，故求筑路负担之均匀，举办亩捐，实事简易行。"③ 浙江省自 1928 年开始，田赋附加一成作为筑路基金，数额约为 230 余万元。

（三）其他杂捐：这方面名目繁多，主要是各县根据自己情况征收。如旧处属（今丽水市各县）出产林木，当地就征收竹木炭捐。由民财建三厅各派代表一人，二三特区督察专员，旧处属各县县长并各县地方代表一人，组织股款筹募委员会，就旧处属各县所竹木炭三项，按照旧价募取收益 10%，归业主负担，类似产品税，就地筹募，将款汇交省建设

---

① 徐望法主编《浙江公路史第 1 册（近代公路）》，第 18 页。

② 叶家俊主编《七省公路调查报告》第三章，第 45 页。

③ 洪瑞涛：《公路与铁路》（交通杂志社业书之四），第 201 页。

厅，用于筑路。

但是，相对于筑路所需的庞大资金，浙江能自己筹得的经费十分有限，在 1933 年只占全部经费的 1/7（参见表 4），远远不能满足需要。

二 多方融资

既然本身财政困难能力有限，浙江的筑路经费只有向上级和社会进行融资，其渠道是多种多样的，大致有：

1. 中央拨借

南京国民政府成立后，全国的公路建设先后由交通部和铁道部主管。1928 年 11 月，又新成立全国经济委员会筹备处，列公路建设为其要政，此后全国公路建设的规划事宜就由该委员会主管。委员会下设有“苏浙皖三省道路专门委员会”，后扩充为“苏浙皖赣豫鄂湘七省公路专门委员会”。但凡由全国经济委员会督造联络公路之各省，按照该会所公布《管理公路基金暂行章程》之规定，各省修筑联络公路路线所需之工程费，除路基、地价、迁移等费应由各省自行负担，其建筑路面、桥梁、涵洞及特殊工程等费，如一时筹不足数，得向该会请借公路基金，但应指定财源，担保归还，又请借款项，不得超过其工程费总额之 40%。① 据此，浙江省在 1933 年到 1937 年间兴建的属于七省联络公路计划内的路线都向全国经济委员会借款。“本省干线有京闽、沪桂两线，支线有杭州至界牌、曹娥至宁波、溪口至新昌、天台至宁海、江山至浦城、建德至屯溪、杭州至徽州、龙游至永嘉、乍浦至福山、嘉兴至吴兴、杭州至松江各线。所需经费，由公路管理局视工程进展程度，填具工程标准预算表、道路形式标准图表等，陆续呈由本厅转呈省政府咨请全国经济委员会，按照上项七省交通公路会议议决案商借。”② 从表 1 可以看出，浙江经济委员会拨借给浙江的筑路基金是逐年增加。

① 胡美璜等：《中华公路史》（下），第 228 页。

② 曹丽顺主编《浙江省建设厅清理公路资产报告》，浙江省建设厅清理公路资产办事室印行，1937，第 64 页。

表 1　全国经济委员会拨借浙江筑路基金统计

时间（年）	1932	1933	1934	1935	共计
拨款数（元）	150000	510000	1356284	——	2016284

资料来源：胡美璜等《中华公路史》下，第 228 页。

2. 银行借贷

浙江融资渠道之二是以路产及有价证券为借款担保向各银行借款，以后分期加息偿还。表 2 是截止到 1937 年浙江为筑路向各银行借款的具体数目情况统计。

表 2　浙江省向各银行所借路款统计

银行名称	借入金额（元）
盐业等四银行	1200000
中国农民银行	1800000
农民及地方两银行	500000
浙江地方银行	60000
中国农工银行	60000
中国银行	1880000

资料来源：曹丽顺主编《浙江省建设厅清理公路资产报告》，浙江省建设厅清理公路资产办事室印行，1937，第 65～66 页。

虽然向银行借款可以暂缓筑路经费的紧张，但还款又是一个重大难题。由于浙江公路的自我造血功能很弱，银行往往不能及时收回贷款。在资金不足的情况下，就造成银行经营困难，阻碍其他业务的开展。同时，浙江省政府的信用也受到影响，借款常常被拒或不能借得足够数量。比如下文提到的 1934 年向四省农民银行借款就是如此。因此，向银行借款是有局限的。

3. 汽车公司借款

向商办汽车公司借款最早是在 1931 年至 1932 年间，省公路局向通运公司借款修筑鄞镇慈路及镇骆支线，向黄泽路椒公司借款修筑黄泽段及路椒支线。省将所筑公路出租给商办汽车公司经营，商办公司则缴纳保证金并借款给建设厅，作为建筑新路之用。商办汽车公司借款及所缴保证金，应由建设厅付给利息，而商办公司租路营业，亦应缴纳租金。建设厅与各公司签订筑路借款合同，大都订明以公司所缴租金，仅先拨付借款及保证金利息，有余再行偿还借款本金。[①]

这一方法对借贷双方都是有好处的。对政府方面来说，商办公司的借款利息比起向银行借款要低一些，这有助于降低筑路成本。公路建成之后路权仍属于省、县政府所有，又有利于管理的统一和改善提高。在商办公司方面，交款由省修建公路，工程质量就有了保证，公司的经营可以盈利，借款又可以保本保息。因此就吸引了一批有实力的商办公司投资公路。截至 1937 年底止，共有 649 公里公路作为抵押交商经营（包括后来由省收回的路线在内），商办公司借省的筑路资金总额达 300 万元（详见表 3）。它在浙江省公路建设的发展中起到非常大的作用，因此向商办公司借款修路是一种比较有成效的方法。

表 3　截至 1937 年底各商办公司借款及保证金原额

公司名称	承租路段	借款原额（元）	保证金原额（元）
通运公司	鄞镇慈路镇路段	19499994	70000
黄泽路椒公司	黄泽路	124000	30000
鄞奉公司	鄞奉段	400000	100000
	鄞江桥支线	53000	
	奉海路	270000	50000
	奉新路		300000
观曹公司	观曹路	220000	50000
萧绍公司	萧绍路	450000	150000
嵩新公司	嵩新路	220000	80000
绍曹嵩公司	新天临黄路		70000
杭徽公司	杭徽路		150000
湖嘉公司	湖嘉路	160000	100000

① 曹丽顺主编《浙江省建设厅清理公路资产报告》，第 66 ~ 67 页。

续表

公司名称	承租路段	借款原额（元）	保证金原额（元）
义东公司	义东路	50000	20000
合计		2141999.94	900000 元

资料来源：曹丽顺主编《浙江省建设厅清理公路资产报告》，第 66 页。

4. 公路公债

除向上级政府和商界谋求资金支持，浙江还向社会融资，主要方式就是发行公债。“我国公路急待修筑，设仅恃亩捐收入，以资挹法，殊感不足。且公路工程，贵在一气呵成，倘因亩捐不足支付，工程因而迟延，损失实属不赀。为补救上述二弊，惟有先发行公路公债，以亩捐为还本付息之财源，则公路线网，当可早日观成也。”① 1928 年 4 月，浙江省政府一一〇次会议通过了浙江省公路公债条例，由省发行公债 250 万元，充作公路建设经费。预定 8 年偿清，年息 1 分，每半年抽签还本并付息一次。

5. 发行股票

出让部分股权、发行股票，也是向社会融资的一种方式。浙江公路股票的发行，开始于 1933 年 4 月省公路管理局给建设厅的呈文。它提出，当时本省公路建设正在积极进行，所需工款，多由各县人民负担，其中一部分是指定为公路股款的。所以当路成通车后，政府应该就这部分路款发行股券，以体现信用。为此该局特别拟具了《浙江省公路管理局公路股权条例》及其施行细则和股权式样等，呈请建设厅核夺。1933 年 4 月，浙江省政府五八六次会议正式通过《浙江省公路股券方法》并予实施。此类股券，适用于人民投资的省营公路。自 1934 年 1 月份起，至 1937 年 5 月底止，各县原认募总额，合计为 3499798 元外，除各县将部分用作募股开办费和经常用费等，其余 2011976.94 元，均已拨充筑路经费。② 而商办汽车公司所集的股款，仍由公司发行股票。

表 4 所示为 1993 年浙江公路建设费的全部来源，从中可见，中央拨

① 洪瑞涛：《公路与铁路》（交通杂志社丛书之四），第 201 页。

② 曹丽顺主编《浙江省建设厅清理公路资产报告》，第 68 ~ 69 页。

借款几占一半，是经费的主要来源。虽是一年的情况，但据此也可看出大概情形。

表 4　浙江省 1933 年度公路建设费来源

款项	金额（元）
1. 财政厅拨款	1000000
2. 中央拨借款	3332000
全国经济委员会拨借筑路基金	1132000
军需署拨借筑路基金	1200000
四省农民银行拨借筑路基金	1000000
3. 各县及其他募解筑路数	109822085
4. 借款收入	2070100
义东汽车公司借款	42500
鄞奉汽车公司借款	20000
缙丽汽车公司借款	55000
黄泽路板公司借款	22600
辛泰银行奉新路借款	100000
嵩新汽车公路借款	730000
四明银行借款	300000
盐业等四银行公路借款	800000

资料来源：叶家俊主编《七省公路调查报告》第三章。

三　义务劳动和工赈

除了资金开源，解决筑路经费的另一途径是“节流”，即利用廉价甚至是无偿的劳动力。

在当时中国机械设备严重缺乏的情况下，公路修造主要依靠人力进行。假如筑路是纯粹的商业行为，劳工的薪资将会是一笔极大的开支。只是当时的公路建设，基本是政府行为，因此在经费不足的情况下，浙江各地筑路大都征用农民义务劳动，以此降低筑路经费中的劳动力成本。新昌县在 1946 ~ 1947 年间，利用国民义务劳动修建新（昌）天（台）、新（昌）奉（化）公路改善本县的县城至乡村的道路。[①] 而且这种征用往往是带强迫性的。兰溪县在每年冬季征集民工修路，并颁《修筑县道和乡村道路征工实施办法》，由乡公所征集壮丁，凡18岁到45岁壮丁，除出征军人家属和残疾者，均一律服役。如不能到工，要向乡公所呈请核准，雇人代替或交纳代役金，否则由乡公所商请警察派出所强制执行。[②]

廉价劳动力的另一来源，是所谓的“工赈”。即在灾荒之年，政府雇用灾民在政府工程中劳动，将救济款作为工资发放。使灾民得到救济，政府由得到廉价人力。国民政府时期，这一救济方式被广泛应用，公路建设则是一个主要的用途。

以1934年浙江特大旱灾为例。该年浙西各县农田基本绝收，农民无食充饥。浙江省政府经中央批准，发行了二千万救灾公债。对于这批公债的使用，蒋介石于11月9日发专电，指示浙江省政府“今年浙江所发赈灾公债，须用于生利之赈济，如以工代赈。凡受赈之人，必须令其做工服务，不可如旧式每人每日发粮米若干之恶习，此乃中正所反对。更不可以此公债用之于发欠薪等之用”，[③] 更在次年初电示新任浙江省主席黄绍竑：“工赈计画应速决定。经济要则先使地无荒芜与人尽其用，而以交通为之基础。故仍应注重公路……浙省应办之事……二、闽浙交界之庆元景宁泰顺各县，最称荒芜。省府可设计奖励或提倡与保障。移置内地之佃农穷民于此。故中主张继续完成云和景宁泰顺之公路……四、嘉善嘉兴桐乡崇德临平线之公路。以上四项皆可为工赈之工作。其他如绍兴至诸暨，与诸暨至浦江兰溪之公路，以及临海经仙居至缙云，与泗安经安吉至黄湖镇。又桐庐经水至于潜以及其他已测定而未筑之公路。皆可就地征工实施。而政府惟补助其桥梁涵洞之经费。但此经费亦应详计，可拨赈款之一部支付，何如？”[④]

在蒋介石的坚持下，1935年2月，“因上年奇旱，灾民甚多，省令举

① 《新昌县政重要报告》，1946~1947年，浙江省档案馆L030—25卷。

② 《兰溪县马涧乡区署二十八年度区政报告》，兰溪市档案馆16—1—1卷。

③ 《蒋中正电鲁涤平等浙江所发赈灾公债须用于生利之赈济如以工代赈》，1934年11月9日，台湾“国史馆”藏《蒋中正总统文物》，典藏号：002020200033015。

④ 《蒋中正电黄绍竑从速决定工赈计画及浙江省政府须限期垦植三门湾完成云和景宁泰顺公路等应办事项》，1935年1月2日，台湾“国史馆”藏《蒋中正总统文物》，典藏号：002080200416003。

办工赈筑路，修建公路路基土方，计有杭善（杭州临平至嘉善枫泾）、湖嘉（湖州至平望）、桐分（桐庐至分水）、余安孝（余杭之黄湖至安吉孝丰），及三门湾支线”。[①]

由于工赈的工资所出，是来自政府本应支出的救济款，所以对筑路工程可说是额外的补贴。但毕竟这只是特殊情况，所以不是公路建设中廉价劳力的主要来源。

筑路无偿劳力的另一特殊来源是军工。1930 年代初浙江与“剿匪”中心江西相连，自身南部也有红军活动，尤其是 1934 年的福建事变中，浙江成为用兵通道，所以军事活动频繁。蒋介石在运兵紧急时，也运用军队修路。如 1935 年五次“围剿”尾声时，指示浙江当局和驻军：“剿匪军队一面进剿须一面筑路。龙泉至庆元城，云和至景宁城，龙游经瑞［遂］昌、松阳至丽水之碧湖诸公路，以军工为主。至于石工及用具，应由省府协同承办并限期完成。请由黄主席会同罗军长切商如何设计。”[②]不过这同样是非常态现象。

总之，浙江省在进行公路建设时，经费一直是困扰进展的大问题，有时甚至连工程款也无法支付。1935 年 8 月间，就有承包商集体致电蒋介石请愿：“蒋委员长钧鉴：商等于民国二十二、三年间先后承筑浙江省公路局各段公路，均订有合同。乃自去年五月间完工后，积欠工料款项达百余万元之钜，屡索无效。所有商等积欠工人工资，迭经工人集众迫索，实属无法应付，势将破产。为恳钧座电饬浙江省政府转饬公路局即日照付，以恤商艰。包商裕庆中华兴业中南宏记等。”[③] 由于浙江并没有确定的筑路经费来源，除少数由财政厅拨款，主要部分是向外举债所得，不确定性很大。按时人的批评：包括浙江在内的七省筑路时“尚无整个计划，大概随筑随筹，至绝无办法时，乃请求中央补助或举债。而能在

① 徐望法会编《浙江公路史·第一册·近代公路》，第 251 页。

② 《蒋中正电黄绍竑罗卓英剿匪军队须一面进剿一面修筑公路至于石工及用具则由浙江省府协同承办并限期完成》，1935 年 10 月 22 日，台湾“国史馆”藏《蒋中正总统文物》，典藏号：002080200417133。

③ 《包商裕庆等电蒋中正请饬浙江省公路局照付积欠承筑各段公路工料款及蒋中正电黄绍竑即转饬公路局办理》，1935 年 8 月 20 日，台湾“国史馆”藏《蒋中正总统文物》，典藏号：002080200245091。

省库收入项下指定专款为筑路之用者，除附加税外，迨无规定，即间有每年指拨数目者，为数甚少，即就附加税而言，亦不过杯水车薪，无济于事，苟无中央补助，殊难维持也。现查七省每年筑路所需，不下千万元，若核其收入，则不及支出十之五六，其不敷之数，除中央补助外，即系举债，然罅漏补苴，系属一时权宜之计，殊非永久之图，若长此以往，苟无确定经费，仍赖举债维持，纵令公路筑成，国家经济，亦必破产。浙省公路，表面观之，颇有成绩，惟实际举债太多，负担过重，营业净余，除用于业务及还债付息外，已无余资拨作筑路经费，省库既已奇绌，又遇荒年，苟非另行设法，实影响于筑路进行甚大也”。[①] 这种不问偿还能力举债建设的做法，是值得引以为戒的。

然而，纵使浙江公路建设经费的来源存在很多问题，在抗战前总体上却又呈逐年增加的态势，如表5所示。

表5 浙江省历年筑路实支额

时间（年）	筑路费（元）
1926	34700
1927	447400
1928	804100
1929	2955700
1930	2526100
1931	1953300
1932～1933	2000000

资料来源：叶家俊主编《七省公路调查报告》第三章，第54页。

之所以能如此，关键在当时的公路建设已超越了经济范畴，而与政治和军事密切相关。特别要指出的是，国民政府的最高统治者蒋介石对浙江公路建设十分重视。对他来说，筑路是其整个国内政略的一部分，而浙江不光是其故乡，更是其统治的中心区域和国防、“剿匪”前线，所以对浙江公路建设时加过问。浙江在进行上述几种融资方式时，也常常请求蒋介石的“圣旨”。以下根据笔者从台湾查得的一些史料，说明蒋介

① 叶家俊主编《七省公路调查报告》第三章，第54页。

石在浙江公路建设，特别是筑路经费筹集方面的作用，以助理解上述的反经济规律现象。

蒋介石对浙江公路建设的重视，很大程度上是出于军事上的考虑。因此，浙江公路网虽已有规划，但他对具体线路的修筑优先权却常常加以干涉。如 1933 年底的福建事变时，浙江成为中央军的集结地和入闽通道，所以蒋介石严令浙江当局限期修通从浙江到福建浦城的公路。早在该年 7 月，蒋介石就要求浙江方面加紧浙南的公路修筑，特别是入闽道路。他致电浙江省建设厅长曾养甫："丽水经云和、龙泉至庆元与永嘉经瑞安、平阳至泰顺二公路现情如何？应即测量进行。又衢州至浦城一路尤应着手修筑，不必问闽省同意也。此路作为军路，其经费可由中央与省各任一半。"① 9 月，福建十九路军方面已有变动迹象。蒋介石即命令浙江有关官员："对通浦城公路务希最急设法完成，其地方力能不及者应由浙省补助。中可负责支发，惟务限本年底完成也。"② 11 月 20 日，福建"中华共和国人民革命政府"成立，蒋介石立即派军入闽镇压。26 日，他电令曾养甫："廿八都至浦城公路应完全由浙建设厅负责，限本年底完成。其经费准由中正负责筹付，勿念。"③ 在 12 月 17 日的《日记》中，写道："预定……四、问曾道路。" 24 日又写："注意……四、光泽崇安先后占领，廿八都与浦城公路已通。"④ 在日记中能写到一条公路的修通，说明他对此的关心重视。

同样，为了"围剿"红军，蒋介石也重视浙江到江西、安徽的公路，要求浙江定期修通。1933 年在准备四次"围剿"时，令曾养甫，询问"淳安直至徽州城段公路亦应由浙省保办并克期完成。需款几何？详复。又婺源至华埠一路，乃指华埠经白沙关至婺源城之全路，亦应由浙省代

---

① 《蒋中正电曾养甫丽水至庆元与永嘉至泰顺二公路应即测量进行》，1933 年 7 月 7 日，台湾"国史馆"藏《蒋中正总统文物》，典藏号：002080200413076。

② 《蒋中正电鲁涤平等对通浦城公路其地方力所不及者应由浙省辅助限本年底完成》，1933 年 9 月 14 日，台湾"国史馆"藏《蒋中正总统文物》，典藏号：002080200413124。

③ 《蒋中正电曾养甫限本年底由浙江建设厅完成二十八都至浦城公路》，1933 年 11 月 26 日，台湾"国史馆"藏《蒋中正总统文物》，典藏号：002080200414060。

④ 《蒋介石日记》，手稿本，美国斯坦福大学胡佛研究所藏。

筑也”。[①]

如上所述，浙江的公路建设经费十分困难，蒋介石也明白巧妇难为无米之炊的道理，所以在催促浙江当局修路的同时，也想方设法帮助解决经费问题。

1932年时，蒋介石致电时任财政部长的宋子文：“关于江浙皖建筑公路事，可否筹备七百万至九百万元之数，分给各该省建设厅，托国联派员管理促进?”[②] 同时，他告诉浙江省主席鲁涤平等：“除昌化至徽州公路限六个月内完成外，由金华经永康、缙云直至永嘉之路，务须赶筑。据计画表内此路经费共计为七十二万元，如此先由财政厅筹卅六万，再由财部借卅六万元，即可如期完成也。”[③]

蒋介石还主动询问浙江筑路进度和经费开支情况。1933年浙江公路建设经费十分困难，他致电曾养甫：“现在各公路修筑进度及边防各路线修成日期与经费欠缺之数，昱岭至徽州公路已否修成，详复。”[④] 曾答复道：“浙省公路职秉承钧旨，积极进行……预计全省重要干路本年十一月以前皆可完成。至经费一项，除竭力筹措及由地方担任与中央补助一部分外，尚缺一百三十余万，实已筹无可筹，而中央及地方担任之款，又多未能如期拨解。工程既须积极进行，经费又无法接济，若照目前情形，六月以后必至山穷水尽。”[⑤] 后来鲁涤平也向蒋介石哭穷：“窃查浙省本年度应筑公路估计需费三百万元，多属国防性质。地方财力竭蹶，经再四筹设，省预算内实属无法列入。拟恳顾念地方困难，准予

① 《蒋中正电曾养甫淳安至徽州公路及婺源至华埠段公路均应由浙江省政府负责完成并请详复所需经费》，1933年11月5日，台湾“国史馆”藏《蒋中正总统文物》，典藏号：002080200414021。

② 《蒋中正电宋子文筹借江浙皖建公路经费七至九百万予各该省建设厅》，1932年5月5日，台湾“国史馆”藏《蒋中正总统文物》，典藏号：002010200066012。

③ 《蒋中正电鲁涤平周骏彦曾养甫昌化至徽州公路限六个月完成及务须赶筑金华经永康缙云至永嘉之路并由财政厅及财政部筹措经费》，1932年5月13日，台湾“国史馆”藏《蒋中正总统文物》，典藏号：002080200411076。

④ 《蒋中正电曾养甫详复各公路修筑进度及边防各路线修成日期与经费欠缺之数》，1933年4月15日，台湾“国史馆”藏《蒋中正总统文物》，典藏号：002080200413008。

⑤ 《曾养甫电蒋中正浙省公路修筑情形及尚缺经费一百三十余万》，1933年4月17日，台湾“国史馆”藏《蒋中正总统文物》，典藏号：002080200077025。

于国防会议列入国防预算，以利进行。”蒋介石在电文上批示：“对筑路经费，止（至）少应照去年预算数支付，不得减少。去年筑路经费几何，盼复。”①

对于浙江经费的困境，蒋介石除了动用国家资源，还多方代为筹集，解决问题。上述浙江几种融资方式中，都可见到有蒋介石的提示与筹划。

四省农民银行是蒋介石为筹划“剿匪”军费而设立并一手控制的国有银行，是浙江建路的最大债主。1934 年 7 月，曾养甫向蒋提出：“浙省公路工程进展甚速，待用孔殷。所有四省农民银行最后应拨借款四十万元，伏乞电饬该行提前拨付，以济工需。”② 当时蒋介石批道：“待派员查明路工后再发。”后来军政部军需署署长朱孔阳、农民银行总经理徐继庄进言蒋介石：“查浙省公路借款百八十万。虽有公路等押件，现各该路收入甚微，又极呆滞，本行贷款农村正极注重。兹闻浙省新成立两千万公债，拟请电浙提交债票三百万，作前项借款之附属抵押，俾得设法运用，借资周转。”③ 蒋将此意见转告浙江方面，曾养甫与朱孔阳商量后提出了修正办法：“浙新公债现尚与多方接洽。建筑遂开龙庆云景三路经费与守梅兄（即朱孔阳）商订办法如下：以新公债三百万抵押农行。内以一百八十万公债为增加旧债担保品，其余一百二十万及新筑三路抵借现款一百二十万。如蒙俯准，乞电示。”对此，蒋介石的谋士杨永泰拟回复意见为：“农行再加借浙路借款，恐力确不逮。且鄂豫等省，亦纷援浙例请借，必将陷农行于僵局。盖农行现在最大限之活动力，不过四百万元，不宜期望过奢也。拟复：浙借旧债，自应增加债券担保，以免农行减少活动力，惟加借一百廿万，是否农行所能承受，尚待研究。希与该行自

① 《鲁涤平电蒋中正请准将浙省本年度应筑公路费列入国防预算》，1933 年 7 月 20 日，台湾“国史馆”藏《蒋中正总统文物》，典藏号：002080200107047。

② 《曾养甫电蒋中正乞饬四省农民银行提前拨付应拨借款四十万元以济浙省公路工需》，1934 年 8 月 2 日，台湾“国史馆”藏《蒋中正总统文物》，典藏号：002080200173008。

③ 《朱孔阳徐继庄电蒋中正浙江省公路借款虽有公路等押件现各该路收入甚微拟请该省提交债票三百万做为借款之附属抵押》，1934 年 9 月 6 日，台湾“国史馆”藏《蒋中正总统文物》，典藏号：002080200177116。

行洽商，再行呈核可也。”蒋批：“如拟。”[①]

又如1936年在催促修筑永嘉经平阳至泰顺公路时，蒋介石向浙江方面提议：“如一时筹费不足，则可将该路与龙泉庆元公路为担保品，先在农民银行抵借五十万至一百万之数。请与之切商进行，中可令准也。”[②]可见，蒋介石在通过商业途径解决融资问题时，并不是一味用国家权力进行高压，还是要求通过协商按经济方式办事的。

当然，由于农民银行的特殊性质，这种借款毕竟还是具有某种官方性质。此外蒋介石也曾提议在筑路时引入民间资本，并同意为之放宽政策。在致浙皖两省主席等的电报中，他提出：“昱岭关至徽州屯溪、由屯溪经淳安至建德公路，应由两省合办，或组织公司招股亦可。务期急成勿延，最好宣城至徽州公路亦加入在内。如有商家愿承办者，不妨放宽条件与年期，俾得有利速成也。”[③] 体现出一定程度的灵活性。

总之，浙江的公路建设在1930年代有了较大的发展，对当地的社会和经济起了积极的促进作用。但这种发展相当程度上是出于非经济因素的考虑，也使它不甚注意“以路养路”，缺乏扩大自身再生产的能力。这一两面性，是我们考察时必须加以注意的。

---

① 《曾养甫等电蒋中正浙新公债现尚与各方接洽及与朱孔阳商订建筑遂开龙庆云景三路经费押借办法等文电日报表》，1934年9月25日，台湾“国史馆”藏《蒋中正总统文物》，典藏号：002080200441241。

② 《蒋中正电黄绍竑速修永嘉经平阳至泰顺公路并准以该路与龙泉庆元公路为担保品向农民银行抵借筹款》，1936年11月6日，台湾“国史馆”藏《蒋中正总统文物》，典藏号：002080200271020。

③ 《蒋中正电吴忠信等务期急成昱岭关至徽州屯溪等公路并由浙皖两省确立办法详报》1933年4月19日，台湾“国史馆”藏《蒋中正总统文物》，典藏号：002080200413015。

钱塘江桥兴筑、炸损与修复之探讨（1933～1953）*

一　建桥始议与桥址选择

钱塘江横亘浙中，纵贯南北，位居冲要，在1937年（民国26年）秋钱塘江尚未兴筑前，杭州与浙东交通，大多以杭州江岸的三廊庙为联络点。钱塘江水流湍急，但江边水浅，人货过渡，每日少则1.1万余人，多至1.7万余人，货物略计每年40万吨以上，均不能直接抵达船上，而必须利用跳板，每值大风雨雪之际，跳板滑而欠稳，稍一不慎，易滋危险。因之建桥以渡河，自民初以来，浙省当局屡有建议，唯因政局不稳，兼以江底又系流沙，深不可测，工艰费巨，未能实现，即在1928年张静江主持浙政，大力建设时，虽亦倡议建筑钱塘江大桥，亦以环境关系，未能有确实办法，仅建深入江中码头，以利渡江之用而已。①

及至1932年，杭江铁路（即浙赣铁路杭玉段）杭州金兰段通车，其起点在杭州渡口三廊庙对岸钱塘江南岸的江边，与杭州仅一江之隔；而清末修筑的沪杭甬铁路，本计划由上海经杭州以达宁波，亦因钱塘江阻隔，苏浙段由上海通车至杭州闸口，浙段仅由宁波修至曹娥江而已。② 另浙省公路相继兴筑，均因钱塘江一水阻隔，截然中断，感到非常不便。尤其每年腊月（阴历十二月）底，浙东旅外人士，纷纷返乡过年，在

---

* 本节作者简笙簧，台北“国史馆”修纂处原处长。

① 钱塘江桥工程处编《钱塘江桥筹备报告》，1934年11月11日，交通部档案，“国史馆”藏，档号902/095。

② 凌鸿勋：《中国铁路志》，沈云龙主编《近代中国史料丛刊续编》第93辑，台北，文海出版社，1954，第216～217页。

钱塘江过渡者，每日达两万人以上，拥挤艰难，易生事故，渡江问题，最为严重。1932 年浙江省建设厅长曾养甫乘此机会，倡议在杭州修筑铁路、公路两层，且兼及行人通行的铁桥，跨越钱塘江，以联络东南交通。

至于桥址选择，就杭州地形而言，经多次勘察，可就闸口及南星桥两处进行选择。以南星桥而言，距市区最近，且有三廊庙渡江码头，而杭江铁路起站，即在三廊庙对岸江边站，若可建桥，自属便利，无如南星桥跨钱塘江，两岸相距甚远（比闸口跨钱塘江宽约一倍远），江流无定，潮水影响亦较大，建筑经费恐嫌过距。至于闸口，为沪杭甬铁路终点，江面较狭（约 11000 米），河流较稳定，北岸沙滩亦少，且正对虎跑山谷，于联络各项路线，比较便利，从经济上观察，应为可选择之处。① 1932 年浙江省建设厅长曾养甫为筹谋建桥，特于建设厅成立钱塘江桥设计委员会，进行建桥地点和地质研究，由水利局于闸口处江面先进行钻探 5 口，计河身 3 口，两岸各 1 口，最深之口，达江底 48 公尺即见石层，知钱塘江非无坚固河底，建桥亦非十分困难，即拟具建桥计划，进行筹备建筑，② 同时延聘美国土木专家萧霭士从事有关经费估计，约 500 万元可完成。③ 事为浙江兴业银行董事长叶景葵（揆初）所赞同，并表示蓄此志有年，如能实现，愿于工款尽其绵力；另财政部长宋子文、导淮委员会副委员长陈果夫亦表示，愿各就主管建设经费，分别借拨。④

二 工程处长选任与桥梁设计

建桥经费看似有着落，曾养甫受此鼓励，认为建桥有望，遂于 1933 年

---

① 铁道部秘书厅编《铁道年鉴》第 3 卷，商务印书馆，1936，第 198 页。

② 钱塘江桥工程处编《钱塘江桥开工纪念刊》，1934，第 9 页，浙江图书馆古籍部藏。

③ 《杭州市长赵志乎呈铁道部函》（1933 年 9 月 18）《钱塘江桥案》第 1 卷，交通部档案，“国史馆”藏，档号 017000 - 000791A。另曾养甫《建筑钱塘江大桥之意义》，收入吴笠田编《曾养甫先生言论集》，台北，冯晓云，1981，第 245 页。

④ 曾养甫：《五十自述》，《曾养甫先生言论集》，第 246 页。

3 月由杭江铁路局长杜镇远以电报及长函约天津北洋大学教授茅以升至杭州，商谈筹建钱塘江桥事宜。曾养甫告以，钱塘江上修桥，是全体浙江人民的愿望，我一来杭州，就想推动各方，促成其事，不仅要想尽方法去筹款，而且有了款，还要有人会用，才能把桥造起来。关于筹款的事，我已多方接洽，看来很有希望，对于主持建桥的人，我也考虑很久，最后决定请你来担任，如你肯就，我们共同努力，这事更可望成功。将来经费我负责，工程你负责，一定要把桥建好，作为我们对国家的贡献。曾养甫这番话，对学习造桥专业且教授造桥课程，而尚无造大桥经历的茅以升而言，是很大的鼓励，因而让茅以升颇受感动，随即表示愿接受建桥工作，回天津辞去北洋大学教职，于学期结束后就来杭州就任。①

茅以升，1896 年生，江苏镇江人，1916 年毕业于唐山路矿学堂，考取清华学堂留美官费研究生，赴美国康乃尔大学就读桥梁专业，一年得硕士学位，旋于匹兹堡桥梁公司实习，并于加理基工学院修习博士学位，1920 年以《框架结构的次应力》通过博士论文，旋返国任教唐山交通大学、天津北洋大学，教授结构力学、桥梁设计、桥梁基础等课程。② 曾养甫在其《五十自述》谈及选择茅以升建造钱塘江桥时表示："此大桥工程，在国内尚属少见，颇难物色主持之人，人言以升数奇，有学无才，前主江苏运河工程局务，酿成大灾，淮扬人士，尝拟铸立铁匠以辱之，余以出群之才，原由磨练挫折而成，毅然派为钱塘江桥工程处长。"③

1933 年 7 月，茅以升南下，浙江省政府着手组织钱塘江桥工委员会，特聘茅以升为主任委员，进行钱塘江桥桥梁设计，其中并参酌原先聘请的铁道部顾问，美国桥梁专家华德尔博士的设计，④ 首先拟具设计原则四项：

---

① 《钱塘江建桥回忆》，《茅以升选集》，北京出版社，1986，第 476～480 页。

② 齐敏、孙士庆：《茅以升》，山西人民出版社，1982，第 1～40 页。

③ 曾养甫：《五十自述》，台北《传记文学》第 27 卷第 3 期，1975，第 60 页。

④ 按：当时聘华德尔设计钱塘江桥，主要原因有：（1）借重华德尔专长，希对钱塘江建桥有较好的设计；（2）华德尔为铁道部顾问，请其参与设计，铁道部就不会反对浙江省兴建钱塘江桥。但因依华德尔设计，钱塘江建桥需 600 万元以上，故由桥工委员会基于经济考虑，再采纳各方意见，加以修订，使建桥经费减为 510 万元。《钱塘江桥设计审查委员会第一次会议纪录》，《钱塘江桥案》第 2 卷，交通部档案，"国史馆" 藏，档号 017000－000792A。另据茅以升《钱塘江建桥回忆》，《茅以升选集》，第 483 页。

（1）钱塘江水浅，而沙滩变迁无常，为顾及航运关系，桥墩距离以相等为宜；

（2）本桥为铁、公路联合桥，应顾及各种运输之需要，且桥长一公里余，须谋运输的通畅，以节省时间；

（3）本桥关系国防，应顾及军事上的防御（如遇轰炸，上层钢骨洋灰路面有掩护下层铁路之效）；

（4）杭州为风景胜地，设计应顾及美观大方。

原则既定，随即公开征求设计蓝图。其后征得设计蓝图七种（参加筹备设计者有朱耀庭、张自立、陈体诚、杜镇远、侯家源、萧霭士、华尔特等7人），经以坚固、经济、美观、适用四条件为标准，斟酌取舍，最后决定采用二百二十英尺（67米）跨度双层式的设式，所需经费国币510万元。①

钱塘江铁桥的设计，系由北岸杭州闸口六和塔附近，横跨钱塘江。北岸铁路经虎跑山谷绕乌芝岭后，折回江岸，与沪杭铁路接轨；公路则过桥登山，径接杭富路（杭州至富阳）。北岸岗峦起伏，景物幽秀，陪衬以雄壮引桥工程，非常美观。南岸则一片平原，铁、公路均绕回西兴，与浙赣、沪杭甬铁路及浙东公路相接，对于各种运输，均称便利。② 此铁桥为双层式合组桥，下层敷设单轨铁路，上层桥面浇筑钢筋混凝土的公路和人行路面。铁道净高6.71米，宽4.88米，载重古柏氏E50；公路路面宽6.096米（20英尺）载重H50，两旁行道各宽1.52米（5英尺）。全桥总长1390米（4550英尺），分正桥与引桥两部分。

正桥长1073.56米，分16孔，每孔67米（220英尺），靠北岸5孔完全平置，自第六孔起，因南岸地势较低，仍用坡度万分之33缓坡下倾。正桥桥梁为铁公路合组桥，用华纶式之平行肢杆衍梁16座，衍梁因需承受公路、铁路、风力、牵挽力，故总载重甚大，且跨度大，仍选含铬合金钢为

① 钱塘江桥工程处编《钱塘江桥开工纪念刊》，第12~13页；另中国国民党中央党部国民经济计划委员会主编《十年来之中国经济建设》，第12页。

② 钱塘江桥工程处编《钱塘江桥工程说明》，1935，第1页，浙江图书馆古籍部藏。

材料，但抗风梁及各细小部分，仍用炭钢，以求优廉。[①] 北岸引桥长约235米（770英尺），用长18米至25米平台两座，50米拱桥3座及9.5米框架桥4座合组而成。南岸引桥长约91.5米，以长15米平台1座与9米平台1座、50米拱桥1座及9米框架桥2座合组而成。[②] 桥底距最高水面6米，距平均水面9米。[③] 此桥预定2年6个月（即1937年6月）完工。

三　经费筹措

至于建桥经费510万元的筹措，首由浙江省建设厅商得导淮委员会副委员长陈果夫同意，函请中英庚款董事会（董事长朱家骅）息借料款16万英镑，以杭江铁路盈余充作担保。[④] 复请全国经济委员会补助国币100万元；另由浙江省财政厅长周枕琴向浙江兴业、中国、交通、四明及浙江实业等五银行息借200万元，双方于1934年3月9日签订草约。[⑤] 共计550万元，以供桥工之用。在浙江省进行筹措钱塘江铁桥经费之同时，铁道部亦进行沪杭甬铁路由闸口越钱塘江展筑至百官计划，其中有建钱塘江水底坠道之议，事经曾养甫赴南京与铁道部长顾孟余洽商，决定由部省合建钱塘江铁桥。1933年10月26日浙省派钱塘江桥工委员会主任委员茅以升及委员陈体诚至铁道部会商双方合作事宜。1934年5月11日，双方举行筹建钱塘江桥第一次会议，商讨合作办法。[⑥] 5月25日议定合办

① 按：建钱塘江桥需钢梁共4165吨，并中铬钢3773吨、碳钢265吨、铸钢127吨，均向英国道门朗公司订购，运至闸口工地先委请罗勃享特公司进行检验，合格后才由桥工处验收，钢梁共分8批交货，第1批于1935年7月17日交货，最后第8批于1936年1月29日交清。《钱塘江桥案》第8卷，交通部档案，“国史馆”藏，档号017000－000798A。

② 茅以升：《钱塘江桥说略》，(1936年于中国工程师学会年会)，浙江图书馆古籍部藏。

③ 钱塘江桥工程处编《钱塘江桥筹备报告》，(1934年11月11日)，交通部档案，“国史馆”藏，档号902/095。

④ 《顾孟余致蒋中正世电》(1934年1月31日)，《蒋中正总统档案》，“国史馆”藏，档号002－080200－158－032－001。

⑤ 《曾养甫致蒋中正蒸电》(1934年3月10日)，《蒋中正总统档案》，“国史馆”藏，档号002－080200－153－072－001。

⑥ 《筹建钱塘江桥第一次会议纪录》(1934年5月1日)，《交通部档案》，“国史馆”藏，档号902/094。

钱塘江桥，经费双方平均分担及组织桥工处。[①]

9月8日，铁道部与浙江省政府，签订合办钱塘江桥协定四条。

（1）建桥经费及桥梁维护费，由双方平均负担，其收入亦平均分配之。

（2）建筑计划，由双方会商协议执行；建筑工程由双方公委一工程处办理，并在工程时期，由双方各派代表一人，负监工之责。

（3）桥梁完工后，由双方合组委员会管理之，双方收入各按照借款条件专款存储，维持工程，由委员会委托一方之铁路局担任之，以专职责。

（4）双方借款抵押，须不冲突，即各以该桥产权及余利之半为限。[②]

至此筹款办法重新分配，浙省乃以银行借款为资本，铁道部则以中英银公司及中国建设银公司发行的沪杭甬铁路债券为资本，各先认股200万元，余俟需要时，再行平均分担筹措。[③]

及1936年5月，浙江省以铁道部又为兴筑沪杭甬铁路闸口至百官80余公里路段，完成与中英银公司及中国建设银公司110万英镑的6厘借款，故建请铁道部改订经费分担，5月7日双方注销前协议，重新订《铁道部浙江省合办钱塘江桥协议》，建桥经费与桥梁维持费，以及该桥收入分配，由平均分担改订为70%归铁道部，30%归浙江省政府；该桥所有权及进款70%得由铁道部指为抵押，该桥所有权及进款30%得由浙江省政府指为抵押。[④]

由于钱塘江桥建桥由部省合办，故钱塘江桥建桥目的主要为：（1）使浙赣铁路直达杭州，以便接通京沪；（2）使沪杭甬铁路自杭州闸口展筑至百官，完成路线；（3）使浙东浙西各公路连接贯通及人民便利过江。[⑤]

---

① 铁道部秘书厅编印《铁道年鉴》第3卷，商务印书馆，1936，第204页。另《钱塘江桥案》第1卷，交通部档案，“国史馆”藏，档号017000－000791A。

② 按：部省监工，铁道部派参事夏光宇，浙江省政府派建设厅长曾养甫担任，各支给公费200元。《钱塘江桥开工纪念刊》，第11页，浙江图书馆古籍部藏。另《钱塘江桥案》第2卷，交通部档案，“国史馆”藏，档号017000－000792A。

③ 《铁道年鉴》第3卷，第200页。

④ 《铁道部浙江省合办钱塘江桥协定》（1936年5月7日），《钱塘江桥案》第9卷，交通部档案，“国史馆”藏，档号017000－000799A。

⑤ 《铁道年鉴》第3卷，第199页。

四　钱塘江桥工程处成立

1934年4月1日，浙江省建设厅为积极推动钱塘江桥的兴建，将钱塘江铁桥桥工委员会改组为钱塘江桥工程处。依1934年11月颁发的钱塘江桥工程处组织规程，工程处由铁道部与浙江省政府各派代表1人，代表部省监督全部工程进行，10月7日，铁道部派参事夏光宇为代表，浙江省政府派建设厅长曾养甫为代表，共同监督全部工程进行。11月7日，铁道部与浙江省会派茅以升为工程处长，承部、省代表之命，执行桥工建筑计划并主持全处一切事宜。另派罗英为总工程司，英人怀德好施为副总工程司，承处长之命办理设计及施工事宜。梅旸春、李学海、李文骥、卜如默等为工程司，另外还有副工程司3～5人，工务员4～8人、绘图员2～4人，承处长、总工程司、副总工程司之命，分任设计、制图及监工等事项。会计主任1人，会计员1～2人，承处长之命办理会计事宜。事务主任1人、事务员2～4人，承处长之命办理总务及其他不属于工程事项。[①] 另借款银行派有稽核员1人（方培寿），所有账据需经会计主任及稽核员签字才有效。[②] 兹将钱塘江桥工程处人员简历整理如表1。

表1　钱塘江桥工程处组织人员简历

职称	姓名	年龄	学历与经历	待遇（元）	备考
铁道部代表	夏光宇		铁道部参事	公费200	铁道部参事兼
浙江省政府代表	曾养甫	37	浙江省建设厅长	公费200	浙江省建设厅长兼
处长	茅以升	40	美国加理基工学院博士，唐山交通大学、天津北洋大学教授	月薪500 公费200	

① 《钱塘江桥工程处组织规程》（1934年11月），《钱塘江桥案》第3卷，交通部档案，“国史馆”藏，档号017000－000793A。

② 茅以升：《钱塘江建桥回忆》，《茅以升选集》，第488页。

续表

职称	姓名	年龄	学历与经历	待遇（元）	备考
总工程司	罗英	45	美国康乃耳大学土木硕、山海关桥梁厂厂长	月薪 500 公费 100	
副总工程司	怀德好施	32	京沪铁路总工程司、铁道部工务处副处长	津贴 100	英国人，铁道部工务处副处长兼
工程司	卜如默	42	荷兰工科大学毕业，荷兰治港公司主任工程司	400	荷兰人，1936 年 6 月由正桥包商康益洋行借用，改派杨克刚任副工程司递补
工程司	李学海	40	上海工业专门学校土木科毕业，全国经济委员会工程司	360	
工程司	李旸春	34	美国普渡大学土木工程科毕业，美国桥梁公司总工程司	320	
工程司	李文骥	48	铁道部工程司	津贴 160	铁道部工程司兼
副工程司	李仲强	41	北京大学土木工科毕业	200	
副工程司	朱纪良	33	唐山大学土木工科毕业	180	
副工程司	杨克刚	30	美国普渡大学土木工程科毕业，江西工业专科学校教授	240	1936 年 6 月补卜如默缺
副工程司	孙鹿宜	25	美国康乃耳大学硕士	200	原任工务员，1936 年 6 月升任副工程司
工务员	罗元谦	24	浙江大学土木系毕业，赣粤养路段工务员	140	
工务员	李洙	27	唐山工程学院毕业，浙江省水利局工务员	140	
工务员	熊正珌	25	北洋工学院土木系毕业，南京市工务局技术员	120	
工务员	余权	24	北洋工学院土木系毕业	120	
工务员	王同熙	25	浙江大学毕业，浙江大学助教	120	

续表

职称	姓名	年龄	学历与经历	待遇（元）	备考
绘图员	汪伯琴	23	浙江测量讲习所毕业，浙江建设厅绘图员	55	
绘图员	余观瑞	22	杭州女子职业学校毕业	45	
会计主任	史都亚		京沪铁路会计处长		京沪铁路会计处长兼，英国人
会计员	张舜农	50	上海理科专校毕业，江苏水利局会计	180	
会计员	吉彭述	27	浙江大学经济系毕业，浙江兴业银行行员	160	
事务主任	许试	50	苏嘉铁路工程处总务主任	200	
事务员	朱积基	38	上海工业专校毕业，杭江铁路局材料股课员	160	
事务员	包荣爵	53	铨叙部审查及格	140	
事务员	宋千里	41	江南高等商业学校毕业，南京总商会收发员	120	
事务员	沈骥	31	天津美国打字学校毕业，山海关桥梁厂文牍司事	100	

资料来源：《钱塘江桥工程处呈请任用人员资历表》，《钱塘江桥案》第2卷，交通部档案，“国史馆”藏，档号017000－000792A。

由表1，兹再进一步说明如下。

（1）钱塘江桥工程处最高监督人员为部省所派代表夏光宇与曾养甫，在1936年8月前，总其事者为曾养甫。此因修建钱塘江桥，为1932年时任浙江省建设厅长曾养甫的提议，并进行选址、探勘、设计、筹备经费，找来茅以升负责组织工程处，完成开标后，才于1934年9月进行部省均摊经费合建，其后曾养甫又于1935年12月出任铁道部政务次长至1936年8月，为夏光宇上司，当然仍由曾养甫总其事。及1936年8月，曾养甫出任广州市长赴广州，而钱塘江桥修筑经费及所有权又改订为部7省3，铁道部为大股东，故钱塘江桥工程处所呈报之工程事项，即报由铁道部长裁示。

(2) 至于钱塘江桥工程处人员组织方面，相关工程推动主要以处长茅以升为主，总工程司罗英为辅。罗英系茅以升就读康乃尔大学桥梁专业第一班的同学，返国后一直在铁路上工作，富有建桥经验。故茅以升特别找罗英担任总工程师，以为协助。工程有问题茅以升找罗英商量解决，茅以升人不在，罗英替代茅以升主持工作，两人随即成为建造钱塘江桥甘苦与共的好搭档。①

(3) 由于系部省合办，与钱塘江桥最有关系的铁道部京沪杭铁路管理局及借款银行虽想派员参与工程处，但因部省合办时，钱塘江桥工程处人员组织已大致完成，最后仅派原京沪铁路总工程司怀德好施兼钱塘江桥工程处副总工程司，及沪杭甬铁路管理局会计处长史都亚兼钱塘江桥工程处会计主任。②

(4) 钱塘江桥工程处工程司卜如默，原为正桥包商康益洋行工程司，为便利工程处与正桥包商的沟通联系，故先加入工程处。其后由于正桥施工不断延期，铁道部要求包商康益洋行承办人康益之常川驻杭州工地负指挥赶工之责，康益之遂请求调回卜如默以为协助。

(5) 由表1钱塘江桥工程人员的学历、经历可知，工程处可说招募了全国曾留学国外或国内桥梁土木专业、年龄为40岁以下的专才来一同工作。而钱塘江桥工程正是这批年轻、有活力的专才，展现其专业及学习累积造桥经验的好场所，其后也为国家培养了一批造桥人才。

(6) 钱塘江桥工程处主要负责的工作大致如下：一是钱塘江桥建桥的探勘、设计，包括总图及所有细图，供包商依图施工；二是建桥工程经费核算编列；三是建桥工程招标、审查、开标、签约；四是包商施工监督，含建筑方法，材料供给、检验、保险，设计变更审核，工具设备提供，完工期限控管，误期责任追究，验收付款等事项。③

---

① 茅以升：《钱塘江建桥回忆》，《茅以升选集》，第482页。

② 茅以升：《钱塘江建桥回忆》，《茅以升选集》，第488页。

③ 《承办钱塘江桥正桥桥墩工程合同》，《钱塘江桥案》第5卷，交通部档案，“国史馆”藏，档号017000－000795A。

五 钱塘江桥兴建

有关钱塘江桥的筹建工程，早于1934年4月15日即登报招商承建，并于8月22日开标，计有华商9家，洋商8家参加，经由铁道部、浙江省政府组织审查委员会慎重审查，最后决定将铁桥工程分三部分承包，并选定包商及承包工程如次：（1）正桥钢梁由英国道门郎公司承办；（2）正桥桥墩由丹麦康益洋行承办；（3）北岸引桥及公路路面由华商东亚建筑公司承办；南岸引桥工程由华商新亨营造厂承办；引桥钢梁由西门子洋行承办。①

此次钱塘江桥仍然实行通行的招商承办，一来是为了图简求快，二来是可以不必为办此桥工而置办一套所需的机械设备，三来是不必直接管理众多工人。而正桥钢梁、引桥钢梁、正桥桥墩仍由洋商承包，主要原因是华商在此方面能力尚不足以与洋商争衡。不过引桥部分仍交给华商承包，以培植本国厂商。②

包商既已选定，遂分别签订合同，③ 并于1934年11月11日由正桥桥墩包商康益洋行举行开工典礼（引桥于1935年2月11日开工）。④ 依计划2年6个月完工，即1937年6月完工。是时曾养甫以日本侵华局势日益紧张，钱塘江桥关系重大，能愈早完工愈好，因此开工前要钱塘江桥工程处与包商商量，缩短工期为1年6个月，经工程处与包商商量不成，后由曾养甫亲自与康益洋行会商，最后逼康益洋行同意在草约上签字：规定正桥桥墩15座自开工日起，于400天内完工，以便安装钢梁。

---

① 钱塘江桥工程处编《钱塘江桥开工纪念刊》，第15页。

② 茅以升：《钱塘江建桥回忆》，《茅以升选集》，第489页。

③ 1934年11月11日与承办正桥桥墩的康益洋行签订合同草约；12月6日与承办正桥钢梁的道门朗公司签订合同；1935年2月11日与承办北岸引桥工程的东亚工程及承办南岸引桥工程的新亨营造厂签订合同；4月12日与承办引桥钢梁的西门子洋行签订合同。《钱塘江桥工程记》，（1946年5月17日碑文），《茅以升选集》，第521页。

④ 钱塘江桥工程处编《钱塘江桥筹备报告》（1934年11月11日），交通部档案，“国史馆”藏，档号902/095。另《钱塘江桥案》第2卷，交通部档案，“国史馆”藏，档号017000－000792A。

因而钱塘江桥施工，一开始即需进行赶工，如何赶工呢？事经工程处与包商妥慎研究，最后大家同意，对能同时动工工程，属于平面铺开的，都立即同时动工；对上下有关联的工程，要想出上下并进，一气呵成的办法。如一座桥，总是先做下面的基础，再做其上的桥墩，最后架设桥墩上的钢梁，现在要想出基础、桥墩、钢梁同时动工办法。故而承包正桥桥墩的康益洋行所承受的压力最大。① 因此，桥工处与康益洋行所订承办桥墩工程合同亦给予提早完工的奖励，即每提早一日完工，予奖金500元，此500元刚好等同工程处长一个月薪金。②

自1934年11月11日正式开工后，由于钱塘江河宽而水深——杭州民间素有“钱塘江无底”谚语，时有潮汛（闻名的钱塘江潮），上游山洪又不时暴发，因此不但江流极不稳定，且江底积沙厚度由北岸约15米，往南岸积沙越厚，可达50米，为质地细、蓄水多的细沙，在山洪与海涛相互激荡下，迁徙无常，致康益洋行负责的正桥桥墩施工最受考验，常需变更设计，以寻求更合适的施工方法，才能推动工作。而康益洋行承办人凡事必躬亲，不能授权所属，但又不能常驻工地指挥，因而承诺于1936年6月完成的工程进度，一开始就出现迟延。康益洋行遂提出各种理由要求延期。

首先于1935年2月康益洋行表示：（1）建桥墩所需运送沉箱溜道工程，先遇煤气，后遇流沙，原拟建造船坞浮驳之方法，迭遇困难，依合同第7条规定，应另择其他方法，故延误工期。（2）草约签字后，历时3月始签正式合同，因之承办人不敢积极进行，而准备材料和工具设备亦不免稍延，且因讨论合同，占去承办人工作时间甚多。

基于上述理由，康益洋行提出，依合同第3条规定——桥墩15座应于400天内完工，过于迫促，要求延期两个半月。

对于洋行开工不久就提出延期的要求，由钱塘江桥工程处呈报铁道部裁示，事经铁道部长顾孟余特别体念该包工人之意，于1935年3月1日指令钱塘江桥工程处，准正桥桥墩予延期两个月完成，嗣后务须遵照

① 《茅以升选集》，第489~491页。

② 《钱塘江桥案》第5卷，交通部档案，“国史馆”藏，档号017000-000795A。

合同办理为要。[①]

及1935年夏钱塘江桥桥墩积极修筑时，5月18日大雨倾盆，连续不断，钱塘江水位遽高8.7米，水流湍急，兼以巨浪冲击，江底刷深达25米，以致28日靠南岸14号、15号两桥墩铁围堰倾倒下陷，全部没于水中。由包商进行抢救，至9月打捞钢板88块，损失约10万元。[②] 及1936年2月，康益洋行以此两桥墩围堰冲毁后，有增高沉箱围堰高度及为添置护墩软席以减少河水冲刷必要，而此两项即需增加工款11.2万元，[③] 要求工程处给予补贴。

另钱塘江因江水与潮水激荡，江中桥墩15座，其中北岸6座可筑于江底石层，自此迤南之9座，因江底石层骤降至40米以下，若仍将墩底置于石层，确属困难，且所费甚大，因而此9座桥墩含3部分，即最下面为木桩，木桩上放沉箱，沉箱上置墩身。木桩则选美国松木长15米至30米不等者，植沙中为桩，下抵石层而上承沉箱，每座墩用桩160根，9座共需1440桩。而打桩需大型打桩机船，故康益洋行在上海订购2艘打桩机船以作业。1935年7月第1艘打桩机船完成，由上海驶闸口工地，航行途中不幸遇飓风，于8月3日晚9时在海盐之陈山附近沉没。待第2艘打桩机船于9月15日运到工地，又等配件，至10月始进行打桩工作。[④]

然而沙性涩，康益洋行用打桩机船打桩，打轻了，打不进去或打斜了；打重了，桩就断了。故穷一日夜之力，不能植三桩。如1935年12月进行第7号桥墩打桩，1个月只打53桩，[⑤] 如不改进办法，要打完1440根桩，恐就需超过1年半了。其后于1936年1月经研究加用“射水法”，以水射机先去桩位积沙，乘其未合，以打桩机船骤以入桩，其后一日夜

---

① 《钱塘江桥案》第5卷，交通部档案，“国史馆”藏，档号017000－000795A。

② 《钱塘江桥工程处民国24年6月及9月工作报告》《钱塘江桥案》第4卷（1935年），交通部档案，“国史馆”藏，档号017000－000794A。

③ 《钱塘江桥案》第5卷，交通部档案，“国史馆”藏，档号017000－000795A。

④ 《钱塘江桥工程处民国24年8月及9月工作报告》《钱塘江桥案》第4卷，交通部档案，“国史馆”藏，档号017000－000794A。

⑤ 《钱塘江桥工程处民国24年12月工作报告》《钱塘江桥案》第4卷，交通部档案，“国史馆”藏，档号017000－000794A。

可成30桩而解决问题。[①]

打桩完成后在其上置沉箱和墩身，沉箱和墩身都是钢筋混凝土制成，其水泥用可以抵抗海水能力特别强大的铁质水泥。沉箱和墩身需先于岸上预铸，沉箱为长18米、宽11米、高6米的箱子，重600吨的庞然大物。[②] 如何将大又重的沉箱由预铸工地运入河中，就是第一步要解决问题。如何在河中浮运至桥墩处是第二步要解决问题，如何将沉箱安置于桥位木桩上是第三步要解决问题。第一步康益洋行先利用溜道将沉箱运入河，因流沙问题无法进行，不得已改用吊运法，即将沉箱排成一线，两旁各筑轨道一条，临江一头用木桩排架，将轨道伸出江中深水处，形成一座临时码头，再制作钢架吊车一辆，在轨道行驶，把沉箱整个吊起来，搬运到排架尽头，然后即可放入水中浮运。[③] 至于第二步，因沉箱是个上无盖，下无底，只在箱壁的半中腰有一层板，把箱分为两半，因而沉箱的上一半口朝天，下一半口朝地，因有口朝天的这一半，故沉箱能像船一般进行浮运。[④] 至于第三步因沉箱下一半口朝地，定位后下沉，形成一个房间，把高压空气打入这房间，工人就可在里面工作，用喷泥法将沙土清除，一日夜可将沉箱下降一公尺，落盖江底木桩上，故此种沉箱就叫气压沉箱。[⑤] 沉箱定位之同时，即可置上墩身，则一座桥墩即告完成。当两座桥墩完成时，即可上置钢梁，每孔钢梁长67米，宽6.1米，高10.7米，重260吨，钢梁向英国道门朗公司订购，运到工地，委经罗勃亨特公司检验合格后，[⑥] 于岸上完成装配，用特制拖车，运至江边，然后以木船两艘，浮运至桥址，利用潮水涨落，安装于墩顶，再于钢梁中敷设铁道，钢梁上筑汽车与人行道，再接引桥，全桥即可完成。[⑦]

---

① 《茅以升选集》，第493页；另《钱塘江桥工程处民国25年1月工作报告》《钱塘江桥案》第4卷，交通部档案，“国史馆”藏，档号017000－000794A。

② 茅以升：《钱塘江建桥回忆》，《茅以升选集》，第495页。

③ 茅以升：《钱塘江建桥回忆》，《茅以升选集》，第496页。

④ 茅以升：《钱塘江建桥回忆》，《茅以升选集》，第491页。

⑤ 茅以升：《钱塘江建桥回忆》，《茅以升选集》，第491页。

⑥ 《检验钢材合同》，《钱塘江桥案》第8卷，交通部档案，“国史馆”藏，档号017000－000798A。按，依合同检验钢材计自1935年7月17日在闸口交第一批，至1936年1月29日交最清最后的第九批，共需检验钢材，碳钢265吨，铬钢3773吨，铸钢132吨。

⑦ 《钱塘江桥工程记》，《茅以升选集》，第521页。

因此康益洋行自1934年11月开工后即设法办理沉箱运送工事，然而至1936年1月第一只沉箱尚吊挂于木便桥上，无法入水。[①] 显然与工程处原预估于1935年6月桥墩安置均可全部同时动工的进度延期甚多。[②]

故而康益洋行于1936年2月就以江流变化，时有不测，施工困难，工具设备须大量增加，且工程垫款已超百万，确属无力，要求给予经费补助，并将完工日期由1936年10月延长15个月（即1938年3月）。2月10日，钱塘江桥工程处将延期案签报铁道部及浙江省政府裁示。是时浙江省政府认为可依合约进行仲裁，而铁道部认为即使取消康益洋行合约，另招商承办，亦难期1936年10月全桥完成通车，为求正桥桥墩工程早日完成起见，拟仍利用康益洋行已有设备及施工经验，再予协助，督促前进，较有把握，故对该包商展期请求完工一节，曲予优容，特准展期到1936年12月正桥桥墩全部完成，盖拟先令其依限完工，再做议处。[③] 1936年2月24日，铁道部以工字第2061号指令钱塘江桥工程处称："正桥桥墩工程，应由该处负责督促承办人康益洋行日夜赶筑，限期本年12月全部完成。全桥工事，并限期明年3月通车，不得延误，仰即遵照。"[④] 此时外间对钱塘江铁桥是否能造成的闲言闲语顿起，银行界也为他们的放款而担忧。而总其事的曾养甫找茅以升到南京（时曾养甫调任铁道部次长，但仍负监督之责），问明修建详细情况后，正颜厉色对茅以升说，我一切相信你，但是如果造桥不成功，你得跳钱塘江，我也跟你后头跳。茅以升只能闷声不响，回杭州与康益洋行讨论赶工计划。[⑤] 其后曾养甫又与夏光宇代表一同至桥工处视察，面谕桥工处再与康益洋行详商切实赶工计划，不准再有延误，否则取消计划，不加姑息。唯康益

---

① 《钱塘江桥工程处民国25年1月工作报告》，《钱塘江桥案》第4卷，交通部档案，"国史馆"藏，档号017000－007184A。

② 钱塘江桥工程处编《钱塘江桥开工纪念刊》，第17页，浙江图书馆古籍部藏。

③ 《铁道部咨浙江省政府》（1936年2月29日），《钱塘江桥案》第5卷，交通部档案，"国史馆"藏，档号017000－000795A。

④ 《钱塘江桥工程处呈铁道部函》（1936年5月29日）《钱塘江桥案》第6卷，交通部档案，"国史馆"藏，档号017000－000796A。

⑤ 曾养甫：《创建钱塘江桥记》，吴笠田编《曾养甫先生言论集》，第428～429页；另《茅以升选集》，第494页。

洋行仍以1936年12月正桥桥墩全部完成，困难重重，不敢答应。事经桥工处与康益洋行多次商讨，于1936年5月议定：全部桥墩再延于1937年3月底完工，桥工处并给予协助工具等价款共44万元，另准备气柜4个，如桥墩施工时下沉速度不足规定时，借康益洋行应用。至于1935年变更沉箱溜道计划及第14号、15号围堰冲毁，康益洋行所受损失10万元，如何解决由政府裁定。此案经报曾养甫裁示，经曾养甫面谕："姑准照办。"[①] 虽然有上述议定，然而正桥桥墩仍然延至1937年5月底，始全部就位，钢梁在工厂镶配13座，其中6座已安装在桥墩上。[②] 8月12日，全桥最困难的第6号桥墩告竣，江中15座桥墩整齐排列，全部告成。[③]

六 铁桥完工及战争应变

1937年夏，钱塘江铁桥桥工极力赶工时，7月7日，日军在卢沟桥点燃战火。8月初，平、津相继失陷，日军沿津浦、平汉两路南下。8月4日中国最高军事统帅蒋中正预测钱塘江铁桥可能为日机轰炸目标，电令第87师抽一连高射炮布防于顺大桥轴线的北岸山上，[④] 导致8月14日起前来轰炸钱塘江铁桥的日机，为避开华军的防空火网，一直无法有效击中大桥。[⑤] 此时中国为贯彻长期抗战的策略，在上海发动主力战，阻挡日军攻势，以争取时间，将华北南撤及京沪地区最富经济价值的工业设备、技术人员、学校团体及人民物资等内撤。[⑥] 当时长江下游已因军事关系封

---

① 《钱塘江桥工程处呈铁道部函》（1936年5月29日）《钱塘江桥案》第6卷，交通部档案，"国史馆"藏，档号017000－000796A。按：依合同康益洋行包工总价为159万元，如再加上44万元，则为203万元。.

② 《中央日报》，南京，1937年5月28日，第3版。

③ 《塘江桥工程处民国26年9月工作报告》，《钱塘江桥案》第3卷，交通部档案，"国史馆"藏，档号017000－007183A。

④ 《蒋中正电令钱大钧》（1937年8月4日），《蒋中正总统档案》，"国史馆"藏，档号002－010300－002－036－001。

⑤ 《茅以升选集》，第505页。

⑥ 简笙簧：《中日淞沪会战的历史意义》，《中国历史学会集刊》第12期，1980年5月，第302页。

锁。[①] 因而上海对外陆上交通，唯赖京沪、沪杭两干道。就此两线而言，由于京沪线至下关尚须换轮船始能西行，反不如沪杭线经钱塘江铁桥，即可沿浙赣路后撤之便捷与经济。因此之故，钱塘江铁桥能否及早完工，严重关系到京沪杭地区人民物资的后撤。故而铁道部长张嘉璈及浙江省政府主席朱家骅严令钱塘江工程处加速赶工。9 月 26 日清晨 4 时下层铁道部分首先通车。

10 月 10 日，钱塘江铁桥在日夜赶工中终于顺利完成通车，共费钢料 6700 余吨，水泥 7 万桶及其他木石器材，用款 540 万元。[②] 而浙赣铁路亦改由杭州站为发始站，原西兴江边至萧山一段拆除。[③] 此时由津浦路南下，集中京沪地区的大批华北各铁路机车车辆及公商物资器材、银行库存、军需物品、工厂设备和人民物资等，即经此铁桥，源源南撤。同时，中国西南各省部队和辎重，亦循粤汉、浙赣、沪杭联运线，迅速北上开沪参战。[④] 是时，钱塘江桥为避开日机轰炸，仍仅先开放铁道于夜间熄灯火通行，上层公路及人行道则由军事部门放置障碍物，以示尚未完工来迷惑敌人。[⑤]

11 月 5 日，日军在杭州湾金山卫登陆，沪战局势转逆。11 月 14 日，嘉善已失，嘉兴危在旦夕，杭州势难确保，军政部长何应钦电话告知铁道部长张嘉璈，索引钱塘江桥蓝图，准备炸毁大桥，11 月 16 日由兵工团派南京兵工学校丁教官带两吨 TNT 炸药到工程处，表示奉命令，敌军逼近杭州，要于明日炸毁钱塘江桥。[⑥] 经处长茅以升带丁教官往见浙江省主席朱家骅，朱主席表示，建桥时已备安置炸药地方，随时可炸毁，现正是疏散物资与人员的主要通道，无论如何不能马上破坏。然亦由茅以升带丁教官回工程处商量炸桥细节问题，茅以升告知丁教官在造大桥设计时，已经考虑毁桥问题，故在靠南岸第 2 桥墩里，特别准备了一个放炸药的长方形空洞，因此经双方讨论后，为达成阻断日军过桥，决定必要时炸毁一个

---

① 王洸：《长江封锁线》，台北，海运出版社，1957，第 83～84 页。

② 吴笠田编《曾养甫先生言论集》，第 430 页；姚崧龄编《张公权先生年谱初稿》（上册），第 188 页。

③ 尹承国：《浙赣铁路修筑始末》，《江西社会科学》1983 年第 4 期，第 140 页。

④ 凌鸿勋：《中国铁路志》，第 421 页。

⑤ 茅以升：《钱塘江建桥回忆》，《茅以升选集》，第 506 页。

⑥ 姚崧龄编《张公权先生年谱初稿》上册，第 188 页。

桥墩和5孔钢梁，且于17日清晨秘密完成埋放炸药及引线，接通到南岸一所房子里的炸桥准备工作。[①] 同（17）日，钱塘江桥为便利京沪地区各公家机关、学校团体及人民物资的急速后撤，将铁、公路及人行道全面日夜开放。[②] 因而全面开桥的第一天，桥里就埋了炸药，火车、汽车、行人均在炸药上风驰电掣而过，这在古今中外的桥梁史上算是空前的了。[③]

11月18日，日军犯嘉兴，浙赣铁路局由杭州迁玉山，以便居中策应。[④] 12月22日，日军进攻至杭州外围，防守杭州之第八及第十两集团军张发奎、刘建绪部相继过钱塘江桥南撤。[⑤] 12月23日下午5时，隐约见日军已逼临钱塘江桥，工兵团开动爆炸器相继爆破钱塘江桥桥墩1座、钢梁5孔。[⑥] 同日，杭州沦陷，因铁桥已毁，一时得以阻挡日军南犯。[⑦] 然修建近3年（1934年11月11日至1937年10月10日），耗费540万元之钱塘江铁桥，于甫通车89天（1937年9月26日至12月23日）即因日军侵犯关系，而自行炸毁，良为可惜。

钱塘江桥虽甫通车89天即行炸毁。然此桥及时发挥作用，让集中京沪杭地区及华北后撤的人民、物资能够尽速内撤，实为奠定中国长期抗日作战国力的重要助力之一。

七 钱塘江桥工程处后撤

钱塘江桥由华军自行爆破后，钱塘江桥工程处于1937年11月后撤浙江兰溪，办理结束，是时铁道部湘桂铁路局正于广西修建通往越南铁路，聘钱塘江桥工程处总工程师罗英为湘桂铁路局副局长，因此就调用工程

① 茅以升：《钱塘江建桥回忆》，《茅以升选集》，第509~510页。

② 《铁路大事纪》（1937年11月16日条），交通部档案，“国史馆”藏，档号0164.30/8367。

③ 赵志邦：《渡己渡人的桥梁专家茅以升》，《传记文学》第56卷第2期，1991年2月，第80页。

④ 杜镇远：《抗战以来之浙赣铁路》，《抗战与交通》第33期，1940年1月。

⑤ 郭廷以：《中华民国史事日志》第3册，台北中研院近代史研究所，1984，第744页。

⑥ 老路员：《钱塘江大桥的建设与破坏》，《抗战与交通》第4期（交通部编印，1938年5月），合订本第一辑，“国史馆”藏，第67页。

⑦ 郭廷以：《中华民国史事日志》第3册，第744页。

处大批工程技术人员前往桂林筑路。尚留下少数人员则随处长茅以升而行，时茅以升尚兼唐山工程学院院长。1938 年春，唐山工程学院于湖南湘潭复课，故钱塘江桥工处人员亦从兰溪迁湖南湘潭，1938 年秋长沙大火前，随唐山工程学院再迁湘西杨家滩，1939 年初又迁贵州平越县，此时钱塘江桥工程处只剩 3 人：处长茅以升、一名银行稽核和一名帮同保管公物的监工员。此套钱塘江桥公物计 14 箱，包括建桥各种图表、文卷、影片、相片、刊物等，均为钱塘江桥最重要数据。此批数据其后于 1942 年春随茅以升往贵阳担任交通部桥梁设计工程处长，1943 年赴重庆担任国营中国桥梁公司总经理，1946 年带回杭州回任钱塘江桥工程处长，最后移交上海铁路局典藏。①

八　修复通车

1937 年 12 月 23 日，华军爆破钱塘江桥桥墩 1 座、钢梁 5 孔以阻日军南犯，但钱塘江桥仍为日军占据。刚开始几年日军无暇修理钱塘江桥，至 1940 年 9 月起，才捞起坠落江中的 5 孔钢梁，加以补接，于其上架设军用木桥面，先接通公路，行驶汽车。1943 年底，着手修理炸毁的桥墩及钢梁，至 1944 年 10 月才通行火车。日军对钱塘江铁桥的修理，完全是为了临时军用，故一切因陋就简。如对遭爆破的南岸第二座桥墩，因顶部被炸得精光，而江底又淤高，日人就在沉箱上打木桩，桩上筑桥墩，可是木桩并未根根都打到沉箱，而是靠江底淤积抬高，泥沙填塞来着力，如果江底变迁，又有水流冲刷，桥墩将会塌陷。另江中第五、第六两号桥墩，先后于 1944 年 3 月 28 日（日人修桥期间）及 1945 年 2 月 4 日（通车后）为华方游击队，于夜间偷渡至桥墩旁，放置定时炸弹所爆破，导致墩壁碎裂多处，日人只于墩中填沙和墩外加箍，勉强维持，势难长久。至于 5 孔钢梁补接，都是用普通炭钢，而非原来用的铬钢，导致钢梁强度及承载力大为降低。②

① 茅以升：《钱塘江建桥回忆》，《茅以升选集》，第 513～514 页。

② 茅以升：《钱塘江建桥回忆》，《茅以升选集》，第 515 页。

及1945年战后进行复员，交通部与浙江省政府仍任茅以升为钱塘江桥工程处长，于1946年春进行全面修复，工程处将修复计划分两步骤进行。一为临时修复，一为正式修复。临时修复系对损坏部分予以局部修复或补强，只求铁、公路能维持通车。临时修复于1946年9月开始进行，首先于破坏过的5孔钢梁上面铺设临时公路木桥面，行驶单线汽车，两旁设临时木栏杆，对完好各孔钢梁的杆件，加涂保护油漆。1947年3月1日，钱塘江铁桥恢复上下两层铁、公路通车，4月1日两岸联运客车开行。因是临时性修复，铁桥承载有限，故限制火车过桥速度为每小时10公里，汽车为15公里，且火车、汽车不能同时过桥。[①] 是时每日通行约48车次，工程处并设置钱塘江桥管理所，管理钱塘江桥铁路公路车辆行驶及征收过桥费，作为管理及维修费用。[②]

至于正式修复则希望恢复钱塘江铁桥原设计的运输能力，正式修复施工由工程处于1947年夏委托中国桥梁公司上海分公司承办，总工程师为汪菊潜。正式修复中最困难的问题，仍是将遭破坏的桥墩和钢梁的修复。对于各孔损坏的钢梁，则向国外订购合金钢杆件，将有扭曲的炭钢杆件，全部换新。桥墩方面将靠南岸的第二桥墩凿去上部墩身，并拔除日人打下的木桩，在沉箱上另筑新墩。至于江中墩壁遭破坏的第五、第六两号桥墩，由上海分公司利用套箱法进行修理墩壁。在1947年夏中国桥梁公司上海分公司开始施工时，国共内战逐渐加剧，物价高涨，国民政府经济日益困难，致修桥经费时断时续，工作进展异常迟缓，至1949年5月3日杭州易手于中共时，第五、第六两号桥墩尚未修竣。而国民党军队于撤离时，曾在第五孔公路及铁路桥面的纵梁两端，装炸药炸桥，以阻中共部队追击，所幸损坏不大，由桥工抢修，24小时后，铁、公路全部恢复通车。至于未完工程于1949年9月由中共上海铁路局接办，迄1953年9月修竣。[③]

---

① 茅以升：《钱塘江建桥回忆》，《茅以升选集》，第516页。

② 《钱塘江桥管理所工作报告》，全宗号453，案件号282，中国第二历史档案馆藏；另《钱塘江桥管理所组织规程》，交通部参事厅编印《交通公报（第10卷第15期）》，（1947年6月16日出版），第5页。

③ 茅以升：《钱塘江建桥回忆》，《茅以升选集》，第516~518页。

结　语

随着浙江近代经济、交通的发展，沪杭甬铁路修筑至杭州闸口，杭江铁路起站设于杭州三廊庙渡口对岸的江边，另浙江省公路亦积极修建发展中，均因无桥以渡钱塘江而阻隔，故钱塘江桥的修筑被认为是必要且急需的。但钱塘江河宽而水深，且潮汛（闻名的钱塘江潮）及河水相互激荡导致江底积沙甚厚，且随山洪与海涛相互激荡，迁徙无常，杭州民间素有“钱塘江无底”谚语。故自 1912 年中华民国建立以还，浙江主政者及民间人士，虽屡有建桥以便利浙东、浙西交通之议，但均因工艰费巨而作罢。因而钱塘江桥的修建，必等待一位勇于克服艰难，且有实事求是的科学精神的人来推动，而此人即为时任浙江省建设厅长的曾养甫。故若言建造钱塘江桥的首要贡献者，非曾养甫莫属，其次为承包桥墩工程的康益洋行，再其次为工程处长茅以升及所属人员。

曾养甫，1898 年生，美国匹兹堡大学研究院毕业，在校时精究孙中山先生的建国方略，深信科学知识与革命精神为国家物质建设先决条件。1926 年与同学陈立夫自美返国，经陈果夫等推荐，受知于蒋中正，为其推动国家交通和工矿建设的重要推动人，1928 年又于全国建设委员会受知于浙江省主席张静江，1932 年调任浙江省建设厅长，进行浙江省建设，在交通方面将杭江铁路展筑为浙赣铁路，及修建钱塘江桥。[①]

钱塘江桥修建，曾养甫以其科学知识，派人于闸口江面探勘五口，最深之口，达江底 48 米即见石层，先破除人们钱塘江无底的迷信，以利建桥的推动。然后筹措建桥经费，曾养甫一面运用其与蒋中正方面的人脉，商得导淮委员会副委员长陈果夫同意，函请中英庚款董事会息借料款 16 万英镑，复请全国经济委员会补助国币 100 万元；另以造福乡梓为名，获得沪杭金融家叶琢堂、李馥荪等人赞同，[②] 嗣由浙江省财政厅长周枕琴向浙江兴业、中国、交通、四明及浙江实业等 5 银行息借 200 万元，

① 曾养甫：《五十自述》，《曾养甫先生言论集》，第 557～559 页。
② 曾养甫：《建筑钱塘江大桥的意义》，《曾养甫先生言论集》，第 245 页。

共筹得550万元，足供修桥之用。

修建钱塘江桥亦属国家重要交通建设，相关设计需报铁道部核定，曾养甫为免节外生枝，就先聘请铁道部顾问，美国桥梁专家华德尔博士进行设计，裨使建桥案较易于铁道部通过。其后又得知铁道部亦在推进沪杭甬铁路跨钱塘江计划，虽然曾养甫已筹足修桥经费，可由浙江省自筑钱塘江桥，但仍主动赴铁道部，与顾孟余部长会商部省平均分摊经费，共组工程处，合建钱塘江桥。[①] 至于工程处长，曾养甫则挑选具有桥梁学术但无造桥经验，时年40岁的茅以升担任，尽管曾有反对之声，但曾养甫认为出群之才，原由磨炼挫折而成，毅然请其担任钱塘江桥工程处长。在钱塘江桥修建期间，曾养甫担任浙江省政府代表与铁道部代表夏光宇，共同监督全部工程进行。在1934年11月包商选定准备开工时，曾养甫以日本侵华日亟，钱塘江桥关系重大，能愈早完工愈好，因此要求包商康益洋行，将2年6个月施工期提早为1年6个月完成，因而钱塘江桥的施工，一开始即需进行赶工。虽然其后康益洋行施工困于流沙与洪水而延期，至1937年8月桥墩工程始全部完成，但正如茅以升所言，因有曾养甫赶工要求，钱塘江桥施工的困难才能克服，才能赶上京沪杭的撤退。[②]

1935年12月曾养甫调任铁道部政务次长，1936年2月康益洋行以施工困难，要求给予经费补助，并将完工日期由1936年10月延长15个月（即1938年3月）。是时浙江省政府认为可依合约进行仲裁，而曾养甫认为即使取消康益洋行合约，另招商承办，亦难期于1936年10月全桥完成通车，为求正桥桥墩工程早日完成起见，主张仍需借重康益洋行已有设备及施工经验，再予协助，督促前进，较有把握，故对该包商展期请求完工一节，曲予优容，特准展期到1936年12月正桥桥墩全部完成。而包商仍有所难，其后再予宽容，准以延于1937年3月底完工，并准工程处给予协助工具等价款共44万元。及1936年5月以铁道部完成与中英银公司及中国建设银公司的兴筑沪杭甬铁路110万英镑的6厘借款，同意浙江省改订钱塘江桥经费由平均分担改订为70%归铁道部，30%归浙江省政

---

① 曾养甫：《建筑钱塘江大桥的意义》，《曾养甫先生言论集》，第246页。

② 茅以升：《钱塘江建桥回忆》，《茅以升选集》，第491页。

府，以减轻浙江省政府的经费负担。

由上述可知，钱塘江桥修建的始议、勘测、筹款、设计、开标、工程处长人选，及赶工、准予延期、部省经费分摊，均由曾养甫所主导，故言钱塘江桥修建的首要贡献者，非曾养甫莫属。

康益洋行[①]，为丹麦人康益之（Corrit）于 1919 年 10 月在上海成立的土木工程建设公司。康益之，1892 年生，本人系土木工程师，洋行始名康益顾问土木工程事务所，1926 年改为工程公司（又名康益洋行）。是时康益洋行以承包 1930 年代、1940 年代的上海 10 层楼以上大楼的基础工程，如甚具代表的 1931 年至 1934 年建造的上海国际大饭店，在工程界闯出名号，有“上海大厦之母”之称，尤其其用蒸汽机打桩，在工程界享有名气，因此被选为承包钱塘江桥最艰难的桥墩工程。惟施工之初困于洪水及海涛激荡，导致深达 40～50 米的流沙迁徙不定，刚开始的第一年，施工可说一筹莫展，工期因而延误，及至 1936 年 1 月后逐渐理出可行办法，变更设计，克服洪水流沙障碍，工程始得以顺利推动，并加紧日夜赶工，于正式合约签订（1935 年 3 月）的两年半（1937 年 10 月）完工，虽不符合曾养甫要求的一年半完工的要求，但也和工程处原先规划的两年半完成相符，且终能赶上中日战争京沪杭地区及华北南撤人员物资的后撤，亦属难能可贵。1946 年 5 月 17 日茅以升所撰《钱塘江桥工程记》碑文中，亦称赞康益洋行“匠心巧运，厥功尤巨”。[②]

在钱塘江桥修建之前，中国较大的桥梁，都由外国人包办修建。而钱塘江桥是第一座由中国人设计主持施工，超过 1000 米的铁、公路两层的现代化大桥。故钱塘江桥的修建，在当时中国人的心中甚具声名，而承办兴建钱塘江桥的工程处长茅以升因而享有盛名。其实如就茅以升与修建钱塘江桥的学习与贡献而论，应说茅以升学习多而贡献少。此因茅以升在担任钱塘江桥工程处长之前，只有教授桥梁课程的经历，而无修建桥梁的经验，故找来有修桥经验的罗英为总工程司，以为协助。建桥督工中茅以升有何问题，即找罗英商量，再作决定。故茅以升所撰《钱

① 1953 年收归国有，现为上海市基础工程有限公司。

② 茅以升：《钱塘江桥工程记》，《茅以升选集》，第 522 页。

塘江桥工程记》碑文中，特称赞总工程司罗英策划指挥，厥功尤巨。

在钱塘江桥建桥过程中，工程处所承担工作，为开标前的探勘、设计、制图、经费核算编列、工程招标、审查、开标、签约；开标后对包商施工监督、设计变更审核，工具设备提供，完工期限控管，误期责任追究，验收付款等事项。因此对桥墩及钢梁的施工，系包商承做，故而钱塘江桥建桥过程中，解决施工困难，为人所乐道的射水打桩法、沉箱吊运法、气压沉箱法、钢梁浮运法等，均为包商康益行及道门朗公司所承办施工，工程处仅于包商变更设计时加以审查其可行性，并以监工而已。而其后相关文章或将上述包商施工穿凿附会为茅以升所为，借以提高茅以升声名，显与事实有所不符。①

在钱塘江桥建桥监工中，工程处最主要的工作厥为管控包商施工质量、工期及变更设计经费。其中施工质量在包商努力及工程处人员监工下，质量可称良好。经费则比原设计经费510万元超支30万元，达540万元，为尚可接受范围。至于工期，则为监造单位对工程处较为不满之处。故当1936年2月康益洋行要求延期15个月时，曾养甫即找茅以升到铁道部，问明修建详细情况后，正颜厉色对茅以升说，我一切相信你，但是如果造桥不成功，你得跳钱塘江，我也跟你后头跳。曾养甫此番话显然对茅以升及工程处无法管控工期的不满。其后曾养甫在1944年所撰《五十自述》亦言：在钱塘江桥修建“三年之间，余尝多方设法，裨补以升之短，时加督责，时加指导，虽延时而未误事，以升且以此成名。三十年（1941）冬，中国工程师学会在贵阳举行年会，决以荣誉奖章予以升，以升则歉然曰：‘此曾养甫先生之力也’”。②

故言钱塘江桥修建得名，茅以升则因而独享盛名，则有名过其实之嫌。

钱塘江桥兴建及其后面临战争炸损、修复，尚有值得记述，以留历史记忆者有：

---

① 齐敏、孙士庆：《茅以升》，第54～56页；另赵志邦《渡己渡人的桥梁专家茅以升》，《传记文学》第56卷第2期，1991年2月，第80页。

② 曾养甫：《五十自述》，《曾养甫先生言论集》，第563页。

（1）钱塘江桥为跨越钱塘江的铁、公路及行人三用的二层式铁桥，且为浙赣及沪杭甬两铁路共享桥梁，在当时中国实为创举。

（2）1937 年 11 月 17 日此桥全面开放通行的第一天，桥里就由军政部及工程处人员于预先准备地点埋了炸药，无论火车、汽车、行人均在炸药上风驰电掣而过，这在古今中外的桥梁史上算是空前的了。

（3）此桥因战争关系，由国民党军队或游击队炸毁 4 次。第一次于 1937 年 12 月 23 日日军进犯杭州，逼至桥的北岸，军政部及工程处爆破钱塘江桥桥墩 1 座、钢梁 5 孔；第二、三次先后于 1944 年 3 月 28 日（日本人修桥期间）及 1945 年 2 月 4 日通车后，为中方游击队于夜间偷渡至桥墩旁，放置定时炸弹爆破江中第五、第六两号桥墩，导致墩壁碎裂多处；第四次为 1949 年 5 月 3 日国共战争，中共部队攻占杭州，国民党军队于撤离时，在第五孔公路及铁路桥面的纵梁两端，装炸药炸桥，以阻中共部队追击。因而形成自己造桥，自己毁桥的罕见情景。

（4）钱塘江桥自 1937 年 9 月 26 日下层铁道部分先通车，以迄 12 月 23 日爆破，虽甫通车 89 天即行炸断，然此桥在中日战争初期，通车 89 天所发挥的及时作用，让中国京沪杭地区及华北后撤的人民、公商物资、工厂器材、交通设备的机车车辆能够尽速内撤，实为奠定中国长期抗日作战国力的主要助力之一。

（五）钱塘江桥日夜赶工期间，如天候不佳，江面洪水及海涛激荡下，航行其中，甚为危险，故有康益洋行工人王庆林等 60 余人，于上工时乘船倾覆，惨遭没顶；另有东亚公司人员监工王贤良等 4 人，工作中遇难殉职。①

（六）钱塘江桥工程处可说招募全国曾留学国外或国内桥梁土木专业，且大都为 40 岁以下的专才来一同工作，而钱塘江桥工程正是训练培养在这批年轻、有活力的专才，累积造桥经验的好场所，也为国家培养一批造桥人才。②

（七）此大桥在修建过程中，工程处长茅以升特备摄影机，由其导

① 茅以升：《钱塘江桥工程记》，《茅以升选集》，第 522 页。
② 茅以升：《钱塘江建桥回忆》，《茅以升选集》，第 525 页。

演，工地为场景，工人为演员，工程师李文骥为摄影师，拍摄自 1934 年 11 月钱塘江桥开工修建至 1937 年 12 月炸毁的全部历程的纪录片，胶片长约 2500 米，为纪录钱塘江桥最完整的工程教育影片。①

（八）中日战后，此大桥进行全面修复，但又面临国共战争而延宕，故战争可说是交通建设的主要杀手之一。

后　记

2009 年 10 月，笔者奉派赴杭州进行“浙赣铁路的修筑与中日战争关系（1928～1948）”的专题研究，其中 1937 年修建完成的钱塘江铁桥亦为此专题重要的内容项目之一，因而除进行相关历史资料的搜集研究，特于 10 月 8 日搭大客车经钱塘江铁桥上层公路进入杭州，15 日下午前往钱塘江铁桥下进行实地的观察与访调，16 日由杭州城站搭火车经钱塘江铁桥下层铁路前往金华，希望透过亲身经历来感受此桥的修建。

钱塘江铁桥长 1390 米，观看全景最佳的场地即为桥旁的六和塔。此塔始建于北宋开元三年（970），为当时吴越国王钱弘俶为镇伏危害百姓的钱塘江大潮及导引江上船只，派僧人智光禅师所建，取佛教六和敬之义，命名六和塔，塔高 59.89 米，初建时为 9 层，经历代修建，现为 13 层 8 面。笔者拾级而上，至最高 13 层之外廊往江边一望，钱塘江铁桥全景呈现眼中，桥为双层式合组桥，上层行驶汽车及人行道，下层行驶火车为铁道，桥下江面则船只穿梭其中，形成三度空间，景致壮观优美。其后走至桥下，仔细观看桥墩及铁桥主体，感觉其结构非常牢固，就当时而言，钱塘江桥建筑也是很先进的，最后走上桥面，发觉该桥两端均有卫兵驻卫，可见政府对此历史名桥的重视。当 2009 年 10 月 16 日笔者由杭州城站塔乘浙赣铁路动车前往金华时，出虎跑山谷即路经钱塘江桥，江上船只往来穿梭，桥钢梁往后急走，六和塔渐行渐远，钱塘江桥的兴筑及中日战时的种种情景，有如历史的幕景，一一呈现在笔者眼前。故及至今日，钱塘江铁桥虽已走过 70 余年的历史，仍为杭州对外交通孔道和重要景点。

① 茅以升：《钱塘江建桥回忆》，《茅以升选集》，第 514 页。

第三章

铁路体制与区位重构

清末民初铁路国有与产权保护的缺失*

产权，指权利所有者对其所拥有的权利具有排他的使用权、收入的独享权和自由的转让权，每个个体可以不经任何人同意、默许即可随意支配自己的财产，也不用害怕任何人会用暴力等非法手段对其进行剥夺。西欧国家能自然地完成从农业社会向工业社会的转型，实现经济的起飞，其重要原因在于私有财产得到了有效的保护。清末民初铁路国有化严重破坏产权制度，影响了中国早期现代化进程。

一　各省商办铁路公司的股本概况

晚清各省商办铁路公司筹集的资本，根据宓汝成的统计，到1911年止，共达8760万元，[①] 根据汪敬虞的统计，大约8700万元，具体见表1：

表1　晚清商办铁路公司集股

公司简称	计划股本额	实收股本（万元）
川路公司	5000万两	2386
滇路公司	2000万两	471
晋路公司	2000万两	39
闽路公司		232

* 本节作者尹铁，浙江外国语学院教授。

① 宓汝成：《中国近代铁路发展史上民间创业活动》，《中国经济史研究》1994年第1期，第77页。

续表

公司简称	计划股本额	实收股本（万元）
洛潼公司	3000 万两	342
苏路公司		468
鄂路公司	2600 万元	246
赣路公司	2000 万两	262
皖路公司		127
浙路公司	4000 万元	1065
西潼公司		
粤路公司	2000 万元	2188
湘路公司	2000 万元	914
桂路公司	1000 万元	10
总计	8750	

资料来源：汪敬虞主编《中国近代经济史（1895—1927）》上册，人民出版社，2000，第496～500页。

各省商办铁路公司招集股本的方式有很大差别，根据各地区政治、经济、社会的不同情况，采取不同方式多渠道筹集资金是各省商办铁路公司集资的一大特点。大致可分以下三种形式。

1. 浙路、苏路、粤路、闽路、新宁铁路、潮汕铁路为一种形式，采取公开招股、自由认购的方式。浙路公司的集资，以 100 元为整股，10 元为零股。先集 600 万元为优先股，年息 7 厘，如有红利，先提 3/20 作为特别报酬。[①] 苏路公司原拟招股银 1000 万元，以备修全省铁路之用。苏路集股方法每股 5 元，先交的 100 万股为优先股，年息 7 厘。粤路资本完全采取公开招股来筹集，议定每股 5 元，股息周年 6 厘。新宁铁路公司计划集股 250 万元，每股 5 元，周息一分。[②]

2. 川路、湘路为一种形式，以租股为主。川路公司股本结构复杂，公司通过认购、抽租、官本和公利四种方式筹集。认购、抽租和公利为

---

① 闵杰：《浙路公司的集资与经营》，《近代史研究》1987 年第 3 期，第 276 页。

② 林金枝编著《近代华侨投资国内企业史资料选辑》（广东卷），福建人民出版社，1989，第 39 页。

商股，官本为官股。川路实收股本，截至 1911 年 6 月，共计 1340 余万两，其中租股 950 余万两，占 71%。另有生息及杂收入 330 余万两，共 1670 余万两。[①] 湘路公司集股和征捐办法有七种之多：商民认缴的优先股，房捐股，职工薪股，米捐，盐斤加价，衡、永、宝三州增销淮盐的厘金，随粮带征的地方租股。到了 1911 年，商股（包括少数房捐股和职工薪股在内）有银 1506000 两，合 2150000 银圆，占总收股本的 1/4。租股 2250000 银圆。加上米捐盐捐共达 6972000 银圆，占总资本 3/4 以上。[②]

3. 赣路、鄂路、皖路、同蒲、洛潼、滇路等铁路公司集股为一种形式，依靠摊派和附加税捐。赣路公司为筹措必要的启动资金，首先向官府借拨一部分，前后共计借白银 17 万两、银圆 251796 元。1904 年 11 月由两江总督端方等人奏请“江西引盐加价四文，另款提存，悉数拨充铁路经费”。[③] 前后共收银 8 万两左右。公司于 1906 年 5 月呈请督抚两院，要求对商人的进出口货物除纳完正税，应再抽收路股，以充任铁路资金，并获得了批准。自 1906 年至 1915 年共征收货股 110 万余元。鄂路公司所集积的股银约 250 万元，其中超过半数筹自赈捐；商股数十万元，在总量中占 10% 多一些。皖路公司所集资本除认股，还有茶捐、米捐、彩票，共仅收银 89 万余两，已支出 80 余万两。[④] 西潼铁路开办之初，陕西省巡抚曹鸿勋拟以盐斤加价、土药（鸦片）加厘金、积谷捐改为路捐三项筹款办法提供筑路资金。“招募股款 890 余万。”河南洛潼铁路公司、山西同蒲铁路公司、云南滇蜀铁路公司的集资大致如此。

综上所述，各省商办铁路公司集积的股本，其构成大致是：民间认购额约占半数；其次是摊派，约占总数的 40%，其中，尤以租股为最多；其余 10%，由税外之捐费所形成。民间认购股本是商股、摊派的租股等，其实也是民间资本，只有捐费，勉强可以称为官本。因此，各省铁路公司的股本，绝大部分是商股。

---

① 戴执礼：《四川保路运动史料》，科学出版社，1959，第 171 页。

② 《交通史路政编》第 16 册，第 561 ~ 571 页。

③ 王先谦、朱寿明：《光绪朝东华续录》，上海图书集成公司，1909，第 358 页。

④ 《交通史路政编》第 16 册，第 208 ~ 209 页。

二 清末民初铁路国有政策的实施

1911 年 5 月 4 日，负有建言、进谏之责的给事中石长信奏请“将全国关系重要之区，定为干线，悉归国有”。[①] 5 月 9 日，清政府颁布了铁路干线收归国有的上谕：“用特明白晓谕，昭示天下，干路均归国有，定为政策。所有宣统三年以前，各省分设公司、集股商办之干路，延误已久，应即由国家收回，赶紧兴筑。除枝路仍准商民量力酌行外，其从前批准干路各案，一律取消。”[②] 由此，改变了自 1903 年以来实行的铁路修筑权开放政策。

6 月 17 日，邮传部、度支部及督办铁路大臣奏请，将广东、四川、湖南、湖北“四省所招所抽之公司股票，尽数验明收回，拟由度支部、邮传部特出国家铁路股票，粤汉、川汉仍分两种，照数更换，仍照长年六厘支息。倘欲抽还股本，约以五年后分作十五年还本”。至于不愿换领国家保利股票者，分别各省情况处置。按照四省不同集股情况，分别规定发给股票办法：1. 粤路全系商股按股从优先行发还六成，其余四成发给国家保利股票；2. 湘路商股照本发还，其余米捐、租股筹款，准其发给国家保利股票；3. 鄂路商股并准一律照本发还，其因路动用赈祟捐款，准照湖南米捐办理；4. 川路宜昌实用工料之款四百数十万两，发给国家保利股票，其现存七百余万两愿否入股，或归本省兴办实业，仍听其便。[③]

清政府的干路国有政策一颁布，舆情激昂，认为政府此举是“夺商办铁路供之外人”，“假国有之名，行卖路之实”。干路国有令传达至湖北、湖南、四川、广东四省，顿时激起抗命的风云，成为辛亥革命的导火线，最终导致清王朝覆灭。

以袁世凯为首的北洋政府一成立，制造“共和时代，国民一体”“国

---

① 宓汝成编《近代中国铁路史资料》下册，沈云龙主编《近代中国史料丛刊续编》第 40 辑，台北，文海出版社，1966，第 1235 页。

② 《交通史路政编》第 14 册，第 85 ~ 87 页。

③ 宓汝成编《中国近代铁路史资料》下册，第 1247 ~ 1248 页。

有即民有”的舆论，宣布“统一路线”的政令，继承铁路收归国有、撤销各省公司的政策，至1914年与各省商办铁路公司达成收回国有的协议，完成了清王朝的未竟之业。

1911年，清政府的干路国有政策，得到几个地方铁路公司的支持，云贵总督李经羲致电称：滇路股本筹措维艰，非由国家提回自办断难成功。[①] 河南巡抚恩寿要求洛潼公司，由邮传部“改归官办”。桂路受此两路影响，也同意官办。

1912年5月，四川铁路股东在成都开股东会议，磋商让归国有办法；公举刘声元、蒲殿俊、李肇甫、熊成章等为公司代表，至北京与交通部协商，议定接收四川川汉铁路合约7条。11月2日，交通总长与川路代表刘声元等签字。[②]

1912年9月，交通部与比公司订立陇秦豫海铁路借款合同，已议明将洛潼一段商办路线，由政府收回并入陇海。1913年2月，交通部派程源深与汴省行政长官商议收路事宜，由政府出面收购股民股票，是年秋间，收股达一百万以上，遂商明河南地方当局，将洛潼公司取消，交通部派员将路线完全接收。[③]

1913年1月10日，皖路公司设立董事局，公举许承克为正理事，汤赞化为副理事，并拟举借外债。交通部援民国元年7月国务院禁止商路公司自借外债成案，电安徽都督柏文蔚禁止。6月，柏文蔚电交通部赞成将芜广铁路收归国有，并入宁湘铁路。7月，旅芜广潮烟宁米帮要求将皖路收归国有，发还米帮前交股款，以恤商艰。10月，公司董事会电交通部称，公举金介堂、方梦超、吕超琼到部接洽。1914年3月3日，交通部与皖路公司签订《接收商办安徽铁路公司合约》。[④]

1913年，山西省议会以路款毫无办法，议决暂时改归公有；7月20日，交通总长朱启钤与比法铁路公司订立同成铁路借款英金1000万镑合

---

① 《李经羲致内阁电》，宣统三年闰六月十七日，王亮编《清宣统朝外交史料》卷22，王希隐总发行，1933，第13～14页。

② 《交通史路政编》第16册，第22页。

③ 《交通史路政编》第16册，第251页。

④ 《交通史路政编》第16册，第209页。

同，将原有之商办同浦铁路收归国有，并入该路。旋由交通次长叶恭绰与山西都督阎锡山面商，8月，交通部派员赴晋磋议收路办法。旋经山西省议会协商条件，让归国有，9月9日，签订《接收山西同蒲铁路合约》。[①]

北洋政府任命谭人凤为粤汉铁路督办，他与湖南都督谭延闿不顾湖南绅商反对，照会湘路公司把湘路交归国有。1913年6月，湘路公司与交通部签订《交通部接收商办湘路合约》，10月1日交通部接收湘路。湘路公司与董事会同日消灭，改设股款清理处。[②]

1913年4月10日，交通部接苏路公司正式呈文："本公司于4月2日开股东常会，当有到会股东提议将沪嘉一线，请部收归国有，既（解）苏商困，又为政府解决交涉上困难问题。大多数股东议决，正式呈部商议，并委托杨廷栋代表赴部。"同年6月12日，交通部与苏路公司签订《接收商办苏省铁路合约》。

1912年，浙绅朱福铣、叶景葵、蒋汝藻等，时与交通部交换赎路意见而创办浙路诸人，以浙路成工最多，要求过当，双方意见未能接近。1913年6月，苏路正式收归国有，浙人亦势难立异，政府因沪杭甬关系，谋收赎浙路以资结束。故对于浙人意见亦多所迁就。浙路公司乃于1914年3月1日开股东临时大会，到会者千余人，讨论收归国有问题。众说纷纭，旋用投票表决，赞同国有者9757权，反对者1428权，遂从多数决定，将全路让归国有，唯条款须从优厚、公举虞和德、蒋汝藻、黄恩绪三人为代表，赴京与交通部磋商。[③] 1914年4月12日，交通部与浙路公司签订《接收商办江浙铁路合约》。

表2　民国初年各省铁路公司国有化

公司名称	协议年月	撤销（或被接收）年月
滇路公司		1911年
西潼公司		1911年

① 《交通史路政编》第16册，第234页。
② 《交通史路政编》第16册，第64页。
③ 《交通史路政编》第16册，第115~116页。

续表

公司名称	协议年月	撤销（或被接收）年月
桂路公司		1911 年
川路公司	1912 年 11 月	1914 年 9 月
湘路公司	1913 年 6 月	1913 年 7 月
苏路公司	1913 年 6 月	1913 年 7 月
洛潼公司	1913 年 4 月	1913 年 8 月
同蒲公司	1913 年 9 月	1914 年 1 月
皖路公司	1914 年 3 月	1914 年 3 月
浙路公司	1914 年 4 月	1914 年 6 月
鄂路公司		1915 年 1 月

资料来源：转引自汪敬虞《中国近代经济史》下册，第 1322 页，表 47。

三　铁路国有化过程中产权保护的缺失

北洋政府统治初期，各省商办铁路公司均收归国有。各商办铁路公司的具体情况如下。

川路公司。按交通部与川路公司的协定，川路凡直接、间接用于路工之款，均由交通部给予定期期票，年息 6 厘。其直接用于工程之款，计银圆 9754560 元 5 角 7 分 2 厘，自民国 3 年底起，分 10 年摊还。间接用于工程之款，如股息、薪工、学费等，计银圆 9145669 元 2 角 2 分 8 厘，自民国 13 年年底起，分 5 年摊还。[①]

但政府的承诺并没有兑现，川路因部款支绌，故截至民国 14 年底，所有应存交通银行之款及各期应付本息，均未照拨，只陆续垫付该省赈款等 80 万元，连已付第一期之款，共计已还 1797000 元。此数当时未分别本息各若干，兹为便利起见，作为付还直接用款本金计算，尚欠直接用款本金 7957560 元 5 角 7 分，利息 3219562 元 5 角 9 分。又间接用款本金 9145669 元 2 角 3 分，利息 6475133 元 8 角 1 分，共欠银圆 26797926 元

① 宓汝成编《中华民国铁路史资料（1912～1949）》，社会科学文献出版社，2002，第 58 页。

2 角。有限的清偿款还遭军阀和地方当局侵吞，当时舆论就揭露："川汉铁路为亡清之导线，亦四川之痛史，该公司历年凭借官权，亏吞暗幕，从未揭出。由各股东奔走呼号，业已预备开会，方谓披露可期。改良有望，而戴勘与该公司私订密约，使股东大会被其阻挠，清算机关强遭取消。"①

湘路公司。根据《交通部接收商办湘路合约》第五条——路归国有，公司所有资本，应一律发还现款，将股款分两种办法：按照商、房租、薪股本金额列为甲项，按照米、盐股本金额列为乙项，分别定期发还。《合约》第七条规定，甲项资本于民国 2 年度摊还 200 万元，余数于民国 3 年、民国 4 年两年分年摊还，其分年摊还之款，由部先期给予有期证券为凭；自民国 2 年 1 月 1 日起年息 6 厘（民国 2 年 1 月 1 日以后所交股之日起息），民国 2 年度付息 4 次，民国 3 年、民国 4 年两年度每年度付息 2 次，已还之本即行止息。第八条规定，乙项资本自接收后第三年起分 12 年每年两期还清；按照该期还本之数，汇计历来应付之息，一并给付。息率及计息开始日期与甲项同。乙项共计须还本 4722600 元，付息 2691882 元，本息共计 7414482 元。②

而事实上，截至民国 14 年底，计尚欠甲项证券本金 25135 元，利息 6049 元 9 角，又乙项证券本金 4194550 元，利息 824218 元 5 角 9 分，共欠银圆 5049953 元 4 角 9 分。另外湘路借用湖南财政司款长平银 641198 两 8 钱 9 分 9 厘。按照接收湘路合约，应由交通部担任归还。截至民国 14 年底，仍欠长平银 672400 两 7 钱 9 分 7 厘，约合银圆 517231 元 3 角 8 分。③

苏路公司。根据《接收商办苏省铁路合约》，公司所有股本计正股 3476523 元，又息股 1072895 元（此数清算后方能确定），部允如数归还，由部换给有期证券。自接收之日起，均分 5 年，每年均分 3 次摊付。④ 而事实上，交通部对于苏路股款，迭次愆期；自第八期后，又全发京钞。

---

① 《川路债权》，《民国日报》1917 年 8 月 7 日，第 3 版。

② 《交通史路政编》第 16 册，第 63 ~ 64 页。

③ 宓汝成：《中华民国铁路史资料（1912 ~ 1949）》，第 59 页。

④ 宓汝成：《中华民国铁路史资料（1912 ~ 1949）》，第 39 页。

持券人之受巨损，非言可喻。[①] 即便如此，截至民国14年底，计尚欠本金312250元7角2分，又欠利息102001元9角，共欠银圆414252元6角2分。[②]

浙路公司。根据《接收商办江浙铁路合约》，公司所有股本，部允如数归还现款；以将来清算核定之数为准（其数目另表定之）。计分3年还清，每4个月为一期，先期凭股票出部换给有期证券为据。[③] 交通总长朱启钤呈大总统浙路改归国有文，该路股本、债务两项，约1600万元。[④]

自苏浙铁路收归国有后，凡执有该路债权者，无不视为祸水；不仅到期款收不到，即收到亦属市不通用之京钞。一般孤儿寡妇，以路款为生活者，其困苦情况实不堪言。[⑤] 代表责问交通部，"贵部收买人民产业，倘因经济窘迫延期展缓，尚在情理之中；但此项路款。大部既已转售外人，一次收得现钱，转向人民订分期契约。至今又不如期履行，恐怕人家要说的是盗卖了人民的产业"。[⑥]

浙路股本10587669元9角3分6厘，截至民国14年底，计尚欠本金880542元3角8分，又欠利息61627元9角3分，共欠银圆942180元3角1分。浙路未收归国有以前，曾发行公债。按照接收合约，应由部担负，截至民国14年底，计尚欠本金206600元，又欠利息23243元2角，共欠银圆229843元2角。[⑦]

皖路公司。根据《接收商办安徽铁路公司合约》，公司所有股本计认招股、米股、茶股三项（其实数若干以部查实之数为准），由部担任如数归还，凭原有股票换给有期证券。自股款清理告竣，实行接收后，均分6期摊付，每6月为一期，由部所指定之处付给。[⑧] 皖路所有股款，计招股、米股、茶股三项共计101万余元，已由交通部于民国3年至6年分期

---

① 宓汝成：《中华民国铁路史资料（1912～1949）》，第51页。

② 宓汝成：《中华民国铁路史资料（1912～1949）》，第58页。

③ 宓汝成：《中华民国铁路史资料（1912～1949）》，第32页。

④ 《交通史路政编》第16册，第118页。

⑤ 《浙路债权复电》，《民国日报》1919年11月15日，第3版。

⑥ 《苏浙路债权》，《民国日报》1919年4月30日，第3版。

⑦ 宓汝成：《中华民国铁路史资料（1912～1949）》，第59页。

⑧ 《交通史路政编》第16册，第210～211页。

发还。唯皖省行政官厅所垫规银107390两4钱4分7厘，又银圆95219元6厘及应还包工姚新记规银2万两，因部款支绌，只将垫款付还5万元，余者均尚未发还。截至民国14年底，计尚欠皖省行政公署垫款规银107390两4钱5分，又银圆45219元，又欠包工姚新记规银2万两，共约合银圆217368元2角6分。①

从表面上看，皖路似乎是还款比较彻底的公司。但事实并非如此，皖路公司迭次催款，交通部复电：部款奇绌，汇兑不通。近期外债纷纷到期，都无法应付，浙路系以北京交通钞票拨付，且仅兑发一半。皖路果表同意，再行由部筹措。② 用不能兑换的交通银行京钞偿付皖路股本。

同蒲铁路。同蒲路各商号借款计库平银720067两3钱7分、亩捐款库平银218783两2钱1分8厘2毫、保息款库平银142752两3钱2厘7毫，因部款支绌，未能一时发还。截至民国14年底，除已筹还者，计尚欠各商号借款库平银540050两5钱3分，又亩捐款库平银97667两5钱5分，又保息款库平银58224两4钱5分，共约合银圆1043913元7角9分。③

鄂路公司。到1925年，鄂路应由部归还者，计银圆444449元2角8分。应由湖北官钱局认还者，计银圆143510元7角2分。截至民国14年底，计尚欠本金155779元7角1分，又欠利息36400元零4角4分，共欠银圆192180元1角5分。鄂省股款原有赈粜捐一项，系米捐之用于粤汉赎路及川汉、粤汉两路经费者，共80余万两，折合银圆115万余元。截至民国14年底，计尚欠本金508021元4角，又欠利息69578元1角5分，共欠银圆577599元5角。④

洛潼路尚有盐股计汴平银30万两，截至民国14年底，计尚欠汴平银23万两，约合银圆328571元4角3分。⑤

到1925年交通部部欠债款：川路，26365934元。湘路，5417521元。苏路，414252元。浙路，1172023元。鄂路，799900元。皖路，217354

① 宓汝成编《中华民国铁路史资料（1912～1949）》，第60页。

② 《交通部复电》，《民国日报》1917年1月10日，第7版。

③ 宓汝成编《中华民国铁路史资料（1912～1949）》，第60页。

④ 宓汝成编《中华民国铁路史资料（1912～1949）》，第60页。

⑤ 宓汝成编《中华民国铁路史资料（1912～1949）》，第60页。

元。洛潼路，328571 元。同蒲路，994203 元。合计，35709758 元。究其原因，从交通部的角度看，“此项债款，部内既无的款可筹，而所收赎之商路，复鲜已成之线，无收入可言，自无基金可指”。[①]

结 语

中国传统社会没有产权概念，近代中国没有对西方的产权制度予足够重视，官督商办的企业管理机制，实质上是对产权制度的漠视。到收回利权运动及商办铁路公司兴起时，产权观念初步形成，保路运动就是这种观念的集中体现。铁路国有政策破坏了产权制度。清政府宣布“干路国有”的上谕，未表明要收买商路公司股份，只是说“至应如何收回之详细办法，着度支部、邮传部凛遵此旨，悉心筹划，迅速请旨办理”。[②]后来为了缓和四省人民的反对，清政府出台收买商路公司股份办法，公布发行一种特种铁路股票，年息 6 厘，并按照四省不同集股情况，分别规定发给股票办法。同时下谕：“经此次规定后，倘有不逞之徒，仍借路事为名，希图煽惑，滋生事端，应由该督抚严拿首要，尽法惩办。”[③]

北洋政府在与各路公司“协议”撤销商办时，除了豫路（洛潼）在协议中由政府当局采取收购股票的方式进行，其余七省（川、湘、鄂、苏、浙、皖、晋）铁路公司，商定由政府发还各路股款量、年限和摊还细节。该“认还”的款额，包括豫路在内，总计股本金为 5100 余万元，利息约 1700 万元，共计 6800 余万元。[④] 其中以“认还”川、浙、湘三路的数量为最多，共计本金分别为 1890 余万元、1050 余万元和 900 余万元，共约占政府“认还”本金总数的 75%。但在事实上，除豫路因为属袁世凯原籍，且由袁世凯长子袁克定任总经理，政府格外优待，豫路股本约 400 万元“一概发还现款”，事实上也没有全部还清。其余均不顾商民“大起反对”，而以债券抵偿。这些债券迅速贬值，至 1925 年便彻底

① 宓汝成编《中华民国铁路史资料（1912～1949）》，第 58 页。
② 宓汝成编《近代中国铁路史资料》下册，第 1236 页。
③ 宓汝成编《近代中国铁路史资料》下册，第 1245～1248 页。
④ 《交通史总务编》第 2 册，交通部总务司，1936，第 551～552 页。

停止兑付。即使不计钞票、债券的贬值停兑及“协议”的胁迫性质，据统计至1925年底陆续付还的股款本金也仅为50%，利息为33%，合计实欠近3600万元。

单以“认还”川、浙、湘三省的路股说，除了最初一、二或三期是如协议按期付清，过后便经常延期清偿。纵或清偿，既有用当时不能兑现的、市价降至4~6折不等的纸币却按票面额来计算的，又常用推销不掉、毫无债信的国内公债券来充数。如此清偿，弄得持证者叫苦连天，怨声载道。苏浙两路路股清算处曾组织债权团前往北京索偿，遭“执政诸君”“藐视”，被“置之不理”。[①] 曾经奔走集资、热心筑路的广大商民，却被巧取豪夺，商办铁路公司股东遭到巨大损失。

---

① 《两路债权团催索复电》，《民国日报》1918年11月21日，第11版。

外部商业圈与郑州区域中心地的形成*

——基于20世纪上半叶铁路交通的考察

城市与外界之间存在着诸多的空间交互作用（spatial interaction），并通过人、物、信息等的流动来得以实现，[①]这种交互作用指的就是城市的影响力或吸引力，而交互作用所达到的区域则是该城市的影响范围或吸引范围。近代以来，航运、铁路、公路等新兴交通运输方式的出现，打破了传统社会的封闭格局，使城市与城市之间、城市与区域之间的联系空前加强，时间和空间均发生了巨大变化。[②]现代交通的发展克服了农业时代阻碍城市之间，以及城市与区域之间联系的时空障碍，使城市特别是区域中心城市的吸引范围大为延展。多个城市的吸引范围即腹地之间相互碰撞、交叉，迫使城市在“中心—边缘”的演化框架中依托交通、资源等区位特点寻求新的历史定位，由此形成了近代中国城市发展的一种新景象。

随着西方先进生产力在中国东部海港和沿江港口率先登陆，沿海沿江地区逐步被纳入世界贸易体系，港口城市成为中国沟通外部市场的门户，天津、汉口、上海得以快速发展，逐渐成长为近代中国北部、中部和东部影响力最大的三个商圈。[③]近代沿海沿江城市对其辐射区域经济影

---

* 本节作者刘晖，上海市社会主义学院教授。

① 周一星：《城市地理学》，商务印书馆，1995，第350页。

② 何一民：《近代中国城市发展与社会变迁（1840～1949年）》，科学出版社，2004，第216页。

③ 商圈，也即商业圈，是指以某地为中心，沿着一定的方向和距离扩展，吸引购买者的辐射范围，或是其商品销售高频度波及区域所形成的非规则圈状空间。商圈所体现的是人（商人、购买者），商货，资金等要素流动的空间状况，它应该是定量的可量化的，但在实际操作中，这种量化的标准又是难以确定的，而且商圈的边界是模糊的、不规则的，受到交通、环境、政策等多重因素的影响，呈现动态发展之势，笔者仅对商圈做大致描述。

响的规模，已经远远超过古代行政中心城市与区域的经济关系，而且这种影响是双向度的，形成一种新型的城市与区域关系，吴松弟先生称之为港口—腹地双向经济互动关系。① 而连接港口、腹地的交通路线，是口岸城市和广大腹地之间物流、人员流、资金流和信息流的通道。腹地各地区距口岸城市的远近，以及通往口岸城市的交通路线的通达性和疏密度，直接关系到与口岸城市的联系程度。② 从城市地理学的意义上来说，平汉铁路（时称卢汉铁路，继称京汉铁路）、陇海铁路（时称汴洛铁路）于1906年、1909年相继筑通并在郑州交会，使得郑州的交通区位优势大为提升，在中国东部与西部发展的过渡链上发挥了独特的桥梁作用。郑州通过铁路交通网络与天津、汉口、上海三大通商口岸实现对接与交互，逐渐成长为区域发展的中心地，③ 这也是近代中国城市空间网格中的重要一环，各通商口岸对郑州的商业发展和区域中心地的形成产生了显著的推动作用。

本文所言之商圈，是一个宏观的概念，其含义突破城市的界限，与城市的商业辐射力、市场圈或腹地所指空间概念大体相近。

① 在这种区域关系网络中，港口城市是一个点，腹地是一个面，交通与依附于交通的商业网络是口岸城市和广大腹地之间要素流动的通道。中国从沿海沿江港口地带开始的现代化，就是沿着这些大大小小的交通和市场网络，逐渐向内地推进的。参见吴松弟《港口—腹地和中国现代化空间进程研究概说》，《浙江学刊》2006年第5期。

② 复旦大学历史地理研究中心主编《港口—腹地和中国现代化进程》，齐鲁书社，2005，第7页。

③ 郑州作为内陆城市，通过铁路实现与港口城市以及国际市场的对接、交流、互动，传统的运输渠道由此发生转换，冲击并改变了郑州原有的地域构造，并引发区域经济空间的演化和区域经济中心的位移。这方面的专题论述并不多见，主要有熊亚平、任云兰《铁路与沿线地区城乡经济关系的重构——以1888—1937年间的石家庄、郑州、天津为例》，《安徽史学》2009年第3期；朱军献《边缘与中心的互换——近代开封与郑州城市结构关系变动研究》，《史学月刊》2012年第6期；朱军献《地理空间结构与古代中原地区中心城市分布》，《中州学刊》2011年第3期；朱军献《由边缘而中心——近代以来郑州崛起之动因分析》，《历史教学》（高校版）2009年第11期；刘晖《铁路与近代郑州棉业的发展》，《史学月刊》2008年第7期；劉暉「交通變革與近代鄭州地域構造的變容」『ICCS現代中國學ジャーナル』2010年第1號；劉暉「近代鄭州の隆盛と鉄道：1905—1937」『現代中國研究』2009年總第24號。而从宏观层面涉及这一问题的论著主要有《港口—腹地和中国现代化进程》；何一民《近代中国城市发展与社会变迁（1840～1949年）》；樊如森《天津与北方经济现代化》，东方出版中心，2007；吴松弟《通商口岸与近代的城市和区域发展——从港口—腹地的角度》，《郑州大学学报》2006年第6期；等等。本文考察的上限为20世纪初郑州实现铁路通车，下限为1954年河南省省会由开封迁至郑州。

一　外部商圈：天津、汉口、上海

就城市的区域性质而言，天津、汉口、上海以及郑州均属于枢纽区，[①] 交通网络是枢纽城市与外界进行空间交互作用的重要手段。当然，一个城市的吸引范围是动态的，存在不同的界定标准。从宏观层面上来看，天津的吸引范围包括河北、山东、山西、内蒙古等北部中国的广大区域，汉口则在湖北、湖南、四川、河南及云贵之一部有着重要的商业影响，而上海的腹地为长江中下游地区乃至中国中西部更广区域。郑州恰位于天津、汉口和上海商圈的交界部，既深受其影响与控制，又因铁路之关系而对陕西、山西及甘肃的商业影响日渐扩大，在与外部商圈的袭夺中逐渐形成了自身的辐射范围。

1. 天津商圈

近代以来，中国北方经济的商品化程度明显提高，外向型经济悄然兴起，这与天津等北方沿海港口的开埠有着直接关系。在北方各大港口中，以天津的腹地范围最为广阔。

天津一方面通过卫河水运与河南从事贸易活动，另一方面借助平汉、道清铁路与之进行频繁的物资交流。道清铁路的通车，把豫北商贸重镇道口同天津连在一起，天津对河南的经济辐射能力与吸引能力进一步加强。在天津与中原地区之间铁路尚未开通的 1905 年，天津口岸销往中原的洋货为 100 余万海关两；铁路通车后，销售额大幅增加，1919 年已达 300 余万海关两之巨。出口方面，中原对天津的土货输出，亦从 1906 年的 33 万余海关两，增长到 1918 年的 69 万余海关两。[②] 到了 1930 年前后，包括豫北和豫中等地在内的辽阔地区，成为天津口岸羊毛、皮张、棉花、药材、草帽辫等外销土货的重要来源地和各类进口洋货的

---

① 枢纽区是研究城市体系的空间网络结构时所涉及的一个概念，它由一个或多个中心（或焦点、结节点）以及与中心有动态联系的外围空间共同组成，根据动态联系的范围来确定区域的边界。参见周一星《城市地理学》，第 350 页。

② 据津海关相关年份统计，参见吴俊范《近代中原外向型经济的发展及其影响》，《中国历史地理论丛》2006 年第 1 期。

基本销售市场。[①] 这些贸易往来的相当份额是通过郑州这个交通结点来完成的。

尽管天津商圈的直接影响力在到达郑州时已有所弱化，但豫北地区是天津的直接腹地，其输入或输出商品的半数以上均来自两地之间。如1920年代前期，豫北彰德（安阳）输入的棉纱、布匹、杂货有7成系从天津输入，输出的农产品则有6成运往天津[②]。天津商圈对豫北地区的吸引，无疑会在一定程度上削弱郑州对该区域的影响。

开埠之前，天津的棉花贸易并不繁盛。华北铁路网络初步构建之后，区域棉花购销的运输条件大为改观，1920年代天津逐步发展成为华北地区最大的棉花集散中心，各地棉花云集。如，山西晋城等地的棉花，或运至清化镇装火车，沿道清铁路运抵新乡转平汉铁路北运天津；或直运道口镇，装民船入卫河，通过南运河至天津。而沿黄地区的棉花，则从茅津渡口等地装船沿黄河至郑州；或者从风陵渡口、茅津渡口过河，运至陕州装火车沿陇海铁路到郑州，再转平汉铁路北运天津。陕西和河南西部的棉花，主要通过三条路径联络天津：一是渡黄河经山西而运至天津；二是经黄河运至郑州再转运天津；三是直接装火车沿陇海铁路至郑州，再转平汉铁路北运天津。[③] 显示出天津对腹地的强大吸纳能力。进入1930年代后，由于日本加大对上海和青岛等地棉纺织工业投资的力度，使天津对华北棉花的吸引力减弱。不仅陕西棉花多运往汉口和上海，就是山西省南部、河南省北部、山东省西部的棉花，也大量运往上海或者经由济南运往青岛，[④] 天津棉花运销呈现衰落之势。

但从整体上而言，1930年代天津的腹地范围还是有所拓展的：

因为水陆交通的便利，河北、山西、察哈尔、绥远及热河、辽宁等省都成为他的直接市场圈，同时山东、河南、陕西、宁夏、甘

---

① 李洛之、聂汤谷：《天津的经济地位》，经济部驻津办事处，1948，第2页。

② 青島守備軍民政部鉄道部「最近彰徳経済事情」『調査時報』第25號，1922年6月。

③ 〔日〕大岛让次：《天津棉花》，王振勋译，《天津棉鉴》第1卷第4期，1930年9月。

④ 樊如森：《天津与北方经济现代化（1860~1937）》，东方出版中心，2007，第81页。

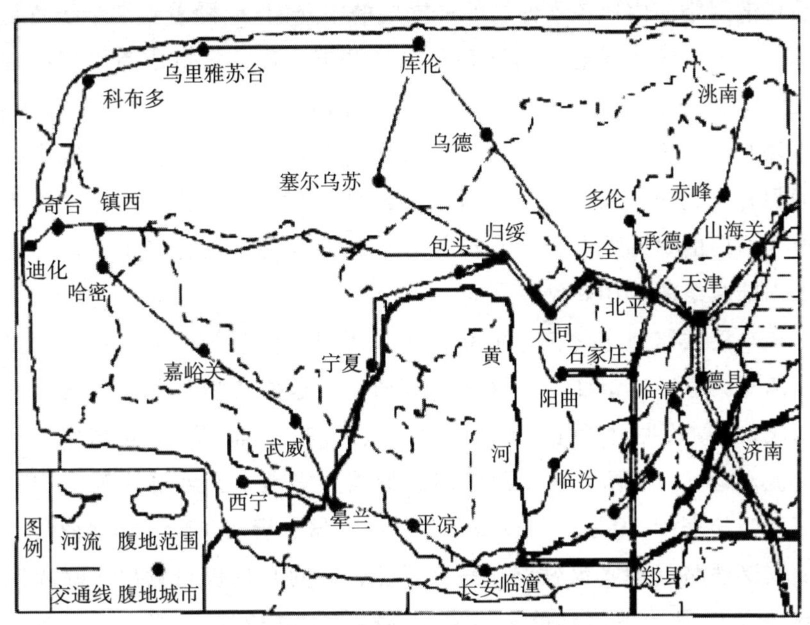

图 1　天津的腹地范围示意图（1930 年前后）

资料来源：复旦大学历史地理研究中心：《港口—腹地和中国现代化进程》，第 244 页。

肃、吉林、黑龙江诸省的一部分划归他的势力范围以内。①

由此可以判定，天津的腹地大体上涵括中国北方的大部分区域（参见图 1），郑州（郑县）亦在天津的腹地范围之内，不过是位于其边缘地带，在中转方面扮演了重要角色。

2. 汉口商圈

汉口系平汉铁路与长江水运连接处的一座通商大埠。凭便利的水运优势，汉口在清朝中叶时期就以商业见长，成为中国四大名镇之一，形成了以内贸为导向的传统商路网络和腹地范围。但在上海开埠以前，受内向型经济总格局的制约，汉口与江浙地区的经济联系，多以苏州为终端港。自上海、汉口相继开埠及长江轮运航线开通，旧的格局被打破，两地间建立了直接的经济联系。汉口以其独特的地理优势，成为上海港

① 李洛之、聂汤谷：《天津的经济地位》，第 2 页。

商品集散网络向内地各省伸展的最重要的中介港。[①] 随着长江干线贸易的国际化、上海经济辐射力的增强和汉口开埠通商，汉口成为中国中部地区最大的商业贸易中心，辐射范围包括两湖、河南、安徽、江西等省，其市场张力甚至扩展到陕、晋、内蒙古等更远的区域。长江干线商路地位的骤升，也使“汉口的多元吸引和网状辐射的商路格局不断强化为以上海为指向的单元吸引和一元辐射”，[②] 汉口实际上是充当了上海与中国中部内陆联络的“中转站”角色。

在平汉铁路通车之前，河南偃师、周口、信阳等地的货物，主要通过沙河等渠道转运镇江。平汉铁路筑通后，这些货物几乎全部通过铁路运销汉口。[③] 伏牛山区所产桐油、漆、粮食以及其他商品，虽依然通过汉江支流水运汉口，西坪镇、西峡口、荆紫关等地，亦因桐油等货物的集散而繁荣起来；[④] 但是，因襄城、叶县、方城、唐河、郏县等地商货，多转经京汉铁路（即平汉铁路——笔者注，后同）向汉口输出，赊旗镇却由盛转衰了。[⑤] 在平汉铁路全线通车的第二年（1907），汉口的直接对外贸易额即达到 31683214 两，间接对外贸易进出口总额为 115071383 两，在全国的贸易地位仅次于上海，超过广州和天津，成为近代中国第二大国际商埠。[⑥] 伴随长江通道的开发与进一步开放，中国的整体交通格局由轮船时代进入“轮轨交行”时代，汉口作为长江黄金水道与平汉铁路交会点，交通枢纽地位进一步强化，其“集中土货，转输外洋”“收纳洋货，散销内地”的市场枢纽功能彰显，使河南与汉口的商业联系愈加紧密，河南省中南部地区几乎完全成为汉口的经济腹地。河南各地集中于汉口的货物，1904 年不过 740 万两，到 1910 年则增至 1790 万两，[⑦] 表现

---

① 吴松弟主编《中国百年经济拼图：港口城市及其腹地与中国现代化》,，山东画报出版社，2006，第 43 页。

② 皮明庥主编《近代武汉城市史》，中国社会科学出版社，1993，第 125 页。

③ 汪瑞宁：《武汉铁路百年》，武汉出版社，2010，第 54 页。

④ 河南农工银行经济调查室：《河南之桐油与漆》，河南农工银行经济调查室，1942，第 45 ~ 49 页。

⑤ 白眉初：《中华民国省区全志·鲁豫晋三省志》，中央地学社，1925，第 101 页。

⑥ 汪瑞宁：《武汉铁路百年》，第 54 ~ 55 页。

⑦ 《上海总商会月报》第 1 卷第 1 期（1921 年 1 月）；皮明庥主编《近代武汉城市史》，第 127 页。

出较强的集聚效应。山西、陕西、安徽等省的货物与客流亦被吸引到汉口，其商圈范围进一步扩大。

自1906年平汉铁路通车以后，汉口对中原地区的商品输出、输入数值，除1911年前后受辛亥革命等因素影响较为萎靡，均比水运时代有大幅提高。到了1919年，汉口凭子口单对中原输出的商品数值已高达2295887海关两，从中原地区输出的数值也达到了365730海关两。[①] 这样，汉口对中原的经济辐射区域，就由豫西南一隅，迅速扩展到黄河以南的大部分地区。

平汉铁路通车的最初数年，郑州商户数量不多，其中多为天津商人。随后汉口客商日益增多，两地商民的进驻促进了郑州商业的繁荣。就郑州本地消费品而言：

> 外国制成品和中国工业品，主要通过京汉铁路由北方自天津经北京南下以及由汉口北上，比较重要的货物有棉织物、棉丝、洋纸、硝子、磷寸（即火柴，作者注）、石油、香烟、杂货等，其势力圈为天津、汉口的交界部。尽管如此，外国制成品由汉口输入者居多，约占70%，而天津约占30%。[②]

1920年前后，汉口商圈对郑州的影响在某种程度上超越了天津。另据1931年《中国重要商品》刊载：

> 河南省所产之棉花，自平汉铁路开车以后，始大宗出现于汉口市场，初不过彰德与武安产耳。今则黄河沿岸所产之棉，亦运往汉口矣。
>
> （而）汉口市场之牛皮，以来自河南者为多。尤以信阳为主要，郑州次之。[③]

① 数字源自江汉关年度统计，系汉口口岸凭子口税单对河南输入和从河南输出货物数值。参见吴俊范《近代中原外向型经济的发展及其影响》，《中国历史地理论丛》2006年第1期。

② 横浜正金銀行『河南省鄭州事情』調査報告第12號，横浜正金銀行，1920，第3～4頁。这里所反映的仅是郑州消费品输入量的大致状况，具体统计数据缺失。

③ 周志骅：《中国重要商品》，华通书局，1931，第8、252页。

由于陇海铁路的修建及其展筑，使中国西部商货东输畅通无阻，无须经转汉口，无疑在一定程度上削弱了汉口对郑州及中国西北部和北方各省的影响力。加之粤汉铁路的贯通、川沪直航的开辟，汉口作为铁路运输终端、水路运输中转的交通枢纽地位被动摇，转口贸易、过境贸易大受其挫，其对外贸易的主体——间接贸易因而锐减。[①] 时人对此曾做出清晰的判断："汉口原为我国第二大商埠，现则降为第六商埠，已退落在广州天津之后。纵观汉口地位，与前相同，仍为我国腹地之中心，但受各项环境之影响，以致衰败。一则由陇海铁路通至海州，西出潼关，故陕甘晋豫各省货物，均由陇海东行，不经汉口……依此交通方面而论，其他兵匪灾害，东北沦亡，均为汉口衰落之重要原因。"[②] 1930 年代，汉口的商业影响力趋于衰弱，而上海、连云港对豫陕等地的吸引力则明显增强。

3. 上海商圈

地处长江入海口的上海，作为长江流域内外贸易枢纽大港，有着广袤的经济腹地。按与上海港的距离、联系渠道和规模的不同，上海港的经济腹地可以划分为两个层次：一是港口吞吐货物直接通达的周边地区，为直接经济腹地，这一区域主要集中在长江三角洲；二是港口吞吐货物经由诸中介港转递通达的较远地区，是为间接经济腹地，这一区域主要是长江三角洲以外长江流域的广大地区，[③] 以及中西部内陆地区。

在陇海铁路向东展筑至徐州、海州大埔之前，上海商圈对郑州的影响，主要是通过汉口的中转贸易来实现的。而在陇海铁路联通津浦铁路并打通海路之后，郑州乃至中国中西部沿陇海线区域则成为上海的直接腹地，以铁路为中心的近代交通密切了彼此间的联系。

就上海商圈对郑州及中西部内陆省份施加影响的路径而言，一是通过华北、华中地区的埠际贸易间接进行，二是经由陇海铁路直接实现生产要素的交换。《中国旧海关史料（1859～1948）》统计资料显示，上海外贸埠际转运在 1864～1904 年间平均约占全国对外贸易额的 36%，最高

---

① 周德钧：《近代武汉"国际市场"的形成与发展》，《湖北大学学报》2006 年第 2 期。

② 张延祥：《提倡国货与建设汉口为国内自由市》，《汉口商业月刊》第 1 卷第 5 期，1934 年 5 月。

③ 吴松弟主编《中国百年经济拼图：港口城市及其腹地与中国现代化》，第 37 页。

年份达到43.9%。此后这一比例整体下降，1930年已降至15.9%，其埠际转运的辐射范围呈缩减之势，表明上海外贸转运对国内口岸的影响力已大大减弱。1930年，华北和东北主要口岸直接进口比重已达到80.5%，直接出口比重已达到66.9%，[①] 经上海转运大大降低，而这一时期华中口岸的直接进出口能力增长则相对缓慢，幅度也小，仍以经上海外贸埠际转运为主，[②] 这意味着长江流域依然是上海的直接腹地，与此同时，上海亦通过汉口对河南和郑州保持一定程度的影响。[③] 这种历史演化，是伴随上海由全国埠际贸易中心向全国工业中心的转轨而产生的，并非意味着上海对郑州乃至西部内陆腹地控制力的减弱。

1930年代，上海近代工业的资本额、产值和外商工业投资额均约占全国的6成左右，其纺织品、药品、水泥、火柴、皂烛、搪瓷、橡胶制品、面粉等数十种产品，一半以上都是运销内地市场。[④] 上海汇集了包括腹地与各大口岸城市的商品，同时又将进口商品销往腹地及其他城市，由此，上海与其他城市通过陆上腹地与海上腹地，逐渐实现了市场一体化。[⑤] 就上海的腹地（含直接腹地、间接腹地和混合腹地）而言，它通过长江及沿江内河水系和铁路交通实现区域联结，其范围大致包括：北抵秦岭南麓、豫省黄河南岸和鲁西南平原，西至四川盆地和青藏高原东缘，南接云贵高原、南岭及武夷山脉。[⑥] 这种广阔的经济腹地，是近代上海崛起的根基所在。与此同时，上海港口的辐射带动作用，使腹地彼此间的经济关系更加活跃，区域联系更为紧密。在这种区域经济的联系网络中，

---

① 转引自唐巧天《埠际贸易与上海多功能经济中心的形成》，《史学月刊》2009年第8期。

② 参见汪敬虞《中国近代经济史（1895～1927）》上册，人民出版社，2000，第171页。据《中国旧海关史料（1859～1948）》统计显示，1930年华中口岸（以汉口为主）直接进出口额分别占总额的39.5%和3.7%，绝大多数物产出口仍经由上海转口贸易。

③ 在陇海铁路向东展筑到徐州乃至大浦出海之前，上海市场的辐射力主要是通过汉口的中转贸易来达到郑州市场影响范围之内的，从这个意义上来说，这一时期的郑州属于上海的间接腹地。

④ 张忠民：《上海经济的历史成长：机制、功能与经济中心地位之消长（1843—1956）》，《社会科学》2009年第11期。

⑤ 武强：《民国时期上海市场的对外联系——以1921～1937年贸易和物价指数为中心的分析》，《史学月刊》2010年第9期。

⑥ 吴松弟主编《中国百年经济拼图：港口城市及其腹地与中国现代化》，第47页。

陇海铁路是上海工业制成品西运和原材料东输的重要通道之一，沿线地区被纳入上海商圈的直接腹地范围，郑州遂成为上海与中国中西部内陆地区联系的重要“桥梁”。

自1937～1949年，由于中日战争等历史因素的特殊影响，铁路交通的运营亦多受军事管制的控制而时畅时阻，时局成为影响区域经济运行的显性因素。虽然不能概而言之，这一时期天津、汉口、上海商圈对郑州的影响力减弱了，但包括三大商圈在内的中国经济整体上处于崩溃的边缘，区域间的经贸联系时常被打断，难以正常运转，各商圈与郑州之间的商贸联系大为减少，郑州在东西南北沟通的“桥梁”地位严重下降，却是不争的事实。中日战争结束后，三大商圈与郑州之间的联系以及郑州的“桥梁”与“过渡带”作用复现常态，这种历史现象一直延续至今。

从20世纪上半叶区域发展的整体态势来看，平汉、陇海铁路先后筑成，郑州居于南北交通要冲，恰位于天津和汉口商圈的分水岭，南北之间联系愈加密切。而陇海铁路的全线贯通，使得上海对郑州的经济辐射能力趋于加强，贸易联系更加直接。在诸多商圈的交互作用下，郑州依托铁路承东启西、连南贯北，交通区位得以彰显，城市快速成长，逐步发展成为中原地区的区域中心地。

二　区域中心地的形成：郑州、开封兴衰比较

中心地是指向周边地区提供各种货物与服务的地方，其空间分布形态往往会受市场、交通和行政三个因素的影响。各种要素在空间上的合理移动与分布，是获得相对经济效益的基础，距离因素特别是因距离所造成的运费问题是影响产业分布的重要区位因素。与此同时，便捷的交通亦是重要的影响因子。如果没有便利的交通，即使在接近东部沿海的地方，人们能够接收到的来自港口城市的现代化信息，也未必会强于虽然距沿海城市较远，但却拥有便捷的交通与信息传输的地方。在现代化进程的速度和水平上，前者也未必快于或高于后者。在同样的空间距离上，凡是通往港口城市的主要交通路线经过的地区，现代化的进展速度往往要快一些，而交通不便的地区就要慢一些。交通的便与不便，可以

缩小或扩大与港口城市的空间距离,[①] 便捷的交通往往成为中心地孕育生成的先天条件。在交通效能得以充分发挥的今天，尽管距离的作用大为减弱，但从传统形式上来看，工业接近原料产地和消费地则会降低运输造成的成本。以铁路为中心的近代交通网络的构建亦会降低远程贸易的成本，从而激发市场活力，促进交通受益地工商业的繁盛以及中心地的形成。

在铁路开通之前，郑州原本是一座乡村气息浓郁的小县城，在工商业和政治上均没有多少价值，相对于开封与洛阳而言，可谓默默无闻。这一时期，中原地区商货的输入与输出主要依靠水路和旱路运输，不论是数量还是空间距离都是比较有限的，区域经济的活发地主要限于水运便利之所，黄河、淮河、汉水和卫河水域是区域农作物的主要产地，同时也是区域经济与商贸的中心，诞生了周家口、朱仙镇、道口镇、社旗镇等著名的沿河商业市镇。

郑州本地物产并不丰富，多为本地消费，少部分外销，其所产生的影响很小，郑州对周边区域影响力的提升主要依靠交通变革来实现。铁路的筑成，使郑州可以联络各通商口岸，交通区位快速提升，客货交往旋即频繁起来，区域影响力增强，其经济地位亦逐渐得以提高。

> 因郑州位于交通至便之要衢，来自东西南北的集散物资与年俱增，作为中转贸易地在区域经济中占有重要的地位。[②]

平汉铁路的筑成，给原有的黄河、卫河及运河水路交通带来极大冲击，使郑州地域的物资集散态势发生了明显改变，“压倒了河南省最大的市场——周家口，一夺河南省省城开封的繁荣势头，成为长江、黄河间中原最大的货物集散市场”。[③] 铁路取代了周家口水路运输的大部分，并

---

① 吴松弟主编《中国百年经济拼图：港口城市及其腹地与中国现代化》，第 15 页

② 青島守備軍民政部鉄道部『隴海鉄道調查報告書』、青島守備軍民政部鉄道部、1920、第 298 ~ 299 頁。

③ 横濱正金銀行『河南省鄭州事情』、調查報告第 12 號、横濱正金銀行、1920、第 1 ~ 2 頁。

且影响到河南省西南部的汉水水运，铁路对该区域与汉口间贸易的打击，比周家口更甚。陇海铁路的铺设，扩大了沿线地区商品输出的范围，也使郑州的商品贸易范围大为拓展。特别是陇海铁路西展之后，显然给区域水路交通带来严重冲击，中国西北腹地的物资基本上不再通过黄河水运，而是经由陇海铁路和郑州这个交通枢纽，连通平汉、津浦铁路，与上海、汉口、天津等通商口岸往来贸易。

郑州本地消费的洋货多自汉口输入，无论是洋布、杂货还是别的商品，70%由汉口北上，而土特产的输入则以山西产品居多。陇海铁路修至渑池后，山西的物产多利用铁路销往郑州，洛阳附近的物产亦是如此，然后再通过平汉铁路向北销往京、津，南下运销汉口，或者经由郑州运抵徐州，南下浦口，或经转津浦铁路和胶济铁路北运青岛。除此以外，青岛的洋货以及山东省的输入品亦不少。郑州商品的主要来源有四条路径：一是来自汉口的商品，即由汉口经平汉铁路北上运销郑州的商品；二是来自山西（及陕西）的物产，山西（及陕西）各类产品经由汴洛（陇海）铁路东向运往郑州；三是来自北平、天津的商货，即由平津沿平汉铁路南下至郑州；四是来自山东的货物，由济南、青岛经津浦铁路再转陇海铁路西行至郑州。①

就山西棉产而言，“产地以河东道属最广，其中植棉主要之县区，有洪洞、荣河、永济、临汾、河津、虞乡等县”。“山西棉之销路，有汉口、上海、郑州、天津诸市场。运销前三市场时，多先运至河南观音堂（陇海路车站），再向他处转运”，② 郑州几乎是必经之地。

关于陕棉输出问题，郑州因系平汉、陇海铁路的交会点，其陕棉转运得以快速发展。仅就水陆联运而言，在陇海铁路由观音堂西展之前，来自陕州或陕州以西的陕甘商货主要通过两条路径运往郑州：一是由陆路运至观音堂再利用火车转运郑州；二是采用民船运到黄河南岸或汜水，

① 東亜同文会『支那省别全志』（第8卷·河南省）、東亜同文会、1918、第828~829頁。这些判断是基于东亚同文会在1917年以及此前对河南所进行的调查，就郑州市场上的商货输入路径问题，该调查忽略了一条重要线路——上海。不过当时因陇海铁路东线正值修筑之中，直接来自上海的商品极少，上海销往郑州的商货绝大多数经由汉口转运。

② 曲直生：《河北棉花之出产及贩运》，商务印书馆，1931，第271~272页。运销天津的山西棉，则先运至榆次，再由石家庄运津。

再装火车转至郑州。陕甘货物由民船运至汜水再用火车运输成为最便利的路径，经由汜水运往郑州方面的货物量遂逐年增加。因往来民船频繁，汜水码头得以快速发展，从1910年代末逐渐繁荣起来，并增设船栈七八家，如泰和、和盛、合玉生、大德等，都是联结郑州方面的运输公司，郑州的转运公司亦多在汜水设有办事处。① 陕西省外运棉产大部分通过陇海铁路运出，其中集中到郑州者颇多，或经由郑州转他路运至终端消费市场，体现了郑州中心地的吸纳作用。在铁路的联动作用下，区域经济的中心逐渐发生显著位移，郑州逐步发展成为中原地区粮食、棉花、煤炭等农矿产品及工业制成品的转运中心。郑州市场圈的影响范围因之拓展，从而助长了郑州区域中心地的形成与殷盛。

从空间的角度来看，中国社会的巨大变化首先发端于沿海沿江的通商口岸，再沿着交通线路往广大内地扩展，由此导致各区域的巨变，铁路成为区域时空演化的显在因素。随着物资、信息流动的规模与频率的扩大，郑州成为平汉、陇海两个铁路经济带最重要的连接点和中转站，进而使得郑州与区域间的交往大为拓展。郑州市在空间网络结构上属于枢纽（节点）区，它拥有功能强大的物、人空间位移的介质——铁路，铁路的远达性无疑会有助于郑州城市吸引范围的拓展。郑州的腹地可以说已远远超出河南省境，包括陕西、甘肃、山西之一部，最终的影响范围是依据多种交往要素综合考量而得出的。

伴随港口城市的逐步成长和对腹地经济联系的不断密切，处于港口与腹地过渡链上的交通节点城市往往获取发展的机遇，得以快速成长，从而导致地区经济的发展格局发生转换，一些城市的经济地位随之发生更迭。铁路所带来的优越的交通区位条件，给封闭落后的郑州带来了发展的契机和驱动力，工商贸易活动日益繁盛，城市的规模、职能及地域空间形态变化斐然。

与平汉铁路沿线城市迅速崛起相比，被称为“八省通衢、势若两京”的河南省城开封却相对衰落了。自20世纪初至1930年代中期，开封的城

① 青島守備軍民政部鉄道部『隴海鉄道調査報告書』、青島守備軍民政部鉄道部、1920、第302～303頁。

市人口缓慢增长，[①] 经济发展亦非常迟缓。就发展速度和城市经济运行态势而言，显然与相邻的新兴交通功能型城市郑州不可同日而语。[②] 致使开封相对衰落的因素固然很多，如黄河泛滥、运河淤塞、战乱纷扰等，但以铁路为主的近代交通网络取代传统的水陆交通网络，使开封失去了往日的中心地位，被新的交通格局挤于一隅，这显然是致使其衰落的主要原因。[③] 交通枢纽地位的旁落，开封以西和以东两个铁路交会点——郑州、徐州的崛起，给这座行政中心城市带来前所未有的冲击。尽管洛阳、开封的水路运输已极其萎靡，但因其同时为铁路交通联络地，水路与铁路的沟通强化了其在转运中的地位，两地亦得到一定程度的发展，不过与郑州相比较而言是相对衰落了。

在近代中国，那些并非行政中心的口岸城市或位于口岸城市通往腹地的交通线上的城市，经济发展速度往往超过行政中心所在城市而成长为区域经济中心，而之前集行政、经济中心于一身的城市却因偏离交通线而使经济地位下降，不得不让位区域经济的中心。郑州作为中原地区新的铁路交通枢纽，因“聚集到地域中最长两条正交或近似正交的交通线上的生产要素会再次聚集到两线的交点上来”，[④] 具有首先成为区域经济中心、继而形成区域政治中心的潜在优势。在其后的发展中，郑州最终替代开封，成为中原地区新的区域中心城市，不仅使二者中心—边缘的地位发生置换，而且也使中原地区区域城市体系的结构关系不得不发生较大的变动

① 程子良、李清银主编《开封城市史》，社会科学文献出版社，1993，第213～217页。在汴洛铁路通车的次年（1910），开封的城市人口为159729人，1925年则上升为226758人，15年间增长42%，人口呈不平衡增长，自然增长率多为负数，人口的增加属于移民、经商、公职派驻等社会性增长。此后，开封城市人口整体缓慢增长。1926年229483人，1927年230623人，1930年为236547人，1931年上升为251629人，1934年为287808人，而1935年突降为203341人，1936年复增至307071人，10年间人口大约增长34.7%。

② 值得说明的是，尽管郑州在铁路通车后得以凭借交通区位优势而迅速发展，但在1920～1930年代，不论是城市空间范围、人口数量还是经济总量的绝对值，开封均是高于郑州的。直至1949年以后，郑州的各项指标才逐渐超越开封。近代郑州的发展主要表现在速度和态势层面，是相对于自身及周边地区而言的；开封的衰落亦表现在发展速度和经济运行态势方面，是与自身及郑州相比较而言的，是一种相对的衰落。

③ 程子良、李清银主编《开封城市史》，第247页。

④ 管楚度：《交通区位论及其应用》，人民交通出版社，2000，第54页。

与重构,[①] 郑州的中心作用渐次彰显。相对于今日郑州来说，其在 1940 年代末的辐射力和集聚力还不太强，所谓的区域中心地是相对于整体落后的中原地区而言的，郑州对周边地区的影响力主要体现在经济方面。

工商业的繁盛离不开金融业的支撑，而金融业的发展亦要依托工商业的繁荣，两者是相互依存、相互促进的关系。郑州的金融业相对发达，金融机关比较集中，在 1930 年代中期计有中国农民银行、上海商业储蓄银行、金城银行、河南农工银行、浙江兴业银行、中央银行、中国银行、交通银行、中国农工银行、北洋保商银行、陕西省银行和大陆银行等 12 家银行，其中上海商业储蓄银行、中国农民银行等 5 家为分行，中央银行等 3 家为支行，中国农工银行等 4 家为办事处，另有众多银号、钱庄。而同期省城开封仅有银行 7 家，除河南农工银行为总行，其余均为支行和办事处，洛阳更是只有河南农工银行和中央银行两家银行的办事处。[②] 与周边重要城市开封、洛阳相比较，郑州金融业具有明显优势。此外，交通银行郑州支行 1936 年 1 月 1 日升格为分行，统一管辖河南和陕西两省的交通银行分支机构。中央、中国、交通、中国农民四行联合办事处于 1937 年 8 月 22 日在郑州设立分处，统领区域的金融事务。分行系负责一个省或者更大区域的金融业务的机构（省级银行的分行除外），国家级银行和其他大的商业银行在河南省的分行设于郑州，说明郑州在该地域拥有重要的经济地位。也许这些跨省域的金融机关[③]在郑设立，并不意味着郑州金融业的鼎盛，但至少从一个侧面表明郑州在区域金融领域中的

① 朱军献：《边缘与中心的互换——近代开封与郑州城市结构关系变动研究》，《史学月刊》2012 年第 6 期；朱军献、熊亚平：《芦汉铁路黄河大桥选址与近代开封、郑州交通之变迁》，《社科纵横》2012 年第 5 期。

② 《各地银行调查》，中国银行总管理处经济研究室：《全国银行年鉴（1935）》正编第 3 章，中国银行总管理处经济研究室，1935，第 77 ~ 80 页。

③ 金融机关的多寡及其分设机构的规格水准，既是该地域市场繁荣度的一个晴雨表，同时也是该城市经济地位的一种表征。就区域机器打包业的发展，可以看出金融业对城市中心地职能的巨大支撑作用。如郑州的机器打包业曾一度衰落，而陕州机器打包厂在 1930 年代初吸收股本 30 万元，内设机务、堆栈、会计 3 股，经营棉花打包、堆栈业务，一时间营业昌隆，甚至有超越郑州机器打包业之势。不过这种态势并未延续很久，旋呈颓势，原因来自诸多方面，但其中一个不容忽视的重要原因是陕州没有大的金融流通机关，缺乏银行业的支撑，也使该地的打包业发展潜力有限，更是无法形成商业的中心地。

地位，明显高于省城开封和豫西重镇洛阳，无疑是中原地区的金融中心。资金的集聚与流动，亦是郑州区域中心地功能的一种体现。

交通区位优势和经贸中心地位的融通，使郑州在1949年之后区域发展整体布局中的地位更加彰显，由此引发河南省会迁移之议。就河南省域情况而言，郑州的地理位置适中，交通便捷，在省会选择问题上，郑州无疑比开封更加适合，省会由汴迁郑，更加有利于河南全省工作的开展。1954年，河南省省会由开封正式迁至郑州，其交通中心功能、经贸中心功能与政治中心功能实现叠加，使城市发展获取了更为强劲的内生动力，也使郑州、开封这两座城市未来发展的走势更加不平衡。在20世纪前半叶，开封的中心作用主要体现在政治、文化方面，在一个较长的历史时段依旧保持着相对于郑州的政治优势地位，而省会迁郑之后，其政治、文化中心亦随之发生位移。就发展速度、腹地延展及其潜力而言，郑州的优势是显而易见的。郑州经济地位的上升以及开封经济的相对衰落，从一个侧面体现了近代中国城市现代化空间演化的某些特征。

三　余　论

在近代中国区域经济体系中，港口、腹地、边缘区能够大致体现出经济发展的层级划分，而港口、腹地、边缘区的层级推进以及依托港口或中心城市所形成的各个商圈的交叉、重叠与相互袭夺，构成了近代中国经济演化的一道风景线。港口—腹地问题，实质上是理解中国经济现代化空间进程的关键。[①] 在国内市场网络中，天津、汉口与上海经济联系最为密切，汉口的腹地市场范围几乎完全位于上海港的间接腹地之内，而1920年代之后的天津，成为仅次于上海的第二大港口城市，其所形成的三大商圈及其互动，左右着全国贸易格局的走势。每个开放港口都有自身一定的腹地范围，而各地区在腹地中的地位不同，特别是与港口城市经济关系的疏密程度，以及与联系港口城市、区域中心城市的主要交通路线的距离和便捷程度的不同，导致各地区经济发展速度与水平产生差异。

① 吴松弟：《港口—腹地与中国现代化的空间进程》，《河北学刊》2004年第3期。

铁路的引入，打破了郑州地域原有的封闭态势，铁路线上一批新的商品集散市场快速成长。至20世纪三四十年代，郑州已快速成长为区域中心地，其重要原因在于其占用优越的城市地理位置，包括城市自然地理位置和城市交通地理位置两个方面。

其一，自然地理位置。如果城市位于某一区域的中心，则城市与它以外的城市联系距离都比较近，这种有利的中心位置既便于四面八方的交通线向这里汇聚，也有助于促进由中心向外开辟新的交通线，从而促进城市发育。一般来说，一个区域的中心位置往往有利于区域内部的联系和管理，门户位置则更有助于区域与外部的联系，当一个城市能同时体现这两种位置的作用时，它无疑会成为区域的首位城市。① 郑州位于河南省的中央或者说是重心位置，是通往西北地区的门户，也是中国东西部联结的必经之地，同时又是中国南北联络的重要枢纽，可以说是兼而体现了中心与门户两种自然地理位置的作用。

其二，交通地理位置。相对于自然地理位置而言，交通地理位置更为重要。对外交通运输作为城市与外部联系的主要手段，是实现社会劳动地域分工的重要杠杆。② 交通既是城市经济发展的命脉，又是衡量一个地区经济发展的尺度。城市经济的繁荣离不开腹地区域的支撑，而联系城市与腹地的纽带则是交通。交通运输方式不仅决定着城市的本身规模与地域结构，也关系到城市地理分布及中心作用的发挥。③ 郑州拥有当时发达的陆路交通网络，四通八达。天津的洋货经北京沿平汉铁路南下可直接抵达郑州，与之相伴，天津的工业制成品及张家口外所产蒙古制品多有输入。此外，河北南部的农矿产品销往郑州者亦不乏少数。陇海铁路沿线区域的物资运出或运入，郑州均是其重要的中转环节。《大公报》1920年11月11日刊文称：

---

① 周一星：《城市地理学》，第154～156页。

② 当然，也有一些城市占有好的交通地理区位，却未得到大的发展。这表明交通位置固然重要，但它并非全部，城市的发展与该城市的所在地域或城市直接腹地的经济发展过程及其经济发展态势息息相关。参见周一星《城市地理学》，第160～161页。

③ 陈炜：《近代中国区域性中心城市崛起的原因》，《新乡师范高等专科学校学报》2006年第2期。

> 本省（河南省——笔者注）从前纱厂甚少，现已开工者惟彰德广益公司及郑州新成立之豫丰纱厂，故所产之花销出者实占多数。据实业厅之调查，民国七年，皮花一千九百五十一万六千五百五十八斤，今尚未得确实之调查，较去岁当可增加也。运销地点为天津、汉口、上海等处，均以郑州为集散之最大市场，盖因郑州既近黄河，且为京汉铁道及汴洛铁道之交点地也。①

在当时的历史地理条件下，因为联通中国南北、东西的两大交通干线在此“十字”交会，由此所形成的特殊的交通地理位置，可谓郑州中心地得以形成的最重要的助推器。

区域性交通枢纽不仅为区外提供运输服务，更重要的是对区内产生强烈的辐射作用，这一点与工矿城市有着显著区别。枢纽城市通过现代化的交通网络和运输工具，频繁、便捷地与周围地区进行经济、社会、文化等诸方面的交流和交往。因此，交通枢纽的职能影响是相当广泛和深刻的，它与腹地区域之间似乎存在着一种天然的血缘关系。同样，邻近地区对于货物、人员流动的大量需求，是枢纽城市产生和发展的基本动因。② 铁路的筑通促进了郑州城市经济的快速发展，而城市经济形成的辐射力，又带动了原来不发达区域的经济发展，在1920~1940年代，郑州已经成长为中原地区的区域性中心城市之一。③ 这一判断主要是基于经济和交通层面上的考虑，在市场贸易、金融和交通区位等方面，郑

---

① 《河南近年之植棉业》，《大公报》1920年11月11日，转引自中共河南省委党史工作委员会编《五四前后的河南社会》，河南人民出版社，1990，第405页。

② 张复明：《区域性交通枢纽及其腹地的城市化模式》，《地理研究》2002年第1期。

③ 中心城市是相对于经济区和城镇体系而言的。地域性或区域性中心城市是指在一个较大区域范围内人口相对集中，综合实力相对强大，在政治、经济、文化等方面具有较强的吸引能力、辐射能力和综合服务能力，经济发达、功能完善，能够渗透、带动、组织周边区域经济发展，城镇体系建设、文化进步和社会事业繁荣，其影响力可以覆盖区域内其他城市的中心城市。河南省科学院地理研究所课题组：《郑州区域性中心城市辐射力研究》，张大卫主编《河南城市发展报告》，河南人民出版社，2005，第121页。只不过相对于现在的郑州来说，当时郑州的辐射力和集聚力还不太强，这个地域性中心是相对于整体落后的中原地区而言的，它对周边经济的影响力与开封、洛阳相比是最大的。开封的中心作用主要体现在政治、文化方面。

州的影响力和辐射力是中原地区所有城市中最为显著的。

（本文主要内容曾以《近代铁路交通视阈下商圈互动与郑州区域中心地的形成》为题，发表于《历史教学》2015年第14期）

国内铁路联运制度与铁路运输业的发展*

——以1913～1933年华北各铁路为中心

铁路作为一项近代技术引入中国后，发展环境十分严峻。西方列强的侵略和建设资金的匮乏，迫使清政府将“借款筑路”定为一项重要政策。此项政策实施的直接后果之一，便是近代中国铁路运营制度的混乱，“英资创办之沪杭甬、京沪及北宁三路与津浦南段一部，一切制度，悉以英制为依归，而法款之平汉陇海正太皆以法制为标准；胶济与津浦北段悉以德制为循规”。[①] 与之相应，中国政府在铁路管理上推行了“因线设局”的政策。这种局面的形成，使近代中国铁路在运营和管理上处于各自为政的状态，既不利于各地区间的物资运送和经济交流，亦在一定程度上阻碍了铁路运输业的发展。于是，实现铁路运营管理制度的统一，便成为晚清、民国时期政府努力的方向之一。由于先前的研究成果或侧重于制度（运价制度、联运制度、行车制度、会计制度、管理制度等）本身发展状况的探讨，[②] 或着重于强调西方列强对中国铁路路权的控制，[③] 着力于分析制度与铁路运输业发展之间关系的成果尚不多见。又由于

---

* 本节系教育部社会科学基地重大招标项目“现代交通体系与华北区域社会变动研究”（08JJD840191）和国家社科基金项目“铁路与近代华北城市化进程研究”（11BZS047）的阶段性成果。作者熊亚平，天津社会科学院历史研究所研究员；安宝，天津医科大学马克思主义学院副教授。

① 《我国铁路联运业务》，《交通杂志》第3卷第7～8期合刊，1935年6月，第1页。

② 金士宣：《中国铁路问题论文集》，交通杂志社，1935；吴绍曾主编《铁路货等运价之研究》，京沪沪杭甬铁路管理局，1936；麦健曾、朱祖英：《全国铁道管理制度》，国立交通大学研究所北平分所，1936；袁耀寰：《铁路行车概论》，商务印书馆，1937；等等。

③ 宓汝成：《帝国主义与中国铁路（1847—1949）》，上海人民出版社，1980；金士宣、徐文述：《中国铁路发展史（1876—1949）》，中国铁道出版社，1986。

“铁道联运，实为达到全国各路统一之最良媒介”，[①] 因此，本文将以1913～1933年间的华北各铁路为中心，通过考察国内铁路联运制度的创立、完善、实施以及对铁路运输业发展[②]的影响，从一个方面揭示制度创新与技术发展之间的关系。

一

所谓铁路联运，是指“经过两路以上之运送而达到迄站之运输也。联运之目的，在于直达运送，无更换车辆及重复办理手续之繁也。凡起讫站不在同一路线者，均谓之联运，亦可称由本路一站起运至他路一站者是也”。[③] 而所谓的铁路联运制度，则有狭义和广义之分，狭义的联运制度，是指《京汉京奉京张津浦沪宁五路联络运输条例》《联运车站章程》以及联运价章等各项联运规章制度；广义的铁路联运制度，则不仅包括上述规章制度，还包含因联运需要而创立的联运会议、联运事务处等机构的组织制度，如与联运会议相关的《国有铁路联运会议议事规则》《国有铁路联运会议章程》，与联运事务处相关的《铁路联运事务处章程》《交通部铁路联运事务处清算所会计章程》。就近代中国铁路联运制度创立和推行的情况而言，广义的联运制度，更符合实际。[④]

国内铁路联运制度在清末民初的建立，与当时国内外的政治经济环境有较为密切的关系：其一，铁路建设需要大量的资金投入，而晚清政府无法提供足够的资金，于是借款筑路便成必然之举。通过借款这一途径，各债权国逐渐控制了诸铁路的管理权和用人权，并将该国的铁路行车制度、运价制度、货物分等制度、会计制度等移植到中国，最终形成了“平汉从法制，北宁从英制，正太从比制、胶济始从德制，后从日制”

① 陆庭鑣：《我国铁路联运业务》，《交通杂志》第3卷第7～8期合刊，1935年6月，第1页。

② 本文分析铁路运输业发展时，主要着眼于营业收入的变化。

③ 陆庭鑣：《我国铁路联运业务》，《交通杂志》第3卷第7～8期，1935年6月，第2～3页。

④ 事实上，时人记述铁路联运制度时，均亦将联运会议及联运事务处的组织制度视为其组成部分。参见陆庭鑣《我国铁路联运业务》，《交通杂志》第3卷第7～8期合刊，1935年6月，第6～15页。交通部交通史编纂委员会、铁道部交通史编纂委员会编《交通史路政编》第4册，1935，第2705～2791页。

的铁路运营制度。[①] 在这种运营制度下，旅客经过两条铁路必须购买两次车票，经过三路或四路则必须购三次或四次车票，每到一个联轨站，必须倒一次车；货物不仅每路都要重新办理托运，另起货票，而且每到一个联轨站，也要将货物卸下，再装于接运路之货车。这样的运营制度既增加了装卸费用，又延长了运输时间，增加了运输成本，给商人带来种种不便，阻碍铁路运输业的发展。而联运制度则有助于弥补上述缺憾，“运价减少，可以低廉货物成本，实为货商最注意之点，装卸经济，减少货物之损失，运送之迅速，可以达到良好市场。此三者联运业务，皆具备也”。[②] 其二，晚清时期，李鸿章等洋务派倡建铁路的首要目标，在于巩固国防，而铁路运营管理制度上的各自为政既与此相悖，更有碍政令畅通，不利于实现国家的政治统一。于是，建立国内铁路联运制度就成为统一中国铁路运营管理制度的“唯一途径”。“我国铁路建设迄今，垂六十年……若言统一，绝非一朝一夕所克完成。势须采取渐进政策，渐进政策之唯一途径，曰发展与扩充全国铁路联运是也。”[③] 其三，随着国际贸易的发展，国际旅客运输与货物运输与日俱增，欧洲大陆各国之间的铁路联运日益发展，中、日、俄等国先后加入国际铁路联运，为中国国内铁路联运制度的建立提供参照对象和经验。其四，中国铁路建设虽然始于 1881 年的唐（山）胥（各庄）铁路，但直到清末民初才逐步联结成网。其中 1905 年竣工的京汉铁路沟通了京奉、京绥、正太、汴洛（陇海）等路，1912 年通车的津浦又使胶济、沪宁、沪杭甬、陇海等路连为一体，由此使大范围铁路联运制度的建立成为可能。

尽管中国国内铁路联运制度正式创立于 1913 年 10 月召开的第一次国内联运会议（五路联运会议），但此前实施的国际铁路联运制度和国内某些铁路之间的联运办法，却已为其提供了可资借鉴的经验。早在清末光绪三十一年（1905），中国和日本在“会议东省事宜之时，即订有附约七款，规定中日之铁路联络运输，然因种种关系，未即试办，此为国际铁

① 张倜臣：《我国行车制度之研究》，《交通杂志》第 3 卷第 2 期，1934 年 12 月，第 2 页；袁耀寰：《铁路行车概论》，商务印书馆，1937，第 4 页。

② 陆庭鑣：《我国铁路联运业务》，《交通杂志》第 3 卷第 7 ~ 8 期合刊，1935 年 6 月，第 3 页。

③ 陆庭鑣：《我国铁路联运业务》，《交通杂志》第 3 卷第 7 ~ 8 期合刊，1935 年 6 月，第 1 页。

路联运之最始渊源，亦国内联运举办之先兆也”。[①] 次年（1906），京汉、道清两条铁路召开会议，通过互通车辆办法，呈请督办唐绍仪批准实行。其核心内容有两条，一是凡道清路运货至新乡转入京汉路，南至郑州，北至彰德，均用道清路车辆，由京汉路付给道清路车租；二是如果道清路所运货物必须过彰德以北或郑州以南，则由京汉路空车至道清路各站装运，由道清路付给京汉路车租。[②] 光绪三十四年（1908），京奉、京汉、京张三路开始互通车辆。宣统元年（1909），中日双方议定京奉与南满铁路联运营业合同16条，但未施行。[③] 同年，京汉、京奉、京张三铁路召开会，拟发售联运货票，使三铁路货车可直接通行至两路接轨之处，无须另卸另装，但未得到邮传部批准。民国元年（1912）4月，京奉、京汉、京张三条铁路曾施行直达客货运输。[④] 民国2年（1913）4月，京奉铁路与日本铁道院订立中日旅客联运合同，定于当年10月1日实行。同年6月，交通部派代表参加莫斯科国际铁路联运会议，议决“中国北部铁路加入西伯利亚万国通车之列”。[⑤]

在国际铁路联运制度建立和实施过程中，国内铁路仅有京奉一条铁路参与，不能适应新的形势，“旅行人士咸感不便”。[⑥] 于是在交通部饬令下，京汉、京奉、京张、津浦、沪宁五路选派代表于1913年10月在天津京奉铁路管理局召开第一次国内联运会议。会议通过《京汉京奉京张津浦沪宁五路联络运输条例》32条、联运票计算办法、制定联运价单、规定车站洋文名称办法以及会后由联运会计会议议定的簿记单据细则等具体措施。[⑦] 这次会议标志着国内铁路联运制度正式创立。

1913～1931年间，国内铁路联运制度虽曾一度因政局动荡而中止执行，但就总体而言，仍然在三个方面有较大改善：其一，通过召开联

① 陆庭镳：《我国铁路联运业务》，《交通杂志》第3卷第7～8期合刊，1935年6月，第15页。
② 交通部交通史编纂委员会、铁道部交通史编纂委员会编《交通史路政编》第13册，第4910页。
③ 陆庭镳：《我国铁路联运业务》，《交通杂志》第3卷第7～8期合刊，1935年6月，第6页。
④ 《交通史路政编》第4册，第2504～2505页。
⑤ 铁道部铁道年鉴编纂委员会编《铁道年鉴》第1卷，1933，第357页。
⑥ 《铁道年鉴》第1卷，1933，第357页。
⑦ 陆庭镳：《我国铁路联运业务》，《交通杂志》第3卷第7～8期合刊，1935年6月，第7页。

运会议不断修改和完善联运制度。1913～1918年间每年召开1次（第一至六次）联运会议，地点为加入联运的五个铁路管理局；1919～1923年间每年召开1次（第七至十二次），地点为北京交通部；1925年在天津京奉铁路管理局召开第十三次会议；1928年在南京铁道部召开第十四次会议；1931年在南京铁道部召开第十五次联运会议。上述联运会议的中心议题为某路加入联运、联运车站之规定、货物联运问题等。会议议决通过的部分规章制度得到了有效执行，从而使联运制度得以不断完善。其二，完善了联运会议的组织制度。由于联运会议在联运制度建设中的地位极为重要，“一切联运业务之兴革，悉由此会主持”。因此，强化联运会议的制度性规定十分必要。为此，先后于民国9年（1920）和民国10年（1921）公布了《国有铁路联运会议议事规则》和《国有铁路联运会议章程》，前者对与会人员、表决权、会议主席权限以及决议案通过等事项做了明确规定，后者对会议名称、会议职能、会议日期及地点、与会人员、会议主席、决议案处理等事项做了详细规定。这些规定在有助于完善联运会议的同时，强化了交通部和铁道部（通过联运处处长和副处长）在联运制度制定过程中的发言权。[①] 其三，建立和完善了铁路联运事务处（联运处）的相关制度。早在联运制度创立初期，参加联运的各路管理当局已经认识到有必要设立一个中央机关，执行联运事务、编印联运价目表、谋求发展联运业务。其后虽然采取了以5年为期，各路管理当局轮流管理的办法，但仍无法满足联运业务发展的需要。有鉴于此，交通部于1918年11月设立铁路联运事务处，办理国际国内联运事务，由路政司长兼任处长，后设副处长专管其事。联运处下设总务、国内联运、国际联运三股和清算所。铁道部成立后，将铁路联运事务处改为联运处，由业务司司长兼任处长，设副处长一人专司其责。联运处下设事务、清算二股，事务股专管国内国外联运事项，清算股专管清算事宜。关于联运事务处的组织和职能亦有相应的制度性规定（详后）。这些与联运会议和联运事务处（联运处）相关的规章制度，成为国内铁路联运制度不可分割的组成部分。

---

① 《交通史路政编》第4册，第2715～2717页。

随着联运制度的建立和联运业务的推广，除发起创立联运制度的五路，其余各路亦纷纷加入联运。客运方面，1914 年 4 月仅有京汉、京奉、津浦、京绥、沪宁 5 路加入。南满铁路于 1915 年加入，沪杭甬于 1917 年 2 月加入，道清于 1921 年 3 月加入，正太于 1923 年 4 月加入，陇海、胶济于 1923 年 8 月加入，沈海等东北三省铁路于 1928 年后相继加入。货运方面，京汉、京奉、京绥、津浦、沪宁、沪杭甬、道清 7 路于 1921 年 2 月加入，正太于 1922 年 8 月加入，陇海于 1925 年 5 月加入，胶济于 1931 年 3 月加入。东北各铁路则于 1929 年加入。[①]

1932～1933 年间，随着国内局势趋于稳定，国内铁路联运制度得以恢复并有所发展。1932 年 9 月，铁道部饬令各铁路实行货物负责运输，[②]继而下令恢复国内联运。10 月，津浦、沪宁、沪杭甬三路率先开办负责货物联运业务。负责运输制度与联运制度的结合，使国内铁路联运制度进入了一个新的发展阶段。

以上国内铁路联运制度创立、完善及实施过程大致可以分为两个阶段。其中，1913 年 10 月第一次五路联运会议召开至 1918 年铁路联运事务处成立为创立阶段。此期内，各铁路管理当局逐渐发现联运不仅能够给客商提供方便，降低运输成本，而且能提高铁路运量，增加路方收益，因此或发起创立联运制度，或积极参与联运业务。“此时所谓联运业务，仅路与路间之规定也。既无固定章程，复无良善之设施，是以成效颇微。”[③]由此可见，联运制度的创立，主要是各条铁路管理当局的自发行为，作为中央铁路管理部门的交通部和铁道部并未过多介入其中，这也是国内铁路联运制度初创时的一个显著特征。

固定章程和设施的缺乏，使联运业务的发展受到很大制约，因此加入联运的各铁路管理当局均认为有必要成立一个中央机关专管铁路联运事务，于是联运事务处便应运而生。联运事务处的主要职权有三：一是主持召开国内铁路联运会议。《国有铁路联运会议章程》明确规定会议由

---

① 陆庭鏕：《我国铁路联运业务》，《交通杂志》第 3 卷第 7～8 期合刊，1935 年 6 月，第 14～15 页；《铁道年鉴》第 1 卷，第 357～358 页。

② 此前，铁路部门在运输中并不对货物负责，而由货主负责。

③ 陆庭鏕：《我国铁路联运业务》，《交通杂志》第 3 卷第 7～8 期合刊，1935 年 6 月，第 2 页。

联运处处长召集，开会时以联运处处长或副处长为主席，“主席不加入表决之内，但有最后决定权”。① 二是审核各铁路管理当局的提案，“而此项提案，须距会期前六星期将议题及说明送呈联运处审核”。② 三是成立清算所（股），“凡关于各路造送联运报单、均交清算所办理，以一事权”“此项联运账目，除由各路自相核对外，概由清算所按月汇结，通知各路，互相拨现。遵行迄今，仍依其制。”③

以上三项职权表明，联运事务处在国内铁路联运制度变迁过程中具有举足轻重的地位。由于“处长由业务司司长兼任，并设副处长一人，专司其责”，“处长总理本处一切事务，并由副处长助办。副处长由部长委派”，“秘书亦系由部长委任”，“事务员由处长呈请委派”，专员亦“由部长委派”，④ 因此联运事务处的成立表明交通部和铁道部开始大力介入联运事务，参与制定相关规章制度，影响联运制度变迁的走向。另外，在联运制度的具体执行过程中，各铁路管理局仍然“多因循维持，不肯力加改良，进行上自生困难”。⑤ 由此可见，国内铁路联运制度在1918～1933年间的变革及其执行，是铁路中央管理机关（交通部、铁道部）和各铁路管理局共同推动的，作为制度具体执行者的各铁路管理局，始终掌握着制度变迁的主动权。这是此阶段国内铁路联运制度的鲜明特征之一。

二

国内联运制度是各自为政的中国铁路运营制度逐渐走向统一的过程中产生的一项特殊制度。这项制度的创立和推行不仅需要相应的运输设施和运输秩序的改良，而且有利于减少中间环节，节省装卸费用，缩短运输时间，方便旅客与货主，降低交易费用（但由于相关资料匮乏，现在还无法对这笔费用的具体数额做出准确推算），因此联运制度的实施，

① 《国有铁路联运会议议事规则》，《交通史路政编》第4册，第2715页。

② 陆庭鏣：《我国铁路联运业务》，《交通杂志》第3卷第7～8期合刊，1935年6月，第10页。

③ 平汉铁路管理委员会编《平汉年鉴》，台北，文海出版社，影印本，1989，第204页。

④ 陆庭鏣：《我国铁路联运业务》，《交通杂志》第3卷第7～8期合刊，1935年6月，第26页。

⑤ 陆庭鏣：《我国铁路联运业务》，《交通杂志》第3卷第7～8期合刊，1935年6月，第49页。

既促进了铁路运输秩序和设施的改善，又促进了联运业务自身的发展、改变和扩大了铁路货物运输的流向和范围，从而有利于铁路货运量和营业收入的总体增长。由于铁路运输秩序和设施、铁路联运业务、铁路货运量和营业收入均构成铁路运输业的重要内容，因此下面将从以上几个方面来探讨联运制度与铁路运输业发展之间的关系。

一项制度的推行离不开相应的物资、设备的支持，联运制度亦是如此。为便于此项制度的推行，首先需要指定联运站，即选择各路重要车站作为联运站，并制定相应的《联运车站章程》，建设连接轨道。联运车站指定后，还需要备售联运车票，预备售票的一切账簿报单，等等。其中尤为重要的是，为便于实行联运，各路不得不将原有各自为政的列车时刻相互衔接，并依照铁路联运处制定的相关规章制度办事。这无疑将有助于近代中国铁路运输制度的统一。与此同时，随着联运制度推行而进行的车辆的购置、修理，联运货车篷布、绳索的购置及货场的修建，联运月台、号志的增设，等等，则有助于铁路运输设施的改善。上述运输秩序和设施的改善，往往被视为加入联运的必要条件，[①] 而这些改善又成为联运业务乃至于铁路运输业发展的重要基础。

随着联运制度的推行，运输秩序的改良和运输设备的改善，铁路联运业务有了长足的发展，联运收入也有了显著的增长。联运制度创立初期，联运业务发展比较缓慢。1918 年联运事务处成立后，联运业务发展速度明显加快。1919 ~ 1933 年间，以华北各铁路为主的加入联运的各铁路收入如表 1 所示。

表 1　1919 ~ 1933 年全国铁路联运收入统计

单位：元

年份	客运	货运	中日	中东	华北	总计
1919	2282890. 71		354803. 85			2637694. 56
1920	2358405. 45	545047. 10	285766. 83			3189219. 38

① 陆庭鏕：《我国铁路联运业务》，《交通杂志》第 3 卷第 7 ~ 8 期合刊，1935 年 6 月，第 29 ~ 39 页。

续表

年份	客运	货运	中日	中东	华北	总计
1921	3006968.53	1261232.50	316507.92			4584708.95
1922	2989286.66	5595932.02	189832.21	92910.46		8867961.35
1923	3613533.17	9010165.84	225308.89	184777.42	51258.38	13085043.70
1924	3437890.93	7340584.93	233920.59	309380.18	85202.35	11406938.98
1925	2932494.98	4801873.90	244093.73	536145.49	95939.95	8610547.75
1926	227098.78	284715.10	138388.99	388358.56	22885.61	1061447.04
1927	275521.03	285674.64	490502.03	638478.05	155253.51	1845429.26
1928	530078.38		465391.07	246311.77	69975.14	1311756.36
1929	2179632.34		136969.22	430641.26	23620.27	2770863.09
1930	1114885.03		791030.56	246128.36	87477.79	2189521.74
1931	5101966.38		842614.04	175004.45	871.51	6120456.38
1932						6131190.76
1933						10652952.02

注：依据《我国铁路联运业务》一文之材料可知，1919～1928 年间联运收入主要为关内各铁路收入，1929～1931 年间关内各铁路联运大都陷于停顿，此期间联运收入主要为东北各铁路联运收入，1931 年九一八事变后东北各铁路联运业务停顿，故 1932～1933 年间联运收入又主要为关内各铁路收入。另，表中华北一项系指四洮、京绥、京奉、吉长、京汉、津浦、沪宁、沪杭甬、胶济九路协定的联运。中东一项系国有各铁路、南满铁路及中东铁路等协定的联运。

资料来源：俞棪：《我国铁路联运事业之过去现在与将来》，《交通杂志》第 3 卷第 7～8 期合刊，1935 年 6 月，第 3～6 页；《我国铁路联运业务》，《交通杂志》第 3 卷第 7～8 期合刊，1935 年 6 月，第 25～26 页。

综合表 1 及相关资料可知，1913～1933 年间以华北各铁路为主体的国内铁路联运业务，大致经历了四个时期。① 其中，1913～1918 年为国内铁路联运业务的起步时期，由于联运制度刚刚创立，“因各路规章之纷

① 相关文献资料一般将这一时期的国内联运业务分为胚胎时期、幼稚时期、极盛时期和衰落时期，其中幼稚时期和极盛时期可视为发展阶段，此外尚有一个恢复时期，因此本文将其分为起步时期、发展时期、衰落时期和恢复时期。胚胎时期、幼稚时期、极盛时期和衰落时期“四阶段”说可参见俞棪：《我国铁路联运事业之过去现在与将来》，《交通杂志》第 3 卷第 7～8 期合刊，1935 年 6 月，第 4 页。

歧，仅有少数铁路办理联运，范围甚狭，收效亦微”，[①] 加入客运联运者仅京汉、京奉、京绥、津浦、沪宁、沪杭甬6路，货物联运尚未开办，因此联运业务发展缓慢。1919～1925年为发展时期，国内铁路联运收入逐年增长。1919年为260余万元，1920年为300余万元，1921年为450余万元。1922年骤增至880余万元，1923年为1300余万元，1924年为1140余万元，1925年为860余万元。[②] 究其原因，主要有以下几个方面：其一，国内局势相对稳定；其二，随着铁路联运事务处的成立，以及《国有铁路联运会议议事规则》《国有铁路联运会议章程》等规章制度的先后颁布实施，联运制度建设步伐加快；其三，1921年2月，京汉、京奉、京绥、沪宁、沪杭甬6路正式实行货物联运。1926～1931年间为国内铁路联运业务的衰落时期。1926年联运收入下降至106万元，1927年为184万元，1928～1931年间，货物联运业务陷于停顿，联运收入徘徊不前，1928年为131万余元，1929年为277万余元，1930年为218万余元，1931年虽然增至612万余元，但仅及1923年和1924年的半数。[③] 其主要原因应在于1926年后国内战乱频仍，各铁路运输又退回到各自为政状态。国内联运制度，特别是货物联运制度失去了运行环境。1932～1933年间为联运业务恢复和再度发展时期。1932年联运收入为613万余元，1933年增至1065万余元。这一时期联运业务的复苏主要得益于联运制度恢复并与负责运输制度相结合，“在未办负责运输之前，铁路虽有联运之名，而以不负责之故，货商仍假手于转运公司，转运公司之资力至为有限，不能遍设分号于铁路所达之处，故转运公司所能代运之程途，仅为铁路之一段，即全路之运输，尚不能办到，遑论联运，其转运公司或有与他处转运公司联络者，货物虽能勉强办理联运，惟转手愈多，货商被剥削愈甚，此在未办负责运输以前，铁路联运业务不能发展之大原因也”。“自实行负责运输

① 俞棪：《我国铁路联运事业之过去现在与将来》，《交通杂志》第3卷第7～8期合刊，1935年6月，第4页。

② 俞棪：《我国铁路联运事业之过去现在与将来》，《交通杂志》第3卷第7～8期合刊，1935年6月，第3页。

③ 俞棪：《我国铁路联运事业之过去现在与将来》，《交通杂志》第3卷第7～8期合刊，1935年6月，第3～6页。

后，渐次推及于联运，昔日转运公司，虽一路尚不能运到者，自铁路负责联运后，凡属接轨之铁路，无不可使货物互相流通，直接运到，而又免除转运公司之一再剥削，故联运之货物陡然增加……”①

由于部分货物在运输过程中需要途经多条铁路，而联运则为此提供了多种便利，因此将有利于货物流向的改变和流通范围的扩大，并增加各铁路的营业收入。一方面，在华北各铁路中，除京奉铁路沿线旅客和货物可以不经联运即可到达天津，胶济铁路沿线旅客和货物可以不经联运而直达青岛，京汉沿线煤炭、粮食和棉花等大宗货物，要经过京汉、京奉两铁路联运至天津出口；京绥沿线杂粮、煤炭、羊毛，也要经京绥、京奉两铁路联运至天津；正太沿线煤炭要经由正太、京汉、京奉三铁路联运；道清沿线煤炭亦须经道清、京汉、京奉三铁路运至天津。在联运制度创立前，这些货物大都需要经过一次或数次倒装，才能运达目的地。联运制度推行之后，货物无须再进行倒装，运输自然方便不少。例如，负责联运制度实施后，包头的绒毛由京绥铁路联运至天津时，“丰台无倒车之劳，运输无遗失之弊，货商实深便利”。② 另一方面，有调查资料显示，1931 年至 1933 年间京奉路之所以能够一直保持着较高的营业水平，除沿线物产丰富，运力充足等原因外，还在于京汉、京绥两路沿线货物须联运至塘沽、秦皇岛两个港口输出；由这两个港口输入的洋货，也要通过联运销往华北各地。③ 津浦路 1930 年全年营业收入仅 1330 余万元，1931 年全线恢复通车，收入陡增至 1963 万余元，而 1932 年营业本无进展可言，但“幸是年冬季实行负责运输，货运进款激增”。自 1933 年起，由于与沪宁、沪杭甬办理货物联运且长江轮渡通车，货物联运范围推广到国有各铁路，营业收入比 1932 年增加了 110 余万元。④

由于联运业务是铁路运输业的组成部分，而联运收入又包括在各路

---

① 谭耀宗：《国民经济建设运动与铁路货物负责运输》，《交通杂志》第 3 卷第 10 期，1935 年 8 月，第 3 页。

② 北宁铁路管理局：《北宁铁路沿线经济调查报告书》，1937，第 971 ~ 973 页。

③ 《路运调查报告》（北宁线），《铁路月刊》（胶济线）第 5 卷第 5 期，第 59 页。

④ 《路运调查报告》（津浦线），《铁路月刊》（胶济线）第 5 卷第 2 期，第 1 ~ 2 页。

营业总收入之中，[1] 因此可以通过纵向对比联运制度实施前后各铁路营业收入，横向对比联运收入在各铁路营业总收入中所占比重等，来分析联运收入在各铁路营业总收入中所占的地位。由于各铁路客运联运于1914年正式实施，货运联运于1921年实施，1920～1933年间联运收入和各铁路营业总收入又均有比较准确的统计，因此这里选用1909～1918年间各铁路客运收入，1916～1925年间各铁路货运收入，1914～1924年京汉、沪宁两铁路联运收入与其客运收入，1920～1933年间各铁路联运收入与各铁路营业总收入这4组数据进行量化分析。

表2 1909～1918年京奉、京汉、沪宁、沪杭甬四条铁路客运收入比较

单位：元

年份	京奉	京汉	沪宁	沪杭甬
1909		3153310	1552257.61	
1910		3688131	1766338.09	
1911		3653977	1944133.63	
1912		3453431	2249045.13	
1913		4183438	3794030.46	
1914		4478787		
1915	2715542.38	4336331	2507000.15	1330839.84
1916	6215460.50	6075707	2739498.96	1331976.30
1917	6816388.01	5487035	2923234.29	1593228.24
1918	8368845.97	6983078	2102254.87	1684442.85

注：京奉路1909～1914年营业收入没有客运与货运之分，故无法列入表中。沪宁客运收入1913年增长异常迅速，但当时联运尚未正式实施，因而与联运制度无关。沪杭甬1917年加入客运联运，其营业收入增长与联运制度实施有一定关系。

资料来源：交通部交通史编纂委员会、铁道部交通史编纂委员会编《交通史路政编》，1935，第7册，第523页；第8册，第1445页；第10册，第3363～3364、3949页。

① 《平汉年鉴》有较为详细的记述，“于是由部设立联运事务处清算所、凡关于各路造送联运报单，均交清算所办理，以一事权，并增定联运帐目、应用单式及增修章制。此项联运帐目，除由各路自相核对外，概由清算所按月汇结，通知各路，互相拨现。遵行迄今，仍依其制”。这表明，联运收入虽然是单独结算的，但最终仍是各铁路营业总收入的一部分。参见平汉铁路管理委员会编《平汉年鉴》，第204页。

表3　1916～1924年京奉、京汉、沪宁、沪杭甬、正太五条铁路货运收入比较

单位：元

年份	京奉	京汉	沪宁	沪杭甬	正太
1916	7670444.88	14170818	1011810.84	447109.35	1503713.80
1917	9299285.18	13032464	1177867.50	554088.40	1802790.48
1918	11463678.56	16651130	1665037.48	685750.34	2375419.08
1919	10338495.56	18434793	2023592.73	747992.07	2495434.70
1920	11644586.25	17880020	2012100.43	860309.67	2856086.07
1921	14729269.07	17893852	2123787.55	874887.91	2329349.53
1922	10424042.83	16647240	2251673.75	1030148.53	2603405.34
1923	10619171.52	22333301	2653885.11	1295428.16	3633728.96
1924	8648584.24	19266262	2446484.92	1133111.75	3231971.51

注：京奉、京汉、沪宁、沪杭甬4条铁路1921年参加货物联运，正太铁路1922年参加货物联运。

资料来源：交通部交通史编纂委员会、铁道部交通史编纂委员会编《交通史路政编》第7册，1935，第523页；第8册，第1445页；第10册，第3363～3364、3949～3950页；第12册，第4181页。

表4　1914～1924年京汉、沪宁两铁路联运收入与其客运总收入比较

收入单位：元

年份	京汉			沪宁		
	联运收入	客运收入	联运占客运收入百分比（%）	联运收入①	客运收入	联运占客运收入百分比（%）
1914	109296.66	4478787	2.4	42258		
1915	14890.45	4336331	0.3	84562	2507000.15	3.4
1916	181237.03	6075707	3.0	125964	2739498.96	4.6
1917	204749.56	5487035	3.7	142812	2923234.29	4.9
1918	296962.44	6983708	4.3	144107	2102254.87	6.9
1919	171392.06	7661217	2.2	223731	3523701.22	6.3
1920	2614.14	7663439	——②	290748	4027147.77	7.2

注：①1916～1920年联运收入含中日联运；

②1920年联运占客运收入百分比极小，故忽略。

资料来源：交通部交通史编纂委员会、铁道部交通史编纂委员会编《交通史路政编》第8册，第1410页、第1444～1445页；第10册，第3350～3351页、第3363～3364页。

表 5　1920～1933 年各铁路客货联运收入与客货营业总收入比较

收入单位：元

年份	客货联运收入	客货营业收入	联运占客货营业收入百分比（%）	年份	客货联运收入	客货营业收入	联运占客货营业收入百分比（%）
1920	2903452.55	78479224.47	3.6	1921	4268201.03	81983608.86	5.2
1922	8585218.68	77224026.81	11.1	1923	12623699.01	91791099.06	13.8
1924	10778475.86	102399032.72	10.5	1925	7734368.88	102688124.69	7.5
1926	511813.88	75736141.10	0.6	1927	561195.67	83611890.84	0.7
1933	10652952.02	106440000.00	10.0				

注：1. 1933 年客货营业收入未计入胶济、陇海两路客货营业收入，若计入，联运收入所占比例将更小。

2. 因 1925 年后各铁路加入或退出联运情况时有发生，本表中各年铁路客货营业收入一项，1920 年为京汉、京奉、津浦、京绥、沪宁、沪杭甬 6 路客货营业收入，1921～1922 为京汉、京奉、津浦、京绥、沪宁、沪杭甬、道清 7 路客货营业收入；1923～1925 年为京汉、京奉、津浦、京绥、沪宁、沪杭甬、道清、陇海、正太、胶济 10 路营业收入；1926 年陇海退出客货联运，京奉以外的各铁路也退出了客运联运，但仍然继续货物联运，故 1926～1927 年为京汉、京奉、津浦、京绥、沪宁、沪杭甬、道清、正太、胶济 9 路客货收入；1928 年各铁路客货联运均停止执行；1929～1931 年间联运收入主要为东北各铁路营业收入，故本表未列入；1932 年为京汉、京奉、津浦、沪宁、沪杭甬、陇海、正太、道清、胶济等恢复联运业务各铁路客货营业收入，1932 年京绥恢复客货联运，故当年各铁路客货营业收入中计入京绥铁路营业收入。另外，由于部分铁路年中加入或退出联运，且加入或退出旅客联运与货物联运的时间并不相同，而联运处在计算联运总收入时，并未对这些铁路当年所占联运收入的份额做特别的说明，因此无法进行剔除。故这里采取了如下方法：年中加入联运的铁路，各铁路营业总收入中计入其营业收入，年中退出联运的，各铁路营业总收入中不计入其营业收入。这样，当年有铁路退出时，联运收入占营业总收入的比例稍稍偏大，但其在各铁路营业总收入中的地位并未受到实质性影响。

资料来源：联运收入数据来自《我国铁路联运事业之过去现在与将来》，《交通杂志》第 3 卷第 7～8 期合刊，1935 年 6 月，第 3～6 页；《我国铁路联运业务》，《交通杂志》第 3 卷第 7～8 期合刊，1935 年 6 月，第 25～26 页；1920～1927 年各铁路营业收入数字来自《铁道年鉴》第 1 卷各铁路进款细别表中的运输收入；1933 年各铁路营业数据来自《中华国有铁路统计月刊》1934 年第 6 期之《营业收支比较表》（1933 年份）中的客运业务与货运业务收入。

以上表 2～5 统计虽然时段、内容并不一致，但却有一个共同的指向，即均表明：在 1913～1933 年，联运收入占各铁路客货营业收入的比重，少者不足1%，多者不过 13.8%，国内铁路联运制度对各铁路营业收入的贡献并不突出。[①]

尽管对各铁路营业收入的贡献并不突出，但联运制度的推行有利于铁路运输秩序及设施的改善，联运业务的发展亦有助于铁路货运流向和范围的改变与扩大以及铁路营业收入的增加，并影响到铁路运输业的整体发展。与此同时，铁路运输业的发展，特别是营业收入的增加，反过来也会推动铁路联运制度的进一步完善。铁路联运制度正是通过这种互动关系，影响了铁路运输业的发展。

三

1913～1933年间，国内铁路联运制度的创立、完善及实施对中国近代铁路运营制度和管理制度的统一以及联运业务的发展产生了十分明显的积极影响，但其对在铁路运输业中地位至关重要的营业收入的贡献并不突出。究其原因，应有以下几个方面。

其一，具体制度安排[②]作用的更好发挥，与市场需求的大小有相当之关系，市场需求大，制度发挥作用的空间也较大，市场需求小，制度发挥作用的空间也较小。而在1913～1933年间，各铁路运输业务仍以路内运输为主，需要办理联运业务的货物并不是很多。就华北各铁路货运中最大宗的煤炭而言，其主要来源有京奉沿线之开滦，胶济沿线之鲁大，京汉沿线之六河沟，正太沿线之井陉、正丰、保晋，道清沿线之福中总公司，津浦沿线之中兴等数家。其中开滦煤炭主要运销沿线或由秦皇岛、塘沽两地出口，鲁大煤炭也主要运销沿线或由青岛出口，均无须办理联运业务；京汉沿线之六河沟煤矿1933年经京汉铁路运出煤炭293583吨，经丰台联运者仅2180吨。正太沿线井陉、正丰、保晋等公司所产煤炭虽

① 不仅上述统计表可以证实这一点，而且铁路当局对相关各路营业收入变化原因的分析亦可资佐证。《交通史路政编》收入的各铁路营业收入统计中，仅有沪杭甬等少数铁路强调了联运制度的作用。

② 就本文而言，铁路具体运营制度和管理制度均属于制度安排，而国家政治制度则属于制度环境。关于制度安排和制度环境的含义，可参见朱琴芬编著《新制度经济学》，华东师范大学出版社，2006，第64～66页。

然大都要经由石家庄与京汉铁路联运，但并未在京汉全路煤运中占有绝对优势。1933 年时，京汉铁路共运出煤炭 1834990 吨，其中经石家庄联运而来者为 619975 吨，约占 34%。福中总公司 1932 年共由铁路运出煤炭 72 万吨，其中道清沿线 44 万吨，占 62%，需办理联运业务者约 28 万吨，占 38%。[①] 津浦沿线之中兴公司煤炭销售虽无确切统计，但就 1934 年情况来看，从枣庄车站起运的 853058 吨煤炭中，虽然绝大部分（711470 吨）运至浦口，但联运至沪宁沿线者极少。[②] 就铁路运输的另一项大宗运输货物棉花而言，京奉、胶济铁路沿线棉花无须办理联运业务，京汉沿线棉花运销汉口时亦无须办理联运业务，仅京汉、陇海、正太、津浦沿线部分棉花运销天津或上海时需要办理联运。[③] 就铁路运输的第三项大宗货物粮食而言，京奉、胶济沿线所产粮食大都无须办理联运业务。陇海沿线粮食亦主要销售于本路沿线市场。津浦沿线粮食运销京、津地区时亦无须联运。京绥沿线粮食的销售市场，以京绥、京汉、京奉三路交会处之北京为主，仅有部分经京奉路联运至天津、唐山等地。[④] 由此可见，这一时期联运制度的市场需求并不十分强烈，一定程度上影响了其作用的发挥。

其二，制度的作用，与制度自身的完善程度有很大关系。国内铁路联运制度虽然创立于 1913 年，但 5 年后（1918）才建立统一的管理机构——联运事务处，9 年后（1921）才正式实行货物联运，20 年后（1933）召

---

① 参见北宁铁路管理局《北宁铁路沿线经济调查报告》，1937；《胶济铁路沿线煤矿调查报告》，中国第二历史档案馆藏，档号：28—10651；雨初《国有铁路各站民国二十三年商煤运输之研究》，《铁道半月刊》第 6 期，1936 年 8 月 1 日，第 18～36 页；《平汉六河沟煤矿道清陇海两路沿线煤矿及陕北各煤矿调查报告》，中国第二历史档案馆藏，档号：28—10650；等等。

② 雨初：《国有铁路各站民国二十三年商煤运输之研究》，《铁道半月刊》第 6 期，1936 年 8 月 1 日，第 26、36 页。

③ 参见曲直生《河北棉花之出产及贩运》，社会调查所，1931；河南农工银行经济调查室编辑《河南之棉花》，1941；北宁铁路管理局《北宁铁路沿线经济调查报告》，1937；《陇海铁路货运调查报告》，中国第二历史档案馆藏，档号：28—13866。

④ 参见北宁铁路管理局《北宁铁路沿线经济调查报告》，1937；胶济铁路车务处《胶济铁路经济调查报告》分编六（济南市），1934；《陇海铁路货运调查报告》，中国第二历史档案馆藏，档号：28—13866；《平绥铁路沿线特产调查》，1934。

开第十六次联运会议时，仍在为完善这项制度而努力。[①] 联运制度自身完善进程的缓慢，无疑对其作用的发挥有相当大的影响。

其三，制度作用的更好发挥，与相关的支持密不可分。例如，在联运制度实行初期，铁路部门并未实施负责运输制度。在此情况下，货商不得不假手于转运公司，而“转运公司之资力至为有限，不能遍设分号于铁路所达之处，故转运公司所能代运之程途，仅为铁路之一段，即全路之运输，尚不能办到，遑论联运”。[②] 可见，铁路部门是否实行负责联运制度，对联运制度能否更好地发挥作用，具有十分重要的意义。1932年联运制度恢复并与运输负责制度相结合后，联运收入由当年613万余元猛增至1933年的1065万余元。其中部分原因，应归于运输负责制度对联运制度的支持。

其四，制度的作用，与制度环境的变迁密切相关。1919～1925年间，华北和华东大部分地区局势平稳，国内铁路联运收入从260余万元增长至860余万元。1926年后，由于国内战乱频仍，政局动荡，政治制度多有变动，联运制度运行的制度环境不断恶化，甚至一度中断执行，由此带来了国内铁路联运收入的急剧下降：1926年仅收入106万元，较上年减少700余万元；1927年收入184万元；1928～1931年则徘徊于131万～612万元。[③] 这一变化趋势，显然受到了制度环境变迁的较大影响。

对于近代中国而言，铁路是一项先进技术，而联运制度则是应中国早期铁路运营的现实环境而产生的一项特殊制度。联运制度与铁路运输业发展之间的关系，既从一个侧面揭示了制度创新与技术发展间的关系，又启示我们逐渐完善相关制度安排，改善制度环境，实现制度安排、制度环境与先进技术之间的良性互动，是使先进技术发挥更大作用的有效途径之一。

---

① 陆庭鑣：《我国铁路联运业务》，《交通杂志》第3卷第7～8期合刊，1935年6月，第7～13页。

② 谭耀宗：《国民经济建设运动与铁路货物负责运输》，《交通杂志》第3卷第10期，1935年8月，第3页。

③ 俞棪：《我国铁路联运事业之过去现在与将来》，《交通杂志》第3卷第7～8期合刊，1935年6月，第25～26页。

近代江淮地区铁路交通区位研究*

——以津浦铁路改线为中心

津浦铁路是纵贯中国东部地区的南北交通动脉，它动议于北京到清江浦铁路，继而延伸为天津至镇江的津镇铁路，后又将南端终点改为南京对岸的浦口。从1889年动议至1912年最终通车，其间历经诸多波折，路线几经变更。这期间虽然体现出列强对华资本输出的特征，也反映出在近代经济格局下交通运输空间布局与功能结构的变动趋势。本文拟结合晚清时期交通格局的变化对津浦改线历程做出粗略的解读。

这一研究的主要价值在于二点：其一，近代铁路运输与传统的水上运输尤其是运河运输之间的互补性问题。当铁路无法沿着运河走向修筑的时候，运河沿线的城市不可避免地衰落。近代南北向铁路建设明显存在交通区位①西移的现象。清江浦和镇江经济地位下降无疑是津浦铁路开通的负效果。其二，江淮地区②铁路路网布局之特征，应体现出该地区铁路网络的中心和辐射区域的选择问题。交通系统只有以低成本运行才能

---

* 本节作者马陵合，安徽师范大学历史学院教授。

① 区位是指人类活动的合适的空间场所或位置，并非随意的一个经纬度组合。区位因素是指经济活动发生在某个特定地点或若干点上，而不是发生在其他点所获得的优势，他所指的优势来自成本的节约。交通区位更多地考察一些交通节点的选择或生成。交通节点是交通现象大概率出现的地方，它是交通区位的核心。参见管楚度《交通区位论及其应用》，人民交通出版社，2000，第7页。

② 关于江淮地区的概念，学界有较多的讨论，参见张崇旺《“江淮”地理概念简析》（《地理教学》2005年第2期）。大多学者认可的地理界线是西起桐柏山—大别山麓，东濒黄海，北界淮河，南临长江的长江以北、淮河以南地区。江淮地区虽然分属长江、淮河两大水系，但由于苏北运河使江淮水系联为一体，并且东西向均有天然屏障，更重要的是，长期以来，这一地区内部经济联系较为紧密，经济水平也较接近，与毗邻地区有显著差异。只是运河以东，淮河的分界意义并不明确，因而，江淮地区的东部边界更多的时候是里运河。

保持其长期稳定性，而降低成本的最好办法就是交通基础设施的布局与具有低成本优势的交通区位线耦合，或者说交通基础设施的布局与自然交通资源的地理分布结构相同或近似相同。津浦线实际上是在运河运输并没有完全停止的情况下，偏离运河路线，重新确定了南北交通区位线，并形成近代意义的江淮地区经济核心区。

一 重塑清江浦：以铁路取代运河的构想

由于清江浦以北的京杭运河迂缓难行，故商旅凡由南而北，一般都到清江浦舍舟登陆，至王家营换乘车马；由北而南，则到王家营弃车马，至清江浦石码头登舟。清江浦遂成为“南船北马”的交会点。清乾隆四十年（1775），清江浦人口达 54 万，已跻身于全国的名城之列。

1855 年，黄河在河南铜瓦厢决口，北徙入渤海。清口一线的黄淮运平交问题，一夜之间不复存在，在苏北留下了被完全打乱的水系、几近淤废的下游淮河和京杭运河苏北段，清江浦遂失却其重要性。1873 年，清政府下令各督抚“酌提本色若干运沪，由海船解津，其余仍照章折解，以省运费，并随时指拨漕折银两采买接济”，[①] 此时清政府虽没有完全放弃漕运，漕运体制也未完全解体，漕运的没落却已无法挽回。此后，受传统经济观念的影响，仍不断有人以海运危险，而议复河运。但是紊乱的水系难以在短期内治理，由铁路来承担过去北运河沟通南北的功能，使清江浦恢复南船北马的交通枢纽地位，自然成为时人关注的问题。

洋务运动兴起后，洋务派人士开始提出中国应当仿造铁路，而清江浦至京城的线路成为首选。光绪三年（1877）六月一日李鸿章在致郭嵩焘的信件中，写道他在同治十三年（1874）“极陈铁路利益，请先试造清江至京，以便南北转输”。而当时恭亲王奕䜣“谓无人敢主持”，计划流产。光绪四年（1878），薛福成在《创开中国铁路议》中提出：“自京师而西可为路以达太原，南可为路以达汴梁（开封），东南可为路以达清江

① 《清实录》，穆宗毅皇帝实录（七），卷 354，第 4 页。

浦……清江浦而南可接而达于苏、皖，于江西，于浙、闽、广。”[①] 光绪五年（1879），马建忠在所做《借债以开铁道说》中提出：“中国初创铁道，由京以达淮城（即淮安府城），往来通衢，创兴之后，利可倍蓰。”[②] 光绪六年（1880），直隶提督刘铭传在清廷官员率先中上奏主张速造铁路以图自强，并提出“筹款试办铁路，先由清江浦至京一带兴办”。刘铭传在奏章中提出：“自强之道，练兵、造器固宜次第为之，然其机括，则在于急造铁路……查中国要道，南路宜开二条：一条由清江经山东，一条由汉口经河南，俱达京师；北路宜由京师东通盛京，西通甘肃……拟请先修清江至京一路，与本年议修之电线（电报线）相为表里。”[③] “果使铁路由通州建至清淮（清江淮城合称），则运货无沉失之虞，行人免风涛之苦。”[④] 1885 年夏，军机大臣、督办福建军务左宗棠在《复奏海防事宜折》内指出：“臣查清江浦至通州宜先设立铁路，以通南北之枢：一便于转漕而商务必有起色，一便于征调而额兵即可多裁，且为费仅数百万，由官招商股试办，即可举行。”[⑤]

康有为在光绪十四年（1888）代御史屠仁守《请开清江浦铁路议》中称北京至清江浦的铁路开通后有“六大利”。康有为并未将铁路与近代经济完全联系在一起，仍然将铁路这一近代工业化的结晶用于维持传统的经济体系。康有为这种选择的目标是，“宜择要地以控天下，收利权”。“夫铁路缩万里而为咫尺，去壅滞而便指挥，以足民则商贾日通，农利大辟；以立国则调兵立至，挽粟飞来，泰西纵横，略由于此，岂可阻哉?”“清江之通京师也，为累朝官道，跨燕、齐，逾河、淮，南达江、浙、闽、广、川、楚毕赴焉，西通豫、陕、斜指滇、黔，实于下之喉衿也。”[⑥] 具体而言，第一，继续发挥运河南北通道的作用。“清江轮路既通，计扬

① 丁凤麟、王欣之编《薛福成选集》，上海人民出版社，1987，第 111 页。

② 马建忠：《适可斋纪言纪行》，台北，文海出版社，1966，第 62 页。

③ 《清史稿》，中华书局，1977，第 4429 页。

④ 《清德宗实录》卷 123，第 2 页。

⑤ 交通部、铁道部交通史编纂委员会编《交通史路政编》第 1 册，交通部、铁道部交通史编纂委员会，1935，第 38 页。

⑥ 《请开清江浦路议》（1898 年 1 月 19 日），康有为撰，姜义华、张荣华编校《康有为全集》第 1 集，中国人民大学出版社，第 220 ~ 221 页。

州运河轮船可驶，舟车直接，乃于瓜洲、镇江对设码头，为泊船屯货之地。”也同时除漕运之弊端。“近改海运，然一遇有警，即同扼吭，尤不可恃，且又有津通设仓置吏转搬之劳焉。若清江至京师一千九百里，若有铁路半日可达……无过坝、设闸、浚河、修船之劳，无运军船户之弊，南北设一坐粮郎中督理已足，千古漕运之弊一扫而空，漕运之溢羡无穷，黄河亦因之易治。”① 后人在编纂其传记时则清楚表明，康有为建议的核心内容是用铁路取代运河。“时铁路议起，两广总督张之洞请开芦汉铁路，而苦无款。先师（指康有为）与仁守言，宜因漕运之便，先筑清江浦铁路，即以北漕为之。去漕仓之官役，岁可得千数百万，移为筑路之资。”② 第二，使国内交通干线远离海岸，自然地消解列强对华利权的侵夺。“外夷都城非不近海，然彼多铁船护于海中，与我立国异矣。过计惴惴，谓海道近，则都畿疏防，尤所大患也。”③ 他认为将来以清江浦为中心建立铁路网，与传统水运相配合之后，“凡今洋人海上之利权，皆取而自有之，洋人亦将畏我矣”。④

但是，刘铭传、康有为等关于京清铁路的设想，既是当时铁路新认知的产物，同时也是维护利权和维持传统交通格局的产物。一个非常突出的动机是利用铁路取代北运河，清江浦自然成为铁路与运河衔接点的最佳选择。

即便如此，仍引起一些强烈反对之声。这种反对并非完全针对铁路路线的规划，而是反映当时国人对铁路的不同认知。他们反对修建北京至清江浦最充分的理由，恰恰是对清江浦交通枢纽地位的固守，他们最担心的是这样的交通中心若通铁路，极有可能为列强所控制和利用。清江与北京间有千里之遥，铁路会使两地变得近如咫尺，铁路“恐转便敌人来犯之途”。光绪十年（1884），汪正元在其反对修筑铁路的奏折中称

---

① 《请开清江浦铁路议》（1889 年 1 月 19 日），康有为撰，姜义华、张荣华编校《康有为全集》第 1 集，第 221 页。

② 康有为：《康有为文集》，线装书局，2009，第 477 页。

③ 《请开清江浦铁路议》（1889 年 1 月 19 日），康有为撰，姜义华、张荣华编校《康有为全集》第 1 集，第 221 页。

④ 《请开清江浦铁路议》（1889 年 1 月 19 日），康有为撰，姜义华、张荣华编校《康有为全集》第 1 集，第 221 页。

“由西山而渐及天津，由天津而渐及清江浦，九折之坡，等于平原，千里之遥，近如咫尺，其能自固门户哉?”内阁学士张家骧在其《未可轻议开造铁路折》中写道：“溯自各国通商以来，凡海口有码头地方，洋人无不盖造房屋，置买地基。清江浦乃水陆通衢，若造成铁路，商贾行旅，辐辏骈阗，必较之上海、天津更为热闹，洋人工于贸利，其从旁觊觎，意想可知。虽该处无设立码头条约，而未必能禁其往来，设或借端生事，百计要求，则将何以应之? 利尚未兴，患已隐伏。”光绪十年（1884），徐致祥在《论铁路之害折》中亦写道：“夫清江为水陆要冲，南北咽喉，向非通商码头，铁路一开，夷人必要求此地置造洋房，增设货栈，起盖教堂。以咽喉冲要之地，与夷共之。”① 刘锡鸿认为，并不需要铁路来解决漕粮北运问题。“或曰：漕河淤塞，惟恃海运以济京师，他时或有海氛，运道阻绝，百官万民间何所取给? 今先事先于清江浦以北造铁路以代漕运，固思患预防之至计也。臣亦间尝筹及之。山东之漕，业由运河抵通矣，事至不得已，则移漕运总督于济宁，令南漕秋初皆集清江浦起岸，由宿迁取道滕、峄以达济宁而下河道，仅五六百里耳。”②

张家骧的《未可轻议开造铁路折》奏达后，清政府表示修筑铁路“未可轻议施行等语，着李鸿章悉心妥筹具奏”。李鸿章对张家骧的说法进行了反驳：“张家骧所称清江浦为水陆通衢，若造成铁路，商旅辐辏，恐洋人从旁觊觎、借端要求等语。臣谓洋人之要挟与否，视我国势之强弱，我苟能自强而使民物殷阜，洋人愈不敢肆其要求；我不能自强，则虽民物萧条，洋人亦必隐图其狡逞。”③ 显然，李鸿章赞同从清江至北京的方案。其理由在于：第一，可以部分地取代运河漕运。“自江浙漕改行海运，议者常欲规复河运，以防海运之不测。铁路若成，譬如人之一身，血脉相通，即一旦海疆有事，百万漕粮无虞梗阻；其余如军米、军火、京饷、协饷，莫不应手立至。”④ 第二，可以促进北方经济的发展。“江淮以北，陆路为多，非若南方诸省，河渠贯注而百货流通。故每岁所征洋

① 宓汝成编《中国近代铁路史资料（1863～1911）》第1册，中华书局，1963，第88页。
② 宓汝成编《中国近代铁路史资料（1863～1911）》第1册，第100页。
③ 宓汝成编《中国近代铁路史资料（1863～1911）》第1册，第93页。
④ 宓汝成编《中国近代铁路史资料（1863～1911）》第1册，第90页。

税厘金二、三千万两，在南省约十之九、在北方仅十之一。傥铁路渐兴，使之经纬相错，有无得以懋迁，则北民必化惰为勤，可致地无遗利，人无遗力，渐臻殷阜之象；其铁路扼要之处，征收厘税，必渐与南方相埒。”① 第三，可以向南延伸，直接与长江流域沟通。“清江一路既开，则由清江以至瓜洲不难续造，从此直、东两省，内地征兵运饷，直达江海，其迅捷必十倍于曩时。推之汉口有一路，而河南、湖北等省，当亦视此。”②

刘坤一也驳曰：“顾立一法，必有一弊，大利所在，害亦随之。张家骧恐铁路成后，洋人于清江求开口岸，原是意中之事，然可据约力争。”张之洞在慈禧支持下电奏“清江造路十弊”：“查湖口以上，外洋大兵舰不能到；若海州距清江二百余里，毫无险隘，离海太近，易被敌截，弊一；邻近轮船，运载罕利，弊二；路之东余地无多，不能拓枝路之利，弊三；铁路必受运一切深藏难出之物，然后有利，清江运道久通，蕴藏鲜少，弊四；卢汉一路，目前可用湘煤，将来可通晋煤，磁州一带，皆有煤矿，东路距煤铁出产之区太远，不便资用，弊五；筑路以碎石为第一要料，西路沿途皆有，东路取资颇艰，弊六；一国之内，干路不能多设，创始偏东，则近西干路，不能再举，将来引而加长，如南达湘粤，西达川陕均远，弊七；黄河下游迁徙无定，弊八；直隶之津南，山东之湖路，常被水淹，路虞冲损，弊九；清江一路，仍以天津为归宿，海口兵卫，实不稳便，弊十。”同时他坚称，汉口一路“四通八达，必宜先办”③ 张之洞反对津镇线主要是为维持拟修的卢汉铁路。

但是，西方列强对于津镇铁路似乎充满兴趣，并在强权之下，逐步变成一纸合同。早在1860年代，麦克唐纳·斯蒂芬生在给中国设计铁路系统计划时，就提出修筑“从镇江经过天津至北京”的铁路。④ 光绪二十一年（1895），美国成立东方修造公司，欲承揽中国铁路，该公司提出中

① 宓汝成编《中国近代铁路史资料（1863～1911）》第1册，第89页。

② 宓汝成编《中国近代铁路史资料（1863～1911）》第1册，第95页。

③ 宓汝成编《中国近代铁路史资料（1863～1911）》第1册，第98页。

④ 〔英〕肯德：《中国铁路发展史》，李抱宏等译，生活·读书·新知三联书店，1958，第8页。

国应修筑的第一条线路即为“由京都修至天津，自天津而清江”。光绪二十二年（1896），有华商在京要求兴办清江至京铁路，翌年“集股已有成数……俟直督王燮帅批回即可兴办云”。光绪二十三年（1897），张之洞并曾奏称“有赴南洋请办清江浦路者”，要求朝廷阻止，以免“摇动芦汉”。光绪二十四年（1898），德国驻华公使海靖“亦欲就清江、济南筑路至津”。甲午战后，谋卢汉铁路修筑权未果的刘鹗也提出过修筑“津镇铁路”的设想。他上书给直隶总督王文韶，倡议修建一条大体上依傍着大运河的铁路，从镇江开始，向北经扬州、高邮、宝应、淮阴等地，过济南一直到天津。[①] 第一个明确提出修建津镇铁路的是江苏候补道、曾留学美国的容闳。1896 年，容闳向总理衙门呈请办天津至镇江的铁路，“足于芦汉干路相辅而成，请令建立公司，妥筹开办”。[②] 他所规划的津镇是由天津经山东德州至江苏镇江的铁路。容闳在呈请筑路时称已集股一万两左右，并表示可以“拟请先提股银二百万两，以充朝廷要需”，路成通成营业，“后获全利，按照四分之一报效国家……按年解交户部，不得拖欠”。[③] 这对于急于“筹饷”的清政府是有诱惑力的。总理衙门鉴于 1896 年 4 月 24 日上谕中对筹办卢江铁路曾有“洋商不得入股”之规定，对容闳所拟办路章程，除令其将“招集洋股”改为“筹借洋款”并须声明“商借商还”外，余均同意。[④]

但是，张之洞、盛宣怀正在筹办卢汉铁路，津镇与卢汉属平行路线，他们担心津镇铁路建成后，“东南客货，均为所夺”，影响卢汉铁路的收益，便以“容路系洋股，路即与洋路无异”为由，反对筹建津镇路。同时，容闳的呈请也受到德国的阻挠。德国之所以阻挠容闳办路，是因为自 1898 年初《胶澳租界条约》签订后，德国视山东为其势力范围，津镇铁路穿过山东，有损其“利益”。德国驻华公使海靖照会总理衙门称，

① 王致和：《中国铁路外债研究：1887～1911》，经济科学出版社，2003，第 182 页。

② 《清德宗实录》卷 414，第 14 页。

③ 容闳：《津镇铁路条陈》，光绪二十三年十二月，于宝轩辑《皇朝蓄艾文编》卷 36，第 13～14 页。

④ 金士宣、徐文述：《中国铁路发展史（1876—1949）》，中国铁道出版社，1986，第 154 页。

“无论何人，不能在山东另造铁路”。[①] 由于德国的干扰，总理衙门遂令容闳将津镇铁路改线，“绕山东，过黄河，经河南，以达安徽”，同时还规定“必招中国资本，不许外人入股”，并且“限六个月之内招齐路股”，逾期将停办此路。所以，“容路虽议准亦不能办”。[②] 随后德国拟在山东建造胶济、胶沂和济南往山东界的铁路，此要求并没有得到清政府的认可。[③]

1898 年 8 月，英国借口清政府曾声明卢汉铁路与沙俄无关，而在最近公布的正式借款合同条款里却有华俄道胜银行经理该路债款和经手支付该路工款的具体规定，认为这是一种“背信弃义”的行为，要求得到补偿，进而提出五路贷款权的要求。其中第一条即为津镇铁路，并表明可以与他国合作，“此路如德美等公司愿行会办亦可”。对此，德国立即采取了还击行动。德国驻英大使曾照会英国外交部：“由于德国占领胶州，并与中国订了有关山东的协定，因而，德国在该省有着特殊地位，而不能对英国企业无保留地开放。”[④] 英国在津镇铁路问题上并没有与德国形成尖锐的对立，而是决定与德国通过谈判寻求妥协。英国主动表示不“强烈反对”德国在津镇铁路“通过山东省部分”的线路上投资，认为解决津镇铁路问题的最好办法是英德两国共同投资该线。

1899 年 9 月初，英国的汇丰银行、中英银公司和德国的德华银行各派代表在伦敦举行会议，背着中国擅自确定二国在津镇铁路上投资范围。当时德国报纸认为这种方式是一种“特别适当和有前途的”方式。[⑤] 随后，英使窦讷乐和德使海靖于 9 月 10 日向总理衙门递致照会，要求准许汇丰银行和德华银行共同承办津镇铁路。清政府为了遏制德国在山东势力的扩张，也主张借款修津镇铁路。总署在奏办铁路折中称，“倘我先造南北干路，则德人修路至济南后，令其就近与我干路连接，使不能再加

① 容闳：《西学东渐记》，中州古籍出版社，1998，第 155 页。

② 盛宣怀：《愚斋存稿》卷 31，第 3 ~ 4 页。

③ 《申报》，光绪三十三年六月九日。

④ 金士宣、徐文述：《中国铁路发展史（1876—1949）》，第 156 页。

⑤ 宓汝成编《中国近代铁路史资料（1863 ~ 1911）》第 2 册，中华书局，1963，第 403 页。

展拓，最为要着。是自修津镇铁路，实为抵制之方”。[①] 只是由于其时容闳的筑路特许权尚未正式撤销，清政府未即予以明确答复。英德两使遂不断以口头和书面方式催逼。到该年底，清政府决定派许景澄、张翼分别为津镇铁路督办、帮办大臣。1899 年 5 月 18 日，经过 4 个多月的谈判，许景澄、张翼与汇丰、德华两银行签订了《津镇铁路借款草合同》，借款额为 740 万英镑，9 扣交款，年息 5 厘，借款期 50 年，并议定自天津至山东省南界由德华银行借款修筑，山东南界至镇江由汇丰银行投资修筑。这一借款办法中，“所有造路及行车一切事宜，悉照芦汉铁路办法”。在津镇铁路的方案中，清江浦仍然是线路的主要节点。后因津镇变为津浦线，清江浦才淡出近代中国的铁路网的中心位置，并被逐渐边缘化。[②]

清末江苏铁路公司曾有以清江浦为中心的苏北铁路网的规划，包括清徐、瓜清和海清铁路。瓜清铁路的结局已如上述。清徐和海清均为极短之线路。清徐铁路只修成清江浦北岸的臧家码头至杨庄的 11 公里，海清铁路只修建清江至西坝的 7 公里的铁路。这两条铁路主要是为盐运服务。由于陇海铁路东段和津浦铁路建成通车，皖岸之盐可径由新浦运至蚌埠，豫岸之盐则可直接由陇海线西运，杨庄线路业务一落千丈，被迫停运，1918 年该路路轨拆除。由于政府允许江运各岸之盐直接由轮船海运，西坝食盐运销中心也随之丧失。1927 年该线也停运，路轨被拆。[③] 1919 年，孙中山在《建国方略》中，规划两条铁路线经过淮安：一为海州至南京线：“此线从海州向南至安东，稍南至淮安。既过淮安，渡宝应湖，经天长、六合，以至南京。”一为新洋港至汉口线：“此线自新洋港而起，至于盐城，过大纵湖，至淮安。自淮安转向西南，渡过洪泽湖之东南角，至安徽之盱眙……过罗田，以至汉口。”但治国方略一直悬置高

---

① 朱寿朋：《光绪朝东华录》，中华书局，1958，第 18 页。

② 陇海线的东端曾被议为清江，“……由开封、归德（商丘）、过宿（宿州）、泗（泗县）以抵清江”。1909 年，邮传部成立开徐清海铁路总局，准备修筑开封—徐州—淮阴—连云港铁路。但是，该部于 1910 年复测后，决定该线不再绕道清江，由徐州直接筑至连云港。这显然受到津浦铁路线的影响。

③ 荀德麟：《清徐、海清铁路始末》，《江苏地方志》1996 年第 4 期。

阁。此时清江浦已非交通枢纽，只是普遍沿线城镇而已。[①]

虽然津浦南段基本远离运河，但是苏北运河的作用仍然得到重视。清末漕运转海，济宁以北运道断航，济宁以南先后进行局部治理，特别是1930年代，对其中最为关键的苏北运河，结合治淮，进行了较大规模的整治。1934～1937年，在苏北运河上兴建了代表近代治理运河最高水平的邵伯、淮阴、刘老涧、高邮4座新式船闸，使苏北运河可以通行30吨左右的机帆船和小客轮。抗日战争和解放战争时期，由于战事激烈，运河通塞无常。到1949年，苏北运河深浅不一，河道狭窄，一般只有20～50米，最窄处高邮界首至马棚湾段仅有10米左右，有大小弯道90多处，弯道半径最小仅100米，船闸通过能力低，水下暗桩、沉石、沙滩等障碍物很多，宿迁半片店至黑鱼汪一带地方水深仅二三尺，只能勉强维持通航小型木帆船，枯水期甚至断航，可谓百孔千疮。而在津浦北段天津至德州间沿北运河东岸与运河平行，路基较高，以防水害，但高路基对于宣泄入海的水流来说，等于是一道堤坝，其结果使以后河北省东部多次遭受严重水灾。这是工程设计上考虑不全面所造成的后患。[②]

二　构建路网中心：由镇江改为浦口缘由考

由于义和团运动和八国联军侵华，津镇铁路借款正式合同的签订受到影响。1902年起英德要求尽快签署正式合同。草合同签订后，爆发了义和团运动，借款事被搁置。义和团运动结束后，光绪二十八年（1902）八月、光绪二十九年（1903）五月，英德两国两次照会总理衙门，要求迅速商订正式借款合同。清政府于是任命袁世凯为督办大臣。袁世凯任津海关道唐绍仪，候选知府梁如浩与德华银行代表柯士达，中英银公司代表璧利南进行谈判。但由于德华银行横生枝节，要求增建德州至正定、兖州至开封的两条支线，超出草合同范围，中方不允。由于英德方面要

① 参见金兵、王卫平《论近代清江浦城市衰落的原因》，《江苏社会科学》2007年第6期，第205～209页。

② 金士宣、徐文述：《中国铁路发展史（1876—1949）》，第161页。

求苛刻，谈判“旋议旋辍”“磋磨数年，迄未定议”，致使商订正式借款合同事宜停滞。[①]

1905年初，在收回粤汉铁路的影响下，津镇铁路预定经过地区的绅商也要求“援粤汉之例，废约自办”。他们于1905年6月致电清外务部，要求废除与英德银行签订的草合同，按川汉、粤汉两路办法，筹款自筑，并且初步议订了筹款的方法。[②] 但负责交涉的张之洞和袁世凯并不支持废止津镇铁路借款草约。但是，他们对津镇铁路借款草合同也曾明确表示过不满，张之洞曾言：“此路当京畿门户，关系根本安危，前者约已谬，续约尤谬……断不能不谋挽救之方。”[③] 所以，二人还是利用三省绅民的废约要求，指示具体的谈判经手人外务部侍郎梁敦彦与英德交涉，尽量做到“让利争权”。[④] 在谈判过程中，一个重要变化是将南端终点东移到南京对岸的浦口。

1908年1月13日，梁敦彦与德华银行代表柯达士、英华中铁路公司代表濮兰德订立了《津浦铁路借款合同》。合同规定，借款额为500万英镑，其中英国占37%，计185万英镑，德国占63%，计315万英镑；年息5厘，期限为30年，93扣。借款改为由地方税厘担保，担保的税厘包括：直隶厘金每年关平银120万两，山东厘金每年关平银160万两，江宁厘金局厘金每年关平银90万两，江苏淮安关厘金每年关平银10万两。合同中明确规定：“此铁路建造工程以及管理一切之权，全归中国国家管理。”[⑤] 但在修筑铁路过程中，清政府在南北两段必须任用银行认可的英国和德国的总工程师。铁路建成后南北两段合并，设一总工程师，在借款未还清前，该总工程师必须任用欧洲人，只是不必得到英德银行的认可。

张之洞、袁世凯在关于签订津浦铁路借款合同的奏章并没有对为何将南端终点从镇江移至浦口做出具体的解释。一般认为，1908年沪宁线

---

① 天津市档案馆编辑《袁世凯天津档案史料选编》，天津古籍出版社，1990，第72页。

② 《留日学生致外务部电》，《申报》1905年6月24日。

③ 《张文襄公全集》卷189，第12页。

④ 宓汝成编《中国近代铁路史资料（1863～1911）》第2册，第806页。

⑤ 王景春等编《中国铁路借款合同全集》上册，交通部，1922，第428页。

的通车是津镇线改线的主要原因。“这种改变的主要原因是看到了沪宁铁路的建筑，这条铁路就没有在南京以下扬子江上任何一个地点作为终点的必要。”津镇铁路原计划的南段路线在南京对岸附近，“向西转弯，沿着扬子江至镇江。”沪宁铁路自镇江至南京段位于长江南岸，因此实际上在江的两岸各有一条铁路沿江而行，这样会造成资金的浪费。“并且浦口决定为浦信铁路东端终点，数条铁路会合于一个地方的优点无疑是那些负责改变计划的人所想到的。最后，由于造成路线至镇江的人在商业上或工程上缺乏令人信服的理由，最适宜的办法看来还是选择南京，这样可使南北两都城有直接的铁路交通。”①

不少著述认为津镇改为津浦原因在于镇江一些商人目光短浅，自己要求改道的。据张立瀛《镇江古今谈》说：“镇江人士多保守思想，无世界眼光，由商会电吁邮传部，请予改道。而在京京官，多赞成其议。”柳曾符的《刘鹗的生平》说：“因火车不能渡江，实际上只能通到镇江对岸的瓜洲。因此，一些镇江京官大哗，说镇江本来是长江水陆码头，鱼米之乡，市面繁庶。这样一来，无形中镇江市场就要移到瓜洲，镇江人就没有饭吃了！于是群起反对，并声言开除刘鹗‘乡籍’，以致功败垂成。”②

也有人认为是浦口和安徽的商绅请求改道。“徇皖省士绅之请，详改舆图博采众论，议定南段路线增入安徽省，即由山东峄县起经江苏铜山县取道安徽之宿州、灵璧、凤阳、定远、滁州等州县以入江苏江浦县境而到浦口为终点，又由安徽京官呈请加派安徽巡抚会同办理，均同时奏准。”③

然而，放弃镇江而选择浦口一个更为实际的原因在于镇江港重要性的下降。镇江是长江与南北大运河的交汇点，自古以来，镇江就是长江下游地区的交通枢纽和物资集散中心。它“西至龙门口、东至王家港、长达10余里，港阔水深，外有芦滩掩蔽，无风浪之险。隔江对岸即运河苏北口门的瓜洲，便于货物运输”。④ 但是，镇扬河段河势走呈西东向，河段上窄下宽，呈喇叭形。河槽主流在上下节点之间向南（右）北（左）

① 〔英〕肯特：《中国铁路发展史》，第144页。

② 长宜：《铁路与镇江》，《镇江文史通讯》1987年第3~4期，第17~19页。

③ 北京政府交通部编《中国国有铁路沿革史》，台北“国史馆”，1984，第210页。

④ 长宜：《铁路与镇江》，《镇江文史通讯》1987年第3~4期，第17~19页。

两岸交替摆动，在交替摆动的过程中，使中部弯道的凹凸岸互相易位，交替转化。大约在数千年以前，长江的入海口，曾在镇江、扬州以下不远，故镇扬河段早期的河型具有近河口段的特点，泥沙淤积成众多沙洲，河槽宽浅，多汊分流，河宽达 2 公里多。随着长江河口的向外延伸，江面逐渐束狭，河槽左右摆动。康熙年间，瓜洲城江岸开始坍塌，虽屡经大力维护，终未能制止坍势，清同治三年（1864），瓜洲城全部坍入江中，今日之瓜洲镇已位于原瓜洲城址以北数里。靠近南岸的小岛金山，已与江岸连为一体。

1861 年，英国人选择云台山，作为进驻镇江的大本营，就是因为其址东面是镇江最繁华的城外商业区，北面是长达数里的江岸，港阔水深，为天然良港。外国公司的码头多设于此。但是，从 1890 年代起，这一天然良港的优势逐渐丧失。这种情况，正如 1893 年海关报告中所说："镇江港口形势，由于长江主流趋于北岸而受到极大影响。在过去的十二年间，在上游港区，已有 1200 码的港区淤积，变成了陆地。租界对岸的地段正在坍塌。"主河道北移，不仅使镇江港区淤塞，而且江中原有沙洲也在逐渐扩大。这些沙洲都由长江泥沙淤积而成，大大小小，不知其数，密布在长达 130 里的镇江江面上。昔日，这些沙洲是镇江港区的屏障，而今则成了出入的障碍。至 20 世纪初，虽然太古、怡和、日清、亚细亚等码头迁至下游，但有趸船者极少，上下皆靠驳船，极为不便。镇江贸易无疑受到影响。①

此外，还有一个重要因素是苏北湖泊众多，除了筑路上的难度，还有湖泊、运河的存在影响铁路的效用。这在南段路线规划上也得到相当程度的体现。津镇改为津浦后，清江浦的交通枢纽地位进一步弱化。当时津浦线南段有洪泽湖东（经过淮安）和洪泽湖西两个路线计划备选择，最终因顾忌苏北洪水且江苏铁路公司已准备修筑清徐、清镇铁路等原因而采用西线，原本纵贯江苏省的津镇铁路就这样被改为绕道安徽。津浦铁路于该年动工，1912 年通车。通车后，清江浦地位一落千丈，迅速衰

---

① 茅家琦等：《横看成岭侧成峰——长江下游城市近代化的轨迹》，江苏人民出版社，1993，第 326～327 页。

落。“逮海道大通，津浦筑路，舟车辐辏，竟赴捷足，昔之都会遂成下邑。”① 清江浦的衰落与城市形成机制有关。清江浦繁荣是基于特殊的交通枢纽地位和政府扶持政策，自身缺乏经济增长能力，尤其是缺乏与城市规模相适应的经济腹地。

英国所修津浦铁路南段路线当时有两种规划。一是峄县经由江苏徐州铜山县取道安徽宿州、灵璧、凤阳、定远、滁州等州县入江浦到浦口镇。一是由铜山县取道邳州、宿迁、桃源（今江苏泗阳县）、清河（今江苏淮阴县）、天长、六合等州县入江浦县到达浦口。江苏、安徽两省就线路规划问题展开了争论。江苏铁路公司主张按第二种规划修建铁路，因为该规划线路绝大部分穿越江苏省境，有利于苏北经济的发展。而安徽同乡京官则认为：津浦铁路与津镇铁路不同，铁路应经由皖省辖境，并上奏朝廷，在钦派直鲁苏三省督抚会办的同时，皖抚亦有购地保护之责，请加派皖抚会办，以责专成。时任督办津浦铁路大臣吕海寰在听取南段总办及总工程师的详细勘察结果后，再行亲往复勘审定后认为：“论钢轨则直捷为便，论路工则省费为主，然过通都大邑商埠市场应行迁就者，虽以道稍迂亦不可。”② 最终，“因此路南端，经由皖境，添入安徽一省，共为四省”。③ 津浦铁路南段路线走向按照第一种规划，其路线大部分经过皖省境内。南段自运河南岸经徐州、宿州、越淮河至蚌埠和临淮关，再经滁州而达浦口。

作为补救，后经邮传部同意拟修筑瓜清铁路，路线是由瓜洲沿运河北上，直达清江。邮传部同意该路一个重要原因是，它与津浦“不至同向并行”“与津浦南线并无妨碍”。④ 但是，“荏苒经岁，迄未兴筑。而众论庞杂，又论沿运至高邮，改道泰州、如皋，抵天生港，名曰‘清通’，亦悬而未决”。⑤ 实际上，改道倡于张謇，他希望借此进一步振兴南通实业。当改道消息传来，镇江人表示出强烈的不满。1912 年 6 月 22 日，镇

① 《民国续纂清河县志》卷一疆域。

② 交通部、铁道部交通史编纂委员会：《交通史路政编》第 10 册，1935，总第 2439 页。

③ 金毓黻等编《宣统政纪》卷 3，辽海书社，1934，第 29 页。

④ 《邮传部核准筑造瓜清铁路公文》，《东方杂志》1909 年第 13 期。

⑤ 孙荫培：《最新中国铁路全志》，上海商学会，1903，第 27 页。

江各界举办有1000多人参加的集会，成立“挽回铁路会”，要“决死争之”，并计划借款自行修筑。到第二年春，因款项不足，又决定暂时把路线筑到仙女庙，改瓜清路为瓜仙路。但由于二次革命，此路也未见下文。

1914年，又曾有过修建瓜信铁路的提议。当时交通部筹建浦信铁路，这条铁路由河南信阳向东入安徽，在滁县的乌衣与津浦路接轨，并由津浦路南下至浦口。镇江绅商曾派代表向南京、北京等地活动，要求把浦路改为瓜信铁路，即延伸至镇江对岸的瓜洲。交通部曾原则上同意改道，但要镇江、扬州两地负担改道后增筑线路的费用。但多方筹款，也未见效果，加之浦信路借款也归于流产，瓜信路则更只能束之高阁了。

三 铁路与江淮地区内部经济联系的强化

1898年英国、德国在商定津镇铁路时，曾对“流域”（Valley）概念做出说明：“它意味着……即是流入黄河或长江的一些河流所经过的区域。”[①] 但只是提及长江流域和黄河流域。从理论上而言，流域不仅是一个从源头到河口的完整、独立、自成系统的水文单元，其所在的自然区域又是人类经济、文化等一切活动的重要社会场所。1855年以前，黄河、淮河下游在苏北地区同流一体的历史已有660年之久，从水利学和经济区的概念而言，淮河流域的概念并不清晰。在传统经济地理概念中，并没有完整意义的淮河流域，沿淮地区并没有形成有内部完整交通联系的经济体，相反，只是形成了以运河为中心若干以淮河为名的经济地理概念。“两淮”是个方位地理概念，一解为“淮南”“淮北”之合称，泛指今日苏皖两省淮河南北的地方，是纵向概念；一解为“淮东”“淮西”之合称，分别指代苏皖两省江淮之间的地方，是横向概念。就江苏来说，“淮南”的范围大致和“淮东”重合。因为运河的开凿，实际上两淮只是苏北以运河为界的东西向地理概念。对淮河的流域性地理空间所指并不确切。

近代以来，随着运河的衰败，河运漕粮减少，运河地区输入的物资

① 宓汝成编《中国近代铁路史资料（1863~1911）》第2册，第398页。

和资金因此不断减少，原来依赖运河运输体系生存的人员失去生计，导致淮河中下游地区经济上开始出现衰退，越来越被边缘化。相对较发达的华北和华东地区而言，本地区受现代生产和生活方式影响较小，而其在传统的社会经济结构中所担负的功能和地位又已经失去。

津浦路线确定后，其联系长江流域与华北地区的功能更加强大。它与传统交通中心不存在太明显的重叠关系，它重新建立起黄河、淮河、长江三流域交通节点。淮河终于摆脱了黄河的侵害和运河的牵扯，开始以独立的地位，受到国内外人士的重视。事实上，英国在构建它控制的长江流域铁路系统的同时，有意识通过铁路将淮河流域纳入其以长江流域为主的势力范围之内。这种目标的实现必须与区域经济结构的更新与发展有关。在这种格局下，安徽蚌埠自然成为江淮地区交通网络的中心，浦口则成为长江流域与淮河流域连接的起点。

随着津浦线的开通，形成了一些依铁路而兴的城镇，如宿州"津浦路成，转运业者之数顿增",[①] 类似的还有临淮关、符离集、固镇、门台子，都是附近地区商品集散地，这些市镇有效地将农村经济与城市工商业联系起来。1919 年，地处淮河附近的凤阳县境内 19 家粮行"贩运方法均为陆运津浦、沪宁铁路，销路为上海、大通、南京、浙江、镇江、天津等地"。"凤邑米麦豆均易畅销"，"凤邑居津浦路之旁，贩运便利，并无积弊"。1930 年代前期蚌埠、徐州、临淮关、宿州、符离集等地的大豆外运量超过百万吨，除了销往南方的上海、无锡、常州等地，还有相当部分在山东的泰安、大汶口等地加工后销售。在皖北，六安是茶叶集散的主要县城。当时霍邱、霍山、金寨以及六安本县的茶叶经水路或陆路集中六安县城，然后沿淠河北上正阳关，运至河南周家口，再转运至北京、天津等地，其中部分茶叶经陆路输往俄国。津浦铁路通车后，六安茶叶运至正阳关后即东沿淮河输往蚌埠，然后装火车运往北方。[②]

由于淮河水系的水运线路在蚌埠与津浦铁路相接，淮河流域的大宗

① 龚光朗、曹觉生编《安徽各县工商概况》，《安徽建设月刊》第 3 卷第 3 号，第 27～30 页。
② 《安徽省六十县经济调查简表》，出版者不详，1922，第 2612、2615、1176、1202～1204 页。

农产品如米、麦、豆类等均得以扩大外销市场。铁路就成为地区农业协作体系中的重要联系纽带，促进了沿线地区农业发展。口岸城市的发展、交通结构的改善和民族资本工业的发展，加速了农产品商品化的进程，对商品化的地区和部门分布及性质变化产生了重大的影响。津浦铁路通车后，蚌埠成为皖北小表、杂粮的集散市场，拉动了周边农村粮食作物的商品化程度。1920 年代，泗县“农业产品，每年除自给外，麦豆高粱，尚多输出”。[①] 随着经济作物种植的推广和粮食商业性生产的发展，江淮地区的农产品量、商品率提高，形成了若干大小不等的商业性农业区。总体而言，津浦通车后，皖东地区滁县、天长、铜城镇、全椒、凤阳、来安、明光、定远这些城镇，与蚌埠、南京、镇江、上海等地联系加强，自身商贸规模不断扩大。

津浦铁路并非此时沟通长江流域与淮河流域的唯一通道，如英国提供贷款的沪宁线是东西向铁路，本来准备过合肥西筑至京汉线的信阳。此外，还有几乎变成现实的浦信铁路和泽浦铁路。

浦信铁路系指从浦口以北乌衣渡到河南信阳的铁路，其目标是“推广沪宁铁路”。该路经安徽全椒、庐州、六安，进入河南经固始、光州(今潢州)、罗川至信阳。1899 年 1 月 6 日，盛宣怀与代表华中公司的怡和洋行订立草合同。[②] 但是，清政府主持修筑铁路的几位主要人物，如张之洞、刘坤一等反对借款修筑此路。他们的担心主要有两个方面：一是担心沪宁、浦信均由英国投资，会使“长江南北、水陆路权全归英，有祸不可胜言矣”。同时也会影响卢汉、津浦两条南北干线收益。[③] 二是认为安徽、河南“地瘠俗悍”，不宜过早与洋人接触，否则“祸更烈于教案”。[④] 李经方在《安徽全省铁路图说》中认为浦信铁路对安徽影响极大，浦信只经江苏江浦一县，河南光州一州，而经安徽两府一州，“以三省自主之权论，皖省所失者较河南省倍之，较江苏则十数倍。以地势论，此路在皖北横穿而过，又将皖北划分为二”。这使拟议中自主修筑的皖北

① 民国《泗县志》，“经济”，第 21 页。

② 宓汝成编《中国近代铁路史资料（1863 ~ 1911）》第 2 册，第 434 页。

③ 宓汝成编《中国近代铁路史资料（1863 ~ 1911）》第 2 册，第 452 页。

④ 宓汝成编《中国近代铁路史资料（1863 ~ 1911）》第 2 册，第 452 页。

线路被拦截为二，“必致干路之利大半为浦信夺去”。并建议浦信应为从卢汉路的许州经陈州归德以达江苏淮徐之津镇铁路。“路线较长，获利较厚。何必坚执浦信，损人更不利己。”①

在交涉浦信的同时，英国福公司又提出泽浦、怀浦等铁路的要求。这几条铁路与浦信的走向基本一致。英国福公司获得河南、山西等地煤矿开采权后，即和中英公司计划共同修筑一条从浦口到信阳，然后再到成都的铁路。据当时英国外交部文件记载：“英王政府十分注意为英国企业获得扬子江流域由东往西的铁路特许的重要性。关于此事，本部正与中英公司及英国福公司联系，并已训令驻北京英王代理公使对于在中国的两家公司代表的请求予以支持。”② 英国政府在福公司已取得在山西河南开采煤矿铁矿和“自备款项由矿地建造铁路接到干路或河口”的权利后，于 1898 年 8 月 21 日由英国驻北京公使窦纳乐出面，以最后通牒的方式通知清政府总理各国事务衙门。刘鹗也是这条铁路的积极倡导者。刘鹗也清楚看到其中的发展机遇，认为将来浦口必为商货吐纳之地，遂联合长江水师提督程文炳收购土地。只是后因浦口购地发生争议，陷入与当地豪绅京官陈浏的纠纷之中，备受攻击，并成为其被流放新疆的导火索。

1902 年 7 月 20 日，福公司在未经清政府正式签约批准的情况下，公然开工修筑道口三里湾码头至焦作矿区的铁路。该年底才与清政府议定道（当时浚县道口镇，今滑县道口镇）泽（当时山西泽州，今山西晋城市）铁路章程。次年，清政府允许福公司修建“道泽铁路”的道口至清化（当时河内县清化镇，今博爱县清化镇）一段线路。但是，原计划修至浦口的道路一直没有付诸实施，其原因主要在于道清铁路可以使煤炭较为便利向华北地区输送。

另一条以浦口为起点的铁路浦信铁路的修筑却无功而返。虽有浦信铁路草合同存在，中英双方都不甚积极，直到 1908 年，英国在《沪杭甬

---

① 宓汝成编《中国近代铁路史资料（1863～1911）》第 3 册，中华书局，1963，第 1011 页。

② 〔英〕伯尔考维茨：《中国通与英国外交部》，江载华、陈衍译，商务印书馆，1959，第 348～349 页。

铁路借款合同》签订之后，开始要求签订浦信铁路借款正式合同。此时，清政府鉴于津浦、沪杭甬所引发的各种冲突，一直寻找借口要求英方缓议。外务部在致朱尔典照会中，称草合同并不具备约束力。“所谓此路草合同者，仅有将来可商议正合同一语，并未载明实在商议正合同之年限，在草合同亦不过空言。况津镇路已改建至浦口，今昔情形已迥不相同。虽将来津浦、京汉两路之中，自当有枝路相通，然或由信阳，或由他处接至津浦，方为利便，此时干路尚未勘明，此项枝路，更难预定。所有浦口至信阳铁路一事，自未便开议。”① 但是，英使以有草合同为据，不断施压要求订立正式合同。邮传部从铁路经济价值出发，提出反对的理由：“查铁路营业，以客货为大宗，而客货之情形实因地势为消长。浦信一线，东起津浦终点之浦口，西迄京汉中心点之信阳，其间虽历安徽、河南两省，然即乏繁盛之埠头，复非扼要之险塞。以商务而言，南北来往大宗客货，全由津浦、京汉两路以资融通。浦信一线，但能通运皖豫两省少数之客货，其势必不足以养路。以地势而言，则东西有津浦京汉两线，实有首尾横决之虑。是该路于振武经商二者，均无裨益，殊与铁路营业之旨不合。又况造路借以生利，然后借款有着，而还本可以如期。如办浦信，国家徒重负利息，将来无利可图，还款愆期，收回必无可望。似此种种为难之处，实属毫无把握。按诸地方窒碍情形，舆论尤皆不为然。”② 同时也强调草合同第五条规定，“如有地方窒碍之处，即行更正”，并以此为理由请外务部加以拒绝。③ 朱尔典并不退让，指责清政府“有意视英商利益为无足轻重”。邮传部更是“竟未着意”。“本大臣应向贵亲王声明，所有对待沪杭甬及浦信两铁路合同，英商应得之利益，无须任邮传部随便主持。”④ 外务部在这种压力下，认为“若一意坚拒，彼必不甘心作罢”，决定通融，以期“议结”。朱尔典也同意对路线进行修改，提出“从前合同所言路线，中国政府如甚不以为然，华英公司亦非不

① 宓汝成编《中国近代铁路史资料（1863～1911）》第2册，第891页。
② 宓汝成编《中国近代铁路史资料（1863～1911）》第2册，第892页。
③ 宓汝成编《中国近代铁路史资料（1863～1911）》第2册，第893页。
④ 宓汝成编《中国近代铁路史资料（1863～1911）》第2册，第893～894页。

肯将路线酌改。本大臣以为久未议妥之事，此时应即商定”。[①] 不久辛亥革命发生，这一借款合同再次被拖延。

进入民国以后，梅尔思就浦信铁路定约事一再向北洋交通部施压，称浦信铁路“在前清时已订约，势难再缓”。[②] 与前清相比，此时的北洋政府交通部不再强调其对干线的冲击，而是认为该线“联接津浦京汉两大干路，于军事商业上均有切要之关系，中国若不自行修筑，英国必据约代办，故此举为刻不容缓之图”，“此路由宁而皖而豫，经过六安固始光州等处，地多平壤，物产丰饶，此线纵贯其中，则豫南皖北之工业必日有起色”。[③] 于是，派沈云沛与华中铁路公司代表梅尔思磋商借款，议订合同。起初，梅尔思以有草约在先为由，要求仍照沪宁铁路合同办理。但是，沈云沛提出两条双方交涉的基本原则：其一，此路虽照原议仍向中英公司借款，但是，合同条款必须另议；其二，津浦铁路已先告成，浦口一地不宜并设两大车站，浦信路线必须另议。沈云沛对“此两大纲，争持甚力”。经过多次协商，最后拟定浦信铁路五厘借款草合同二十五条。借款额为300万镑，年息5厘，购料费用5厘5，期限40年。对于这份草合同，沈云沛认为，“工程、材料、理财、用人一切附加条件，较诸沪宁已争回权利甚多”。[④] 甚至认为还优于津浦合同，“本合同原拟照津浦合同履行，此次议成之结果，其较津浦续借款为优胜者，一无抵押品，一销去银公司查账员，免洋员之钤束——逐段路成由本路接收，可以随时开车，借收路利”。[⑤]

当时，浦信的路线规划是从河南信阳经安徽和州以达浦口，全长260余里。现在另外又有三条预定路线：一条是由信阳经安徽庐州至津浦线滁州站。一条是庐州至津浦线三界站或明光站，一条是由信阳经安徽正

① 宓汝成编《中国近代铁路史资料（1863～1911）》第2册，第892页。

② 沈云沛：《浦信铁路借款合同说帖》，铁路协会编辑部编《铁路协会会报拔萃》，1914，第139页。

③ 财政科学研究所、中国第二历史档案馆编《民国外债档案史料》第4卷，档案出版社，1991，第669～670页。

④ 《民国外债档案史料》第4卷，第669～670页。

⑤ 沈云沛：《浦信铁路借款合同说帖》，铁路协会编辑部编《铁路协会会报拔萃》，1914，第139页。

阳关、寿州至明光。[1]

但是，在正式合同签订前，一部分国会议员对浦信路提出质询。众议员罗永绍认为浦信路不在急修之列。他提出三点理由：一是路线联络问题。浦信路西达信阳，虽于京汉路有利，但因京汉与津浦在天津联络，信阳实无联络之必要。“至于东面联络津浦，系两路始点、终点，徒见其犯并线之忌，而不能收联线之利也。”二是沿线物产问题。“该路经过之地，北有海兰长路，南有江轮。运输皖豫物产，虽富不患无出销之地。又皖省有安正铁路，正在借款开筑。豫省如京汉、汴洛、洛潼等路，不一而足。故以全国土地面积比较，已修路线长短，惟豫省最占优势。”三是合同使用人权、购料权旁落。“此次条约，于用人及购料各项大权旁落殆尽。查十四及十六款之规定，所有修路总工程师，行路款总核算，行车总管、养路工程师，均限定英国人。夫总工程师、总核算势不能不用外人，行车总管、养路工程司亦定派外人，我国已无活动之余地。至十八款所载全部造竣后铁路局购买外洋材料，应尽向公司购买，殆所谓无期限之拘束也。”此外，对该铁路对沿线经济的作用仍持怀疑态度。“所谓轮轨交通者，不过增加舶来品之注射机器而已，于国利民福何有哉。”[2]

此时，安徽地方官绅计划修建安正铁路。众议院曾函询安徽铁路公司，浦信是否与安正铁路相抵触。有意思的是，安徽铁路公司对于浦信铁路并不排斥，甚至表示欢迎。安徽铁路公司回函称，浦信由乌衣起点，经合肥、六安以达信阳，纯系东西线。安正自安庆起点，经桐城、舒城、六安以达正阳，纯系南北线。“两线约在六安城东交轨，不但两无妨碍，并能交受利益。”但反对修建合正支线，认为该支线“不惟有碍安正北线，即彼亦无利益之可图，且草约并无合正支路。即九广、沪宁等四路，亦未修有支路，务乞纠正。不但裨益安正，即浦信亦免受他日之亏折也”。后众议院在审查浦信铁路借款合同时议决“合正支路，应毋庸修筑 ”。[3]

华中铁路公司在合同签订后即开始了筑路的准备工作。在浦信铁路

① 宓汝成编《中华民国铁路史资料（1912～1949）》，社会科学文献出版社，2002，第116页。

② 宓汝成编《中华民国铁路史资料（1912～1949）》，第118页。

③ 宓汝成编《中华民国铁路史资料（1912～1949）》，第119页。

债票发售之前，华中铁路公司通过垫款着手筑造此路。国民政府聘请英国工程师波伦为浦信铁路总工程师，负责全线勘测、设计和施工。1914年，英国工程师波伦率勘测人员完成浦信铁路全线勘测及线路设计工作，计划浦信铁路起始于江苏浦口以北的乌衣，之后，经安徽境内全椒、合肥、六安、霍邱，进入河南。该线“沿途行经既无大分水岭，复无大河流，故工程无大困难。就全线而言，合肥以东，系长江流域，以西系淮河流域，此二流域之分水岭，在合肥西之官亭镇附近，惟以路线所经，系此二流域之高原地带，故分水岭处高度差度不大。其中合肥至乌衣测定全长123公里，自合肥至信阳，据踏勘载，长约203公里，大致行于淮河南岸之平原上，所经水道均为淮河支流，并无高山大岭”。[①]

对于此路的经济价值，据当时的调查报告称，既有优势，也存在不确定因素。这主要表现在该路介于京汉、津浦二线之间，南近长江、北邻淮水，“若不令通达川、陕，接运商货于生产之远源，必不能避免水运之竞争，以成东西独立之干路”。而且，这条铁路是否具有经济价值，关键在于对沿线矿产的勘探与开发，否则，只是进行短途运输，“六安而东，趋津浦，固始而西，接京汉，适为该两路天然之良好支线，自亦有速即兴修之价值”。[②] 所以，尽管“庐州六安一带，地多膏腴，米、麦、茶、麻、竹、木，尤为出产大宗”，但是，“除将来或有商民积极开采路线附近各矿外，铁路营业，难期发展”。[③]

勘测定线后，即将铁路总局设于浦口乌衣镇，1914年该局在乌衣镇设局开办，当时已购路线地基由乌衣站经全椒至小集止，计程35公里，购地2000余亩，已筑路基15公里，同时建筑了乌衣站至红土山临时轨道1公里，并盖有工程局等洋房7处，窑厂1座，白铁材料厂房2所，又陆续购办筑路机械、道木、道钉、洋灰泥、电料螺丝及家具等，价值计10余万。然而欧战爆发后，债票无法发行，华中公司垫款亦经用罄，随即停工。

南京国民政府成立后，曾就继修浦信铁路问题曾出现若干次动议，

① 姜明清编《中华民国交通史料四·铁路史料》，台北“国史馆”，1991，第183～187页。

② 姜明清编《中华民国交通史料四·铁路史料》，第575～576页。

③ 姜明清编《中华民国交通史料四·铁路史料》，第576页。

但均无果而终。1930年，孙鹤皋在铁路铁路协会的年会上提出“兴修浦信道济沧石各支路以开拓中部交通案”，其中即提出要续修浦信铁路。他认为，从经济上讲，“该路原位于淮河与伏牛山脉之间，所经如庐州、寿州、六安、光州均为重要地方，其附路左右百里内县镇甚多，如全椒、巢县、舒城、正阳关、霍邱、固始、乌龙集、商城、光山、罗山、息县均属繁盛区域，物产则沿路均产大宗米麦粮食，如六安一带之茶麻，光州、息县等处之油豆牲畜皮张尤输出之重要物品。此路一通，则沿山与沿淮各地出入货物皆集，且有淮水各支流及陆运贯输吸引更多，况浦信间一旦迳通，则内地出入口货，可免绕越劳费及长江外轮竞运夺利”。同时该路还具有极高的军事价值，当然这主要是针对中共控制的鄂豫皖苏区。“最近豫鄂皖连界共匪猖獗，更盘踞多县，横行四年，屡竭三省之力而迄未能平，此无他，交通困难，遂致无法底定，况国家遇有军事，由中央出兵中部，常须展转，绕越运行极艰。此路一通，则直接控制远近，如臂使指，政令更易推行。”他主张应取消与华中公司签订的合同，由平汉、津浦两线每年各提进款300万元作为建筑经费，由东西分端动工，限5年完工，“似非甚难，其于国家及两路实收利益甚大，决无疑义。至华中垫款，即划归统债整理，或俟路成再行清厘”。[①]

1935年，安徽省建设厅计划展筑原浦信铁路合肥至叶家集段。此路向西展筑，可经河南信阳与平汉路衔接，由合肥经淮南路可达洛河，距蚌埠不过百里，如能早日完成，则津浦平汉两路，得以连贯，且连络京粤淮南等路，可直达南京。但同样因为“工款甚巨”，只能等待“与中央及豫省妥为筹划兴修”。[②] 1936年，委托淮南路矿局派队测量。但至叶家集以西迄至信阳，与平汉路衔接，属于河南省，应由该省筹款兴修，故在皖境者为合叶铁路，该路经官亭、六安、徐家集、杨柳店、大固店，全长160公里。豫境者称为集信铁路。当时安徽希望与河南分工合作，建设淮南、平汉的联络线，并计划仿照浙赣铁路办法，实行官督民营。[③] 该

① 《本路提出铁路协会会议案》，《铁路公报津浦线》1930年第38期，第12页。

② 刘贻燕：《最近安徽经济建设概况》，《经济建设月刊》1936年第3期，第2~7页。

③ 《豫皖两省兴筑合信铁路》，《平汉铁路月刊》1936年第69~70期合刊，第461~462页。

路在整个民国时期也未见下文。

但是，与浦信铁路不同的是，沟通淮河流域与长江流域的淮南铁路则得以顺利建成。1935 年 12 月，全路贯通，耗时不及两年。淮南铁路起初仅为运煤专线，但由于它的功能却非仅运煤一项，它渐成为安徽境内沟通淮河流域与皖江地区的交通干道。淮南铁路的“纵贯皖北，沟通江淮”的特点，使其对安徽经济的发展表现出极为明显的意义。[①] 淮南铁路所经地区是安徽农产汇集之区，除沿线地区直接利用铁路输出农产，还与沿线水运相结合，办理货物联运，大大便利皖北、皖中货物的向外输出。皖北货物因淮南铁路与淮河轮船办理联运，增加了输出通道，使原来比较狭隘封闭的区域性市场相互连接，从而极大地拓宽了市场的广度和深度。在资源开发的前提下，区域经济增长有了自己的发展路径。尽管与发达地区比较起来仍有较大距离，但毕竟表现出相当的独立性。淮南铁路的意义更多表明，交通与近代资源性部门的发展存在极大关联性。江淮地区区域内经济现代性增强，以铁路为核心的现代交通体系，适应近代经济发展的需要。

江淮地区的交通原先主要依赖运河和淮河水系，以船运为主，驿道为辅。清江浦发展的主要因素不是靠腹地的支撑，而是依赖于地缘优势和政府的优惠政策。津浦铁路建成后，原先以运河为中心的交通体系变为以铁路为中心，主要交通线路和经济重心也因之西移。这种交通区位移动体现了近代交通系统的内生属性，交通系统本身高度稳定的结构性因素是交通布局和交通区位形成的前提条件。具有区域性特征结构与功能的交通区位，是以特定地域空间经济、政治、安全等相对稳定的需求结构为依据的，以满足长期相对稳定的交通需求为目的；这种交通区位的设立既要适应交通需求，又形成对交通需求的引导。[②] 江淮地区经济作为一区域经济，只能是经济地理上的概念区域，而不是运行和管理上的实体区域。区域经济有三大构成要素，即经济中心、经济腹地、经济网

① 马陵合、廖德明：《张静江与淮南铁路——兼论淮南铁路的经济意义》，《安徽师范大学学报》2005 年第 1 期，第 58 ~ 63 页。

② 丁琪琳、荣朝和：《交通区位思想评介及交通区位论的新进展》，《综合运输》2006 年第 5 期，第 12 ~ 17 页。

络。其中，城市是区域的经济中心，城市在经济发展过程中形成的经济集聚与辐射功能，会有效地优化资源与要素的空间配置，沟通城市与区域间的经济联系，从广度到深度上带动区域经济发展。抗战爆发前，淮河中下游地区已经形成了津浦线和淮南线两条南北向铁路，尚能通行的运河南段和以东西向为主的淮河水系航运为主干的交通网络，这些交通工具在不同层面的结合，基本使本地区的市场联合起来，形成了相对独立的经济区。蚌埠、浦口、合肥因为新式交通成为这一地区新的交通中心，江淮地区的铁路交通区位线主要以这几个城市为节点展开。江淮地区在自身经济发展的基础上，借助新式交通区位的形成，形成区域间的物流体系。[①] 随着铁路发展而形成的中心城市不再局限于传统意义上的中转站性质的城市，而是成为区域性的经济中心。

① 有关铁路与淮河流域经济发展的关系已有初步的研究，如秦熠《铁路与淮河流域中下游地区社会变迁（1908～1937)》，《安徽史学》2008 年第 3 期；朱正业、杨立红《民国时期铁路对淮河流域经济的驱动（1912－1937)》，《福建论坛》（人文社会科学版）2010 年第 10 期。

第四章

交通与城市化进程

近代交通体系初成与华北城市变动（1881～1937）*

19世纪末20世纪初，经过几十年对近代经济体系的适应与发展，在外贸拉动下，中国经济与社会形态开始出现了向近代转型的明显迹象，在御侮、内需及经济转型需求下应运而生的近代交通体系，与此转型伴生，也成为此时华北区域工业化、城市化进程最为重要的推动力之一。自光绪七年（1881）华北区域也是中国第一条自办铁路唐胥铁路通车，直至1937年抗日战争全面爆发的56年间，以天津港、青岛与烟台港和秦皇岛港的外贸需求为龙头，以京汉、津浦、正太、北宁、胶济、京绥、陇海等铁路为主干，辅以若干公路、水路的近代交通体系，在华北区域蔚然成形。

近代交通体系的确立，在推动华北区域经济日趋近代化的同时，也因近代工业与贸易发展以城市为核心且极度依赖交通体系的特点而成长，诸多城市因交通枢纽的地位而迅速崛起，因位于交通体系的节点上而成为区域经贸中心、中级或终级市场，交通体系得以新兴城市为节点而大大延展腹地。近代华北交通体系与城市化发展的这一特征，有力促进了区域城市从单纯的行政和消费中心向工业生产、商品流通中心的功能转换。在地理上是否处于近代交通体系节点即新式贸易网络上，决定着原有城市的兴衰以及新兴城市的快速崛起，诸多城市在区域经贸上的重要性由此发生重大变化，华北区域城市新格局渐次重构。

一 经济转型推动近代交通体系的初成

在前近代中国社会中，限于交通运输条件的落后及成本过高，商贸网络

---

* 本节作者江沛，南开大学中外文明交叉科学中心暨历史学院教授。

及人员流动多局限在有限的区域内，区域经济的自给自足成为典型特征。自元代迁都北京历经明朝直至清末，中国出现政治与经济中心南北分立的格局。由于京师的消费需求、对南方的行政控制及北方的军事需要，跨区域的商品贸易在水路是通过近海漕运和直达京师的运河系统展开的；陆路则以北京为中心向四周放射，可分为官马北路（以北京—沈阳间为主线路、延长至齐齐哈尔，还有北京至海拉尔、哈克图等路线）、官马西路（北京—黄河、北京—长江间通向各地的路线，如北京至甘肃、北京至四川）、官马南路（北京通向南方的云南、广西、广东、福州等地）；清乾隆时代，大批商人还利用北京至蒙古的军用路线进行经济贸易，开通了以张家口为转运中心，通向库伦、大同、归绥、宁夏、兰州、西宁、哈密、多伦等地的路线。[①] 这种贸易运输的线路，体现了沟通南北、以江浙钱粮供应北方的基本特征，所用工具如漕船、马牛车和人力运输，均借用自然力或人力，运输效率极为低下。

鸦片战争之后，用炮火打开中国东南大门的西方列强，通过不平等条约在沿海开埠城市设立租界和洋行，以低廉的工业品冲击和抢占广大的中国市场，以政治手段获取低廉的矿业原料和农产品，并将中国经济拉入世界经贸体系。由于东南地区水系丰富、水运较为发达、外贸需求相对有限和建设成本较高，西方列强以上海、宁波、广州、厦门等港口为终极市场，以长江、珠江水系为深入腹地的运输脉络，对铁路、公路建设有计划但没有大规模实施。第二次鸦片战争后，英法通过《天津条约》《北京条约》等把天津、登州（后改烟台）、牛庄（后改营口）纳入开埠口岸城市体系。由于华北区域水系不发达、河道不畅且因气候原因致运输周期较短，这使沿海港口及铁路的建设，成为西方列强进一步深入中国内地、掠夺原材料、倾销工业品的必由之举。然而，由于缺少铁路、公路或水路运输对于港口的支撑，天津、烟台等港口的货物吞吐量较有限，直至 1881 年，天津港大宗进口货物中的洋纱进口数量，1510 担，1885 年增至 35157 担，[②] 但放眼全国数量有限；1881 ~ 1884 年间，洋

① 李洛之、聂汤谷：《天津的经济地位》，南开大学出版社，1994，影印版，第 101 页。

② 吴弘明编译《津海关贸易年报（1865—1946）》，天津社会科学院出版社，2006，第 136 ~ 137 页。

布3252216匹，货值6165230海关两，占全国总数的26%。[①] 烟台港1882年的棉布进口量为983271匹，是最高年份1901年1846922匹的53.2%。[②]

与此同时，有关铁路功能与价值的争论在清廷高层激烈进行着。洋务派与保守派的争论，逐渐消除了对铁路的极端无知，对铁路不利于国防的疑惧和铁路运输与民争利进而引发民变的担心。此后，作为一种“西学”典范乃至关乎国计民生、军事诸方面的“利器”，铁路技术的引入获得了普遍认同，对于铁路价值及功能的认识，也在辩论中日益明晰。甲午惨败，让先进的中国人终于清醒，引入现代技术与制度意味着经济的发展与国力的提升，舍此无富民强国之道。铁路在此后进入规模建设即源于这一认识的渐趋统一。显然，清末中国的铁路引进，不是在纯经济发展需求的前提下展开的，其事关经济、国防、主权乃至行政控制的多重特性，在各条铁路的建设中若隐若现。在此过程中，基于对廉价矿业资源、农产品的需求和工业品进入中国内地市场的需要，外资利用其政治强势与清廷资金、技术的匮乏，纷纷参与诸条铁路的建设与管理，使本来作为经济推动力的铁路交通体系，涂上了一层西方殖民色彩，也直接影响到铁路技术的引进速度及铺设取向。[③]

在1881～1911年间内忧外患的困境中，中国铁路从无到有，建设长度达到9618.1公里，华北即具有1/3，中国东部最重要的几条铁路如南北向的京汉、北宁（京奉）、津浦路，东西向的京包（平绥）、胶济、道清、正太、汴洛（陇海）路等，都在境内或穿越华北，铁路建设成效显著。民国初期，华北铁路网络以此为骨架继续延伸，并使华北、东北、华中、华东实现了跨区域的运输联结。截至1937年7月止，华北区域内由外人修建、自办和商办的主要铁路共有9条，总里程近7000公里。初期的铁路建设，所以多选在经济并非十分发达的华北区域且以北京为出

① China Imperial Maritime Customs, Returns of trade at the treaty ports and a trade reports, 1882－1886, Inspectorate General of Customs, Shanghai. 南开大学图书馆存。

② 《烟台进口大宗洋货［一］（1863～1900）》，交通部烟台港务管理局编《近代山东沿海通商口岸贸易统计资料》，对外贸易教育出版社，1986，第136页。

③ 参见拙作《清末华北铁路初成诸因评析》（《历史教学》2011年7月下半月刊）及《清末中国铁路论争述评》（南开大学中国社会史研究中心编《新世纪南开社会史文集》，天津人民出版社，2010）。

发点，并非纯经济需求的结果，而是既有保护京师、捍卫海防的考虑，与北京作为行政和消费中心的优越位置有关，也是建立在明清以来北方传统商路网络以北京为中心的交通格局基础上，这是考察清末民初华北铁路网络初成时必须予以关注的特性。

同治七年（1868）《天津条约》及同治九年（1870）《北京条约》签订后，烟台、天津成为华北首批开放的通商口岸城市，外贸需求急剧增加，外国资本的急激进出，使华北的民族商业资本合流、买办化，传统经贸的自产自销特征开始朝着外向型转变。这一进程由沿海港口城市的外贸需求拉动，以工业品输入、原料及农产品的输出为特征，但沿海港口城市的终极市场地位，却由是否具有铁路、水路等既运费低廉又量大快速的交通方式相联通并将内地城乡纳入其经济腹地所决定的。换言之，近代交通体系的完善与通商口岸城市对经济的拉动作用是一个相辅相成的关系。天津、青岛［因光绪三十年（1904）胶济铁路的通车，烟台的地位被青岛取代］两大城市因地理及海港优势，成为引导华北经济向近代转型的龙头、中心城市和终极市场，关键也在于有发达的近代交通体系为其延展腹地。天津在“铁路方面为津浦北宁两线的交叉点，由北宁线更可与平汉及平绥线取得联络，在水运方面华北全部的内河航路都集中于白河，因为水陆交通便利，河北、山西、察哈尔、绥远及热河、辽宁等省都成为它的直接市场圈，同时山东、河南、陕西、宁夏、甘肃、吉林、黑龙江诸省的一部分划归他的势力范围内”，这一交通优势“决定了天津在中国经济上所占的重要性”。[①] 胶济路的货物集散地主要是青岛，其腹地达至济南并通过津浦路南联北达至鲁西南、豫东北、冀东南。铁路干线通过天津、青岛的海港运输，将华北诸省“铁路沿线广范围的农村经济联系起来，开了华北经济与世界经济结合的端绪”。[②] 华北经济贸易网络与国际经济发展紧密相连，形成对华北区域腹地自然经济的巨大冲击波，也成为此时华北区域经济转型最强大的推动力。

---

① 李洛之、聂汤谷《天津的经济地位》，第2页。

② 李洛之、聂汤谷：《天津的经济地位》，第101页。

表1　1932～1936年间华北六大港口进出口货物占比比较

港名	天津（%）	青岛（%）	芝罘（%）	秦皇岛（%）	龙口（%）	威海卫（%）	华北总计（%）
出口	59.31	27.07	6.13	3.63	1.99	1.89	100
进口	57.73	34.14	4.22	1.76	1.24	0.92	100
总额	58.73	30.76	5.00	2.64	1.55	1.35	100

资料来源：李洛之、聂汤谷《天津的经济地位》，第7页。

1930年代前期，华北各港口历年贸易总额，一般均占全国各主要港口贸易额的20%。其中，天津、青岛分别占据全国进口额的7.69%～9.21%、5.21%～5.54%，占据全国出口额的15.36%～16.67%、6.92%～8.43%。[①] 天津港的进出口货物总值，从咸丰十一年（1861）的5475关平两，一路攀升至光绪二十年（1894）的44277关平两，增长了近7倍；[②] 青岛的进出口货物总值，也从光绪二十五年（1899）的2210海关两，迅速提高至1914年的37807海关两。[③] 正是天津、青岛港进出口贸易的急剧增长和巨大数量，使两个城市的经济呈现出了由对外贸易推进、进而带动工业发展的模式。由于拱卫京师、长年经营运河漕运及海运，天津实际上是“站在交通冲要及拥有广大的背后市场地点”，所属的塘沽港，因大沽船坞而兴起，因运煤至天津的津唐铁路而扩大，符合西方列强开埠并设置贸易港的需求，其“繁荣条件完全系于外国商品的输入运销，和土产的收买与出口”。[④] 这一经贸运销上的外向型特征，不仅促进了天津工商业的快速增长，带动了华北区域腹地经济的外向型贸易增长，也决定了以天津为中心的华北区域近代交通体系的确立。由于胶济路的拉动，大型纺织厂在民国初年相继在青岛、济南开工，各厂所需棉花约1146510担，多来自山东黄河流域的产棉区，有力地推动了山东棉花种植面积的扩大和棉种的改良。胶济路沿线美种烟草的大面积种植，

① 李洛之、聂汤谷：《天津的经济地位》，第6页。

② 《天津海关年报》，转引自《天津港史（古、近代部分）》，人民交通出版社，1986，第80～81页。

③ 王守中、郭大松：《近代山东城市变迁史》，山东教育出版社，2003，第207页。

④ 李洛之、聂汤谷：《天津的经济地位》，第2页。

又为青岛现代卷烟业的成长提供了充足的原料。近代工业的展开，还推动着传统工业生产布局改变，劳动者与生产资料的分离，近代机器的使用，促使对煤炭、电力、石油等能源的开发，整个的工业转型呈现出明显态势。相对于其他城市，天津、青岛等城市的工商业增长模式，在近代华北城市化进程中可谓是新特例。

此外，华北六大港口主要出转口货物为农产品和矿产品，如棉花、落花生、花生油、豆类、精盐、洋碱、羊毛、鲜蛋、皮货、猪鬃、棉籽、亚麻仁、铁矿石、煤炭等，进口货物主要是纺织品、钢铁和机械产品，如棉布、棉纱、面粉、大米、茶叶、卷烟、纸类、糖等。1897～1900 年间，天津洋纱进口量占总进口洋物数量的 14%，洋布竟占至 47%。[①] 棉纱、棉布同样是烟台、青岛港进口的大宗货物，1872～1898 年间，芝罘港棉纱量进口增加 122 倍，棉布进口量增长近 50%。光绪三十一年（1905），通过胶济路运入胶州、潍县、周村、济南及附近地区的棉纱，价值达 2725641 海关两，棉布价值 3677870 海关两，占当年青岛港进口洋货总值的 70% 以上。[②] 各个港口进出口货物结构表明，这一时期的外贸，不仅对传统自然经济的解体形成巨大推力，促进了华北各地农产品的商品化，也充分体现了华北经济以农业为主并向近代化工业转型的基本特质，直接形成了对华北区域腹地城乡经济与贸易的强大引力，天津、青岛等港口城市对腹地经贸的辐射能力迅速扩大。[③]

据经济学家 L. Madyyar 和 J. Lossing Buck 估计，1930 年代，“中国农村的经济总量的 60%～70% 已经流通经济化”，“华北农作运销（商品化）的比率可达 40%”。日本满铁调查也认为华北农产品商品化率有 30%。这从一个方面表明，天津商业贸易发达的基础，“实建于华北农村经济之上，且带有一点初期资本主义的流运经济化倾向，反之也可说农

① China Imperial Maritime Customs，1）Returns on import and export trade，1861，1863；2）Reports on trade at treaty ports in China，1866－1881；3）Returns of trade at the treaty ports and a trade reports，1882－1886；4）Returns of trade and trade reports，1887－1900，Inspectorate General of Customs，Shanghai；南开大学图书馆存。

② 《烟台进口大宗洋货［一］（1863～1900）》《青岛港由铁路运入内地的洋货数量（附 1904 年运量总值）》，《近代山东沿海通商口岸贸易统计资料》，第 136、143 页。

③ 李洛之、聂汤谷：《天津的经济地位》，第 109～110 页。

村经济发展方向受着天津经济活动的约束是无可讳言的事实”。[①] 1933～1935年间，河北、山东、山西等地棉花年均产量合计为368万担，有182万担流向了天津、济南、青岛等地。1936年，华北各地农村有两成以上的货物集中于天津，其中出口货物7345万元，转口货物3121万元，消费货物3703万元，总金额高达1.42亿元，相当于华北各地农民缴纳租税及其他必要支付现款的总额，[②] 由此可见天津对于华北各地农村的经济辐射能力。在运输方式上，直隶棉产区凡是临近铁路者，多选择铁路，只有不便选择铁路的地方或水路较近、运输较方便的夏秋季，才会选择水路或大车运输到天津。[③] 经济需求对近代交通体系增长的支撑也可见一斑。

随着外贸在近代中国经济结构中的重要性日益提升，华北诸港进出口物资数量持续增长，天津、青岛等港出口物资激增，进口货物成倍涌入。这些货物并非天津、青岛等港口城市所能消费得掉的，必须通过铁路、水路或公路销往华北诸省、东北地区甚至陕西、内蒙古各地的城乡市场。外向型经贸运销网络的需求，使天津成为众多农副产品、矿产销售及外来工业产品的集散地，也带动了以天津、青岛等港口为中心的近代交通体系的扩张。天津外向型经贸激增的年代是从1880年代开始的，而以天津、北京为中心的铁路建设网络恰恰是从1880～1890年代展开的。山东最大贸易中心地位在烟台与青岛间的易手，发生在胶济铁路通车后的光绪三十一年（1905）。显然，正是华北经济的转型促进了近代交通体系的建立，而能否具有港口、铁路一体化为主的近代交通体系，拥有广大的内地市场，则是一个港口城市能否成为华北区域经济贸易领头羊的关键所在。

对外贸易所产生的高附加值及利润，是一只无形的推动华北区域经济转型的巨手。很难说此时华北城乡的工农业，有多大成分依附于以天津、青岛为龙头的对外贸易，但天津、青岛等地以农产品、矿产品为主的出口货物，多数来自河北、山西的农村，而天津、青岛等地进口的货

① 李洛之、聂汤谷：《天津的经济地位》，第26～27页。

② 李洛之、聂汤谷：《天津的经济地位》，第30、27页。

③ 曲直生：《河北棉花之产出与贩运》，商务印书馆，1931，第141～145页。

物中，棉纱、本色棉布、加工棉布、人造丝、人造丝绸缎等物品，1936年本地消费量仅在1/4以下，多数均销往天津近郊、北平近郊、冀东、高阳保定地区、西河御河地区、山东、山西、张家口、甘肃省、陕西省。[①]

华北区域的河流较少，仅在夏秋之际河水上涨时能便利运输，水运在区域贸易运输中一直难占主导地位，青岛、烟台、龙口、秦皇岛等地均是如此。然而地处九河下梢的天津是一个例外，由于直隶（河北）省西北、东北、东南方向均有河流通向天津，不仅19世纪下半叶，天津外销货物时夏秋两季水运作用极大，[②] 即使在20世纪初期铁路、公路网络初成至民国时期华北各地货物集散天津的过程中，铁路运输总值上升至66.12%，水运也保持着54.36%的运输总值（铁路与水运货物量统计有交叉）。[③] 然而铁路与公路的迅速延伸及运输网络的形成、其运费下调及固有的量大、快速、安全等优势，使水运逐渐退居为近代交通体系的辅助角色，即使运输能力极强的海河，也“确定是不能与一列能牵引八百吨的铁路争其输赢的了”。[④] 1912~1921年间，天津附近的南运河、西河（今子牙河）、北运河、东河（今金钟河）的水运货物比重，由44%下降至25.5%，经铁路货运的比重则由53%上升至70.5%。[⑤] 1931年前后，天津仍是华北地区内河航运的中心。此时，内河航路有津保线（天津至新安），280余里；津磁线（天津至沙河桥），290余里；津沽线（天津至大沽），百余里。此外，尚有计划开辟的航路，如“通胜芳、通南运河航路，通白沟河段，通北塘诸段”。但“每年西南风起，河水浅少，更加以岸上农家引水溉田，故现有之小轮往往搁浅不能通行”。而载客的小火轮仅有9艘，拖带小木船10只，货船、载煤船各1艘，码头船4艘。[⑥] 然而，在没有铁路及公路而仅有水路的地区如河北省蓟县，

---

① 李洛之、聂汤谷：《天津的经济地位》，第43页。

② 张思：《19世纪天津的对外贸易与传统市场网络》，江沛、王先明主编《近代华北区域社会史研究》，天津古籍出版社，2005，第54~57页。

③ 李洛之、聂汤谷：《天津的经济地位》，第31页。

④ 天津市地方史志编修委员会总编辑室编《二十世纪的天津概况》，1986，第67页。

⑤ 吴弘明编译《津海关贸易年报（1865~1946）》，第389页。

⑥ 宋蕴璞辑《天津志略》第十一编“交通”，第一章“水路”，1934，铅印本。

“凡津沽之杂货北来、山原之梨果南下者无不惟运河是赖”。[①] 河北省平谷县，“县治南寺渠庄沟河为泊船之所，由河路运输往返天津、唐山一带”。[②]

20世纪初始，以京汉、正太、津浦等若干条铁路干线的通车为契机，以铁路中心、以港口为货物集散目的地的华北区域近代交通体系日渐形成，水路则沦为铁路的辅助运输体系，逐渐退出华北交通体系的主导地位。与此同时，公路的建设虽然不需要大量的资金及技术投入，但汽车的购置及维修需要相当的资金与技术培训，因之相对滞后，直至1920年代才逐渐形成了一些固定的运输线路，但尚无法在近代交通体系中成为领唱主角。如京汉铁路设于河北省定州的车站，位于西关外，“与安国县长途汽车相联络，并博野、蠡县、深泽、安平诸处商旅无不辐辏此地。又西通阜平、曲阳暨蒙古，朝山五台之行僧亦皆于此折行而西，往来如织。故每日客车上下行旅甚繁，脚踏车、人力车亦因之年有增加。城内复筑有马路，交通日臻便利。清风店居其北，为三等站，杂粮装卸屯聚，虽定州莫能及”。[③] 如平津之间的香河县，“向为关东、山西往来要道，自京奉筑成，行旅货物均改乘火车，境内大道无复以前之辐辏矣”。[④] 津浦路未修之前，直隶省南皮县“凡旅客往返南北、商贾运输货物，率由此河搭雇帆船”，[⑤] 此后则水运日衰。而直隶省的藁城县，“向无铁路，车马交通素称纡缓，昔日赴京、津者，率由陆路。自京汉铁路通行，乃改道石家庄矣。近沧石铁路业已动工，将来告竣，交通上又必为之一变焉”。[⑥]

天津、青岛、济南、烟台等城市因地理位置及海港的优势，不仅成为华北工业近代化的排头兵，站在了华北区域对外经贸的前哨，也顺势成为华北近代经济转型的龙头。1930年代中期，天津、青岛两市占据着华北工业生产能力的84%，第三位的济南仅占5%。这一工业分布说明，

① 徐葆莹修，仇锡廷纂《蓟县志》，卷一《地理》，“交通”，1934，铅印本。

② 李兴焯修，王兆元纂《平谷县志》，卷一《地理志》，“交通”，1934，铅印本。

③ 何其章等修，贾恩绂纂《定县志》卷八《政典志》，“新政篇”，1934，刻本。

④ 王葆安修，马文焕、陈式谌纂《香河县志》，卷二《地理》，“交通”，1936，铅印本。

⑤ 王德乾修，刘树鑫纂《南皮县志》，卷三《舆地志》，“交通”，1933，铅印本。

⑥ 林翰儒编《藁城乡土地理》上册，“铁路”，1923，石印本。

华北工业多集中于具有港口的城市，“此等工业都是由外国资本所成立，或者是带有从属于外资的性格”。① 外向型经贸的商路选择，除了如石家庄等铁路枢纽城市等完全因铁路而产生新商路的特例，一般还是延续旧有水路、官路的商运习惯，实际上也是近代交通体系确立时的基础。其中的重要城市，也成为以铁路为主要工具的华北近代交通体系在设计路线时的首选中心节点。津浦、京汉、京张、北宁、正太等铁路的货物主要集散地是天津，胶济铁路货物的主要集散地是青岛。几条铁路干线的相连，改变了以往商路习惯，铁路运输逐渐成为重组华北经贸市场的最重要因素。

二　近代交通体系与华北城市空间、功能的转换

作为华北区域近代经济体系的核心节点，天津、青岛既处于近代交通综合枢纽的位置，也位于华北区域经济进出口贸易的终点与始点，使天津、青岛的城市功能发生了重大变化，成为华北最大的贸易与工业加工基地。由于近代交通体系的确立，原本在市场贸易网络中并无突出地位的石家庄、郑州、济南、张家口等城市，日益上升为区域经济的中心城市，工业及贸易中心的地位日益强化，经济辐射能力大大扩张。以往华北城市以政治为中心、以消费为功能的性格，开始向区域经济及贸易中心的功能转化。

元代之后，天津即为漕粮转运的重要枢纽，清初后又成为长芦盐的基地，以粮、盐、百货为主的南北河运和海运极盛。中英五口通商后，进出天津港的船只多来自江、浙、闽、粤等地，西方的轮船也在增多。承运漕粮、转运百货的船只多停靠在旧城东北的三岔口、东门外的天后宫及紫竹林一带，致使天津北门外、东门外的码头附近兴起了以经营洋货、杂货而远近闻名的“洋货街”，外地商人云集又在侯家后一带形成了大量的旅馆、妓院，城市空间开始越过城墙向外扩展。

出于对天津港为核心的近代交通体系之于工商业发展重要作用的认识，英法美等九国在天津旧城东南地区相继开辟的租界，几乎无一例外地选择

① 李洛之、聂汤谷：《天津的经济地位》，第91页。

了海河两岸的荒地。1880 年代后，天津入海通道海河严重淤塞，天津于光绪二十三年（1897）成立海河工程局，从光绪二十八年（1902）开始全面整治海河，历时 20 年。整治后，2000 吨级的轮船可以直入市区。从海河挖出的大量泥沙，用铁管输送到市区低洼地带填平沼地，当时称作“吹泥填地”。1928 年，大面积低洼沼地的填平工程完成，为天津近代城市的空间拓展创造了条件，所填之地成为英租界的推广界，范围北至墙子河（今南京路）、西南至（今西康路）、西北至今营口道、东至今马场道间，总面积达到 3928 亩，相当于整个英租界面积的 2/3。由于对外贸易占据着天津经济的主要份额，靠近租界的海河沿岸码头林立，以便于通往塘沽海港的货物运输和租界对进口物品的吸纳。在天津的工商业贸易、航运、金融及出口加工等方面，外资占据着绝对优势。光绪十八年（1892），津唐铁路车站从旺道庄西迁至老龙头，与海河两岸的码头对接。光绪十九年后，由于华北诸条铁路的兴建，天津港大批进口铁路器材。19 世纪后半叶，天津港洋货进口总值在全国主要口岸中排名第二，仅次于上海，土货的出口总值稳居前五位。至 20 世纪初，凭借地处铁路、水路与对外港口交叉地的优势，天津逐渐成为华北区域经济贸易的龙头，并辐射东北、西北甚至内蒙古地区的贸易口岸。天津城市空间也从旧城迅速东扩至租界区域，工商业中心则从旧城逐渐转移至英法租界，直对着老龙头车站的维多利亚路（今解放北路）因之成为外国金融、保险业聚集的“金融一条街”，大批外商到天津开设洋行，经销欧洲货物，商业中心也逐渐转向距海河、火车站一街之隔的日租界旭街（今和平路北段）、法租界梨栈大街（今和平路南段）和英租界的小白楼一带。光绪二十八年时，由于各国租界的扩张，整个天津的城市面积扩大了 7 倍多，各国占据的海河岸线长达 15 公里。此后数年中，各国租界纷纷对所辖海河岸线进行修整，改造码头，工商业日益繁荣起来；天津港的改造也相应展开，至 1935 年前，塘沽港共有中外专属的码头 22 个，北宁铁路还在此开设了专用码头，[①] 这些交通设施的改善，客观上也大大增加了海河的运输能力，提高了由天津港及津浦、京奉铁路共同构成的近代交通体系在华北、东北经济贸易中的辐射能力。

① 《天津港史（古、近代部分）》，第 117 页。

20 世纪前 15 年间，以天津为中心的华北铁路网络快速建设起来，津浦、京奉铁路途经天津，京汉、正太、京张铁路的主要货物运输往来，也是以天津为终点或起点的，至此，天津经济贸易的腹地日益扩张，真正成为影响华北、东北、西北三大区域经济与贸易发展的第一大外向型贸易城市。[①]

20 世纪初，就在九国租界成为天津城市新增长点的同时，时任直隶总督的袁世凯，以振兴华界、竞争租界为目的，建立了“河北新区”。这一新区的规划完全效仿租界，以大经路（今中山路）连接新建的火车站（今天津北站）和海河，以数条“经路”与“纬路”交叉构成新区的道路网络。新区初始时，人口增长很快，诸多工厂、学校、文化设施都集中建立在此，经北京政府及南京政府时期的治理，很快取代旧城成为华界新的政治、文化中心。然而，政治权力可以构建政治与文化中心，却无法改变以经济贸易与交通体系为主导的天津城市空间结构。[②] 随着1920～1930 年代政治与社会动荡的加剧，工商业大批迁移各国租界内以寻求安全，城市重心不可逆转地进入了由海河码头及火车站主导的租界区。

19 世纪中叶前，山东地区的城市自南向北主要分布在运河沿岸，如临清、济宁、东昌（今聊城）和德州等，此外，自西向东横贯全省的陆路大道沿线，也分布着济南、周村、潍县、博山（今淄博市）等城市。一纵一横两条城市链，把握着山东经济的命脉。清道光初年，恢复漕粮海运后，烟台在港口贸易带动下日益兴旺起来，“逮道光之末，则商号已千余家矣”。[③] 开埠后，烟台成为山东主要的出口或转运贸易港口，承担着山东货物进出口的主要业务。同治三年（1864），烟台港进出口贸易总净值为 5804 芝罘两，光绪二十六年达到了 27058 海关两，[④] 增长了近 5 倍。由于烟台经济贸易发达，从业机会较多，外来人口骤增，光绪十七

① 张利民等：《近代环渤海地区经济与社会研究》，天津社会科学院出版社，2003，第 385 页。

② 刘海岩：《空间与社会：近代天津城市的演变》，天津社会科学院出版社，2003，第 88～89 页。

③ 王陵基修《福山县志稿》卷五之一，1931，铅印本，“商埠志”第 2 页。

④ 《烟台进出口贸易额综合统计（1863—1931）》，交通部烟台港务管理局编《近代山东沿海通商口岸贸易统计资料》，第 4～7 页。

年前，烟台外来移民年均300～500人，从业人口约有32000人，光绪二十七年，烟台从业人口达到了57120人，分布油房、客栈、烟馆、海关、行政部门、妓院、大小舢板、铁匠铺、渔业、装卸等行业。此时，烟台还是山东境内居住外人最多的城市。[①] 烟台可以通过经羊角沟入清河的水路和烟潍大道至潍县，再沿鲁中山地北麓的东西大道经青州、周村的陆路联结济南，这两条线路把外国或华中的商品运销山东各地，也把山东各地的土特产品输送到世界及华中、华南各地，济南、周村、潍县等地区性贸易中心，通过烟台等通商口岸与国内外市场联系起来。由于济南处于南北官道上，历史上与天津的经济联系也较多。距离烟台较远的济宁，由于其以南的运河仍可航运，与上海、镇江等口岸关系密切。显然，这一时期的水路及官路的运输，是形成山东地区城市格局的关键因素。

光绪二十四年，德国在取得胶州湾租借地的管辖权后，将整个租借地作为自由港向世界开放，同时投入大量资金进行建设，于光绪三十二年全部完工，共投入5000余万马克，包括修筑防浪堤、填平海滩、疏浚海底、兴建码头及仓库、照明设备及港口设施等，并用铁路与胶济线相连，[②] 近代化的青岛港由此崛起。为了给青岛港提供一个广大的内地销售市场和原料供应地，光绪三十年建成的胶济线，全线394公里，由青岛经潍县至济南，将山东重要的煤矿、经济区和重要城镇与青岛港紧密地联系在了一起。“青岛各号码头，均敷设铁道通大港车站，运输上非常便利”，[③] 轮船与铁路的联运，使胶济线与青岛港形成了一个运载便利、联系完整、畅通无阻的近代交通体系。由此，山东各地进出口货物的运输开始向青岛集中，单靠水路或公路运输的烟台，在与青岛的进出口贸易竞争中开始处于不利状态。恰恰是胶济铁路完工后的第一年（1905），烟台进出口货值达到历史最高点的39131384海关两，此后便呈明显的下降趋势。胶济线通车之前，济南及鲁东地区是以烟台为进出口基地的，胶济线及张博支路通车后，鲁东货物流向明显转至青岛。1905～1913年间，

---

① 王守中、郭大松：《近代山东城市变迁史》，第128～130页。

② 王守中、郭大松：《近代山东城市变迁史》，第128～130页。

③ 黄泽苍：《分省地志：山东》，中华书局，1935，第96页。

胶济线运输货物量增长近17倍。光绪三十四年，青岛在贸易总值上超过烟台，排在上海、天津、汉口、广州、汕头之后，列全国第六。日占期间，经过两年的骤减后，青岛港的进出口贸易量又大幅上升，至1922年中国收回青岛主权，贸易总值已接近1亿海关两。[①] 到1931年，青岛与烟台分占山东沿海港口贸易净额比率为75.89%和17.06%，与1899年青、烟两港的分占比率7.28%和92.72%已成天壤之别。[②] 显然，迅速成为山东最大贸易中心的青岛，其贸易增长是以烟台的衰落为代价的。如庄维民所言，烟台“由于港口设施的改善进展迟缓，与国际贸易相关的金融、电信业发展滞后，尤其是缺乏能够深入腹地的铁路运输设施，结果使烟台直接对外贸易的比重一直难以提高”。[③]

由于青岛是作为贸易港口及市场而出现的，工业较之贸易为差。但青岛工业的起步，还是在相当程度上受到了近代交通体系的影响。首先，青岛湾（俗称前海）附近兴起了修理各类船只的船坞工艺厂，该厂后来发展为独立的造船厂，德国人还设立了一所华人徒工学校为船厂培养技术工人。此外，德国人还在青岛建立了诸如发电厂、屠宰厂、德华缫丝公司、日耳曼啤酒公司、制冰厂、肥皂厂、精盐制造厂、香肠加工厂、面粉厂等企业与不少的学校、医院，使青岛城市的建设开始初具规模。由于德国人对青岛城市的规划较为完整，各类设施比较合理、布局也十分恰当，如城市稍东的太平湾一带，划为外人的别墅区和军营，火车站设于外人商业区的西部，便于出行。小港和大港一带作为海港区和工业区，小包岛和台东、台西两镇，作为华人居住区。整个青岛市的商业中心，一在火车站附近，一在港口附近，仍然体现了近代交通体系对于青岛城市建设不可忽视的作用。

近代交通体系与华北城市空间与功能转换的一个生动例子，莫过于石家庄。正太铁路与京汉铁路交叉点的戏剧性改变及轨距的不同，使原

① 《青岛进出口贸易额综合统计（1899～1931）》，交通部烟台港务管理局编《近代山东沿海通商口岸贸易统计资料》，第10页。

② 《烟台、青岛、龙口贸易量比较（1899～1931）》，交通部烟台港务管理局编《近代山东沿海通商口岸贸易统计资料》，第15页。

③ 庄维民：《近代山东市场经济的变迁》，中华书局，2000，第43～44页。

来隶属于获鹿县、"街道六、庙宇六、井泉四"、仅有三四十户人家的小村庄石家庄,[①] 一跃而成为华北两大铁路的交会点和直隶（河北）及华北、东北区域与山西能源、经济沟通上的重要枢纽。短短几年内，因煤炭、铁矿石、棉花及天津等地洋货、棉布及棉纱的大量运输，以代客转运为主的货栈大量兴起。1926 年，以经营煤炭、粮食、布匹、棉花为主较大货栈有 33 家。[②] 搬运业、批发业的快速兴起，以及石家庄附近家产口原料丰富、矿产资源较多县城交通便利等原因，也使得不少商人设厂于此，纺织厂、炼焦厂、面粉厂、铁厂等纷纷成立。运输业、工业的发达，形成了明显的物流与人流聚集效应，外来人口大增，1913 年，石家庄居民有 300 多户，1917 年增至 1000 户 6000 余人。1925 年，石家庄与休门镇合并，人口约 4 万。1932 年达到 9 万人。[③] 以正太站和京汉站及铁路两侧为中心，石家庄城市的空间日益展开。民国初年，仅有正太及京汉路车站附近，面积约 1 平方公里，1921 年前，"街市占地一方里有半，南北稍长",[④] 1926 年，"石家庄东端已与休门镇相连，全市面积东西约八九里，南北约六七里"。[⑤] 1928 年，仅石家庄（不含休门）就有街道 33 条，面积近 4 平方公里。1936 年，石门市区面积已达 10 余平方公里,[⑥] 近代化的城市规模初显丰姿。从 1928 年石门市区的道路分布图上可知，整个市区被正太路、京汉路所分割，街道基本上沿着铁路道岔两侧展开，以正太路车站为中心的桥西地区，集中了全市主要的胡同、里巷和市场，桥东地区则为空旷之地。1930 年代初，由于原有道岔南延和北部新道岔的建成，街市不仅向北沿京汉路扩展，往西北沿正太路推进，而且向西南沿京汉路伸展，石门市面积大大增加，整个市区因铁路影响从 1926 年

---

① 《获鹿县志》卷二《地理》下，光绪刻本；《石家庄之经济状况》，《中外经济周刊》181 期（1926 年 9 月 25 日）。

② 《石家庄之经济状况》,《中外经济周刊》181 期（1926 年 9 月 25 日）。

③ 《石家庄之经济状况》,《中外经济周刊》181 期（1926 年 9 月 25 日）；刘哲民：《石门二十年来之回顾（一）》,《大公报》1932 年 5 月 3～5 日。

④ 白眉初：《中华民国省区全志》第 1 编第 2 卷《直隶省志》北京求知学社，1924，第 45 页。

⑤ 《石家庄之经济状况》,《中外经济周刊》181 期（1926 年 9 月 25 日）。

⑥ 《河北省石门义务教育进行概况——一个城市义务教育实验之调查》,《河北月刊》4 卷 7 期（1936 年 7 月 15 日）。

时的东西长、南北狭的格局，发展成为南北长、东西狭的不规则形状，形成了桥西、桥东地区相对平衡的局面。① 这一城市空间的变化，清晰而又直观地展现出了铁路于此中的深刻影响。

由于石门地处正太线与京汉线相交的交通枢纽，山西的煤炭、铁矿和棉花及农产品，均要经石门运出，而由天津、青岛进口的货物及东北、华北诸省的货物，也需经石门转运山西，石门在华北区域经济贸易网络中的地位日益重要。石门周边棉花种植较多，矿产较多，因交通方便，不少厂家纷纷弃保定而设厂于石门，石门的工业由此日益发达。此外，由于经济贸易的需求，石门市周边各县或修建通往石门的公路，或利用原有水路和已有铁路，积极寻求与石门市的经济贸易往来，石门市的经济辐射能力日益增强。1930 年代，石门市已呈现出了取代保定成为河北经济及贸易中心的势头。②

河北省邯郸县，“地居要冲，扼京汉铁路之中枢，车站一隅人口日增，商业亦日渐发达。往昔城关车站来往交通皆经由西南庄后街，因街道窄狭，且多曲折，车马行人每易挤撞，民国二十八年春，知事杨公秩平为便利交通，繁荣市面起见，征集民夫，由车站票房之东，经太平街直达南关开辟新马路一条，计长二百三十丈，宽四丈五尺。虽沿路之田地市房因而被拆被占，少数商民难免痛苦，然现下商业重心均移于新马路两旁，楼房林立，市面繁盛，尤可谓空前之盛”。③

津浦铁路通车后，泰山脚下的泰安从一个极其封闭的“旧山郡耳”，“顿然改观，物质文明日益增盛，交通便利之效也”。④ 山东德县（今德州市）于 1920 年和 1930 年先后修筑经恩县、夏津、临清至馆陶县及经故城县、郑家口、饶阳店、大营、恩察、卷镇、田村等地至河北省南宫县的两条公路，全长 205 里，汽车往来极为方便，“本邑迤西各县来往行旅

---

① 《1934 年石门略图》，曹洪涛、刘金声：《中国近现代城市的发展》，中国城市出版社，1998，第 226 页。

② 江沛、熊亚平：《铁路与石家庄城市的崛起：1905—1937 年》，《近代史研究》2005 年第 3 期。

③ 程廷恒修，洪家禄等纂《大名县志》，卷十一《交通》，1934，铅印本。

④ 葛延瑛修，孟昭章、卢衍庆纂《重修泰安县志》卷五《政教志》，“交通”，“路政”，1929，铅印本。

多由此路”。①

20世纪初，自京汉、陇海（汴洛段）交会于郑县后，郑县的经济贸易“骤形繁盛”，“城周九里，内多住宅，仅西大街多商店，新开市场则在西关车站之侧”。然而，随着陇海铁路向东延伸至海州，向西伸展至陕县，时人便敏感意识到：“郑县一地，西北控山西、陕西、甘肃等省物产之供给地；东北及东南，则通天津、青岛、汉口、上海等埠之物产需要地。将来交通日盛，商业范围愈大，而贸易之额愈增，前途发展，未可限量矣。”②

绥远省集宁县（今包头市），“本为一荒僻之乡村，民国九年平绥路通车之后，商旅云集，内地垦户亦相率而至，顿成繁盛之区。平绥铁路至此为大站，站在城西，附近商务殷繁”。③

京张铁路通车后，张家口的铁路枢纽地位带动了周边地区的经济发展，经济需求使张北地区的汽车运输日渐发达。如张北县的客货汽车，“东至多伦、沽源一带，西至白陵庙、商都一带，南至张家口，北至库伦、乌得、加卜寺、四里蹦、滂江、二连、贝子庙等处，沿途均设有车站，由多伦、沽源所来之车，均载有蘑菇、皮毛等货，由库伦所来之车，均载水晶、麝香、鹿茸、蘑菇、狐皮等货，票价均按货之贵贱而定之”。④

纵观华北区域诸多新旧城市的空间扩张及布局，可以看出一个基本规律，即一些旧有的交通枢纽及商业贸易中心，因铁路、公路及水路的综合利用而被纳入了新的交通体系，一些新的城市因为交通枢纽而成为新的商业贸易中心或区域经济中心；被纳入近代交通体系的城市，多数从区域经济贸易中获益并日益发展起来，一些城市甚至因之成为区域性或地区性的经济贸易中心。此外，受近代交通体系影响的城市，在空间的扩张中始终受制于近代交通体系的影响，铁路、公路枢纽城市多以铁路或公路车站为中心而展开；城市的商业中心也多数首先兴起于火车站的周边。

---

① 李树德修，董瑶林纂《德县志》，卷六《政治志》，“汽车路”，1935，铅印本。

② 吴世勋编《分省省志——河南》，中华书局，1927，第71～74页。

③ 廖兆骏编《绥远志略》第十章“绥远之交通”，第四节“铁路之交通”，1937，铅印本。

④ 陈继淹修，许闻诗等纂《张北县志》，卷四《交通志》，“交通”，1935，铅印本。

三　近代交通体系与华北城市格局的重组

19 世纪末至 1920 年代，由于传统自然经济向外向型经济的快速转型，以天津、青岛等港口城市为龙头，以港口、新建铁路、公路和原有水路组成的近代交通体系蔚然成形。这一近代交通体系的建成，不仅大大加快了华北区域经济贸易一体化的格局，推动了华北区域城乡经济共同性的形成，也带动了华北与东北、华中、华南地区经济与贸易的交流，以此为背景，华北区域传统的城市格局开始重组，社会结构发生了深刻的变革。

如隗瀛涛等先生所言，和全国一样，华北区域传统意义上只有两类城市，即行政消费型城市和经济型城市，其中，行政消费型城市以行政为主要功能，以乡村供应为经济内容，政治意义远大于经济意义，且随着行政体系变动而呈明显的盛衰波动规律，不具有可持续发展的可能性；由宋至清，这类城市基本呈现出缩小甚至停滞的趋势。宋代之后特别是明清之际，伴随国内贸易增长和市场的开拓，经济型城市开始出现，这类城市多以工商业或工矿业为依托，开始具有不同于政治、军事功能的经济职能。[①] 在近代交通体系的发展中，华北区域的旧有城市格局开始被打破，在沿海口岸，以对外港口为依托的天津、烟台、青岛、龙口、威海卫、秦皇岛等地，城市工商业均有不同程度的快速发展，城市空间也有较大的发展；而石家庄、郑州、济南、徐州、张家口等铁路枢纽型城市的崛起，则以近代铁路为依托迅速形成区域性的经贸中心，城市的空间与功能都是围绕着铁路交通功能而展开的，这也是符合商业化为主导的近代中国城市化特征，自然也属于经济型城市。与之类似的还有北宁路沿线的唐山，平绥路沿线的平地泉（今内蒙古自治区集宁市），道清路沿线的焦作，京汉路沿线的驻马店，等等，这些交通功能型城市的兴起过程，与石家庄等城市具有显著的共性，是近代中国社会与经济变动中产生的新的城市类型。

华北区域的传统城市，多分布在四通八达的水路、驿道两侧。它们

---

① 隗瀛涛主编《中国近代不同类型城市综合研究》，四川大学出版社，1998，第 2～5 页。

或为政治中心，如北京、保定、济南、太原、开封等；或为驿道中心，如正定、邯郸、许昌等；或为河运枢纽，如天津、通州、临清、济宁、德州、周家口、南阳等。其中虽不乏天津、临清、济宁等著名商业城市，但政治中心仍占多数。在发展为城市之前，如天津、烟台、青岛等城市，本身并无近代工业足以发展的足够资源，其对外港口除去漕运，内贸的需求有限，其长足发展的机遇并不存在。正是在近代的开埠中，这些城市因港口的天然地理优势而被纳入了国际贸易的体系、再通过铁路等交通手段拥有自己广大的腹地而快速崛起。而另一类依靠近代交通体系崛起的城市，可以铁路枢纽石家庄为例，石家庄虽然西倚太行山，背靠煤炭、棉花资源丰富的山西省，距山西省东出口娘子关极近，具有交通与经济发展的潜力，但这个荒凉而贫穷的小村庄，在传统社会的交通及经济发展体系中，并不具备演变为重要城市的可能性。正是近代铁路的发展，才使石家庄自然条件及地理位置的潜在优势得以发挥，迅速成为交通功能型城市。随后，依靠交通功能的优势，石家庄商旅云集，经济辐射能力大大增强，进而成为冀中经济区的中心城市。天津、烟台、青岛、潍县、张家口、石家庄、唐山、平地泉等城市的崛起，不仅标志着华北城市功能从行政中心向经济中心的整体转变，华北传统的城市布局也开始发生重大变化，分布重心从传统的驿道及运河沿岸，向港口、铁路、公路交通沿线转移。[①] 如周锡瑞（Joseph W. Esherick）所称，在华东或华南地区，由于铁路兴起前已经拥有较为发达的水运，铁路对这些地区城市近代化进程的影响并没有华北区域这么大，正是铁路的发展，重构了华北区域的城市格局。[②] 近代交通功能型城市的崛起，是华北区域社会、经济发展史上的标志性成果之一。

近代华北区域的交通功能型城市，除去天津、烟台、青岛、秦皇岛等地，主要依托港口与铁路交通的贸易展开，多具有工矿业资源与近代交通的互补性，这是其崛起的必要条件。作为晋煤外运枢纽的石家庄，

① 刘海岩：《近代华北交通的演变与区域城市重构（1860—1937）》，刘海岩主编《城市史研究》第21～22辑，天津社会科学院出版社，2002，第47页。

② 〔美〕周锡瑞：《华北城市的近代化——对近年来国外研究的思考》，刘海岩主编《城市史研究》第21～22辑，第20页。

煤炭运输量的持续增长，带动了货栈转运业和其他商业的发展，也推动了工业进步，新式工业纷纷在石家庄设立，促进了人口的不断增长和街市的日益扩充。物流与人流的大量需求，也有力地促进了铁路运输的进一步兴旺。铁路与城市发展间的互动关系，迅速推动着石家庄的城市化进程，使之成为一个新兴的工商业城市，并开始在华北经济发展中扮演区域中心城市的重要角色。这一基本特征，在唐山、平地泉、焦作和驻马店等城市发展史上，也均有明显的体现。然而如张瑞德所称：中国铁路无法如西方国家那样产生更大的连锁性影响，如京汉路所需的“修筑和维护所需的材料，除了钢轨部分由汉阳铁厂供应外，其余大多来自外国，减少了予以本土工业刺激的机会”，① 这一特征，主要是近代中国工业整体水平落后造成的，在铁路枢纽城市如郑州、石家庄、徐州等地的工业发展上表现得尤为明显。

近代交通体系在提供新型交通功能型城市崛起的必要条件同时，也深刻地影响着此类城市的空间结构及功能发挥。天津的城市空间从旧城向租界的东移过程，既与海河两岸的码头有关，也与老龙头车站相关。郑州的城市空间是以陇海路为中心向两侧延伸的。石家庄城市空间结构的扩充，以两条铁路的车站为中心，繁盛街市位于两条铁路的道岔区附近及桥西区，人口亦聚集于此，形成城市街市的最初形态，随后才陆续向四周展延。唐山的街市以铁路为界分为南北两区，路北的广东街和路南的新立街最为繁华。平地泉街市以商埠为主，而商埠街市也是以车站为中心分为东西两处，繁华街市亦分属两区。驻马店街市同样也是以车站为界进行东西布局的。与传统城市不同的是，这类新兴城市不再建造城墙，城市工商业繁华地区不再是省署、府署或县署所在地，城市空间结构发生了较大变化。显然，作为这类城市形成的基本因素，港口、铁路在城市空间结构的展延中发挥着极其重要的影响。

华北区域的传统城市，多以省城、府城、县城区分其规模。一般而言，省城规模最大，府城次之，县城最小；人口亦大致依次递减，相反

---

① 张瑞德：《平汉铁路与华北经济的发展（1905～1937）》，台北中研院近代史研究所，1987，第140页。

情况很少。烟台、青岛、石家庄、唐山、郑州等城市的兴起，打破了这种局面。这类城市一般都不是各级行政中心，但有的城市规模却逐渐超过了县城、府城甚至省城，成为华北的区域性经济贸易中心，石家庄人口一度超过了省城保定，烟台、青岛的人口在短期内都有较快的增长，这一现象，凸现了近代华北新兴城市经济功能日益强化的特征。

在近代华北区域经济与贸易体系从传统自给自足向外向型发展的进程中，近代交通体系的根本意义，在于其可以低廉的价格，使大量商品和人员在短期内进行长距离的交流，大大拓宽了人与物的活动空间。在城市形成和发展之中，近代交通体系拓展了交通枢纽城市工商业的辐射能力，以东部港口与铁路、水路、公路交叉点城市，铁路枢纽与水路、公路交叉点城市，铁路、水路与公路交叉点城市和广大农村的顺序，依次形成了华北经济贸易市场网络的终点市场、中级市场和初级市场。

表 2　民国初年天津经贸辐射范围

单位：海关两

地域	1910 年				1912 年			
	转出口	占比（%）	转入口	占比（%）	转出口	占比（%）	转入口	占比（%）
华北三省	22262	77.9	9061	72.9	20956	79.6	12946	67.4
直隶	15843	55.4	6157	49.6	14665	55.7	8671	45.2
山东	987	3.5	289	2.3	1244	4.7	1119	5.8
山西	5432	19.0	2615	21.0	5067	19.2	3156	16.4
河南	1404	4.9	259	2.1	1892	7.2	459	2.4
东北地方	844	3.0	772	6.3	369	1.4	628	3.3
西北地方	4076	14.2	2285	18.8	3109	11.8	5161	26.9
（内）甘肃	3352	11.7	952	7.7	2770	10.5	804	4.2
（内）张家口	——	——	1204	9.7	——	——	4223	22.0
合计	28586	100.0	12426	100.0	26332	100.0	19194	100.0
转出入口比率（%）	69.7		30.3		57.8		42.2	

注：1875 年前后，全国海关统一使用银两为单位，规定 1 海关两等于纯银 583.3 英厘。

资料来源：李洛之、聂汤谷《天津的经济地位》，第 39 页。

由表2可知，民国初年天津经贸的辐射能力日益增强，是直隶（河北）、山西、山东部分地区棉花销售的主要目的地，是山西煤炭、铁矿石的重要外销港口，进口各类货物更是远销至华北、东北、西北地区。烟台、青岛则是山东地区土特产品的最为重要集散地，也是河南省的重要进出口港口，所进口的洋货更是引领各地消费结构变化的指标。石家庄既是河北正定、获鹿、栾城、元氏等县所产棉花的最大集散地，又是其所需煤、铁、粮食的供给地，通过石家庄的中转，铁路不仅大大缩短了华北诸省在地理空间上的距离，增强了直隶、山西与山东等省间的经济交流与人口流动，华北中心城市天津、北京（北平）的经济辐射能力，也伸延到山西、陕西。此外，东北地区也得以与山西、陕西地区进行物资与人员的交流，华北、东北间的商业流通网络得以进一步整合和强化。

由于近代交通体系特别是铁路网络的确立，原本在市场贸易网络中并无突出地位的石家庄、郑州、济南、张家口等城市，日益扩张并上升为区域经济的中心城市，原来的中心城市开封、保定等城市却明显衰落；铁路网络与港口的联结，更使华北区域旧有的以北京为中心、以官路、水路为网络、以消费为功能的城市格局，迅速朝着以贸易及工业城市天津、青岛为中心，以铁路、港口为网络、以贸易或生产为功能的近代化城市格局演变。这种新的城市格局的展开，是近代经济转型对近代交通体系的选择与要求所引发的。适应经济转型的新城市，开始呈现出于近代中国经济贸易体系发展中日益重要的领头羊作用。

综上所述，港口、铁路的兴建特别是铁路枢纽地运输业及工商业的发展，造就了交通功能型城市天津、青岛、石家庄、郑州的崛起，这类城市在空间结构、职能、规模及其区域分布上的变化，是华北区域经济与社会近代化进程中值得十分重视的现象。

中东铁路（滨洲线）的修建与沿线地区的早期城市化*

与近代中国的许多铁路一样，中东铁路也是以中外合办的名义，由列强主导修建的一条带有侵略性特征的铁路。半个世纪来，国内学者对其研究一直偏少，已有的一些研究亦多以负面定性研究为主。本文试从新式交通运输与区域社会变迁的视角，集中从正面考察中东铁路（滨洲线）建成后带来的社会经济的深刻变化和区域城市化进程的启动，为更全面地研究和评价中东铁路史提供参考。

一　中东铁路的策划和建设过程

关于中东铁路的规划和建设史最早可以追溯到 1880 年。是年，已经夺取了中国黑龙江以北和乌苏里江以东地区中国领土的沙皇俄国，为争取其在东北亚地区的战略优势，开始研究兴建一条从车里雅宾斯克到海参崴（符拉迪沃斯托克）的西伯利亚大铁路的计划。主张对外侵略的俄海军少将库皮托夫提出，在铁路线经过伊尔库茨克后，转向南方，从恰克图进入蒙古，在穿过北京后，再转向中国东北，纵向延伸至黑龙江齐齐哈尔，再由此横穿东北，通过宁古塔、绥芬河进入俄国乌苏里的双城子。① 库皮托夫的计划是想利用这一铁路的修建一举打开中国北部和东北的市场，但是俄国担心遭到中国的拒绝和其他列强的反对，所以这个计划当时并没有在俄国内部获得通过。因此 1891 年 5 月西伯利亚大铁路开工后，其规划的线路走向是穿越伊尔库茨克后继续向东，在经过赤塔以

---

* 本节作者曲晓范，东北师范大学历史文化学院教授。

① 〔俄〕尼鲁斯：《东省铁路沿革史》，朱舆忱译，中东铁路公司，1923，第 5 页；陈秋杰《西伯利亚大铁路修建及其影响研究》，东北师范大学，博士学位论文，2011 年，第 24 页。

后，转向东南，沿中俄边境的黑龙江北岸修筑，到达伯力（哈巴罗夫斯克）后再转南向沿乌苏里江东岸修至海参崴。但当1895年初该铁路修至上乌金斯克（乌兰乌德）时，沙俄政府在赤塔以东地段的铁路走向问题上产生了分歧。[①] 负责铁路拨款的财政大臣维特认为，如按原计划进行，绕道太远，并且沿途气候恶劣，人烟稀少，人力不足，将导致工期延长，筑路费用太高。因此他主张由赤塔转向东南方向，横穿中国北满地区，就近直达海参崴，这既可使铁路缩短700俄里的里程，节省资金1.34亿卢布，并因线路南移600俄里避开可能来自黑龙江航运的竞争。当然更重要的是，通过此铁路线，沙俄政府可以一举把战略地位十分重要的满洲纳入手中。维特的这一主张表达了长久以来沙俄在远东地区扩张的愿望，所以沙俄政府采纳了维特的这一计划。[②] 而中日甲午战争的结局又恰好为沙俄提供了一个难得的实施其计划的机遇。

由于在1894~1895年的甲午战争中，清政府一败涂地，1895年4月清政府被迫同日本签订了丧权辱国的《马关条约》。根据这一条约：清政府不仅要向日本赔偿白银二亿两，还要割让在整个东北亚地区处于战略中心地位的台湾岛、澎湖列岛和辽东半岛等领土，因此《马关条约》的订立使清政府及中华民族遭遇到了前所未有的存亡危机。一直对中国领土抱有强烈瓜分欲望的沙皇俄国见有机可乘，先是秘密制订了一个“借地接路”的计划，随后即在外交上展开行动，对《马关条约》公开表示反对。接着，沙俄又打出帮助清政府维护领土主权的幌子，联合德国、法国一同向日本施加压力迫使日本做出部分妥协，暂时放弃割占辽东半岛。沙俄在通过导演“三国干涉还辽”事件取得了清政府的好感之后，于1896年6月引诱清政府与之订立在外交上带有军事同盟性质的《中俄密约》。在该约第四款中规定：中国允许俄国华俄道胜银行在中国建造一条穿越吉林、黑龙江地方，连接俄国西伯利亚大铁路的中东铁路，俄国从此正式获得了在东北修筑铁路的特权。《中俄密约》由于只对修造铁路

---

① Colquhoun Archibld R.，“The Trans-Sibrian-Manchurian Railway，” *Monthly Rereiw*，1：2（1900，Nov.），p. 40.

② 参见李华耕《风雨飘萍——俄国侨民在中国（1917~1945）》，中央编译出版社，1997，第251页。

问题做了框架性规定。所以随后双方谈判代表（清朝方面为驻德公使许景澄、俄国方面为华俄道胜银行董事长乌赫托姆斯基）于同年 9 月 8 日在柏林又订立了《中俄合办东省铁路公司章程》。《章程》的第一条规定："中国政府以库平银五百万两与华俄道胜银行伙做生意，所有赔赚照股摊认。"但实际上，以后发行的所有股票都由道胜银行一家独揽，完全排除了中国方面对这一铁路的控制。

华俄道胜银行获得了中东铁路（又称东省铁路）的专营修筑权后，于 1896 年 12 月 27 日在海参崴成立了"中东铁路公司"，任命毕业于英国皇家工程学院的俄国人尤格维奇博士为铁路总工程师。翌年 8 月 29 日，铁路公司在中国境内小绥芬河附近的三岔口举行试开工典礼。随后，工程队一边勘察，一边进行全面开工准备。1898 年 4 月，铁路工程局在完成了勘测之后，派遣先遣队到达哈尔滨"田家烧锅"大车店（香坊），正式将这里确定为铁路工程局的驻地。由于在此之前的 3 月 27 日和随后的 5 月 7 日，沙俄与清政府又签订了《旅大租地条约》《旅大租地续约》，沙俄获得了在大连设立租借地的权利及修筑由哈尔滨到大连的中东铁路南线的特权，[①] 所以在 1898 年 6 月 9 日，当俄国中东铁路局由海参崴迁到哈尔滨后，中东铁路就以哈尔滨为中心，分成东、西、南三条线六处相向施工（东线哈尔滨对乌苏里斯克，西线哈尔滨对后贝加尔，南线哈尔滨对旅顺）。1898 年 5 月 28 日这一天，就被定为"成立哈尔滨基础并东省铁路开工建筑之纪念日"。[②]

① 关于中东铁路南满段（从哈尔滨到旅顺段）的定名问题，历史记载是不同的。确定修建南满段初期，俄国规划者的确是将该段定名为支线，将哈尔滨到绥芬河段与哈尔滨至满洲里段定为主线，但在俄国人于 1899 年进入大连以后，实地考察后认为，大连确为一不冻深水良港，港口条件明显优于海参崴，遂决定将南满线改为正线，以集中培育大连港的发展。而在 1905 年日俄战争结束后，战败的俄国被迫将长春以南的中东铁路利益全部交给了日本，失去了包括大连海港在内的东北南部铁路的俄国人从此在中国活动的空间迅速被压缩到长春以北地区。在这一背景下，俄国人先前制订的大连港水运与东北铁路的连线计划被迫放弃了，重新将滨绥线定为主线。

② 参见东省铁路历史委员会编《东省铁路二十五年成绩报告书》，〔俄〕尼罗斯撰《东省铁路沿革史》，朱舆忱译，第 1 页。另哈尔滨市曾在 1938 年 5 月 28 日举行过"建城 40 周年"庆典。笔者据此认为，近年部分学者认定的"1898 年 5 月 28 日为俄历，公历 6 月 9 日为哈市建城日"是错误的。

作为西线的滨洲线总里程为945公里（从满洲里车站到中俄铁路分界点间的10公里路轨为非营运里程，所以滨洲线的营运里程为934.8公里），本段开工后，因所需木材、沙砾、砖石均由铁路施工部门组建的森林采伐队、砂石运输队就地提供，所以进展较快，至1899年春完成哈尔滨江北船坞往西20公里的铺轨工程。1900年4月，工程队铺轨到距哈尔滨269公里的昂昂溪站。1901年4月铺轨到距哈尔滨415.4公里的扎兰屯，同年4月15日，由哈尔滨开出的第一趟列车到达扎兰屯站。1901年5月末，工程队铺轨到距哈尔滨538.7公里的博克图站，9月利用临时越岭线翻越大兴安岭山脊通至距哈尔滨602.7公里的乌尔奴站。该线的另一端由满洲里向东铺轨，至1901年11月3日在乌尔奴举行接轨仪式，[①] 1902年1月14日开始临时营业。[②] 在中东路西线正式通车之前的1901年3月3日，哈尔滨至绥芬河的滨绥线（全长544.5公里）部分已完成铺轨，并于是年11月14日开始试行营业；在西线通车的同一个月，哈尔滨至旅顺的中东铁路南部线也完成铺轨，1903年3月8日，南部线开始试运营。1903年7月14日，中东铁路全线竣工并正式通车营业。该路全长2489.2公里[③]（不包括随后俄国加修的大石桥至营口牛家屯支线21.4公里、灯塔至煤矿支线15.6公里、抚顺至苏家屯52.9公里等三条支线铁路）。

二　滨洲线的开通与沿线地区经济和社会结构的突变

由于中东铁路是以资本主义列强侵略产物的形式出现的，它的建成使俄国从此有了一条攫取东北物产资源的运输通道，这无疑进一步加深了近代东北地区的半殖民地程度。事实上俄国也正是利用这一铁路在一

---

① 此时大兴安岭隧道尚未开通，为保证全线尽快通车，继续使用此前在大兴安岭上修筑的一条Z字形临时越岭线过车。

② 玛世明主编《黑龙江省志·铁路志》，黑龙江人民出版社，1992，第80页。

③ 1905年日俄战争结束后，俄国被迫将长春至旅顺之间的762公里铁路无条件转让给了日本，被日本改称为南满铁路。所以自1906年起，中东路作为一个特定概念只包含原来的长春以北部分，总里程缩短为1727公里，因此本文对1905年后的中东铁路表述限定在长春以北部分。

段时间里将东北，特别是北满地区的经济命脉牢牢地控制在自己手中。俄国还曾依托它运送军队和战略物资，组织日俄战争，据统计，在 1904 年 2 月至 1905 年 9 月的日俄战争期间，俄方 85% 以上的军需物资都是通过该路运送的。[①] 此外在修建铁路期间，由于占地和采集材木，东北的大面积森林资源遭到毁灭性的破坏。

然而，铁路作为一种近代化的交通工具和运输机制必然有推动区域社会进步的自然属性，这是不以修建者的主观意志为转移的。中东铁路一经试营运，立刻就显示出其先进性，东北传统的以自然力为主的旧式运输模式根本无法与之相比。首先，铁路运输有较好的对外接续能力。中东铁路南北纵贯、东西横穿东北三省，它有大连、满洲里、绥芬河三个方向的外接口岸，一次转运即可完成与大连的陆海联运或与俄罗斯的国际联运。东北封闭的腹地与沿海口岸（大连、营口、海参威）第一次连接到一起，成为有机的整体，正式结束了东北内陆城市、乡村与外部世界以及各地区之间相互隔绝的历史。

其次，铁路运输速度快，预定时间准确。无论是客运还是货运，都有一个运输速度问题，自然是越快越好，火车不易受气候和季节影响，可提供全天候的长年服务。

再次，铁路运输一次性运量大，成本低。东北传统的辽河和松花江航运，载重船只分为两大类，一类是载重 20 石 ~ 60 石的中型牛船，另一类是载重 80 石 ~ 120 石的大型槽船。而火车运输，载重量是木船的 60 ~ 70 倍。由于运量大，运输成本也相应降低。

正是中东铁路自身拥有这种特殊的交通运输优势，所以在其全面通车之后，其客、货运输量直线上升，迅速超过辽河航运成为东北交通运输的第一大动脉。1903 年全面通车，当年，由中东铁路输出输入的货物量已占东北全境外贸货运量的 40% 以上，其客货运输收入达 1599 万卢布。[②] 至 1908 年，这条铁路的货物输出输入额接近同年东北货物总量的

---

① 『明治 43 年日本駐哈爾濱總領事館調查報告』日本外務省通商局編『滿洲事情』第 4 輯，第 3 卷，1925，第 5 章。

② 黑龙江省志办公室主编《黑龙江省志·铁路志》，第 28 页。

60%，以北满货物运输为例，是年该区域农产品总输出额为2250万卢布（5282000担），其中中东铁路承担了1400万卢布的货物运输量，占总数的62%。[①] 与此同时，仅在1903～1905年的两年时间里，该路就往东北运送了大约150万人的关内移民，[②] 这一数字相当于这一时期进入东北中北部地区移民总量的70%。仅滨洲线沿线地带就增加了约70万人。[③] 民国初年以后，中东铁路运送关内移民来东北定居的数量更大，以靠近呼伦贝尔盟的黑龙江省甘南县为例，1922年时，该县总共有21个自然屯，有农户823户7782人，平均每平方公里定居人口为2.26人。但到了1929年，该县接纳了河南难民1984户20683人，人口总量一下子升到44856人，每平方公里人口量达12.87人。[④] 以火车为交通工具的移民的大量涌入，在满洲里—哈尔滨的铁路区间及其临近地段迅速形成了连绵的人口密集带，[⑤] 区域人口的大量增长使昔日荒无人烟的北满草原沼泽地上有了众多村落，这就为以后中东铁路沿线近代城市群的出现创造了条件。

滨洲线沿线地带之所以能迅速成为大规模外来移民集结的地区，除了具有现代化的铁路作为新式运载工具，当然也与本区特殊的区位环境以及东北地方当局从挽救边疆危机出发积极倡导和协助关内移民前来定

---

① 『明治43年日本駐哈爾濱總領事館調査報告』日本外務省通商局編『滿洲事情』第4輯，第3卷，第5章。

② 据黑龙江省志办公室主编《黑龙江省志·铁路志》的引述资料，中东铁路在1903～1905年间共运送旅客约280万人次，其中1903年为175.5万、1904年为45.5万、1905年为62万，扣除短途和其他旅客人数，并参考其他材料，此间中东铁路运送的关内移民约150万。

③ 据《东省丛刊之一：黑龙江》（汤尔和译，中东铁路局，1930）一书载，1903年7月，即中东铁路开通时，黑龙江省人口为40.8万人，到1908年该省人口已增加到1455657人，其中增加者大部分为铁路输送并居住在铁路沿线的移民。

④ 何文光主编《甘南县志》，黄山书社，1992，第77页。

⑤ 中东铁路开通之际，距离人口稠密的双城、肇州较近的安达总人口只有1000人，其总面积至少为5000平方公里，即每平方公里人口大约为0.2人，相邻的杜尔伯特每平方公里人口也是在0.18人左右。沿线人口密度只有肇州和齐齐哈尔一带超过这个水平，但每平方公里亦不会超过20人。但是到了1930年，满洲里至必集良之间沿途380公里，已有23491人，每平方公里人口达61.8人，博克图至庙台子551公里，有78643人，每平方公里达142.7人，如果加上哈尔滨附近的16万人，人口密度就更高了。以上基本数据引自《最近中东铁路沿线一带之人口》，载《中东经济月刊》第6卷第8号，1930年，“专载”，第1页。

居的政策直接相关。

根据当时的隶属管辖关系，中东铁路滨洲线经过地带在清末时期应划为两大部分，基本以今天大庆市所辖区为界，东、西两面分属于内蒙古哲里木盟杜尔伯特旗固山贝子游牧地和黑龙江将军辖区。在这两大绵长的地理空间内，除了肇州、齐齐哈尔、海拉尔等几个地方具备城市形态，齐齐哈尔周围临近地带有一定的农业垦殖规模，其他地区普遍是自然蛮荒地带，其中博克图以西为大兴安岭山地和丘陵草地，以东至扎兰屯为大兴安岭山地向嫩江冲积平原过渡带，这一地区植被以森林和坡地草原为主；以东以嫩江流域的湿地和平原沙地和草地为主，植被基本上是羊草、芦苇和灌木群落。[①] 生活在这里的人大都为汉、蒙、回族，以及锡伯、达斡尔、鄂伦春、鄂温克等民族，生产方式以游牧和特产采集为主。由于气候寒冷，外来移民少，人口增长缓慢。例如，1904 年时，位于嫩江流域的杜尔伯特旗（今杜尔伯特蒙古族自治县）境人口密度仅有每平方千米 18 人；1906 年时，与之相邻的拥有 15000 平方公里的土地大县（厅）——安达全厅人口只有区区可数的 916 人，翌年人口升至 1837 人。[②] 黑龙江青冈县 1831 年始有关内移民，1899 年县境大面积开放对外垦殖，到 1911 年开垦面积达 37 万公顷土地，其中可耕地 29 万公顷，潜在开发地 7 万公顷，当年可耕地只有 152000 公顷，但人均土地面积已达 2.6 公顷，人均占有粮食 1991 千克。黑龙江省拜泉县自 1904 年起对汉民开放（当年即开垦 351 公顷土地），到 1906 年，共开放 90 万公顷土地，其中可耕地 41 万公顷，然至 1914 年，仅开垦了 22 万公顷土地，尚有 47% 的可耕地没有开发，但其人均土地面积竟高达 2.2 公顷（是年全县人口为 14869 户 98849 人），几乎是山东省缺少土地地区的 10 倍。在这一背景下，关内移民自然期待前往关外定居。

与此同时，在边疆危机的特定背景下，清朝中央和地方政府实行的鼓励移民东北边疆的政策，亦强有力地推动了关内民众向嫩江流域和大

---

① 参阅呼伦贝尔盟史志编纂委会编《呼伦贝尔盟志》，内蒙古文化出版社，1991，第 117 页。

② 杜尔伯特蒙古族自治县史志编纂委会编《杜尔伯特蒙古族自治县志》，黑龙江人民出版社，1996，第 133 页。

兴安岭山地移居。为实现永久占领东北，自1898年中东铁路修筑以来，俄国方面制订和实施了移民60万至中东铁路沿线的计划，到1902年，俄国“移民十数万，布满沿边”。面对沙俄的移民侵略活动，一直试图与之在东北亚抗衡的日本自然不甘示弱，此时一面暗中对东北进行分散、渗透式移民，一面提出十年内“向满洲移入50万国民”[①]计划，所以进入20世纪后东北的外侨日渐增多。到1906年，东北日侨为5025人，1907年更达16163人，东北边疆的形势已到十分险恶的地步。而处于日俄两大侵略势力之间的清政府既没有相应对策与之抗争，也无军事实力进行反击，唯“赖有此多数移民，移植关东”，[②]通过“移民实边”“以固边圉”。所以从1905年开始，清政府一改过去传统的局部放荒弛禁政策，宣布开放东北全部土地，允许关内各民族人口进入包括中东铁路西线穿越的哲里木盟杜尔伯特旗地领荒垦殖。清政府除采取招民开垦的奖励措施外，还采取了催基、抢垦、自由垦殖等实质性的促进措施，同时在具体措施上给予移民种种优待。如黑龙江省在汉口、上海、天津、烟台、长春、营口等移民中转地设立边垦招待处，对垦户妥为照料，减免车船费，贷予牛具、种子、化肥，遇有青黄不接时官立银行酌予贷助、妥为安置等。进入民国时期，北京政府及东北地方政府仍采取鼓励和支持移民的政策，积极推动移民事业的进行。北京政府时期负责东北移民的机构主要为两大部分，一是设于河北、河南、山东等移民来源地的移民局和垦民旅行社，二是设在东北各地的垦殖局、招垦局、难民救济所、收容所等。移民机构的活动主要有赈济受灾严重的移民，指导移民有计划、有目的地徙居，召集和安排交通工具输送移民，在东北妥善安置移民的生活等诸多内容。在设置各种移民机构的同时，各级政府还制定了许多移民章程、法令及具体施行办法。东北边疆各级政府为移民提供的上述优惠政策，解决了移民迁移中的困难，保证了移民活动的顺利进行，为移民大批进入东北提供了便利。在安置方面，政府规定“对于大（型）

① 转引自张福全著《辽宁近代经济史（1840—1949）》，中国财政经济出版社，1989，第62页。

② 张伯英总纂，崔重庆整理《黑龙江志稿》上，黑龙江人民出版社，1992，第407页。

工程要雇用移民，以资援助”；“造林开垦，完全雇用移民”；“设立民生工厂，以安置移民”；“给予土地，令其开垦”；“满五年后，再升科”；“凡灾民在垦荒县分，应与土著居民同等待遇”。黑龙江省还规定了安置移民的具体办法。“每难民五人，盖窝棚一间；集五百口掘井一眼，均官料民工。另安碾磨各一，以备公用，数愈千口，得别立一村。”许多村屯聚落由此而形成。凡此种种措施，扩大了移民的就业途径，减轻了移民的负担，不仅吸引了大批移民来到东北，而且使他们迅速安居下来，促进了移民事业的顺利开展。总之，在清末边疆危机的特定历史背景下，中央和地方政府都把移民事业放在首位，积极推动、鼓励和支持移民事业的进行，为移民大批进入东北边疆地区创造了有利的客观条件，推动了移垦事业的大规模展开。①

实际上，中原和华北异常艰难的生存环境是迫使大批农民离开故土的主要原因。近代以降，中原的河南和华北的河北与山东两省人口飞速增长，人口增殖量超过土地供养力，人地矛盾日益突出。到1910年，山东、河北、河南三省人口约占全国总人口的20%以上，其中山东省人口密度每平方千米高达528人，河北的则达281人。同年全国的人口密度为每平方千米174人，而东北三省人口密度平均值为每平方米41人（其中奉天80人、吉林33人、黑龙江8人）。按照罗尔纲对新中国成立前南北生产力所做的估计，近代北方农村人均耕地至少要有3亩，才可勉强维生，可见华北人民处在生存线的边缘。华北地区常有异乎寻常的自然灾害，受灾面大、灾次频繁，其中尤以黄河沿岸各州县受灾情况最为突出。1927年山东发生蝗灾，灾区面积广达56个县，24万平方千米，灾民2000万人。翌年的水旱和蝗灾又蹂躏了82个县，灾民达700万人。1928年的水、旱、蝗、雹等灾害使河南30多个县农作物收成不及一成，河北的600余万人生活受到严重威胁。多灾并发，灾害连年，农民简直无以为生。所以中原和华北人民移民东北实质是挣扎在死亡线上的贫苦农民自发的不可遏止的求生存运动。在新式的铁路交通和上述其他主客观环境

① 本段关于东北移民情况均引自曲晓范《近代东北城市的历史变迁》，东北师范大学出版社，2001，第228~230页。

引导下，中东铁路西线各站从1906年起，几乎成了外来移民和难民的天下。根据1929年的一项统计，是年1～10月末，到昂昂溪和齐齐哈尔两站的移民人数高达45000人，其中难民为24360人。这些难民在两站下车后，陆续被接待部门分送到龙江（4671人）、拜泉（3000人）、讷河（600人）、甘南（400人）、肇州（1990人）、绥化（862人）、肇东（2655人）、泰来（2200人）、布西（350人）、呼兰（504人）、明水（1924人）、安达（600人）等地安置定居。① 当然，清末民初前往滨洲线一带定居的外来移民也并非都是从关内迁入的，他们中的许多人是由邻省吉林和奉天移入的，属于区域内的二次、三次迁徙流动。在近代早期，东北的开放地区由于相对集中于辽河流域和松花江流域的中部，并且这两个地区当时人口也比较少，所以关内移民在进入东北后，普遍是一次性扎根于移民区，不再进行二次迁徙。但是进入20世纪以后，随着东北西部内蒙古草原和北部的嫩江流域、松花江下游及牡丹江流域的开放，移民可以选择的地区更加广阔；同时，由于移民的不断流入，辽河流域和松花江中游地区的人口密度已经很高。在这种情况下，为了进一步改善自己的生存状况，一些移民在东北南部和中部居住了一段时间之后，初步适应了东北的气候及环境，接着就进行东北大区域内的二次或三次迁移。如1914年，农业经济相对繁荣的吉林省农安县有移民1421户19685人移居到邻近的黑龙江省肇东县。当然也有一定量的滨洲线地区内的二次迁徙活动。据中东铁路局调查员鲍罗班统计，1912年绥化人口为224749人，到了1914年该县人口已降为27490户176278人。减少的人口流向了人口更少的拜泉、通北和龙江。从表面上看移民在东北的二次、三次移居并不增加移民的总体数量，但是通过这种理性的迁徙活动，东北地区的人口分布不均衡状态得以优化和调整，有助于边疆地区人口质量和经济环境的改善。此外，二次移居使东北中部地区人口密度下降，这就必然在一定程度上进一步刺激关内移民向东北移居。

在区域内铁路运输稳步发展、人口总量持续扩大的情况下，滨洲线

① 仲铭译《民国十八年东北移民运动状况》（续），《中东经济月刊》第6卷第12号，1931年。

一带的社会经济开始发生突变。

第一，农业经济得到迅速壮大，多层次的农产品市场得以发育和成熟。前已述及，中东铁路修建前，各地区人口少，运输条件差，农牧业经济产品无法走向市场，所以农牧业经济整体上规模弱小，属于完全的自然经济形态。由于铁路开通，从事商业活动的人口可以进行长距离的流动，直接带动了农牧产品市场的快速发展。如在昂昂溪站，仅粮商就有 15 家至 20 家，交易额金达四五万元，甚至已有欧洲粮商在此常驻购粮，[①] 火车站成了粮食外运码头。粮食贸易的扩大，引发了铁路沿线一带的垦荒高潮。至 1920 年代末，齐齐哈尔车站附近地区的荒地“已开垦净尽”。[②] 在距该市 53 公里的土尔池哈站，到 1929 年当地人已用“火犁开出之荒地达四千晌”。[③] 农业经济逐渐跃居于区域经济的首位。

第二，林业经济、牧业经济商品化。历史上，本区的林业经济主要是以自用为主、以狩猎为重心的特产品采集。铁路开通后，从事林业经济活动的人开始从事木材采伐，他们将规格统一的成品木材运到铁路沿线卖给铁路公司，供其建筑房屋和桥梁；将木柈卖给俄国侨民，供其生火取暖；将猎取的旱獭皮卖给从事远程贸易的皮货商人，运往欧洲。如博克图站，1929 年外运货物为 34370 吨，其中原木 27076 吨，柈子 6408 吨，炭 296 吨；巴林站外运货物 2690 吨，其中木柈 2059 吨、木材 334 吨。满洲里站，每年有 300 人从事猎取旱獭皮的行当。再如扎兰屯，原来牧民饲养奶牛基本用于自家食用，随着火车旅行之风尚的兴起，扎兰屯成为避暑地，为了适应旅游业的需要，该镇俄侨养奶牛业亦随之产业化，1929 年该镇有奶牛 300 头，牛奶大都卖给避暑疗养所。站内还有砖窑和酒厂各一处，所产的酒除当地饮用，还贩卖沿途各站。

第三，促进了东北地区煤炭生产的工业化。早在 19 世纪晚期，东北北部和西部煤炭的开掘就有了一定的规模。中东铁路的开通，铁路机车牵引动力主要依靠煤炭，大量的煤炭消耗和出口煤炭使小煤窑不断倒闭，

① 可行：《中东铁路西线村站之今昔观》（续），《中东经济月刊》第 6 卷第 12 号，1931 年。

② 可行：《中东铁路西线村站之今昔观》（续），《中东经济月刊》第 6 卷第 12 号，1931 年。

③ 可行：《中东铁路西线村站之今昔观》（续），《中东经济月刊》第 6 卷第 12 号，1931 年。

这就为大型企业的创建、兼并、重组创造了条件。

第四，铁路为沿线地区多元性的异质化人口的形成发挥了重要作用。传统的东北北部，社会环境非常落后，就业岗位少，导致青年人的职业选择非常艰难。铁路开通后，围绕铁路运行和运营，铁路局亟须招聘专门人才。在这一背景下，大批有专长的俄侨和国内铁路学校毕业生来此寻找工作机会，很快就在各车站出现了为数众多的异质化人口，如扎兰屯，1929 年时，该镇人口 1800 多人，其中华人只有 400 多人，而有籍和无籍的苏联人就达 1200 多人，这些苏联人大都在铁路局工作。异质化人口的积聚，对于沿线城市化的启动和发展至关重要。

三 滨洲线铁路附属地的建立与沿线早期城市化的启动

中东铁路开通后产生的最大影响还是区域的城市化。铁路开通前，沿线只有满沟、安达、齐齐哈尔、海拉尔等 4 个具备城市形态的地方。中东铁路滨州线开始营运时，共设置了 95 个车站。其中办理客运、货运营业的车站 33 个，旅客上、下站 31 个。至 1931 年，滨州线办理客货车站数量达到 40 个。在不到 30 年的时间里，滨州线沿线就涌现出 20 多个新城镇，有近 10 个市镇出现了近代意义的新城区，使沿线城市密度大大提高，滨州路沿线地带由此进入城市化的初期阶段。中东铁路沿线迅速出现城市化的具体原因，除了铁路自身的巨大推进作用之外，还与俄国在沿线设立并推广铁路附属地制度有一定关系。

所谓的铁路附属地是沙俄在修筑中东铁路的过程中，为迎合其殖民统治的需要，利用《中俄合办东省铁路公司章程》中第六款中有关允许中东铁路公司为“建造、经理、防护铁路之必需”，可在沿线设立“自行经理”兴建房屋工程。俄人蓄意曲解设立电线等铁路附属设施的条款规定，在铁路沿线采取无偿获得、低价收购等办法逐步蚕食、排斥中国的统治权。建立起由俄国人独占、供俄国人定居的类似于租界的一种特殊地区。按照俄方的私自扩大性解释，他们在附属地拥有包括司法、警察、课税等各种权力。从这里就可以看出，这种附属地实际上是俄国依托中东铁路在东北设置的一个面积广大的、带状形的殖民统治区。它与同期建立的大连租借地一起构成了俄国对中国东北殖民统治的全部内容。[①]

中东铁路附属地主要包括两大部分，一是路基和车站占地，二是在重要站点和城市中规划的城区用地。根据 1930 年的《中东半月刊》1 卷 6 期的一项统计，滨州线铁路和附属地总占地面积为 113213 垧，其中铁路占 17652 垧，其余均为铁路附属地面积。各站间具体占地面积可参见表 1 所示。

表 1　滨洲线铁路各站附属地面积

单位：垧

地区	面积	地区	面积
海拉尔	4363	免渡河	2592
哈克	876.884	博克图	3285
扎兰屯	3537.027	碾子山	1598
兴安	525	土尔哈池	1545
富拉尔基	1749	昂昂溪	6137
喇嘛甸	1594	烟筒屯	2057
萨尔图	1592	满沟	1529
安达	6000	对青山	1813
松北	8334	满洲里	6000

资料来源：《中东半月刊》第 1 卷第 6 号，第 36 ~ 37 页。

依规划，滨州线沿线附属地市街可分为三个等级，一级市街面积在 5 平方公里左右，以哈尔滨附属地为典型；二级市街面积为2 ~ 3 平方公里，以满洲里、昂昂溪为典型；三级市街为 1 ~ 2 平方公里。以海拉尔为典型。

为了保证由俄国人独占中东铁路附属地，早在 1897 年，在附属地市街地点和面积尚未完全确定之时，俄国人既已开始组织该国民众来华移民，随即大批的俄国侨民（亦包括一些波兰侨民）陆续来到中东路附属地定居。这其中有筑路工程技术人员、铁路管理人员及其家属，也有商

① 曲晓范：《近代东北城市的历史变迁》，第 47 页。

人、手工业者、医生和文化娱乐人员等自由职业者，到1899年末，仅在满洲里至哈尔滨沿线就至少有5000名以上的俄国侨民了。[①] 1901年中东铁路干线试通车后，俄国的移民速度逐步加快，至1903年，在滨州线俄国移民已突破1.5万人（不包括哈尔滨的俄侨）。

大量俄侨的到来使各站和铁路附属地迅速成为人口聚居区，这是中东铁路附属地走向城市化和殖民地化的第一步。附属地向城市化演变的第二步是中东铁路重点火车站及其相关配套设施和水运码头的建设。修建高标准的火车站和水运码头是争取最大限度地发挥中东铁路的效能，保证沿线城市与外部世界紧密衔接的关键所在。所以附属地当局将其放在优先发展的位置。对城市化产生直接影响的是其重点车站和普通车站的建设。这些车站的基本设施包括站台、货场、售票厅、行政办公楼、上水塔、站前广场以及为旅客提供食宿服务的饭店、旅馆。哈尔滨的车站包括香坊火车站中心区和配套的松花江航运码头两部分，其面积更大。滨州线铁路附属地走向城市化的第三步是中东铁路局主导的近代化市政建设。随着来华侨民的不断增加，从1899年起，中东铁路总局在哈尔滨、满洲里等部分附属地和租借地的俄侨聚集区展开大规模的城区市政规划和建设。与传统的以自然形成为主、布局单一的东北城市形象迥然不同，中东铁路局按照城市的职能分区原则对附属地的街区进行了严格的规划。[②] 建设项目主要包括以下几个方面：（1）修筑道路；（2）公用、民用房地产开发。其中公用建筑主要是以中东铁路局和1902年后俄国在哈尔滨、满洲里、海拉尔等地非法成立的“市政局”为中心的官署房舍的修筑，民用建筑包括住宅、商店、工厂、教堂和墓地。墓地和教堂建筑最典型的是哈尔滨东正教尼古拉大教堂（俗称喇嘛台）和大直街最东端的外侨公墓建设。此外，附属地还建有满足外侨生活需要的啤酒厂、面

① 见李华耕等著《风雨浮萍——俄国侨民在中国（1917—1945）》，第9~10页。另见黑龙江省志办公室编《黑龙江省志·人口志》，第122页。

② 中东铁路哈尔滨附属地的首席规划设计者为中东铁路建筑工程局首任总工程师俄国人A. K. 列夫捷耶夫。中东铁路大连新城的首席规划者为俄国人沙哈罗夫（也是海参崴城市的最初设计者）和德国人盖尔贝茨。参见哈尔滨市南省区地方志编纂委员会编《（哈尔滨）南岗区志》和刘连岗等编写《大连港口纪事》，大连海运学院出版社，1988。

粉工厂等。

上述近代城区马路、建筑及工商企业的出现，使中东铁路附属地的市街规划地区在1905～1930年陆续完成或接近于完成由乡村向城市化的过渡，形成了包括区域首位城市、地区中心城市、铁路枢纽和站点城镇等多种性质并存的带状城镇群或城市走廊。其中的区域首位城市是哈尔滨（到1903年2月，哈尔滨市内人口已达到4.4万人，同年底增至6万人①），其他铁路枢纽和铁路站点城市或城镇介绍如下。

（1）满洲里，位于北纬49°35′、东经117°26′，是滨州线终点站（一等站）、西线护路军司令部所在地。市街兴起于1900年，到1905年人口达6000人。该城分为两部分，北部商业区，南部为铁路居民区和车站。1910年，该城常住人口超过8000人，其中俄国移民为7000人。② 1929年中东铁路事件前统计，该城居民为12954人，中国居民856户5053人，苏联人681户2937人，无籍俄人1201户4708人，日本人33户154人，朝鲜人3户23人，欧洲其他国家的26户79人。该城的主要功能是国际货物转运和边境贸易，因此经济增长很快，从而带动城市的空间规模迅速扩容，至清朝末年，仅满洲里商业区就有纵横5条大街，成为中东铁路西线上最大的城市。③ 满洲里居民主要从事商业经营，每年冬季成群结队前往呼伦贝尔各地，采购牛羊和旱獭毛皮，购买呼伦贝尔当地湖渔产，转至车站，外运贩卖。巨大的商业利益，使该城经济发展迅速。少量的人从事割草业，每年该地产草1600万公斤。④

（2）扎来诺尔，距满洲里29公里，距哈尔滨906公里。中东铁路开工后，为解决火车燃料问题，铁路局于1897年在铁路预计经过地带勘察煤田，在此发现煤矿。随着煤矿规模扩大，人口迅速增长，至1929年，该城人口达3691人，其中华人1321人，苏联人127人，无籍俄人2190人，日本人28人，欧洲其他国家的25人。居民主要在矿上工作，矿区中有1000人，1928年产煤45926斤，还有一些人从事旱獭狩猎和毛皮收购

① 《俄国经营哈尔滨之现状》，《大公报》1904年9月7日。

② 《北满洲报》1911年2月21日，原件存于大连图书馆。

③ 内藤虎次郎編『滿蒙叢書』、第7卷、滿蒙叢書刊行會、1921、第310頁。

④ 可人：《中东路西线村站之今昔观（续）》，《中东经济月刊》第6卷第8期，1930年。

业。也有贩鱼者和种菜人，当地每年产鱼3000公斤，奶油5000公斤。客运规模达到1929年在此登车的15000人，下车的2万人。①

（3）磋岗，距哈尔滨874公里，距满洲里61公里。1929年居民有236人。因其靠近甘珠尔庙，来往游客较多，在此上下车人数为3600人（据1928年统计）。

（4）海拉尔，位于北纬49°、东经119°44′，该城是本线沿途呼伦贝尔境内唯一的历史古城，创立于1734年。原蒙语名为“阿穆班霍托”，当时筑有土城，分南北两门，城内店铺林立，旧式手工工场很多。与外部联系的是一条通往草原深处的大路。1900年前该地区为呼伦贝尔蒙古王公驻地，中东铁路通车后在此设立二等车站，积聚施工人员较多。筑路人员最初使用帐篷，后改为简易木房。1902年后中东铁路局地亩处划拨地段，在此地建设固定式住房，到1906年建成固定房屋300余处，居民达5000人。市街逐步兴起繁荣，是整个中东铁路沿线最大的羊毛皮货交易市场和外销口岸。民初，该地被设立为呼伦县城。1929年人口为1万多人，其中中国居民5804人，苏联人1385人，无籍俄国人2700人，日本人57人，朝鲜人44人，蒙古国人200人，其他欧洲国家人57人。②

（5）牙克石，距哈尔滨665公里，中东铁路在此设站后，人口逐年增多，至1919年始出现村屯。临近的乌尔吉赤汗斯林场经营扩大后，该站人口在1913年达534人，1926年681人，初具市镇形貌。③

（6）免渡河，距哈尔滨633公里，1917年俄国十月革命后，一大批流亡者到此定居。到1923年，人口达979人。

（7）博克图，距满洲里396公里，距哈尔滨539公里。滨州线修建前，这里只是一个蒙古族牧民的游牧点，1902年中东铁路在此设立二等车站，规划占地23.72平方公里，④ 以后人口逐渐增多，到1905年已有常住人口3000人，形成市镇规模。至民初，沿站村屯林立，人烟稠密。周围主要村屯有6个，其中最大者为切列毕洛夫卡。1930年代，博克图

① 可人：《中东路西线村站之今昔观（续）》，《中东经济月刊》第6卷第9期，1930年。

② 可人：《中东路西线村站之今昔观（续）》，《中东经济月刊》第6卷第9期，1930年。

③ 秋山：《中东铁路沿线一带之人口》，《中东经济月刊》第6卷第9期，1930年。

④ 《东省特别区市政月刊》第6卷第1号，1931年。

有华人 1330 人，苏联人 1219 人，无籍俄人 494 人，日本人 11 人，朝鲜人 9 人，欧洲人 17 人，共计 3080 人。民初为黑龙江省雅鲁县辖境，车站附近设东省特别区市政分局，镇内有高中、初中学校。居民主要从事林业，当地有林场 2800 平方公里，有伐木、砍木柈、烧木炭等职业，木炭外运至宽城子（今长春）、满沟（肇东）等地，木柈运至哈尔滨。农业种植以春麦、大麦为主，每公顷可收 1300～1600 公斤。民初，民众开地 500 公顷。镇内大商铺为兴义茂、永昌德、永发升、德顺成等，大商号年营业额在 25000 元哈大洋。1929 年外运货物为 34370 吨，其中原木 27076 吨，柈子 6408 吨，木炭 296 吨，粮食 370 吨。工厂有徐鹏志酒精厂，俄商齐德曼电灯厂。1929 年到站旅客 13475 人，出站 13758 人。

（8）雅鲁，距博克图 30 公里，距哈尔滨 509 公里。1929 年有居民 169 人，其中中国居民 101 人。居民职业是木材砍伐和采金。1929 年起运物资 11974 吨，其中木柈 8978 吨，木材 1145 吨，木炭 1774 吨，到站货物主要是粮食，1929 年有 835 吨。上、下旅客分别为 2481 人和 2710 人。

（9）巴林，距博克图 61 公里，距哈尔滨 478 公里。1929 年居民为 362 人，其中中国居民 74 人，苏联人 236 人，无籍俄人 52 人。主要从事林业。1928 年外运货 2376 吨，其中木柈 1848 吨。1929 年外运货物为 2690 吨，其中木柈 2059 吨，木材 334 吨。运到该地的粮食有 206 吨，干草 125 吨。离境旅客 1927 年有 896 人，1928 年 1179 人，1929 年 1682 人。到达旅客分别为 1927 年 935 人，1928 年 1278 人，1909 年 1756 人。[①]

（10）扎兰屯，距哈尔滨 416 公里，为中东铁路二等站。该地位于大兴安岭支脉之麓，雅鲁河从这里流过，河水淤积平原，土质肥沃，适于农耕，境内草木茂盛，山鸡、野鸭、山羊等动物资源丰富。居民有 1843 名，其中中国居民 478 人，苏联人 947 人，无籍俄人 374 人，朝鲜人 28 人，欧洲其他国家的 16 人，主要职业是务农种菜。中国人种植的农作物中，玉米占 55%，黍及糜子占 30%，大豆占 10%。苏联人的农作物中小麦占 40%，黍占 30%。1 公顷麦田收获 1600 公斤小麦。蔬菜主要有白菜、西红柿、马铃薯。蔬菜价格便宜，马铃薯每百斤哈大洋 1 角至 2 角，

① 可人：《中东路西线村站之今昔观（续）》，《中东经济月刊》第 6 卷第 9 期，1930 年。

白菜每普特2角，西红柿每枚5分，输往博克图、海拉尔。所产木柈输往齐齐哈尔、安达、哈尔滨。民初，俄侨养奶牛业兴起，该镇有奶牛300头，牛奶卖给避暑疗养所。站内有砖窑和酒厂各一处，所产的酒除当地饮用，还贩卖沿途各站。外运货物量1927年为3335吨，其中木柈1434吨，木炭875吨，菜294吨；1928年有3047吨，其中木柈1715吨，炭540吨，菜403吨；1929年为3275吨，其中木柈1179吨，炭400吨。到站货物量1927年为1986吨，其中粮食851吨，干草776吨；1928年为2685吨，其中粮食1363吨，干草629吨；1929年为2787吨，其中粮食1200吨，干草671吨。客运1927年离境旅客为7167人，1928年9433人，1929年增至13811人。到达旅客1927年为9229人，1928年有12382人，1929年有16337人。①

（11）成吉思汗，距哈尔滨384公里。1929年居民有118人，其中中国居民88人，苏联人30人。主要职业是砍伐木柈，烧木炭，外运物资量1927年为4123吨，其中木柈3629吨，炭336吨；1928年为3238吨，其中木柈2902吨，炭262吨；1929年有3296吨，其中木柈2667吨，木炭194吨。每年运入的粮食有70吨。1928年到达旅客为4960人。②

（12）碾子山，距哈尔滨354公里。当地气候温和，适宜农耕，中东铁路设站后大量移民携带家眷来此垦荒，仅1928年来此移民就不下万人。1920年代中期周围森林已砍伐殆尽，半径50公里内已无大森林，该地变为农业区，“耕种产粮颇为发达”。其中梨山甸最先成为一个商业市场，1929年全镇居民超过千人，有大商号17家，中小商铺18家。车站附近居民有608人，其中中国居民576人。该镇出产建筑用石和小粒花岗岩，生产石滚、石碾和马路条石，300人从事炸石工作。年外运最高额为1928年的9859吨，其中粮食5384吨，石3853吨，木柈347吨。乘车外出旅客1927年为6016人，1928年7932人，1929年9844人。到达旅客1927年为7648人，1928年为10541人，1929年为13031人。当地土地适于农

---

① 可行：《中东路西线村站之今昔观（续）》，《中东经济月刊》第6卷第12期，1930年，第26页。

② 可行：《中东路西线村站之今昔观（续）》，《中东经济月刊》第6卷第12期，1930年，第35页。

作物生长。1927 年，输出粮食 5716 吨，石头 4738 吨；1928 年输出粮食 5384 吨，石头 3856 吨；1929 年输出粮食 6541 吨，石头 4178 吨。[①]

（13）富拉尔基，嫩江上游的讷河、布西、干井等地出产物集散地，各地货物先由水路运于此，然后经该站运往他处。1920 年代该地区已开熟地有万地，待开荒地 20 万垧。1924 年，经本站输出粮食 15649 吨，到 1929 年达 68404 吨。粮食品种包括谷子、高粱、苞米。该站站内有广记油坊，德昌信火魔及电灯厂等实业。据 1929 年统计，居民有 4031 人，其中中国人 3639 人，苏联人 329 人，无籍俄人 55 人。1927 年上车旅客 21832 人，下车旅客 25136 人；1929 年，上车旅客 36108 人，下车旅客 40608 人。[②]

（14）昂昂溪，距哈尔滨 270 公里，初名为齐齐哈尔站，后改名，原来是一个普通村落，此地是沿线各站点中距离当时不通火车的黑龙江省省城齐齐哈尔最近的一个地方，被确定为重点车站。它是早期滨州线的中部中枢，距富拉尔基 14 公里。昂昂溪站附近土壤沙地居多，不宜大量开垦。但临近的克山等地荒地已开垦 70%，拜泉县荒地均已变为熟地，两地的大量农产品经嫩江帆船运往此地加工或外销。到 1908 年前后，初具市镇面貌，人口超过 2000 人。站内各种商号百余家，粮商有 20 余家。粮食加工业发达，以豆饼为例，每年出产 2 万吨。增昌火磨一家每昼夜出产面粉 25 吨，全年生产 1700 吨，全部输往满洲里。广信公司的广吉油坊，每昼夜制饼 600 块，折合为称重重量 12 吨。另有较大规模烟厂伊里斯烟厂，每昼夜制烟丝 18 箱。该地于 1929 年成立期货交易所，收买大豆 610 车，收买小麦 305 车。[③] 原来在该地建立的新泰兴商号设总号于长春，分号在昂昂溪，营口、沈阳、哈尔滨等地。1926 年该站转运货物为烟叶 8190 普特，布匹 32760 普特，烧酒、豆油 476671 普特。外运物资有较多种类。粮食类，1927 年 129410 吨，1928 年 132527 吨，1929 年 184530

---

① 安瑞：《中东路西线农作区及其产量》，《中东经济月刊》第 7 卷第 2 期，1931 年；可行：《中东路西线村站之今昔观（续）》，《中东经济月刊》第 6 卷第 12 期，1930 年。

② 安瑞：《中东路西线农作区及其产量》，《中东经济月刊》第 7 卷第 2 期，1931 年。

③ 可行：《中东路西线村站之今昔观（续）》，《中东经济月刊》第 7 卷第 1 期，1931 年，第 19 页。

吨；蔬菜类，1927 年 656 吨，1928 年 142 吨，1929 年 235 吨；鱼品类，1927 年 155 吨，1928 年 48 吨，1929 年 136 吨。运出总量，1927 年 134274 吨，1928 年 138275 吨，1929 年 188367 吨。上车乘客 1927 年 95483 人，1928 年 126082 人，1929 年 170336 人。城市规划面积为 44.21 平方公里。

（15）烟筒屯，距昂昂滨站 32 公里，为滨州线之羊草产区。1927 年运出羊草 497 吨。1928 年 598 吨。1929 年 1544 吨。1920 年代中期，与该站相连地区已开熟地达 11～12 万垧。①

（16）小蒿子，现名泰康，在黑龙江省杜尔伯特自治县境内。该地主要接纳来自林甸、依安、明水等地商品，1925 年，仅有车店 35 家，居民 300 多人。1929 年居民增至 2236 人。其中华人 2152 人，无国籍者 70 余人，商号已达百家，其中粮商 24 家，日商韩商所办粮行 11 家、7 家，转运公司有 3 家。1927 年外运货物 68763 吨，1928 年 94943 吨，1929 年 123498 吨。其中粮食运量 1927 年 65001 吨，1928 年 90234 吨，1929 年 118140 吨。三年间干草外运量分别为 3224 吨、3995 吨、4144 吨。从 1927 年至 1929 年，每年运入货物总量分别为 13005 吨、20628 吨、21995 吨。其中 60% 货物由大兴安岭方面转来，东面哈尔滨方向的为 40%。客运方面，在此上车的旅客 1927 年 29457 人，1928 年 39615 人，1929 年 40464 人；到达旅客 1927 年 33959 人，1928 年 45306 人，1929 年 45815 人。

（17）喇嘛甸，距满洲里 754 公里，距哈尔滨 180 公里。1929 年人口为 309 人，其中中国居民 264 人。该站输出货物以干草为主，1927 年输出总量为 2613 吨，其中干草 1865 吨，粮食 524 吨。1928 年输出总量为 3479 吨，其中干草 1803 吨，粮食 1482 吨。1929 年输出总量为 5749 吨，其中干草 3887 吨，粮食 1346 吨，药材 200 吨。1929 年往来旅客中，上车 7370 人，下车 6585 人。②

（18）萨尔图，距满洲里 785 公里，距哈尔滨 159 公里，今名大庆站。1929 年居民有 193 人，其中中国居民 156 人。运出货物以干草和碱盐为最

① 可行：《中东路西线村站之今昔观（续）》，《中东经济月刊》第 7 卷第 2 期，1931 年，第 114 页。

② 秋山：《中东铁路沿线一带之人口》，《中东经济月刊》第 6 卷第 9 期，“专载”第 1 页。

多。1927年总量为4294吨，其中干草4219吨，碱盐55吨；1928年总量6833吨，干草6805吨，碱盐14吨；1929年总量为10478吨，干草10007吨，碱盐62吨。1929年旅客登车的有6626人，下车的有6104人。①

（19）安达，地处昂昂溪与哈尔滨间，为滨州线一等车站，规划面积43.22平方公里，又因靠近省城齐齐哈尔，地理位置重要，人口集聚迅速，到1906年居民已超过1万人。1929年人口为35053人，其中中国居民34269人，苏联人391人，无国籍者221人，朝鲜人76人，欧洲人24人。安达到克山为257公里旱路，沿路村屯有50个，著名者有安达中和镇，明水中兴镇，等等。安达城内有各种商铺300家。安达运出货物1927年为605524吨，1928年524681吨，1929年132794吨；其中运入货物1927年为599110吨，1929年为496000吨。② 另外1927年外运豆油8087吨，麻袋1064吨；1928年分别为6751吨，564吨；1929年分别为6687吨，983吨。运入商品多是燃料、木栉、建筑材料、杂货、布匹，1929年，运入煤26980吨，木栉7414吨，布匹2304吨。出境旅客数1927年为172372人，1928年186783人，1929年178150人，下车旅客1927年203732人，1928年206154人，1929年186737人。1927年全年入境人数超过出境，高达3万人。③

（20）宋站，距安达32公里，距哈尔滨94公里。1929年居民为2140人，其中中国居民2100人，苏联人40人。商号有和顺兴、丰泰顺等5家，商业额在哈大洋2000～15000不等。输出品以粮食、干草为大宗，粮食1927年为19593吨，1928年20377吨，1929年8912吨。干草1927年12583吨，1928年17883吨，1929年12442吨。运入货物总量1927年为22735吨，1928年21447吨，1929年17200吨。运出旅客数1927年为20632人，1928年22770人。运入旅客数1927年为20521人，1929年22101人。

---

① 可行：《中东路西线村站之今昔观（续）》，《中东经济月刊》第7卷第2期，1931年，第117页。

② 可行：《中东路西线村站之今昔观（续）》，《中东经济月刊》第7卷第2期，1931年，第118页。

③ 可行：《中东路西线村站之今昔观（续）》，《中东经济月刊》第7卷第4～5期合刊，1931年，第132～133页。

（21）郭尔罗斯小站，距宋站 21 公里，距哈尔滨 73 公里，今名尚家。1929 年居民有 269 人，以割草为业的占大多数，1927 年运出货物为 5034 吨，其中干草 5032 吨；1928 年 8642 吨，其中干草 8636 吨；1929 年 6966 吨，其中干草 6962 吨。①

（22）满沟，距哈尔滨 62 公里，今名肇东。1929 年居民总数为 13132 人，中国居民 12965 人，无国籍俄人 85 人，苏联人 48 人。主要集聚兰西、青冈、绥化、肇州等地的物资。周边农业发达，已有集约化经营倾向。城内商号 75 家，商户主要是粮商和木材商。粮食加工业规模庞大，恒东号油坊有榨机 32 架，每昼夜加工豆饼 900 块合 25 吨，豆油 3 吨。1926 年外运粮食为 288091 吨，1927 年 289712 吨，1928 年 269120 吨，1929 年 250200 吨。②

（23）对青山，距哈尔滨 30 公里。1929 年居民有 1651 人，其中中国人 1596 人，白俄人 25 人。该站主要集聚呼兰、望奎、海伦、肇州和肇东等县粮食，其中呼兰的粮食最多，品种以大豆为主，紧接着是高粱、谷子等。外运粮食 1927 年为 108433 吨，1928 年 77127 吨，1929 年 69594 吨。

（24）庙台子，距对青山 21 公里，当时距哈尔滨 9 公里。1927 年货运量为 26524 吨，1928 年 100893 吨，1929 年 73619 吨，1930 年运 83000 吨。

以上这些数据和资料无疑是近代东北区域城市化发展的重要标志，因此笔者以为，中东铁路及其附属地的城镇建设客观上促进了近代东北地区城市化进程，当然这并非俄国殖民者的本意。这一事实也再一次证明了交通运输是城市化兴起原动力的论点之正确性。

需要指出的是，虽然俄国殖民者在客观上充当了上述城镇建设的启动者、规划者，但其建城所需的绝大部分经费却并非来自俄国，而是俄国殖民者利用侵略特权掠夺、榨取东北物产资源，将之就地转化所得。具体地说，主要来自以下两个方面：一是非法的土地投机、拍卖所得。

① 可行：《中东路西线村站之今昔观（续）》，《中东经济月刊》第 7 卷第 4～5 期合刊，第 136 页。

② 可行：《中东路西线村站之今昔观（续）》，《中东经济月刊》第 7 卷第 4～5 期合刊，第 138 页。

中东铁路公司利用《中俄密约》中有关“铁路公司在80年经营期内，附属地由公司自行经理，所获利益全归该公司专得”等条款，从1901年起，在预定的各附属地街区大规模的拍卖土地使用权。据中东铁路局地亩处档案记载，从1902年到1905年，中东铁路局在哈尔滨以拍卖形式出租土地1060块，面积258700方沙绳（俄制单位，约合7英尺）。依据契约要求，租地者从签订契约之日起，在不迟于两年的期限内进行建房或整理土地，并且必须为1平方沙绳支付6卢布的年度建设费用。[①] 所以仅在日俄战争前的短短几年时间里，中东铁路局在哈尔滨就获得了大约650万卢布的“市政建设费”。与此同时，中东铁路局于1902年11月14日、1903年3月14日、1903年5月14日在大连先后三次以每俄亩28卢布或34卢布的价格共拍卖其欧洲区的50700俄亩土地，获得拍卖款150万卢布。[②] 中东铁路局城建经费的另一个来源是采伐、出卖东北森林资源所得。早在1903年，俄国方面通过诱骗方式与清政府哈尔滨铁路交涉局负责人周冕私订《伐木协议》，非法获得了陆路自中东铁路成吉思汗站至雅克山站铁路两旁长600里、宽60里的森林采伐权；水路则攫取了呼兰、讷敏两河至水源头长300里、宽100里和枚林、浓浓雨两河至水源长170里、宽70里两路的森林开采权。尽管1906年后黑龙江将军程德全和吉林将军达桂认定这一协议为“私撰”“无效”，将其废弃，但随后由滨江道杜学瀛代表吉、黑两省将军与俄方在1908年4月5日补签的《东省铁路伐木合同》，仍然使俄国获得了大面积的森林采伐权。依照《东省铁路伐木合同》，中东铁路公司在吉林省的石头河子、高岭子的森林开采面积是长85里、宽25里，在一面坡的采集面积是长、宽各25里；在黑龙江省的森林开采面积是384号岔道的火燎沟和皮路两地各长30里、宽10里，在枚林河流域的开采面积为长50里、宽35里。[③] 上述地段当时处于原始自然状态，森林极为茂密，木材总蕴藏量为75亿立方米，中东铁路公司

---

① 哈尔滨市地方志编纂委会编《哈尔滨市志 · 土地志》，黑龙江人民出版社，1998，第430页。

② 南滿鐵道株式會社調查課編『露（俄）國佔領前後的大連及旅順』、1911年、第12頁。

③ 《东省铁路伐木合同》（抄本），原件收藏于辽宁省档案馆，“盛京军督部堂档案全宗”，第2028号卷。

每年即使控制开采量也能从中获取至少1亿银圆的利润。[①] 此外，1910年后，随着中东铁路经营利润的逐步增长，其中的一部分运营收益也被用于附属地的城市建设。

正是由于这些城市的基本建设资金主要来自东北，其主体建设者（劳工）也是中国人（据保守估计，日俄战争前每年在中东铁路沿线参与建设的中国劳工不少于15万人，其中仅哈尔滨一地，1902年就有中国建筑工人2万人），所以中东铁路附属地城市的兴起和发展处处有中国人的血汗，它在空间上的每一项发展成就都是东北人民物质财富的直接体现。

① 参见宓汝成《帝国主义与中国铁路（1847～1949）》，经济管理出版社，2007，第407页。

新式交通与近代宁波城市的发展述评*

自古及今，随着科技的推动和创新，人们日常出行所必需的交通方式亦在不断变化进步之中。若以乘车和行路做比较，有两点最明显的好处：一是时间的节约，二是费用的节省。1929 年浙江省公路局为举办西湖博览会准备的宣传册《一日千里》登载道："一、时间的经济。例如五百里的路程，以人力行走，每日平均走五十里，约须十天可到。汽车每日能行千里，仅需半天工夫，就可到达目的地。二、金钱的经济。一个人走十天路，每日费用，最省一元，结算起来，十天要用十元。还有九天半的工夫，拿去工作，其工价至少可得十元，共计损失不下二十元。若乘汽车，不过花了车费四五元。非但可以节省用费，而且精神上，还可愉快不少哩。"① 当时用的是小篷车，与现在各式各样的汽车相比，速度其实也不是很快，但是对于靠人力运输的传统时代来说却是一个质的飞跃。在促进城市发展的诸多因素中，交通，是改变城市的主要动力之一。交通的发展带动了城市的基础设施建设，带动了城市布局的变化，带动了城市经济的腾飞。

近代浙江为"先总理所谓最富之省"，② 应将运输方法兼筹并顾、水陆共途。而宁波作为浙江省近代最早开埠的城市、最重要的港口型城市，更是将交通与城市发展深深地结合在一起。关于近代宁波交通的研究除了有王尔敏的《五口通商变局》（广西师范大学出版社，2006）、〔美〕施坚雅主编《中华帝国晚期的城市》（中华书局，2002）有所讨论，《宁波交通志》（海洋出版社，1996）、《宁波通史（民国卷）》（宁波出版社，

---

* 本节作者成梦溪，浙江工商大学历史系副教授。

① 浙江省公路局编《一日千里》，《浙江省公路局刊》，浙江省公路局，1929，第 15 页。

② 唐有烈：《浙江省航政之概况》，浙江省航政局，1930，第 5 页。

2009）、陈亦雄的《潮涌城北——近代宁波外滩研究》（宁波出版社，2008）等，均有较大篇幅论及。本文则从码头航运、道路建设、车站设置及城市布局变化等城市空间变革入手，分析新式交通与宁波城市发展的关联，探求宁波在现代化进程初期的成长轨迹。

一 码头：城市因水因港而兴盛

宁波是个因水因港而兴的城市，独特的地理条件使宁波自古就是东南沿海重要的航运中心。宋代时宁波曾是著名的市舶司所在地，北宋太宗淳化三年（992），朝廷在明州（宁波旧称）设置市舶司，对外通商。有宋一代，明州在对外通商中占有重要地位，尤以与高丽、日本间为甚。基于此，元世祖至元十四年（1277）也在庆元（宁波旧称）沿设了市舶司。清朝于康熙二十四年（1685），开设粤海、闽海、浙海、江海四关，其中浙海关便设在宁波。

宁波城临甬江，古甬江口，十分繁盛，江上设有浮桥供往来通行。桥左侧为外濠河、扒沙巷，右侧为半边街、钱行街，半边街外停满了渔船，街多鲍肆。甬江的北岸，即后来的江北岸，停泊有各式大小轮船、帆船，煞为壮观。盖因宁波港口条件优良，[①] 航运极为便利，“西可由西兴运河达于杭县，以连络钱塘江。南可由甬江本支流，达于西坞、奉化、亭下等。于鄞县下流有航行近海之汽船，以连络上海或永嘉。鄞县至镇海二十里，更航一里至海，大潮时，吃水二十二尺之大船，可以直航。低水时水深十二尺，普通小轮往来如织。帆船自镇海城西至鄞县江北岸，或自镇海经慈溪、余姚而至嵊县，或自慈溪至鄞县，往来颇便。而鄞县西坞间，则有小汽船航行。又自西坞陆行二十五里即达奉化”。[②] 驶出镇海关，可东达舟山群岛，北至上海，南抵温州，天南海北，无处不往。

① 若从地理气候角度分析，首先甬江至镇海口两侧有不高的山峦绵延，南为金鸡山—笠山—长跳嘴，北为招宝山—虎蹲山—大小游山；其次宁波属海洋性气候，全年平均气温不高于 17℃，1 月份平均气温不低于 3℃。从这两点上看，宁波港确为能避风又不冻的优良河口港。

② 葛绥成编著《中国之交通》，中华书局，1927，第 67 ~ 68 页。

鸦片战争前夕，宁波已实际上成为往长江下游海外贸易的最重要港口，其地位仅次于广州而远胜于上海。尽管受清廷政府长时间禁海政策的影响，繁盛程度远不如宋代，但它自身条件的优越性却从未失去过。英国人深谙此道，故迫使清政府开放宁波港口。《江宁条约》第一条即为“自今以后，大皇帝恩准英国人民带同所属家眷，寄居大清沿海之广州、福州、厦门、宁波、上海等五处港口，贸易通商无碍；且大英国君主派设领事、管事等官住该五处城邑，专理商贾事宜，与该地方官公文往来……”[①] 为何英国人会选择宁波率先开埠？大抵有以下两个原因。

其一，港口条件。英国人对中国沿海各港口进行了长时间的侦查，认为甬江交通在长江下游诸港口中更为突出。由于杭州湾和长江口的浅滩和潮汐的影响，来自中国东南的远洋大帆船无法进入内地通航，于是被迫在宁波卸货，转驳给能通航运河和其他内陆航道的小轮船或小帆船，再由这些小船转运到杭州、长江沿岸港口以及中国北方沿海地区。而长江中下游地区的产品则运集宁波出口。[②] 就浙江省内来说，宁波比同样沿海的温州和台州更便捷，“宁波有浙江另外两个港口——温州和台州所不具备的条件。后两个港口附近有较高的山丘，使它们与浙江的其他地区相分隔”。[③]

其二，运输成本。浙江本就盛产英国人所需丝绸与茶叶，若是能在宁波设置通商口岸，英国人可选择直接从宁波运输至上海或海外，避免缴纳广州和杭州设置的捐税。[④] 以从安徽购买茶叶为例，当时可以运输的路径有两条，一条是安徽屯溪—杭州义桥—绍兴百官—宁波—上海，一条是安徽屯溪—杭州义桥—上海。从过程上来看，好像是第二条路线更简洁一些，但实际上，英国商人倾向于走第一条路线。1903 年时任浙海关税务司的佘德有过这样的对比：“从花费的时间来说两条路线是相等的。从费用来看，从义桥到宁波也和从义桥经由杭州去上海大致相同。

① 中华人民共和国杭州海关译编《近代浙江通商口岸经济社会概况——浙海关、瓯海关、杭州关贸易报告集成》，浙江人民出版社，2002，第 187、835 页。

② 斯波义信：《宁波及其腹地》，〔美〕施坚雅主编《中华帝国晚期的城市》，叶光庭等译，陈桥驿校，中华书局，2002，第 482 页。

③ 斯波义信：《宁波及其腹地》，〔美〕施坚雅主编《中华帝国晚期的城市》，第 482 页。

④ 王尔敏：《宁波口岸渊源及其近代商埠地带之形成》，王尔敏：《五口通商变局》，广西师范大学出版社，2006，第 263 页。

关于这两条路线的问题是从宁波运上海之轮船费用比较少，要是经由杭州就得缴海塘捐。”①

开埠之后一直到民国时期，宁波航运业极为兴盛，在浙江诸多沿海港口中“而以宁波为最著”。② 具体至沿海运输航线而言，以宁波为中心，至各方均有航线可达，其中尤其以宁波—上海、宁波—武汉等航线最为繁忙。轮船到达港口后须有平台供其停靠、货物装卸和人员上下，新式码头的增设和改建随之而起。至1936年，宁波港约有24个轮船码头（其中镇海7个），30个泊位（其中镇海8个），100多个小轮船和帆船的道头、埠头。码头有木质和西式铁质两种类型，多是“1908年至1935年间所建的西式铁质码头，年通过能力都在10万吨以上”。较为著名的码头有龙山码头，这是由虞洽卿的三北轮船公司投资60万元兴建的。它由“一条石堤和一个泊位组成，石堤长约1000米，通行小火车，码头长20米，南宽12米，北宽2米，可停泊100吨级的船舶”。③

近代以来宁波区位优势的凸显、航运的发展带动了城市现代化，城市内部开始出现变革，至于交通层面，即是道路的更新换代。

二 道路：城市因脉络完备而畅通

航运在宁波的地位是毋庸置疑的，但作为一个发展中的城市，陆运也是必不可少的。自古以来，交通基础设施大多聚焦于陆路。道路是否修整，正是政府行政能力的重要标志之一。若把城市比作人，那么道路就是血管，每个城市的发展都是从道路现代化出发的。明嘉靖时期的《宁波府志》记载宁波城内有197条街巷，到清光绪时期《鄞县志》中则记载有177条，及至民国，在《鄞县通志》中的记载一跃而达498条。可见，随着城市近代化进程的开始，道路建设蓬勃展开。

自鸦片战争以后宁波被辟为通商口岸，对外联系的功能大为扩展，

① 中华人民共和国杭州海关译编《近代浙江通商口岸经济社会概况——浙海关、瓯海关、杭州关贸易报告集成》，第187、835页。

② 王慕民、沈松平、王万盈：《宁波通史［民国卷］》，宁波出版社，2009，第332页。

③ 王慕民、沈松平、王万盈：《宁波通史［民国卷］》，第340、342页。

需要修筑道路、发展交通。宁波城内较早修筑的一条道路，应是江北岸的沿江马路。各国洋商在江北岸建立洋行、广置地产，加上原本就有的内陆贸易往来，使江北岸充满了熙熙攘攘的货物和人群。原先宽仅六米的旧式石板路对于一个新兴港口来说，显得过于拥挤了。关于老旧的道路与新兴港口的矛盾，1908 年宁波贸易报告描述得非常清楚。

中国这部分地区的内陆贸易几乎都依赖于便捷的水路，但运河常常被挤得满满的，而且有许多低矮的桥梁，使船只难以通行，有时则因水浅而使船只不能通行。除本口岸，其他地方都没有打算修建现代化公路，主要的道路都由石板铺成，车辆不可能通行，内陆运输都不得不靠人力。①

“本口岸”即指江北岸，江北岸最先改造了道路以适应新式运输，“江北岸外国人居留地前面的河岸已全部改作了道路”，并“于 1902 年及 1909 年两次将相比邻的沟渠垫高并排干了水。1902 年从海关后面与旧跑马场之间建了一条宽四十英尺、长三分之二英里的滨江大道”。此外，“铁路公司在火车站址到码头间建了一条道路，这样使得它能直接与甬江相连”。② 不仅如此，到 1931 年，宁波市政府借商款在江北岸拆让房屋、拓宽道路，修筑了一条长 660 米、宽 19.2 米的沿江马路，由此江北岸的市场贸易、生活秩序更为井然有序。

在江北岸开始修筑道路后的一段时期内，宁波城的其他地方尚未发展，因此迟迟没有对道路进行建设。叶篷对此有过回忆：“……至于宁波的街道，除江北岸铺设柏油路外，其余都是长条石板铺设而成，街道倒很整洁，黄包车一经奔驰，就叮铛摇铃作响，如逢车辆拥挤，你摇我摇，弄得满街都是叮叮铛铛，煞是闹猛。”③ 不过，到 1920 年代，宁波城市的现代化进程就迅猛地展开了。

从 1920 年起，北洋政府治下的宁波政府开始有坠城造路之议，三年

① 陈梅龙、景消波译编《近代浙江对外贸易及社会变迁：宁波、温州、杭州海关贸易报告译编》，宁波出版社，2003，第 92 页。

② 陈梅龙、景消波译编《近代浙江对外贸易及社会变迁：宁波、温州、杭州海关贸易报告译编》，第 92、93 页。

③ 叶篷：《从上海到宁波——忆述沪甬轮上及沿途形形色色》，转引自陈宏雄主编《潮涌城北——近代宁波外滩研究》，宁波出版社，2008，第 189 页。

拆除了六个城门的月城。1925年，宁波市政筹备处公布了《宁波市政工程计划书》，是为市政近代城市建设有规划的开始。其内容主要为拆除城墙，规划城区4大干路、两条支路，并以城墙拆除后的城基为路面，建设环城马路。1927年南京国民政府治下的宁波市政府正式成立后，开始全面拆城，至1931年拆尽。拆去城墙后留城基作为环城马路，各原城门之连接处均以城门命名（如以望京门命名为望京路，以和义门命名为和义路）。1936年，西大路之道前街（今公园路口）西段修建宽12.8米的泥结碎石路。1944年，改东大路为中山东路，西大路为中山西路。① 这一番拆城筑路后，形成现今宁波市区的雏形。

宁波市区与附近区县的连接道路，也大多在这一时期修建，如虞洽卿捐助筹建的鄞—镇—慈公路和1929年开通的鄞奉（鄞县—奉化）线这两条省道。还有由一家私营企业于1928年修筑而成的绍—曹—镇公路，将一江之隔的绍兴和曹娥在百官连接起来。这条路将宁波经由绍兴境内的公路支线，与省城杭州直接联结。如此一来，从宁波到杭州的旅客可不再像过去那样在水路、陆路间不断换乘，只要通过公路运输，花大约7个小时可到达目的地。道路网络建立起来后，承载着人们出行与运输的需求，及至抗日战争中才因抗战原因而一度切断交通。至1945年抗战胜利后，宁穿、鄞奉与通往三北各地的主要道路运输才陆续恢复。

公共道路的修筑为新式交通工具登上历史舞台创造了良好的载体；而新式交通工具的集聚与发展，又进一步推动着公共道路向四周扩展。如同一条生生不息的河流，奔腾咆哮，滚滚而来，渐渐发展，宁波城乡较为完备的公路网已有了一定的气象，并在货物运输和人际交往中发挥着便捷而独特的作用。

三 车站：沟通城市的内外陆路联系

与火车、汽车等新式交通工具的广泛使用的同时，车站的建设自然而然地被提上了议事日程。以交通干道为基础，作为其相应交通设施之

---

① 钱起远主编《宁波市交通志》，海洋出版社，1996，第248页。

一的车站，是行人来往换乘、货物装卸交换的平台，它的设置对于周边地区的影响是不容小觑的。当然，在车站筹建之初，考虑的是待建地区的区位因素。一旦建成，车站对于周边地区的反向辐射作用往往会加强甚至补充区位优势。

以沪杭甬铁路宁波段修筑时所设置的宁波火车站为例，在火车站筹建之初，宁波商学界和旅沪宁波同乡会各界之间曾有过一场论争。为方便与周边地区联系，旅沪宁波同乡会认为应将火车站设置在江北岸石板行附近。他们认为，江北岸本就有了完善的公路、航运设施，既方便运输物资，亦能通过填河筑路。另外，江北岸石板行附近坟墓少，地界也相对较宽广，建筑车站比较适合。而宁波商学界倾向于设置在江南线，即盐仓门外建船厂处。宁波商学界提出了以下四点理由。

一是江北岸本就是洋人势力范围，现如若再加上铁路车站，势必被洋人控制，岂非自投罗网？

二是车站是百货荟萃之处，能够带动附近地区的发展，吸引人群。若是建在江北岸，“驱城厢之人而日趋之”，[①] 即无异于我浙人出资为洋人代兴码头。

三是若在江北岸造火车站就要填塞封仁桥河道，但这条河道是市民的水源，若是填塞了，必致数千家居民“绝饮汲”。[②]

四是材料在江南走水道也很便利，并甚有利于铁路以后的发展。最终，经过沪甬双方交涉、对比及衡量，车站仍是设在了江北岸。而双方最大的分歧点——填河造路会造成数家居民失去习惯性所用的水源这一问题，也在沪甬两界的沟通之后，妥善解决。因经费困难，将宁波站正式站屋缓建，仅筑月台 3 个和雨篷 2 个，货栈房 1 所，共计 15 间。甬曹段铁轨由宁波铺设至绍兴百官时，于 1913 年 10 月先行举办了通车典礼，汤寿潜由杭来甬主持。

在铁路出现之前，由于能够直达目的地，灵活的商人组建了长途汽

① 陈善颐：《有关清末宁波火车设站来往信函四则》，宁波市政协文史资料研究委员会编《宁波文史资料第十五辑》，1994 年印，第 229 页。

② 陈善颐：《有关清末宁波火车设站来往信函四则》，宁波市政协文史资料研究委员会编《宁波文史资料第十五辑》，第 229 页。

车公司，通过新式交通找到了新的商机。在鄞奉公路建成之后，1929 年 5 月，起初宁波从浙江省公路局调来大客车 10 辆、小客车 4 辆供鄞奉公路营运。1932 年私营鄞奉长途汽车公司成立，承租鄞奉公路，客运货运兼营。公路营运与铁路有所不同，公路的货运输送量并不十分大，但在客运方面占有优势。尤其是在那些尚未修筑铁路的地方，更显公路运输的方便快捷。如 1933 年之前，沪杭甬铁路之杭曹段（杭州至曹娥江）未修竣时，上海与宁波之间并无火车可直接往来，因而长途汽车公司获得了巨大的盈利空间。再加上当时各个汽车行与内河小轮之间有联运关系，使公路营运更加发达。因而，宁波与周围城镇的公路网络密集发展，辐射范围也不断扩大，具有了较大区域内的交通枢纽的功能。

在公路网络中，汽车站当然是不可或缺的组成，且与公路建设几乎同时进行。1929 年，鄞奉公路建设完成时，沿线即建置了一批汽车站。如汽车南站于 1929 年 5 月建成，原址在鄞奉路 40 号；汽车东站于 1934 年建成，原址在后塘路大道头；汽车北站于 1933 年建成，原址在外马路码头处。还有鄞江站、镇海站、骆驼站、大碶站等，均在这段时间建成。

随着公路、铁路及车站等新式交通网络的出现，人们出行的时间缩短了，同时，空间的距离也减少了。在更短的时间内可以到达更远的地方，城市空间也就相应扩大，其所涉及腹地范围亦随之改变。

四　变革：城市空间的扩展及腹地变化

新式交通的出现使传统的城市布局发生了变化。中国古代城市布局基本有固定的模式，讲求风水方位。最为标准的一种布局，一般有四座城门，城门与街道连接成十字形，即由连接四门的两条街道交叉而成，城市的鼓楼一般位于中央的十字街口。还有一种布局，则“省去了南北向大道的北半部，所以街道从南门向北走同东西向大道形成一个丁字形。在多数情况下，这种街道式样同衙门和其他官廨在中北部位置有关”。[①]

---

① 章生道：《城治的形态与结构研究》，〔美〕施坚雅主编《中华帝国晚期的城市》，第 105～107 页。

宁波正好是后一种布局的典型，鼓楼位于来自南门的街道与东西门街道的交叉处。同时，宁波县衙、府衙、市舶司等三个衙门全部位于中北部。

这是古代宁波城的布局，是传统的按行政区划而定的城市区域，单单这样看，就会局限了我们对于另一种空间层次的认识，即施坚雅所言“由经济中心及其从属地构成的社会经济层级”。从鸦片战争之后到民国，宁波城市布局的变化，在古城的基础上，大都是依着社会经济发展而规划，开路先锋则是新式交通的引进与展开。

20世纪初的拆城筑路后，宁波城区的概念扩大，不仅仅限于古城池，还将甬江也包括在内。以三江口为中心，甬江、余姚江、奉化江将宁波城区分成了三块地区：海曙区、江东区、江北区。以前的老城区扩大成为海曙区，曾经的外人居留地为现在的江北区，另一块新开发地则为江东区。

快捷的交通使人们的居住地和工作、娱乐地在空间上的分离成为可能，从而促进了城市空间的扩展和功能分区的形成，并带来城市空间的数倍扩展，宁波即是如此。

江北区的出现可被视为由经济带动起来的地区层级的典型。开埠及外人居留地的设置带动了江北岸的发展及交通的变化，使其成为宁波各地区中最先近代化的区域。直观表现就是人口密度的变化。开埠之前，老城区人口极为稠密，而江北岸少有人烟。随着外滩的日渐繁华以及新式交通事业的兴起，不仅慈溪、镇海等地破产农民纷纷涌入，前来找寻生存机会，在外创业有成的宁波商人亦来此购置地产，加上原本就在此地的许多外国商号，近代的江北岸逐渐能与老城区媲美。

新式交通所带来的变革面还体现在腹地的变化上。随着腹地的变化，宁波经济也在经历着一个兴衰起伏的过程。近代开埠后，宁波开始成为一个开放型的港口城市，加上前文所提及的城市交通基础设施建设，宁波港口日渐繁荣。

但好景不长，尽管宁波具有诸多优势条件进行对外贸易，但随着上海、杭州等地的开埠及交通状况的改善，宁波口岸每况愈下，进出口贸易量急速下降，腹地大量地减少。当时在宁波的海关税务司佘德、柯必达等即将此现象反映在海关贸易报告中。

1896年浙江省省会杭州开埠，这对宁波产生了重要影响，正如所预言的那样，此后宁波在贸易中失去了一些优势。宁波作为最近的通商口岸，本省和邻省的商业中心进出口货物很大程度上依赖于宁波，但不久贸易状况发生了变化，主要是所有的徽州茶贸易都转到了杭州，还有几乎一半的鸦片贸易也转到了那里。总之，一年减少的贸易额达3000000海关两，宁波海关的年税收减少了将近700000海关两。[①]

温州已不再从宁波凭“入内地验单”提取供应物品，而且温州还供应本省其他地方以及原由宁波所供应的福建境内一些地方的洋货等物资。如本色洋布1878年进入温州达24210件，而宁波的统计表中1878年就没有本色洋布凭入内地验单运往温州，而1877年和1876年有10552件及39657件。不仅是本色洋布一项，其他各项的匹头也是如此。[②]

在这样的情况下，洋商不再愿意到宁波来经商，几乎全部转移到了上海，宁波的口岸优势被杭州、温州、上海等地分流了。上海的兴起、宁波商业的衰落，刺激了宁波商人的向外拓展。斯波义信认为这是个巧妙的契合。宁波作为一个货物集散中心的地位下降了，但宁波商人适应区域内的商业变动，迁居到迅速兴起的上海进行商业活动，形成了颇具影响力的宁波帮。[③]

区位的优势与劣势始终在变化。清末民初时期，宁波由于地理位置限制了发展，无法成为远洋贸易中心，但在战争期间，却同样是因为地理位置而重新繁荣起来，或许可称为“畸形的繁荣”。1924年，齐燮元与卢永祥混战于江浙一带，而宁波由于位置偏远而未遭战祸，加之战争切断了沪杭铁路等主要运输线，种种因素使宁波一时成为浙省北部地区的唯一输入商埠。“沪甬商轮照常行驶，大宗布匹、纸烟、糖及杂货等，皆由宁波装载火车运至百官，再由百官经运河而至杭州，杭州之绸缎亦同时由宁波大批装运出口。”[④] 宁波之贸易竟又兴盛起来。

---

① 陈梅龙、景消波译编《近代浙江对外贸易及社会变迁》，第52页。

② 中华人民共和国杭州海关译编《近代浙江通商口岸经济社会概况——浙海关、瓯海关、杭州关贸易报告集成》，第195、196页。

③ 斯波义信：《宁波及其腹地》，〔美〕施坚雅主编《中华帝国晚期的城市》，第482、516～518页。

④ 《近代浙江通商口岸经济社会概况：浙海关、瓯海关、杭州关贸易报告集成》，第375页。

同样的情况在抗战初期也有发生。日寇占领京、沪、杭后，企图直下徐州、武汉，以军事和政治双管齐下逼迫蒋介石求和。因此，日寇对浙东一带无暇顾及，也无力鲸吞。此时，上海租界依然可以自行活动，因此沪甬航线仍在通航。宁波旅沪商人虞洽卿、袁履登等，借德国商号礼和洋行名义，将宁绍公司新宁绍轮改名为谋福轮，三北公司宁兴轮改名为德平轮，同时买通了宁波防守司令兼镇海要塞司令王皞南，在封锁线开通一个能通过大轮船的口道，使大轮仍能进出镇海口，停泊于宁波江北岸原码头。有此条件，宁波遂成为内地各省的物资运转口岸。大量物资通过宁波转道至金华内运至衡阳、重庆、桂林、贵阳等后方城市，一时甬城客商云集。此外，宁波本身也有大量工业品畅销出省。于是宁波商业上出现了畸形繁荣景象，行驶于沪甬线之间的航轮多达20余艘。

正是在这样社会环境与地理环境双重互动下，宁波和宁波商人不断地找到发展机遇，借助新式交通的帮助，一步步地推动整个城市走向现代化。

结　语

综上所述，交通与城市发展的密切性清晰可见。或许可以换个角度，以近代涌入中国的外国人的视角看一下宁波，感受新旧交通之变换。

阿绮波德·立德是清末民初在中国游历的众多外国人中的一位，她详细记录了自己的历程。立德夫人这样描述在宁波的经历：“一天晚上，我们乘嘉定号，一艘蛮不错的船，从上海出发去宁波。到宁波时正赶上吃早饭。”[①] 立德夫人到中国时，汽车、火车都还不普及，从上海到宁波乘船需要一夜。她们准备去奉化溪口的雪窦寺，便先乘船从宁波到溪口，在溪口换乘抬椅前往雪窦山。此后，为了从附近的雪谷去塔都山，她们便又改坐轿子，“旅途所花费的时间比想象的长——我想大概用了十个小

① 〔英〕阿绮波德·立德：《穿蓝色长袍的国度》，王成东等译，时事出版社，1998，第83页。

时，仅在中途歇了半小时吃午餐”。[①]

同样，丁韪良在19世纪末时也待在宁波一段时间，他游历于宁波周边，主要交通工具是竹筏，在河道间穿行，也花费多日。[②] 他们所体会的依然是旧式的传统交通，对于从未体会过的外国人而言，新奇有趣，然而，对于长期生活于此的人们而言，旧式交通既束缚住了人，也限制着城市的发展。随着新式交通的出现，时间的长度和距离的广度，在人们的感官内和实际生活中都在不断地变化。因此，新式交通给城市和人们带来的不仅仅是经济上的变化，还有整个社会的变迁，近代宁波城市的特性即是一个有力的说明。

长期待在宁波的浙海关税务司的佘德在报告中这样说道：“在与外国人交往中取得了长足进步的浙江人，他们所具有的保守性比其他地方的人少的多……从这一点看，我们很幸运，能在本口岸居留，在各处都能看到发达的工业，受到本地人的友好接待，我们衷心地希望宁波将会变得更加和平、更加繁荣。”[③] 在新式交通出现后，近代宁波社会在对外交往中保持了相当的开放性与包容性，宁波也正是在这一时期迈入了城市化的进程。

（本文曾刊于《宁波大学学报》2014年第2期，题为《宁波城市现代化中的新式交通（1840—1949）》）

① 〔英〕阿绮波德·立德：《穿蓝色长袍的国度》，第83、90页。

② 〔美〕丁韪良：《花甲记忆——一位美国传教士眼中的晚清帝国》，沈弘等译，广西师范大学出版社，2004，第47~75页。

③ 陈宏雄主编《潮涌城北——近代宁波外滩研究》，第19页。

第五章

交通与市场贸易、区域经济发展

江河海联运与近代上海及长江三角洲城乡经济[*]

1843 年上海开埠后，很快发展成中国内外贸易第一大港和工商业及金融中心，并在以后的百余年间，始终居于领先地位，成为中国的首位型城市。以往学界大多注目于外部资本主义世界的海运对上海城市发展的促动，较少论及江河海联运的作用和贡献。在 21 世纪上海新一轮发展中，必须重视和发挥江河海联运的功能，加快上海国际航运中心的建设步伐。①

一

1843 年上海开埠后，以上海为中心的长江三角洲地区沿海航线，是在沪甬间展开的。宁波是宁绍平原和浙西南丘陵地带主要的出海口，但从港口布局言，它与上海相距不远，又受地理环境限制，自身经济腹地狭小，“所借以销卖洋货者，唯浙东之宁、绍、台、金等府；其内地贩来货物，仅有福建、安徽及浙省之绍属茶斤，并宁、绍、金、衢、严等府土产油蜡、药材、麻、棉、纸、席、杂货等物”，② 发展余地有限。

开埠不久，其进出口贸易就被吸引到了上海港，“盖宁波密迩上海，上海既日有发展，所有往来腹地之货物，自以出入沪埠较为便利。迨至咸丰初叶，洋商始从事转口货物运输，所用船只初为小号快帆船及划船，

---

* 本节作者戴鞍钢，复旦大学历史学系教授。

① 本文所说的内河的空间范围，主要是指长江三角洲区域内的江河湖港汊，讨论的时段则侧重清末至 1937 年。

② 中国第一历史档案馆编《鸦片战争档案史料》第 7 册，天津古籍出版社，1992，第 441 页。

继为美国式江轮，但此项洋船仅系运输沪甬两埠之货物，与直接对外贸易有别”。[①] 其背景如英国驻甬领事所说：“交通方便而且运费便宜，促使许多中国人都直接到上海购买他们所需的洋货，因为那里选择余地大而且价格更为便宜。”[②]

宁波与外界的航运往来，如英国驻甬领事《1911 年度贸易报告》所称：“本口岸的航运分两个方面，一是在宁波与上海之间，另外就是在宁波与邻近城镇之间。”[③] 有学者指出：“虽然宁波作为一个远洋贸易中心的重要性下降了，但它又作为一个区域中心而繁荣起来。据说宁波传统的帆船贸易在咸丰和同治年间（1851—1874）是它的全盛期。而且由于宁波慢慢变为经济上依附于上海的一个新的区域性职能的经济中心，它享有一个能支持生气勃勃的区域开发的大量贸易。在 19 世纪下半叶，诸如编帽、刺绣、织棉制品、织渔网、裁缝等这些农村手工业扩大了。与上海定期班轮的开航和当地运输效率的适当改善，提高了宁波腹地内进口商品的比例和促进了农业的商品化，整个宁波的腹地中新设了好几十个定期集镇。”[④]

宁波英国领事《1905 年度贸易报告》指出：“上海充当了宁波所有其他货物的分配中心。这是由于某些商品如丝织品，当地商人更愿意到上海这一较大的市场上去收购，因为在那里他们有更大的选择余地”。它强调，宁波“85%的贸易是在沿海进行的，由两艘轮船每日在宁波与上海之间往返运输”。[⑤] 宁波港的辅助设施也得到改进，《1882 年至 1891 年宁波海关十年报告》载：“宁波地区在这一时期设立了三座灯塔，白节山灯塔和小龟山灯塔设立于 1883 年，洛迦山灯塔于 1890 年设立，它们都是在上海海关主持下建造的。”[⑥]

---

① 姚贤镐编《中国近代对外贸易史资料（1840—1895）》，中华书局，1962，第 618 页。

② 《英国驻宁波领事贸易报告（1911 年度）》，陈梅龙等译编《近代浙江对外贸易及社会变迁——宁波、温州、杭州海关贸易报告译编》，宁波出版社，2003，第 344 页。

③ 陈梅龙等：《宁波英国领事贸易报告选译》，《档案与史学》2001 年第 4 期，第 7 页。

④ 〔美〕施坚雅主编《中华帝国晚期的城市》，中华书局，2000，第 482 页。

⑤ 陈梅龙等：《宁波英国领事贸易报告选译》，《档案与史学》2001 年第 4 期，第 3 页。

⑥ 陈梅龙等译编《近代浙江对外贸易及社会变迁——宁波、温州、杭州海关贸易报告译编》，第 36 页。

随着中外贸易的增长和长江三角洲各地经济联系的增强，1903 年已有上海锦章商号的“锦和”轮往来上海和舟山、镇海，1909 年又添置“可贵”轮，航线延至象山、石浦、海门。沪甬间的航运往来尤为频繁，1909 年已有 5 艘轮船行驶于沪甬航线，除原先的两艘轮船，即英国太古公司的“北京”轮和中国轮船招商局的“江天”轮，又增法国东方公司的“立大”轮和中国宁绍商轮公司的 2 艘轮船。“主要是大量的客运使这些轮船能够获利”，因而“新旧船主之间展开了一场相当激烈的竞争。”①

其中新加入的宁绍商轮公司引人注目，它是由甬籍实业家虞洽卿集资创办的。着眼于沪甬间活跃的经济联系，虞洽卿于 1908 年 5 月发起筹办宁绍商轮股份有限公司，额定资本总额为 100 万元，每股银圆 5 元，计 20 万股，总行设在上海，在宁波设有分行，又在上海、宁波等国内 15 个主要商埠及日本横滨设立代收股款处。至同年 10 月，第一期股本已实收 23.9284 万元，按商律召开第一次股东会议，正式选举虞洽卿为总理，方樵苓、严子均为协理，具体经办此事，又选举叶又新等 11 人为董事，成立董事局。

1909 年 5 月，公司经邮传部、农工商部批准立案，公司股款也已募集到 70 多万元。同年 6 月，从福建船政局订购的“宁绍轮”已到沪，公司又购入一艘“通州轮”，改名“甬兴”。沪、甬两地码头也动工兴建。是年 7 月，两船即行驶于沪甬间。宁绍商轮公司投入运营后，受到沪甬航线原有几家轮船公司的排挤，其中英国太古公司尤甚。1911 年 9 月，太古公司在《申报》刊登广告，宣布“上海往宁波各货水脚大减价”，并联合其他几家公司，将统舱客票由 1 元跌至 0.25 元，企图以此挤垮开业不久的宁绍公司。面对压力，虞洽卿等人一方面呼吁宁绍同乡大力支持公司营业；一方面动员旅沪宁波商人组织航业维持会，由该会募集 10 余万元资助宁绍公司。货运则得宁绍客帮的支持，“相约报装宁绍轮始终不渝”，公司借此渡过难关，站稳了脚跟。②

由上海出发，经由长江通往南京、镇江等地的航线，密切了长江三

① 陈梅龙等：《宁波英国领事贸易报告选译》，《档案与史学》2001 年第 4 期，第 6 页。

② 冯筱才：《虞洽卿与中国近代轮运业》，金普森等主编《虞洽卿研究》，宁波出版社，1997，第 224～252 页。

角洲沿江城市间的经济联系。轮船招商局成立后，与太古、怡和、旗昌等外国轮船公司争夺长江航线上的客源，曾在1879年8月30日《申报》刊登广告，称凡是该局开往南京的船只，都要在南京的码头上多停泊1个小时，以防拥挤，方便去南京参加乡试者上下轮船。上海开埠后，与镇江间的航运往来也很快沟通。镇江扼长江与京杭大运河交汇的要冲，第二次鸦片战争期间，镇江和九江、汉口等被辟为通商口岸。其“城周九里，临大江与运河会合之口，为南北通津。清咸丰八年（1858），《天津条约》开为商埠，商场在城西银台山下。银台山下沿江一带，清咸丰十年（1860）划为英国租界”。① 自辟为商埠，“大量的布匹、糖和金属系由轮船运往镇江在那里分运，因为镇江具有通往南北水路以及长江河流的有利条件”。② 1890年镇江海关资料载：其“外洋贸易进口洋货，并非由外洋径行来镇，均由上海转运而来，与沿海之贸易相似”；“出口土货，亦非由本口径行运往外洋，如金针菜、药材、丝、鸡毛、鸭毛等类，由上海转运者居多”。③

1896年英国驻沪领事指出，经由镇江转运的进口货销售区域，是地处长江和黄河之间的广大地区。镇江的海关统计资料亦显示，“鲁南起码黄河北道（1855年后）和运河相交接的地方，处于镇江集货区之内”。④ 1900年，《江南商务报》亦载：“凡由镇江购运洋货之处，以江北及山东、河南、安徽等省水路近便者居多，镇江为该水路之总口，水路指运河而言，可通江北、山东等处，若往安徽、河南两省，则清江浦过洪泽湖及淮河一带均属一水可达。”⑤

经由镇江的中转，长江三角洲苏北地区的扬州、江都等地与上海的航运网络沟通。“江都为鱼米之乡，轮船、火车通行，贩运沪上，而本地

---

① 殷惟龢编《江苏六十一县志》，商务印书馆，1936，第16页。

② 李必樟译编《上海近代贸易经济发展概况：英国驻上海领事贸易报告汇编（1854—1898）》，上海社会科学院出版社，1993，第352页。

③ 中国第二历史档案馆等编《中国旧海关史料（1859—1948）》第16册，京华出版社，2001，第135、136页。

④ 李必樟前揭书，第916页；〔美〕周锡瑞：《义和团运动的起源》，张俊义、王栋译，江苏人民出版社，1994，第5页。

⑤ 《镇江贸易情形论略》，《江南商务报》第21期，1900年9月14日。

之水产入市者转日见少且贵”。1899年，“扬州钱铺殷实可靠者不过数家，市上现银时虑不敷周转，全赖上海、镇江、汉口等处通融挹注”。扬州城内蛋品加工厂的产品，亦装运上海出口。[①] 镇江在以上海为中心的海河联运体系中的地位，因此格外重要。自1858年开埠通商后，成为中外轮船经停的要口，据1891年镇江海关资料载：“轮船进口之次数、吨数皆比去年加增。本年计1186次，计1266000余吨；上年计1165次，计1153000余吨；本年计多21次，计多112000余吨”。“查本年旅客往来本口者，洋人来者计200余人，往者计100余人。华人来者计73000余人，往者计60500余人。”[②] 镇江港客货进出之旺，于此可见一斑。

一些可靠泊长江大、中型轮船的栈桥码头陆续兴建。1900年，上海鸿安轮船公司在镇江设置了轮船码头，趸船名“平安号”。同年，德商美最时公司和英商华昌轮船公司分别在运河入江口门东西两边建造码头，置泊趸船。1901年，日商大阪公司的趸船码头设在运河小闸之东。此外，美孚、亚细亚等煤油公司也在镇江建造了专用码头。随着镇江小轮航运业的兴起和发展，沿江一带还设立了不少小轮码头，停靠内河和长江区间各航线的小轮船。如丰和小轮公司、顺昌和记轮局、戴生昌轮船局、泰昌轮船局、华通小轮公司、天泰轮船局等，均先后在镇江设置了自己的小轮码头。1910年，在镇江考察的美国商人称，镇江的“所有产品好象都被上海商人买走，这个城市与美国没有直接贸易，要造成直接贸易的唯一办法，似乎是要求我们的商人需有代理人在这个地方”。[③]

二

长江三角洲向以水乡著称，境内江河纵横、湖泖众多，与国内大水系大多有河道相通。舟楫便利的河道水系为内河航运提供了得天独厚的

① 民国《续修江都县志》卷6“实业”；《刘坤一遗集・奏疏》卷32，第10页。

② 镇江市图书馆藏《清末民初镇江海关华洋贸易情形》，《近代史资料》总103号，中国社会科学出版社，2002，第24页。

③ 虞和平等译校《大来日记——1910年美国太平洋沿岸联合商会代表团访华记》，《辛亥革命史丛刊》第9辑，中华书局，1997，第216页。

自然地理条件。以上海为例，其西邻的通航干流如娄江，“为太仓、松江、崇明、昆山必由之要道”；福山塘，为输运必经之路，商贾必由之所，舟楫赖以通行。[①] 明清时期，上海与江南各地的贸易往来，多经上述航道沟通。如吴淞江北岸的孔泾，又称林道浜，沿浜有江湾、真如、南翔、娄塘诸镇，“嘉（兴）、湖（州）贾贩多从此道以避江潮之险”。又如淀山湖西侧有双塔镇，因地处苏松水路适中之地，客商往返至此时近傍晚，多“住此停榻”，故又称商榻镇。[②]

上海地处河湖港汊纵横交错的长江三角洲，经由这些内河航道，与长江三角洲城乡交通。开埠前，受清朝政府广州一口通商政策的束缚，中国海运业的发展步履艰难，在与沿海及长江沿岸各地的经济联系方面，上海一直作为从属于苏州的外港发挥着作用。太湖流域以长江和内河为基干的内河航运，是长江三角洲地区物资交流的主要渠道。鸦片战争后，自广州一口通商禁令解除和内向封闭型经济格局分解，众多顺长江东下的商船不再奔赴苏州，而是径趋东海之滨的上海。同时，在上海港还聚集着大量“载客运货的小船和驳船”，它们都来自毗邻的长江三角洲乡村集镇。[③]

1850 年代，为扩大进出口贸易和在华活动范围，欧美商人以上海为基地，将轮运业的触角伸向四周的内河水道，“制造小火轮船装运银两前赴内地，采办丝斤并各项货物回沪”。鲁麟、吠礼查等洋行的几艘小火轮，“有时前往内地，或搭客到苏，或装银两至棉花、湖丝出产等地”。至第二次鸦片战争为止，上海地区虽然没有专业内河轮船公司，但实际上内河轮运业已经隐然可见。1865 年 2 月，结束了国内战事后的清政府宣布不准外轮驶入通商口岸以外的内河。在沪的外国商人反应激烈，称“这些小轮全都锚泊停航，一点都派不上用场，因为它们是为内陆贸易而特制，完全不适合海运”，并联名要求各国驻华使节出面干预。清朝政府对外国轮船深入内河深为顾忌，担心“若一处准行，处处皆援例而起，

① 道光《元和唯亭志》卷 3“风俗”；万历《常熟水利全书》。
② 正德《松江府志》卷 2“水”；崇祯《松江府志》卷 3“镇市”。
③ 姚贤镐编《中国近代对外贸易史资料（1840—1895）》，第 555 页。

夺目前商船之生业，弛日后军国之防闲，关系利害极重。是以屡议未允，即再续请，仍不便行”。[①] 直至1895年，《马关条约》在规定增辟沙市、苏州、杭州为通商口岸的同时，准许外国船只“从上海驶进吴淞口及运河以至苏州府、杭州府”。1898年颁布的《内港行船章程》，又将范围扩大到各通商省份的内河水道。[②] 此后，以上海为重点，专营内河航线的外国轮船公司相继设立。

另外，1870年代后中国商人兴办内河轮运的要求曾久被搁置。“苏、杭内地水道，若以小轮船行驶，极为便捷。历年中外商人皆以厚利所在，多思禀准试办。只恐碍民船生路及税卡抽厘等情，辄格于时议，未蒙准行。”即使已经成船，也被迫中止。[③] 几艘行驶于沪苏间的内河小轮，多经清政府特许，其用途受到严格限制，“准行内河并带官物，不准带货搭客作贸易之事，以示与商船有别”。[④] 1895年后对华商内河轮运业的束缚相应减轻，至1898年“通商省份所有内河，无论华、洋商均可行驶小轮船，借以扩充商务，增加税厘”。[⑤] 上海本国资本内河轮运公司的经营，突破原先的限制，扩大至商业领域的客货运输，并开辟了新的航线，渐次形成“内河小火轮船，上海为苏、杭之归宿，镇江为苏、宁、清江之枢纽”的基本格局。[⑥] 内河轮运的发展势头，促使轮船招商局不落人后，参与角逐。1902年由它组建的招商内河轮船公司，拥有小轮7艘、拖船6条，先驶往苏、杭，后航线伸展至南浔、湖州、宜兴、溧阳、江阴，从苏州经无锡、常州至镇江，过长江抵扬州、清江，又从清江越宿迁至窑湾，溯淮河至正阳关，形成一覆盖长江三角洲和苏北大部的内河航运网，轮船也从最初的7艘增加到1911年的近30艘，成为上海乃至全国规模最大的内

---

① 《聂宝璋集》，中国社会科学出版社，2002，第255页；聂宝璋：《中国近代航运史资料》第1辑，上海人民出版社，1983，第350、352、367页。

② 王铁崖编《中外旧约章汇编》第1册，三联书店，1957，第616、786页。

③ 《轮船试行》，《申报》1882年7月8日，第1版；《论小火轮通行内河之利》，《申报》，1890年4月25日，第1版。

④ 《交通史航政编》第1册，交通史编纂委员会，1931，第482页。

⑤ 《清季外交史料》卷130，第15页。

⑥ 张之洞：《筹设商务局片》，苑书义等编《张之洞全集》第2册，河北人民出版社，1998，第1144页。

河轮运企业。[①] 其总公司设于上海，分公司设于苏州、杭州、湖州、嘉兴、常州、无锡、镇江、扬州、清江、杨庄、临淮关、正阳关等处。[②]

自苏、杭开埠和小轮开禁，上海与长江三角洲苏州、无锡、常州、杭州、嘉兴、湖州等地的联系更趋密切，客货运往来频繁，人力摇曳的航船难当此任，“一时航运事业非常发达，所有内河客货运大都改用小火轮船”。从上海驶往苏南浙北的小火轮激增，“汽艇拖着中外商号的货船定期往返于上海和这些新口岸之间”。[③] 其中，“走吴淞江者，由苏州而上达常熟、无锡，或达南浔、湖州”。一些固定航班相继开设，“从上海往杭州的旅程约需 24 小时，乘坐俗称的‘列船’，即由小火轮拖带五六艘各种不同的小船。该列船下午 6 时离沪由苏州河码头出发，经外白渡桥进入黄浦江。驶经外滩和内航码头，航线正南溯江至三江，由此向西直到松江县城，继而向南弯转朝西，出江苏省进入浙江到达嘉兴县城”，由嘉兴进入大运河抵达杭州。其间，“大小河道生气盎然，大船满载木材顺流而下前往上海，小船沿途揽装洋杂百货往返各地”。[④] 最繁忙的当数上海至苏州航线，“往来苏沪小轮每日四五只”。1896 年据苏州海关统计：“自开关后，由申进口小轮 353 只，拖船 1004 只；出口往申小轮 355 只，拖船 902 只。”载运旅客，“计往沪者 12142 人，由沪来者 16008 人”。[⑤] 以新闸为始发码头，也有固定班轮经黄渡驶往上海远郊朱家角等地。[⑥]

1899 年 8 月 4 日《申报》曾以赞叹的口吻，记述了苏州河口以西轮船运输繁忙的景象：“内地通行小轮船，取费既廉，行驶亦捷，绅商士庶皆乐出于其途。沪上为南北要冲，商贾骈阗，尤为他处之冠。每日小轮

① 樊百川：《中国轮船航运业的兴起》，中国社会科学出版社，2007，第 432 页。

② 聂宝璋、朱荫贵：《中国近代航运史资料》第 2 辑，中国社会科学出版社，2002，第 901 页。

③ 中国社会科学院经济研究所编《上海民族机器工业》，第 128 页；李必樟译编《上海近代贸易经济发展概况：英国驻上海领事贸易报告汇编（1854—1898）》，第 923 页。

④ 《杭州关十年报告（1896—1901 年）》，中华人民共和国杭州海关译编《近代浙江通商口岸经济社会概况——浙海关、瓯海关、杭州关贸易报告集成》，浙江人民出版社，2002，第 655 页；民国《上海县志》卷 12“交通”。

⑤ 民国《上海县志》卷 12“交通”；《光绪二十二年、二十三年苏州口华洋贸易情形论略》，陆允昌编《苏州洋关史料 1896～1945》，南京大学出版社，1991，第 151、146 页。

⑥ 宣统《黄渡续志》卷 1“疆域”；民国《青浦县续志》卷 5“山川”。

船之来往苏、嘉、湖等处者，遥望苏州河一带，气管鸣雷，煤烟聚墨，盖无一不在谷满谷，在坑满坑焉。”内河轮运业的兴盛，直接促成苏州河两侧内河港区的形成。

当时，“往来申、苏、杭小轮公司码头均设沪北”，即在英租界北端的苏州河畔。“著名的有戴生昌、老公茂、大东（日商）、内河招商等，大都开设在铁大桥下堍（今河南路桥北堍——引者），其他小轮船局尚不少。”[①] 内河航运工具的改进即轮船的运营，连同原先就有的众多大小木帆船的输运，进一步密切了上海与长江三角洲各地的联系。据统计，1897 年沪苏杭之间乘坐轮船往来者已超过 20 万人次。[②]

1901 年，周作人走水路从绍兴经上海去南京报考江南水师学堂，对沿途各类内河航船有生动的记载：

> 绍兴和江浙一带都是水乡，交通以船为主，城乡各处水路四通八达，人们出门一步，就须靠仗它，而使船与坐船的本领也特别的高明，所谓南人使船如马这句话也正是极为确当的。乡下不分远近，都有公用的交通机关，这便是埠船，以白天开行者为限，若是夜里行船的则称为航船，虽不说夜航船而自包夜航的意思。
>
> 普通船只，船篷用竹编成梅花眼，中间夹以竹箬，长方的一片，屈两头在船舷定住，都用黑色油漆，所以通称为乌篷船，若是埠船则用白篷，航船自然也是事同一律。此外有戏班所用的“班船”，也是如此，因为戏班有行头家伙甚多，需要大量的输送地方，便把船舱做得特别的大，以便存放“班箱”，舱面铺板，上盖矮矮的船篷，高低只容得一人的坐卧，所以乘客在内是相当局促的，但若是夜航则正是高卧的时候，也就无所谓了。
>
> 绍兴主要的水路，西边自西郭门外到杭州去的西兴，东边自都泗门外到宁波去的曹娥，沿路都有石铺的塘路，可以供舟夫拉纤之

① 《各省航路汇志》，《东方杂志》1907 年第 4 卷第 3 期，第 66 页；《上海民族机器工业》，第 128 页。

② 《聂宝璋集》，第 282 页。

用，因此夜里航行的船便都以塘路为标准，遇见对面的来船，辄高呼曰“靠塘来”，或“靠下去”，以相指挥，大抵以轻船让重船，小船让大船为原则。

旅客的船钱，以那时的价格来说，由城内至西兴至多不过百钱，若要舒服一点，可以“开铺”，即摊开铺盖，要占两个人的地位，也就只要二百文好了。航船中乘客众多，三教九流无所不有，而且夜长岑寂，大家便以谈天消遣，就是自己不曾插嘴，单是听听也是很有兴趣的。①

而往返于杭沪间的戴生昌和大东两家轮船公司则各有特色，“戴生昌系是旧式，散舱用的是航船式的，舱下放行李，上面住人，大东则是各人一个床铺，好象是分散的房舱，所以旅客多喜欢乘坐大东。价钱则是一样的一元五角，另外还有一种便宜的，号称‘烟篷’，系在船顶上面，搭盖帐幕而成，若遇风雨则四面遮住，殊为气闷，但价钱也便宜得多，只要八角钱就好了。普通在下午四时左右开船，次日走一天，经过嘉兴、嘉善等处，至第三天早晨，那就一早到了上海码头了”。②

1907 年，又有日本日清轮船公司参与上海及长江三角洲内河航运的经营，具体航班包括：“上海到苏州、上海到杭州、苏州到杭州，每天各有一船从两地开出；苏州到镇江，每 3 天各有一船从两地开出；镇江到扬州，每天从两地开出 3 班轮船；镇江到清江浦，每天各有一船从两地开出。”③

三

进入 20 世纪，铁路、公路渐次修筑，但内河航运仍因其四通八达、价格便宜大多长盛不衰。④ 在松江县，“自沪杭铁路开车，小轮船之往来

① 周作人：《知堂回想录》，安徽教育出版社，2008，第 49 ~ 50 页。

② 周作人：《知堂回想录》，第 53 页。

③ 夏伯铭编译《上海 1908》，复旦大学出版社，2011，第 145 页。

④ 据估计，当时火车的运价比木帆船高出一倍多，汽车的运价比火车高出三倍，比水运（轮船和木帆船）高出近十倍。详可参阅任放《中国市镇的历史研究与方法》，商务印书馆，2010，第 186、188 页。

松沪者无法营业，惟因船资取费较廉，乡村中人犹乐就之，凡苏州、杭州、盛泽、张堰、平湖、湖州等班小轮船，经过松江者，必于米市渡得胜港口岸稍停，另有拖船接送上下旅客，再有拖船载客送至竹竿汇、秀野桥两处登岸”。[①] 有的还因与铁路联运而业务拓展。1905 年，上海至南翔段铁路辟通。是年，嘉定人黄承炳等集资设立通济轮船局，专驶嘉定至南翔航线，“每日往返嘉翔，依火车之班次为准，船价每人钱八十文。继商准上海车务总管英人濮兰德，发行沪嘉联票，旅客称便。初仅每日百余人，后乃增至四五百人。罗店、娄塘、太仓、浏河、浮桥各镇乡赴沪者，咸取道嘉定，营业日益发展”。[②] 铁路方面亦有主动招商联运者，1909 年 5 月 25 日《时报》刊载苏路公司开平湖松江间轮船广告：“本公司因便商起见，特招利济公司自备坚快小轮，逐日往来平湖、松江，经过新埭、四浦、塘泆湿、佘来庙等处，凡蒙绅商惠临，可由上松各车站及各埠利济轮局购买火车轮船联票，以便直达，而免周折。”[③] 因其适合市场需求，故渐推渐广，1911 年 4 月 16 日《时报》又见新开通利嘉苏轮局开班广告：“本局特备坚快轮船，拖带公司船行驶嘉兴、王江泾、平望、八圻、吴江、苏州，定于三月十九开班与浙路公司订立连带车票，以便乘客往来杭枫之间，并拟择日续开苏湖、杭湖、嘉湖等处，而便行旅。”[④]

苏州、杭州、无锡等城镇，因此与前述宁波、南京、镇江等构成以上海为中心的江河海航运体系的主要支点，成为转运江南各地客货的集散点。小如吴江县平望镇，稻米运销也因江河海航运的衔接而发生相应变化，原先多经由内河输运，此时则“多运白籼至上海由轮船装往闽广、天津，此又今昔情形之不同也”。[⑤]

以上海为中心的江河海航运的衔接，为长江三角洲各地城乡的经济交往提供了便利。一些原本相对闭塞落后的府县，借助其沟通，改善了

① 雷君曜：《松江志料》，交通类，杜诗庭节抄本。

② 民国《嘉定县续志》卷 2《营建志》，“交通”，“航业”。

③ 《苏路公司开平湖松间轮船广告》，《时报》，1909 年 5 月 25 日，第 1 版。

④ 《新开通利嘉苏轮局开班广告》，《时报》，1911 年 4 月 16 日，第 1 版。

⑤ 光绪《平望续志》卷 1“疆土”，“风俗”。

对外交通和经济联系。轮船招商局档案载，1888 年浙江台州府官员称“地方瘠苦，近来民生之凋敝更日甚一日。推原其故，皆由于泉货未能流通。而泉货之不流通，实由于程途之梗阻。查卑属背山面海，南连温郡，北界绍兴，东北则抵宁波。自台至省，非道出宁波，即路经绍郡，重山复岭，跋涉为艰。行李肩挑，计斤论价，非但钱粮军饷管解匪易，即行商银货亦艰转运。欲求官商之便，惟有舍陆而海，则南可达温，北可抵宁”。强调“为长计，惟有经过商轮进口搭载，则台属泉货亦可望其流通。兹查自沪至温，原有招商局商轮往来行驶，卑属之海门为该商轮往来必经之路”，于是商洽“援照长江商路在江阴各处停轮之例，往来顺道海门，进口停轮”。为此还拟订了详细的运营章程。①

内河航运业的拓展，直接推动了上海民族资本船舶修造业的发展。与远洋、近海客货轮相比，内河小吨位轮船的制造周期、技术要求，同民族资本船舶修造业的经营能力较相适应；另外，自清政府开禁，内河小轮业发展很快，市场需求大，“因此机器厂制造小火轮盛行一时”。较出名的，“在苏州河老港内有公茂、史恒茂、大昌、广德昌等几家；在虹口有恒昌祥、广德兴等几家；在杨树浦有公兴，在南市有求新、兴发荣等几家。专门协作制造船壳的有协顺昌、施广福、财理等数家”。与前期相比，它们的地域分布不再局促于远洋、近海轮船停靠的黄浦江虹口沿江地带，而是移驻于苏州河沿岸及南市等内河船只聚泊处。其生产工艺，原先一直停留在修理和加工零部件，“实际上仅是外商船厂的辅助工场”，此时则有长足进步，有的还同时经营内河轮运业。设在新闸的公茂机器厂，在 1895 ~ 1913 年间业务大为扩展，制造了不少小火轮，自设老公茂航运局，经营上海、无锡、苏州洞庭山、常熟等地的客货运输业务。行业史料载：“公茂的小火轮制造业务是随着它的航运事业的发展而发展起来的，因为老公茂航运局的发展，有力地支持了公茂船厂的经济周转，使小火轮制造能加速进行，而小火轮制造又回过头来加强航运事业中的力量，因此公茂船厂的发展比别家同业为快，在 1913 年以前公茂船厂共

① 聂宝璋：《中国近代航运史资料》第 1 辑，第 1373、1396 ~ 1399 页。

为老公茂轮船局造过二十只左右小火轮及拖船”。①

轮船制造修配业涉及金属冶炼锻造和切削加工，它的技术进步和发展实际也是机器制造业的发展和进步，意义颇为深远。求新制造机器轮船厂的发展可为代表，1904 年该厂设于南码头黄浦江畔，占地 80 余亩，下设冶铁、熔铸、金工、组装等工场，先是制造载重数百吨的内河轮船，“都是木壳，机器引擎锅炉都是厂内自造”。后在造船的同时，开始制造大型蒸汽引擎，并试制小型内燃机和制造钢桥、码头等构件，成为上海著名的机器制造厂。1909 年该厂承接上海南市自来水公司大型水泵，“日夜赶造，不阅四月大功告竣。当此机试验时，有许多西国工程师接踵来厂，视其所事，察其所行，皆叹赏不置”。1895 年至 1913 年，借内河航运拓展及内河小轮业勃业的推动，民族资本船舶修造业得以从完全依附于外资船厂的修理业务，转而部分地自主发展。在这期间，上海民族机器工业共新设 86 家厂，加上前期的 12 家，除去 7 家停业关厂，迄 1913 年尚有 91 家厂，其中船舶修造厂 19 家，轧花机制造厂 16 家，缫丝机制造厂 8 家，纺机厂 8 家，公用事业修配厂 5 家，印刷及其他 35 家，船舶修造厂居各专业厂的首位。而在那些轧花、缫丝、纺机厂中，有的原本也是船舶修造厂，后随市场需求而转产，如大隆机器厂 1902 年开办时，主要是为进出上海港的外轮修配机件，为此还置备了两艘小拖轮，往来运载零部件，后才转业纺机修理。此外还有永昌、大昌转产缫丝机，建昌转业公用事业修配，等等。②

内河航运的拓展，还推动了近代上海港区、城区的扩大。上海开埠前，商业活动聚集于县城，苏州河畔市集寥寥，不能吸引商船停靠。来自苏州、杭州等地的内河船只多走南线航路，由运河入内河水系经松江府城、七宝或闵行抵沪，“至松江由泖湖而进，直达苏郡，实为省垣要隘”，③ 地处北线的苏州河下游河面并非商船过往干道。清康熙十四年（1675），为调节水位曾在今福建路桥附近建有一座水闸，后人习称“老

① 《上海民族机器工业》，第 84、89、128、130 页。

② 《上海民族机器工业》，第 141、144、157、111、72、120 页。

③ 中国第一历史档案馆编《鸦片战争档案史料》第 5 册，天津古籍出版社，1992，第 488 页。

闸”，后此闸圮毁，雍正十三年（1735）移址西侧的金家湾即今新闸路桥附近又建一闸，人称“新闸”。嘉庆年间，两闸近旁渐有市集。[①]

上海开埠后，随着内外贸易的不断增长和租界设立后上海商业中心由县城的北移，进出苏州河的船只明显增多，新闸、老闸之间，商业活动亦见起色。[②] 一些原走南线航路的商船改向北路，由内河水系入苏州河经白鹤渚、黄渡镇抵新闸一带。1850 年代初，来自内地丝、茶产区经由该路驶抵上海的货船已达相当数目。1854 年 3 月江海关因小刀会战事陷于瘫痪，上海道台吴健彰曾决定在北路的白鹤渚和南路的闵行镇同时设置两个关卡，对运往上海的丝、茶等出口货物征税，并通知了各国驻沪领事，此举后因列强的反对未果。1859 年，江海关遂于苏州河南侧的烂泥厂和新闸桥北堍分设南北两卡，“专司稽查苏州、杭州、湖州等地运沪丝斤及查验内地子口税单，但不征税”。[③] 这些举措，无不说明苏州河已是内地商船进出上海的主要通道。其情状可以从沿岸船作的经营略见一斑，“新闸是内河船舶到上海的主要停泊地点，船舶在停泊期间，经常有必要的铁器修理，遂使新闸的铁铺逐渐繁荣起来”，先后有七八家无锡籍船作铁铺在新闸设立，“营业甚盛”。[④]

而苏州河两岸内河港区的真正形成和初具规模，则是在 19 世纪末内河轮运业兴起之后。与内河航运发展和进出客货流大量增加的同时，1899 年英美公共租界在将泥城浜（今西藏路桥附近）以东苏州河两岸包容后，又向西沿苏州河南岸推进至小沙渡（今西康路桥附近）。[⑤] 受此刺激，1900 年由上海一些绅商倡议并经两江总督刘坤一允准，发起成立“闸北工程总局”。在新闸对岸的苏州河北架桥修路，兴商聚市。这些也都推动了苏州河两岸内河港区及城区的形成。此前，1890～1891 年曾由地方官府主持雇用数千人手挖肩挑，“着手疏浚位于上海与省会（苏州）

---

① 嘉庆《上海县志》卷 1“疆域”；同治《上海县志》卷 3“堰闸”。

② 同治《上海县志》卷 3“堰闸”；姚公鹤：《上海闲话》，上海古籍出版社，1989，第 27 页。

③ 《北华捷报》，1854 年 5 月 20 日；陆允昌编《苏州洋关史料（1896～1945）》，第 375 页。

④ 《上海民族机器工业》，第 5 页。按：船作，是指专门锻造船用铁器件的手工作坊。

⑤ 《1899 年工部局报告》，蒯世勋等编著《上海公共租界史稿（上海史资料丛刊）》，上海人民出版社，1980，第 476、477 页。

之间的大水路苏州河。离租界不远的苏州河上游的一段完全用水坝拦住，所有进入该段的支流也同样被堵塞"。排干河水后，将淤泥挖出。"工程完毕时，支出的费用已达几十万两银子"。[①]

这次较大规模的疏浚，为该河段日后靠泊内河轮船提供了有利条件，两岸逐渐形成一些新的工厂区和居民点。毗邻内河港区的曹家渡，先前"地甚荒僻，绝少行人"，自内河轮运开通，得助于便捷的水路运输，"面临吴淞江，帆樯云集，富商巨贾莫不挟重资设厂经商，除蚕丝、面粉两厂外，若洋纱厂、织布厂、鸡毛厂、牛皮厂、榨油厂、电灯厂，不数年间相继成立，市面大为发达，东西长二里，鳞次栉比，烟火万家"，[②] 俨然是一个新兴的小城镇，后成为上海城区的一部分。潭子湾，"在彭浦镇西南方四里许，地濒吴淞江，又为彭越浦出口处，从前只有村店数家，今则厂栈林立，商铺日增，居屋多系新建，帆樯往来，运输便利，商业之进步，远逾本镇而上之矣"。[③] 如海关报告所称，民国初年"各类工厂象雨后春笋般开设起来，厂址大多在公共租界西北区，沿苏州河的两岸。本省（指当时上海所属的江苏省）的水路运输费用最便宜。可以说，哪里有宽阔的通往江河的水道，哪里就会有工厂"。[④]

上海城市经济的繁盛，带动了紧邻城区的一些小镇的发展。宝山镇江湾镇，"昔不过三里之市场，今则自镇以南马路日增，星罗棋布，商埠之发展，直与（上海）界联为一气，无区域之可分，繁盛殆甲于全县"。该镇的繁盛，是与交通条件的改善和上海城市经济的发展联系在一起的。它"地当上海、宝山往来要冲，明嘉靖间毁于倭寇，市肆荡然，清初稍复生聚。迨五口通商，江湾一隅以逼近租界，南乡结一等图，马路日辟，外人争租地杂居，经营商业，凡与沪埠相衔接。市街东西长五里，南北广一里，以秋季棉布为最旺，大小商铺三百余家，水道则有走马塘之运

① 徐雪筠等：《上海近代社会经济发展概况——〈海关十年报告〉译编》，上海社会科学院出版社，1985，第22、23页。

② 民国《法华乡志》卷1"沿革"。

③ 民国《宝山县续志》卷1"舆地"，"市镇"。

④ 徐雪筠等译编《上海近代社会经济发展概况——〈海关十年报告〉译编》，第208页。

输，陆道则有淞沪铁路之便捷，其日上之势，殆将甲于全邑市乡”。[①] 位于江湾镇南端的天通庵，“地跨芦泾浦，商铺二十余家，本一小村集，近以毗连商埠，有丝厂、染织厂等，市面日繁，几与上海商场无异，迥非曩时村集气象矣。屈家桥，在江湾镇南五里，沙泾之旁，为江湾至沪必经之路，有茶、酒、杂货等店七八家。谈家桥，在江湾镇西南九里，斗入彭浦界内，自民国五年开设同茂丝厂，并建市房三四十幢，铺户居民渐见繁盛，翌年筑通新闸马路，厂栈益增”。[②]

中华人民共和国成立后，上海地区的内河航运在社会经济生活中特别是在促进城乡经济交流方面，一直发挥着十分重要的作用。时至今天，保持所经河道的通畅，仍有助于促进乡镇之间的经济联系和城乡之间的商品交流，是维护各城镇社会经济可持续发展的重要条件。1978 年改革开放后，上海的城乡经济有了空前迅猛的发展，在交通运输方面，一批高等级公路相继竣工，并实现了乡乡通公路。相形之下，内河航运发展明显滞后，甚至一定程度上由于公路网的大发展而被冷落。应该承认，在总体上，有一段时期，“人们对发展内河航运认识上存在偏差。在基础设施建设中，航道的开发与整治没有放在应有的位置，更谈不上有效的综合开发利用”。[③] 上海的情况也不乐观，据 2000 年的调查，上海地区内河能行驶 300 吨级以上船舶的航道只有 200 多公里，江苏、浙江高等级内河航道的一些大吨位行船，只能在上海大门前止步。“随着京杭大运河、杭甬运河的辟通和内河集装箱运输的推进，江苏沿长江经济带和浙江沿杭州湾经济带已联通，船行无阻。而由于上海内河航道等级低，难以与苏、浙内河水系在航道等级上形成对接”。[④]

实际上，与铁路、公路、航空相比较，内河航运自有其投资少、运营及养护成本低、污染小、运量大的突出优势，据统计，2000 年上海内河航运的总运输量达 1.34 亿吨，相当于两条沪宁铁路或是三条沪宁高速

① 民国《宝山县续志》卷 1 “市镇”。
② 民国《江湾里志》卷 1 “舆地”。
③ 中国致公党中央委员会：《充分重视内河航运建设》，《光明日报》2000 年 12 月 14 日。
④ 详见上海《文汇报》2000 年 11 月 12 日，第 1 版。

公路的运量。[①] 据交通运输部的统计，2010 年中国内河货运量完成 17 亿吨，是 5 年前的 1.6 倍。[②] 在江南水网地带，内河航运更有其航路如蛛网般纵横交错、覆盖面大的独特优势，在大力促进城乡经济协调发展和四个中心建设的今天，上海无疑应该充分重视和发挥内河航运在整个交通运输网络和经济建设全局中的地位和作用。已着手实施的《上海市内河港区布局规划》，决定在本市范围内建成 10 座大型内河港区、43 座一般内河港区的航运网络，大大提升内河航运的吞吐量；[③] 2010 年 9 月，位于浦东新区赵家沟航道连接黄浦江的东沟 1000 吨级船闸动工，建成后，航道通航能力提高近 10 倍，[④] 这些举措当会进一步促进上海的江河海联运和城乡经济的发展，以及长江三角洲经济一体化的进程。

① 详见上海《新民晚报》2001 年 4 月 6 日，第 2 版。
② 详见北京《证券时报》2011 年 1 月 31 日，A1 版。
③ 详见上海《新闻午报》2008 年 8 月 14 日，B7 版。
④ 详见上海《新民晚报》2010 年 9 月 3 日，A4 版。

近代交通与乡村社会的商品流通*

——以浙江为中心

近代以降，现代因素对乡村社会与乡民世界的影响，较重要的有两方面，一是无孔不入的现代工业产品的输入，无形中改变了传统乡村自给自足的生活方式；二是具象化的新式交通进入原本平静闭塞的乡村，通过轰隆而来的火车、汽车、轮船和天空中偶尔掠过的飞机，乡民认识到了现代文明的存在，改变了对外部世界的感知。但也有人对此持怀疑态度，认为就如“浙江原是一个富庶之省，自然民众对于交通利用的程度亦较各省为高，然就我沿线观察所得，公路的利用，实还幼稚之极，很长的路线中，遇不到一二部车，私人的车辆更未一见”。“汽车是外国货，汽油是外国货……事实上汽车的运输成本因限于汽油的价格，不能甚低，亦决与吾国一般民众的生活程度不相称，似难有发达的可能。”① 这样，我们会不会高估近代交通对社会经济的促进作用。本文以 1930 年代浙江为中心，就近代交通与乡村社会的商品流通这一交叉点做一初步探讨。

一　“赖交通便利以资运输”

交通运输是商品生产和流通的物质基础，交通是现代经济的特殊而重要的产业部门，在近代，人们把发展交通作为发展地方经济的基本条件。

---

* 本节作者丁贤勇，杭州师范大学历史系教授。

① 洪瑞涛：《铁路与公路》，交通杂志社，1935，第 272、273 页。

首先，发展交通是农村问题专家救济农村的方法之一。[①] 梁漱溟认为运输问题与治安问题、农民负担问题、灾害问题一起，是国内农业发展先要解决的四大障碍，“运销不便是农业产品流通的大障碍，间接影响于农业者很大……洋米入口，并非是生产不足，若能疏通农产销行上的一切障碍（交通的、金融的、商业的、政治的），则我们相信农业生产力可以飞快地增加”。[②] 亦有论者提出，“即退一步言，交通未发展，而农业有改良的可能；但是农业品是要销售的，不是像从前农业经济时代仅作自给之需；农产既要销售，更非赖交通便利以资运输不可”。[③]

其次，主政者对现代交通的倡导、扶持。1930 年 2 月浙江省航政局成立，局长孙云霄对传统交通运输及其影响分析说：“物质建设，首重交通，交通如此滞钝，农工商业，何从发展。”并把交通不发达作为农村经济落后的主要原因之一，“推其农工商业，不能发达之主因，虽非一端，而运输之不灵便，实为主因之一”。[④] 南京国民政府就出台扶持政策，倡导交通部门降低运价，对农产品运输与销售进行鼓励与支持，以促使商品流通加快。1935 年《国民党“五大”行政院工作报告》铁路部分有关业务改进中，提出“筹办冷藏提倡鲜货运输。鲁（鲜）货一项，亦为铁路重要运输之一，吾国铁路对于鲜运，不甚经意，以致各路沿线所产鱼、肉、蔬、果、蛋类、乳、桑叶等鲜货不能畅销他处，供求需要，失其平衡，是不独有碍民生之需求，国内之经济，即于路收方面，亦有莫大影响……将鲜货包裹按照部章包裹运价六折收费”。又在“改革事项”中规定，“近几年来，因农村凋敝，特将农产各品运价尽量减轻”。“京沪、沪杭甬路粮食特价，按五等核减百分之十五。”[⑤]

再次，近代交通部门把发展地方经济作为其重要内容。如杭余省道

---

① 孙晓村：《中国农产商品化的性质及其前途》，中国农村经济研究会编《中国土地问题和商业高利贷》，编者，1937，第 184 页。

② 梁漱溟：《乡村建设理论》，上海人民出版社，2006，第 318～319 页。

③ 董志立：《对于发展交通与振兴农业之意见》，《浙江省建设月刊》第 6 卷第 4 期，1932 年 10 月，“论著”，第 50 页。

④ 唐有烈：《浙江省航政之概况》，浙江省航政局印，1930，第 1～2 页。

⑤ 秦孝仪主编《革命文献第 78 辑·抗战前国家建设史料：交通建设》，台北，中国国民党中央党史史料编纂委员会，1979，第 511、527～529 页。

汽车股份有限公司在呈省政府的开办申报书中称“欲图地方事业之发展，首在交通之便利”，[①] 商办余临汽车股份有限公司。于1924年6月余杭至汪家埠段筑成通车后，因化龙盛产山货，董事会决定把线路延至化龙。至1936年，公司营运车辆达23辆，其中有载重约2吨货车8辆。[②] 如杭江铁路配备机车、车辆等基本设施，以促进沿线货物运输。认为“铁路之建设，除便利行旅外，其最大之目的为运输货物”。1932年，路局对沿线物产进行详细调查，如待输出的米、火腿、风肉、排肉及活猪、牛、鸭、茶、佛手、南枣、纸、花笺、杉木、丝蚕、梨、花红、李、桃等，输入的肥料、煤油、南北杂货、盐、棉花、纱、草席等，以及赣省玉山的瓷器、纸、夏布和闽省之浦城所产纸、笋及药材等。为此专门配备49辆货车，为上述近6000万元价值的农副土特产品提供运输之便利。[③] 又如因军事而建的苏嘉铁路，在其建造之初也进行经济论证。“本路沿线各处输出货品，以蚕丝、绸缎、米麦、牲畜、鱼虾为大宗（估计蚕丝约有二百余万元，绸缎六百余万元，米麦五百余万元，牲畜、鱼虾二百余万元）。输入货品以煤油、卷烟、布匹、南北杂货为大宗（估计煤油约五十万元，卷烟三十余万元，布匹一百万元，南北杂货约计一百三十万元）。通车后，虽因沿线水陆竞争之激烈，恐难将此类货物全数揽入路运，但以铁路运输比较迅速稳妥，且与其他铁路有联运关系，未始不可设法逐步吸归路运……故苏嘉铁路之通车影响于附近区域货物之产销、运输至为巨也。”[④]

交通是经济发展的条件，又是经济发展的组成部分，经济发展与交通发展是相辅相成、相互促进的。如东阳是金华火腿的主产地，火腿是东阳经济的柱石，“在东阳，除掉根本一点儿没有产业的贫民以外，百分之九十五的居民，统是养猪的……每年输出的总值达二百万元左右。在

---

① 陈惠民：《承筑杭余省道汽车股份有限公司创办概况》，杭余汽车公司印，1924，“文书”，第1页。

② 周霖根主编《余杭镇志》，浙江人民出版社，1992，第83页。

③ 《杭江路运输设备及沿线物产》，《工商半月刊》第4卷第24号，1932年12月15日，“国内经济”，第21～22页。

④ 陆海鸣：《苏嘉铁路始末》，《近代史资料》总79号，中国社会科学出版社，1991，第252页。

这个贫瘠的东阳，这样的一个输出额，当然是一个巨大的数目；并且这项收入，并不是集中在少数的资本家手里，而是普惠在整个的农民身上，所以关系着东阳县全部的民生问题，是非常重大的"。[①] 这与东阳便捷之交通不无关系，"杭江铁路义乌站即在其西邻，相距不过十余里；东义东永东长三公路贯串县境，而汇萃于东阳县治。东向经嵊县可至宁绍，南经永康可直达处温，西则经杭江铁路北至杭沪，南至衢赣，每日有公共汽车行驶其间，交通颇称便利"。[②] 一些交通运输机构取得了可观的经济效益。如商办余临公司，公路修通前临安、於潜、昌化三县交通闭塞，除竹木柴炭等可用水运，其余均靠人力肩挑车推，运量小、时间长、成本高。通车后，三县丝蚕、茶笋、山核桃、土纸等土特产及粮油盐布等生活日用品都改用汽车运输，迅速及时，客商称便。1933 年，杭徽公路全线通车，余临公司与省公路局签约，承租化龙至昱岭关段货运专营权，次年营收达 18.5 万元，盈利 2.5 万元，占收入的 13.6%。1935 年又承租藻溪至鲍家支线、杭州至余杭段的独家货运专营权，货运业务迅速扩大，年底货运收入达 12.28 万元，占客货运总收入的 60.97%。[③]

二 "农产商品化自然较为发达"

浙江传统上即为全国较富裕的省份，有大量农副土特产品可供输出。如浙北平原的蚕丝、浙东沿海的棉麻和浙江中西部山区的茶纸等。"交通发达，则文化必随之而发达，农工商业亦可因交通发达而进步。故交通事业，即所以开发富源。"[④] 新式交通有利于乡村农副土特产品的输出与销售。

① 傅仁祺：《东阳的猪和火腿》，《浙江省建设月刊》第 8 卷第 9 期，1935 年 3 月，"调查"，第 1 页。

② 赵懿翔：《东阳县农村经济的三大基础》，《浙江省建设月刊》第 8 卷第 10 期，1935 年 4 月，"调查"，第 1 页。

③ 周霖根主编《余杭镇志》，第 83 页；余欣主编《临安县交通志》，华艺出版社，1993，第 108～109 页。

④ 《程文勋讲演：不要中交通的毒》，浙江省公路局《浙江省公路局汇刊》，编者印行，1929，"附载"，第 5 页。

首先，大宗粮食的运输。从全省来说，浙江是个缺粮的省份，但各地情况不一，一些地区有富裕的麦、豆等粮食类物产可供输出。如嘉兴之米，常年产量在 150 万石以上，价值 1000 千万元，除本地消费，有 1/3 运销外地。运杭州、硖石以船运为主，运绍兴则以火车为主。[①] 宁波食米由铁路、轮船输出之统计，1932 ~ 1935 年上半年，通过宁波海关、火车宁波站运输的达 3577602 市石；而常（山）玉（山）公路通车后，“衢属之米，遂大半由水道运至常山而装汽车”，运销江西。[②] 1933 年，实业部国际贸易局调查，余杭、海宁、武康、上虞、余姚、慈溪等的部分粮食，即通过火车、汽车、轮船等运至沪杭等地销售。如海宁产麦子 214444 石，其中有 126650 石通过火车运销上海。[③]

其次，蚕丝、棉麻、茶叶等大宗经济类物产的运输。“成为浙江富庶的基础的，第一自然是蚕丝。浙江全省七十五县中，产蚕丝者五十八县，完全以养蚕为业者，亦不下三十余县。桑田面积占一百五六十万亩，每年约产干茧一百二十万担，生丝八九万担，论地位为全国之首，论成分占全国丝蚕总额三分之一。民国十七年以前，中国出口商品中，丝居第一位，浙丝则占全国出口额百分之三十。”[④] 浙江也是棉产区，年皮棉总产量在四五十万担。在绍兴，“从前本县棉花，至海外各商埠求售，运输统是帆船，其不仅旷日废时，而且售价方面，往往遭彼迟延，亦为受涌削贱，近来交通便利，四通八达，对径输莫不咸向铁路轮船，虽运费较帆运为昂，然货朝发夕至，实际上已可上算，故非至不得已时，始用帆船装运”。[⑤] 在余姚，其棉花运销合作社联合社“在浒山汽车站设临时堆栈，常川料理。每日收到轧花厂送到之花包及收花处径送之皮花后，除制给回单并填送日报表外，即行起运，送至上海”。[⑥] 杭州却是麻的主产

① 冯紫岗编《嘉兴县农村调查》，国立浙江大学、嘉兴县政府印行，1936，第 56 ~ 57 页。

② 孙晓村等编《浙江粮食调查》，上海社会经济调查所印行，1935，第 69、99、111 页。

③ 《浙江各县物产状况调查》，《工商半月刊》第 5 卷第 11 号，1933 年 6 月，“调查”，第 58 页。

④ 行政院农村复兴委员会编《浙江省农村调查》，上海商务印书馆，1934，第 5 页。

⑤ 金元璋：《绍兴之棉花》，《绍兴商报两周年纪念特刊》，绍兴商报印，1936，第 46 页。

⑥ 《余姚县棉花运销合作社联合社二十四年度报告》，浙江省建设厅编《二十四年度之浙江省合作事业》，编者印，1936，“新的推进”，第 7 页。

区，“杭市所产枪麻，十分之七运往上海，转销欧美日本，供作纺织麻纱之用。多由本市各车站装运……杭市附近所产之麻及制造品，其欲运外埠者，亦多由本市笕桥艮山门两车站集中。每年输出量，生麻十万零三千一百九十五公斤，麻皮二千四百三十五吨，麻布六百吨”。[①] 浙江是茶叶主产区，茶叶是浙江出口之大宗，也是“浙省大宗出产之一，七十五县中产茶者五十二县，地域之广，产量之富，当推浙东，一若蚕丝之于浙西也”。[②] 据统计 1933 年全省共 63 个县市产茶共计 426442 担，价值 17847873 元。[③] 据海关报告，“每年出口价值占全省土货总值百分之三十一以上”。[④] “浙省茶产，因去年（1932）发育较早，制运便捷，销路尚属可观。”[⑤] 同年调查，杭县、武康、上虞、余姚等所产之茶也是通过火车、轮船运至上海。[⑥]

再次，时鲜果蔬的运输。与粮棉茶麻等干货因时间产生的价格差异以及安全便利等因素，要求选择新式交通工具进行运送不同，杨梅、桃子、柑橘、西瓜等时令水果对时间的要求较高，需要尽量缩短在途时间，尽快进入都市。如杨梅是江南的特产类水果，也是最难保鲜的水果，“夏至杨梅满山红”，采摘后常温保藏 2～3 天就会霉变，需尽量缩短运输时间。据 1933 年调查，上虞就有 30000 担的杨梅进入上海，杨梅从上虞山地树枝到上海居民家中果盘，用火车加轮船约 2 天时间，刚好赶在霉变以前到达市场。[⑦] 奉化水蜜桃，经特制篾笼装载后，“再用船或汽车运甬脱售，或转赴沪杭各处推销”。[⑧] “鄞奉路当奉化水蜜桃成熟之后，装运极

① 《杭市之绿麻黄麻》，《工商半月刊》第 6 卷第 16 号，1934 年 8 月 15 日，“国内经济”，第 99～100 页。

② 《杭市茶叶概况》，《工商半月刊》第 4 卷第 23 号，1932 年 12 月 1 日，“国内经济”，第 12 页。

③ 《浙江省各县产茶概况》，申报年鉴社编《申报年鉴》，1934，第 815 页。

④ 俞海清：《浙江省杭湖两区茶业概况》，浙江省政府农矿处印，1930，第 1 页。

⑤ 何炳贤：《民国二十一年中国工商业的回顾》，《工商半月刊》第 5 卷第 1 号，1933 年 1 月 1 日，“撰述”，第 25 页。

⑥ 参见《浙江各县物产状况调查》，《工商半月刊》第 5 卷第 2、3、10、11 号，1933，“调查”。

⑦ 《浙江各县物产调查》，《工商半月刊》第 5 卷第 2 号，1933 年 1 月，“调查”，第 54 页。

⑧ 叶奇峰、周绍模：《奉化水蜜桃》，《浙江省建设月刊》第 9 卷第 6 期，1935 年 12 月，“调查”，第 35 页。

旺，盖水蜜桃成熟后，不能耐时，凡运销上海、华北、华南等处，均借该路先运往宁波出口，以其时间经济，于运达上海等处时，味尚甘色尚善也。”① 黄岩是柑橘主产地，“黄岩一县输出产额约百二十余万元，占全省果实总产额（五百万元）价值四分之一”，因“黄岩交通，尚称便利，有直达沪甬之轮船；橘之生产量，除内地自供供食用外，类多运销上海宁波杭州等处。上海尤为主要市场，再由上海销散各地（以华北为主）”。据上海联安航务公局估计，“丰年装运上海者，约二十余万箱”。② 海宁是西瓜主产地，1933 年西瓜的种植面积 2 万亩，产量 30 万担。“运销杭州，约占全产额十分之七，运销上海，约占十分之一，销售本县，约占十分之二。”③ 据浙江地方银行海宁办事处调查，其“运销的方法，到上海的不是从火车，即是用轮船装运。到杭州的，则都由农人摇着没棚的船，自行装载的”。④

从次，现代工业原材料与产品的运输。浙江乡村之煤炭、石子、板材等原材料、燃料等通过新式交通工具，运至都市，成为地方农家保持收支平衡，甚至发财致富的途径之一。如长兴县每月有 7000 吨煤通过船、火车外销各地；每年有 6 万吨青石（制水泥、烧石灰用）、4 万吨白石（化妆品及光粉用），通过船、轻便铁道运销上海；临海则通过轮船搭运，每年有 8000 方松板杉板（建材用）、2 万担柴、1 万担炭运销上海；杭县则有 8 万吨石子（造船用）通过汽船运销上海。⑤ 另外，乡镇工业品的运输。义乌红糖是浙江的主要蔗糖食品，一直以来以牛拉木磨进行生产，杭江铁路通车后，出现机器压榨，销路逐步扩大，“自杭江铁路经过以来，交通便利，地广民勤，农产颇富，红糖产量尤多……就调查所得，

① 叶家俊：《浙江省公路运输状况概述》，《浙江省建设月刊》第 8 卷第 12 期，1935 年 6 月，“报告”，第 33 页。

② 庐炘：《黄岩县之橘业》，《浙江省建设月刊》第 8 卷第 4 期，1934 年 10 月，“调查”，第 8、14、15 页。

③ 楼荃：《海宁之西瓜》，《浙江省建设月刊》第 7 卷第 4 期，1933 年 10 月，“调查”，第 5 页。

④ 海处：《海宁的西瓜》，《浙光》第 1 卷第 9 期，1935 年 6 月 1 日，第 11 页。

⑤ 参见《浙江各县物产状况调查》，《工商半月刊》第 5 卷第 9 号，1933 年 5 月，“调查”，第 56～57 页；第 5 卷第 11 号，1933 年 6 月，“调查”，第 59 页；第 5 卷第 16 号，1933 年 8 月，“调查”，第 80 页。

去年红糖产额十二万担，今年略有增加”。[①] 据调查，1933 年生产童袜、绒衫、织帽等小针织厂，平湖为 30 家，海宁达 32 家，[②] 产品返销上海等地。因上海城市建设，“所需砖瓦，多向浙省嘉兴嘉善一带砖瓦窑订购，为数甚巨。除有一部分因有种种原因，须由轮运外，其余均装沪杭甬铁路货车载运。故近日该路枫泾、嘉善、嘉兴各站，经客商报装砖瓦前往吴淞者，络绎不绝，每日平均计有三十余辆之多。其整车运费，每三十吨收运费三十元”。[③] 总之，近代交通有利于近代浙江乡村工业原料和产品运输。

最后，便捷的交通不仅带来了市场，也带来了信息，有利于农副土特产品的生产与销售。如浙北粮仓嘉善，“既以农田为主要生产，除加紧防治虫害，及改良耕作技术外，应积极进行纯系稻之推广……已定自本念六年份起，三年普及之计划，切实施行”，[④] 以改良品种，增产增收。如“海宁特产发达的原因，除了得天独厚以外，更有人为的促进，因为在县境的北部，有沪杭铁路的经过，南部又有沪杭公路的横贯，交通颇称便利，惟其如是，凡沪杭两大市所需要的农作物，莫不自然而然地先由农民输入试种，而后逐年发达了”。[⑤]

与传统交通工具相比，新式交通工具的优势，因货物性质及其时间、空间要求不同，则有所不同。如海宁各地运杭西瓜一般用板船运输，运价每担在二角至三角间，仅周王庙一地用火车运杭，运价为二角五分；而运上海的均采用火车和轮船装运，火车在三角五分至四角八分间，轮船则为四角。[⑥] 据调查，兰溪米市“自杭江路通后，于是在时间、距离、运费上均起变化，惟水大之时，仍以船运为廉”；而宁波粮食输出，旧式帆船的运价只是火车的 58% ~63%、轮船的 70% ~78% 和汽车的 33%；

① 总调：《义乌县红糖生产概况》，浙江地方银行编《浙光》第 1 卷第 11 号，1935 年 8 月 1 日，第 6 页。

② 实业部国际贸易局编《中国实业志·浙江省》，编者印行，1933，第 63 页。

③ 《沪杭路车运嘉兴砖瓦赴淞》，《申报》1921 年 7 月 20 日，第 4 张第 15 版。

④ 於树峦：《廿六年嘉善县政概述》，《嘉善概况》（《嘉善日报》1937 年元旦特刊），嘉善县档案馆重印，1989，第 14 页。

⑤ 楼荃：《海宁之西瓜》，《浙江省建设月刊》第 7 卷第 4 期，1933 年 10 月，“调查”，第 1 页。

⑥ 楼荃：《海宁之西瓜》，《浙江省建设月刊》第 7 卷第 4 期，1933 年 10 月，“调查”，第 6 页。

但用帆船需用几天的，用轮船只需几小时，用火车、汽车的则在一二个小时之内。[①] 新式交通工具的优势并不完全在运价上，而在于无可比拟的时间优势、便捷高效的运量运能和安全可靠的保证。

无疑，新式交通促进了乡村农副土特产品的外销。“在中国大致说来，沿海各省，铁道各大干线所经区域及航运便利的地点，农产商品化自然较为发达。”据中央农业实验所报告，浙江省 22 县棉花总产量为 41830 千斤，其中自用 24795 千斤，占 59%；出售 17035 千斤，占 41%。[②] 据行政院农村复兴委员会调查，浙江主要农副产品年产值最高时，蚕丝近 7000 万元、茶近 5000 万元、纸为 2000 万元、木材为 1500 万元，仅上述 4 项总计 1.55 亿元。[③] 总体上说，农副土特产品的外销，有利于乡村社会经济的发展。民国浙江，或许已无奈地成为列强的原料产地，但是没有这些农副土特产品以及工业原材料的输出，农村经济将更为凋敝，人民生活将更加困苦。

三　“依然在那里无底止的破产”

真正成为列强经济掠夺对象的是广大乡村。“近几年来，都会工业的发展和商人转运的敏捷，使农民都放弃从前自织而衣的布帛，不能不向城市去贱买；直接停止家庭的手工业，间接被都会工业及商人榨取无量的金钱”。[④] 新式交通的倡导者和建设者也预估到新式交通对乡村经济的双刃剑作用，浙赣铁路局局长杜镇远说，铁路给人们带来了便利，但是“如果一般人民都还不知怎样的利用它，维护它，那么，这种建设非但与内地的农工没有益处，反使外货倾销又多了一个捷径，未受其利，先受其害”。[⑤]

---

① 孙晓村等编《浙江粮食调查》，第 75、115 页。

② 孙晓村：《中国农产商品化的性质及其前途》，《中国土地问题和商业高利贷》，第 182 ~ 183 页。

③ 《浙江省农村调查》，第 5 ~ 6 页。

④ 吴觉农：《中国的农民问题》，《东方杂志》第 19 卷第 16 号，1922 年 8 月 25 日，第 7 页。

⑤ 杜镇远：《弁言》，杭江铁路工程局总务课编辑《杭江铁路月刊》，1933 年 12 月 28 日，第 4 页。

首先，大宗粮食的倾销。尽管浙江是著名的“鱼米之乡”，粮食却不能自给，全省1/4的米麦，约1400万担的米和400万担的麦仰给输入。[①]宁波就有“宁波熟，一餐粥”之谚。[②]“浙省去年（1932）为丰收之年，但实际所产米量，仍不足自给，须向皖之芜湖、苏之无锡等处，采运米谷，以资救济……米粮之不敷，实尚达一千二百二十余万石也。”[③]交通便利使粮产更多地成为商品，输出与输入同时增加，甚至出现收获时贱卖，青黄不接时贵买之情景。“近年来农村破产，食米之成为商品者日多，米谷市场活跃，一般米行又无力囤积，以致输出之米，年有增加；但在另一方面，输入亦逐渐加多，而输入之米，多数为由硖石、嘉善、平湖等地来之冬春；去年旱荒，西贡洋米之输入，亦颇不少。”[④]近代以降，农产品受到世界市场的影响，洋米倾销造成农产价格下跌、农村经济破坏。据对杭州、嘉兴、兰溪、绍兴、宁波、温州、黄岩等近20个粮食市场统计，平均价格呈逐年下跌趋势，以中等规格籼谷每百斤的收购价为例，1930年至1936年逐年为3.72元、3.81元、3.43元、2.92元、3.22元、3.54元、3.26元，籼米的销售价则为7.01元、5.85元、5.15元、4.48元、4.95元、5.52元、5.15元。[⑤]如嘉兴，糙粳米最高价除1928～1930年到达一定高位（12.9元/石～14.85元/石）外，总体是平衡的（约9.0元/石）；但其最低价的变动，除1928～1930年与最高价同时走高（11.8元/石～13.0元/石）外，1932～1934年跌入低谷（6.0元/石～5.0元/石）。[⑥]即使在荒年米价依然走低，1928～1929年、1931年、1934年，嘉善“农民经连年灾荒，生活困苦特甚！益以洋米侵略，米价低落，农村经济，破产无余！斯诚本县农民之浩劫，也可谓农业最

---

① 《浙江省农村调查》，第3～4页。

② 徐蔚葳主编《近代浙江通商口岸经济社会概况——浙海关 瓯海关 杭州关贸易报告集成》，浙江人民出版社，2002，第69页。

③ 《浙省全年产米额》，《工商半月刊》第5卷第5号，1933年3月，“国内经济”，第82页。

④ 冯紫岗编《嘉兴县农村调查》，第57页。

⑤ 浙江省粮食厅编《浙江省粮食价格数据汇编》，编者印，1959，第283～289、315～321页。

⑥ 冯紫岗编《嘉兴县农村调查》，第59页。

衰颓之时期”。[①]

浙江缺口粮食的输入，部分依靠新式交通得以实现。据1930～1931年杭州市食米销数及来源统计，全市粮食销售总量分别为754114石和800630石，主要来自本省、江苏、安徽和上海。[②]上海米主要是进口的洋米，占杭州市场的1/5强，即通过火车运至杭州。如海宁“硖石虽居沪杭铁路之中点，然就其米粮之运输情形言，纯为一水路码头。其由铁路运输者，仅限于两种场合：一为硖石自上海购进之洋米，另一则为运绍之米而道出闸口者”。在宁波，“米谷输入，有三条路线：一为浙江境内之内河，一为杭甬铁路及各段公路，一为海航线”。[③]洋米进口，解决了粮食消费供应不足的问题，给人民带来好处；但因便捷的交通，给粮食生产者带来了致命一击，因自有农产品不敌舶来品，造成破产。甚至一些私商操纵市价，囤积居奇，受外地市价影响和洋米倾销而亏本倒闭。如平湖县南项泰米行，资本达8000元，囤积菜籽、洋米万余石，因市价暴跌，破产倒闭。[④]

其次，蚕丝、棉麻、茶叶等经济类作物的跌价。洋米、洋货倾销给“鱼米之乡”的粮食生产带来致命打击，也造成对“丝绸之府”的经济类农副产品的冲击。在湖州，“在昔全盛时代，吴兴民间生活颇为安适。一般乡镇中产阶级，本有田产房屋，无不家给户裕……近年以来，丝价惨跌，蚕桑失败，湖州首当其冲，而民生问题遂不堪问矣”。[⑤]在嘉兴，全县桑田面积占作物亩总数的11%。茧产量逐年增加，从1912年的318365斤，最高增加到1930年的2479792.25斤，增加近7倍。相反，其间价格一路狂跌，改良种鲜茧价从1928年的每担105元，跌到1935年的25元；土种鲜茧价从1919～1926年的每担均价68元，跌到1935年的15元。“蚕茧价格之高低，影响于农家经济甚大。往昔农村之繁荣，现下农村之衰颓，其与蚕丝事业之兴败具有密切关系，乃毫无疑义……昔日嘉兴之

① 马逢乐：《嘉善农业概况》，《嘉善概况》，第57页。

② 杭州市政府社会科编《杭州市社会经济统计概要》，编者印，1932，第59页。

③ 孙晓村等编《浙江粮食调查》，第24、111页。

④ 平湖县粮食局编《平湖县粮食志》，编者印，1992，第83页。

⑤ 刘大钧等编《吴兴农村经济》，中国经济统计研究所印，1939，第127页。

农民，无论大农小农，多有盈余；今日则全然相反，大多负债累累，其能勉强收支相抵者，已不可多得；茧业失败，实为其主要原因。”[①] 沿海棉产区，如慈溪有20万亩棉田，占全县农田总面积的1/4。“棉花之用途，除做衣被花絮，最大者厥为纱厂。在昔纱厂未发达时，浙省棉花多由农家妇女自纺自织。今则纱厂充斥于市场，手工业全被打倒，棉花之销路，除少数衣被所需外，几全由纱厂销纳矣。”运销上海、温州、台州和福建等地。[②] 在绍兴，“民十六至民二十，其产量之丰，收益之厚，远驾他农产品之上，故当时棉花业之获利颇优。但天下事利害往往互见，二十年以还，已渐入不景气中，行情惨跌，销路滞迟”。[③] 浙江作为产茶大省，年产百万担，杭属茶以销国内为主，湖绍温属则以外销为主。浙江输出国外的茶，民初以来常年在25万~33万担间，占全国茶叶出口份额大，最高时达68%（1920），最低也有16%（1915）。因交通的便利，10年以后市场发生变化，“尤其是温属的红茶，在印度锡兰茶的竞争之下，年来已大不如前了”。[④] “价格方面，也因上海洋行的操纵，一般茶商，大体多受亏折。”[⑤]

再次，都市及国外商品和工业品的输入，造成农村逆差的加大和手工业的破产。成为资本主义世界市场一部分半个多世纪之久的中国农村，对列强倾销的廉价工业品，既痛恨又无法抗拒。如杭江铁路江兰段货运下行（从杭州运来的）多，而上行（运至杭州的）较少，各类货物吨数，及进款，则以工业制造品为独多，次为农产品及牲畜。[⑥] 又如，“海门自光绪中叶轮舶畅行，遂为台属冠，居然成为商埠”。“海门市期三八，道头新街同。刘同葆《我无有庐日记》云：‘旧历六月初八，为集市之期（逢三逢八为海门市集之期）。四乡居民，咸来贸易，街上挤得与上海南京路一般。原有

① 冯紫岗编《嘉兴县农村调查》，第70~71、76~77页。

② 实业部国际贸易局编《中国实业志·浙江省》丁编，1933，第112、126、128页。

③ 金元璋：《绍兴之棉花》，《绍兴商报两周年纪念特刊》，第46页。

④ 行政院农村复兴委员会编《浙江省农村调查》，第6页。

⑤ 何炳贤：《民国二十一年中国工商业的回顾》，《工商半月刊》第5卷第1号，1933年1月1日，“撰述”，第25页。

⑥ 《浙江省杭江铁路》，铁道部参事厅编《铁道年鉴》第2卷，铁道部秘书厅图书室印，1935，第1586页。

商店之外，临时设地摊甚多。市上商品颇多，并不如理想中缺少。'"[①] 海门港1932年输入货物达46580吨，有棉布、绸缎、绢、呢绒，棉纱、棉花、食糖、煤油、机油、卷烟、化肥、豆饼、面粉、南北货、火柴、洋烛百货等。[②] 交通便利以后，有利于国外商品和上海等外埠商品的倾销。

大量商品输入对近代乡村社会有"吸血"作用，而近代交通却有推波助浪之功，并呈现出区域间不平衡的现象。东部邻近大都市的区域，因本地产业发展的冲销作用较好些，如"余米之区"平湖，在旧嘉兴府属排序中有"金平湖"之称。据调查，平湖"常年景况，全县产米141.3万担，消费100.5万担，可余米40.8万担"。[③] 据1935年《中国经济志》载，平湖大致上年输出货值（671.21万元）高于输入货值（405.24万元），从而呈现相对小康的景象。[④] 大部分地区则在这一过程中，深陷贫困化之境。如慈溪，据调查其外销农副产品产销比达70%，如杨梅总产1200担中的800担、西瓜总产35000担中的25000担、笋总产14000担中的10000担外销至上海、宁波，牛总产1000只中的600只销往沿沪杭铁路线一带，蛋类总产22500千枚中也有10000千枚外销。外销货物如棉、竹笋、杨梅、牛、西瓜、茶、米等，总计1545200元。然而，输入的布匹洋货、南北杂货、油和火油，总额达2310000元，相差764800元。[⑤]

四　近代交通促进乡村经济的发展

从上述新式交通与浙江乡村社会商品流通之探究，可以得出如下结论。

第一，近代交通总体上助推了乡村商品经济的发展。与今天"若要富，先修路"一致，近代人们在认识上，把发展交通作为发展地方经济

① 项士元：（民国）《海门镇志》卷2《关市》，椒江市地方志办公室印，1993，第21页。

② 金陈宋主编《海门港史》，人民交通出版社，1995，第162页。

③ 实业部国际贸易局编《中国实业志·浙江省》丁编，第51页。

④ 吴启明主编《平湖县商业志》，平湖县商业局编志办公室印，1992，第21～23页。

⑤ 干人俊编纂《民国慈溪县新志稿》，慈溪县地方志编纂委员会办公室、慈溪县档案馆印，1987，第41～44、67页。

的首要条件之一。1929年，中国国民党中央执委会宣传部印发的《造路运动宣传纲要》中列有16条宣传标语，其中就有“工业要想发达，非努力修筑道路不可！”[①] 一些学者称“工商之首要，专恃交通，交通之便捷，又专恃道路”。[②] 近代浙江交通的发展，尽管只是起步状态，但却为商品流通直接提供了空间和条件，正如茅盾说，“再说到内地农村罢。现在大家都嚷着农村经济破产，但是破产尽管破产，现代化仍是着着地在进行呀！这个，你不到农村去看，也可以知道。这几年来，公路造成了不少，乡下人也有眼福看见汽车了；跟着交通的发达，向来鄙塞，洋货和钞票不大进得去的地方也就流通无阻了；生活程度也慢慢跟着高了”。[③]

第二，近代交通对不同农副土特产品商品化的影响是不一致的。新式交通的进入，极大地改变了商品产销间的时空距离，“路网观成，则行程万里无胼胝之劳，转运千吨有瞬息之效”。[④] 随着近代交通的发展和经济的进步，商品行销范围扩大，一些地方性的产品卷入全国市场。并且，越是生活必需品，如粮食、棉花，在日常生活中的地位越重要，行销的范围就越广，行销网络的密度也越大，受国际市场的影响也就越深。同样，商品越易变质，体积越大，越不易于运输储存，离开产地的距离就越近，流通渠道就短，如某些易于变质、不便储存的农副产品，要求尽可能缩短商品的在途时间，尽快进入消费领域。前述宁绍杨梅可运沪销售，而产量更高的永台杨梅则因路程稍远而无法外运。如金华之猪，除火腿（后腿）、风肉（前腿）外销，尚有大量排肉，“此项排肉，易于腐坏，在昔火车未通之时，船运经由金兰至杭，动需六七日，故出口较少；现在铁路通车，运输迅速，一日可达，故出口数量大增，形将成为本区大宗出口之一矣”。[⑤] 随着近代储运手段的进步，可使一些瓜果蔬菜远距离运销。商品流通的扩大，是推动交通发展的经济动力，而交通发展又

① 国民党中央执委会宣传部《造路运动宣传纲要》，国民党南京特别市执委会宣传部印，1929，第26页。

② 王学洋：《公路与建设刍议》，浙江省公路局《浙江省公路局汇刊》，“论著”，第1页。

③ 茅盾：《“现代化”的话》，《申报月刊》第2卷第7号，1933年7月15日，第109页。

④ 王学洋：《公路与建设刍议》，浙江省公路局《浙江省公路局汇刊》，“论著”，第1页。

⑤ 金士宣：《杭江铁路沿线物产暨水陆运输概况》，《浙江省建设月刊》第6卷第9期，1933年3月，“报告”，第4页。

促使商品流通进一步扩大。

第三，近代交通对乡村经济的影响是多方面的。有人说，“交通之发展程度，关系运销制度之形成至为密切。如运输方法进步，可经由运销的作用，促进区域的分工，扩大生产规模，减低人民生活费”。[①] 又有人说，“这几年来，政府对于经济建设的成绩，我们并不完全否认，的确是有突飞猛进的发展……然而政府建设事业，既有了如此突飞猛进的成绩，为什么农村经济，不但没有复兴，还依然在那里无底止的破产呢？这一个原因，到很明显，可是一般人都不敢明显的说出。本来这种关于路政的建设，是不一定马上对农民本身有多大利益的。因为交通之发展——尤其是公路之建设，一方面经过的农村，既难免要劳民伤财；一方面其所收获，也未必能够流转到农村。所以有人这样说：‘公路愈发达，农村愈破产’，这并不是无稽的冤枉话”。[②] 近代交通是把双刃剑，商品流通中有卖和买两个阶段，它既有促进当地农副产品和地方工业品外销的一面，也有利于外来工业品倾销的一面。在输出输入间有个节点，或者说是区域内部的收支平衡点。出大于入，乡村社会尚能保持相对的富裕；反之，乡民生活即陷于入不敷出之境，乡村社会趋于破产。

第四，在近代社会转型的大背景下，乡村社会的破产，一方面造成乡民生活的困苦，带来极大的社会问题，以致部分乡民铤而走险；另一方面在新式交通条件下，农村要立于不破产的境地，只有通过保持输入与输出的平衡，乡民及至再没什么可供交换时，只得外出谋生，即踏上出卖劳动力之漫漫征途。据统计，1920 年代宁波每年通过轮船往来沪甬两埠者高达 100 万至 150 万人次，并呈逐年递增之势，便捷、廉价的交通为此提供便利，“各船跌价以广招徕，致乡人乘小轮者为数益多”，大部分是赴沪打工的乡民，沪甬轮船票价最低时统舱为一角至一角五分。[③] 只有生存才能走向发展，梁漱溟说，“没有生产力就没有购买力，土货不出

① 张培刚、张之毅：《浙江省食粮之运销》，商务印书馆，1940，第 9 页。

② 范苑声：《努力国民经济建设声中的农村合作事业》，中国经济研究会主编《中国经济》第 3 卷第 8 期，1935 年 8 月 1 日，“本文”，第 1～2 页。

③ 徐蔚葳主编《近代浙江通商口岸经济社会概况——浙海关、瓯海关、杭州关贸易报告集成》，第 363～392 页。

去，洋货进来也少……在强烈的竞争下，只有进步与毁灭两途——不进步就得毁灭”。[①] 正是旧的毁灭，为现代经济的成长提供了更大的现实劳动力市场和可能的商品销售市场。

第五，传统乡村社会是农业社会，传统农业生产是其底色。浙江农副土特产生产因明清以来江南经济发展的传承，已经初步形成因地制宜、区域分工和专门化生产，如平原的蚕丝、山区的茶纸、沿海的棉麻、黄岩柑橘、金华火腿、义乌红糖、龙游木材等，近代交通总体上促进区域分工的扩大与深化。据浙江大学调查，杭州市东郊麻产区“笕桥附近的农村，发现农民在粮食上对市场供给的依赖程度，最高时达百分之七十五”。[②] 乡民对市场的依赖度加大，商品化程度日益趋高。及至1930年代，与近代经济相比，近代交通具有一定的超前性。在交通业态中，新式交通除用工少、运量大、运程长、运时短等巨大优势，其产值比重已略高于旧式交通。[③] 正是这种略具超前性，推动了近代乡村社会商品经济与商业流通的初步发展。

---

① 梁漱溟：《乡村建设理论》，第299页。

② 孙晓村：《中国农产商品化的性质及其前途》，《中国土地问题和商业高利贷》，第179～180页。

③ 参见拙著《新式交通与社会变迁：以民国浙江为中心》，中国社会科学出版社，2007，第419页。

近代江南运河丝绸之路与市镇社会变迁*

——以南浔为个案

一 江南运河丝绸之路：一个被遮蔽的概念

在中国文化、中华文明的标识物中，丝绸无疑是其中的翘楚与代表。相传黄帝元妃嫘祖首创种桑养蚕技术，南北朝以降，嫘祖始被奉为中华“先蚕”之神。嫘祖传说及其信仰既是部族迁徙和文化传播过程中发生的重要文化现象，也是华夏文明发育成长过程中具有标志意义的大事件。一方面它是在中国文化区系内，经由众多部族集体性记忆的塑造形成的国族起源上分为黄帝和嫘祖后裔的文化身份认同；一方面它是神治主义光影下，历史传说与神话流转交融汇合而成的家国历史一致性的文化起源认同。

以浙江为例，据《西吴蚕略》《湖蚕述》等记载，南北朝时期杭嘉湖地区“向（乡）奉先蚕黄帝元妃西陵氏嫘祖”，“（清）嘉庆四年，抚浙中丞以浙西杭、嘉、湖三府，民重蚕桑，请建祠以答神贶”。① 杭嘉湖地区在历史上不仅蚕桑产业与文化发达，而且早在新石器时代即出土了大量有关蚕桑的实物，成为中国丝绸文化的重要发祥地之一。其中，钱山漾文化的发现无疑是一个重要事件。

2018 年对于钱山漾文化而言，是一个颇不寻常的年份。这一年是标识中国丝绸之源的代表性物品——绢片（绸片）发现 60 周年。60 年前的

---

* 本节作者李学功，湖州师范学院历史系教授。

① 《西吴蚕略·赛神》，《续修四库全书·子部·农家类》，上海古籍出版社，2013，第 160 ~ 161 页；《湖蚕述·赛神》，《续修四库全书·子部·农家类》，上海古籍出版社，2013，第 345 页。

1958 年，考古工作者在浙江钱山漾遗址发掘出土了绢片（绸片）、丝带和丝线。早在 1956 年钱山漾遗址即开始发掘，对于中国丝绸文化的历史而言，1958 年则更是值得铭记的时刻。1958 年 2～3 月，考古工作者在钱山漾遗址的北部进行了第二次发掘，共挖探方 13 个，总面积为 341 平方米。正是在这次发掘中，发现了一批盛在竹筐内的丝织品，包括绢片，丝带和丝线，等等，据《吴兴钱山漾遗址第一、二次发掘报告》，第二次发掘时，在探坑 22 中出土不少丝麻织品。麻织品有麻布残片、细麻绳，丝织品有绢片、丝带、丝线，等等，大部分都保存在一个竹筐里。[①] 经浙江省纺织科学研究所和浙江丝绸工学院多次验证鉴定，原料是家蚕丝，绢片是“由长茧丝不加捻并合成丝线做经纬线，交织而成的平纹织物”，“证实钱山漾出土的丝织物是由桑蚕丝原料织成的”。[②] 著名考古学家夏鼐在 1970 年代和 1980 年代曾撰《我国古代蚕、桑、丝、绸的历史》和《汉唐丝绸和丝绸之路》，认为“中国最早的丝织品，是 1958 年在浙江省吴兴县钱山漾遗址中所发现的……丝织品、绢片丝带”。[③] 不唯如此，距今 7000 年前后的浙江河姆渡文化遗址，考古工作者发现有一枚“蚕”纹象牙杖饰。凡此，皆表明太湖流域在上古时期有着适宜家蚕生长的良好生态环境。从唐宋的贡丝，明代徐光启《农政全书》“东南之机，三吴、闽、越最夥，取给于湖（湖州）茧”[④] 之记载，到有清一代皇帝的龙袍和“湖丝遍天下”[⑤] 的盛景，从首届伦敦世博会获得金奖的“湖丝”，到以“四象八牛”[⑥] 为代表的丝业帝国，浙江丝绸在长江三角洲乃至中国文化和产业

---

① 浙江省文物管理委员会：《吴兴钱山漾遗址第一、二次发掘报告》，《考古学报》1960 年第 2 期，第 86 页。

② 徐辉等：《对钱山漾出土丝织品的验证》，《丝绸》1981 年第 2 期，第 44 页。

③ 夏鼐：《汉唐丝绸和丝绸之路》，《中国文明的起源》，文物出版社，1985，第 48、70 页。

④ 徐光启：《农政全书》卷三一，文渊阁四库全书电子版，上海人民出版社、迪志文化出版有限公司，1999。

⑤ 乾隆《湖州府志》卷四一。

⑥ 按，以“象”“牛”“狗”，乃至“虎”“羊”名状富商之家，晚清之时颇流行于江浙，而尤以浙江湖州南浔古镇所传民谚为胜。关于“象、牛、狗”的资产评判标准，较权威的说法约略有三种：第一，据刘大钧、李植泉《吴兴农村经济》载，100 万以上为象，50 万以上不超过 100 万为牛，30 万以上不超过 50 万为狗，参见是书第 124 页，上

的历史上曾扮演了十分重要的角色。

学界对丝绸之路的研究，不仅早已突破了德国学者李希霍芬对丝绸之路概念的狭隘界定，研究成果蔚为大观，而且多说竞起，目前已有草原之路、长城之路、沙漠之路、西南丝绸之路、唐蕃古道、海上丝绸之路等的认识与观点。有鉴于此，笔者所要申说的问题，是一直以来被"陆海丝绸之路"概念遮蔽的——江南运河丝绸之路。

过去，人们有意无意间常以一个政权所在的经济政治中心或丝绸对外出口的起运地来界定丝绸之路的起点，而忽略了丝绸产品的主产地与丝绸之路的关系。

放宽历史的视界，不难发现作为中国丝绸主产区的江浙，无疑是古代和近代陆海丝绸之路的交会点，而江南运河丝绸之路成为丝绸北运、南输、东出的重要黄金孔道。有论者指出："唐宋以来，我国经济重心逐渐南移到以太湖流域为中心的江南地区，这也是运河经济带的中心。"① 王万盈君则从全球史的视角出发研究明清时期作为东南孔道的浙江海洋贸易与商品经济的发展，并考察了浙江商贸水陆交通路线。② 可以看出，明清时期的苏杭和近代开埠后的上海，都是凭依着江南运河运输体系的支撑而成为辐射东南的都市圈中心的。正是在这样一个"饶桑棉文采布帛鱼稻，运河委输四通"③ 的所在——江南运河丝绸之路经济带，产生了

海文瑞印书馆，1939；第二，据民国时期曾担任南浔中学校长的林黎元先生的看法，资产500万以上为牛，10万以上为狗，参见林黎元《南浔史略（初稿）》（未刊本），卷五；第三，原南浔"八牛"之一周家的周子美教授（供职华东师范大学）则谓：100万以上为象，30万至50万为牛，5万至30万为狗，参见周子美《南浔镇志稿》，《华东师范大学图书馆藏稀见方志丛刊》，北京图书馆出版社，2005。关于浙江湖州南浔"四象八牛"的构成，记载书录不一。其中"四象"流传较广的说法是"刘、张、庞、顾"说，刘家为淮盐巨头，张家为浙盐扛鼎（张静江家族），庞家军火实业，顾家买办起家（上海金利源码头，后为十六铺码头，即是顾家所经营），"四象八牛"曾是上海开埠后的重要商帮势力，是中国近代最大的丝商群体。

① 董文虎、王健：《江苏大运河的前世今生》，河海大学出版社，2015，第175页。

② 王万盈：《东南孔道——明清浙江海洋贸易与商品经济研究》，海洋出版社，2009，第3页。

③ 张謇：《清通奉大夫工部郎中加五级南浔刘公墓志铭》，《张謇全集》第6卷，上海辞书出版社，2012，第289页。

“紫光可鉴”[①]“为欧洲诸夷所珍”[②]的“辑里湖丝”。

不仅如此，杭嘉湖地区也是南国嘉木——中国绿茶的重要产区，在这里产生了中国第一部茶学专著——《茶经》。“湖州茶”曾被“茶圣”陆羽品评为上等。唐宋时期湖州顾渚山的紫笋茶即曾作为宫廷贡茶，迄今大唐贡茶院残碑犹存。其后更有西湖龙井、安吉白茶闻名遐迩。研究发现，浙江杭嘉湖地区还是中国青瓷的诞生地，2011 年中国先秦史学会与德清县政府联合举办了“全国防风文化学术研讨会”，会议的议题之一便是探讨商周时期原始瓷及其文化问题。唐宋时期，青瓷与丝绸作为中国江南名品行销海外备受青睐；16 世纪，茶叶渐为西人所识，凭依江南运河丝绸之路的便捷交通开始登陆国际市场。讨论至此，不难发现，借着江南运河丝绸之路的支撑，包括丝绸、青瓷、茶叶在内的江南物产，经由陆路、海路而名播四海，冠誉天下。特别是丝绸所具有的轻柔、飘逸、华贵的品质与水晶晶的秀美江南相映生辉，成为文化江南的一抹亮色与地理标志产品。因此沿着历史的纵贯线上下求索，从丝绸文化的原点出发，探讨丝茶经济商路贸易与江南运河的关系，对于重新发现和认识江南运河丝绸之路自有着不同一般的反响和意义。

二　市场：影响市镇经济发展的推力

传统向近代转进的中国，不仅经历、承受着资本主义市场化带来的变化，而且注定要承受新生产方式发展不足的困扰。这一点，在位处临海地带的长江三角洲感触更为明显。这是一种发展与不发展的现实悖论。对此，人们尽可从经济、社会、政治、文化、历史的角度进行分析、解读。窃以为，不妨跳出传统的社会结构分析框架，从市场的分析视角入手进行讨论。

① 朱国祯：《涌幢小品》卷二，《四库全书存目丛书》子部，第 106 册，台湾庄严文化事业有限公司，1995，第 206 页。

② 张謇：《清通奉大夫工部郎中加五级南浔刘公墓志铭》，《张謇全集》第 6 卷，第 289 页。

经济学中讲经济发展要有路径依赖，主要讲的是要有良好的制度。[①]笔者浅见，剖解晚近江南市镇社会变迁，应当特别留意市场及与之相关的制度安排或制度设计。认为这是影响清末民初江南市镇经济发展的重要路径依赖或曰重要推力，由此可深度剖解中国近代发展与不发展的主题困境。[②]

以往一谈及“市场”，似乎“市场”只是资本主义才能持有的专利。而封建主义只能位于市场的上游，社会主义似乎只是位于市场的下游。但正像布罗代尔所认为的那样，市场经济与资本主义并不必然同质。[③] 事实上，市场到处存在，古代社会也有市场，只是层级不同而已。[④] 沃勒斯坦亦明确指出：“今天，我们再也不能拿这个粗浅的公式当做分析的基础了。”“自1945年以来，对封建社会的研究取得了很大的进展，种种事实表明，人们不能把封建社会看作是一个在自然经济框架中完全自给自足的封闭型结构。实际上，市场遍布各地。”[⑤]

确乎如此，即以中国论，王家范先生即曾指出：“至迟到明代，苏松常、杭嘉湖地区，在人们的心目中，已经是一个有着内在经济联系和共同点的区域整体。其时，官方文书和私人著述，屡屡五府乃至七府连称。最早的江南经济区（严格地说是长江三角洲经济区）事实上已经初步形成。”[⑥] 就南浔而言，南浔等江南市镇在明清的勃兴，皆源于市场之手的

---

① 参见梁小民《小民谈市场》，广东经济出版社，2002，第239页。

② “中国资本主义的发展和不发展”理论命题，出自著名学者汪敬虞。参见汪敬虞《中国资本主义的发展和不发展：中国近代经济史中心线索问题研究》，中国财政经济出版社，2002。

③ 在布罗代尔看来，资本主义是与市场经济严格区分的一种上层建筑。参见〔法〕费尔南·布罗代尔《资本主义论丛》，顾良、张慧君译，中央编译出版社，1997，第2页。

④ 布罗代尔“把市场经济册分为二：低者是集市、店铺和商贩；高者是交易会和交易所”。参见〔法〕费尔南·布罗代尔《资本主义的动力》，杨起译，生活·读书·新知三联书店，1997，第15页；另见费尔南·布罗代尔《资本主义论丛》，第73页。

⑤ 按，此为美国著名学者沃勒斯坦（一译华勒斯坦）1985年10月19日在法国夏托瓦隆会议中心举行的国际学术研讨会上的发言，该发言后收入《费尔南·布罗代尔的一堂历史课》，见费尔南·布罗代尔《资本主义论丛》，第33页。

⑥ 王家范：《明清江南市镇结构及其历史价值初探》，《华东师范大学学报》1984年第1期。

推动。同样，南浔等江南市镇在近代的起落，仍离不开市场推手的作用。可以说，市场决定、影响了市镇的命运。所不同的是，明清时期的江南市场仍处于低端，以有限的国内贸易为主的带有超经济强制色调的传统内需型市场。而近代的江南市场，则是外贸为主，受资本主义市场体系作用、影响的出口外向型市场。

过去，论及江南市镇在明清的兴起，一些学者着眼于重赋动力，这无疑是对的。不过，这只是问题的一个方面。另一方面，还应看到，催动江南市镇勃兴的落点还在于重赋之后的减赋，甚或逃赋，在于丝、棉织业等多种经营模式的发展。尽管专制国家对此（减赋）是一百个不情愿，甚或严厉处罚主张减赋的地方要员，但逃赋的现实，使重赋政策不得不在加减律作用下的“行行复行行”的矛盾两难中推进。并且，作为一种对现实的承认（江南粮田减少，农民普遍植桑养蚕和种植棉花等经济作物），国家不得不采取相应的政策调整，于是有了政府在江南推行的大规模采买制度的推行（按，明清江南即有三大采买机构：苏州、杭州、江宁织造局，号称江南三织造）。换句时髦用语，采买制度是政府对江南的一份特别订单，是国家行为的礼单大派送，是先撒一把米的放水养鱼策略（采买制度本身即包含了国家对丝、棉织业的控制意图）。应当说，这是造成明清江南市镇勃兴的重要内因。某种意义上，甚或可以说，政府采买制度充当了支持江南市镇经济成长的“不自觉”的“投资人”。故此，研究江南市镇的兴起及发展，不能忽视政府采购和政府减赋、地方逃赋在其中所扮演的重要角色。汪敬虞先生即曾指陈：事实上，中国历史上的手工丝织业，与皇室的消费有直接的关联。① 兹胪列相关资料，以做说明。

据《明会典》《明史》记载，明廷在苏州、镇江、杭州、松江、徽州、宁国、广德以及江西、福建、四川、河南、山东等地均设有织染局。其中尤以苏州织造局、杭州织造局和江宁织造局②最为著名。在明清时

---

① 汪敬虞：《中国资本主义的发展和不发展：中国近代经济史中心线索问题研究》，中国财政经济出版社，2002，第 33 页。

② 按，有关江南三织造的材料，参见彭泽益《江南三织造》，《中国大百科全书 · 中国历史 I》，中国大百科全书出版社，1992，第 436 ~437 页。

期，“可以确定，苏州市是唯一巨大的前现代化城市，是它资助了政府而不是相反。”[①] 史载，“自万历中，频数派造，岁至食物万匹，相沿日久，遂以为常”。[②] 江南三织造后渐停废，迄清恢复重建。具体做法上，因地因事而宜，采取集中生产，分散经营方式。“例如织造原料的丝斤，由征用税丝改为向丝行限价采购，丝经的印染加工，由局内额设工匠改为民间铺户和工匠的‘承值’，以‘轮值’和‘均机’的办法，利用封建权势，强制一部分民间机户为其服务。”[③]

南浔作为苏州都市圈核心带的卫星城镇，在国家减赋、采买政策的刺激下，市镇经济得到快速发展。有论者谓：“湖州所产生丝是官方织造机构的首选原料，本地官营织造局以及江宁、苏州、杭州三大织造局所需原料皆仰湖丝供给。乾隆十八年《内务府来文》中说：‘三处（苏、宁、杭）织造缎纱料工画一案内，丝斤一项，嗣后所需上用丝斤，令赴南浔、双林二处置买，官用丝斤令赴新市置买……自丙寅年为始，永为定例，一体遵行。’如此，从丙寅年即乾隆十一年（1746）开始，湖州府所属南浔、双林、新市就成为苏、宁、杭织染局所需上用丝纬丝和官用丝纬丝的固定采买点。与此同时，京城内务府织造局所需丝料也固定在南浔七里和石门置办。”[④]

众所周知，丝织业生产在传统中国社会具有明显的市场指向性、订单计划性，即丝织品在传统时代一直是社会上层人物身份、地位的象征，是皇室、贵族和官僚集团的特供品，社会底层的里居百姓不得“僭越”。特定的消费群体和消费对象，赋予、决定了传统社会丝织业市场指向性、计划性的特征明显。

---

① 迈克尔·马默：《人间天堂：苏州的崛起，1127—1550》，〔美〕林达·约翰逊主编《帝国晚期的江南城市》，成一农译，上海人民出版社，2005，第59页。

② 《明史》卷八二，《食货志六》，文渊阁四库全书电子版，上海人民出版社、迪志文化出版有限公司，1999。

③ 汪敬虞：《中国资本主义的发展和不发展：中国近代经济史中心线索问题研究》，第34页。

④ 黄新华：《湖州城市近代化及其发展滞缓的原因探析（1840—1937年）》，南京师范大学硕士学位论文，2002，第14页。按，直到1920年代中叶，苏州丝织生产所需原料，仍“泰半仰给于浙丝”。参见《广丰、苏经、洽大三绸厂禀江苏省巡按公署书》，1916年，苏州市档案馆藏。

上引材料旨在说明，以南浔为代表的江南市镇在明清时期的成长，离不开市场的作用，离不开政府减赋政策和计划订单对市镇经济的拉动。但采买制度本身的封闭性及消费取向（按，只是满足、服务于皇室、贵族和上层官僚的单纯消费，采买之后，没有新的交换发生），注定了这一制度的脆弱性和不可持续性。光绪三十年（1904），江宁织造局裁撤，标志这一制度的衰落。

需要指出的是，明清时期的市场，无疑是专制集权下，以有限的国内贸易（政府采买为大宗）为主的传统的内需型市场。就长江三角洲而言，这个市场以苏州为中心，唯苏州马首是瞻。这一时期，长江三角洲地区虽也有对外经济活动，但基本上是出于广州一口，且运输线路过长，交易成本过大。

步入近代，上海开埠，颠覆了传统的苏沪关系。自此，上海取代苏州成为资本主义世界经济格局下链接中国与资本主义市场体系的主节点，成为引领长江三角洲乃至整个中国经济发展的“火车头”。苏州在这一“经济之地理再层级化”的变迁中，由于地理航运位置等的局限，由中心城市降为二级城市。苏沪经济关系的变化，“导致了不同空间层级之间新的经济连接”，①由此深刻影响、带动了长江三角洲地区乃至中国市场网络结构随之而发生改变。诚如马寅初先生所论：至20世纪初“凡进出口贸易，多须经过上海，无论从南洋输入江浙之米，或由浙江运往南洋之丝绸，皆靠上海为集散地……故上海显然为吾国经济金融之中心点。全国经济，莫不赖上海之调剂，始能顺利进行”。②

三　交通网络：改写江南经济地理的力量

航运交通对江南市镇经济社会发展的进步至关重要，它为江南各个分散的地理单元联接成为一个相互联系的经济整体提供了实现的可能。

---

① 〔英〕G. L. 克拉克、M. P. 费尔德曼、M. S. 格特勒主编《牛津经济地理学手册》第九章，刘卫东、王缉慈、李小建、杜德斌等译，商务印书馆，2005，第553页。

② 马寅初：《中国经济改造》上册，商务印书馆，1935，第58页。

这里不妨以新经济地理学（空间经济理论）的相关观点做说明。[①] 藤田昌久、保罗·克鲁格曼、安东尼·J. 维纳布尔斯《空间经济学》认为："任何地区的市场潜力总是相对于城市的区位而言的"，"即使随意一瞥也会发现……世界上很多大城市都得益于其得天独厚的自然优势，主要是拥有一个好的港口或是其非常接近主要的水上通道。"[②] A. D. 梅林杰、J. D. 萨奇斯、J. L. 加罗普在《气候、临海性和发展》中亦指出："多数有关经济增长的研究倾向于忽视或低估自然地理的作用。然而，我们最近的分析表明，自然地理（包括气候、海洋可达性、土壤质量等等）在经济发展中起着重要作用，它能帮助解释国家间在人均国内生产总值（GDP）水平和增长方面的差异。"[③] 信哉斯言！在分析、考量近代上海口岸经济中心形成的过程中，不难发现，促动上海经济中心地位形成的另一个重要因素，或另一股重要推力是以江南运河丝绸之路为纽带的水路网运系统和以上海为中心的港口航运网络的出现。

地理因素在经济发展中的表现及作用，亚当·斯密曾有十分睿智的观察和颇为独到的见解。他提出"劳动分工受市场化程度的限制，而临海地带由于从事航海贸易的能力，比内陆地区享有更为广阔的市场范畴"。[④] 他认为：水运方式为各式各样的产业打开了一个更为广阔的市场，而这样的市场是陆路运输无法支撑的；正是在海岸带或航运河道岸边，各种产业开始细分和改进，而且通常用不了多久这些产业就会扩展到国家的内陆。[⑤]

---

① 按，空间经济学（新经济地理学）兴起于1990年代，其研究指向于主流经济学的盲点——区位问题，该理论为人们研究空间区位和解释现实经济现象提供了新的视角和方法。参见梁琦《空间经济学：过去、现在与未来——兼评〈空间经济学：城市、区域与国际贸易〉》，《经济学（季刊）》2005年第3期。

② 藤田昌久、保罗·克鲁格曼、安东尼·J. 维纳布尔斯：《空间经济学——城市、区域与国际贸易》，梁琦主译，中国人民大学出版社，2005，第280、151页。

③ A. D. 梅林杰、J. D. 萨奇斯、J. L. 加罗普：《气候、临海性和发展》，〔英〕G. L. 克拉克、M. P. 费尔德曼、M. S. 格特勒主编《牛津经济地理学手册》第九章，第169页。

④ 参见〔英〕G. L. 克拉克、M. P. 费尔德曼、M. S. 格特勒主编《牛津经济地理学手册》，第170页。

⑤ 引自〔英〕G. L. 克拉克、M. P. 费尔德曼、M. S. 格特勒主编《牛津经济地理学手册》，第170页。

上海在清末的崛起，确乎如斯密所言，“水运方式为各式各样的产业打开了一个更为广阔的市场”。只是近代上海的航运业，“不是从原有的帆船航运业的基础上发展起来的，而是在外国航运势力入侵后在中国江海帆船业产生的同时，作为外国外船航运业的附庸出现的”。[①] 戴鞍钢先生引述说：上海开埠后，“内河小火轮船，上海为苏杭之归宿”，客货运往来频繁，“汽艇拖着中外商号的货船定期往返于上海和这些新口岸之间”。其中，“走吴淞江者，由苏州而上达常熟、无锡，或达南浔、湖州”。1899 年 8 月 4 日《申报》载，“内地通行小轮船，取费既廉，行驶亦捷，绅商士庶皆乐出于其途。沪上为南北要冲，商贾骈阗，尤为他处之冠。每日小轮船之来往苏、嘉、湖等处者，遥望苏州河一带，气管鸣雷，煤烟聚墨，盖无一不在谷满谷，在坑满坑焉”。[②]

《申报》所载小轮船之来往苏嘉湖，即是依托了江南运河丝绸之路。显见航运交通在社会进步中的意义，在于其发展的程度与水平影响甚或规定着一个民族和社会的整个内部结构。对此，马克思和恩格斯有着非常精辟的论述：

> 各民族之间的相互关系取决于每一个民族的生产力、分工和内部交往的发展程度。这个原理是公认的。然而不仅一个民族与其他民族的关系，而且一个民族本身的整个内部结构都取决于它的生产以及内部和外部的交往的发展程度。[③]

社会学家费孝通《重读〈江村经济·序言〉》亦指出：“自从航海技术有了大发展以来，几个世纪海运畅通。全世界的居民已抛弃了划地聚居、互不往来、遗世孤立的区位格局，不同程度地进入了稀疏紧密程度

---

① 樊百川：《中国轮船航运业的兴起》，中国社会科学出版社，2007，“序”，第 10 页。

② 戴鞍钢：《近代上海与江浙城镇——以航运网络为中心》，梅新林、陈国灿主编《江南城市化进程与文化转型研究》，浙江大学出版社，2005，第 122 ~ 123 页。

③ 马克思、恩格斯：《费尔巴哈》，《马克思恩格斯选集》第 1 卷，人民出版社，1972，第 25 页。

不同的人和人相关的大网络。"[①] 由此，庶几可以释解航运交通在社会变革中所扮演的推手作用。《上海对外贸易（1840—1949）》有谓："上海开埠后，江南一带生丝出口改变了早期绕道广州的长途运输路线，大量涌进上海市场"，[②]"1844/5 年度，全国生丝出口 6787 包（每包 80 斤），其中上海出口即达 6433 包，超过东印度公司独占时期全国输出的最高数额"。"从 1853 年下半年起，中国生丝出口猛增，1853/4 年度出口额达 62890 包，其中上海出口即达 58319 包。到 1858/9 年度，仅上海一个口岸出口的数量即扩大到 85970 包，较上海开埠初期 1844/5 年度的 6433 包增加了 12.4 倍，为上海开埠后的一项大事。"[③] 至"1871 年欧洲与中国的直接电报联系接通了，直接的结果是：在上海买到生丝时，随即在伦敦市场上出售，在 1871 年夏季，这一方式已大为通行。丝商用这种方法避免营业中的风险，只要能获得最细微的利润，就能鼓励他又去收买生丝"。[④]

综上而言，上海口岸所发生的巨大变化，不能不说是临海、临江性口岸中心效应带来的运输成本递减、报酬规模递增赋予经济发展的积极反馈。

四 个案梳理：南浔现象

清末民初发生在江南小镇南浔的故事，是近代变革在基层社会的体现。这一变革本质上是重构中国社会基础的一次划时代转变，是蹒跚前行的中国注定要与传统社会制度揖别的一次转变。可是当时的中

① 费孝通：《重读〈江村经济·序言〉》，《江村经济——中国农民的生活》，商务印书馆，2001，第 328 页。

② 按，五口通商前，江南生丝出口货运广州，行程约为 3500 里，费时 3 个月以上，路程较之运沪遥至 10 倍，运费之增益及利息之损失，达 35%—40% 之多。参见李国环《论五口通商以后江南地区蚕桑业的发展及其影响》，《浙江学刊》1984 年第 3 期；姚贤镐《中国近代对外贸易史资料》第 1 卷，中华书局，1962，第 535 页。

③ 上海社会科学院经济研究所、上海市国际贸易学会学术委员会编著《上海对外贸易（1840—1949）》上，上海社会科学院出版社，1989，第 63 页。

④ 聂宝璋编《中国近代航运史资料第一辑（1840—1895）》上，上海人民出版社，1983，第 638 页。

国人并不十分清楚这一切。晚近时期的南浔，既是中西经济文化交流、碰撞的缩影，更是早期资本主义市场化在中国的缩影，同时，她又以缩影的形式展现了江南市镇由传统向近现代循序渐进式的转型演进历程。南浔在近代的历史命运，从长时段的空间范围和地方性知识角度提供了一种城镇经济社会建构中极具价值的解读范本和经济文化景观——南浔现象。

作为传统湖丝[①]的主要产地和贸易集散地，南浔无疑是属于近代中国最早的一批与国际市场接轨的市镇，也是当时全球化、市场化结合程度最紧密的地方之一。[②] 应予说明的是，这种接轨与国际市场对丝绸的大量需求密切相关。众所周知，丝绸在古罗马时代即是欧洲上层贵族社会身份、地位的标识性、象征性服饰。不仅如此，连接中西的交通孔道即名为“丝绸之路”，此亦表明，这（丝绸贸易）既是当时中外经贸交往的本色写真，也说明经历了“路漫漫其修远”的长途货运中，量少、质优、价格不菲的丝绸在普罗大众的心目中已被赋予了华贵的身份，有极高的文化品牌附加值。因此，当西方以枪炮洞开中国国门，进行商品输出时，

---

① 辑里湖丝（一称七里丝）见诸文献，最早自道光年间范来庚《南浔镇志》卷三，其中《物产》引清雍正年间范颖通《研北居琐录》：“辑里村，水甚清，取以缫丝，光泽可爱，所谓辑里湖丝，擅名江浙也。”可知，辑里之名，至迟在雍正时已著录于史。至于七里村名则起自更早，据清康熙时南浔人士温棐忱《七里村志》载：“吾村，其名曰七里，吾宗聚于斯三百有余年矣。载于县志者，曰俞塔、七里村，今求所谓俞塔者无有矣。”“所为七里者，……相传村之西有马溪，度其里可七里，其南为浔溪，度其里可七里，以其道均故名。”另，明朱国祯《涌幢小品》卷二《农蚕》谓：“湖丝惟七里者尤佳……其地去余镇（南浔）仅七里，故以名。”可知，七里之名较之辑里为早，明代即已载录。至雍正朝及其以后世代，七里、辑里之名并称于世。需予说明的是，中外生丝贸易，发生于16、17世纪，当年以“raw silk”之名输出到欧洲的即是“湖丝”，《农政全书》卷三一记载：明朝中期，“东南之机，三吴、闽、越最夥，取给于湖（湖州）茧”，而湖丝翘楚即辑里丝。显见，当时“丝”以湖州为主要出产地。乾隆《湖州府志》谓：“阅湖所产莫珍于丝绵，湖丝遍天下。”参见乾隆《湖州府志》卷四一，《物产》；童书业《中国手工业商业发展史》，中华书局，2005，第276页；陈慈玉《十九世纪后半江南农村的蚕丝业》，《城市与乡村》，中国大百科全书出版社，2005，第402页。

② E. 史维泽多认为：“至少自1492年以来，经济全球化一直是资本主义市场经济的内在组成部分。在19世纪的大部分时间里以及20世纪初，世界许多地方在文化和经济上的相互联系比现在还要紧密”，“一体化的状况，成为20世纪之初世界经济的特征”。〔英〕G. L. 克拉克、M. P. 费尔德曼、M. S. 格特勒主编《牛津经济地理学手册》第二十七章，第549、550页。按，南浔自光绪九年（1883）就有了电报局的设立。

其对中国产品的需求，首以丝绸为大宗。而南浔凭依其代表性品牌——“辑里湖丝”和江南运河丝绸之路直连上海的地缘优势，势所必然地成为上海外贸出口市场的“宠儿”。需要说明的是，上海开埠前，南浔已有广东等地商人开设的商号，当时商路是从江南运河水系再转浙南古道，或经浙闽商道或经海路运至泉州、广州。其中浙西南的仙霞古道（即江浦驿道、浙闽官道）沟通了钱塘江和闽江水系，由此湖丝经由运河、古道与福建、与泉州有了关联。据万历《泉州府志》记载，在明代，泉州要织较为上乘的丝绢，需要用湖州的头蚕丝，纱也是以用湖丝者为善。① 此亦说明，南浔丝绸商贸的繁荣得益于江南运河丝绸之路，江南运河滋养了南浔为中心的湖丝产业。

进入1990年代，随着新经济地理学对城市和区域发展的再思考，人们重新认识并“重新发现区域是在一个更加开放的国际竞争环境中获取竞争优势的关键地点”。② 作为近代上海都市圈城镇经济网络的主要节点之一，南浔地处杭嘉湖平原北部、太湖南岸，东与江苏吴江震泽镇接壤，距苏州97公里，距上海120公里，一条江南运河丝绸之路将南浔与上海，与苏杭，与府城湖州紧密地连接起来（见表1）。“（南浔）距上海比湖州（府治）还近二十五英里，故生丝常自南浔直接运往上海，因为中间地区河流纵横，运输极为便利，费用亦省（花五六元钱就可雇一艘小船运八十包至一百包生丝），沿途又无税卡阻拦。”③ 湖丝凭依江南运河丝绸之路就近从上海出口，运输路程较前缩短近9/10。④ 于是，在上海开埠和国际市场对生丝出口需求成几何级数增长的拉动作用下，南浔凭借其区位的优势和良好的交易环境，成为近代颇具专业化的外贸型蚕丝业生产区，成为中国早期资本主义市场化的典型地区，创造了近代著名商帮——浔商崛起沪上的传奇与神话。⑤

---

① 万历《泉州府志》卷三。

② 〔英〕G. L. 克拉克、M. P. 费尔德曼、M. S. 格特勒主编《牛津经济地理学手册》，第555页。

③ 姚贤镐编《中国近代对外贸易史资料》第1卷，中华书局，1962，第69~70页。

④ 转引自丁日初《上海近代经济史》第1卷，上海人民出版社，1994，第59页。

⑤ 按，浔商创办了近代上海第一家造纸厂——龙章造纸厂，经营上海金利源（十六铺）码头。此外著名的“百乐门”“大世界”的投资也都有浔商的身影。

表1 从南浔开往上海方向航运班次

轮船局名	乘船地点	开行时间
源通	南浔西栅	15:00
利兴	南浔东栅	14:00
永顺	南浔东栅	12:30
正昌	南浔东栅	10:00
通源	南浔东栅	14:00
永安	南浔东栅	双日 9:00 单日 17:00
立兴	南浔东栅	14:00
招商	南浔西栅	6:30

资料来源：《南浔研究》（油印本）1932年，湖州市档案馆藏，全宗号313，案卷号7－20，第53～54页。

历史的吊诡在于，南浔曾凭依传统的蚕茧生丝进入国际市场，在国际市场对生丝出口需求一路飙升、飘红的利好形势下，采取了单一的市场替代模式，以国际市场需求代替国内市场需求，忽视了产品结构的调整和产业升级、交易方式的创新（按，此系从总体而言。个别调整者虽有，但行动迟滞，以致失去转机的时间和空间，如梅恒裕丝号即是），产品结构的转型始终未能实现。结果，在市场这只看不见的手的作用下，南浔市镇1920～1930年代，饱尝世界性经济危机的冲击和影响而风光不再。以至于浔商之谓，几被历史尘封。南浔市镇在清末民初的际遇，实际反映了单一的产品结构在市场变化面前的两难和无奈，暴露出单一的市场替代模式的先天不足。

古希腊智者曾云："人不能两次踏进同一条河流。"但历史的韧性在于，这种现象却在不同的时间，同一个空间轮番上演。南浔在近代初叶起落峰回形成的"南浔现象"，值得关心浙商、关心中国区域经济社会发展的人们的思考。

浙江的新式交通与农村副业（1911～1937）*

浙江自然环境优越，有悠久的副业传统。农村产业除了作为主业的稻麦等粮食作物，大部分属于农村副业的范畴。很多农村副业不亚于主业。如蚕、棉、桐是农民容纳过剩劳力，增加收入的主要产业，在农村经济中占重要地位。浙江为蚕丝出产地，全省75县中，产蚕丝者达58县，完全以种桑养蚕为专业者，亦不下30余县。每年计产生茧百余万担，生丝八九万担，占全国丝茧总数1/3。① “浙省棉产，昔负盛名，在棉业市场中，颇有相当之地位，运销各地，为数甚巨，市上所称之‘姚花’‘绍花’即浙棉之统称也。”② 浙江为桐油主要产区之一。该省产桐区计有36县，分布于金、衢、严、温等处，每年产量，15万担至20万担之谱，约值450万元。③ 副业对维系农民生活意义不言而喻，“忆昔丝茶全盛时期，虽间有水旱，恒不为灾”。④ 杭县“农家大部分的支付，都依靠春季里卖茶的所得，纯靠几亩租来的稻田，恐有多数农家是连粮食都不够维持的，因此茶价的高低实为凌家桥农民生命之所系”。⑤ “稻田所生产的米谷，只须足供全家几口一个年头的食粮就是了，其他一切支出，如地租、田赋、肥料等项，完全可以从蚕桑上着想的。”⑥ 抗战前的浙江新式交通建设影响着农村副业产品的运销和农村经济。本人结合相关史

---

* 本节作者余涛，广西民族大学马克思主义学院副教授。

① 实业部国际贸易局：《中国实业志·浙江省》丁，1933，第164页。

② 方君强：《浙江棉业之前途》，《浙江省建设月刊》第5卷第4期，1931年10月，第5页。

③ 《浙江改良桐油近况》，《四川经济月刊》第5卷第2～3期，1936年3月，第10页。

④ 吕允福：《复兴浙茶刍议》，《浙江省建设月刊》第8卷第6期，1934年12月，第57页。

⑤ 郭人全：《杭县凌家桥的土地关系及农业经营》，俞庆棠主编《农村生活丛谈》，申报馆发行，1937，第21页。

⑥ 吴晓晨：《浙江湖属一带的蚕农生活》，俞庆棠主编《农村生活丛谈》，第112页。

料，就这一时期浙江的交通建设对农村副业的影响做一分析，不当之处请方家指正。

一 抗战前浙江的交通建设概况

晚清以前的浙江交通单一，商品运输主要依靠水路。浙海关 1908 年贸易报告确切描绘本地区交通状况如下："在大清帝国之这一地区的内地贸易主要依靠水路运输，并且经常受阻于运河，不是水位太高、桥洞太低，船只不能通过就是水位太浅不能载舟。在口岸界限之外无人计划把道路现代化，都是些粗劣铺垫石板条的小道，车辆无法通行。需要陆上运输时，人们不得不肩挑背扛。"① 可见清末以前的浙江传统水路运输限制了农村副业产品的流通，制约着农村经济发展。

到抗战前，浙江的交通基础设施建设特别是公路、铁路有了迅猛发展。辛亥革命以后的历届政府颁布《修治道路条例》《商办道路规则》，向国民开放道路建设。浙江商人团体看到兴办公路有利可图，便纷纷参与其中。浙江修筑公路，肇始于 1923 年，及至 1926 年，开始有全省公路网计划，当时公路发展的趋势是浙西重于浙东，随着经济建设的展开，浙江省建设厅认识到东南交通都同等重要，亟须完成全省公路，浙西致力于联络公路网，浙东着力开发公路主干线，从 1924 年到 1931 年，共完成京杭、杭乍、杭昌、杭富、萧绍、绍曹、鄞奉、嵊长、衢常、常玉、衢广等 10 路，计长 940 余公里；1932 年至 1933 年，续成昌昱、建淳、衢兰、常开、峡枫、金永、永缙、缙丽、丽云、义长、曹嵊、乍平计长 1000 公里；1934 年又赶筑完成观曹、奉新、奉海、新天临、临黄、泽馆、丽温、云龙、龙浦、平嘉及宁波区等各路，共长 1340 余公里；截至 1935 年，浙江省境内干支各路已完工的，有 3109 公里，连省外代筑各路段一并计算，共有 3257 公里，其中计有干线 9 条，支线 46 条，全长 4820 公里。至县道支线，及乡村道路，均就地方财力所及，由建设厅督

① 中华人民共和国杭州海关译编《近代浙江通商口岸经济社会概况——浙海关、瓯海关、杭州关贸易报告集成》，浙江人民出版社，2002，第 67 页。

各县政府，分期举办，期于农村僻壤，均得尽量开发。除个别县，其余60余县，均可贯通，直达省垣，成为东南各省交通最便捷地区，浙江公路网大体初具规模。①

浙江铁路建设早于公路。浙江铁路在清末只有沪杭线杭嘉段，民国时期又陆续建成杭甬线、浙赣线杭江段及其支线金兰段。其中，杭甬铁路分两段先后修筑：东段宁波至上虞曹娥江东岸的百官镇，1913年建成通车；西段萧山经绍兴至曹娥江西岸，到1936年完成铺轨，但未及通车营运，便于次年因抗日战争爆发，连同曹甬段一起被拆除。浙赣铁路杭江段于1933年11月全线建成通车，由萧山西兴镇至衢州江山县，途经诸暨、义乌、金华等地，包括金华至兰溪的支线，全长300多公里。抗战爆发前夕钱塘江大桥通车后，实现了杭江、杭嘉、杭甬三条铁路的连接，初步形成了浙江铁路的基本框架。

二　新式交通对农村副业的作用

1. 便利新式交通沿线的副产运销

公路、铁路交通网络的初步形成，引发了浙江交通运输格局的新变化。就铁路而言，由于具有方便快捷、运输量大的优势，因而给各地区特别是铁路沿线的副产运销带来便利。进一步加强了沿线市镇的对外市场联系，促进了地区间的商品流通。浙赣铁路的前身是杭江铁路，即现在的杭玉段、玉南段、南萍段、株萍段之总称。江兰段起于杭州对岸江边，直达金华，而到兰溪，全长195公里，共用建筑费约720万元，金玉段起于金华，到江西省玉山，全长160公里，历时12个月……对浙江沿线物产发展影响很大。杭江铁路沿线所经各县镇，人口稠密，物产丰饶，其中以农副产为大宗。金华兰溪及上江一带副产，除供本地消费，尚有多量剩余，可输出于宁绍一带。猪、牛、鸭三项为农家畜禽产品，产量为数不少，多输出于沪杭及嘉兴一带。其他如鲜猪肉、火腿、蜜枣、水果、丝、茶、木料等项，占输出货物的重要部分。“现在江乌间、乌兰

① 《浙省公路网完成》，《大公报》1935年8月24日，第3张第10版。

间，每日往返各区间发车一次，共四次，均可随时运货，而江兰间快车四次，亦可附挂整车货物。故铁路货物起运吨数，逐渐增加，最近十月份起运吨数已达三千三百吨之多。”① 昔由金兰一带运货到杭州，需时四五日，运往绍甬货物，需八九日。由杭州运往金兰货物，需六七日，由绍甬运往金兰货物，需十日以上。今则由兰金至杭，或至临浦，车运一日可达，并在车站换装内河船，直放绍兴。至由义乌，东阳，永康，武义各县，运往绍甬，或由绍甬运往上列各县者，昔必须绕道兰溪，需时更久，今则由临浦车运，半日可达，更为便利。

车运除迅速，又较安全，无船运损坏或遗失之弊。且铁路货车运输能力既大，运费亦较低廉，可扩大货物之销场，增加其生产，改进人民之生计。② 浙江省沿线，“如杭州之茶及丝织品，萧山之水果及土纸，诸暨之稻茧牛猪及柏油香橘，义乌之糖，南枣，白蜡及硃石，金华之火腿，茶油及粗纸，兰溪之桐油、蜜枣及鸡蛋，龙游之冬笋，衢县江山之桐油、纸、橘等，均因运销便利，产量剧增”。③ 新式交通速度快捷，拓展了鲜活畜禽产品的外销销路。金华地区历史上交通不便，所产活猪及其鲜肉只能限于就地销售，气候温暖潮湿，猪肉容易变质，如（金华）排肉（又名家乡肉或腌猪肉），是新鲜猪肉加盐少许运杭销售者，以义乌，浦江，东阳三县出产为最多，运销杭州、嘉兴一带。在原来火车未通时，船运经由金兰至杭州，需要六七日，排肉易于腐坏，故外销较少，影响农民的生猪生产。铁路通车后，运输迅速，一日可达，故销售数量大增，成为金兰地区大宗出口之一。东阳南肉输出杭州数量巨大，杭江铁路修通后，东义公路又通车，使南肉输出更加便利。“盖东阳输出者为生肉，不朝发夕至，即腐烂不可用，今交通便利，无此弊矣。每年产额亦达五万元以上。”④ 当时，浙江省因交通便利，促进生产的发展，交通既然发达，运销必然便利，运销

① 杭江铁路局：《杭江铁路运输设备及运输概况》，《浙江省建设月刊》第 6 卷第 7 期，1933 年 1 月，“报告”第 8 页。

② 金士宣：《杭江铁路沿线物产暨水陆运输概况》，《浙江省建设月刊》第 6 卷第 9 期，1933 年 3 月，第 9 页。

③ 伍廷飏：《浙江省经济建设之进展》，《实业部月刊》，第 2 卷第 2 期，1937 年 2 月，第 33 页。

④ 赵懿翔：《东阳县农村经济的三大基础》，《浙江省建设月刊》第 8 卷第 10 期，1935 年 4 月，“调查”第 6 页。

便利，生产品不致停滞于原产地。内地各县的鲜乳或鲜肉当天可以运往沪杭而不会变质变味。此前，内地运至沪杭，多则1个月，少亦须5日或10日，新鲜的畜产品，就不能运往远地。①

杭州至徽州，其间经浙西和皖南山区，交通十分不便。传统运输一般从杭州出发，先经水路，由帆船、橹船溯钱塘江而上，入新安江，再转为陆路，由人畜车运或担运抵徽。由徽州至杭州，则先由陆路，再经水路。每次单向旅程，往往要10天左右。杭徽公路起自杭州武林门，经余杭、临安、於潜、昌化、昱岭关、霞坑、大阜诸地，而达徽州，全路计程215公里，所经区域，为浙皖二省，在浙江境内长154公里，在皖境内长61公里。历时1年完成。杭徽路为联运皖南要道，客货运输，备称发达。浙江沿路各处物产，如"临安之茶茧竹炭，於潜之於术，而东天目山之茶叶笋干，尤为遐迩闻名，昌化之核桃木炭香菇，每年输销外县者，为数颇多"。② "今则朝发夕至，是以影响浙皖交通，至为深切。"③杭徽公路开通后，客货运输面貌为之一变。浙东遂安等区，"以交通便利，所产绿茶每能捷足于市场，故出产尚属不减。"④

2. 丰富产品的流通方式

浙江铁路和公路交通的发展，节约了副业产品运输时间，增加了产品运输途径，丰富了运输方式的多样性。绍兴平水茶区交通向来便利。水运以曹娥江为主道，全长达300里，民船可上溯至嵊县。水大时小汽船亦可到达嵊县以上，诸支流均通竹筏。平水有运河经绍兴达宁波及杭州，陆运有杭甬铁路，自宁波通至百官。茶区内公路亦颇发达。当时已通车者有绍曹嵊路，嵊新路，嵊长路，义长路，运输茶叶，颇称便捷。⑤ 茶栈将箱茶起运，上虞、绍兴、嵊县所出箱茶，皆集中于百官，火车装运至宁波，改换

---

① 蒋宗琰：《浙江省畜牧推广之回顾与前瞻》，《浙江农业推广》，第2卷第3~4期，1937年1月，第26页。

② 全国经济委员会编《杭徽公路通车纪念刊》，全国经济委员会，1933，第12页。

③ 叶家俊：《浙江省公路运输状况概述》，《浙江省建设月刊》第8卷第12期，1935年6月，第33页。

④ 《本年国茶生产锐减》，《申报》1933年11月13日，第3张第12版。

⑤ 吕允福：《浙江之平水茶叶》，张研、孙燕京主编《民国史料丛刊554（经济·农业）》，大象出版社，2009，第361、362页。

轮运以达上海。在百官以前的转运，上虞章镇箱茶，直接雇民船，取道曹娥江，直达百官。绍兴平水箱茶，先用竹筏，运至埠头，改装民船至曹娥镇，过塘，再用民船由曹娥江以达百官。[①] “锡箔销路，以江浙两省为最多，由水客用轮船或火车装运。”[②] 绍兴位于钱塘江之东，水陆两路运输，都很发达，陆有萧、绍、嵊汽车公路，水路则川源纷歧，万壑争流，四通八达。大概水运以运河为干线，自曹娥江沿萧、绍、嵊公路经绍兴直达萧山之西兴，有“越安”，“临绍”两轮船公司轮舶往来其间，其行驶支流者，则有“卓章”轮船公司。故绍酒经运河而由海道运输者甚多。其由本路装运者，则从各酒坊下船至新坎或谭头过坎，再装船运至闸口装车。[③] 因此处通有铁路，“绍酒装运多用帆船，近年渐有改用铁路装运者”。[④] 浙江茧行收茧后，加以烘焙，成为干茧，大多数运销上海，运输多依靠轮船、火车，如不能直达时则用民船驳运至交通地点，再行装入小轮或火车运沪，如杭州乡间所收之茧，先以民船运至拱宸埠或临平镇等处，分装小轮及火车运出。湖州各属所收之茧先运至交通轮船地点，装轮运沪，嘉兴各属所收之茧，及离嘉兴近者，则运至嘉兴，装火车运沪，离嘉兴较远如平湖海盐等县则装轮运沪。[⑤] 纸扇产自绍兴，“转由宁波装轮殊多不便，今装火车直运上海，非独利便，抑且运费较省”。[⑥] 金华为浙东交通中心，自杭江路通车后，浙东牛只多先到金华，后再上车转运沪杭。[⑦] 南枣多以木桶装置，每桶盛百斤，以民船运至杭州，改装火车或小轮输往上海。[⑧]

铁路、公路、水运各有优劣。在实际运输过程中扬长避短，相互结合

---

① 实业部国际贸易局：《中国实业志·浙江省》庚，第171页。

② 建设委员会调查浙江经济所统计科编《杭州市经济调查》下，建设委员会调查浙江经济所统计科，1932，第160页。

③ 吴保衡：《绍酒》，《京沪杭甬铁路日刊》第959号，1934年4月26日，第174页。

④ 《绍酒之酿造方法及产销情形》，《工商半月刊》第17～20期，1929，第46页。

⑤ 《浙江桑蚕茧丝绸近况调查录》（再续），《中外经济周刊》第167期，1926年，第15页。

⑥ 《宁波口华洋贸易情形论略》民国8年（1919），中华人民共和国杭州海关译编《近代浙江通商口岸经济社会概况——浙海关、瓯海关、杭州关贸易报告集成》，第357页。

⑦ 贺克、赵文彪：《金属兽疫之流行及防治经过》，《浙江省建设月刊》第8卷第9期，1935年3月，“报告”第3页。

⑧ 《金华一带南枣蜜枣之产销状况》，《工商半月刊》第1卷第21号，1929年，“调查”第40页。

成为商品流通的一个特色。浙江的铁路和公路大多分布于经济发达、市镇密布的地区，由此连接了众多市镇。沪杭铁路和公路浙江境内段沿线分别有长安、硖石、枫泾等10多个市镇和七堡、乔司、澉浦、乍浦等近20个市镇；杭长和萧绍公路线沿线，分别有瓶窑、上柏、埠桥、钱清、柯桥、皋埠、东关等10多个市镇。如1928年通车的杭（州）塘（栖）线，1929年通车的沪杭公路长安镇支线和袁花镇支线，1930年通车的杭州乔司至塘栖镇专线，1932年开通的台州路桥镇至海门镇的路椒线，1933年通车的台州泽国镇至黄岩县的黄泽路，1934年通车的泽国镇至温州乐清县的泽清路，这些市镇专线虽里程有限，却在很大程度上改变了市镇的交通状况。新式交通的发展也使各地区专业市镇的市场布局发生了变化。部分原有的商品集散地走向衰落，而一些新的商品集散地由此兴起。如绍兴县平水镇及周边地区所产的茶叶，其外销原来"全恃水运，有曹娥江横贯中央，支流四达，舟筏可通，复有运河可西通杭州"。平水镇因水运交通便利，茶叶均汇集于此。"自沪杭甬铁路由宁波通至百官，凡平茶之输出，均汇于百官，而转由宁波出口。"① 百官镇取代平水成为新的集散中心。

3. 拓展区域外市场

就商品生产而言，市场因素十分重要，对于并非完全建立在充分发展的农业基础之上的乡村工副业生产，外部市场的需求与诱导尤其重要。由于传统农业发展不充足，生产者个体与群体的消费能力有限，只有突破狭小地方性市场的局限，也就是说只有在更大范围内使劳动价值得到实现，工副业生产才有可能得到进一步的发展。生产者的生产生活过程越来越密切地与市场联系在一起，从而出现生产规模和生产者社会交往范围不断扩大的趋势。② 新式交通建设成为拓展区域外市场的必要条件之一。外销可分为远销、近销两种。近销指杭州、上海、南京、南昌、安庆一带；绍酒之销路，全年计11008吨至上海，323吨至南京，385吨至其他各站，共计11716吨。③ "每年温处各县鸡蛋之产额颇多，除本地消

① 建设委员会经济调查所编辑《浙江之平水茶》，建设委员会经济调查所，1937，第3、4页。

② 侯建新：《农民、市场与社会变迁——冀中11村透视并与英国乡村比较》，社会科学文献出版社，2002，第164页。

③ 吴保卫：《绍酒》，《京沪杭甬铁路日刊》第959号，1934年4月26日，第174页。

费不计外，每年输出于境外者，约有一百六七十万磅至二百万磅之间，每磅以大洋二角计算，当有四十万元之价格。”①

临安输出产品繁多。茶、笋、竹、木、柴炭、丝茧、纸、香粉等类每年都有大宗的出口。总计1929年出口货价值在11430000元以上。内40余万元为杂粮，茶、笋等食品；19万余元，属丝、茧；22万元属纸张；其余30余万元为香粉、竹、木、柴炭等。临安大部分农村副业产品由余杭转售杭沪各埠。沪杭甬铁路是连接上海、杭州和宁波的铁路。通过该铁路“运到上海方向的有锡箔、粗纸、蔬菜、鸡蛋、茶、茧、皮木材、柴薪、煤炭、丝织品、绍兴酒、梢木、烟叶、菜籽、火柴（国产）、松段、松板、蚕种、枕木、活牛、鲜笋等”。② 据说货运收入每年可达15万元左右。摇袜以线袜为大宗，平均每年出袜200万打，值银100万元左右，原料大多来自上海，全县袜厂29所，设置引擎者2所，出品除供给本县需用，行销上海长江各埠，及南洋群岛，运输均以轮船。③ 杭州附近农村中家家都有羊圈，“所饲养的羊都是出口去上海”。

浙江中部的金华县养猪成风，用以腌制火腿、腊肉，系该县主要工业之一，“金华火腿闻名遐迩”。④ 家禽之销路，除供给各该本县，多向附近都市输出，而尤以上海为最多，他如杭州、宁波、绍兴、温州，其数亦甚可观。总计全省家禽县内销量凡14962248只，县外销量凡4454649只。浙省蛋之销路，以上海为主。上海制蛋业虽趋衰落，但因人口众多，供食用之消费量极为可观。总计全省县内销量为353517000只，县外销量为392197000只。⑤ 金华之土蜂业，极形发达，“每年产蜜可达十一万斤之多”，“其销场以上海为大宗”。⑥ “乡间妇女手织席除销本省外，余皆

① 《温州之经济状况》，《中外经济周刊》，1927年第209号，第16～17页。

② 丁贤勇、陈浩编译《1921年浙江社会经济调查》，北京图书馆出版社，2008，第251页。

③ 段荫寿著：《平湖农村经济之研究》，萧铮主编《民国二十年代中国大陆土地问题资料》，台北，成文出版社，1977，第22752页。

④ 《杭州关十年报告（1912—1921年）》，中华人民共和国杭州海关译编《近代浙江通商口岸经济社会概况——浙海关、瓯海关、杭州关贸易报告集成》，第699页。

⑤ 实业部国际贸易局编《中国实业志·浙江省》丁，第380、391页。

⑥ 杨白青：《新式养蜂与我国农村经济》，《浙江省建设月刊》第8卷第10期，1935年4月，第27页。

输出于上海及南洋各处。”[①] 1920～1930年代浙江茶“每年出口价值占全省土货总值百分之三十一以上”，杭县、武康、上虞、余姚等所产茶叶就是通过火车、轮船运销上海。[②] 由此可知上海作为浙江重要的畜禽产品和手工制品销售地，每年之所以有巨额的销售量，方便快捷的交通无疑起了重要作用。新式交通便利了副业区域外市场的拓展，有利于振兴农村经济。“铁路成了浙江经济的大动脉，把沿线重要城镇连为一个以上海为龙头沪宁、沪杭线为两翼的整体，也巩固了杭州作为区域中心的地位。”[③]

而在一些新式交通尚未通达，交通不便的偏远地区，副产运销困难，不利当地农村经济，也反衬出新式交通对发展当地农村经济的重要性。孝丰“第一区东景等乡各乡所产茶麦豆等，颇有过剩，价格低廉，因交通不便，运销为难”。[④] 浙江孝丰的笋干、茶叶等，皆轮运至湖州，再运上海、苏州等处销售，只以到湖之交通，除小舟，无别法运输，自孝丰至安吉北乡，均系旱路，计七十里之遥，“如遇水旱，各货不能出水，虽有优良销路，亦坐失机会，是以难获厚利”。[⑤]“江山副产如竹、木、柏油、牲畜之类……因交通不便，各货未能畅销于外，农村经济亦日形衰落。”[⑥]

抗战前的浙江交通建设作为政府复兴国民经济的举措取得了一定成绩。特别是在1930年代，在世界经济大萧条的背景下，浙江农村经济不振，社会各界不少人士提出各种挽救农村经济的主张。但农村建设千头万绪，从哪里开始一直是一个难题。浙江省政府通过新式交通建设振兴农村副业就是在开启复兴农村经济这扇门的“钥匙”。新式交通对发展浙江农村副业是有一定成效的。

---

① 《温州之经济状况》，《中外经济周刊》第209号，1927年，第8页。

② 丁贤勇：《近代交通与市场空间结构的嬗变——以浙江为中心》，《中国经济史研究》，2010年第3期，第87页。

③ 丁贤勇：《近代交通与市场空间结构的嬗变——以浙江为中心》，《中国经济史研究》，2010年第3期，第84页。

④ 吴炯辉：《孝丰县第一二三区农村概况及指导农民之经过》，《浙江省建设月刊》第7卷第10期，1934年4月，第15页。

⑤ 《农村副业》，《农报》第2卷第6期，1935年2月28日，第197页。

⑥ 《江山县乡区电话工程计划》，《浙江省建设月刊》第7卷第10期，1934年4月，第1页。

西南土产外销与大后方口岸贸易变迁（1937～1945）*

——以桐油、猪鬃、生丝和药材为中心

口岸贸易问题日益引起众多学者的关注。[①] 学术界在探讨口岸贸易与区域社会的关系时，很少关注战争对口岸贸易的影响。尤其在抗战时期，日本发动全面侵华战争，极大地影响了战时中国的口岸贸易，但学者们对此问题并没有充分重视。[②] 而目前国内兴起的“港口—腹地”研究，也主要关注和平时期经济状态下港口与腹地之间的互动关系，较少关注战争对港口—腹地经济互动的影响。[③] 有鉴于此，本文以抗战时期西南重要

---

* 本节作者谭刚，西南大学历史文化学院教授。

① 关于口岸贸易的研究现状，参见佳宏伟《大灾荒与贸易（1867—1931 年）——以天津口岸为中心》，《近代史研究》2008 年第 4 期，第 58～60 页。

② 研究成果主要有：郑友揆著，程麟荪译《中国的对外贸易和工业发展 1840—1948 史实的综合分析》，上海社会科学院出版社，1984；郑会欣《国民政府战时统制经济与贸易研究（1937—1945）》，上海社会科学院出版社，2009；沈祖炜《论抗战时期的贸易委员会》，《中国近代经济史研究资料》第 9 辑，上海社会科学院出版社，1987；冯治《抗战时期国民政府对外贸易管制述评》，《近代史研究》1988 年第 6 期；徐万民《八年抗战时期的中苏贸易》，《近代史研究》1988 年第 6 期。

③ 目前，大陆学者尤其是复旦大学历史地理研究中心一批学者从港口腹地角度研究了近代上海、天津、大连、青岛、烟台、营口、汉口等口岸城市对腹地经济的影响。主要成果有吴松弟等编《港口—腹地与北方的经济变迁（1840—1949）》，浙江大学出版社，2011；戴鞍钢《港口·城市·腹地——上海与长江流域经济关系的历史考察（1843—1913）》，复旦大学出版社，1998；樊如森《天津与北方经济现代化（1860—1937）》，东方出版中心，2007；张珊珊《近代汉口港与其腹地经济关系变迁（1862—1936）——以主要出口商品为中心》，博士学位论文，复旦大学历史地理研究中心，2007 年。

土产桐油、猪鬃、生丝和药材的外销为中心，[①] 全面系统地分析日本发动全面侵华战争对西南土产外销路线变迁的影响，进而分析对大后方土产外销口岸变迁影响，最后从港口—腹地经济互动的角度研究战时大后方土产业发展方向和动力的变化，[②] 以反映战争对口岸贸易产生的重要影响，揭示抗战时期中国经济发展的特殊性，加深近代对外贸易史的研究。不足之处，敬请方家指正。

---

① 关于近代西南土产业研究，学者们对近代四川桐油、猪鬃、天然药材等重要土产的生产、贸易、运销等问题进行了探讨，有黄百灵《民国时期岷江上游自然资源开发利用研究——以天然药材、森林、矿产为例》，硕士学位论文，四川大学历史文化学院，2005年；刘利容《民国时期四川的桐油贸易——以重庆、万县为例》，硕士学位论文，四川大学历史文化学院，2006 年；陈岗《近代四川猪鬃业的开发与经营》，《史学月刊》2008 年第 4 期；严奇岩《近代四川山货开发研究》，硕士学位论文，西南师范大学历史文化学院，2004；等等。

② 关于民国时期“西南”的地理范围，有西南七省说（川滇黔桂粤湘鄂）、西南六省说（川滇黔桂粤湘）等说法，在 1939 年，前西南六省说是当时社会的一种主流看法（张轲风：《历史时期“西南”区域观及其范围演变》，《云南师范大学学报》2010 年第 5 期，第 44 ~45 页）。不过，抗战爆发后，随着战区的不断扩大以及经济建设重心的调整与变化，到抗战中后期，粤湘两省实际已被划为西南的外围区域，而川、滇、黔、桂四省成为西南的中心区域，西南四省成为战时经济建设中心（方显廷：《西南经济建设与现代化》，《新经济》第 1 卷第 2 期，1938 年 12 月，第 35 页）。因此，本文重点探讨西南川滇黔桂四省的土产外销情况，粤湘两省只做顺便提及。关于“大后方”的概念，归纳起来学术界主要有三种观点：认为大后方是指抗战时期的西部地区；认为大后方就是指抗战时期重庆国民政府的实际控制区；认为抗战大后方空间地域大致可以分为三个层次，即核心地区的重庆、四川，拓展地区包括西南的云南、贵州、广西和西康，西北地区的陕西、甘肃、宁夏、青海，外围地区包括上述地区以外的国民政府控制的地区（潘洵：《论抗战大后方战略地位的形成与演变——兼论“抗战大后方”的内涵和外延》，《西南大学学报》2012 年第 2 期）。本文“大后方”指战时西部地区，包括西南大后方和西北大后方两大部分，包括四川、西康、云南、贵州、广西、陕西、甘肃、青海、宁夏、新疆等 10 个省份。土产，也称土货。土货种类繁多，包括农产品、手工产品和矿产品三大类，农产品主要是所谓的特产，手工产品包括纸、夏布等，矿产品包括锡、钨、锑、煤、盐等。张肖梅编《四川经济参考资料》一书中有专章介绍四川的特产（张肖梅编《四川经济参考资料》，第 14 章“特产”，中国国民经济研究所，1939）。严奇岩对四川土货与山货进行了专门区分，认为土货除山货，还包括猪鬃、牛皮、猪肠、牛油、粮、烟叶等传统的农牧产品以及如纸、夏布等手工艺品和盐、煤等矿物，山货是四川土货中的重要组成部分（严奇岩：《近代四川山货开发研究》，硕士学位论文，西南师范大学历史文化学院，2004，第 6 页）。就本文来讲，由于西南尤其是四川土产品中出口欧美的大宗土产主要是桐油、猪鬃、生丝、中药材等，本文重点论述这四种土产在抗战时期的外销情况及其对大后方口岸贸易的影响。

一　外销路线变迁

西南地区盛产土产，不仅种类繁多，而且产量很大，在全国占有非常重要的地位。就桐油而言，四川年产80万担，占全国总产量30%以上，贵州年产量为16万余担，广西年产量在40万担上下。[①] 西南地区也是猪鬃的最大产地，1938年川滇黔桂四省猪鬃总产量占全国总产量约24%，其中四川是全国产鬃第一大省，产量约占全国猪鬃产量的13.9%，广西产量占全国产量的4.3%，云南产量占全国总量的3.6%，贵州则占2.2%。[②] 西南地区还盛产中药材，仅四川药材就有120多种，年产200万斤以上的有黄姜，年产100万斤以上的有川芎、当归、白芍、枳壳4种，年产50万～100万斤的药材有天雄、陈皮、大黄、党参、白姜、巴豆、半夏、羌活等8种，年产10万～50万斤的药材有白芷、杜仲、麦冬、黄芪等。[③] 此外，西南地区的生丝、皮张、夏布、白蜡、茴香、蓝靛、榨菜、木耳等土产品的产量也很大。近代以来，随着上海、重庆、蒙自等城市的开埠通商，由于欧美市场的巨大需求，西南土产通过沿海口岸城市大量出口海外，土产成为西南地区乃至中国重要的出口物资，土产业成为西南地区重要的经济支柱。仅就四川而言，1936年四川出口货物中，猪鬃等畜产品占23%左右，桐油约占20%，生丝约占15%，药材约占12%。[④] 全面抗战爆发以后，西南地区土产品桐油、猪鬃、茶叶、生丝等出口受国民政府统制，分别由贸易委员会和资源委员会统一经营，成为战时大后方出口的大宗物资，在战时的中苏、中美贸易中占有极其重要的地位。

---

① 蒋君章：《西南经济地理》，商务印书馆，1945，第117、122、125页。

② 《国民政府财政部贸易委员会1938年统制猪鬃毛皮等购销的工作报告》（1939年2月），中国第二历史档案馆编《中华民国史档案资料汇编》第5辑第2编《财政与经济》9，江苏古籍出版社，1997，第576页。

③ 蒋君章：《西南经济地理》，第108页。

④ 章友江、李廷栋：《抗战以来四川之对外贸易》，《四川经济季刊》第1卷第1期，1943年12月，第56页。

就土产外销路线而言，战前四川和贵州北部长江上游地区土产通过便利的长江航线运往汉口或上海出口。以猪鬃运输而言，在四川，“巫山、云阳、丰都、忠县、长寿、涪陵、泸县、江津、合江等县所产之猪鬃，以其地近长江之故，有舟楫之利，故其出产之猪鬃，集中重庆时，皆取道长江，用大木船运达重庆。然垫江、万源、开县、梁山、开江等地所产之猪鬃，以县地离江颇远，且多高山峻岭，故其间运输，多沿陆路，用人力或牲口挑运货物，输至重庆”。[①] 通过水运或陆路汇集于重庆的猪鬃，再通过长江水运运至上海出口。四川中药材也主要通过水运方式从出产地运至各地集散市场销售。具体而言，川北出产药材主要汇集江油中坝镇后通过嘉陵江运至重庆，川西和川西南出产药材分别汇集灌县和雅安后通过岷江运至乐山，再经过犍为、叙府（今宜宾）、泸县、合江、江津而抵重庆，川南出产药材通过金沙江及岷江汇集叙府后经泸县、江津而抵重庆，川东出产药材通过长江运往万县。[②] 中药材汇集于重庆或万县后也主要通过长江水运运至上海出口。在桐油运输方面，战前四川、贵州所产桐油主要依靠长江航线输往汉口或上海出口，“四川桐油在省内集中运输，大都顺水道河流，虽亦由陆路运输者，惟以各大桐油市场皆在河道两侧，故最后皆由水道而至各集中市场”。[③] 其中“在川省之一段，平时总汇岷江、沱江、嘉陵江、乌江、赤水等流域之油产于渝、万两埠，出三峡，再会合于宜昌沙市一带之油产，直达汉口上海”。[④] 不过，由于水陆交通的关系，战前广西和云南的土产外销路线则与长江上游流域的不一样。由于广西通过便利的西江内河航运与粤港联系方便，因此战前广西土产主要通过西江航运输往广州再运往香港出口，时人亦云：“广西省桐油运输，以梧州、柳州、大湾、长安、运江、南宁等为集散市场或集中口岸，除南宁有小部分外，悉数集中梧州，从西江直运港粤。”[⑤] 至

① 实业部国际贸易局编《猪鬃》，商务印书馆，1940，第32页。

② 杨显东、谭炳杰：《四川省之药材》，四川省农业改进所，1941，第46~47页。

③ 孙文郁、朱寿麟：《四川桐油之生产与运销》，金陵大学农学院，1942，第127页。

④ 严匡国：《我国桐油产销之现状与展望》，《西南实业通讯》第11卷第5、6期合刊，1945年4月，第11页。

⑤ 谢裕光：《广西桐油产销概况》，《农业通讯》第1卷第8期，1947年6月，第19~20页。

于战前云南所产土产，由于滇越铁路运输的便利，则主要通过滇越铁路运往越南海防再运往香港出口。

但全面抗战爆发以后，西南地区尤其是四川和贵州北部长江上游地区所产土产的外销路线发生了很大改变。八一三事变爆发后，上海吴淞口被封锁，长江水运被阻塞，抗战前经上海出口的四川土产，大部分改道粤汉铁路运往广州、香港出口欧美。如桐油出口"自抗战军兴，运集情形渐改旧观，长江下游之交通首告断绝，大部分出口运输，乃不得不改道粤汉"。[①] 1938年10月武汉、广州沦陷后，四川的土产出口运输改为主要通过滇越铁路运至越南海防再出口香港。如四川中药材出口在广州沦陷后分为三路：由重庆经过贵阳、昆明至越南海防，转达香港；由重庆经宜宾至叙府、昆明达越南海防，再转至香港；由重庆经贵阳、柳州、镇南关至海防，转运香港。[②] 四川桐油也主要改为由滇越铁路运输出口，其中出川路线有三条：一由重庆经贵阳至昆明，一由泸县经贵州毕节等地至昆明，一由宜宾经云南昭通至昆明，前二者是通过川黔公路或川滇公路运输至昆明，后者是通过叙昆驿运线运往昆明，其中又以川滇公路运输为主。[③] 桐油汇集昆明后通过滇越铁路运往越南海防，再通过轮船运往香港。至于广西，随着广州沦陷，广西土产出口也大受影响，部分土产被迫通过桂越公路向西运往龙州，再通过龙州运往越南转道出口香港。如广西桐油"由以前集中广州梧州出口者，多改由龙州、北海蒙自等地输出"。[④] 太平洋战争爆发以后，随着1942年5月滇缅公路被截断，西南对外陆路通道被堵塞，西南土产外销改为通过驼峰航线运送出口，即由昆明或泸州或叙府空运至印度汀江。如四川所产生丝外销路线在缅甸失守以后，销往英美的生丝，由复兴公司运至昆明，再通过驼峰航线空运至印度交货。[⑤]

---

① 严匡国：《我国桐油产销之现状与展望》，《西南实业通讯》第11卷第5、6期合刊，1945年4月，第13页。

② 杨显东、谭炳杰：《四川省之药材》，第47～48页。

③ 孙文郁、朱寿麟：《四川桐油之生产与运销》，第3页。

④ 严匡国：《我国桐油产销之现状与展望》，《西南实业通讯》第11卷第5、6期合刊，1945年4月，第13页。

⑤ 姜庆湘、李守尧编著《四川蚕丝业》，四川省银行经济研究处，1946，第102页。

此外，全面抗战期间，由于中苏贸易的发展，西南部分土产还通过川陕公路或川陕驿运线运往宝鸡或西安等地，再通过西兰公路或陕甘驿运线运往兰州，最后通过甘新公路或甘新大道运至星星峡出口苏联。如四川所产生丝外销路线在缅甸失守以后，运往苏联的生丝，则运往甘肃、新疆交界的星星峡交货。[①] 总之，抗战爆发后，随着上海的陷落，四川和贵州部分土产主要外销路线改为从重庆通过长江航运运至汉口，再通过粤汉铁路运至广州，再运往香港出口。到1938年10月，随着武汉和广州沦陷，长江上游流域土产连同广西、云南土产改由滇越铁路或滇缅公路或桂越公路运送出口。1942年5月以后，西南土产外销改为通过驼峰航线运送出口。

二　外销口岸的变迁

全面抗战爆发前，西南长江上游地区土产主要是通过长江航运至汉口或上海出口，因此汉口和上海是西南土产出口的主要口岸城市。以桐油为例，战前四川和贵州北部所产桐油通过长江航运运往汉口出口，汉口一度成为战前中国桐油最重要的外销市场。“汉口为我国最大之桐油市场，产自四川、两湖、贵州、陕西等省之油，运抵汉口发售，或经过该地而运往国外及华北者数量当在七八十万担，中以四川、湖南为最多，约占全额百分之八十。”在1928～1933年间，汉口桐油出口数量分别占全国的85.16%、85.08%、80.33%、70.15%、59.34%和29.40%。[②] 不过，由于上海具有更为广阔的市场和便利的贸易条件，1933年开始，上海逐渐奠定了其桐油贸易市场龙头的地位。1934年，由上海输出的桐油占总量的84.6%，1935年激增为90.2%。上海代替汉口成为四川以及长江中上游桐油产区的最终贸易港。[③] 上海不仅是战前中国最大的桐油出口市场，也是猪鬃、茶叶、皮货等重要土产的最大出口市场，在战前的

① 姜庆湘、李守尧编著《四川蚕丝业》，第102页。

② 关仲乐：《桐油运销概况》，出版地不详，油印本，第25～27页。

③ 张丽蓉：《长江流域桐油贸易格局与市场整合——以四川为中心》，《中国社会经济史研究》2003年第2期，第58页。

1934～1936 年间，上海猪鬃出口量约占全国的 57%，① 茶叶出口量约占全国的 77%②，战前 1935 年、1936 年皮货出口值分别约占全国的 48% 和 52%。③

全面抗战爆发以后，随着上海沦陷，西南大部分土产不得不改道广州出口香港，广州成为西南土产重要出口口岸。广州沦陷后，西南土产部分改经广西龙州、北海以及云南蒙自出口，龙州、蒙自口岸的土产出口地位迅速提高。1942 年 5 月随着驼峰航线的开辟，驼峰航线成为大后方重要对外运输路线，昆明口岸贸易地位迅速提高。具体表现如下：

第一阶段（1937 年 7 月～1938 年 10 月），粤汉铁路运输与广州口岸贸易迅速发展。抗战爆发以后，随着上海的沦陷，西南尤其是长江上游地区土产无法直接通过上海正常出口，大量土产汇集汉口后不得不转道粤汉铁路运往广州或再通过广九铁路输往香港出口。以桐油为例，1937 年 12 月～1938 年 4 月，由粤汉、广九铁路运往香港出口的重庆桐油 130000 多关担，1938 年 9 月～10 月又运出 60000 关担，1938 年 1 月 6 日～3 月 14 日运出万县桐油 29000 多关担。④ 战前上海是中国桐油集散中心，出口量占全国总量的 85%～90%。但抗战爆发以后，随着上海沦陷，长江上游地区桐油出口不得不改道广州出口香港，因此，广州取代上海成为中国桐油物资集散中心，其出口量占全国百分比由 1937 年的 6.25% 猛增至 1938 年的 46.89%。⑤ 广州不仅桐油出口量大增，其他重

---

① 黄仁勋：《最近我国猪鬃对外贸易分析》，《贸易月刊》第 2 卷第 8 期，1941 年 3 月，第 40 页。

② 据《战前三年茶叶输出关别量值统计表》和《近年来茶叶出口数量》两表相关数据计算所得，参见吴仁润《最近我国茶叶对外贸易分析》，《贸易月刊》第 2 卷第 8 期，1941 年 3 月，第 19、24 页。

③ 《抗战前后五年来我国皮类输出关别表》，刘烨南《最近我国皮类对外贸易分析》，《贸易月刊》第 2 卷第 8 期，1941 年 3 月，第 68 页。注：皮类包括西南出口的水牛皮、山羊皮、狗皮、兔皮、狗皮毯、山羊皮毯等。

④ 《1938 年贸易委员会统制桐油购销工作的报告》，中国第二历史档案馆藏，资源委员会档案，档号：28/156，转引自徐万民《战争生命线：国际交通与八年抗战》，广西师范大学出版社，1995，第 53 页。

⑤ 严匡国：《我国桐油产销之现状与展望》，《西南实业通讯》第 11 卷第 5、6 期合刊，1945 年 4 月，第 13 页。

要土产如茶叶、生丝、猪鬃等出口量也迅速增加，从1937年至1938年，猪鬃出口量由273公担增至5922公担，1938年出口值占全国出口总值的16.3%，[①] 茶叶出口量由12088公担增加至47382公担，出口比值由2.97%增加至11.4%，[②] 生丝出口量由47900公斤增至64000公斤。[③] 广州在全国口岸的贸易地位迅速提升。关于抗战前后广州的出口贸易情况见表1：

表1　1936～1939年广州出口值变化

	1936年	1937年	1938年	1939年
出口货物总值（国币千元）	42487	63846	1066694	53226
占全国出口货物总值百分比（%）	6.01	7.61	13.97	0.52

资料来源：《统计月报》社编《中国之战时对外贸易》，《统计月报》第45号，1940年5月，第31表《最近四年出口货物总值关别表》，第36页。

从表1可以看出，在战前的1936年，广州口岸的出口货物总值为4248.7万元，到1937年增加至6384.6万元，到1938年更增加至10669.4万元，广州的出口值占全国总出口值的比重从1936年6.01%增加至1937年7.61%，到1938年达到13.97%，1938年广州在全国口岸出口值的排名也从1936年的第4名上升至第3名。时人有言：1938年广州口岸“出口土货者，激增倍蓰，纯因长江各省所产土货，经由本埠出口，有以致之”。[④] 但随着1938年10月广州沦陷，1939年大量西南土产不再通过广州出口香港，广州出口贸易值锐减，仅占全国出口总值的0.52%。

第二阶段（1938年10月～1940年9月），桂越公路、滇越铁路运

① 黄仁勋：《最近我国猪鬃对外贸易分析》，《贸易月刊》第2卷第8期，1941年3月，第42页。

② 《抗战以来茶叶输出关别量值统计表》，吴仁润：《最近我国茶叶对外贸易分析》，《贸易月刊》第2卷第8期，1941年3月，第26页。

③ 《民国二十七年海关中外贸易报告》，中国第二历史档案馆、中国海关总署办公厅合编《中国旧海关史料（1859—1948）》第128册，京华出版社，2001，第116页。

④ 《民国二十七年海关中外贸易报告》，《中国旧海关史料（1859—1948）》第128册，第116页。

输日趋重要，蒙自、龙州口岸贸易日益繁荣。1938 年 10 月广州沦陷后，桂越公路运输日益重要，龙州海关的进出口贸易日益繁荣。以桐油为例，1938 年龙州海关出口桐油仅 281 公担，仅占全国总量的 0.04%，到 1939 年则激增至 80860 公担，占全国总出口量的 24.04%。1940 年桂南失陷，桂越交通受阻，物资流通量锐减，其出口量减至 14112 公担，在全国出口总量降至 6.07%。[①] 桐油出口量的急剧增加也使龙州海关地位迅速提高。抗战爆发前，广西的物资多由西江至梧州下到广州，或到北海出口，不经龙州，龙州海关在全国的对外贸易中一直不占重要地位。1936 年龙州关出口值仅为 1.77 万元，占全国出口总值的 0.02%，与沙市、三都澳、雷州、南宁等关并列全国各埠之末。[②] 抗战爆发后，尤其到 1939 年，“自广州沦陷后，西江亦于是停止航行，（1938 年）十一月间，雷州及北海一带公路复被破坏，于是龙州地方，遂为西南各省对外及国内贸易之重要枢纽”，其中“出口土货所增尤巨，由四十二万五千二百三十四元，一跃而为五千七百六十万元”。[③] 因此，1939 年龙州关出口值比 1938 年增加 135.53 倍，占全国出口总值的 5.59%，达到其历史最高水平。1940 年由于日军进攻桂南，桂越国际交通运输大受影响，龙州出口值则降至占全国出口总值的 0.61%。[④] 龙州关的贸易起伏，反映了桂越公路运输线对龙州对外贸易的巨大影响。

在这期间，西南地区土产外销路线中除了桂越公路线，还包括滇越铁路和滇缅公路。在 1937～1940 年 9 月间，滇越铁路也是西南土产重要外销路线。就 1939 年来看，通过滇越铁路运出的物资情况见表 2。

---

① 据《我国桐油出口埠别数量统计表》相关数据计算所得，严匡国《我国桐油产销之现状与展望》，《西南实业通讯》第 11 卷第 5、6 期合刊，1945 年 4 月，第 13～14 页。

② 国民政府贸易委员会统计处编《近六年出口货物总值关别表（1936—1941 年）》，《贸易月刊》1943 年第 4 卷第 9 期，1943 年 4 月，第 55～56 页。

③ 《民国二十八年海关中外贸易报告》，《中国旧海关史料（1859—1948）》第 132 册，第 126 页。

④ 国民政府贸易委员会统计处编《近六年出口货物总值关别表（1936—1941 年）》，《贸易月刊》1943 年第 4 卷第 9 期，1943 年 4 月，第 57 页。

表2 1939年经由滇越铁路运出的主要货物数量

单位：公担

桐油	锡	钨	锑	皮货	五倍子	茶	猪鬃	羽毛羊毛	茯苓大黄
117546	101040	90278	63948	5908	11665	3816	3165	2531	1345

注：皮货包括山羊皮、狗皮、兔皮和生牛皮。

资料来源：根据《经由滇越铁路运出货物量值表》编制，参见瞿世荃《中国与安南贸易之检讨》，《贸易月刊》第3卷第4、5期合刊，1941年12月，第51页。

从表2可以看出，1939年间经滇越铁路共运送桐油117546公担出口，占当年全国桐油总出口量的35.08%。[①] 此外，通过滇越铁路还运送出口了大量锡、钨、锑、皮货、五倍子、茶、猪鬃、羊毛等土产。由于滇越铁路运输的日趋重要，位于滇越铁路沿线的重要口岸城市蒙自的贸易地位迅速提高。到1940年，蒙自跃居大后方桐油出口物资集散中心地位，出口量占全国总量的35%，而当年上海桐油出口量仅占全国总量的15.8%。[②] 此外，蒙自的皮张出口值占全国皮张出口总值的比重也从1937年的3.39%增加至1938年的6.33%，[③] 猪鬃出口值比重更从1937年的3%增加至1938年的12.8%。[④] 土产出口量的增加也提高了蒙自的对外贸易地位。抗战爆发前的1936年，蒙自的出口值占全国出口贸易总值的3.35%，到1937年增至4.08%，1938年进一步增至5.33%。1940年受越南禁运政策的影响，蒙自关的出口业务多集中在上半年，但其出口值仍然占有一定分量，占全国总值的3.39%。[⑤]《民国二十八年海关中外贸易报告》也载："年来西南各省进出货物，胥以滇越铁路及滇缅公路为运输孔道，该二路线，既贯通滇省，蒙自海关所在地之昆明，其贸

① 1939年全国桐油出口量为335016公担。见严匡国《我国桐油产销之现状与展望》，《西南实业通讯》第11卷第5、6期合刊，1945年4月，第13页。

② 严匡国：《我国桐油产销之现状与展望》，《西南实业通讯》第11卷第5、6期合刊，1945年4月，第13页。

③ 《抗战前后五年来我国皮类输出关别表》，刘烨南：《最近我国皮类对外贸易分析》，《贸易月刊》第3卷第3期，1941年3月，第68页。

④ 黄仁勋：《最近我国猪鬃对外贸易分析》，《贸易月刊》第2卷第8期，1941年3月，第42页。

⑤ 国民政府贸易委员会统计处编《近六年出口货物总值关别表（1936—1941年）》，《贸易月刊》第4卷第9期，1943年4月，第57页。

易情形，遂有蒸蒸日上之势。”[①] 到1940年9月，由于滇越铁路国际运输中断，西南部分土产改由滇缅公路运送出口。但是，滇缅公路不仅运量有限且集中于进口物资运输，因此，位于滇缅公路沿线的腾越海关贸易地位并未提高。虽然腾越海关出口值从1939年的331.2万元增加至1941年1～10月间的698.4万元，除去物价上涨因素，出口值反而有所减少。因此，腾越海关出口值占全国出口总值的比重从1939年的0.32%下降至1941年的0.27%。[②] 1941年《海关中外贸易统计年刊》也载：“一九四一年腾越海关直接进口洋货价值，较上年激增十倍以上，直接出口土货，计有猪鬃一万六千六百三十七公斤，各种茶八百九十二公担，生丝七万四百三十八公斤”，[③] 土产出口量较1940年反而有所降低。

第三阶段（1942年5月～1945年8月），驼峰航线的开辟与昆明口岸贸易迅速崛起。1941年12月太平洋战争爆发以后，随着日军相继攻占香港、缅甸等地，滇缅公路被截断，西南对外运输的陆路通道被堵塞。1942年5月，中美两国开辟了驼峰航线，成为大后方重要对外运输路线。在1942年5月～1945年10月间，由于昆明口岸是驼峰空运的最重要起点站，昆明的对外贸易值迅速提高，昆明在大后方的出口地位迅速上升。就出口值来讲，1942年昆明出口值为国币3422.5万元，1943年为6695.8万元，1944年增至39569.8万元，到1945年随着抗战胜利，降至28618万元。昆明出口值占后方各关出口总值的比例也从1942年的17.86%增加至1943年的40.71%，到1944年仍高达39.69%，[④] 昆明在大后方各关中的对外贸易地位之重要可见一斑。但随着1945年抗战形势的日益好转，尤其是国民政府陆续收复了滇西失地，修通了中印公路以后，驼峰空运的重要性已不复存在，当年昆明关出口值锐减至仅占全国

① 《民国二十八年海关中外贸易报告》，《中国旧海关史料（1859—1948）》第132册，第593页。

② 国民政府贸易委员会统计处编《近六年出口货物总值关别表（1936—1941年）》，《贸易月刊》第4卷第9期，1943年4月，第57页。

③ 《中国旧海关史料（1859—1948）》第140册，京华出版社，2001，第200页。

④ 据《近五年来我国进出口贸易价值关别表》相关数据计算所得，严匡国《近五年来我国对外贸易之分析》，《中农月刊》第8卷第5期，1947年8月，第2～5页。

出口值0.64%。[①]

战时西南土产外销路线的变迁，不仅导致西南土产外销口岸发生变化，也影响了战时中美贸易和中苏贸易。尤其是太平洋战争爆发后的1942年和1943年间，美国代替抗战前期的苏联成为中国主要出口贸易国。战时中国举借了大量外债，其中美国借款额度最大。太平洋战争爆发前，美国向中国提供了4笔信贷、一笔平准基金借款，共1.7亿美元，约占借贷款总额的33.1%。太平洋战争爆发之后，中美之间达成5亿美元财政借款。[②] 战时美国向中国提供的贷款，以中国的桐油、猪鬃、茶叶、生丝、钨、锑、锡等土产作抵押。太平洋战争爆发后的1942年和1943年，大后方出口美国的商品分别约占出口总额的33.5%和52.2%。[③] 出口美国的物资中，猪鬃和生丝依赖驼峰空运，以猪鬃为例，仅汀江至叙府线，中国航空公司在1943年10~12月之间，就运输出口112.2吨。[④] 值得一提的是，驼峰航线也是中国出口苏联矿产品的主要运输路线。[⑤] 在1943年昆明通过驼峰空运的矿产品合计7123吨，占出口苏联矿产品全年总销量的40.29%。[⑥] 由于大量矿产品通过驼峰空运出口苏联，到1944年，苏联代替美国成为中国的主要进口国，当年大后方出口苏联的商品增至约占出口总额的52.9%，到1945年1月至8月更上升至70.3%。[⑦]

三　港口—腹地经济联系削弱与大后方土产业变迁

1937年7月，由于日本发动了全面侵华战争，东部沿海港口与广大

---

① 严匡国：《近五年来我国对外贸易之分析》，《中农月刊》第5卷第8期，1947年8月，第2~5页。

② 吴景平：《抗战时期中国的外债问题》，《抗日战争研究》1997年第1期，第67页。

③ 郑友揆：《中国的对外贸易和工业的发展（1840—1948）》，第194页。

④ 〔美〕威廉·M. 利里：《龙之翼——中国航空公司和中国商业航空的发展》，徐克继译，科学技术文献出版社，1990，第165页。

⑤ 孟宪章主编《中苏贸易史资料》，中国对外经济贸易出版社，1991，第481页。

⑥ 孟宪章主编《中苏贸易史资料》，第484页。

⑦ 郑友揆：《中国的对外贸易和工业的发展（1840—1948）》，第60~63页。

西南腹地之间的正常经济联系大受影响，[①] 战前推动西南腹地经济发展的主要动力之一——沿海口岸的辐射作用也被削弱。戴鞍钢认为近代北方沿海口岸—腹地经济互动深受国内外形势的制约，其运作需要必要的社会环境。[②] 实际上，战时东南沿海口岸—西南腹地经济关系也是如此。战时西南土产的出口终点市场从战前的上海、广州等沿海口岸逐步移至西部内陆口岸，沿海口岸对西南腹地经济的促进作用大大削弱，而西部内陆口岸的影响加大。由此，战前沿海口岸—西南腹地经济关系逐步向内陆口岸—西南腹地经济关系转化，这反映了战争状态下大后方经济发展轨道的变化。

不过，由于陆路口岸交通运输条件大大逊于沿海口岸的运输条件，战时西南大批土产外销日渐困难。以桐油出口为例，抗战前，四川桐油

---

① 1937 年全面抗战爆发至 1941 年 12 月太平洋战争爆发间，由于海关总税务司署仍然留驻上海公共租界，同时管辖沦陷区和大后方各海关，上海租界尚未沦陷，因此上海“孤岛”与大后方的贸易关系仍存在。尤其是 1938 年 10 月至 1941 年 12 月间，大后方对外贸易运输日益困难，难以满足后方土产出口的需要，后方部分土产品不得不由浙赣铁路经金华转道温州、宁波等海关出口或输往上海出口（张赛群：《上海“孤岛”贸易研究》，知识产权出版社，2006，第 104～111 页）。1938 年后上海在全国的贸易地位迅速恢复，出口值占全国出口值比例为 29.29%，到 1939 年便恢复到 57.72%，1940 年增加至 69.47%，到 1941 年 1 月至 10 月间进一步上升至 70.86%［国民政府贸易委员会统计处编《近六年出口货物总值关别表（1936—1941 年）》，《贸易月刊》第 4 卷第 9 期，1943 年 4 月，第 55～57 页］。1941 年 12 月太平洋战争爆发后，日军进入上海公共租界，接管上海总税务司署，独掌沦陷区海关行政大权。为此，1942 年 1 月，国民政府在重庆另设海关总税务司署，管理大后方海关行政权。这样，总税务司署一分为二，一是在日伪管理下的上海公共租界原总税务司署；另一是重庆总税务司署。虽然太平洋战争以后上海“孤岛”与大后方之间的贸易结束，但是这时后方地区通过非正常的走私贸易和沦陷区仍有一定的经济联系。据齐春风教授估计，在 1942～1945 年 9 月前大后方共走私输出 369 亿元（齐春风：《抗战时期大后方与沦陷区间的经济关系》，《中国经济史研究》2008 年第 4 期，第 134 页）。至于战时大后方的土产走私数量，难以统计。不过，可以肯定的是战时大后方走私出口土产数量比正常出口的数量要小。如桐油，在 1939 年，大陆实际出口香港桐油约合 37.2 万公担，而海关关册记载香港进口桐油为 30 万公担，也就是说相差的 7.2 万公担桐油系走私桐油（严匡国：《我国桐油事业之展望》，《中农月刊》第 3 卷第 9 期，1942 年 9 月，第 5 页）。仅仅香港而言，1939 年大陆走私桐油数量占总出口桐油数量的约 19.4%。另如西北皮毛走私，尽管战时日军通过种种措施收购西北皮毛，走私动猖獗，但战时西北地区的皮毛贸易已大不如战前（丁晓杰：《抗战时期日本的“振兴西北贸易”对策——以包头等地的皮毛交易为中心》《中国经济史研究》2011 年第 3 期，150 页）。

② 吴松弟等编《港口—腹地与北方的经济变迁（1840—1949）》，第 371 页。

通过便利的长江航运运往上海等地出口，运价较为便宜。在 1935 年 11 月间运费最高的时候，每吨桐油从万县到上海不过 32 元，从重庆到上海也只有 36 元。“各出口油商亦备有油池，民生公司在宜昌备有油驳，故装运起卸，甚为便利，而运费也并不怎样高，这可以说是桐油运输的标准化时代。”① 随着抗战的爆发，在抗战前期，四川桐油一部分由汽车经贵州、广西，运到越南或广州湾出口，一部分经过宜宾运到昆明，再转越南出口。这一阶段，桐油运输困难，运费增高，运输量也萎缩。钦州沦陷、南宁失守后，四川桐油经贵州、广西输出的一部分，也非改道云南省不可。“因此，桐油运输，至此益感困难。殆滇越滇缅两路封锁后，其困难点，已达最高峰。”② 猪鬃也是如此，时人亦云：“自滇越铁路封锁后，猪鬃自渝由公路经昆明腊戍再转仰光，然后转轮去港，较之以前自滇越铁路经海防运港普通需时约在三个月左右，不但增加两倍。且运缴费用以前每关担仅百余元，现在需千元左右亦增加近十倍之多。”③ 因此，由于战时大后方土产出口运输日渐困难，沿海港口与西南腹地经济联系削弱。

大后方土产出口运输的日益困难，导致土产业的发展方向开始发生变化，从战前的外向型发展向内向型转变。抗战以前，随着上海、重庆、蒙自、梧州等城市的陆续开埠通商，深居中国腹地的西南地区开始被逐步纳入国际市场。由于国际市场的巨大需求，西南盛产的桐油、生丝、猪鬃、中药材等重要土产逐渐成为西南出口贸易的大宗物资。以四川为例，从 1891 年重庆开埠至 1935 年，重庆出口猪鬃从 568 担增至 16466 担，生牛皮和熟皮从 649 担增至 20299 担，未列名药材从 173252 两增至 1645346 两。④ 在土产出口的刺激下，四川土产业出现了空前兴旺的局面。在清末至民国年间，四川合江县“羊皮、牛革、猪鬃、桐油、棕丝之属，盛销海外，区民蓄羊日伙，与鸡、犬侪比，亦种桐树畸隙山隅，与橡、栎、樟、柏、楠、竹杂植，蔚为大宗”。崇庆县生产棕榈，“业此凡百家，

① 蒋君章：《战时西南桐油问题》，《青年中国季刊》第 2 卷第 2 期，1941 年 1 月，第 114 页。

② 蒋君章：《战时西南桐油问题》，《青年中国季刊》第 2 卷第 2 期，1941 年 1 月，第 115 页。

③ 赵恩钜：《论猪鬃价格》，《贸易月刊》第 2 卷第 6 期，1941 年 1 月，第 13 页。

④ 《最近四十五年来重庆大宗出口土货数量与价值统计》，甘祠森编《最近四十五年来四川进出口贸易统计》，民生实业公司经济研究室，1936，第 77～79、81 页。

岁人亦数千缗，重庆日商森村洋行至派人驻镇收取棕榈长丝，转贩东瀛，岁至万缗。邻境十数县无不仰给于是”。[①] 峨眉县自宣统元年以来桑蚕业迅速发展，“平畴旷野，弥望青葱，蚕桑大有起色”。新都县光绪以前“养蚕者绝少”，光绪末年“风气渐开，种桑之家到处多有”。遂宁县在清末以来“蚕业日兴，故丝之出产较前二十年多至十倍，价亦增至六、七倍，本邑岁消（销）无几，贩出境者甚多”。[②] 总之，在抗战爆发以前，受国际市场巨大需求的拉动，西南土产业得以迅速发展，这种主要靠出口拉动的发展具有鲜明的外向型经济特征。[③] 但抗战爆发以后，战时大后方土产业开始向内向型发展转变。[④] 战时大后方土产业内向型发展主要表现为西南一些重要土产出口量锐减，而内销量则明显增加。抗战爆发以前，西南地区土产大多通过上海出口至欧美各国。以桐油为例，抗战前四川桐油大量出口，1931 年为 171847 公担，以后逐年增加，到 1936 年增加到 349070 公担。但抗战爆发以后，四川桐油出口量开始减少，1938 年减少至 254525 公担，[⑤] 只相当于 1936 年出口量的 72.91%。由于四川是中国桐油产量最大的省份，战时四川的桐油出口量下降，也促使整个战时中国桐油出口量的下降。此外，其他重要土产如生丝、茶叶出口量也逐年下降。关于战时国统区主要土产品出口量的变化情况，如表 3 所示：

表 3　战时国统区主要土产品出口量统计

单位：吨

	1938 年	1939 年	1940 年	1941 年	1942 年	1943 年	1944 年	1945 年
桐油	69578	33502	23247	20989	907	82	100	112

① 戴鞍钢、黄苇主编《中国地方志经济资料汇编》，汉语大辞典出版社，1999，第 879 页。

② 戴鞍钢、黄苇主编《中国地方志经济资料汇编》，第 123 页。

③ 关于外向型经济，学术界强调其出口和国际市场的导向性。樊如森将外向型经济定义为腹地在通过其港口与国外以及国内其他口岸市场展开进、出口贸易的过程中，所培育起来的以区域外部市场的商品输出、输入需要为导向的现代化市场经济。见樊如森《天津与北方经济现代化（1860—1937）》，第 8～9 页。

④ 关于内向型经济的含义，参见拙稿《抗战时期西北皮毛贸易与大后方经济变动》，《中国历史地理论丛》2012 年第 1 期，第 67 页，注释 4。

⑤ 严匡国：《四川桐油产销概况》，《四川经济季刊》第 1 卷第 2 期，1944 年 3 月，第 139 页。

续表

	1938 年	1939 年	1940 年	1941 年	1942 年	1943 年	1944 年	1945 年
茶叶	41625	22558	34492	9118	79		249	482
丝	5566	7612	5485	4964	212	62	80	122
猪鬃	3634	3333	3557	2740	64	272	1943	603
牛皮	6203	1966	1385	1168	24			
五倍子	2318	3006	2405	2270	1099	27	149	20
桂皮	57	774	10045	4308	7417	336	539	203
大黄	2115	2103	2448	2308	25	24	6	1

资料来源：《中华民国统计提要》，国民政府主计处统计局，1947，第 38～41 页，表 19“进出口货物数量”。

表 3 虽然反映的是国统区主要土产品出口情况，但由于 1939～1944 年间的国统区主要就是西部地区，因此，表 3 仍然可以大体反映战时大后方主要土产品的出口情况。从表 3 可以看出，国统区桐油、茶叶、丝、牛皮、五倍子、大黄、桂皮等中药材的出口量逐年下降，尤其是 1942 年上述土产的出口总量骤降为 2737 吨，仅为 1941 年出口总量的 5. 37%。战时西南地区土产外销减少，内销开始增加。在 1942 年至 1945 年 10 月，贸易委员会收购的桐油和茶叶以内销为主，桐油的内销量占总量的 80. 97%，而茶叶内销量占总量则高达 94. 83%，贸易委员会内销土产价值占贸易委员会收购土产总值的约 80%。[①] 另据郑会欣研究，在 1942 年至 1945 年 10 月期间，负责统购统销土产的贸易委员会共外销桐油、茶叶、猪鬃、生丝和毛绒等土产品共计 16450 吨，而内销数量却高达 80759 吨，内销量是外销量的 4. 91 倍。[②] 可以说，战时尤其是抗战后期大后方主要土产从战前的输往国际市场为主逐渐转为输往国内市场为主。因此，抗战后期大后方土产业内向型发展特别明显。

① 据《表七贸易委员会国外商销与内销货物数量》《表八贸易委员会内外商销价值比较》，两表相关数据计算所得。沈祖炜：《论抗日战争时期的贸易委员会》，《中国近代经济史丛书》编委会编《中国近代经济史研究资料》第 9 辑，上海社会科学院出版社，1989，第 113 页。

② 参见郑会欣《国民政府战时统制经济与贸易研究（1937—1945）》，第 266～267 页。

随着大后方土产业发展方向的开始转变，土产业的发展动力也开始发生变化，出口拉动的作用减弱，而内需拉动的作用开始增强，其中表现最为明显的是战时大后方桐油业的发展。战时桐油出口量较战前大幅减少，按常理这本来应该会打击后方桐油业，但是战时后方桐油产量并未减少。据当时国民政府估计，战前1933～1937年五年间后方川黔桂陕四省的桐油年平均总产量为680万公担，但1938年至1946年8年间平均年产量却增至860万公担。① 战时后方桐油产量增加，除了与各地方政府大力推广种植桐树密切相关，与战时大后方内需扩大也有关。抗战期间大量汽车涌入大后方，1945年贵州的汽车数量是1938年的3.4倍。② 后方汽车数量的增加，燃料需求量也增加。据当时估计，"就军政方面而论，年需汽油约3100万加仑，柴油约3600吨，交通方面，仅西南西北二公路局，年需汽油约400万加仑"。③ 1939年9月5日，张嘉璈在日记中也记载国内民运军运汽油，月需1万吨，而存油现不超过数千吨。④ 为解决后方汽车运输的燃油问题，国民政府一方面积极勘探石油，另一方面积极生产代用燃油，其中利用桐油炼制燃油是主要方法。1939年交通部在重庆设立动力燃料厂，从桐油中提炼汽油、煤油、柴油及润滑油代替品。同时以提炼原油为业的桐油炼贮厂也纷纷建立。后方的炼油工业在1942年达到鼎盛。就地域而言，以重庆市及其附近区域的炼油工厂最多，每月的产量约占后方全部产量的2/3。就设备而言，首推动力油料厂，次为兵工署、军政部交通司及运输统制局所设各厂，民营炼油厂以建成、中国、大华等厂较为完备。⑤ 到1943年6月止，在大后方地区，经核准登记的公私炼油厂已经达到60余家，代汽油生产能力年约290万加仑。⑥ 战时后方炼油工业的兴起和发展扩大了桐油内需，一定程度上解决了桐

① 《中国各省桐油产量估计表》，行政院新闻局编《桐油产销》，1947，第22～23页。

② 林辛：《贵州近代交通史略》，贵州人民出版社，1985，第119页。

③ 《西南各省三年国防计划大纲》，中国第二历史档案馆藏，资源委员会档案，档号：28/1000，转引自郑友揆等《旧中国的资源委员会（1932—1949）——史实与评价》，上海社会科学院出版社，1991，第73页。

④ 姚崧龄编《张公权先生年谱初稿》上册，台北，传记文学出版社，1982，第229页。

⑤ 谭熙鸿主编《十年来之中国经济（1936—1945）》上册，中华书局，1948，第E19页。

⑥ 谭熙鸿主编《十年来之中国经济（1936—1945）》下册，第V44页。

油内销市场的问题，从而推动了后方桐油生产。

更为重要的是，随着大后方腹地与沿海口岸之间的正常交通联系被截断，客观上加强了大后方腹地之间的交通联系，尤其是川陕公路、甘川公路、汉渝公路的修建和改善以及川陕水陆联运线的恢复，改善了西北和西南地区之间的陆路交通，方便了四川与陕西、甘肃之间的联系，西南销往西北地区土产数量较战前增加。如川陕驿运线仅 1944 年就运送商品 33963 吨。[①] 处于川陕交通要道的四川广元，战时随着川陕水陆联运线的开辟，广元与陕西各地之间的经济联系得以加强。仅 1940 年 12 月 ~ 1941 年 1 月的两个月，通过川陕驿运干线从广元起运至宝鸡的货物有 1028 吨，到双十铺只有 104 吨，到褒城 44 吨，到汉中仅 72 吨。[②] 因此，著名地理学家林超等通过调查后认为，“昔日广元之经济范围，主要限于嘉陵江上游沿岸，约北至略阳，东北至宁羌，西北至广凭河至安乐河，南至昭化之射箭河一带”，随着交通条件的变化，“广元经济腹地之扩张，已远展至汉水上游及渭河流域各地”。[③] 可以看出，川陕驿运线方便了四川土产销往陕西地区，也扩大了西南土产的国内市场。

不仅川陕之间经济联系更加紧密，随着战时交通的发展，甘肃与西南各地的经济联系也日益紧密。战时甘肃农产品输入方面，“茶以陕西、四川、云南及湖南为供给地，川茶、沱茶、湘茶则先集中兰州。川纸由广安铜梁经汉中或碧口运入本省。川烟由成都附近经碧口输入本省。川药材由广元碧口输入本省，川糖由广元输入本省，川竹货由广元碧口输入本省”。[④] 位于甘肃南部与四川省交界处的碧口，由于水陆运输便利，“商贾云集，市面繁荣。进口货物，以茶叶、卷烟、纸张为大宗。有许多忍劳耐苦的四川人，由中坝直接肩挑一些卷烟、糖、纸及花生至武都销售，然后由武都购买药材、棉花、或土布至碧口售卖”。由于碧口经商的多为川商，所以镇上 90% 以上是四川人，镇上“开店的、摆摊的、撑船

① 《驿远干线货运运输——货运吨数》，交通部统计处编《交通部统计年报（1944 年）》，1945，第 139 页。

② 林超等：《嘉陵江流域地理考察报告》下卷，中国地理研究所，1946，第 86 ~ 87 页。

③ 林超等：《嘉陵江流域地理考察报告》下卷，第 85 ~ 86 页。

④ 李中舒编《甘肃农村经济之研究》，《西北问题论丛》第 3 辑，出版时间不详，第 91 页。

的和挑担的，几乎全是四川人。就以碧口五个行帮的负责人来说，除水烟帮外，其余亦尽是川人”。[①] 至于甘肃兰州，根据兰州市 1943 年度税务征收局货运登记表编制，兰州市商品进口总额为 1110460406 元，商品货物来源地除了西北各地，主要就是西南的四川、云南等地。来自四川的商品主要有红糖、白糖、冰糖、晶糖、青茶、砖茶、红茶、沱茶、土雪茄、熟猪鬃、本贡纸、粉贡纸、粉连纸、川报纸、纸箔，商品合计为 45346628 元，占总额的 41.05%。尤其是以砖茶、红茶、熟猪鬃、粉贡纸为大宗。[②] 总之，战时港口与西南腹地经济联系的削弱，间接加强了西北与西南两地之间的经济联系，客观上扩大了西南土产的内需市场。

综上所述，在全面抗战时期，由于日本开始发动了全面侵华战争，西南土产外销路线发生巨大变化，土产主要外销口岸从沿海口岸向陆路口岸转移。由于战时沿海口岸与西南腹地间的经济联系被大大削弱，西南土产外销日益困难，迫使西南土产业从战前的外向型发展开始向内向型发展转变，发展动力从战前出口拉动为主开始向内需拉动为主转变。战时大后方土产业发展方向和发展动力的变化，既不是市场作用的结果，也不是政府主导的产物，直接原因是战时大后方出口运输的日益困难，根本原因是日本发动的全面侵华战争。因此，战争对战时中国的口岸贸易产生了重要影响，进而影响了大后方土产业的发展道路。

---

① 洪文瀚：《谈谈甘肃的商港——碧口》，《甘肃贸易季刊》第 4 期，1943 年 3 月，第 47～48 页。

② 技术室调查组：《兰州市商业概况》，甘肃省贸易公司编《甘肃省贸易公司三周纪念特刊》，1944，第 118～120 页。

第六章

交通与近代旅游业的兴起

自行车与中国骑车人（1868～1949）*

鸦片战争的烽烟未散，紧随而至的五口通商，标示着近代中国门户从此敞开。作为西方文明的载体，各式西洋器物也陆续传抵中国。这些西洋器物在异质文明的环境中命运各异、不能一概而论，总体而言却实际上系统性地改变了中国人原有的生活模式。

以自行车①为例，最迟至 1868 年传入中国。1970 年代末，当“文化大革命”后的中国再度开放国门之时，世界惊讶地发现，中国各地的街道上到处都是熙熙攘攘、一望无际的自行车车流。百余年后，自行车已经成为世界第一人口大国中国的第一个普及型工业品，但与中国“自行车王国”② 地位形成鲜明对照的是，中国自行车的历史却几近无人知晓。③

---

* 本节作者徐涛，上海社会科学院历史研究所研究员。

① 近代中国对“自行车”称呼可谓多种多样，五花八门。其中以其脚力驱动之特点而命名的为最多，如“脚踏车”“自行车”“踏板车”“足蹈车”“自转车”等；也有突出其西来之物的名字，如“洋车”“自由车”“洋马”“洋驴”等；亦有源于中国传统文化的称呼，如“风火轮”；还有“钢丝车”“单车”“铁驴”“铁马”“铁骡”等说法。这些名称在时间上并没有先后之分，在空间上是并存的关系，中国南方以“脚踏车”为最普遍，而北方民众则多称为“自行车”。笔者在本文行文过程中，为了保持一种阅读上的一致性，名称统一使用“自行车”（不包括引用部分），特此说明。

② 中国至今仍然是世界上最大自行车的使用国、生产国和出口国。

③ 笔者之外，研究涉及“自行车与中国”议题的仅有 4 位学者：Amir Moghaddass Esfehani，“The Bicycle's Long Way to China：the Appropriation of Cycling as a Foreign Cultural Technique 1860 - 1940，” in Andrew Ritchie and Rob van der Plas eds.，*Cycle History* 13，San Francisco：Van der Plas Publications 2003，pp. 94 - 102；闵杰：《中国自行车的早期历史》，《炎黄春秋》2003 年第 2 期，第 75～80 页；Frank Dikotter，*Exotic Commodities：Modern Objects and Everyday Life in China*，Columbia University Press，March 6，2007，pp. 84 - 89；Edward J. M. Rhoads，“Cycles of Cathay：A History of the Bicycle in China，” *Transfers：Interdisciplinary Journal of Mobility Studies*，Vol. 2，Issue 2，2012。此外，刘善龄《西洋风：西洋发明在中国》（上海古籍出版社，1999）、张久英《老自行车》（万卷出版公司，2007）等书籍和文章中多是列图文释，行文浅显，不能归于严格意义上的学术研究。

本文所要讲述的是1949年之前[①]中国骑车人与自行车的故事。作为器物的接受者、消费者，近代中国的骑车人群涉及范围极其广泛，无论男女，上至富商巨贾、王公贵族，甚至末代皇帝溥仪，下至黎民百姓、贩夫走卒都曾骑行自行车，溥仪还为此锯掉了紫禁城宫门中的门槛。

本文希冀回溯近代中国的自行车传布历程，通过“自行车”这种器物负载的文化符号，微观展现近代中国民众的审美情趣、社会心理、生活习性、消费观念等诸多方面之现代性演变，从而更加深入地了解近代中国纷繁复杂的社会日常生活，系统呈现自行车对于近代中国人千差万别的意义。

一 形象演变与传布历程

（一）奇技淫巧

迄今为止，自行车传入中国的最早证据是1868年11月24日出版的《上海新报》：

> 兹见上海地方有自行车几辆，乃一人坐于车上，一轮在前，一轮在后，人用两脚尖点地，引轮而走。又一种，人如踏动天平，亦系前后轮，转动如飞，人可省力走路。不独一人见之，想见者多矣。询之外国人，据云，外国地方马路平坦之极，有一人乘此车与马赛之，经六点钟时候，行一百三十五里之遥，车迟到半点钟功夫。因有逆风，所以后到，若非逆风，力过于马也。又闻外国水陆军营新报云，现在兵丁欲与兵官商量，皆作此车以代行路之力而养其兵之锐，且免背负行囊器械之劳，到战场，车弃一旁，兵有养息之力，易于前进，诚良法也。即中国行长路，客商尽可购而用之，无不便

① 以1949年为时限，是因为中华人民共和国成立前后，中国在经济模式、社会构成等诸多方面皆有巨大变动，自行车普及动因也随之改变，传播进程大相径庭。

当矣。[1]

该报道中，执笔者以中国人的视角审视通商口岸上海所出现的“自行车几辆”。自行车此时在欧洲也是新创，几年后就已传入中国，可见引进速度之快。“询之外国人”之后文中，则以大量的笔墨宣扬自行车在“外国地方”的利用情形，谓之不仅“力过于马也”，而且已经装备外国军队。结语“即中国行长路，客商尽可购而用之，无不便当矣”，一语点破此文旨在推销自行车于中国。

自行车于1860年代在法国率先实现量产之后，很快被西方商人和传教士引入中国，但一开始并未就赢得“中国主人”的热爱。察其原因有以下三方面。

其一，彼时自行车技术尚未完善，性能还需改进。彼时自行车前轮大、后轮小，既无刹车，又无橡皮车轮，不仅很难驾驭，而且舒适性颇为不佳。据葛元煦《沪游杂记》（1876）中记载：上海有自行车“车式前后两轮，中嵌坐垫。前轮两旁设铁条踏镫一，上置扶手横木一。若用时骑坐其中，以两足踏镫，运转如飞。两手握横木，使两臂撑起，如挑沙袋走索之状，不致倾跌”。[2] 骑车时战战兢兢的样子可想而知。

其二，路况不佳，行车困难。是时上海除租界的几条大马路外，其他的道路都是前现代中国之典型路况，细窄狭长、凹凸不平。自行车的轮子比马车、人力车的轮子要小得多，对复杂路况的适应性不强。骑车危险成为自行车推广的最主要瓶颈。如黄式权《淞南梦影录》（1883）中所述：上海“从前尚有脚踏车，虽然行路如飞，而草软沙平，尚虞倾跌，一遇瓦砾在途，则不能行走矣。近因不便，其制遂废。嗟乎！只一车也，而一刹那间已屡经更易”。[3]

---

① 《上海新报》的英文名称是 *The Chinese Shipping List & Advertisers*，直译为《中文船期广告纸》，是上海首份中文报纸，反映了19世纪六七十年代上海的时局状况、商业信息和日常生活景观。

② 葛元煦：《沪游杂记》卷一，郑祖安标点，上海古籍出版社，1989，第17页。

③ 黄式权：《淞南梦影录》卷二，郑祖安标点，上海古籍出版社，1989，第113页。

图1　《乘车落水》讲述的是某一少年学骑自行车失败落水的故事

资料来源：《乘车落水》，《花图新报》第1年第5卷，1880年8月，第49页。

其三，学骑困难，价格不菲，商绅不喜。骑行自行车需要一定技巧，其学习的过程也是一个不断失败摔跌的过程，“非习练两三月不能纯熟”。[①] 不仅如此，此时自行车物稀价昂，[②] 有能力购买之中国人即便不是官宦名绅，也应是富商大贾。此等人本就不多，且锦衣玉食，让其花大价钱买来自行车在家忍痛练习两三月已是万难之事，更别说是让他们冒着当众摔倒、丢尽颜面的危险骑车上街了。自行车并没有像其他舶来品（如马车、人力车）一样迅速找到它的中国主人，这与中国精英群体

① 葛元煦：《沪游杂记》卷一，第17页。

② 据闵杰的估算，此时自行车的均价在80元上下，相当于今天中国一部中档汽车的价格。参见闵杰《中国自行车的早期历史》，《炎黄春秋》2003年第2期。

的心理亦密切相关。

> 自行车到我国来的时候，年代已不可考，但总在海外通商以后……因为国人习性和习俗，不役人的就役于人，很少肯使用自己的力气，为自己服役，所以只有坐轿车和抬轿拉车，除了使用自己天然的两腿走路以外，自己坐车自己使力会被人笑话的，因之自行车虽传到了我国多年，还是未被扩大的利用。①

此时，骄傲且务实的中国精英群体非但没有对自行车这样一个不成熟的机械产生多大的兴趣，在评论西人喜爱骑行自行车比赛之时，还不免掺有几分不解和讥讽的意味。《点石斋画报》之《跑车角艺》有配文写道：

> 乘车以取逸也，而脚踏车则劳甚；且更取独轮之式，御失其法，颠蹶随之。乃泰西风俗，间有以此车赛跑者……赛毕取花红牛酒赠胜者而各散，而伤科医生又增一番忙景矣。②

图2　《跑车角艺》，画面右下方一骑车西人跌落水中，颇为狼狈

资料来源：《跑车角艺》，《点石斋画报》（大可堂版），第6册，上海画报出版社，2001，第106页。

① 怀朗：《闲话自行车》，《万象》1942年第2期。

② 《跑车角艺》，《点石斋画报》（大可堂版），第6册，上海画报出版社，2001，第106页。

自行车在中国的传播一开始遇到了极大挑战。

（二）文明奇器

19～20世纪之交，庚子事变之后，在西力东侵和西学东渐的共同作用下，民族心理防线终于在震荡中解体，崇洋心理渐次取代了“天朝上国”的自大观念。《申报》有《风气日开说》一文，论述人们对于西洋事务由最初“惊奇诧怪”，到后来“深加慕悦”的变化：“今日之中国已非复曩日所比，曩者见西人之事，睹西人之物，皆群相诧怪，决无慕效之人，今则此等习气已觉渐改，不但不肆讥评，而且深加慕悦。”[①] 对于这种社会心理的转变，陈旭麓先生如是说：“这种心理征服的结果，不仅反映于封建统治者的奴颜与谀态，反映于作为社会中坚的士大夫阶层的精神支柱的分崩离析，而且更广泛地反映在普通民众阶层从排外到崇洋的风气的急剧转化。随之而来的，便是欧风美雨驰而东的文化变迁趋势和以西洋为文明的社会心理认同。”[②]

同样是《点石斋画报》，1897年《赛脚踏车》的文字中再也看不出中国精英群体对自行车的任何贬损，取而代之的是热烈的赞美：

> 脚踏车，一代步之器也。曷足以彰明典礼，而未始不可以鼓动性情。前年，海上尚不多见，至近年来，始盛行之。本届庆贺英皇之日，各西商喜脚踏车之多而乘坐者之众也。于是豪情霞摹、逸兴云骞，共集于泥城桥迤西之赛马场。车则钢丝如雪，轮则机括维灵，一升一降，不疾不徐，如鹘之飞，如鹰之隼，瞬息万里，操纵在两足之间，而东洋车不能方斯迅疾，马车亦无此轻物，由其驾驭之熟，而练习之深也。以视跑马之专借马力，跑人之专用人力者，迥乎不同矣……行见脚踏车之利用，日盛月新百进而益上者，此特小试其端耳。[③]

① 《风气日开说》，《申报》1882年2月23日，第2张。

② 参阅陈旭麓《近代中国社会的新陈代谢》，上海人民出版社，1992，第183～226页。

③ 《赛脚踏车》，《点石斋画报》（大可堂版），第14册，上海画报出版社，2001，第175页。

图3　1897年上海公共租界为庆贺英王维多利亚登基六十周年而在跑马场举办的一次自行车比赛

资料来源：《赛脚踏车》，《点石斋画报》，第175页。

此后，华人骑行自行车的报道开始见诸报端。《申报》1898年1月28日报载："泰西向有脚踏车之制，迩日此风盛行于沪上，华人之能御者亦日见其多，轻灵便捷，其行若飞。"① 同年4月1日，《申报》更是以《脚踏车将来必盛行说》为题做了头版社论：

> 若夫不劳膏秣，不损赀财而又能捷若风霆卷舒甚便者，则惟西人所行之脚踏车。查脚踏车之制，不知起自何时，近数年来，沪上寓居西人多喜习此。每日黄浦滩一带，此往彼来有如梭织，得心应手，驰骤自如。然此诣苟非练习纯熟，则乘坐未稳倾跌随之。西人之所以能从心不踰者，亦系自幼相习，非一朝一夕之故也。顾或者曰：西人于游戏之事，每有深意寓乎其间。今脚踏车不过借以娱畅

① 《踏车倾跌》，《申报》，1898年1月28日，第3张。

> 心神，□观耳目，且地若平坦，或可任意游行，倘至高下不平之处，未免即有阻碍，亦何必专心习此。而脚踏车之来，且日盛一日哉，则谨应之曰，是盖未知，脚踏车为用之广也。[①]

较之以往，自行车的技术劣势犹在，中国道路状况依然恶劣，但是中国人观察的角度却变了。自行车再也不是那个“究竟费力，近不多见”[②] 的无用之具；转而变为可以“娱畅心神”并寓有深意的文明奇器。在社会日渐崇洋心理的大背景下，上海《游戏报》讲述了这样一个故事：

> 乡农灌田以水车置田畔，两足踏之即能挹彼注此。有某农人，俗所称呆子也。一日因事至沪，见泥城桥一带乘脚踏车者络绎不绝，归而告人曰：“上海有一种车子以两脚踏之即能行动，其捷如飞。我国的车子一样用脚踏，且所踏不止一人，然从未见过有一部能行动的，究竟是何缘故?”一老农掀髯叹曰：“此即中国人不及外国人之处。”[③]

如今看来，自行车与中国传统之脚踏水车，除了都用脚踏运转，实在是风马牛不相及的两件器物，如此比较着实有些荒谬。然而撇开荒谬不论，以此迥然不同之两种器物，借助“老农”之口，执笔者所欲表达的是中国不及西方之普遍性，反映的是中国人慕悦西方的社会心理。

自行车是此时中国人心中“文明”“先进”“现代”的象征符号。1900 年，中国民族资本投资创办的第一家近代机器面粉厂——阜丰面粉厂，以其设备技术先进而著称。为了推销产品，将本厂出产的面粉与“现代化的生活方式”“最先进的生活理念”相关联，老板孙多森、孙多鑫兄弟二人毅然将面粉的产品商标由“老车”牌更改为“自行车”牌。[④]

1901 年的《中外日报》刊登踏飞车行广告：“本行专办各种脚踏车，

---

① 《脚踏车将来必盛行说》，《申报》1898 年 4 月 1 日。

② 葛元煦：《沪游杂记》卷一，第 17 页。

③ 《乡下脚踏车》，《游戏报》，1899 年 3 月 31 日，第 2 张。

④ 左旭初：《民族面粉第一家——“红蓝自行车”牌面粉商标创立记》，《中华商标》2009 年第 1 期。

出售外洋头等机厂奇造一种飞轮脚踏车，其速较快。本行不惜重资，远运而来，刻已到申……想绅商之乐步飞者当欣喜而闻，为特布启。”① 1904 年《申报》刊登大惟车行广告：“本行今有新到英国头等脚踏飞车，名罗物……其价比众格外公道，凡绅商赐顾者……”② 从 20 世纪初报纸行销自行车的两则广告可以看出，此时自行车价格昂贵，属稀罕之物，主要消费对象是士绅巨贾、纨绔阔少等社会上层人群，尤以有接触西方经验的人士居多。③

晚清中国城市道路多狭长、凹凸不平，且大都是摩肩接踵，车水马龙，人若想骑车上街潇洒一游，则必先将车技习练纯熟。在上海，新近涌现出的公园等城市公共空间，成为骑车人聚会习车的理想去处。是时，张园作为上海最大的公共活动场所和游乐中心，自然成为骑车游乐的首选之所。孙宝瑄《忘山庐日记》光绪二十四年（1898）三月二十日云：“晡至张园观诸人试足踏车”，④ 看来作者还只是一个岸上观潮之人。老上海陈无我所写的《游张园十快》中有“一快”就是记述当年园中习练自行车的情形：“青草隙地见有多人试演脚踏车，有一人躯体粗肥，见猎心喜，必欲一试。友人苦劝不听，甫踏上即跌下，车即滚倒，此人费尽气力尚未爬起，岂不快哉！”⑤ 1903 年秋，张园还举行了脚踏车大赛，赛程是一英里，设有贵重奖赏，参加者不限资格，只要交费五角即可，进场学习、练习者不取分文。⑥ 不仅张园，“每张两园，尤为脚踏车所荟萃，所乘者皆欧西美制，光泽可鉴，点缀于香车宝马间，如蛱蝶穿花，有声有色，其素擅此技者，纵横驰骤，颇有脱于弹丸、御风而行之妙。其技之神，间堪凌驾西人矣。呜呼！吾中国四百兆人手足耳目心里材力，何

① 转引自闵杰《中国自行车的早期历史》，《炎黄春秋》2003 年第 2 期。

② “广告栏”，《申报》1904 年 5 月 10 日。

③ 骑行自行车“这流行的风气，渐渐的传到中国，而带得来的呢，就是一班老前辈的留学生。在此之前，不过几个教会中处人骑骑，大家引为奇观，自留学生归国，自由车就撒下了很丰满的种子。”沈镇潮：《自由车在中国进展的过程》，《上海体育年鉴》，上海体育世界出版社，1940，第 21～22 页。

④ 张宝瑄：《忘山庐日记》，上海古籍出版社，1983，第 188 页。

⑤ 余之：《摩登上海》，上海书店出版社，2003，第 36 页。

⑥ 熊月之：《张园——晚清上海一个公共空间研究》，《档案与史学》1996 年第 6 期。

尝有见逊于西人之处?!”[①]

园中习车几日之后，这些富家青年子弟就按捺不住急性，骑车上路了。从清光绪年间的桃花坞木刻年画《上海四马路洋场胜景图》中可见当时上海马路上的芸芸众生相。图中一个戴墨镜、拖长辫的时髦华人青年俨然已经骑着自行车飞驰在西式四轮马车旁边了。“近日洋场之内，风行脚踏车，每值夕阳西下，青年子弟狭袖短衣，相与乘脚踏车驰骋于衣香人影之间，亦娱游之胜事也。”[②]

其他中国城市也陆续出现了华人骑车的身影。1898 年一则有关江西的报道：“近日上海盛行脚踏车，江省初无所见。昨天某少年乘坐双钢轮脚踏车，由进贤门至贡院前一带驰骋往来，迅捷如飞。士人见所未见，无不讶为奇制。”[③] 当两个深入中国内地的洋人 Fullerton 与 Wilson “在 1909 年乘坐骡车蹒跚地行经山西时，十分惊讶竟有一名地方士绅骑着脚踏车超越他们”。[④] 不仅江西、山西，北京、天津、苏州、汉口、济南、杭州、广州，甚至位于内陆的成都[⑤]，都有了华人骑自行车的记录。在 20 世纪初年，中国城市中自行车传布的态势已经普遍呈现。

此时传入中国的自行车在技术上还不完美，还不能作为功能完备的代步器械，只是闲时游戏娱乐的工具。但作为西方文明的象征，西方生活方式的载体，中国人对自行车表现出的兴趣并未稍减。在那时的中国人心中，能否学会骑行自行车是一种姿态：一种向往文明，乃至代表文明的姿态。

（三）自行车阶级

1920 年代，中国的各大城市的交通工具结构正在发生着翻天覆地的变化。以上海为例，1889 年的 6 月 14 日、15 日、16 日三日，工部局工

---

① 《论脚踏车有盛行之机》，《游戏报》1899 年 5 月 7 日。

② 《伤及要害》，《游戏报》1898 年 9 月 17 日。

③ 转引自闵杰《中国自行车的早期历史》，《炎黄春秋》2003 年第 2 期。

④ Frank Dikotter, *Exotic Commodities: Modern Objects and Everyday Life in China*, Columbia University Press, March 6, 2007.

⑤ “人力车是 1906 年从日本引进的……几乎在同时，成都人开始骑上了外国制造的自行车，由于来自外国，直到 20 世纪 60 年代自行车在四川仍被叫做‘洋马’。”王笛：《街头文化：成都公共空间、下层民众与地方政治，1870～1930》，李德英、谢继华、邓丽译，中国人民大学出版社，2006，第 180 页。

务处主任梅恩（C. Mayne）曾在外白渡桥对上午8点到下午8点过桥的车辆人马数做过统计。兹将其数据与1926年5月17、18两日，上海公共租界工部局在同一地点对上午7时到下午7时各种车辆的数量统计数据作表格对比，可见上海城市交通工具近代化的轨迹。

表1　上海外白渡桥通行交通工具变化

时间	行人	人力车	马车	轿子	马	自行车	摩托车	汽车	公共汽车	有轨电车
1889年	11770	6984	544	9	11	-	-	-	-	-
1926年	50823	14600	-	-	-	3459	194	3764	172	922

注：1889年数字系3天平均所得（约数），1926年数字则是2天平均所得，所通行的车辆中货车未被计入。

资料来源：上海通社编《上海研究资料》，上海书店出版社，1984年影印重版，第360～361页；罗志如：《统计表中之上海》，台湾中研院社会科学研究集刊，1932，第60页。

37年间，上海马路情景的这种显著变化，也不同程度地发生在中国的其他城市。聚焦自行车，“据驻华各地日使领去年年终（1927年——笔者按）报告，我国各城市近来对脚踏车需要状况，皆增加甚速”。[①]

图4　1917年，上海市南京路街景，自行车、人力车、电车、汽车等穿梭于路中

资料来源：www. virtualshanghai. net。

① 《我国各地脚踏车需要状况》，《经济半月刊》第2卷第5期，1928年。

这份转译于日本《通商公报》的各地日本驻华领事所做的报告，可以帮助我们大略了解到1920年代自行车于中国城市的传布情形：

“济南”：济南每年销卖脚踏车数殊难得确实之统计。据该业者言，谓每年约一千辆，价值约五万元，零件配件等亦约值五万元。最近因街道改良，使用脚踏车者大增。欧战时市场几为日本所独占，战后德国高利克（译音）牌脚踏车输入，销路着着扩充。日本之红狮牌、僧帽牌等车，一般人皆视为劣货不甚欢迎……

“营口”：本地每年需要脚踏车约二百辆，其中一二成为德国货，余为日本制品，尤其以堺公司制品为多……堺公司品每辆日金三十五元，德国品日金五十元至五十五元……

“奉天”：华商无专门以此为业者，皆由杂货商或车辆商兼卖，近来该地输入之脚踏车约八成为日本品，其中以名古屋地方所制者居多数。现在奉天城市所用之脚踏车数不足一万辆，闻近年乡间亦有相当销路，此货销路似颇有扩充之余地。

“苏州”：此地近两三年来脚踏车极为流行。其初，本地华商仅由上海运入少数，运费及其他费用既比较颇高，而该商又贪厚利，以至零售价格甚昂。前言之桥本商行（本业为制钮业）有鉴于此，自去冬（一九二六）以来，由大阪购入日本品若干试卖，成绩甚佳。利用报张广告，近年来渐有由内地订购者。苏州去上海甚近，每年英美德各国制品之运入约五百辆。目下车体以英国肯涅特（Kenett）牌名誉最佳，皮带则以邓禄普公司制品为最盛行，惟日本品价格如能低廉，当再有分得一部分销路之希望。现在苏州之道路渐次改修，而当地士绅等所拟修之苏州上海间及太湖沿岸诸市区之汽车路，如能开通，则此货销路必然增加，故斯业将来实大有可望……

“杭州”：杭州脚踏车使用总数现约七百辆，其中六成为日本品，皆有上海转来，绝无由日本直接输入者……

“福州”：福州之脚踏车，似于一九一五年，始有相当输入。当

> 时街道极不平坦，人民亦尚未达嗜好之程度，仅输入一百五十辆左右，其后中绝。近来因道路改修，输入渐有增加之倾向，然实际利用者尚属寥寥，大半为娱乐及运动之用，车辆数仅约三百五十辆，本年（一九二七）该货三分之一以上系由日本内地输入，惟此品现虽尚未普及仅为娱乐品，然此后随道路之改良，实用的需要当见增加。至于市场状况，则至今日止，输入之货仅有美国品及日本品两种，美国品（邓禄普）牌有优美坚固之称，然价格每辆约需银元七八十元，不适于一般之需要，故销路不甚畅旺。日本品（商标多种）每辆由银元四十至五十元，颇受欢迎（值银元二十元以下之品，其寿命仅数月，目下名声甚劣）……
>
> “南京”：本地专门脚踏车商有同昌车行，此外德泰昌及源丰号亦以五金商而兼营斯业。同昌车行之车，由上海该行总号运入，其他两家亦由上海购入。购入者系德国品及少数之日本制品。现在似无直接输入日本车者，非由上海间接输入，即托本地下关湖北街二号日商三星洋行代订，就目下情形观之日本品销路有稍增之势。
>
> “重庆”：重庆城位于扬子江及嘉陵江之合流点，街为石路，多峻阪，且四围山岳重叠，地形上不能利用脚踏车，故需要与销售者皆无，惟目下重庆成都门正在修筑汽车路之中，俟完工后脚踏车之需要当随之而生也。①

伴随自行车在中国各个城市中的普及，骑车人的社会阶层也在向下流动，从社会上层群体，向下位移到城市中下层群体。自行车当然还是现代文明的象征，但不再为少数人群所拥有，代表西方的意味越来越淡，中国的味道越来越浓。

《新闻报》《申报》等各大报纸中到处遍布着自行车的售卖广告，以得利车行兜售的英产“海格利斯自行车”为例，从其广告语为：“构造特殊、骑乘安全、风行全球、到处欢迎、用以代步、经济便

---

① 《我国各地脚踏车需要状况》，《经济半月刊》第2卷第5期，1928年。

利。”此时“经济便利”代替了“不惜重资”、“代步”取代了“乐飞”，自行车商家以最敏锐的眼光看到了骑车人群体和自行车功能的这种转变。

最早在1911年，还是在上海，邮政局从英国购入了100辆自行车，开始用自行车投递邮件。这是自行车作为一种交通工具第一次投入公用，自行车有了私用和公用之分。

图5　1920年上海公共租界四川路上的邮差自行车队伍

资料来源：www. virtualshanghai. net。

中国其他城市随后效仿上海，公用自行车数量不断攀升。1920～1930年代，几乎所有中国城市的邮政局、电报局、电话公司、公用局、警察局等机关为执行公务、提高办事效率，都为其职员配备了自行车；普通市民亦将自行车作为代步所用和运输工具购买使用，这里包括各个洋行的职员、各大学堂的教师学生、各家报社的记者等。但无论公用，抑或私用，他们都被归类为自行车阶级，在城市的街道上与气焰嚣张的汽车阶级和靠出卖劳力过活的人力车阶级相区分。

中国著名记者、作家萧乾[①]在写于1934年秋天的散文《脚踏车哲学》[②]中，以其独特敏感的笔触给读者刻画出了一幅完整的北京街头的社会分层图和自行车阶层众生相。

文章一开头，他以戏谑的口吻自嘲道，因为“买到一辆过手的杂牌车（自行车——笔者按）”，他的那些“穷朋友”开始视其为“有产者”了。“自从我的脚不与那硬的石头和稀的泥浆发生直接磕碰以来，我享到了新的舒坦，可也感到失了原有伙伴的孤独。”不过在“一个人被带到另一个崭新的世界后”，他在马路上又交到了许多“新”朋友：

速度和身分使我的友谊既不能去高攀，也无从下就，恰好是和我同样拥有脚踏车的人。结交不必由那方采取主动，我们在感着同样的不便，也沾着同样的光。一辆英国“三枪”[③]拐倒了一辆人力车，那时德国“汉堡儿”[④]的同样有理由笑——而且是胜利地笑。但对面冲来凶猛的汽车时，则大家同样惊慌。

在萧乾的眼中，自行车阶级也并非千人一面，相反，会因为主人的不同，各有其个性，表现出所谓近代中国城市社会中间阶层的复杂性：

象那税局科员的“鹰牌”[⑤]，如果他由你身边骑过时，你会想这人整天的时间都花费在这辆车子上了。电镀的前叉子亮得象银条，

---

① 萧乾，原名萧秉乾，蒙古族，1910年生于北京，13岁成为孤儿，生活极为贫苦。在亲友的帮助下，一直半工半读的他，在19岁时进入北平燕京大学国文专修班，一年后考入辅仁大学，1933年转入燕京大学新闻系学习。《脚踏车哲学》就是他在燕京大学读书时候写作而成的。

② 原题为《路人》，最早收入其散文集《小树叶》，上海商务印书馆，1937，第24～29页。

③ 三枪，英国著名自行车品牌B. S. A.，是英国伯明翰轻武器公司（Birmingham Small Arms Company）的英文首字母的缩写。

④ 汉堡儿，德国著名自行车品牌The Humber，原属于汉堡公司的独立品牌，1932年，被英国兰苓公司（The Raleigh Cycle Company）收购。

⑤ 据笔者推测，此处的“鹰牌”应该是英国兰苓公司（The Raleigh Cycle Company）生产的自行车，其标志为一个英文大写字母“R”上坐落这一只鸟头，国内通常称之为“凤头”牌，是当时中国价格最为昂贵、档次最高的自行车。

绿的走水绸斜扎在邓路普红胶皮的长喇叭上。他不容一粒尘土栖在轮盘上，因为他记得这一路要经过多少漂亮的人。可是这点顾忌锐减了他的速度，结果只配在马路上摆摆架子。

讲快要算电报局的那位科员了，只要登上那轮，他便飞下去了。车身找不到一些装饰，但求轮带够硬壮，中轴有着润杆珠的油就成。条上纵爬满了去年的泥疙瘩他也不介意。这人看警章是给弱者的。巡警用木棍指挥他，他会连木棒撞掉。七十岁老太婆之命多半悬在他的轮下，监牢也是他可能的栖所。

守分的车多半蹓在路边。他忌用眩目的颜色惹人注意，也不在同侪的挑战后增加脚下的力气。手指总勾在后闸的机关处，预备可以随时停下。每辆汽车的影子全能在他脸上画出生畏的表情，可是在无人知晓的时候，也会吐上几句对汽车的怨语……

有些骑车的感到骑在汽车前永远要受到压迫，乃尾在这巨物的后面，任它去冲路，既迅速，又威风，特别在压过同伴的尸身时。但这种人向为侪辈所不耻。

还有些无能而又想做点动人事件的骑车者，在汽车还远远的时候，骑到马路中心，作几个反抗汽车的姿势。只要弹压警察向他一挥棒，就即刻躲在最安全的地带去了。这种人只能获到一个丑角应有的喝彩，永远不能为同伴所信赖，或为敌人所畏惧。

萧乾这篇带点象征意味的散文，原题为《路人》，收入《珍珠米》[①]时改为《脚踏车的哲学》。萧乾自己在 1984 年评论此文时说，“这是我对社会的一点分析。骑车者指中产阶级，人力车指劳动人民，汽车指军阀和国民党反动统治者。文中现身说法，对‘世故’有所揶揄”。[②] 萧乾对 1920～1930 年代遍布于北京城市街道中的骑车人的文学描述，轻盈、鲜活地展现了那时中国城市中间阶层的夹层生存状态。

---

① 萧乾：《脚踏车的哲学》，赵家璧主编《珍珠米》，晨光出版社，1948，第 33～36 页。
② 《脚踏车的哲学》，《萧乾选集》第三卷，四川人民出版社，1984，第 16～19 页。

图 6　1920 年代的中国城市中，骑自行车代步的市民已经相当普遍

资料来源：www. virtualshanghai. net。

（四）“自由车万岁！”

在中国城市居民接受并享受现代交通工具所带来的生活便利之后不久，发生在 1930～1940 年代旷日之久的战争，给中国城市民众又上了惨烈的一课。现代战争不仅是人与人的较量，亦是能源的争夺。《申报》1942 年 4 月 25 日《本报特稿》中，一针见血地指出：

> 在现代战争中，一滴油等于一滴血，无论那种作战利器，没有油来燃烧和润滑，立刻失其效用，油对于战争的重要性，可以想见。所以各交战国家，即使存油充足，供应不虞断绝，也莫不竭力节省油的消耗；然而战争机构的用油，不得稍缺，免得影响作战能力，退求其次，只得限制平民用油，力求节流。而平民用油，什九耗于汽车，既受限制，汽车便像抽掉鲜血的“市虎”，不复能称雄于通衢。①

① 《时代宠儿自由车的崛起》（上），《申报》1942 年 4 月 25 日。

图7　1937年淞沪会战爆发时，从战场骑自行车匆匆逃往租界避难的中国难民

资料来源：www. virtualshanghai. net。

汽车、摩托车的正常运行要依靠汽油，电车的正常运行要依赖电力。上海作为近代中国最大的都市，在太平洋战争爆发之后，全城的公共交通几乎陷入瘫痪。由于汽油的缺乏，至1942年1月10日上海公共汽车完全停运，[①] 而电车业“亦受电流节省计划影响，而实行减少车辆，缩短时间”[②]，不仅如此，所余营运车辆的数量因零件损坏无法及时补给而不断减少。至1945年5月，上海有有轨电车128辆，但开行者不足100辆；无轨电车200辆，开行者仅30辆。[③] 有人将1940年代的上海马路，与战争之前相比较：

畴昔乡人来沪，视马路为畏途，盖汽车飞驰，踵趾相接，偶不留神，即有丧命之虞，近日则每见背负肩挑之群，行经马路中心，

① 《英商公共汽车昨起全部停驶》，《申报》1942年1月12日，第3版。

② 《汽车减少后本市交通现状》，《申报》1942年3月6日，第3版。

③ 《上海都市交通公司（一）——上海公用事业解剖之二》，《申报》1945年5月7日，第2版。

态度从容，若无其事，此为本埠（指上海——笔者按）情形剧变之缩影。①

上海况且如此，中国其他城市亦可想而知。

在公共汽车停驶，私人汽车、摩托车受到严格限制，电车大规模缩减的窘迫现实面前，中国城市居民的刚性出行需求，只有依托包括人力车和自行车在内人力驱动的交通工具实现。

福无双至、祸不单行，此时人力车的使用成本也随着市场规律的调节而不断攀高。“国米洋米一限制，包车夫食量惊人，三四个人轧来的米，只够养活一个包车夫，于是包车也不是阿狗阿毛可以坐了。”② 市民因人力车“生活程度日高，车夫索价太贵，不甚经济”。③ 对绝大部分中国城市居民而言，真正可以依赖的有且只有自行车代步一途。自行车作为不需任何能源就可通行无阻的轻便交通工具，此时优势显露无遗，需求与日俱增。自行车“既省钱，并且很便利，只要一辆在‘脚’，便可到处通行了！所以脚踏车成为目前上海最时髦的代步器”。④

与自行车在中国城市中大规模地使用相同步的是，自行车保有人和骑行者阶层鸿沟亦被填平。自行车再次赢得了中国社会“中上阶级”的芳心，很难在城市街道上再以交通工具为标志区分社会群体。

自由车现为本埠（指上海——笔者按）最流行之交通工具，登记数量激增，自行车行交易频繁，街头自由车之踪迹，川流不息，此项足踏车辆，以前仅供勤务送信等用途，今则已为一般中上阶级所垂青，若干汽车主，且已降格乘坐，若干公司经理，有购备自由车多辆，以防电车停驶时，供职员辈应用者。⑤

① 《汽车减少后本市交通现状》，《申报》1942 年 3 月 6 日，第 3 版。
② 《脚踏车成为上海交通利器：一椿新事业将应运而生》，《太平洋周报》第 1 卷第 15 期，1942 年 4 月 18 日。
③ 《胡枫也学骑脚踏车》，《大众影讯》第 2 卷第 36 期，1942 年 3 月 28 日。
④ 《胡枫也学骑脚踏车》，《大众影讯》第 2 卷第 36 期，1942 年 3 月 28 日。
⑤ 《汽车减少后本市交通现状》，《申报》1942 年 3 月 6 日，第 3 版。

自行车传布于中国的走向，朝夕间，被残酷的战争所扰乱。数十年来，受尽汽车阶级冷眼的自行车，如今却坠欢重拾，备受欢迎。自行车再次幸运地成为马路之上时髦的代步工具。

著名导演、电影明星在现代社会中被视为摩登的代言人，往往具有极强的表现欲望和影响力，他们骑行自行车，是城市街头一景，自然不能与一般大众相提并论。电影导演方沛霖曾如此装扮自己的自行车："车上的点缀品（其实是都有用处的）统计一下：计有响铃一支，喇叭一具，镜子一面，克罗米保险挡一副，左右轻湾揭示器各一具，前翼子板上电镀克罗米立体铜鹰一支，后翼子板上真印度红玻璃两块，纯铜旗杆一根，书包格及脚架子各一具，还有挂在车身边的皮盒一个，内装修理工具一套，皮盒上还有架着打气筒一只……"① 名人的影响力，不可小觑："像陈云裳、童月娟、韩兰根、顾兰君等都出入用崭新自由车代步，台型十足，于是市上（指上海——笔者按）一般摩登男女认为骑自由车最出风头，也效法大明星穿着西装衬衫及西装裤，鼻上还架着一副太阳眼镜，抬摇过市。"②

不同于名人在自行车装饰上所下的功夫，普通市民则更愿意在自行车的实用性拓展方面花费脑力。自行车在中国早已被广泛地用作代步和运货的工具，但在战时资源紧缺的环境下，一般的自行车应用已经不能满足日常生活所需，中国城市的马路上出现了许多样式不同、功用各异的自行车：

> 有三轮单坐的，这是仿效机器脚踏车的样子，在车旁挂上一只坐篮，不过坐的人未必怎样适意；有的四轮的，坐车的式样仿人力车，挂在自行车的后面，这在搭车的人就比较来得舒服；最近发现的，有三轮车，后部仿马车的式子，可以并坐着两人，驾驶的人在前面，和三轮送货车相仿，搭车的人如坐在马车上一样宽敞，这就更为进步了。至于运货方面的，听说最近亦有新式的在制造，一次

① 《方沛霖匠心独具，脚踏车上花样多!》，《大众影讯》第3卷第10期，1942年9月26日。

② 《李丽华请小朋友教脚踏车》，《大众影讯》第3卷第3期，1942年。

可以运送千把斤的货物哩！①

图 8　1946 年的北京街头随处可见自行车、改装三轮自行车等

资料来源：*LIFE* 杂志

文中叙述，模仿摩托车的三轮自行车，是在车侧方添装船形藤筐和一个车轮，可多乘坐一人，自不必多言；而四轮自行车，为搭车人舒适而造，适于载客，大可供许多事业的汽车夫用以谋生；而三轮仿马车自行车，则最宜小家庭使用，让孩子们安坐车厢里，父母则踏车而行。至于运货可达“千把斤”的新式自行车，笔者亦未曾见过图片，不知是何物也。在其他交通工具使用频率减少的时候，自行车终究成为“平民交通的轿子”，为民众日常生活

① 瑞俊：《战时交通工具轿子：自行车广泛地应用起来》，《万象》1942 年第 2 期。

提供了诸多便利。无怪乎时人在报纸上喊出“自由车万岁!”的口号。[1]

二 中国皇帝与自行车

（一）光绪帝与自行车

紫禁城红墙内传出的中国皇帝与自行车的逸事，始自光绪帝。与晚清其他几位皇帝不同，在中国历史叙事中，光绪帝向是一个痛恨落后、热心西学、冀望变革、追求进步的形象。19 世纪末期，自行车与光绪帝有牵连，亦在情理之中。

根据一位名为赫德兰（I. T. Headland）的美国人回忆：“晚清朝廷中对于新学的态度发生转变，最初也是从一些小事开始的……为了哄好小光绪，太监们想方设法买了各种各样的西洋机械玩具。小皇帝稍大一些，太监们又给他买来了精致绝伦的钟表、手表。光绪少年时对电报、电话、汽车、轮船、电灯、蒸汽机都怀有极大的兴趣，并把这些东西买到宫里，后来又在全国推广。后来为了宫中的娱乐，他又派人买来了留声机、电影摄影机和自行车等等洋玩意。总之，所有独特的、有用的现代西方的一些发明都被他买到了宫中。”[2]

书中甚至记录了光绪帝得到自行车的细节：

> 有一次，那个太监看见我妻子放在游廊上的自行车，就问我：“这是什么车?”
>
> “这是一种能自己行走的车。”我回答说。
>
> “怎么用呢?”我把自行车搬下来，在院子里骑了一两圈。他张大了嘴，睁大了眼睛看了半晌。我一停下来，他就问：“怪呀！为什么这车就是不倒呢?”
>
> 我告诉他，凡是运动着的物体就不会倒下。这个道理适用于世界上任何事物。

---

① 《时代宠儿自由车的崛起（下）》，《申报》1942 年 4 月 26 日，第 5 版。

② 〔美〕I. T. 赫德兰：《一个美国人眼中的晚清宫廷》，吴自选、李欣译，天津百花文艺出版社，2002，第 201 页。

第二天他来的时候说："皇上想要自行车骑。"我妻子就让他把自行车带进宫里。不久，就听说皇上正在学骑自行车。有一天，他的长辫子卷进自行车的后轱辘里，从车上摔了下来。和当时很多中国人一样，他从此不再学骑自行车了。①

赫德兰在《一个美国人眼中的晚清宫廷》中所记载的光绪帝曾学习骑行自行车的故事是否属实，笔者并未寻找到其他佐证，暂且存疑。而光绪帝的继任者宣统皇帝与自行车的一段情缘，则是世人皆知。

（二）溥仪与自行车

意大利著名导演贝托鲁奇（Bernardo Bertolucci）在拍摄清朝最后一代君主爱新觉罗·溥仪的传记性电影《末代皇帝》时，影片中有段场景是讲述的来自苏格兰的英籍老师庄士敦（Sir Reginald Fleming Johnston）赠送溥仪一辆自行车并教会他骑车的故事。自行车，作为导演心目中西方文明的象征，在影片中有一个长时间的特写。在这个镜头中，自行车是主角，庄士敦推着它走进狭长的大门，而此时的溥仪和他的伙伴们正着迷于"隔幕看人"的游戏，接下来是庄士敦的特写镜头，庄士敦看着玩游戏的溥仪，眼神中似既有不解，也有无奈。庄士敦耐心地教会了溥仪骑着自行车在故宫中四处游走。此处的象征意味极其明显：西方为东方之师，给东方带来了先进文明；而西洋器物自行车从根本上打动了溥仪，这位代表中国传统与正统的末代皇帝。

贝托鲁奇导演的《末代皇帝》在中国，甚至世界范围内都有获得了极大的成功，1987 年电影一举拿下了美国奥斯卡金像奖之九项大奖。庄士敦送予溥仪自行车的故事也随着电影的影响力，成为一种末代皇帝拥有第一辆自行车的最为流行的说法之一。

但电影毕竟是电影，它是一种艺术创作，而非历史真实。笔者阅读过的庄士敦所留下的史料，尤其是在被视为了解溥仪第一手珍贵文献资料的《紫禁城的黄昏》（*Twilight in the Forbidden City*）中，并没有庄士敦赠予溥仪自行车，并教他骑车的记录。作为帝师，庄士敦曾在紫禁城中

① 〔美〕I. T. 赫德兰：《一个美国人眼中的晚清宫廷》，第 61～62 页。

教导溥仪英语、数学、世界史、地理等课程，也的确使溥仪接触了不少西方事物，如墨镜、电话、网球等，但这其中并不包括自行车。

郭布罗·润麒，末代皇后婉容的弟弟，事后曾对《末代皇帝》影片中将自行车带进紫禁城的“功劳”归结于庄士敦，很是不满。他在2004年说：

> 不少文章里都说：是溥仪的英国老师庄士敦把第一辆自行车引进了紫禁城。作为这件事的当事人，我敢负责任地告诉读者，真正把第一辆自行车引进紫禁城的人是我。我至今还清楚地记得，我们家里的第一辆自行车，是我妈妈弄来的。我觉得这玩意儿挺新鲜，一定很好玩。自己有了好玩的新鲜玩意儿，总忘不了同样贪玩的皇帝姐夫。于是我把自己家的这辆自行车骑进了紫禁城。①

郭布罗·润麒认为自己是“真正引（自行车）进紫禁城的人”的说法同样也难以立论。在郭文中，溥仪接触自行车显然是在其1922年大婚之后，而润麒并没有交代自己的母亲为什么家中会有自行车。不仅如此，光绪同父异母弟，溥仪叔父载涛之第二子溥佳的回忆也与之相左。

溥佳是溥仪堂弟，年幼即进宫给溥仪伴读，与溥仪关系最笃。据溥佳回忆，1922年溥仪大婚时，他送了溥仪一辆自行车作为礼物：

> 我送溥仪的礼物是一辆自行车。因他从未骑过自行车，看了十分高兴，就开始练习起来，不料陈宝琛得知后，把我狠狠申斥了一顿：“皇上是万乘之尊，如果摔坏了，那还了得。以后不要把这些危险之物进呈皇上。”他还劝溥仪不要骑，幸而溥仪并没有摔伤，练了几天就会了。他后来自己又买了许多自行车，时常带我们以骑车为乐。②

① 张骥良：《末代国舅澄清两件史实》，《文摘报》2004年5月19日。

② 中国人民政治协商会议全国委员会文史资料研究委员会编《晚清宫廷生活见闻》，北京文史资料出版社，1982，第129页。

溥佳赠车给溥仪的史料显然更贴近历史事实。一是赠车时间较之润麒更早，时间在溥仪大婚之前夕，即使两人所述均属事实，也是溥佳送车在先；二是事件亲历者溥佳之父载涛以玩车著名，是京城中是最早接触自行车的玩家，① 前后因果更为明晰。据《末代皇叔载涛沉浮录》的记载，“生性好动的载涛，除了爱马骑马，还酷爱骑自行车，他从十几岁开始学骑车，一直骑到八十岁。当时，自行车在北京还很稀罕。载涛由于一个偶然的机会，在皇宫内看到一个民间艺人表演骑车术。这位艺人精湛的表演深深吸引了他，促使他下定决心去尝试驾驶这件神奇之物。如果说王公大臣及遗老们对子弟学骑马还表示赞同，而对骑车则无不认为有失体统，不符家规。然而载涛对这些全然不顾。他冲破重重阻力，终于掌握了这种新玩意儿——脚踏车。当时，经常可以看到骑着自行车的涛贝勒爷，在大街上快活地溜来溜去……载涛为了骑车游玩时有人陪伴，他让家里人都学骑车。载府里的成员，不论大人、孩子，男的、女的，夫人、格格，下人、听差，都得学骑车。而且不论哪个学习骑车，他都要一个个手把手地亲自教。涛贝勒骑起了自行车，带动了京城一大帮王公贵族子弟，甚至影响了居住在紫禁城内的小皇帝溥仪”。②

溥仪一下子就被自行车所吸引，据御前外随侍从周金奎1965年回忆：1923年夏，紫禁城曾有一场大火，“建福宫及其附近的静怡轩、延春阁、积翠亭、凝辉楼等全部烧完”。清理完毕后，溥仪索性就“在这里开了一个运动场，每日在这里打网球，练自行车。为了学自行车，他（指溥仪，笔者按）特以每月100元的工资，聘请飞车小李三教他骑车玩儿”。③ 可见，溥仪对于骑行自行车的热爱。

末代皇帝溥仪与自行车最为人津津乐道的故事是他在《我的前半生》回忆录中的短短一句话，他说：“为了骑自行车方便，我把祖先在几百年

---

① 载涛生于1887年，就此推知他接触自行车的时间应在1897～1907年间。而关于北京最早自行车传入的记录是迟至1897年一位法国医生骑车前往宣武医院时，“坐脚踏车展轮而行”。参见闵杰《中国自行车的早期历史》，《炎黄春秋》2003年第2期。

② 郑怀义、张建设：《末代皇叔载涛沉浮录》，群众出版社，1989，第16页。

③ 中国人民政治协商会议全国委员会文史资料研究委员会编《晚清宫廷生活见闻》，中国文史资料出版社，2000，第52～53页。

间没有感到不方便的宫门的门槛，叫人统统锯掉。”① 溥仪是清王朝最后一位皇帝，3 岁登基，6 岁退位，天性懦弱，一生为各派政治势力所利用，并无甚大建树。也许他敢于把祖宗不肯动的门槛锯掉，是少数几件被后人所反复书写的历史情节之一。对此，溥仪自己也颇为骄傲，晚年他在重游故宫时，“在经过没有门槛的宫门时，他一边指给人们看，一边笑着说：‘这是我的成绩，为了骑自行车，我敢于把祖宗不肯动的门槛锯掉!’这时可以看出他对童年生活也有一些有趣的回忆”。②

溥仪究竟锯掉了多少门槛？据实地勘察，门槛被锯掉的主要分布在东西六宫和御花园，约有 20 处。另外，储秀宫的东侧门的门槛南端只锯了一半，锯口犹在。③ 以此想象，当时溥仪骑行自行车活动的大致范围：“通过西一、西二长街到御花园，到东一、东二长街，可进东六宫一些宫殿庭院，南头出东一长街内左门或西一长街内右门可到乾清门外广场”，以及景运门外和隆宗门外的区域。④

当然，溥仪到底锯掉了多少门槛，并不十分重要。在中国的自行车文化中，溥仪学习骑行自行车的故事有着独特的地位和魅力，以至于成为本节所无法回避的一个议题。

三　自行车上的“她们”

除了深锁在紫禁城中的末代皇帝，近代中国城市街道上还涌现出一个特别值得关注的骑车群体——女性。19 世纪后期，西方社会中激荡着的自行车热潮，曾引发一场轰轰烈烈的妇女解放运动。后人形象地将其称作“灯笼裤革命”。在中国，自行车上的“她们”与西方女性相比有何

---

① 爱新觉罗·溥仪：《我的前半生（全本）》，群众出版社，2007，第 99 页。

② 文达：《溥仪游故宫追记》，《旅游》1979 年创刊号。

③ “东西六宫和御花园来看，锯掉门槛的有：御花园的琼苑东门和琼苑西门；东一长街两端的长康左门和内左门以及东侧所有的门；东二长街两侧所有的门；西一长街两端的长康右门和内右门以及西侧的广生右门、咸和右门、遵义门等；西二长街两端的百子门和螽斯门以及东侧的崇禧门，还有螽斯门外的左右两门纯佑门和嘉祉门。”详见萧正文编《故宫丛谈》，中国旅游出版社，1998，第 167～169 页。

④ 萧正文编《故宫丛谈》，第 167～169 页。

异同？这是下文所要讲述的内容。

（一）洋学堂的女学生：宋霭龄及其他

19世纪的历史文献中有关自行车与中国人的记载本就极少，且多未标出准确时间。根据美国作家项美丽（Emily Hahn）的研究，第一个学会骑行自行车的中国女子是宋耀如的大女儿宋霭龄：

> 宋耀如喜欢骑脚踏车，也是上海第一个拥有脚踏车的人。在霭龄十岁生日（1899年——笔者按）那天，他送给她一辆脚踏车，对霭龄，她是当时中国所有女孩当中第一个拥有脚踏车的女孩。她经常与父亲骑车出游，且不听劝告，骑车作弄环绕街上的警察而不肯罢休。①

19世纪后期，自行车在美国已经十分流行。作为一名卫理公会传教士来上海传播福音之前，宋耀如在美国生活了整整八年时间（1878～1886），对自行车想必很熟悉，拥有自行车且喜欢骑车并不奇怪。不仅如此，宋耀如十分注重对子女的西化教育，平常尽力保持美国化的生活方式，在他大女儿10岁时便赠予自行车，亦在情理之中。但项美丽的研究依托何种资料，文中并无交代，笔者对其结论只能暂且存疑。

可以肯定的一点是，包括宋霭龄在内，② 晚清中国城市中出现的洋学堂（教会学校）的女学生是近代中国首批学会骑行自行车的女性群体。

为改善女生之身心发育，破除中国女性缠足陋习，招收女生的洋学堂大都会将体操（即体育——笔者按）列为必修课程。而自行车作为体操教育的一个门类，让洋学堂的女学生得以较早接触、熟知这一西方器物。1906年5月19日，上海西门外务本女塾及幼稚园曾举行运动会，其中有一项比赛就是“自由车”。③

---

① 〔美〕Emily Hahn：《宋美龄传》，龙流译，农村读物出版社，1988，第25页。

② 1892年，宋耀如所原属的卫理公会在上海开办了一所贯彻美式教育理念的女子学校——马克谛耶学校，“查理（即宋耀如）就象鸽子趋巢一般，自然为它所吸引”。在宋霭龄5岁的时候，就被宋耀如送入马克谛耶学校开始学习。参见〔美〕埃米莉·哈恩《宋氏家族——父女、婚姻、家庭》，新华出版社，1985，第26页。

③ 《纪务本女塾开运动会》，《申报》1906年5月20日，第17版。

图 9　1936 年秋，上海车会女学生相约骑车出游，在赫德路（今常德路）聚集出发

资料来源：上海图书馆。

（二）妓女

除了洋学堂的女学生，妓女也是近代中国最早骑行自行车的女性群体之一。

近代以来，中西交冲下人口流动加速，中国城市，尤其是租界城市的娱乐业日渐兴盛。在新生纸质大众媒体（主要是小报）的配合鼓吹下，妓女占据公共话题，成为“明星”，走入大众的公共视野。从不拘传统的新奇奢侈的服装打扮、富贵华丽的住宅与家具，到极度追求奢侈的生活方式，妓女在晚清中国公众心中的形象是新奇大胆，是标新立异，她们是那个时代时尚的代言人。

20 世纪初，自行车作为价格不菲的游乐器械，[①] 得到了妓女们的青睐。余之在《摩登上海》中写道：“晚清时期，自行车在上海人的眼里是一种奢侈品，那时候有谁拥有一辆自行车，那是一件了不得的事。有老

① 1903 年 4 月 2 日，《大公报》有广告云：“美国巴希克洋行新到德国名厂制造头等新样女脚踏车十部，每部价银六十两正。惟须台售，不能拆卖。”银六十两折合约 84 块银圆，相当于今日一部中高级汽车的售价。参见闵杰《中国自行车的早期历史》，《炎黄春秋》2003 年第 2 期。

上海写文章说在张园里骑自行车玩，那是上海滩一大乐事。那个时候的青楼女子以自已能在照相馆里拍一张照片为荣。”①

青楼女子不仅是与自行车合影留相那么简单，其中先锋者开始尝试跨车而行。《图画日报》中有两则妓女骑行自行车的报道：

图 10　妇女亦乘脚踏车之敏捷

资料来源：《妇女亦乘脚踏车之敏捷》，环球社编辑部编《图画日报》第 3 册，上海古籍出版社，1999，第 43 页。

其一，“上海社会现象”中名为《妇女亦乘脚踏车之敏捷》，配文讲道：

> 自脚踏车风行沪地，初为一二矫健男子取其便捷，互相乘坐。近则阁楼中人，亦有酷喜乘坐者。每当那个马路人迹略稀之地，时有女郎三五，试车飞行，燕掠莺捎，钗飞鬓颤，颇堪入画。因作是图，并填《踏莎行》一阕：
>
> 踏莎行
>
> 马路人稀，鸾铃韵细，轻车飞过名姝丽，临风乱摆柳腰支，管

① 余之：《摩登上海》，上海书店出版社，2003，第 37 页。

他吹得衣裙起，钗凤斜欹鬓蝉不理，只将扶手连凝睇。莲钩频缩复频伸，娇嘘逗出如兰气。[1]

图 11　金谷香尘走细车

资料来源：《金谷香尘走细车》，《图画日报》第 6 册，上海古籍出版社，1999，第 223 页。

其二，是在“上海曲院之现象”栏目中刊登了《金谷香尘走细车》：

自脚踏车盛行于沪，乘者取其非常迅捷，每喜购试。其始虽仅三五少年，既而曲院中人亦戏效之，于是皆以张家花园为练习地，每自三四钟起至薄暮止，时有笑移莲瓣轻转橡轮盘旋于如烟芳草间者，诚绝妙一副美人游戏图也。赞曰：“时见美人，飞车游戏，频蹴莲钩，紧栓藕臂，掩映花丛，往来草地，慎莫跌交，横陈玉体。[2]

① 《妇女亦乘脚踏车之敏捷》，《图画日报》第 3 册，第 43 页。

② 《金谷香尘走细车》，《图画日报》（1909～1910），第 6 册，第 223 页。

被著者张春帆称为“嫖界的指南，花丛的历史”[①] 的晚清著名“狭邪小说”[②]《九尾龟》中，就讲述了一位“家赀万贯，年少封侯，又是堂子里头的管家、花柳丛中的老手”的潘侯爷，“最爱的是能坐自行车的女人”；[③] 而曾是风云一时，生意却冷落下来的名妓沈二宝，为了生计投其所好，千方百计、巧设机关骑着自行车勾引潘侯爷，并取得成功的故事。且不详述小说内容，只看沈二宝骑车上路这段：

> 沈二宝便又向金姐借了一百块钱，用八十五块钱去电飞脚踏车行里头买了一辆飞轮女车……出了公阳里，跨上自行车，由二马路转出大新街，望大马路泥城桥一带驶来。
>
> 上海地方坐自行车的人虽然狠多，却都是些男人，除了泰西妇女也一般乘坐自行车之外，那些中国的妇女从没有坐着自行车在马路上跑的。如今蓦然见了沈二宝居然坐起自行车来，大家心上都觉得甚是诧异，不由得大家的视线就聚拢在沈二宝一个人身上。更兼沈二宝貌美年轻，骨格娉婷，衣装艳丽。而且这个沈二宝坐自行车的本领狠是不差，踏得又稳又快，一个身体坐在自行车上动也不动；那些人的眼光都跟着沈二宝的自行车，往东便东，往西便西，还有几个人拍手喝采的。沈二宝也不去理会他们……一心一意的只想要去找那一位潘侯爷，好放出手段来笼络他，头也不回，一直往斜桥一带地方跑去。[④]

《图画日报》的二则图文报道与《九尾龟》小说中的细节描写[⑤]都证明，晚清中国城市中，妓女虽然多为缠足之人，却已经熟练掌握了自行车技术，骑车到街头。至少在上海，此时中国民众对妓女骑车的反应是

---

① 张春帆：《九尾龟》，唐世明标点，上海古籍出版社，1996，第 180 页。

② 狭邪，小街曲巷，指娼妓的居处，这里用作娼妓的代称。鲁迅在《中国小说史略》中首先用此名称，指以优伶、妓女为创作题材的小说。

③ 张春帆：《九尾龟》，第 775～777 页。

④ 张春帆：《九尾龟》，第 787～788 页。

⑤《九尾龟》虽为小说，主旨在谴责世情，作者张春帆对晚清上海世俗风情的把握非常准确。

诧异之后的欣赏，并未见负面评述。

（三）更多女性群体的加入

1930～1940年代，更多女性群体加入骑行自行车的队列当中，相关报道越来越多地出现在报刊之中。女性群体成为近代中国城市自行车阶级的重要组成部分。“时代的进展，女孩儿已冲出闺门在社会上角逐，当骑着自行车倏然地驶过街头。”①

这一时期，骑自行车的中国女性群体涉及的社会阶层相当广泛，其中既有为健康体魄、游娱身心而骑车的女中学生们、② 女大学生们；③ 也有奔波街头，为生计糊口而骑车的女报贩们④、女职员们⑤。

图12　1940年代，遍布城市街头的女性骑车人

资料来源：上海图书馆。

---

① 《闺阁千金摩登装饰品：女士阔边草帽》，《申报》1942年6月20日，第5版。

② 《工部局女中学生昨自由车旅行》，《申报》1936年10月26日。

③ 《持志、暨南女生驾自由车之踊跃》，《申报》1929年5月14日。

④ “上海真是女人的世界，只要是女人，无论干什么事，终比较男子来得占便宜，有出路卢家湾的鲁班路一段，所有的日夜报，向来是男报贩派送的。自从一个骑自由车的年约二十一二岁的女报贩来叫卖后：一时各店铺各住户，纷向她定报，营业异常的发达。”陈天赐：《女报贩》，《申报》1937年2月20日，第18版。

⑤ “本埠某裁缝公司拟征雇女职员一人，专司量尺寸及接送衣料等事，月薪约六万元，供膳须能骑自行车，以年在二十至三十之间者为合格。有愿应征者请至北四川路八五六号社会部职业介绍所介绍组面洽。”《代征人才》，《申报》1946年5月7日，第8版。

而其中最为引人瞩目的还是电影女明星群体。

1896 年，上海徐园的“又一村”放映了“西洋影戏”，成为电影传入中国的标志。随后几十年中，电影作为一门外来艺术形式得到了中国市场的认可和中国民众（特别是城市民众）的喜爱。1920 年代，中国民族电影工业形成，并不断壮大，一批批电影明星在电影公司的包装下走向大众。上海逐渐成为近代中国电影工业和文化的中心城市。至 1930～1940 年代，电影明星的社会认同问题虽然还存在些许争议，但其经济地位之高已毋庸置疑，她们早已成为汽车阶级的一员。

图 13　1940 年代，著名月份牌画家杭穉英的代表画作

1941 年太平洋战争爆发后，这些汽车阶级不得不向下位移，主动自行车化：

> 电影界有名几个汽车阶级，陈云裳、顾兰君、李英、袁美云、梅熹、韩兰根、卜万苍、陈燕燕、黄绍芬，其中有夫妻双档，有单方一档，现在汽油断档，汽车只好放到汽车间里，陈云裳改乘脚踏车，车身全新，价值一千七百元，顾兰君是犹太人，往往会打算盘，

肉麻铜钿，只出了四百五十元买了一部中等的车子，卜万苍老早是脚踏车阶级，改坐汽车后，卖给韩兰根的，现在旧案重翻，卜万苍又要向兰根想法子了，兰根设法（弄）一辆给他，计卜万苍贴费二百元，黄绍芬广东人门槛顶精，买了一部三百五十元的就算数，岳枫秃子生光，不尚美观，也以三百七十元成交了一辆，刘琼一辆是日美开战之前买的，那时价钿已经九百元了，换了现在，恐怕两千不会少吗！样子薪（新），车身轻，刘琼日常翘起大拇指以拿马温自夸，韩兰根砂皮出名，老早买进一辆，只百余元，可是货色却相当道地。[①]

许多之前并不会骑行自行车的电影明星们，也按捺不住内心的冲动，在拍戏之余，纷纷开始练习自行车，为骑车上路做好准备。其中最为知名的是1937年凭借《马路天使》一片红遍大江南北的著名影星、有“金嗓子”之称的周旋。1941年，轰动一时的“周旋、严华婚变案”后，周璇搬进了寄父柳中浩的公馆中居住。因为暂时没有新作，所以很是空闲，于是她在每日学唱京剧之余，兴起了学习自行车的念头：

自从公共汽车停驶，汽车限制行驶后，交通方面非常的不便，于是脚踏车乘时崛起，重振旧日的威风，路上几乎将成脚踏车世界了！许多电影红星，像陈云裳，顾兰君等，都以脚踏车代步了！周璇觉得学会后，比较便利得多，于是便在升平街上练习起来，但初学的人，是很容易倾倒的，一天她练习骑脚踏车的时候，刚刚有些会，一不小心，便跌了下来，不幸一只脚胫跌伤了！不过伤势不重，现在已可恢复行动了！她表示并不因此而不敢再学脚踏车，反之，她增加勇气，再接再厉的干一下子，务使学会后方休！[②]

周旋学车的事情，绝非特例。据当时电影周刊的记者估计，“大小明

① 《汽车阶级全部脚踏车化》，《上海电影》1941年第1期。

② 《飞出樊笼后的小鸟，周璇生活悠然自得，学唱京戏，每日吊嗓，骑脚踏车，跌伤脚胫》，《大众影讯》第2卷第31期，1942年2月21日。

星、导演等等，差不多有（自行）车者占三分之二。”① 可见自行车在当时中国电影界的流行程度。

结 语

自行车遇到它“中国主人”以来的80余年间（1868～1949）演绎出不胜枚举的精彩故事。笔者不揣浅薄，从中总结出几点启示，呈教方家。

一是，西方器物作为异质文明进入中国的环境之中，其形象演变与传布进程，并非如想象中呈线性发展过程。

以自行车为例，中国成为“自行车王国”之路可谓复杂曲折，有其独一无二的路径。自行车与中国的初次相遇并不美好。时移世易，至19世纪末20世纪初，中国人崇洋心理渐次取代了“天朝上国”的观念，自行车从奇技淫巧变作文明奇器，成为中国人心中文明、先进与富有的象征符号。那时，骑车上街的中国人的脸上写满了得意的神情。1920年代以来，自行车在中国社会的普及程度越来越高。踏车而飞的中国人从社会上层逐渐向中下层人群散布，各大城市中甚至形成了所谓的“自行车阶级”。自行车此时早已不再是什么值得炫耀的玩意儿，而是普通中国人出行代步的工具。抗日战争爆发后，中华民族陷入了近代以来最沉重的苦难之中，但战乱却也给自行车的普及发展提供了最好的契机。此时自行车乘时而起，城市街道几乎成为自行车的世界。

决定自行车于近代中国普及成败的历史因素有很多，不同时期的起明显作用的动因略为不同。如1930～1940年代的战时中国，自行车自身的技术属性在与其他交通工具的竞争中呈现压倒性优势，对自行车当时的大规模普及起到最为主要的推动作用；同一历史因素既可为动因，亦可为阻因。如社会心理、审美情趣等文化因素，在自行车传入伊始，整体呈现排斥倾向，而在1900年之后，却成为自行车普及的主要推动力量之一。

总体而言，作为西方舶来器物，自行车能为中国人所接受，绝非某

① 《胡枫也学骑脚踏车》，《大众影讯》第2卷第36期，1942年3月28日。

一因素所能决定，而是综合作用的结果。除前述两种之外，其他历史动因还有经济因素，如自行车价格、民族工商业的发展程度、国人收入水平、消费习惯等；政治因素则包括中央、地方两级政府针对自行车出台的管理举措，直接影响到民众购买自行车的意愿；空间因素表现为城市化进程中的空间扩容进程快慢，亦是民众是否选择自行车出行的重要考虑指标；国际时局因素指两次世界大战对世界主要自行车工业国的影响，间接波及中国市场；如此等等。这些历史因素的综合作用下，自行车不断与中国文化与具体国情相撞击，在撞击中改变，在改变中演进，最终，自行车这一“西物”，完全融入中国社会的日常生活之中。

还应该看到，是在近代中国文化语境中，皇帝骑行自行车的故事具有特殊的象征意义。

在末代皇帝溥仪的自行车故事中，其核心要素有三点：分别是溥仪中国末代皇帝的身份、自行车西方器物的属性，以及作为前现代中国代表的、溥仪声称“祖宗不肯动”的门槛。近代中国所要解决，抑或应对的所有矛盾的核心都活灵活现地在这个故事中呈现出来。溥仪，这位本应该代表、最应该留恋并维护传统中国正统的末代皇帝，产生了对西方器物发自内心的喜爱，并为此锯除了那已经于中国传承千百年的、属于“祖宗”的、极具象征意味的门槛。溥仪作为承前启后的历史人物做了除旧布新之事，与整个时代中国人面对西方挑战的选择和困惑连接在一起，才是这个历史故事时至今日被人反复讲述的根源所在。

另一重因素是中国女性接受自行车的过程与西方经验迥异。

自行车在西方社会普及之时，恰当19世纪末欧美妇女解放运动首轮高涨之际。西方女性借此挣脱了“致命”束腹的束缚，学会了“理性着装”、户外活动。通过一场“灯笼裤革命”，自行车“将女性从家庭和孤立中解放出来，并对促进维多利亚时代女性争取平等的运动，拥有不可磨灭的贡献”。[①] 与之相比，自行车并未对中国女性在身体形塑、着装审

① Lisa Larrabee：《妇女与脚踏车运动》，〔美〕法蓝西丝·魏勒（Frances E. Willard）：《从缝纫机到脚踏车》，郑淳文译，台北，方智出版社，2000，第144页。

美等方面产生如此重要的影响。[1] 中国女性在接受自行车的过程中，其间虽然也存在这样那样的争议[2]，因为自行车拥有着现代、摩登、自由、健康等多种意涵，至少在城市之中，在知识精英控制大众传媒话语里，中国人对于“女性与自行车”议题持有相当积极、正面的姿态。

① “男子们驾自由车，服装不生问题，这在娘儿们却另有一点麻烦。本市（指上海，笔者按）随自由车的突兴，女装西式裤盛行，外籍女子首倡于先，其用意很明显，原来穿短裙驾车，迎面一阵大风吹来，往往将裙子卷起，露出大腿，让路人饱览，总觉得有些难为情，于是改穿长裤，将大腿掩遮起来。……真备自由车代步的女郎们改穿长裤的，却很少见，多数还是照常穿着旗袍，宁可不时去扯旗袍角，以免两腿外露。”《时代宠儿自由车的崛起（下）》，《申报》1942 年 4 月 26 日。

② 相关争议大略具体在“身体健康”与“社会风化”两个方面。然而，无论在哪个方面，近代中国文献中支持女性骑车的话语占据了绝对优势的地位。参见《卫生强种说》，《知新报》第 67 册，1898 年 10 月 6 日，第 927 页；丁福保：《女子与脚踏车》，《大声周刊》第 1 卷第 25 期，第 470 页；梦绮：《自由车趣谈》，《申报》，1930 年 3 月 23 日，第 17 版；虎城：《自由车禁带雌黄鱼》，《一周间》，1946 年第 7 期。

“经济”的旅行：沪杭线上的游览专车（1916～1937）*

民国时期，铁路旅游取得较为突出的成就。作为民国旅游交通的重要组成部分，铁路部门非常重视规划铁路旅游，推出票价优惠、广告宣传、组织游览团、推出游览专车和兴建铁路旅舍等种种措施来吸引游客。在当时国内环境尚不稳定、交通建设欠发达的情况下，显得十分超前。游览专车是该时期铁路旅游活动的集中表现。沪杭线路局因地制宜、合理开辟了海宁观潮等多列专车，提供人性化服务及各项优惠办法，在当时最具有代表性，对于今日开展铁路旅游仍具有借鉴意义。

目前学术界对民国时期游览专车的研究较少。零散见于该时期旅游业研究的专著中。如王淑良《中国现代旅游史》① “旅游交通的发展”略提及沪杭观潮专车和旅行社的游杭专车，孙萍的《民国时期江南旅游的近代化历程（1912～1937）》② 介绍了沪杭观潮专车、沪杭假日列车以及莫干山游历联票。杨玄博的《沪杭铁路与沿线社会经济研究》③ 着重提及“沪杭铁路下民众休闲生活的变化”。综上所述，国内外学术界对民国时期的游览专车进行了初步研究，并已取得一定成就。但往往将铁路交通视为旅游硬件设施中的一项，即“服务手段”之一，而忽略了铁路本身亦是一项旅游产品。

---

* 本节作者蒋晶晶，浙江体育职业技术学院教师。

① 王淑良等：《中国现代旅游史》，东南大学出版社，2005。

② 孙萍：《民国时期江南旅游的近代化历程（1912～1937）》，硕士学位论文，扬州大学，2005。

③ 杨玄博：《沪杭铁路与沿线社会经济研究》，硕士学位论文，杭州师范大学，2010。

一

19世纪初，蒸汽机运用于交通运输，出现了火车、轮船等新式交通工具，开创了世界近代旅游业的新纪元。铁路交通因其速度快、运载量大、价格优惠的特点使得远距离的大规模的人员流动第一次成为可能，对旅游业影响显著。

在铁路交通诞生伊始，人们即开始利用包租火车的形式把大批游客运送到游览地。1841年，英人托马斯·库克（Thomas Cook）包租火车，组团参加禁酒大会，从而开创了近代旅游及旅游业的先河。[①] 中国近代旅游业的产生与发展，同样与交通运输业的结构变化以及新式交通的快速发展有着密切关系。清末民初，新式交通的引入，推动了旅游业的现代化进程。在晚清社会，铁路交通本身成为一种旅游项目，集交通服务及旅游资源于一身。"蒸汽火车一旦出现在古老的农业大地上，很快成为人们争相围观、一睹为快的对象，'游铁路''坐火车'本身也就成为一项全新的旅游项目"。[②] 淞沪铁路甚至在施工期间就成为一道风景。"招来一批批好奇之客，每天总有千把人。游人一多，小贩就跟来设摊，林林总总，也居然形成一种景观"，"不少人家举家出游，一时游铁路盛况空前"。[③] 民国时期中国铁路近代化网络的初步形成，[④] 越来越多的中国人开始乘火车出门旅行，从而将旅游的轨迹从沿海、沿江地区扩展到内陆地区，极大地促进了旅游业的发展。

交通直接参与到旅游业中，将旅游视为一种服务民众以及增加收入

---

① 都大明，金守郡主编《中国旅游文化》，上海交通大学出版社，2012，第68页。

② 苏生文、赵爽：《西风东渐——衣食住行的近代变迁》，中华书局，2010，第173页。

③ 傅家驹：《中国第一条营业铁路》，上海市政协文史资料委员会编《上海文史资料选辑第102辑——宝山史话精选》，上海市政协文史资料委员会，2002，第145页。

④ 我国铁路交通事业起步晚、发展较为缓慢且曲折。民国以前，总共建成铁路约有9100公里，主要有东省铁路、京汉铁路、胶济铁路、京奉铁路、沪宁铁路、津浦铁路等，至北洋政府时期已修筑约有12728公里。1927年国民党政府成立后，在此基础上，至全面抗战前夕修筑了浙赣、粤汉、淮海等铁路的一些路段，里程为9033公里。宓汝成：《帝国主义与中国铁路》，上海人民出版社，1980。

的行为，是民国时期旅游活动的一大特色。铁道部曾于1932年通令各路局调查各处旅行概况。在此前后，各路局曾采取多项措施促进铁路旅游，包括：票价优惠——含周游览票、回数票、来回游览票、团体票等几种；在各铁路线创办铁路旅馆；于《申报》等报刊发行旅游广告、邀请知名学者参加沿线考察；等等。其中，开驶游览专车是一项非常重要的措施。出于“便利游览”“提倡旅行”的目的，路局独自或同旅行社协议开驶游览专车，并制定票价优惠实施办法，通过报刊甚至是征文的形式推广专车业务。可以说，游览专车是民国铁路旅游繁荣的集中表现。该时期的游览专车主要有沪杭甬路上的观潮专车、游杭专车；江南路的黄山游览专车；北宁路赏花专车；等等。以沪宁、沪杭甬路局的游览专车名目最多，开展时间最久，组织的旅游活动最为丰富。“为了普及旅行，给人们创造更多的旅行机会，京沪、沪杭甬铁路随时举行划船竞赛，菊花展览，探梅旅行，赏月旅行活动，且减低票价。”① 故本文以沪宁、沪杭甬路局的游览专车为例，展开讨论。

上海、杭州等江南地区素来经济发达，受西方影响较显著，民众的出游需求旺盛，旅游业较全国发达。“上海现在已经有很多人养成了这种习惯了，不看见周六的火车上不是每一次挤满了男男女女老老少少往各地去的游客吗?”② 由于铁路交通的便捷，江南地区间的联系也大为方便，乘火车出行十分普遍，“大概在吃过夜饭后，十一点钟左右，对方同时开车，到明天早晨七八点钟即到达目的地……确使旅行人乘便，乡下人均乘车进城，已经十分为常”。③ 再者，沪杭沿线的上海、杭州“各站经过地点咸为东南名胜菁华之区，风景之佳冠于全国”，“畅游江南，有左右逢源之乐”。④ 路局为便利游览，沪杭路局特别开驶下列游览专车。

（一）海宁观潮专车。农历八月十八的钱塘江大潮素为东南一大奇景。上海方向至杭州江干观潮可乘坐沪杭甬路，上海南站、北站至杭州闸口每天开行4次。路局为便利游客，于“沪枫（泾）车加快车一次，

---

① 《大晚报》1936年10月10日，转引自王淑良等著《中国现代旅游史》，第23页。

② 曾虚白：《令人又惊又爱的虞山》，《旅行杂志》第9卷第1期，1935年1月，第7页。

③ 包天笑：《衣食住行的百年变迁》，苏州市政协文史编辑室编出版社，1974，第138页。

④ 铁道部秘书厅编《铁道年鉴》第3卷，商务印书馆，1936，第659页。

江墅（闸口、拱宸桥）车加客车3次”，另“又有上海至闸口者3次，嘉兴至闸口者3次”。①

1916年始发海宁观潮专车。“于八月十八日之晨，由沪特开观潮专车，经达海宁，朝去暮来，往返各一次”。②《民国日报》对此次专车的报道：“昨日为钱塘江观潮之期，阴雨初晴，沪杭甬局特备来回专车，载送客商赴海宁赏观。计头、二等火车七辆，以双龙头拖曳。上午六点四十分由沪开往长安，计载中西士商二百五十人，每客连同午、夜两餐及来回车资，售洋六元……孙中山先生亦偕友七人乘车往观，并谢绝一切招待。”③

此后，沪杭甬路局将海盐观潮专车设为惯例。不断完善服务，增加专车数量；承包租民船送至观潮点，于观潮点特设围场；联合当地警佐机构提供安全保障等。从1918年起，观潮专车终点站延伸到海宁斜桥镇，更便于旅客。因而乘坐专车抵达海盐观潮的旅客人数一年胜过一年。

1919年10月，“（十日）为沪杭铁路开始海宁观潮专车之第一日。上午五点四十五分由上海北站出发。天气既极晴朗复值双十节，故中西士女以及学界团体到者非常拥挤，综计乘客及该路办事员役人等约四百余人”。抵斜桥车站后，“由铁路招待员指引观客步行至船埠分别登舟”，到海宁车门外后，“各宾客舍舟登陆，沿途由警察指引以达围场，该围场即在沿塘接官亭旧址上搭竹篷，周围竹栏，门口国旗与路旗交叉并悬有万国旗。围场券每张大洋二元。场中备有椅桌，观客随意休息”。④

1920年，沪杭铁路特定9月28日、29日、30日三天为开驶专车之期，路局为此做了详尽的准备。为了特开专车，路局将“所有一百十三号及一百十四号等临时货车，停止开行，再专车务须按照规定之时刻开驶，并备挂专车之头灯。其他各列车，一律须尽专车先行。一百零九及

① 杭州市地方志编纂委员会《杭州市志》第2卷“旅游篇”，中华书局，1997，第208页。

② 杭州市地方志编纂委员会编《杭州市志》第2卷“旅游篇”，中华书局，1997，第208页。

③ 《民国日报》1916年9月16日。转引自朱少伟《百年沪杭往事》，《新民日报》2010年12月12日。

④ 《沪杭路观潮车始发》，《申报》1919年10月11日。

一百十号特快列车，在斜桥站停二分钟，以便往杭申乘客搭车”。[①]

1925 年，沪人观潮之热烈前所未有，“（阴历八月十七日）为观潮专车之第一日，第一次共挂头二三等客车及公事车、大餐车并双龙头托驶，共计十二辆，于上午六时十分由上海北站出发……并由铁路局长沈成栻、车务总管、帮总管杨先芬，帮总管黄纯道，及铁路警务处段长率同长警五名……随同专车照料……至下午七时三十二分，该专车开返来沪”。[②]

1933 年，观潮专车暂停两年后恢复开驶。“本年定于十月六日、七、八三日，每日于上海北站及斜桥间开驶此项专车，往返各一次，每次计挂头二等客车七辆，三等客车一辆，（专备储藏餐膳用品）三等守车一辆，共计九辆。规定头二等车客座四百三十人。”[③]

（二）沪杭星期尾游览专车。杭州素有天堂之称，1927 年杭州设市以后也着重往旅游型城市发展，“整理西湖名胜，开辟公园，俾吸引旅客，繁荣市面。对市外则谋交通之联络，分别缓急，次第举办”。[④] 当时国内外慕西湖之名，游玩杭州者颇众，特别是上海游客。“在那花笑鸟歌春光正好的时节。上海的一般士女。大半都已往西子湖畔作春游去了。”[⑤] 每逢节假日，三两朋友相约游杭是十分普遍。

根据《上海铁路志》记载，1915 年前，由沪来杭只可在上海南站上车，在沪杭铁路、沪宁铁路接轨后，乘客可任意从上海南站或上海北站上车，两站开出的客车在龙华新站衔接，随即驶向杭州；杭州过来的乘客，在上海北站下的坐在前面车厢，在上海南站下的坐在尾部车厢，至龙华新站拆成两列，分别驶抵两站。

1934 年起，沪杭甬铁路局于每周末加开沪杭间星期尾游览列车，常年行驶。“本局鉴于杭州山水秀媚，尤以时届暮春，风光骀荡，游旅较平时为盛，为谋沪埠人士游杭便利起见，定于本星期起，每逢星期六日，

---

① 《沪杭路开驶观潮列车之手续》，《申报》1920 年 9 月 25 日。

② 《海宁观潮专车开驶》，《申报》1925 年 10 月 4 日。

③ 《开驶海宁观潮专车》，《京沪沪杭甬铁路日刊》第 783 号，1933 年 9 月 26 日，第 173 页。

④ 陈增值：《十年来之工务》，杭州市政府秘书处编《杭州市政府十周纪念特刊》“市政述要”，1937，第 4 页。

⑤ 周瘦鹃：《愿花长好》，《旅行杂志》第 1 卷第 1 期，1927 年 3 月，第 53 页。

特开沪杭间加车往返各一次。俾服务机关人员，皆得于星期六日十二时下班后。乘十二时三十五分加车去杭，翌日乘晚七时加车返沪，在杭可有二十六时之停留，既与星期一工作无碍，而游杭时间亦甚充足也。”①

随后为了让旅游者有充分的时间准备到站，又将发车时间推迟至十二时五十五分。“兹以游客午餐后料理动身，因时间太促，或致不及搭乘，未免觖望。爰将该项特快车，由沪开行时刻，自本星期起，改为十二点五十五分，俾游旅于正午公毕，有充分时间料理到站。”②

（三）龙华专车。龙华镇素为上海著名游览胜地。集娱乐、购物和佛事活动为一体的龙华庙会历史久远，是华东地区最大的庙会。每年农历三月，正值龙华香汛期间，“上海南站加开龙华专车，并在高昌庙铁路栅门处（即今近新肇周路处）辟月台，设售票房，从西门方面来的旅客可以在此买票上车”。③ 但是即便如此，仍不能满足客需。“沪上中西人士，前往龙华游玩及进香者，数达数千人。除由特别早快及慢车、下午快车、沪嘉区间开行外，尚不敷载，特由上海南站开临时专车，往返三次……闻昨日该路售出龙华客票，约计五千张左右。”④ 1924 年，因游客数量之多，又因客车多挂往杭州，路局不得不将货车临时调作客车，才能满足客运需求，可见沪杭两地间旅游活动之繁荣。“沪上中西人士前往进香游玩者，较之日前更多，几达数万……，本埠中西士女前往杭州游览者人数多矣，以致客车均挂往杭州。故昨日龙华客车，不敷调遣。甚至将载石边车，用作载客之需。并闻昨日上龙两站，共售出往来客票八千余张。”⑤

（四）全运会专车。1936 年，当第六届全国运动会在上海举行时，为方便旅客来沪，沪杭路与京沪路两路同时开驶专车抵沪。“沪杭甬两路管理局，以第六届全国运动大会，将在上海市中心体育场举行。会期定十

---

① 《加开沪杭间星期尾游览专车》，《京沪沪杭甬铁路日刊》第 953 号，1934 年 4 月 19 日，第 127 页。

② 《星期尾游杭专车改订由沪出发时刻》，《京沪沪杭甬铁路日刊》第 969 号，1934 年 5 月 9 日，第 53 页。

③ 上海铁路南站工程建设指挥部编著《上海南站交通枢纽工程建设》第 1 卷，同济大学出版社，2007，第 10 页。

④ 《龙华之游客多》，《申报》1922 年 4 月 3 日。

⑤ 《昨日龙华香汛之热闹》，《申报》1924 年 4 月 19 日。

天，自十月十日起，至二十日止。特为便利两路赴会观众，往返起见……沪杭线定于十月九日由闸至沪，开驶旅客专车一列。十月二十一日，由沪北开驶游客专车一列。只限发售往来上北、松江、嘉善、嘉兴、硖石、杭州、闸口各站客票。各该列车均附挂头二三等客车。共约十（七）[①]辆。其非来沪参观全国运动大会旅众，亦可搭乘。惟该项客票所售数以车辆X位为限。各该规定售票站售至上北站。"[②]

（五）春游专车。路局从1934年起，每年4～5月间，加开"春游专车"。"本路为便利春季游旅期间，定自四月四日期，迄五月二日止，每逢星期六、星期日，及四月十日、四月十三日开驶沪闸间春季游览特别快车上下行各一次。各次车上均附挂头等餐车一辆，头二等车混合车一辆，二等车一辆，三等车三辆，行李车长车一辆，共七辆。又四月九日开驶由上北至闸口旅客专车一次。均限发售往来上北、上西、松江，嘉兴，长安、杭州、闸口间各站客票，并照章收取特别快车加价费。"[③]

（六）其他专车。路局时不定期组织游览团，亦常常借用专车。此外，民间旅行机构亦可向路局协议承包专车游览。如中国旅行社于每年春季组织"游杭专车"一次，因服务周到，备受旅客欢迎。1924年，中国上海商业储蓄银行旅行部成立后的第二年，为便利上海游客赴杭游玩，经沪杭甬铁路局商准，每年春季（三月或四月）特开一列"杭州游览专车"。1926年，上海银行旅行部仍按上年旧例组织游杭专车，并预备扩大业务，开驶两次专车，"先期向路局接洽妥当，开驶二次。后因杭州旅馆拥挤过甚，不能有充分之供给，故游客多犹豫不前。又因车辆方面，亦有困难情形，故最后改为一次。于四月一日赴杭，四月五日返申"。该车在外观装饰上颇有特色，"该专车车身，钉挂有彩色大帜多方，甚是鲜明。游客大半携有女眷同行，且莫不兴高采烈。计有头等乘客一百名，二等乘客二百八十九名，三等二百人……车行甚速，时间亦非常准确"。[④]此专车到达杭州后，一般安排两日游程再返沪。

---

① 原有材料数据模糊，可能为"七辆"，亦有可能是十辆。

② 《两路开驶观众专车》，《沙乐美》第2期，1936年第26页。

③ 《开驶春游专车》，《京沪沪杭甬日刊》第1536号，1936年3月18日，第105页。

④ 《上海银行游杭专车经过详情》，《申报》1926年4月7日。

至1937年抗日战争爆发，我国交通事业受损严重，“战时的火车，有如给车轮碾碎了的蚯蚓，东留一截，西剩一段”。[①] 旅游业发展亦停滞不前。随着上海、杭州等地相继沦陷，沪杭线上的民用运输遭到阻碍，游览专车停止营运。

二

现代意义的旅游专列是指铁路运输企业独自或与旅游企业共同办理的将游客在其出发地和旅游目的地间双向运输并提供全程旅游服务的旅游产品。旅游专列是铁路部门根据要求安排编组、运行路线和运行时间，组织旅行团体进行游览的一种旅游形式，是以运送旅游团体为专门目的、非常规开行（包括时间和线路的）的专线列车。[②] 民国时期的游览专车已经初步具备旅游专列的特点，与其他普通客车相比，在票价、服务等方面更为灵活、人性化。

（一）“经济”“惬意”的旅行方式

1. 省钱。为招揽游客，路局的游览专车定价一般比当时的特快专车票价较为优惠。如1927年沪杭路寻常列车由上海北站至杭州闸口头等车需5.95元，二等车需4元，三等车2.30元；特别快车由上海北站至闸口单程7.15元，二等车4.6元，三等车2.5元，而1920年路局所售之观潮观潮专车“车票包括往返船价在内，定价一律每张六元”。[③] 1928年路局所售观潮专车，“此项专车来回票，在上海北站及四川路一一四号中国旅行社发售。每张概售八元五角，运费在内，餐费整张三元半”。[④] 陈存仁在《银元时代生活史》回忆幼时（约1914年）私塾教师月薪12银圆，自己在中医专门学校就读期间，勤工俭学亦有月薪8银圈，“第一个月，

① 曹聚仁：《万里行记》，生活·读书·新知三联出版社，2000，第46页。

② 闫娟：《我国旅游专列发展研究》，硕士学位论文，山东师范大学旅游管理系，2008，第5页。

③ 《沪杭路开驶海宁观潮车》，《申报》1920年9月24日。

④ 《万人争看浙江潮》，《申报》1928年9月22日。

吃过用过，口袋中还余五块钱”①。1930 年代上海一般工人月薪 10 银圆，可见路局的游览专车票价是普通家庭完全能够承担的。

再者，游览票分为单程票及来回游览票，路局一般给来回游览票一定的折扣优惠。如 1936 年全运会专车，路局规定“（专车）特别来回票，头二等按照普通票费价七五折，三等按速期通票八五折。其有效期，限九日。十月八日起即可开始售票。其各等单程票，应按照特别快车收费。其非至上海北站之各等来回票，应按特别快车价全收”。② 因此，若按照沪杭特别快车二等车票单程 4 银圆的票价计算，在大运会专车开驶期间，乘坐专车往返可以优惠 2 银圆。按照当时的物价标准，2 个银圆优惠力度已不小。

2. 省时。游览专车一般采用特别快车，停靠的站点较少，有的甚至是始发站直达终点站。路局特别规定“其他各列车，一律须尽专车先行。”③因而途中需时较少，为旅客节省了时间。1934 年沪杭线新行车时刻表（如表 1）显示，沪杭间特别快车由上海北站至杭州闸口一般 5 个小时左右的车程，快车为 6 个小时左右。三、四等车因停靠车站较多则须 7 ~ 8 个小时。

表 1　1934 年沪杭甬线新行车时刻（1934 年 7 月 1 日起实行）

上行					（甲）客列车			下行				
闸沪特快列车	闸沪快车	闸沪三四等车	闸沪快车	闸京特快通车	站名			沪闸特快列车	沪闸快车	沪闸三四等车	京闸特快通车	沪闸快车
22:35	19:20	17:05	15:05	13:10 12:30	开 到	上北站	到 开	7:55	9:15	9:35	14:30 15:15	18:50
22:30	19:18	16:50	14:55	—	到	上南站	开	8:00	9:20	9:55	—	18:50
21:24	18:00	15:05	13:44	11:28	开	松江站	开	9:10	10:48	11:35	16:21	20:12
20:07	16:31	13:21	12:24	10:20	开	嘉兴站	开	10:26	12:21	13:33	17:35	21:35
19:23	15:43	12:23	11:36	9:39	开	硖石站	开	11:02	13:01	14:16	18:11	22:15
18:51	15:07	11:38	10:51	9:07	开	长安战	开	11:35	13:40	15:04	18:44	22:54

① 陈存仁：《银元时代生活史》，广西师范大学出版社，2007，第 19 页。

② 铁道部铁道年鉴编纂委员会编《铁道年鉴》第 1 卷，上海汉文正楷印书局，1933，第 180 页。

③《沪杭路开驶观潮列车之手续》，《申报》1920 年 9 月 25 日。

续表

上行					（甲）客列车			下行				
闸沪特快列车	闸沪快车	闸沪三四等车	闸沪快车	闸京特快通车	站名			沪闸特快列车	沪闸快车	沪闸三四等车	京闸特快通车	沪闸快车
17:55	14:00	10:15	9:45	8:15	开	杭州站	开	12:31	14:51	16:33	19:40	24:00
17:30	13:30	9:40	9:15	7:45	开	闸口站	到	12:50	15:10	17:00	19:55	0:15

资料来源：《京沪沪杭甬铁路日刊》第1015～1039期，1934年，第47页。

观之专车，1919年观潮专车，"沿途所经各站初梵王渡徐家汇停以待观客上车外，其余客站皆不停留"；[①] 1934年的沪杭春季游览特别快车，13点25分开，17点15分到达杭州，费时4小时不到（见表2）。1936年的春游专车，13点25分开，17点15分到达杭州，费时4小时不到。中国旅行社每年春季的游杭专车由上海直达杭州，中途各站概不停靠，费时需4个小时。比一般的沪杭特别快车节约1个多小时。总而言之，乘坐游览专车能最大限度为旅客节省花费在交通工具上的时间，即缩短"行"的时间，相应地增加了旅客"游"的时间。

表2　1934年沪杭春季游览特别快车行车时刻

站名	闸口	杭州	长安	嘉兴	松江	上海西站	上海北站	
时间	17:40 到	17:15 到 17:27 开	16:24 到 16:30 开	15:23 到 15:29 开	14:24 到 14:26 开	13:39 到 13:41 开	13:25 开	下行
站名	上海北站	上海西站	松江	嘉兴	长安	杭州	闸口	
时间	23:25 到	23:10 到 23:12 开	22:26 到 22:30 开	21:22 到 21:28 开	20:20 到 20:27 开	19:15 到 19:35 开	19:00 开	上行

资料来源：《京沪沪杭甬铁路日刊》，第1015～1939期，1934年，第105页。

3. 省力。游览专车提供的是"吃、游、行"一条龙服务，给旅客提供了相当多的便利。专车上一般备有精美的食物，由当时著名的一枝香西餐馆承包。"午餐由铁路大菜车承办，以极精致之纸盒贮存各种冷餐。

① 《沪杭路观潮车始发》，《申报》1919年10月11日。

每客一具，其味既佳且颇美观，故观客甚为满意。”[①] 专车除了提供在铁路上的交通服务，亦解决旅客其他“行的问题”。如早年观潮专车只能抵达长安站，旅客需乘船抵达观潮点，路局则“一面饬知驻杭巡官吴小峰，于长安海宁两处，预雇民船百艘，每艘须客座二三十人，以免临时局促”。[②] 可见路局考虑之周到。而在中国旅行社承包的专车，服务更为细致。“专车到站，本行特嘱永华汽车公司备有公共汽车，在站接客，送至新市场各大旅馆，每位小洋三角。”乘客在返家时，旅行社于永华汽车公司协议，“又备有汽车九辆，亦载送各客者”。[③]

4. 人性化服务。早年旅客持路局观潮列车，可免费乘电车至上海火车站。旅游持游览来回票，可灵活选择乘坐列车，并不局限于专车。初期，路局规定游览来回票只能适用于游览专车，随后，路局在《沪杭星期尾游览车补充办法中》特别强调“凡持加盖（游）字之来回游览票，其回程欲乘坐当日特别快车（即京沪第三次车）亦可适用，惟须照补特快车附加费”，而持普通车票欲乘坐游览专车亦可，“平常特别快车单程及特别快车游览来回票之去程或回程段，均得适用于此段星期尾游览特别快车”。[④] 为了让旅客有充足的时间准备，路局特别将游杭星期尾游览专车时间由12:30分推迟至12:50分。旅行社的游杭专车上还备有留声机共旅客娱乐，向每个乘客免费赠送旅行指南《湖上春光》。

正如中国旅行社的赵君豪总结到乘坐“游杭专车”的四大好处时所说：“专车之旨趣，有可得而言者。曰时间适宜也……沪上各机关于此时辄给假若干日。专车利用假期，于时间方面非常经济，兴尽归来，适假期届满，既得游观之乐，又无废时之虞。此其一。曰享用舒适也。本社游杭专车，事先与路局接洽完密，各项设备较普通客车为佳。车中餐点归素著盛名之一枝香菜馆承包，一汤一菜，莫不精美可口……一切舒适，无与伦比。此其二。曰行程迅捷也。专车自沪直达杭州，各站概不停靠，

① 《沪杭路观潮车始发》，《申报》1919年10月11日。

② 《沪杭路筹备观潮专车》，《申报》1920年9月14日。

③ 《春游盛纪》，《申报》1926年4月4日。

④ 《沪杭星期尾游览车补充办法》，《京沪沪杭甬日刊》第973号，1934年5月14日，第83～84页。

约四时即可到达，故行程迅速。游客在车，殊烦无闷，此其三。曰精神愉快也。车中乘客，尽系游人，兴趣浓郁，笑语生春。到杭以后，山边水隈，各驻游踪，一笑相逢，顿成好友，于精神方面可得相当之慰安。此其四。”①

（二）路局、旅行社等相互协助

如沪杭甬路局的观潮专车就曾得到海宁当地政府及警佐机构的有力协助。“备文呈请省长查核，并请转饬海宁知事妥为照料。”“并闻海宁县警佐，特于城厢挑拨巡警二十名，以资保护。铁路方面亦在各站挑拨路警十二名，到围场内照料。”在上海，路局与电车公司协议，旅客凭观潮专车游览票，可免费乘电车至火车站。② 沪杭路、沪宁路两路亦曾联合开驶1933年的全运会游览专车。又如中国旅行社的沪杭游览专车“到嘉兴站，车务总管杨君，亲自携手电灯，赴各车视察一切，对于游客之安全舒适，更为注意。车抵长安后，该部杭州分部派志愿及招待多人上车，接洽一切，并随发传单数百张。报告抵杭时，已邀地方军警允许，免予检查。并与永华汽车公司特约公共汽车送客，抵杭站时，准十时五分。车抵站系靠站最近之月台，出站甚为便利。由机务处闸口副厂长陈福海君亲自开车，故异常准确。”沪杭路局以及杭州警务方面给旅行社的专车提供了很多便利，因此上海商业储蓄银行表示，“此番专车，可谓得有圆满结果，故极感谢路局之协力办理，及杭州地方军警由两路警务总段长吴永胜之介绍，得有相当之谅解”。③

（三）重视广告宣传

“一个钱当十个钱用。一分本钱配上九分广告。”民国时期报刊业十分发达，上至大型著名品牌下至私人发明的小药丸，都要借用报刊的广告来宣传，路局亦不例外。沪杭甬路局早年往往将一切观潮专车布置情形刊登在《申报》上，“兹有该路所订专车时刻，皆以海宁潮汛为标准，故该三日逐日转运。所有车内食料，皆归一枝香西餐馆承办，计全餐大

---

① 赵君豪：《游杭专车往返记》，《旅行杂志》第2卷第1期，1928年3月，第109～110页。

② 《沪杭路设立海宁观潮专车》，《申报》1920年9月16日。

③ 《上海银行游杭专车经过详情》，《申报》1926年4月7日。

洋三元五角，另售早餐七角五分，中餐一元、下午茶点三角五分，晚餐一元五角。除中餐在海宁铁路围场内供应外，其余皆在车内供给。各味食品，以极精致之纸盒贮之，每人一具，甚为便利。至于自斜桥至海宁之水道，经由该路预先包定小船多艘，以备乘坐。每船皆规定乘客二十位，以免拥挤。惟船中人数未足时，亦不得开行，免致后致者向隅”。[①]路局自行刊发的《京沪沪杭甬铁路日刊》也介绍了不少最新的旅游活动及专车实况。1934 年，路局为推广观潮专车业务，还与《大晚报》合作向民众征集关于观潮文章，承诺优厚稿酬。中国旅行社则主要利用《旅行杂志》，以游记的形式做宣传，更具煽动性。在《本岁之游杭专车》《游杭专车往返记》等文章中皆可见沪杭游览团其乐融融之景象，莫不吸引读者亲自前往，一同享乐。

三

沪杭路上旅游专车的开驶，对旅游业现代化等方面有重要意义。

第一，游览专车促进了旅游事业的发展。一方面，民国早期的游览专车，对民众集体旅行意识的形成起了关键作用。集体旅行的兴起是当时国内旅游发展的一个重要特点。在 1923 年上海商业储蓄银行旅行部成立之前，集体旅行主要依靠铁路部门的专车游览，而民间组织的团体旅行更是需要依托专车。“集团旅行确是一种值得倡导的风尚，其利固不仅经济而已，就是趣味方面，也自有许多说不尽的妙处。虽然主办的团体多数旨在营利，可是用这一个方式来赚钱已经也够风雅了！并且他们服务相当周到，打的利息也很薄。在中国旧有三百六十行之外，增添出这一行来，无论为国家或民众着想，都是有益无害的事。”[②] 另一方面，游览专车的目的之一即是提倡旅行，因其便利、服务周到、价格实惠等种种好处，促进了大众旅游的发展，而旅游的普及，使更多的市民阶层能享受旅游的乐趣，丰富了市民文化生活，又是社会的进步的标志和动力。

---

① 《沪杭路设立海宁观潮专车》，《申报》1924 年 4 月 19 日。

② 秦瘦鹃：《献给主办集团旅行者》，《旅行杂志》第 22 卷第 1 期，1948 年 1 月，第 1 页。

第二，满足了当时民众的出行需求，顺应时代的发展潮流。在1930年代至抗战前，是中国旅游业发展的黄金阶段。民众出行需求旺盛，乘坐火车时拥挤是十分常见的现象。1924年4月18日，沪杭甬铁路因耶稣复活节，“本埠新闻、银行以及各机关均各封关，放假四日，故前夜（十七）下午七点二十分由沪开杭之十二号夜快车乘客人数，异常拥挤，约一千七八百人。所有南北两站存站客车，悉数挂杭”。[①] 1931年、1932年沪杭路停驶观潮专车，因而观潮那几日，由沪来杭列车特别拥挤。有“现代旅行家之父”美称的蒋维乔先生在1931年由上海赴八堡观潮时因早到火车站抢到位置而感到庆幸，“十月八日午后赴北车站，登沪杭特别通车，果然乘客拥挤。幸余到早，占得座。汤君以三时半来，已无座矣。五十分开行……九时三刻抵杭州”。[②]

游览专车的设置既是旅游业发展的成因，又是其成果之一。旅行专列一般限制售票数额，有效缓解了一般客车拥挤的局面，增强了旅客的旅行享受。观潮专车为避免拥挤，“在该三天内，每天限售观潮券三百张”。[③] 有乘客反映“此三日中，一切布置，观客无不满意”。[④] “沪杭路观潮专车，于昨日上午六时三十分出发……中西乘客，约有五百人左右。车上布置，甚为完美。”[⑤] 中国旅行社的“游杭专车”首先推出凭票入座的举措，“游客大半携有女眷同行，且莫不兴高采烈。计有头等乘客一百名，二等乘客二百八十九名，三等二百人。车座宽余，绝无拥挤之苦”。[⑥]

第三，提高铁路当局的经济效益。“铁路部门发送旅游专列产品不存在任何经营风险，只需按旅行社要求的时间、线路、规格提供相应标准的服务，工作量小，难度不大，收入又很稳定。”[⑦] 举例而言，1919年路局的观潮专车，由于游客报名踊跃，路局该项收益颇丰，“于此三天内售出专车票共就九百张左右，每张六元，计之约洋五千余元。又售出职票

① 《赴杭游客之拥挤》，《申报》1924年4月19日。

② 蒋维乔：《八堡观潮记》，《旅行杂志》第5卷第10期，1931年10月，第45页。

③ 《沪杭路筹备观潮专车》，《申报》1920年9月14日。

④ 《海宁观潮三纪》，《申报》1920年10月2日。

⑤ 《海宁观潮记》，《申报》1925年10月6日。

⑥ 《上海银行游杭专车经过详情》，《申报》1926年4月7日。

⑦ 罗晨、赵利民：《旅游专列产品的开发策略》，《企业家天地》2008年第12期，第206页。

百余张，每张三元，共洋三百元。又售出西餐票三百张，每张三元五角，约一千元。又在海宁围场售出围场票三十余张，约六十元，统计共收入洋六千三百余元。费约一千数百元，出入相抵净五千元左右。”① 根据《政府公报》的《交通部路政司编国有铁路营业进款概数旬报表》数据统计如下（表3）。

表3 1919年10月份沪杭路营业进款概数统计

单位：元

时间	客运进款	货运进款	杂项进款	总计
10月1～10日	58429	20120	1782	80331
10月11～20日	56748	19149	1661	77558
10月21～30日	54570	21524	1630	77724

数据来源：《交通部路政司编国有铁路营业进款概数旬报表》，《政府公报》第1395期，1919年，第31页；第1407期，1920年，第17页；第1417期，1920年，第27页。

从表3可以看出10月1～10日，客运进款明显多于中、下旬，而当年开驶观潮专车即在10月10日、11日、12日三天，依据游览票提前销售购买的惯例，可以料想10月上旬客运进款的增加，很有可能即来自观潮专车。

第四，有利于旅行社扩大经济效益，树立良好的市场形象。游客曾对中国旅行社组织的游杭专列做出如下描述：“兹值春节，旅沪士女，多作春游，或往龙华，或往苏州，或往南京等处。而赴杭州者，因上海银行旅行部有专车之设备，游者尤众……游人在车中颇不寂寞。”“站上派招待十余人，各携一长方形之手提灯笼，照料各客乘车……此次该银行部筹备之周到，可谓无微不至。”② 沪杭游览专车成为中国旅行社的招牌之一，在旅客中形成良好的口碑，为日后其迅速拓展新业务积累了经验，奠定了基础。

第五，对沿途旅游目的去带来多种好处。“旅游专列的庞大的旅游群

① 《沪观潮车增加》，《申报》1919年10月15日。

② 《春游盛纪》，《申报》1926年4月4日。

体成为一个庞大的消费群体，沿途吃、住、行、游、娱为当地创造了经济效益，带动了当地旅游业和经济的发展。"[①] 每年春季，杭州旅游最旺盛的时候，加上路局以及旅行社的游览专车，杭州旅馆莫不爆满。甚至出现"拥挤过甚，不能有充分之供给，故游客多犹豫不前"[②] 的情况。

四

当然，限于当时的国内环境以及交通情况，游览专车旅游也存在一定的局限。

一是游览专车的数目不多，除了早年的观潮专车、龙华专车，路局所开驶的专车集中在1930年代，特别是1934年以后；二是从铁路部门的游客统计显示，游览专车的规模及收益亦十分有限，见表4。

表4　1931年、1934年沪杭路铁路运载游客统计

1931年				1934年			
人次		收入（元）		人次		收入（元）	
普通	游览	普通	游览	普通	游览	普通	游览
4339895	31012	3394672	43943	5026633	43949	4033932	45509

数据来源：马洪元《抗战前的铁路与旅游》，《铁道师院学报》1993年第4期，第68～72页。

从表4中可以看出，1934沪杭路游览事业较1931年有一定的发展，但运载游览人数只占普通人数的0.9%，游览收入比例为1.3%。三是分布区域不平衡，主要集中在东部经济较发达城市的个别铁路线；四是路局或是旅行社能提供的专车上的服务业比较有限，蒋维乔就曾抱怨路局所谓的观潮围场"沿江支搭临时草棚设备极简"；[③] 五是中国旅行社之游览专车费用有昂贵之嫌疑，对此，铁道部特别令京沪沪杭甬路局"旅费（餐

① 罗晨、赵利民：《旅游专列产品的开发策略》，第206页。

② 《上海银行游杭专车经过详情》，《申报》1926年4月7日。

③ 蒋维乔：《八堡观潮记》，《旅行杂志》第5卷第10期，1931年10月，第45页。

费在外）预算似嫌稍昂贵因票价虽减而旅费过高仍非鼓励旅行之道应转知旅行社酌量核减”;[①] 六是所谓的专车并非只为“游览”服务，仅是在特定时间，由常规开行的特快车改装而来，车内装饰等方面无法提供旅游有别于普通客车的具有“特色”体验。

但总的来说，民国时期沪杭铁路开驶游览专车不失为一项前卫的、人性化的、提倡旅行又颇有成效的举措，而乘坐游览专车亦是一项“经济”“舒适”“精神愉悦”的旅行方式。

① 《令京沪沪杭甬路铁路管理局》，《铁道公报》第483期，1933年2月18日，第8页。

新式交通与莫干山避暑地开发研究*

由于群体需求，近代来华西方人在中国东部地区开辟多个避暑地，①这些避暑地均选址于环境优美、交通便利的山地或海滨，对国人的景区开发构成一定的示范效应，然其购地与社区管理行为，均在中外条约规定的外人权利之外。面对此既成事实，中国方面未能立即收回避暑地管理权，但其后在交通等部门襄助下逐渐接管避暑地，并进一步完善当地服务机构和管理制度，使其成为中国第一批近代化旅游景点。避暑地是在华外人为满足其需求私下开辟，其出现有一定必然性，然而其并非中国传统意义上的景点，此小众的休闲度假功能区，如何为中方和平接管，且在正式接管之前实际已发展为消费相对高端的国人旅游地，这个外人开发的避暑地本土化、功能扩大化过程值得我们进一步深入研究。本文试图以莫干山②为例，分析新式交通部门介入后避暑地管理的变化过程，来了解交通服务等技术条件如何影响国家主权的维护与近代旅游事业的发展。③

---

* 本节作者秦熠，中南民族大学民族学与社会学学院副教授。

① 在华西方人夏季多难以适应炎热天气，故集中于北戴河、烟台、威海等地避暑，甚至驻菲律宾的美国海军军舰每年都到烟台避暑。

② 对莫干山避暑地的研究，目前主要集中于其建筑史。如李峥峥和李楠均重点回顾了景区建设尤其是其建筑历史［李峥峥：《莫干山避暑地发展历史与建设活动研究（1896～1937）》，硕士学位论文，浙江大学历史系，2007；李南：《莫干山——一个近代避暑地的兴起》，同济大学出版社，2011］。

③ 对近代避暑地的研究已有一系列成果，除上述莫干山相关研究成果，张慧真等皆认为避暑地是西方文化的植入或殖民侵略的产物，认为避暑活动对华人生活及心理产生了重要影响。张慧真：《近代中国避暑地的形成与发展》，硕士学位论文，台湾师范大学历史系，2004；郭代习：《西方文化与庐山社会及其旅游资源开发》，《江西社会科学》2002 年第 11 期；龚志强、江小蓉：《近代庐山避暑地开发及其影响》，《江西社会科学》2008 年第 12 期）；陈朝晖等则注意到收回避暑地后，其空间属性的转换，认为其开发之初体现了在华

一 西人与避暑地早期开发（1896～1919）

19世纪末，江浙一带的来华外国人发现杭州附近的莫干山夏季气候宜人，地价低廉，遂“在山购地筑屋。至民国十三年西人之借教会名义，在山购地者，亩数已达二千余，筑屋有百余座”。[①]外人在租界外私自以教产名义购地它用，显系非法，但当地官员得知后，仅仅派员“查明买地洋人及卖户名并山地坐落亩分价目，呈送了事”，[②]未正式加以干涉，莫干山就此成为外人避暑地。1909年沪杭路通车后，自上海前往当地更加便利，山上地价飙升，当地官绅以为利权流失，试图收回，因辛亥革命爆发而暂时搁置。[③]其后中央和地方政府均采取维持现状的办法，1919年，中央政府曾“钞发避暑管理租建各章程草案”，称“著名风景地方，如北戴河、牯岭、莫干山、鸡公山等处……虽与约章不符，未经我国正式允许，然相沿较久，事实具在……毋宁明定规条，借资限制”，征询各省意见，

西方人的“空间殖民主义”，中国政府收回之后，则突出国家主权和民族文化，构建民族复兴的空间（陈朝晖、陈蕴茜：《1927～1937年南京国民政府对夏都庐山的建设》，《民国档案》2006年第4期）。这些研究成果对于近代旅游景点开发研究有相当重要的建设意义，但也存在将避暑地建设等同于经济或文化侵略等问题。而避暑地的共性少有学者注意，其开发建设几乎都构成一个连续的近代管理经验移植过程，参与其中的中国交通、金融等部门取得相当收益，也收获重要经验。交通部门在此过程中的作用少有学者注意，其实在国民政府对各避暑地正式行使行政管理权之前，交通部门尤其是避暑地附近的铁路管理局均在提供交通和宾馆等服务的过程中，逐渐参与避暑地管理，为接管避暑地行政打下了重要基础，故避暑地对国人能够发生影响，其前提和基础是近代工业技术和管理向中国社会的移植。

① 商务印书馆编《莫干山指南》，商务印书馆，1934，第2页。

② 赵君豪编《莫干山导游》，中国旅行社，1932，第2页。

③ 宣统元年（1909），在士绅提议下，浙江巡抚增韫试图争回莫干山土地，指令“洋务局王观察一律争回，以保主权”，王遂“邀集各国领事在沪提议”（《争回莫干山地亩》，《外交报汇编》第21册，国家图书馆出版社，2009，第389页）。其后浙江省谘议局副议长沈钧儒也提出议案，认为外人在莫干山“购地造屋……其为违背约章，无可饰辩，而侵夺内地主权，尤为不可不争”，要求省政府设法收回（沈钧儒：《收回宝石山莫干山地亩以保内地主权议案》，周天度编《沈钧儒文集》，人民出版社，1994，第38～40页）。1911年，浙江交涉司与美德领事约定于旧历九月十七日签字收回莫干山，但杭州于十四日光复，事遂搁置（莫干山志编纂委员会编《莫干山志》，上海书店出版社，1994，第206～207页）。

亦无果而终，在一定程度上承认了既成事实。[①]

此次收回避暑地的努力，看似是地方士绅的自发行为，实际上却是新政时期全国性收回利权运动中的一部分，作为全国经济重心的江浙地区，当地官绅积极投身于收回利权运动，于国于己，皆有其责任。然此时避暑地不过开辟十余年，尚处起步阶段，浙江地方政府显然不会将有限财力用于投资周期长、收益低且几乎完全以在华外人为服务对象的避暑地开发，其亦无相关管理人才和经验储备，如按约接管莫干山，最乐观的结果可能是外人不向浙江省府要求收买已有建筑，新建房屋进程停止，当地避暑经济就此停顿。幸运的是，辛亥革命打断了收回进程，而民初中央地方政府皆以避暑地利权流失危害不严重，暂时搁置此事，避暑地由此得到继续发展的空间，这对位置相对偏僻的莫干山来说尤为重要。

相对庐山、鸡公山等地而言，莫干山虽占据接近沪杭等中心城市的区位优势，但距离主要交通线较远，早期自沪到山需更换多种交通工具，"历七日方达"。[②] 即便沪杭铁路通车后，可自上海乘火车到杭州，余下路途直线距离不过 50 公里左右，然只能依靠木船和山轿，依然耗时费财。故 1919 年前，国人极少有前往莫干山者，外人在山中虽建造了超过 170 座别墅，但消费群体有限，且以暑期廉价居住为主要目的，当地建筑多以"以实用为主""建筑规模较小，造价低廉，质量也较粗陋"，并建有相应的道路系统。[③] 不过当避暑地规模逐渐扩张，在上海等地形成一定影响之后，这种群居式的避暑生活方式对华人也产生了一定吸引力，1912 年后，购地建房者中开始出现中国人。

由于土地为外人私有，早期避暑地由外人组成的避暑会制定规章制度，自行管理公共事务。据日本领事调查，避暑会规定了管理、收费和交涉制度，也规定了会员权利，且其账目清楚，分配合理。[④] 在其管理下，莫干山的社交活动丰富多彩，夏季有定期的幼儿园，并组织童子军

---

① 赵君豪：《莫干山消夏记》，《旅行杂志》第 5 卷第 7 期，1931 年 7 月，第 22～24 页。

② 莫干山志编纂委员会编《莫干山志》，第 113 页。

③ 李南：《莫干山——一个近代避暑地的兴起》，第 63、66～67 页。

④ 丁贤勇、陈浩编译《1921 年浙江社会经济调查》，北京图书馆出版社，2008，第 295～296 页。

等活动。[①] 尽管只是短期居住，其日常生活依然井然有序，安排得当。

一战后，在华外人数量再度增长，来山避暑人口也随之增加。莫干山夏季人口达到一定规模后，中国商业、金融和邮政通信等部门看到其中商机，开始在莫干山提供服务。“从今年开始，中国银行杭州分行从5月到9月之间也在此地设立办事处，办理银行的一般业务。从船码头到三桥埠之间，已经由避暑协会架设了电话线，并且在每年夏季，还在此地开设电报局，可受理海外电报业务。邮局一年四季在此开设业务……这里还设有一座医院，夏季有一名常驻医生，方便大家看病。”[②] 1920年前后，经过避暑会不断地努力，当地生活已相当便利，服务不断改善。虽然避暑地服务对象以外人为主，但由于中国金融邮政等部门为之提供日常的基础性服务，避暑地已经在相当程度上依附于中国社会。由于避暑地事务与地方关系并不密切，且摄于外人背后的强权，地方政府基本延续了对其不事过问的态度。

1920年代初，莫干山经过外人的初步规划开发，已经是一个基础设施良好，管理制度完善，运作有序的避暑景点，来山住客中除了在华外国人，也有一定数量高收入阶层的中国人。作家郑振铎曾于此时来山休养，虽反感于外人强权，但仍钦佩于其公共精神和管理能力，“他们的人却不多，而且很复杂……立刻把这些公共的事业整整有条的举办了起来”。[③] 其实这方面的意识和能力是外人数百年积淀的结果，短期内能学会才是令人惊讶的，不过就莫干山来说，中国人这方面的学习速度并不慢，其后的接管进程虽谈不上迅速，但每一步皆坚实有力，且保持了避暑地的管理制度和经济稳定，使之逐渐成为当地经济的有机组成部分。

二 铁路的联运服务与规划（1920～1928）

避暑休闲显然是一种小众的贵族式生活方式，早期如收回避暑地，

---

① 丁贤勇、陈浩编译《1921年浙江社会经济调查》，第298页。

② 丁贤勇、陈浩编译《1921年浙江社会经济调查》，第295页。

③ 郑振铎：《山中杂记》，开明出版社，1992，第3页。

丧失外国人客源，则其将失去经济价值，且其对地方直接权益的损害较小，地方政府从收入角度考虑，对收回避暑地的态度并不积极。面对初具知名度且对地方经济有一定影响的莫干山避暑地，中央政府显然希望在不影响中外关系的前提下，逐渐收回其行政管理权。1920 年，中央政府指令吴兴、武康两县勘定避暑地界线，[①] 将之纳入中国行政管理下，但地方政府的管辖状况未有实际改变。一战德国战败，1920 年 4 月，沪杭甬路局向交通部呈请收回避暑会自办，并收购德资的莫干山旅馆，“于七月一日备价收回，创办莫干山铁路旅馆，复于空地上建筑新屋，至十年八月一日新旅馆落成开幕”，共耗资 12.5 万余元。[②] 沪杭甬路局为增加营收，除注意改善旅馆住宿条件、吸引客源，尚以其基础设施和管理能力，致力于改善当地交通条件，将对外交通掌握于手中，中方对避暑地公共事务遂有了更多的发言权。同时铁路部门改善联运和宾馆服务，降低了避暑费用；在原有的高端消费层次之外，以降低交通费用为前提，将潜在服务对象扩展到江浙城市中产阶级。莫干山因此除少数在长时度夏的中国人，开始有越来越多慕名而来的短期旅行者，这对于莫干山成为面向国人的旅游景点有着至关重要的意义，莫干山避暑地由此进入一个服务转型扩张时期。

当然，沪杭甬路购进旅馆、发展联运业务的初衷，是其长期客货运量不足，亏损严重，希望借此增加高端旅客数量，提高铁路客运收入。[③] 故路局在公路修通以前，将旅馆原经营的杭州至三桥埠间的船运和上山的山轿服务，作为铁路联运线路的一部分，重新设计联运行程。[④] 并先后购置武康号、康密德号和杭州号汽船，[⑤] 经苦心规划，将自沪至山的路程缩短为一个白天，每年自 5 月起至 9 月，路局均发售车船轿联运票（尚

① 周庆云、周延礽：《莫干山志》，大东书局，1936，第 4 页。

② 沪宁沪杭甬铁路管理局编《沪宁沪杭甬铁路史料·沪杭甬铁路史料》，编者，1924，第 129 页。

③ 仅 1921 年，沪杭甬路亏损即超过 70 万元；与沪宁路相比，载客少 300 余万人，货运不及其一半，后者当年盈利达 167 万多元，二者区域经济虽有差异，但业绩确实相差太远（交通部统计科编《中华民国十年交通部统计图表》，出版时间不详，第 13～16 页）。

④ 蒋维乔：《莫干山纪游》，《因是子游记》，商务印书馆，1935，第 86 页。

⑤ 沪宁沪杭甬铁路管理局编《沪宁沪杭甬铁路史料·沪杭甬铁路史料》，第 130 页。

有包含七日全程食宿费的游客票发售），行程为上午7时35分由上海北站乘104次车出发（上海南站7时45分，梵王渡站7时51分），中午12时28分到杭州艮山门站，12时57分换乘125次车，13时10分到达拱宸桥站，下车后前往铁路码头（步行3分钟）换乘13时30分的汽船，17时抵山脚三桥埠，17时15分乘轿续行，晚20时15分到达山上，行程12小时余（返程为晨6时30分由山出发，晚18时50分到上海北站），途中不需再停留过夜。[①] 为此，路局在三桥埠购地设立联运处，建筑楼房，设有休息室和轿棚码头，专办游客“舍舟换轿一切联运事宜”。[②] 还特别订立了联运规章。[③] 在杭州调查的日本人也注意到“为了缩短从上海到避暑地之间的时间，从去年开始沪杭甬铁路局在杭州至三桥埠之间的运河上开通了轻便的柴油发动机船……对轿子进行了改善，因此招揽了许多避暑客人。尤其是最近两三年，其发展之快更是令人惊奇”。此时已有人预言，莫干山将会成为庐山一样的避暑胜地。[④] 联运业务开始后，沪莫间不仅路途时间有所缩短，交通费用也有相当程度的下降，据1921年日本人的调查，上海北站至莫干山交通费用见表1。

表1　从上海北站往返莫干山的交通费

单位：元

	一等		二等		三等	
	成人	儿童	成人	儿童	成人	儿童
去莫干山	9.95	6.00	7.95	5.00	6.80	4.40
离莫干山	11.15	6.60	8.55	5.30	7.10	4.55
往返合计	21.10	12.60	16.50	10.30	13.90	8.95

资料来源：丁贤勇、陈浩编译《1921年浙江社会经济调查》，第293页。

① 沪宁沪杭甬铁路编查课编《沪宁沪杭甬铁路旅行指南·沪杭甬分站纪要》，1922，第67～68页。

② 《标售莫干山三桥埠房地》，《京沪沪杭甬铁路日刊》第786号，1933年9月29日，总第200页。

③ 《章程条例：莫干山避暑之联运规章》，《中华工程师学会会报》1920年第4期，第1～2页。

④ 丁贤勇、陈浩编译《1921年浙江社会经济调查》，第299页。

路局开展联运业务之初，即注意到从拱宸桥车站下车，要换乘轮船和山轿方可抵达莫干山，相当不便，因此派员勘察规划其他线路，“该路任局长特派车务总管沈杨两君，会同驻杭巡官前往查勘，当时觅得捷径……经禀局长，饬知工程司派员赴武康德清两县从事测量，以便兴筑马路，直达莫干山麓云”。[①] 浙江省府为此于4月通过开辟莫干山马路案，“由三桥埠（即水口）至山脚一线，决议提前兴工；其山上马路，规定每二丈高一层迂回而上”。[②] 不过已完成的部分公路似标准不高，未能通行汽车，杭莫交通在1920年代依然主要依靠船运和山轿。在路局购入旅馆后，山上又添设电灯电话，服务设施更加齐备。精明的本地人看到了未来更多的商机，“邑绅陈某等，合股在该山附近建筑四层洋台，内设消夏社、阅报室、弹子房、花圃鱼池”，[③] 此时避暑地的服务业、商业和对外交通，大部转到中方手中，尽管沪杭甬路局、邮电、银行等中方机构在避暑地继续向外人提供优质服务，但更多是出于商业目的，外人在避暑地的权利与其在租界相比已不可同日而语。而路局开办联运后，上海等地的旅游者依靠路局提供的交通服务，来山行程可节省不少费用和时间。旅馆扩建，房间供应数量增加，来山避暑者亦可不必再自行在山兴建房屋，来山避暑的经济门槛降低，旅客数量上升，其中国人比例必然增加。同时路局发售的联运票有效期不超过一周，使原本前往莫干山者主要以度暑为主型变为短期游览为主，莫干山由此逐渐转型为上海等地国人短期度假的目的地。既然服务对象变为以中国人为主，游览服务利润的主要

---

① 《兴筑马路》，《铁路协会会报》，第9卷第2期，1920年2月，第100页。

② 《新闻报》1920年4月6日，第2张第2版。至6月初，路线已勘察完毕，准备兴工。（《兴筑马路纪闻》，《新闻报》1920年6月4日，第2张第2版）据地方志资料，杭莫公路通车前，浙督卢永祥曾于1920年春下令修筑庾（村）莫（干山）公路，7月建成，与杭（州）长（兴）公路三（桥埠）莫（莫干山麓庾村）支线衔接，后此路以2万元售与沪杭甬路局。（莫干山志编纂委员会编《莫干山志》，第114页）1922年4月，“莫干山洪水暴发，路段被毁600余丈，武康知县呈请省政府拨款修复”（孟雨来、朱惠勇整理《解放前我县的公路交通情况》，德清县政协文史资料委员会编《德清文史资料》第4辑，编者，1993，第184页）。然1926年沪杭甬路局答复浙江交涉公署关于上海工部局卫生检查长戴礼尔建议道路修建避雨设施函称“莫干山现正修筑汽车路，一俟筑成，该处情形当与现今不同”（周庆云：《莫干山志》卷13，作者1926年印行，第46页）。所修道路应非庾莫公路，但现存资料中并无德清、武康境内此时修建公路的记录。

③ 《莫干山商场开幕》，《新闻报》1920年6月22日，第2张第2版。

获取者又是沪杭甬路局，避暑地所有权和管理权的重心也随之自然而然地转向国人一方。加之浙江省政府重视旅游业，在沪杭甬铁路局、避暑会和地方政府的共同努力下，莫干山交通和服务条件得以改善。

郑振铎对路局联运的便利感受尤深，“由上海到莫干山，一路上真是方便。铁路局特别为游山者设了种种的便利的运输方法，到了艮山门（杭州的近郊），早有一列小火车在等着我们到拱宸桥了；到了拱宸桥，又早有一艘汽船在等着我们到莫干山前地三桥埠了；到了三桥埠，又早有许多轿夫挑夫在等着我们了……如果天目、雁荡、峨眉、泰山诸名胜，也有那么样的利便，我想中国一定可以有不少人会诱起旅行的兴趣的”。[①]旅游业的发展以交通便利为最重要的前提，如果交通快捷、服务完善，其时中国很多风景名胜本应吸引到一定数量的游客。但由于国内铁路总长度极其有限，运输业务长期处于供不应求状况，铁路部门多数仅满足于提高客货运输能力，增加运费收入，对于发展沿路客源并不重视。郑振铎以为是外人的管理能力造成避暑地的管理井井有条、运输利便，但实际上此时避暑地公共管理和对外交通的全面改善，与沪杭甬路局的介入关系极其密切。沪杭甬路局面临较多外部竞争，使之更加重视拓展高端客源，为此购进莫干山旅馆，积极改善运输服务和景点基础设施。对于景区来说，交通运输和基础设施建设是服务管理的核心要素，在1920年代，国内几乎仅有铁路部门有这方面的经验，故莫干山的发展契机即在于沪杭甬路局的介入，同时路局的收购旅馆和发展联运也为之后中国方面的全面接管打下了基础。1920年代以后，上山的国人数量不断增加，游览莫干山的文字记录数量随之上升，更加提升了其在国内的知名度。可以说，此时国人心目中的莫干山形象，已基本从带着“丧失利权”符号的外人避暑地，向一个服务设施较完善的略带异域色彩的本土风景名胜地转变。由于旅行条件改善，在山外人同样受益，对此变化也未有任何意见。从避暑地的这一转型时期来看，沪杭甬路局的服务管理起到了关键性的推动作用，也证明中国方面有全面管理避暑地的能力，为其后中方正式接管避暑地奠定了实际基础。

---

① 郑振铎：《山中杂记》，“前记”第Ⅰ～Ⅱ页。

沪杭甬路局并购旅馆，发展联运业务，其目的当然不仅是为了服务外人，而是企图将之建设成为一个可以吸引大量游客的风景名胜，以便为沪杭甬路增加客源，这种参与对莫干山之后的发展是一个关键性转折，其提供的运输和住宿服务使其对避暑地管理有了较大发言权。其后莫干山游客人数的增加和比例变化，在避暑地的外国人开始走向边缘，作为旅游景点的莫干山逐渐为国人所接受，在此过程中路局也从仅提供交通服务，逐渐转向负责景区交通管理和规划。

三 莫干山管理局：走向多部门管理下的旅游交通服务（1928～1937）

在抗战爆发前，江浙一带维持了较长时期的和平，当地经济持续发展，居民收入逐年增长，旅游休闲需求相应增加。而南京政府掌控江浙地区后，试图通过争取收回部分利权，加强自身权威，故随着避暑地外人数量和其在游客中比例的下降，1928 年在朱家骅主持下，浙江省政府顺利收回避暑地管理权，设立由省民政厅直辖的莫干山管理局负责管理景区，并制定了管理局组织暂行条例，规定机构职责、人员结构和经费来源。[①] 莫干山的主权之前虽并未落入外人之手，但治权确实不在任何中国机构掌握下，设立直属民政厅的莫干山管理局，意味着这不是一个地方行政单位，可以调动更多机构参与避暑地开发。在此背景下，在沪杭甬路局、各界社会名流和浙江省府共同管理规划下，避暑地的主要服务对象变为国人，日常生活内容也更加本土化，终于使之成为名流荟萃的江南夏都。

浙江省府收回避暑地的目的，应该直接出于民众的反帝爱国情感，同时也是为了避免利权流失，从地方现实利益来说，省府并不希望避暑地就此衰落。而且他们相信在排除了外人控制之后，依靠中国人自己一样可以管理好避暑地。从管理条例来看，管理局只是将避暑地公共事务

---

① 《浙江省莫干山管理局暂行组织条例》，《浙江民政月刊》第 6 期，1928 年 5 月，第 24～25 页。据沈亦云回忆，此时“因中国排外口号，西人皆不敢上山，故夏季屋亦空着”。（沈亦云：《亦云回忆》下册，台北，传记文学出版社，1980，第 406 页）西人不能上山避暑，应是管理权顺利收回的一个重要原因。

管理权转给由中国业主为主组成的自治机构。1932 年黄郛等发起成立莫干山公益会，“以励行自治，借谋本山公共利益及辅助本山行政机关为宗旨”；1934 年公益会内又成立莫干山避暑区域住民会议，规定“每年夏令开大会一次，选举参事，组织参事会，辅助管理局执行交通、公安、卫生、慈善及其他公益事项”。[①] 公益会全面掌控了避暑地的日常管理和部分规划事务，实现了从外人治理到国人自治。

当然，浙江省府对避暑地有着更高的期望，他们显然希望莫干山能够承载更多的游客，在全国范围内造成更进一步的影响，不仅为地方增加收入，也为其他名胜提供更多经验。管理局接管避暑地后，对相关基础设施重新进行了全面规划，尤其注重改善内外部交通状况。在之前沪杭甬路局已有的旅馆电力供应和交通服务基础上，莫干山管理局首先拟定了一份全面整理计划，呈请省建设厅筹办电厂、扩充电话、规划公路：“当经建厅分饬省电气局、电话局及公路局，各就主办事项详细计划，呈候核转。兹据该局等先后具复到厅：（一）电气部份。莫干山设立电厂，业经拟具计划，装妥机件，不日可供电流；（二）电话部份。曾设有长途电话交换机十五门，拟将余存七门分装该山繁盛之处……（三）汽车路部份……声明开辟全山汽车路一项，应请民厅令饬土地局，测绘莫干山详细地图送厅，再行计划云。”[②] 电力供应方面，新设电厂计划较快完成，建设厅利用杭州电厂旧机器、旧电杆线路等设备，投资 17900 元，在莫干山新设电厂一座，可供 800 只 25 瓦电灯照明使用。[③] 浙江省公路局也奉命组织莫干山测量队，测量山上路线，以便修筑上山公路。[④] 1929 年夏季，交通部因莫干山“人口日增、商务渐繁”，将该处夏令报局改为支局

---

① 周庆云、周延礽：《莫干山志》，第 156～157 页。

② 《浙省整理莫干山计划》，《工商半月刊》第 2 卷第 15 期，1930 年 8 月，“国内经济事情”，第 11～12 页。

③ 《莫干山电厂企业及工程计划书》，《浙江省建设月刊》第 4 卷第 5 期，1930 年 10 月，计划，第 2～5 页；《计划整理莫干山》，《浙江省建设月刊》，第 4 卷第 3 期，1930 年 8 月，“工作概况”第 11 页。

④ 《组织莫干山测量队》，《浙江省建设月刊》，第 4 卷第 4 期，1930 年 9 月，“工作概况”，第 3 页。

常年开办；[①] 次年，铁道部训令沪杭甬路局，莫干山旅馆与各站间电报业务也改为由电报局收发的商电。[②] 经过浙江省的全面接管和重新规划整理，沪杭甬路局对莫干山的原有规划逐渐得以一一实现，但其在莫干山的业务涉及范围也逐渐被地方政府和其他部门接管。

浙江省府正式接管莫干山后，之所以会提出如此全面的整理计划，显然与国民政府定都南京，江浙成为国内经济和政治的重心有关，莫干山因此有了更多来自国内的高端旅游消费需求，势必需要进一步扩大接待能力。1929 年 5 月，杭长路开工，因杭州举办西湖博览会，为方便来宾上山避暑，故“省政府委员朱家骅（湖州人）提出建筑莫干山公路，同年 6 月 7 日，三桥至庾村公路通车”。[③] 杭长路通车后，前往莫干山更加方便，[④] 景区接待能力亦随之增加，旅游者也降低了游览经济和时间成本。公路修通前的 1925 年，从上海南站出发，游览莫干山的旅行费用（包括“头等火车票并往返舟轿”，不含住宿费用）“计每人银廿三元七角”，[⑤] 1930 年同等行程费用则下降到 19.9 元左右，[⑥] 已在上海等地的中产阶层承受范围之内。据《莫干山导游》介绍，此时自杭、沪至莫干山有一日至五日不等的游程安排，且价格基本固定。[⑦]

公路修好后，原先由沪杭甬路局包办的杭莫交通改由浙江公路局办

① 《交通部训令第二二四三号》，《交通公报》第 61 期，1929 年 8 月，第 4 页。

② 《铁道部训令第四九七一号》，《铁道公报》第 105 期，1930 年 9 月，第 2 ~ 3 页。

③ 《德清县交通志》编审委员会编《德清县交通志》，浙江大学出版社，1991，第 101 ~ 102 页。

④ 公路修成后，上海北站至莫干山的联运时间约为 8 小时 50 分（《莫干山联运改订时刻》，《京沪沪杭甬铁路日刊》第 960 号，1934 年 4 月 27 日，总第 182 页）。

⑤ 周桂笙：《莫干山游记》，《紫罗兰》第 2 卷第 13 期，1927 年 6 月，“莫干山游记”第 1 页。

⑥ 此时杭州城站有直达庾村的汽车与特别快车衔接，“其价目则于特别快车票资外加汽车客票费二元，藤轿费普通二元一角”。行李“挑费以三十五公斤起算，收费六角”，来回合计 9.4 元。（秦理斋：《莫干山游程》，《旅行杂志》第 4 卷第 7 期，1930 年 7 月，第 60 ~ 61 页）1927 年 8 月修订票价后，杭沪间头等游览来回票价为 10.5 元（《沪杭甬铁路各大站间客票价目表》，《旅行杂志》第 5 卷第 3 期，1931 年 3 月，第 106 页），此票价长期变化不大，1937 年 7 月 1 日起实行的新价目表自上海南站至杭州特快列车头等游览来回票价为 11.4 元（《沪杭甬铁路游览来回票价》，《旅行杂志》第 11 卷第 7 期，1937 年 7 月，第 232 页），考虑到 1930 年代中国的通货膨胀因素，实际总体上票价略有下跌。

⑦ 赵君豪编《莫干山导游》，第 33 ~ 38 页。

理，路局仅继续经营铁路旅馆，1930年铁道部训令："自上年暑期浙江公路局长途汽车通达莫干山山麓之庾村后……本年春季将莫干山、三桥埠二处铁路联运处取消，所有联运事务完全移转于浙省公路局之联运事务处，在山专营旅馆事业。"[①] 路局自此除提供铁路运输服务外，主要着力改善莫干山旅馆经营，至1934年铁路旅馆规模已扩大至4馆1大餐间，客房46间，莫干山电厂建成后，电灯由自备发电机改为商用电；在馆区内铺设水泥路，改建馆舍，添造浴室，改善供水，整理园林，等等。[②] 路局在避暑地经营中的角色，由初期介入管理的先锋，转为景区旅游服务的中坚力量之一。

公路部门负责杭莫交通后，接手了沪杭甬路局这部分收入，但路局负担大大减轻，之前路局几乎要包办旅行者整个游程的服务，投入成本较高，也不符合现代社会经济中各部门专业化分工的原则。由于交通便捷，旅游者不断增多，莫干山服务设施迅速发展，1930年代初，山上除规模较小的各商店、饭店提供各种日常商品和服务外，已有铁路旅馆、绿荫旅馆、中国旅馆、莫干山旅馆、中华饭店、菜根香旅馆、一统旅馆等设备较完备的宾馆提供住宿服务，上海银行、中国银行、中国旅行社、商务印书馆等金融、文化机构在山上也设有分支机构，并有较大型的慎大、源泰百货商店出售各种百货商品及提供面包房服务。[③] 上海等地的国人前往莫干山置业者数量也大为增加，"1928—1937年，除西方业主陆续将已建成的房屋产业售于国人外，中国业主迅速成为建筑活动的主要群体……这一时期较优秀的建筑，均为中国人的产业"。[④] 避暑地除因旅行成本降低，客源增加，尚有其他机构利用山上良好的自然条件和便利的服务设施设立分支，如1927年上海等地医生与社会力量合作，在当地设

---

① 《铁道部训令第四九七一号》，《铁道公报》第105期，1930年9月，第3页。1934年10月，京沪沪杭甬路局与浙江省公路管理局又再次修订莫干山联运办法（《莫干山联运章程》，《京沪沪杭甬铁路日刊》第1096～1098号，1934年10月6、8、9日，总第41、50～51、58～59页），但路局联运处已取消，新联运办法意味着铁路局与其他交通部门的合作办理，而非过去的独家经营。

② 《莫干山指南》，第62～77页。

③ 赵君豪编《莫干山导游》，第41、69～70页。

④ 李南：《莫干山——一个近代避暑地的兴起》，第82页。

立肺病疗养院，且“一切费用并不昂贵，病家易于措置”。[①] 1935 年夏，太虚法师在嘉兴楞严寺讲经之后，即前往莫干山避暑，莫干山公益会的社会名流张静江、黄郛等发起邀请其讲习佛法，先后讲法七次，为当年夏天山上“最胜之法源”。[②] 随后张静江、黄郛、戴季陶发起莲社，在山建筑寺院，并于次年夏新屋落成之际，请来佛教界宝静法师等讲经，举办法会，当地遂成为江南佛教活动中心之一。[③] 显然，随着避暑地旅游服务的改善，其服务范围和功能也在逐步扩张，越来越适应中国旅游者的需求。以中国业主和游览者为景区主要服务对象的时代，可谓莫干山建筑活动和旅游业的全盛时期。

1934 年，浙江省在建设厅专门设立名胜导游局，得到京沪沪杭甬路局的积极响应，“初步工作，为计划名胜导游方法。一面即从事遍设导游问讯处，俾负责游旅接洽事宜。本局先接浙建设厅通知，允随时加入合作”。[④] 浙江省设立旅游管理机构后，莫干山乃至全省旅游业距离专业化分工更近一步。至此，莫干山显然已完成从外人掌控的小规模避暑地到国人治下的大型游览胜地的转变。

余　论

与莫干山类似，北戴河、庐山与鸡公山等避暑地亦经历外人规划开辟、本国接管建设发展、最终成为著名风景名胜的过程。1921 年学者徐珂感叹：“我国海岸线之长，虽逊于英日，而欲求海滨避暑之地，易易耳；今乃惟以北戴河闻，岂国人囿于成见？……庐山之胜，虽自昔有闻矣。然非西人之经营牯岭，则今之人方驰心于纷华侈靡之域而不暇，亦何由知有庐山耶？莫干、鸡公二山，乃皆西人探检而得，吾国人始从而

① 姚奎源：《莫干山肺病疗养院之开办》，上海医师工会：《新医与社会汇刊》第 1 集，编者，1928，第 488 ~ 489 页。

② 《太虚大师莫干山宏法》，《海潮音》第 16 卷第 9 期，1935 年 9 月，第 142 ~ 143 页。

③ 《莫干山莲社恭请宝静法师讲经志闻》，《莫干山莲社举行盛大法会》，《弘法刊》第 32 期，1936 年 9 月，第 170 ~ 172 页。

④ 《浙建厅设名胜导游局》，《京沪沪杭甬铁路日刊》第 1094 号，1934 年 10 月 4 日，总第 31 页。

表彰之，北戴河亦犹是也。”[①] 诚如徐珂所言，中国并非无名胜，避暑地亦非难求，只是需要西方管理制度的移植。在这一相对特殊的近代化过程中，经过相对熟悉本国国情的交通、金融等部门的接管、主持和参与，降低游览成本，完善服务环节，将服务对象扩大到本国游客，实现避暑的转型，这些避暑地最终成为国人熟悉的交通便捷、居住舒适、游人众多的风景名胜。在这个过程中或可看到收回利权运动的实际价值，在收回管理权之后，避暑地才可能将国人当作主要的服务对象，其转型为国内知名的旅游地是收回利权运动的结果。从这个过程来看，收回利权运动虽始于清末，其过程和思想影响确贯穿整个 20 世纪上半期。

莫干山等避暑地的开辟与建设，当然首先要归功于来华外人，虽然其开辟避暑地仅为满足自身需求，而避暑地所以成为中国社会所接受的新型旅游地，与铁路等新式交通部门介入其管理与服务有直接关系，这些新式部门一方面熟悉近代化组织的管理模式；另一方面也了解中国社会的大众行为模式和消费理念，对于开辟避暑地的客源，满足游客的实际需求，尤其有着丰富的经验，从而使避暑地最终在维持其原有功能和不断拓展服务对象、扩张经济规模的同时，顺利实现了本土化转型。不同于功能多样的中国传统名胜，[②] 服务系统完善的避暑地作为一种特殊的城镇，是近代中国社会生活中出现的一个具有深远影响的变化，为其后中国人自行建设开发旅游景点开创了一条路径。

莫干山实际是上海等中心城市延伸出来的一块附属地，为其提供休闲、避暑处所，承接其高端消费能力，是现代城市借助新式交通部门拓展其结构的直接结果。这是我们往往忽视的现代城市发展的另一面：由于技术条件改善，城市功能可在更广阔的区域中实现。这也说明 20 世纪前期的中国城市经济已达到一定规模，生活空间开始多面化、多层次化。

近代中国新兴事业，往往由某一部门引入西方技术，成长壮大后内

---

① 徐珂：《北戴河指南》，商务印书馆，1921，“序”第 1 ~ 2 页。

② 如泰山既是风景秀丽的观光地，也是历代祭天封禅之地，寺庙香火繁盛，对于儒家来说，更是孔子小天下之处，可谓国人最向往的名胜之一。尽管如此，直至民国时期，登泰山者都不得不借住寺庙（庄俞：《济泰游览记》，胡君复编《泰山指南》，商务印书馆，1926，第 45 ~ 48 页；倪锡英：《曲阜泰山游记》，中华书局，1931，第 76 ~ 86 页）。

部机构产生分化，发展出更多专业部门，成为现代中国经济的有机组成部分。莫干山避暑地的交通服务，由铁路部门单一联运到多部门承担，同样是这一过程的体现。对于避暑地来说，新式交通部门的作用不可低估，其便利的交通服务（当然交通管理部门亦可将其近代企业组织管理经验直接服务于避暑地规划和管理），将之与中心城市的空间距离进一步缩短，并为其本土化提供了重要的推动力。

近代交通条件的改善，不仅降低了旅行者的出行成本，而且有效增加了旅游资源供给，有利于提高旅游市场的竞争力，改善服务质量，使旅游业走向良性发展的轨道。交通条件不仅仅包含支持旅行者移动的交通工具的条件，它也应包含旅行者宿、食、休憩及获取信息的条件，回顾莫干山避暑地的开发过程，或可有一定的借鉴意义。

民国时期杭州公共交通与都市旅游的发展*

城市交通，作为近代城市建设的重要内容之一，自然会成为城市史研究领域不可忽视的部分。城市公共交通从某一层面反映出近代中国城市的发展演变过程，从船、轿、马车等传统交通工具到产生于近代的人力车再到有轨电车、公共汽车的出现，城市居民的生活方式也随之改变。因而，城市公共交通对于史学研究的重要性不言而喻。

关于城市交通的研究成果多出现在城市史研究之中，对城市交通问题的专门研究多集中在一些论文之中。上海社会科学院的廖大伟教授在《华界陆上公交的发展与上海城市现代化的演进（1927—1937）》① 一文中所述的“公交”包括电车、长途客运汽车以及本文所论之公共汽车；华东政法大学的何益忠以《近代中国早期的城市交通与社会冲突》② 为题，论述了以小车、马车为代表的上海早期城市交通对民众生活的影响；刘海岩的《电车、公共交通与近代天津城市发展》（《史林》，2006 年第 3 期）中，从城市人口和资本空间流动的角度，探究了近代天津的城市公共交通。关于公共交通研究最具代表性的文章要算复旦大学博士学位论文陈文彬的《近代化进程中的上海城市公共交通研究（1908—1937）》③，此文史料丰富，

---

* 本节作者李婧，知识产权出版社编辑。

① 廖大伟：《华界陆上公交的发展与上海城市现代化的演进（1927—1937）》，《档案与史学》2003 年第 3 期。

② 何益忠：《近代中国早期的城市交通与社会冲突——以上海为例》，《史林》2005 年第 4 期。

③ 陈文彬：《近代化进程中的上海城市公共交通研究（1908—1937）》，学林出版社，2008。

全方位地把握了上海公共交通的发展历程，并介绍公共交通体系的运营与管理，与此同时也说明了近代公共交通与上海经济发展的互动性。

民国时期，整个杭城[①]城市交通发展史是一个由私人交通向公共交通转化的过程。无论是人力车还是公共汽车，在城市交通中发挥的作用逐渐超越私人交通工具（例如轿子、马匹），公共交通成为城市发展的主要交通模式，尤其是公共汽车事业的兴办。公共交通不断深入民众生活，公共汽车在遭受短暂质疑与观望之后，很快成为受欢迎的交通工具。而这一时期，杭城旅游业亦是城市发展的重要特点，本文以杭州公共交通为研究蓝本，阐释二者之间的互动性。

一　近代杭州都市旅游功能的提升

早在近代以前，旅游业便产生，尤其是杭州这样一座山清水秀、风景优美的江南城市。大运河开凿，从北至南的交通线贯通，城市往来增强，杭州旅游业拉开帷幕。南宋时期，临安（今杭州）作为首府，商业兴盛，城内修筑整齐，客栈增多，饮食文化发达，城市旅游业有了一定程度的发展。至今闻名于世的“西湖十景”便产生于这一时期。直至清朝初年，在杭城西部筑起城墙，并圈设八旗营地，将杭州城区与西湖划分为两个地域空间，只留钱塘门、涌金门、清波门三处城门可通西湖赏美景。旗营与城墙不仅限制了杭城人口自由流动，而且将西湖旅游业“封杀”。近代，上海的崛起，加之1860年代太平天国运动带来的负面影响，杭城江南商业网络中心的地位受到严重挑战，杭州城市旅游业自然无从顺利发展。

1913年，杭州拆除钱塘门至涌金门的掩护城墙，随后又将沿湖“三大城门”（钱塘门、涌金门、清波门）之间的城墙拆除，并修筑了南山路和湖滨路，将西湖重新置于杭州城区内，西湖之美景也多为世人所赏。另外，民国初年，在湖滨附近修筑新市场，并开始修筑公园、路灯等公

① 民国时期多种资料中将现在的“杭州”称为“杭城”，本文为保留原资料的使用习惯，使用“杭城”一词。

共设施，现代城市渐露头角。同时，相关机构对杭城传统旅游景观做了许多修缮工作。1917 年修建了灵隐寺的大悲阁；1918 年、1923 年两次修建岳王庙、岳坟；从 1923 年开始修建黄龙洞并用两年时间建成，同时期修理了倾废的钱王祠，钱王祠修筑之时还一并修筑了园林，取名“西园”；孤山原清代行宫御花园被辟为西湖公园，1927 年改称“中山公园”；1914 年，重修了西泠桥；1915 年修葺了葛岭上的流丹阁、览灿亭。① 直至 1937 年，杭州大大小小旅游景点共达 463 处。

1923 年杭城出现旅行代办团体，1927 年中国旅行社正式入驻杭城，主要经营旅游咨询服务、代客预定、代理交通票务、预定旅馆、雇用导游等事务，从吃、住、行到景区观赏，提供一条龙式的服务。旅馆、饭店行业的兴起与发展成为旅游业发展的必备条件，西湖旅馆、环湖旅馆、金城饭店、西湖饭店等相继开设。据建设委员会调查经济所发布的《杭州市经济调查》统计，至 1932 年，杭州旅馆共计 168 家，基本达到民国时期旅馆行业发展之顶峰。旅馆规模发展到一定程度，室内设备齐全，装饰精致，有不同规格的房间，价格多在 5～10 元之间。根据《杭州市经济调查》统计显示，至 1932 年，杭州饭店共计 258 家，营业额在 4000 元至 10000 元不等。② 旅行社、旅馆以及餐饮业的发展与壮大为杭城旅游业的发展提供了内在的基本条件，而这一时期的交通运输业的发展则是杭城市内旅游业的重要驱动力。

首先，铁路运输成为外地人来杭旅游的首选交通方式。沪杭铁路正式通车、浙赣线的修筑，将传统水运方式下的通行时间大大缩短。沪杭之间往来若采用水运交通工具大致耗时 13 小时，而沪杭铁路的开通将时间缩短为 3 小时。这一时期，上海工商业发展较好，中产阶级崛起，加之采用西方新式时间观，实行每周休息制，因而无论从时间上、经济上，还是交通的便捷度来看，杭州都成为上海中产阶级旅游度假休闲的最佳选择，西湖之美对上海旅客有着巨大的“诱惑力”。其次，这一时期杭州

---

① 雷丽娟：《民国时期杭州近代旅游业研究》，硕士学位论文，杭州师范大学人文学院，2011 年，第 11 页。

② 建设委员会调查浙江经济所编《杭州市经济调查》，建设委员会调查浙江经济所，1932，第 364～365 页。

对外公路的修筑也是一项重要的基础设施建设项目。沪杭公路、京沪线、杭徽线、杭广线、杭福线等对外交通路线的修筑，加强了杭州与外界的联系，汽车理所当然成为杭城往来于各地的重要交通工具，杭州开设了通往各地的长途汽车。另外，汽车行如雨后春笋般在杭兴办起来，这些汽车行以出租小包车为重要业务，最为典型的便是永华汽车公司。游客可租用小包车一日到各个景区自由游玩。再次，水运交通也是进杭旅游的重要方式。内河航运、钱江水运历史悠久，是古代杭城主要的交通方式。近代，水运航道虽未发生太大变化，而水上交通工具却发生了质的变化，由帆船逐渐演化，直到出现轮船，并产生了近代轮船公司。杭苏线、杭湖线、杭州至上海等几段水运交通路线成为杭城以水运形式通往其他各地的主要路线。因费用低廉以及受传统出行习惯的影响，水运交通仍然是杭城民众较易选择的交通方式。

民国时期，杭城江南重心地位渐被上海所替代，城市发展呈衰落之势，然而本身的自然风景却为杭城带来了新的发展契机。虽然，古代杭城旅游业亦存在，香客进杭，春季西湖赏花，秋季钱塘观潮，但旅游仍是一项奢侈的消费。近代，无论是对外交通还是市内交通均有了重大发展，外来游客增多，城市基础设施建设渐趋完善，旅馆、餐饮行业的兴盛繁荣，均为杭城旅游业发展奠定了基础。这一时期，近代工商业大发展，民众开始打破封闭习惯走向外地，个人财富不断积累，这些均为杭城旅游业发展提供了重要机遇。而政府相关部门对杭城发展定位，将旅游业放在城市发展的重要位置，例如，《杭州市指南》中关于杭城发展中的第二期定位为风景时期，“第二时期为风景时期，民国以来，旧旗营辟新市场，开放孤山公园，新筑湖滨公园，西湖景象焕然一新”。[①] 杭州城市旅游功能在这一时期得到了重大提升。

二　人力车与都市旅游

铁道交通和公路的建筑，均是外地人抵杭游览休闲的重要条件。旅

① 张光钊编《杭州市指南》，杭州指南编辑社，1934，第14页。

馆、饭店、旅行社以及政府对杭城旅游业的大力支持则构为杭城旅游业发展的基本条件。但是，再便利的条件、再优美的风景，没有便捷的市内交通，杭城旅游业的发展也会受到束缚。人力车进杭恰逢其时，成为民国时期杭城旅游业发展的重要助推力。

人力车进杭始于1910年前后，初始阶段数量较少，尚未成为城市交通主导力量，然而人力车轻便、灵活性强，很快进入广大市民的视线，渐成为市民出行选择的主要交通工具，直到20世纪10年代，杭州人力车队伍迅速壮大并成为杭城最主要的交通工具。城市人力车数量急速上升，人力车行增多，充当人力车夫成为城市破产手工业者与流向城市的农民的重要职业选择。据1931年《杭州市经济调查》：民国元年人力车增长数量为50辆，城市营业人力车数共计50辆；而1922年公共汽车开通之年，杭州人力车年增长数量为822辆，城市营业人力车数共计1949辆。11年的时间里，营业人力车总数增长为1899辆，增长率为97.4%。人力车运营方式通过营业人力车行出租人力车，据不完全统计至1931年人力车行共计160多家，其中规模最大的人力车行是1914年设于吴山路的云祥人力车行，该人力车行经营人力车共计126辆，资本总额达8450元。人力车分为两种班次。第一种班次日夜共分三班，每班各取租金铜圆45枚，上午4时至上午11时为第一班，上午11时至下午6时为第二班，各7小时，下午6时至（次日）上午4时（共计10小时）为第三班。第二种班次日夜共分两班，每班各取租金小洋2角铜圆10枚，上午2时至下午2时为第一班，下午2时至（次日）上午2时为第二班，每班各12小时。①

民国时期杭城旅游功能的提升成为人力车业发展的重要因素，而西湖博览会的召开更成为人力车数量激增的关键性原因。1926年，杭城人力车数量共计2600辆，而1929年西湖博览会召开之后，人力车数量共计3180辆，增幅约为18.0%。②

---

① 《杭州市经济调查》，第177页。

② 《杭州市经济调查》，第170~171页。

在公共汽车出现之前的十年多时间里，在杭城市内交通体系中占据主体地位的是人力车。人力车分为营业性人力车和自用人力车。人力车便捷、轻快，可将乘客载至西湖边或者钱塘江赏湖、观潮。“游吴山宜步行，亦可乘人力车，至大井港环翠楼拾级登山先。”① 人力车行专设人力车游览路线，如“人力车游览路线一日行程（约八小时，五十元）杭州火车站—湖滨公园—断桥—白沙堤—平湖秋月—放鹤亭—中山公园—岳王庙—云林寺—上天竺—玉泉寺—苏堤—花港观鱼—净慈寺—市内参观”。② “一日行程　人力车游览路线　杭州火车站—湖滨公园—断桥—白沙堤—平湖秋月—放鹤亭—苏小小墓—岳王庙—云林寺—三天竺—玉泉寺—苏堤—张苍水墓—净慈寺—雷峰塔址—钱王祠—市内参观”。③ 然而对于旅游者来讲，选择什么样的交通方式，便捷性固然是其中重要因素，车资费用则亦是市民较为关心的问题。“人力车自湖滨至岳坟约二角，至灵隐约四角，至天竺约五角，以时刻计者每小时二角。”④ “人力车轿城内外皆有之，可通行于环湖马路上，及南山路、北山路等地。岳坟、茅家埠、随地可雇之。往灵隐、玉泉、天竺，车资每里多至铜圆十三四枚，以时计则一小时须（需）二角，如雇全日约一元，午时亦须（需）给饭食一二角。”⑤ 而同一时期，租赁汽车环湖旅游资费为每小时四元，可见人力车是价格非常低廉的旅游交通工具。

人力车引入的时间与近代杭城旅游事业起步时间大致相同，人力车成为推动杭城旅游事业发展的重要交通动力。然而，在此过程中，城市旅游功能的提升以及旅游渐趋大众化的形势，促进了人力车事业不断发展扩大，西湖博览会之后人力车数量激增，便是最好的例子。

---

① 《游客的行程》，《小说的杭州西湖指南》，商务印书馆，1913，第 84 页。

② 〔日〕木村重：《杭州》，《西湖文献集成·海外西湖史料专辑》，杭州出版社，2004，第 279 页

③ 〔日〕木村重：《杭州》，《西湖文献集成·海外西湖史料专辑》，第 280 页。

④ 陆费执：《实地步行杭州西湖游览指南》，《西湖文献集成·民国史志西湖文献专辑》，杭州出版社，2004，第 915 页。

⑤ 《西湖名胜快览》，《西湖文献集成·民国史志西湖文献专辑》，第 1058 页。

三 公共汽车与都市旅游

1922 年冬天，公共汽车走进杭城，之后相继开设不同公交路线，基本覆盖杭城各个区域，这无疑为民国杭州城市旅游功能的定位更添重彩之笔。

公交路线的铺设，主要依据是道路的改善程度与人口密度。“自民国十七年期，凡属重要街道，均建筑柏油路面。十年来已竣工者，计有江墅路、大学路、东河坊路、东街路、北山路、庆春路等……共计面积十万零四千余平方公尺。原有碎石路面加铺柏油者，计有岳坟路、灵隐路、白公路、西大街、万桥路、延龄路、新民路、迎紫路……钱塘路……城站路……花市路、仁和路……共计面积十五万两千余平方公尺。”[①] 通过以上材料，不难发现公交路线多设于柏油马路修筑之处。另外，民国时期，杭州形成几个商业中心，其中包括以湖滨为中心的商业中心、以拱宸桥为中心的商业区域、以清泰门为中心的商业中心等，这些区域均为市民活动频繁之地，人口密度较高，因而公共汽车公司将路线设置在这些区域，且这些区域的公交路线的重叠度较高。

1922 年冬天，原上海英商电车公司职员潘宝泉与杭州大世界游艺场经理陆宝泉，分别在杭组建“宝华汽车行”和“永华汽车行”，两车行的公共汽车在湖滨与灵隐之间行驶，是杭州乃至浙江省的第一条公交线路。[②] 1923 年初，宝华汽车行和永华汽车行合并，成立永华汽车公司。1923 年在洪春桥设立杭城首座公交车停车场。1927 年，北伐军进驻杭州，政局趋于稳定。永华汽车公司重新筹措资金，从上海购买每辆可乘 20 余人的较大型公共汽车 6 辆，以增强运力。1927 年 4 月，国民党浙江省道路局更名为浙江省公路局后，于同年八月开设拱宸桥至三廊庙的公交路线，后又相继开通湖滨至六和塔、艮山门至三廊庙、湖滨至留下、

① 陈曾植：《十年来之公务》，《杭州市政府十周年纪念特刊》，杭州市政府秘书处编辑室，1937，第 2 ~ 3 页。

② 杭州市公共交通志编撰委员会：《杭州市公共交通志》，杭州市公共交通总公司，2003，第 4 页。

湖滨至笕桥等公交路线，至此杭城市区共有6条公交路线。1928年，市区道路拓宽，由汇通公司开通清泰门至昭庆寺（今少年宫）的公共汽车，因营业惨淡，不久停歇。1929年6月，西湖博览会召开，大力促进了杭城公共交通事业的发展。直至日本侵入前夕，杭城公共汽车事业发展兴盛，永华汽车公司规模不断壮大。

1937年12月24日，日军入侵，杭州沦陷，永华汽车公司多数汽车被军方征用。1938年初，日本人但马佑治出资经营"但马佑治公司"，获得公共汽车开往于迎紫路至拱宸桥一线和迎紫路至灵隐一线的运营权利。当年12月30日，"日伪政府"合组了"华中都市公共汽车股份有限公司"，增开迎紫路至南星桥和城站至圣塘路两线公共汽车。日军占领杭州期间，人口锐减，公共汽车事业经营惨淡，直至1945年1月，杭城公共交通全部瘫痪、停业。

1945年8月5日，日本无条件投降，杭州光复，公共汽车事业重新振作。1946年，杭州市公共汽车公司成立，先后开行湖滨至城站、湖滨至玉泉游泳池、湖滨至宝善桥、湖滨至云栖路、湖滨至笕桥、湖滨至三廊庙6条公交路线。另外，永华汽车公司重返杭州，恢复经营迎紫路至灵隐一线公共汽车。直至1949年4月20日，杭州各路公共汽车全部停驶。[①]

从公共汽车开设路线所经之地来看，杭城重要旅游景点均被纳入公共交通的视野。然而，商办汽车公司与官办汽车公司所设公交路线有很大不同，商办性质的永华汽车公司主要从盈利出发，经营湖滨至灵隐一段，这一路线最大特点在于环绕西湖景区，很大程度上便利了西湖游览者的出行。民国时期，八旗营地拆除，西湖景区重新与杭城城区相沟通，自然西湖之美景为大众所青睐。先不说途经的旅游景点，仅灵隐寺就足以给开通公交路线一个充足的理由，每年大量外来香客来杭至灵隐求佛敬香。永华汽车公司看好这一商业契机，开设湖滨至灵隐的路线，成为杭城乃至浙江省的首条公交路线。湖滨至灵隐一线，全程7.4公里，全线包括：湖滨路口—昭庆寺—断桥—平湖秋月—中山公园—岳坟—玉泉山

① 《杭州市公共交通志》，第36～37页。

门—洪春桥—灵隐。[①] 此线环西湖而设，实为当时市内旅游专线，所经各站均为西湖重要旅游景点，只要在运营时间范围内，游客可按时按地上下车。永华汽车公司为提升公交运载能力，于 1932 年出资修筑从新市场至灵隐的柏油马路。1937 年，杭城沦陷后，公共交通事业基本陷入瘫痪期。1945 年杭城光复，社会经济渐趋恢复，永华汽车公司重拾旧业，开设从迎紫路口至灵隐一线，主要设有迎紫路、昭庆寺、公园、岳坟、玉泉、灵隐等站点，沿线经过陈列馆、延龄路、平海路、湖滨路、六公园、圣塘路、昭庆寺、断桥、平湖秋月、中山公园、西泠桥等地，均为杭城旅游的重要景点。

官办汽车公司路线的盈利目的性比商办汽车公司小，对城市旅游的关注度略弱于商办汽车公司，但并不是完全不考虑旅游景点。1928 年前后，浙江省公路局开公共汽车路线 4 路，从湖滨至六和塔。该线利用已有的杭富公路，从南至北行驶，经湖滨路、涌金路、南城脚下、南山路，过清波桥，至长桥折西，经净慈寺前，赤山埠、四眼井、虎跑，越岭经金童桥，至六和塔下江旁。[②] 4 路公共汽车主要设有湖滨、涌金门、清波门、净慈寺、赤山埠、四眼井、虎跑、金童桥、六和塔等站点，其中虎跑、六和塔均为杭城著名旅游景点，从湖滨乘坐公共汽车到六和塔全程只需要 20 分钟。另外，浙江省公路局增设了拱宸桥至三廊庙、拱宸桥至湖滨、武林门至三廊庙、湖滨至笕桥、湖滨至留下等 5 条线路，看似与旅游景点无关联，然而其他 5 条公交路线必然是旅游专线的重要补给，例如，居住于拱宸桥的市民欲游览六和塔，可以乘坐 2 路公共汽车从拱宸桥站出发至湖滨站，换乘 4 路公共汽车抵达六和塔。

公共汽车低廉的票价成为其与其他机械类交通工具竞争的主要优势。如表 1 所显示，每站路只需 0. 04 元，而当时杭城中产阶级日均食品消费 2 ~ 3 角，可见公共汽车的票价相对较低。单从价格角度来讲，公共汽车可谓为喜好旅游的市民带来了福音。

---

① 杭州市地方志编撰委员会编《杭州市志 · 第四卷》，中华书局，1999，第 249 页。

② 张光钊：《杭州市指南》，第 29 页。

表 1　1927 年迎紫路—灵隐一线（永华汽车公司经营）公共汽车价格

单位：元

站名									
迎紫路	迎紫路								
湖滨	0.04	湖滨							
昭庆寺	0.08	0.04	昭庆寺						
公园	0.12	0.08	0.04	公园					
岳坟	0.16	0.12	0.08	0.04	岳坟				
玉泉山	0.2	0.16	0.12	0.08	0.04	玉泉山			
洪春桥	0.24	0.2	0.16	0.12	0.08	0.04	洪春桥		
石莲亭	0.28	0.24	0.2	0.16	0.12	0.08	0.04	石莲亭	
灵隐	0.32	0.28	0.24	0.2	0.16	0.12	0.08	0.04	灵隐

资料来源：《杭州市公共交通志》，第 94 页。

四　小包车与城市旅游

人力车的引入与公共汽车路线的开设极大地促进了杭城旅游事业的发展。而推动杭城旅游事业进步的交通工具中不得不提小包车。事实上，在杭城交通发展史上，个人包车行业的起步发展要早于公共汽车。杭城出租汽车，多经营于商办汽车行之中。另外，由中国旅行社代理经营汽车包车业务，亦是杭城公共交通发展史上的一大特点。包车成为出行旅游快捷的交通工具，对于时间不充裕的游客来讲，小包车无疑成为最佳选择，尤其是外地游客。“半日游程，如以汽车则所到之处名胜地点更多……乘沪杭车来者，亦在车上午膳，可省时间多矣。下车后，即在车站雇中国汽车部之汽车出游，由白堤至北山灵隐，折回苏堤至南山各处，归时可在竹斋大街尝王顺兴真正杭州王饭儿。如时间充裕，可在大街购买杭州土产，乘夜快车返沪。”①

---

① 陆费执：《实地步行杭州西湖游览指南》，《西湖文献集成·民国史志西湖文献专辑》，第 884 页。

选择包车旅游，的确既便捷又节约时间，然而它的费用却让相当一部分游客望而却步，包车价格是人力车和公共汽车的几倍甚至数十倍。“杭州汽车营业，近四五年来，始见发达，自西湖博览会开过以后，骤见兴盛，现在营业汽车行已有二十余家之多，将来全市路线成功，路面建设改良，交通益便，此业前途真不可限量。”① “营业包车终车，大都每小时三元，出行时起至行时止并算起大洋一元，以三公里为限，每逾二公里加五角，长途价目，恐需面议。至接送章程，以路之远近作价。”② 同时，为了规范营业包车价格，市府制定了市区小包车价目，“公园、大礼堂、孤山、平湖秋月、武林门、鼓楼、菜市桥，以上各地均八角；西泠饭店、蝶来饭店、城站、清泰门、蒲场巷、太平门、净寺、岳坟、松木场、三官弄，以上各地均一元；玉泉、华家池、洪春桥、玉皇山、南星桥、宝善桥、观音桥、高庄，以上各地均一元二角；灵隐、普福凉亭、四眼井、古荡、小河、艮山门，以上各地均一元五角；下菩萨、拱宸桥、虎跑，以上各地均一元八角；龙井、六和塔、闸口、老东岳、七堡，以上各地均两元；徐村、枸枯弄，均两元四角；梵村、笕桥、九溪十八涧，均三元；乔司，四元。”③

表 2　浙江省名胜区小包车定价

单位：元

目的地	单程	往返
莫干山	21	32
天目山	45	70
天台山	6	9
超山	4	6
小和山	56	88
方岩	65	100

① 张光钊：《杭州市指南》，第 80 页。

② 张光钊：《杭州市指南》，第 82 页。

③ 陆费执：《实地步行杭州西湖游览指南》，《西湖文献集成·民国史志西湖文献专辑》，第 952～953 页。

续表

目的地	单程	往返
仙都	45	68
雪窦	22	68
钓台	22	33

资料来源：陆费执《实地步行杭州西湖游览指南》，载《西湖文献集成·民国史志西湖文献专辑》，第953页。

包车游览对于游杭旅客虽然便捷舒适，节省时间，但是由于价格昂贵，并非普通大众所能承受。因而，乘坐包车的游客是有限的，只有少部分富裕游客可以承担此项费用。

结　语

民国时期，与其他城市相似，杭城城市交通模式逐渐由私人模式转向公共交通模式。人力车进杭、公共汽车开设、包车的出现使得这一时期杭城公共交通体系不断走向完善，市内公共交通体系的不断完善推动了城市建设的升级与城市功能的提升。近代城市旅游业的出现与发展成为这一时期重要特色，而旅游功能的提升必然离不开交通的便利性。人力车、公共汽车、小包车速度与价格有着较大差异，为不同阶层的游客提供了不同的出游选择，这无疑成为推动杭城旅游业发展的重要力量。

人力车、公共汽车、小包车作为杭城公共交通体系中的重要三股力量，它们在旅游交通中发挥的作用却不尽相同。人力车便捷、价格低廉、规模大，游客可以以相对低廉的价格享受最便捷的旅游乐趣。对于收入较低的普通大众来讲，人力车是出行旅游的最佳交通工具。由于人力车轻便行动自由，随意性强，乘客可以在风景优美之地随时停留。另外，杭城营用人力车队伍庞大，市场占有率高，易在旅游交通中占据主体地位。由于人力车行走能力有限，对于距离较远的旅游景点则不能够到达，这是它最主要的劣势。公共汽车较之小包车价格低廉，速度则远远快于人力车，结合其他两种交通工具的优点，自然成为游览乘客最喜爱的交通工具。然而由于这一时期杭城所铺设公共汽车路线有限，而所铺设公交路线景点覆盖率偏低。对游览乘客来讲，多数名胜不能搭乘公共汽车随意观赏。小包车速度快，灵活性强，时效性高，对时间不够充裕的游客来说，小包车成为他们的最佳选择，如上海到杭一日游者。但是昂贵的价格是制约小包车发展的主要因素，高于人力车、公共汽车数倍的价格让低收入游客群体望而却步。公共交通在旅游城市发展中所发挥的重要作用毋庸置疑，然而旅游功能的提升、旅客群体的增加也为公共交通的发展提供了动力。再者旅游景点的修缮与开发，也为公共交通发展提供了助力。

但是，经济、社会的欠发达，人口流动性较低以及大众思想观念的保守性，很大程度上束缚了杭城旅游事业的发展，游客群体也多为当时新崛起的中产阶级以及上层社会阶层，因而应该客观地认识到民国时期的杭城旅游事业在当地发展与拓展公共交通事业中的作用是非常有限的。另外，公共交通中的破坏力也是我们不得回避的一个话题。无论人力车、公共汽车还是小包车，在承载乘客行走于旅游景点之时，难免会对当地名胜造成负面影响。如 1924 年永华汽车公司开设的环湖旅游专线的被迫停驶，便是由于有人提出汽车对西湖造成一定破坏力。“永华公司汽车于月前竟受警厅勒令停驶，因探绪则以（一）永华公司汽车曾经肇货（是警厅勒令停驶之理由）；（二）且因环湖马路行驶汽车有损西湖风景。”①

① 傑夫：《评杭州永华公司汽车停驶》，《道路月刊》第 10 卷第 1 期，1924 年 1 月，第 1 页。

第七章

交通与思潮传播、文教事业发展

中东铁路的地域性与马克思主义在东北的传播*

近代以来，随着资本主义和工业文明的产生与发展，技术的交流和互动也越发频繁，并成为现代化进程中跨地区交流的一个最显著特征，而铁路技术的发展与传播即为其中一个典型个案。历史证明，思想传播的距离、广度和深度与技术的交互程度具有某种一致性。

本文以近代中国为历史大背景，以19世纪末20世纪初（1897～1931）为时间维度，以东北地区为空间维度，引入"技术地域性"的视角，剖析、论证马克思主义在东北的传播与中东铁路的密切关联。

一 技术的地域性

任何思想的传播都必须具备一定的物质依托和支撑，马克思主义的传播也不例外。技术之所以能够成为思想传播的依托和载体，其前提便是技术本身与思想的结合，这种结合并非一种简单的"搭载"，而是在一定社会条件和生产方式下，具有普遍性的技术与具有地域性的某种思想融合，使技术本身带有某种思想色彩，从而在技术迁移时使思想传播成为可能。需要说明的是，这种可能取决于技术的两重性：一方面，技术具有自然属性，是实现物质转换的手段、方法和活动；另一方面，"作为社会的人所创造和把握具有一定社会性目的的手段、方法和活动，技术'又有其社会属性'。技术的两重属性及与此相关的既是物质形态又是精

* 本文是中国博士后科学基金第5批特别资助项目"基于传播力视角的马克思主义大众化研究——以东北为例"（2012T50189）和哈尔滨工业大学优秀青年教师培养计划资助项目"中东铁路与马克思主义在东北的传播"（HITNJS2008.38）的阶段性成果。本节作者黄进华，哈尔滨工业大学马克思主义学院准聘教授。

神形态的特点，决定了技术同时具有自然科学与人文社会科学的特征”。[①]因此，从技术传播（中东铁路）的角度探究思想（马克思主义在东北）传播在理论上具有可行性。

回顾历史，我们就会发现许多与此有印证关系的史实。唐代，中国技术发达、国力强盛，因而在亚洲区域形成一个“唐文化圈”；14世纪以后，随着西方资本主义产生带来的技术进步，尤其是交通技术大发展（特别是新航路的开辟），使整个世界由封闭走向一体，由蒙昧走向文明，先进思想得到空前传播；时至今日，网络技术也产生类似效应。这些都预示着技术的发展和传播与思想传播之间存在必然联系。

关于技术，人们通常理解为：“人类为了满足社会需要，利用自然规律，在改造和控制自然的实践中所创造的劳动手段、工艺方法和技术体系的总和。”[②] 也可以“广义地理解为人类变革、控制和利用客观世界的人工机制，是提高人类认识与实践活动效率的基本途径。作为实践活动的手段或成果，技术系统与实践主体、实践对象联为一体”，是主体智能的结晶和外化。[③] 从技术发生的角度来看，技术是发明、改造和支配者智慧的凝结与外化，其中必然渗透着技术发明、改造和支配者个性和文化背景的痕迹，与其所处地区的自然、文化和社会环境密切相关。作为处于一定社会形态之中的发明、改造、支配或应用者应对生存环境挑战、改造客观世界的手段，技术系统中也必然渗透着社会文化和实践对象的烙印，这种烙印便是“技术地域性”的一种外在表征。

“技术地域性”是反映技术形态的特殊性，以及渗透于其中的技术使用者、技术对象属性的一个普遍概念。地域性是技术的天赋禀性，任何具体技术形态总是表现出一定的地域性，在狭义上主要是指与地理环境相关的技术特殊性，如造船、航运技术流行于沿江、沿海地区，温室栽培技术盛行于高寒地区，等等。广义的“技术地域性”概念则是狭义概念的拓展和泛化，由技术系统、技术开发或使用者、技术对象三方面的

---

① 郭贵春、成素梅主编《科学技术哲学概论》，北京师范大学出版社，2006，第210页。

② 徐小钦编著《现代科学技术哲学概论》，重庆大学出版社，2000，第2～3页。

③ 王伯鲁：《技术运动过程剖析》，《科研管理》2000年第4期，第61页。

多重属性交织而成，“泛指与该技术形态固结在一起的技术个性、特殊性，既包括该技术系统的运行原理、构成要素、性能指标等固有特性，也包括该技术形成的时代背景、所适用的行业与地理环境、消耗能源类型、应用规模等技术对象属性，还包括该技术应用主体的知识水平、经验技能、经济状况、文化传统、价值观念等属性。这些属性以‘全息’[①]形式隐涵于技术形态之中，使技术成为历史文化的凝结物和载体”。[②]

由于技术在空间分布和发展上的不平衡，因而产生一种重要的横向技术运动形式——技术传播，即先进技术成果在空间上从技术供体向技术受体的有序传播活动。技术的传播通常有两种基本形式：一是技术扩散，主要指专利文献、图纸、配方、操作规范、元器件、软件等技术信息或单元性技术产品的离散性传递过程，属于技术传播的初级形态；二是技术转移，主要指成套技术设备以及其相关技术资料的整体性转让过程，是技术传播的高级形态。[③]

通过技术传播，先进技术迅速得到推广，产生巨大效益，推动社会发展和进步。由于技术的地域性特征，技术是“历史文化的凝结物和载体”，在技术自身发生空间位移的同时，技术背后所凝结和负载的历史文化信息（包括思想）也随之发生迁移，即从技术输出地迁移到技术输入地，在技术输入地产生作用。需要说明的是，技术传播不仅是技术在空间上的位移，更是“以技术供体为核心的多途径的立体的文化推进过程，其效果不仅依赖于所传播技术的成熟程度及传媒的运作效率，而且还取决于所传播技术的地域性特征，技术受体的技术吸纳能力等因素”。[④]

从“技术地域性”的视角来看，具体技术形态总是存在于发明、改造、支配或应用者系统之中，发明、改造、支配或应用者系统的属性必然映射在技术形态之中，其关系犹如“植株”与“土壤”；技术传播，就

---

① “全息”（holography）是一种三维显示技术，即利用光的干涉和衍射原理，在特定条件下，让从物体发射的衍射光再现，其位置、大小同之前一模一样。当然，从不同的位置观测这一物体，显示的图像也会发生变化。

② 王伯鲁：《技术地域性与技术传播问题探析》，《科学学研究》2002 年第 8 期，第 353 页。

③ 王伯鲁：《技术运动过程剖析》，《科研管理》2000 年第 4 期，第 64 ~ 65 页。

④ 王伯鲁：《技术地域性与技术传播问题探析》，《科学学研究》，2002 年第 8 期，第 354 页。

如同把“植株”从技术输出地的“土壤”移植到技术输入地的“土壤”。“技术地域性就像一张巨大的无形之网‘扣留’着有形的技术形态，约束和规范着技术运动”，在客观上要求技术供体（输出地）与客体（输入地）现行技术形态的地域性之间可以沟通或融合，两者相同或相近的维度有助于技术传播；反之，则阻碍技术传播，“需要双方做出适应性调整”，这种调整要求技术供体与技术受体之间具有尽量多的亲缘性，即应力求相似，如相同的行业、地理环境或文化传统等；同时，技术受体应当对传播技术做出“适应性调整或改进”。①

二　俄国铁路技术的地域性

作为一种陆上运载工具，铁路是一个多元复合技术系统，以铁路运营线路为组织线索，由运输、机械、工程、电子信号、车辆等技术单元贯穿而成。近代铁路技术最早出现于 19 世纪初，是英国第一次工业革命的产物，而俄国虽然僻处东欧平原，却是世界上使用蒸汽机车和铁路最早的 4 个国家（即英、美、法、俄）之一。② 到 1916 年，俄国铁路总长度达到 8.54 万公里，跃居欧洲第一。其间，俄国大量引进欧洲铁路技术，并根据本国国情，加以吸收、改造和转化，逐步实现国产化，并在技术上进一步提升，使俄国铁路装备制造业实现跨越性进步，在机车车辆、通信信号设备、桥梁建设和建筑材料等领域迅速赶超欧洲，基本“完成了向世界铁路大国和技术强国的跨越”。③

19 世纪末，沙俄以先进的铁路技术为依托，在对外侵略扩张中推行“铁路政策”，向外输出铁路技术。由于“技术地域性”的特征，俄国铁路技术以“全息”的形式凝结和负载着浓厚的俄国社会思想属性，蕴含着丰富的俄国历史文化信息，并随着俄国铁路技术的传播而迁移：

（一）俄国已经迈入近代工业社会。经过 1861 年农奴制改革，俄国

① 王伯鲁：《技术地域性与技术传播问题探析》，《科学学研究》2002 年第 8 期，第 355 页。

② 〔苏〕安·米·潘克拉托娃：《苏联通史》第 2 卷，山东大学翻译组译，三联书店，1980，第 288 页。

③ 李宝仁编著《国外铁路概览·俄罗斯铁路》，中国铁道出版社，2014，第 20～21 页。

工业革命进展很快，到1880年代已经基本完成；至19世纪末，俄国又开始向垄断资本主义阶段过渡，其生产力和科技水平大大超出中国（时值半殖民地半封建社会），远较落后的中国东北发达。尤其是，1891～1904年，俄国倾举国之力，在西伯利亚南部兴建一条西起车里雅宾斯克，东至海参崴的西伯利亚大铁路，全长7000多公里，成为横贯欧、亚两洲的第一座大陆桥。需要指出的是，在西伯利亚大铁路兴建过程中，要克服的技术难度惊人，几乎可以与100年后的“青藏铁路”相提并论，说明俄国铁路技术已经相当成熟，工业文明已经达到相当的水平。

（二）经过俄国独特社会土壤的重构，产生列宁主义。任何文明的产生，不仅有自身赖以存在的经济基础，也有其独特的社会背景，即社会土壤（或社会场域）。由于社会土壤的不同，致使产生于该社会土壤的文化具有自己独特的特点。对此，恩格斯早有体认：科学社会主义源于西欧，在“本质上是德国的产物，而且也只能产生于古典哲学还生气勃勃地保存着自觉的辩证法传统的国家，即产生于德国”。[①]

俄罗斯地跨欧、亚两洲，恰好横亘于东、西方之间，又在历史上深受拜占庭文化和蒙古文化的影响，在文化上也具有东、西方综合的色彩[②]。对此，列宁已有察觉：“俄国是个介于（西方）文明国家和初次被这次战争（指一战）完全拖进文明之列的整个东方各国或欧洲以外各国之间的国家，所以俄国可能表现出而且势必表现出某些特殊性”。[③] 马克思主义源于西欧，要传入俄国，势必要将马克思主义俄国化（或局部东方化），即经过俄国社会土壤（主要是文化场）的重构——过滤、加工和改造，才能在俄罗斯大地上落户生根，使马克思主义打上比较鲜明而浓

① 按：恩格斯自注云：“于德国”是笔误，应当说“于德国人中间”，因为科学社会主义的产生，一方面必须有德国的辩证法，但同时也必须有英国和法国发展了的经济关系和政治关系。只有在英国和法国所造成的经济和政治的情况受到德国辩证法的批判以后，才能产生真正的结果。从这方面来看，科学社会主义并非专属德国的产物，而同样是国际（指英、法、德等国，泛指西欧）的产物。恩格斯：《〈社会主义从空想到科学的发展〉德文第一版序言》（1882年），《马克思恩格斯选集》第3卷，人民出版社，1972，第377～378页。

② 白晓红：《管窥俄国历史发展特点》，《光明日报·历史周刊》2000年6月2日，第6版。

③ 列宁：《论我国革命——评尼·苏汉诺夫的札记》（1923年1月16日和17日），《列宁选集》第4卷，人民出版社，1972，第690页。

厚的俄国文化烙印。[①] 20 世纪初，在领导俄国革命的过程中，列宁深入探究资本主义发展到垄断资本主义阶段的规律，创造性地将马克思主义与新时代的无产阶级革命运动（特别是俄国的实际情况）相结合，完成对俄国化马克思主义革命理论的构建，使马克思主义发展到一个新阶段，即列宁主义阶段，十月革命则是马克思主义俄国化（列宁主义）的产儿。[②]

（三）通过十月革命，开辟历史新纪元。20 世纪初，随着俄国资本主义的发展，马克思主义在俄国境内得到广泛传播，革命运动风起云涌。1917 年，列宁成功领导俄国十月革命，开辟世界历史的新纪元。随后，在共产党的领导下，马克思主义成为苏联的主流意识形态，并在其指引下，进行大规模的社会主义改造和建设，使马克思主义与苏联社会运行的方方面面融合，苏联成为全球第一个社会主义国家。到 1938 年，苏联经济总量已经跃居欧洲第一，具有强大的经济和技术实力。

三　中东铁路的俄国/苏联属性

1897 年，为了控制东北、称霸远东，沙俄开始在中国东北修建中东铁路，[③] 将其比较先进的铁路技术输出到生产力和科技水平都比较落后的东北，如中东铁路所需的钢轨、器材和各种车辆，除一部分从欧美各国

① 祝福恩：《马克思主义传播的中介与文化场问题》，《社会科学》（兰州）1987 年第 8 期，第 7 页。

② 马龙闪：《马克思主义的俄国化与十月革命》（一），《历史教学》2008 年第 2 期，第 5 ~ 9 页；马龙闪：《马克思主义的俄国化与十月革命》（二），《历史教学》2008 年第 4 期，第 11 ~ 13 页。

③ 按：中东铁路又称“东省铁路”“东铁”“中东路”“中东铁道”，本指 1897 ~ 1903 年沙皇俄国修建的一条横贯中国东北的“丁”字形铁路，全长 2489.2 公里，其干线西起满洲里，与世界上第一座欧亚大陆桥——西伯利亚大铁路接轨，东到绥芬河（全长 1514.3 公里），然后直达海参崴，而中东铁路支线自哈尔滨南经长春，至大连、旅顺（全长 974.9 公里）。及至 1905 年，由于在日俄战争中战败，沙俄被迫将长春—大连的中东铁路支线（全长 703.2 公里）及与此有关的一切权益转让给日本，改称“南满铁路”，其余部分继续由俄国控制，仍称“中东铁路”，详见程维荣《近代东北铁路附属地》，上海社会科学院出版社，2008，第 18 ~ 19 页。

定购之外，主要是由俄国哈尔科夫和布良斯克工厂制造、供应。[①]

当时，俄国/苏联在中东铁路强制推行其国内的铁路管理制度，使中东铁路具有浓厚的俄国/苏联属性。根据 1896 年 9 月中、俄签订的《合办东省铁路公司合同》，中东铁路“公司章程应照俄国铁路公司成规一律办理”。同年 12 月，沙俄单方面颁布《合办东省铁路公司章程》，在多方面照抄俄国铁路成规，将中东铁路纳入俄国铁路系统，如机车、车辆、工务、电务等各项设备必须是俄国制造或由俄国外购；技术标准与俄国铁路相同，如：在轨距上，实行俄国 1524 毫米的宽轨（中国轨距为 1435 毫米）；主要负责人、工程技术人员和技术工人均为俄国人；计划、财务、人事、劳资等项管理都按照俄国规章办理；行车管理手续、程序，与其相互连接的俄国铁路（即西伯利亚大铁路）相同；设备检修制度比照俄国铁路执行；客货运送手续及责任、财产赔偿规定及手续，涉外交际等事务，均依据俄国铁路通用规章办理。[②] 在 1917 年俄国十月革命胜利后，中、苏两国于 1924 年相继签订《中俄解决悬案大纲协定》和《奉俄协定》，明文规定：在《合办东省铁路公司合同》和《东省铁路公司章程》未得到修正以前，“与本协定不相抵触暨不妨碍中国主权者，继续适用”，[③] 中东铁路依然采用俄国/苏联的铁路管理制度。

因此，中东铁路具有浓厚的俄国/苏联化色彩——公文皆用俄文，[④] 货币结算以俄国卢布为本位，度量衡采用俄/苏制，规章制度与俄国/苏联国内铁路无异：“车驿之结构，车道之管理，车员役之服装、人种，无不同也。教堂尖矗（俄例每村落必有数教堂，堂必有尖，金银色灿烂耀目），水塔高峙（俄例每车驿必建塔储水。盖沙漠乏水，冬令水冰，皆宜

① 哈尔滨车辆厂、哈尔滨师范学院历史系编写组：《三十六棚——哈尔滨车辆工厂史》，黑龙江人民出版社，1980，第 3 页。

② 《合办东省铁路公司合同》（1896 年 9 月 8 日），步平、郭蕴深、张宗海等编《东北国际约章汇释（1689～1919）》，黑龙江人民出版社，1987，第 135～136、140～142 页；黑龙江省地方志编纂委员会：《黑龙江省志·铁路志》，黑龙江人民出版社，1992，第 26 页。

③ 薛衔天等编《中苏国家关系史资料汇编（1917～1924）》，中国社会科学出版社，1993，第 270～272、317～322 页。

④ 直到 1930 年 9 月，中东铁路理事会才通令全路“实行中、俄文并用”，中国人民政治协商会议黑龙江省委员会文史资料研究工作委员会编辑部编《中东铁路历史编年》，黑龙江人民出版社，1987，第 254 页。

先备），无不同也。”[①] 1908 年，俄国人德米特里·何布里科索夫来东北考察时，发现除了成群结队的中国百姓，中东铁路沿线和俄国国内“一切也都差不多。一样的俄国火车、一样的俄国车站和戴红帽子的俄国站长，列车离站时一样的打三次铃。我们进哈尔滨时，看到的是俄国外省城镇一样的风光”。[②]

为了长期支配中东铁路，技术供体——俄国人竭力垄断相关技术秘密（特别是铁路技术的核心部分），不让技术受体——中国人接触、掌握核心技术。如中东铁路最大的附属企业——哈尔滨总工厂，负责维修和装配铁路机械设备，号称当时东北区域最现代化的企业，但在沙俄控制下，技术要求稍高一点的工种都由俄国人包揽，华工“不能问津”，尖端技术更是“绝不允许中国人染指”，以“使华工永不知要领”。1924 年，中东铁路在表面上开始“中苏合营”，实则由“苏共党员控制”，[③] 哈尔滨总工厂的核心技术仍然是由苏方掌控，如：在哈尔滨总工厂下属的电灯厂，华工仅有 71 人，俄国工人达到 107 人，而且“重要职工，多为俄人夺去”。[④] 在 1929 年“中东路事件”中，“最老练、最有经验”的苏联铁路职工被裁去大约 1000 人，许多苏联职工又“自请辞职”，但因为中国缺乏相应的铁路技术人才，东北当局别无选择，不得不大量起用有技术经验的白俄[⑤]来替补，其数量多达 2316 人，特别是指派白俄接收中东铁路管理局中技术性最强的机务、车务两处。[⑥]

因此，中东铁路实为俄国铁路技术在中国东北的强行“移植”，而这种移植不单是俄国铁路技术信息或单元性技术（如运输、机械、工程、电子信号、车辆等）的离散性传递，更是铁路成套技术设备及其相关技

---

① 钱单士厘：《癸卯旅行记·归浴记》，湖南人民出版社，1981，第 73 页。

② 〔美〕乔治·亚历山大·伦森编《俄国向东方的扩张》，杨诗浩译，商务印书馆，1978，第 162～163 页。

③ 黄进华：《马克思主义在哈尔滨传播的历史经验和现实启示》，中国社会科学出版社，2017，第 82～85 页。

④ 曾志陵：《中东路交涉史》，（北平）建设图书馆，1929，第 234 页。

⑤ 按：“白俄”是指在 1917 年俄国十月革命胜利后离开俄国的俄裔居民，他们通常对苏维埃俄国/苏联持反对态度。

⑥ 《中东铁路历史编年（1895～1952）》，第 236、251、232 页。

术资料的整体性转移，即技术扩散和技术转移相结合，具有针对性强、技术进步幅度大、速度快、辐射面宽、信息量大和对技术受体专业素质或实践经验要求不高等特点,① 容易在短期内见效。

如前所述，根据“技术地域性”的原理，技术传播在客观上要求输出地与输入地现行技术形态的地域性维度相同或接近，以便双方可以沟通或融合，否则就需要进行适应性调整。具体到中东铁路，一方面与其他西方列强相比，中、俄两国国情多方面比较相似，特别是中国东北与俄国西伯利亚南部②毗邻，不论是地理条件，还是文化环境，彼此接近度更高，这种情况有利于俄国铁路技术在中国东北的传播。另一方面，当时俄国已经完成工业革命，并向垄断资本主义阶段过渡，后来又经过1917 年十月革命，进入社会主义社会，而中国东北一直处于半殖民地半封建社会，在整体上仍处于农业文明阶段，早期现代化进程刚刚起步，双方处于不同的社会发展阶段，生产力和科技水平差距很大，因而在俄国/苏联铁路技术输入东北区域后，双方在地域性维度上又存在不适应的一面，需要进行调整。由于中、俄（苏）双方在实力和技术上的较大差距，这种变化主要体现为弱者（中国东北）向强者（俄国/苏联）单方面的适应性调整——“俄国化”，这一点在中东铁路沿线表现得最为明显。

四　中东铁路与马克思主义在东北的传播

马克思有一句名言：“理论在一个国家的实现程度，决定于理论满足于这个国家的需要的程度。”③ 如前所述，任何理论都是诞生于特殊的社会土壤（或社会场域），各有特色，那么特定的思想又何以跨越文化的鸿沟，实现跨地域流动和传播，被传入地所接受呢？关键在于，该理论满足传入地的社会需要，或者说传入地的社会土壤与输出地的社会土壤比较接近，具有较强的共通性。尤其是马克思主义，诞生于西欧发达的资

① 王伯鲁：《技术运动过程剖析》，《科研管理》2000 年第 4 期，第 64 页。

② 在修建之初，中东铁路的定位便是横穿西伯利亚南部的西利比亚大铁路支线。

③ 马克思：《〈黑格尔法哲学批判〉导言》（1843 年底至 1844 年 1 月），《马克思恩格斯选集》第 1 卷，人民出版社，1995，第 11 页。

本主义社会，又曾经过俄国社会土壤的改造，要传入中国（东北），并生根、发芽、成长，属于一种典型的跨文化传播，要克服东、西方文化之间的巨大差异，既需要一定物质依托，更要仰赖一定的社会土壤作为支撑，对于传入地的社会土壤要求也比较高，而在改变近代东北与西欧社会土壤之间巨大差异的过程中，以中东铁路为代表的近代铁路技术发挥了巨大作用。

科学技术是“第一生产力”，① 是推动社会进步的最活跃因素，而“技术传播活动是全面推动社会进步的基本动力”，② 因为“生产和运输的全部技术装备”“决定着产品的交换方式，以及分配方式，从而在氏族社会解体后也决定着阶级的划分，决定着统治和从属的关系，决定着国家、政治、法律等等”。③ 同时，根据“系统论”的基本原理，人类社会是具有一定稳定性的政治、经济、文化等子系统相互作用，并取得相对平衡的大系统；在原有的旧系统因素及其运作关系下，新技术的传播势必会对原有系统造成冲击，促使原有系统发生改变，以重新调适、容纳新技术的传入。因此，马克思一针见血地指出：“手推磨产生的是封建主的社会，蒸汽磨产生的是工业资本家的社会。”④

作为近代工业文明的产物，铁路技术“是资本主义工业的最主要部门即煤炭和钢铁工业的总结，是世界贸易发展与资产阶级民主文明的总结和最显著的指标”，⑤ 它的产生和传播必将极大地推动社会的发展和转型。1853 年，马克思写下《不列颠在印度统治的未来结果》一文，深入分析英国修建铁路网对印度社会产生的巨大影响。⑥ 与之相类似的是，中

---

① 邓小平：《科学技术是第一生产力》（1988 年 9 月 5 日、12 日），《邓小平文选》第 3 卷，人民出版社，1993，第 274 页。

② 王伯鲁：《技术地域性与技术传播问题探析》，《科学学研究》2002 年第 8 期，第 353 页。

③ 《恩格斯致符·博尔吉乌斯》（1894 年 1 月 25 日），《马克思恩格斯全集》第 39 卷，人民出版社，1975，第 198 页。

④ 马克思：《政治经济学的形而上学》（1847 年），《马克思恩格斯选集》第 1 卷，人民出版社，1995，第 142 页。

⑤ 列宁：《帝国主义是资本主义的最高阶段》（1916 年 1 ~6 月），《列宁全集》第 22 卷，人民出版社，1958，第 182 页。

⑥ 马克思：《不列颠在印度统治的未来结果》（1853 年 7 月 22 日），《马克思恩格斯选集》第 2 卷，人民出版社，1995，第 766 页。

东铁路本是沙俄为了侵略东北而兴建，并被俄国/苏联长期控制，但在技术地域性特征的作用下，中东铁路具有浓厚的技术输出地——俄国/苏联的社会思想属性，蕴含着丰富的俄国/苏联历史文化信息，而这一切都依托于铁路技术的支撑作用，进入技术输入地——中国东北，对东北区域的社会发展，乃至思想变迁产生双重作用。

一是物化作用，即出现一条横贯东北，西起满洲里，东到绥芬河，南达大连、旅顺，全长2489.2公里的中东铁路。在强大的铁路技术传播效应下，东北区域早期现代化进程全面启动，迅速走出农业文明的轨道，开始从传统社会向近代社会转型，东北区域社会结构也因此发生剧烈的分化和改组，产生许多具有相对独立性的子场域（包括思想传播子场域），[①] 即逐渐（半）俄国化，使中国东北区域的社会土壤与俄国/苏联的共通性增强，甚至在某种程度上趋同，为马克思主义在东北区域的传播奠定前提和基础，或者说为马克思主义在东北区域的传播提供比较合适的土壤和气候条件，一俟马克思主义的种子来到东北区域（主要通过中东铁路），便能迅速扎根，并破土而出，最后长出革命的参天大树。二是意化作用，即以中东铁路为媒介，马列主义和俄国革命思想在经过俄国/苏联铁路技术传播的物化作用所改造的社会土壤中，以“全息”的形式释放、结合和生根，产生巨大的作用，最终完成马列主义和俄国革命思想从技术输出地——俄国/苏联到技术输入地——中国东北的迁移性传播。

由于独特的地域优势，在“技术地域性”特征的强大作用下，中东铁路沿线成为马克思主义在东北区域的传播带，涌现了哈尔滨、长春、沈阳、大连等多个马克思主义的传播中心，[②] 因而中东铁路被誉为向中国输送马克思主义真理和革命火种的“红色之路”。[③] 特别是，中东铁路枢

---

① 按：“场域”是一个社会学概念，主要由法国社会学家皮埃尔·布尔迪厄阐发，详见〔法〕皮埃尔·布尔迪厄、〔美〕华康德《实践与反思：反思社会学导引》，李猛、李康译，中央编译出版社，1998，第341、133～134页。

② 黄进华：《马克思主义在中国东北的传播：1900—1931——基于历史学和传播学的视角》，中国社会科学出版社，2012，第47～110页。

③ 张子扬：《光辉的“红色丝绸之路”》，《人民日报》2010年7月3日，第7版。

纽——哈尔滨，既是马克思主义在东北区域最主要的传播中心,[①] 又是东北建党的“宝地”——哈尔滨独立组、北满地委和满洲临时省委均诞生于哈尔滨，并在东北革命，乃至中国革命进程中一度占有特殊地位，因而无愧于“赤色枢纽”的称号。[②]

总之，由于“技术地域性”特征的强大作用，中东铁路具有浓厚的技术输出地——俄国/苏联的社会思想属性，蕴含着丰富的俄国/苏联历史文化信息（包括马列主义和俄国革命思想），而这些信息随着俄国铁路技术的传播载体——中东铁路，以“全息”的形式进入技术输入地——中国东北，对近代东北区域的社会变迁，特别是马克思主义在东北区域的传播产生巨大作用。当然，必须说明的是，作为沙俄侵略扩张的产物，中东铁路是俄国铁路技术传播的产物，这种铁路技术在东北区域的传播是以俄国在中国东北的侵略和扩张为动力前提的，其对马克思主义传播的作用只是一种殖民掠夺的副产品，并不以沙俄殖民者的主观意志为转移，却恰好验证了马克思的一个著名论断：“殖民主义充当了历史不自觉的工具。”[③]

① 黄进华：《马克思主义在中国东北的传播：1900—1931——基于历史学和传播学的视角》，第 48 ~ 65 页。

② 张福山：《哈尔滨与红色之路》，黑龙江人民出版社，2001，第 1 页。

③ 马克思：《不列颠在印度统治的未来结果》（1853 年 7 月 22 日），《马克思恩格斯选集》第 2 卷，第 766 页。

试析沪杭甬铁路职工卫生事业的发展（1928～1937）*

铁路职工卫生事业，本是从属于铁路系统的一项制度，“当然是含有独立性质的一部分卫生事业”。[①] 它虽不同于工务、机务对铁路的正常营运起到“直截了当”的作用，但也绝不是一项可以被忽略的事业。铁路系统能否健康、有序地营运，与铁路职工及其眷属有密不可分的关系。他们服务于铁路，并为铁路的发展做出贡献。一旦铁路职工及其眷属的身体健康出现问题，铁路系统的正常营运势必受到影响，因此铁路主管部门对于这一类人群的身体健康理应负起责任。民国时期著名医学专家俞凤宾认为：“吾人处于现代，凡事皆受科学之赐。在保障健康方面，如医学也，防病学也，卫生学也……吾侪生命之安危，则全赖使用各种方法之得当与否以为衡。”[②] 在这里我们不妨套用俞先生的思路，将铁路职工卫生事业同样分为医学、防病学、卫生学三个方面，并以职工医疗、防疫与体检、卫生教育三项内容与其逐一对应。

沪杭甬铁路是一条沟通沪、嘉、杭、甬的交通大动脉，在民国浙江的交通运输史上占有重要地位。因受限于资料的缘故，我们很难对 1928 年（铁道部成立）以前沪杭甬铁路职工卫生事业做出详细的考察。但按照铁道部总务司王畏三的说法，1928 年前，我国“一切铁道卫生事项，

---

* 本节作者杨玄博，浙江同济科技职业学院马克思主义学院讲师。

① 定：《铁道卫生是一部分独立的卫生事业》，《铁路卫生季刊》第 1 卷第 4 期，1932 年 6 月，第 1 页。

② 俞凤宾：《所望于参观西湖博览会卫生馆者》，《东方杂志》第 26 卷第 10 号（西湖博览会号），1929 年 5 月 25 日，第 89 页。

亦未能举办……由各路自由演进，变成畸形”。[①] 若其说法成立，则 1928 年之前沪杭甬铁路职工卫生事业亦归于“未能举办”之列。

目前铁路史研究的总体趋势是将铁路放于区域史的视野进行探讨，大都着眼于铁路与社会经济的互动，偏重于论，摆脱了原先铁路史重叙说的研究路数。[②] 不过，在我们对铁路史研究日益深入的今天，有关铁路制度史的内容受关注度并不高，其中有关于铁路卫生的内容几乎被学界遗忘。铁路卫生，同样属于近代医疗史[③]的研究对象，理应为铁路史研究者所认识。本文通过对 1928～1937 年沪杭甬铁路所开展的职工医疗、防疫与体检、卫生教育三方面内容的考察，借以梳理那一时期铁路职工卫生事业的发展情况。

一　职工医疗：初见成效的医务工作

1929 年 12 月 2 日，国民政府铁道部卫生处成立，并颁布《铁道部卫生处职掌规则》，其中第一条明确规定“本部为统筹各路卫生改进事项以期公共卫生及医务之整理完善起见”。[④] 不久之后，铁道部直辖京沪、沪杭甬铁路管理局成立，设卫生课（掌管全路医务、卫生等）与医院（执

① 王畏三：《各铁路卫生医务过去及现在之概况与将来之展望——二十五年二月十七日在本部总理纪念周报告》，《铁道公报》第 1402 期，1936 年 2 月 21 日，“专载”，第 7 页。

② 近年来，采用区域史研究范式的主要铁路史论著有：江沛、熊亚平《铁路与石家庄城市的崛起：1905～1937 年》，《近代史研究》2005 年第 3 期；丁贤勇《浙赣铁路与浙江中西部地区的发展：以 1930 年代为中心》，《近代史研究》2009 年第 3 期；曲晓范、王凤杰《沈（阳）吉（林）铁路的修建与 1920 年代奉天、吉林两省东部地区的城市化》，《史学集刊》2011 年第 2 期；熊亚平《铁路与华北乡村社会变迁（1880～1937）》，人民出版社，2011；等等。

③ 近年来，近代医疗史研究成为学界热点，通过医疗卫生观念、城市公共卫生、教会医疗、根据地防疫与医疗等多个角度进行深入探讨，代表性论著有：焦润明《1910—1911 年的东北大鼠疫及朝野应对措施》，《近代史研究》2006 年第 3 期；杨念群《再造“病人”：中西医冲突下的空间政治（1832—1985）》，中国人民大学出版社，2006；余新忠《从避疫到防疫：晚清因应疫病观念的演变》，《华中师范大学学报》2008 年第 2 期；赵婧《1927—1936 年上海的妇幼卫生事业——以卫生行政为中心的讨论》，《史林》2008 年第 2 期；胡成《何以心系中国——基督教医疗传教士与地方社会（1835—1911）》，《近代史研究》2010 年第 4 期；等等。

④ 《铁道部卫生处职掌规则》，《铁道公报》第 22 期，1929 年 12 月 7 日，“法规”，第 1 页。

行各段之治疗与检查体格等事项）两大机构，为总务处所辖。[①] 此后，沪杭甬铁路职工医疗事业得以开展。

在沪杭甬铁路职工医疗事业尚未全面开展之前，根据沪杭甬铁路医官王吉民的调查发现，从1929年7月至1930年1月的患病人数统计中，沪杭甬铁路职工患病人数高达4000余人，[②] 单凭小型诊疗所与寄疗制度实际已无法满足铁路职工的看病需要。1930年1月，铁道部卫生处颁布了《铁道部卫生处管理各路卫生医务细则》，其中第4条第3款中已明确提到卫生处的职责在于“全路员工之疾病治疗事项”，[③] 这就说明了铁路旅客并不在各铁路医院、诊疗所的服务对象范围之内，唯有其出现需要急救的情况，铁路医院、诊疗所才会收治。因此，铁路职工医疗事实上就是一项“内部福利”。[④] 1932年7月19日，《铁路医院及诊疗所组织规程》颁布，其中第1条明确规定各路局必须“于该路适当地点呈请铁道部核准，设置医院及诊疗所”。[⑤] 自此部令出台后，沪杭甬铁路职工医疗事业加快了发展脚步。

根据路局的决定，京沪、沪杭甬铁路上海医院（后简称上海医院）在上海北站诊疗所的基础上于1933年7月17日建成，“掌理上海及其附近两路员工与其家属暨旅客病伤之治疗，救护，及健康检查等医务事项”。[⑥] 上海医院初有“院长兼外科医生一人骆传荣，驻院医师一人沈铎，内科主任医师一人钱建初，皮肤尿道科主任医师一人陈鸣栋，眼耳喉鼻科主任医师一人张西铭，护士长一人施雪麟，护士七人，药剂师一人，

---

① 《铁道部直辖京沪沪杭甬铁路管理局编制专章》，《铁道公报》第42期，1930年2月19日，“法规”，第2～3页。

② 《铁道部训令第三七九五号：令京沪沪杭甬铁路管理局》，《铁道公报》第53期，1930年3月29日，“命令”，第10页。

③ 《铁道部卫生处管理各路卫生医务细则（十九年一月十六日部令公布）》，《铁道公报》第33期，1930年1月18日，“法规”，第4页。

④ 1932年之后，铁路医院、诊疗所开始向旅客甚至沿线民众开放，但是此类人群的就医比例一直相当低。由此推断，铁路职工医疗事业基本上还是属于一项铁路职工的“内部福利”。

⑤ 《铁路医院及诊疗所组织规程（民国二十一年七月十九日本部部令公布）》，《铁道公报》第302期，1932年7月20日，“法规”，第1页。

⑥ 《两路上海医院暂行规则》，《京沪沪杭甬铁路日刊》第763号，1933年9月2日，第9页。

暂设病床二十五张，手术室一间，演讲堂一间”。[①] 上海医院的建成，标志着路局终于有了一所专办医院。

“沪杭甬线……经与浙赣路商妥合作创设杭州铁路医院（后简称杭州医院），以惠员工。其房屋设备早已规划就绪。兹经招标承办修建及油漆工程，正在积极进行，预订十月一日开始收容病人。”[②] 1934 年 10 月 10 日，杭州医院建成。在这以前，沪杭甬铁路杭州站附近的患病职工大都选择前往杭州广济医院就诊，而现在，“所有杭段各站患病员工，自应改送该院（杭州医院）医疗。广济医院方面，前经去函声明，原订合同期满不再继续，其现在住留该院医疗之员工，俟病愈出院，以后不再续送病人”。[③] 杭州医院初建仅一个月，路局副局长、沪杭甬铁路管理局代局长吴绍曾便前来视察，“周视全院，历一时余，随处予以指示”。[④]

在南、北两大铁路医院建成之后，加之原有的上海南站铁路诊疗所、吴淞机厂诊疗所、闸口机厂铁路诊疗所、宁波站铁路诊疗所、白沙机厂铁路分诊疗所，沪杭甬铁路已经具备了相对丰富的医疗资源。为了资源的合理配置，路局便将沿线各医院、诊疗所划分为三个医务区，成立了“以上海铁路医院为中心，苏州站，上北站，吴淞机厂，上南站各诊疗所附属之”的第二医务区和“以杭州铁路医院为中心，杭州站、闸口机厂、白沙机厂、宁波站各诊疗所附属之”的第三医务区。[⑤] 同时，将区内所有医务统归各大医院主持办理。各大医院每年还需抽调一部分医师轮流前往各诊疗所坐诊，如遇重症或疑难杂症，则就近送往区内铁路医院医治。在 1933 年 7 月 ~ 1934 年 6 月的一年时间里，沪杭甬铁路沿线的 8 家医疗

---

① 《两路医院落成后昨招待各界参观》，《申报》第 21672 号，1933 年 8 月 13 日，第 4 张第 15 版。

② 《京沪沪杭甬铁路管理局廿三年第一季工作概况》，出版者、出版地、出版时间不详，第 22 页，国家图书馆缩微中心库藏。

③ 《两路自办杭州铁路医院成立》，《申报》第 22152 号，1934 年 12 月 19 日，第 3 张第 10 版。

④ 《路政视察团视察沪杭甬线纪略》，《京沪沪杭甬铁路日刊》第 1127 号，1934 年 11 月 14 日，第 85 页。

⑤ 《两路划分医务区》，《京沪沪杭甬铁路日刊》第 1002 号，1934 年 6 月 16 日，第 107 页。路局划定的第一医务区“以镇江铁路医院为中心，南京站，镇江站，常州站各诊疗所附属之”。因其不属于沪杭甬铁路，故不在正文中详述。

机构，接待初复诊病患9.5万余名，比1930年增长了123.0%；① 接待住院病患1316名，办理出院1304名。②

除了铁路职工，职工眷属也同属照顾对象。“（京沪沪杭甬铁路）两路各院所，除为在职员工诊病外，同时兼为员工家属……疗治疾病，两路员工家属，约有一、二万人，常至本路各院所治病”。③ 在上海医院初建之时，对于职工眷属的“准入门槛”较高。就门诊来说，除了可以免门诊费，其余的均需自费；就住院来说，“凡两路员工家属（以本人配偶及其父母、子女为限），执有各该员工之主管长官签字之正式凭证，因重病请求住院医治者，得由卫生课课长斟酌情形，特许收留”。④ 两年之后，即1936年初颁布的《京沪沪杭甬铁路医院诊所门诊住院收费规则》，规定“本路员工、长警之直系家属（限于父母、配偶、子女），因病前往本路各医院诊所治疗或住院，除门诊得享免费治疗，并供给普通药品利益……”⑤

在维持铁路职工医疗事业正常运转的过程中，有无充分的经费也是相当关键的一环。据统计，路局1933年的预算为155000元，1934年的预算为163000元，1935年的预算则为197540元。按照京沪、沪杭甬两路约有员司、工警14500人来算，⑥ 每人每年平均的医疗费用为13.65元。⑦ 1935年，上海市的粳米零售价为每石10.872元。⑧ 再根据上海市

---

① 《全路全年诊疗疾病人数统计表：民国十九年度》，《铁道卫生季刊》第1卷第1期，1931年8月，第90页；《京沪沪杭甬铁路一览：二十二年度》，出版者、出版地不详，1934，第50页，上海图书馆近代图书库藏。此数字由笔者换算而来。

② 《京沪沪杭甬铁路一览：二十三年度》，出版者、出版地不详，1935，第43页，上海图书馆近代图书库藏。此数字由笔者换算而来。

③ 黄子方编《京沪沪杭甬铁路二十三年份医务卫生工作概述》，《中华医学杂志》第21卷（全年合刊），中华医学会，1935，第916页。

④ 《两路上海医院员工家属住院暂行规则》，《京沪沪杭甬铁路日刊》第768号，1933年9月8日，第56页。

⑤ 《京沪沪杭甬铁路医院诊所门诊住院收费规则》，《京沪沪杭甬铁路日刊》第1502号，1936年2月6日，第34页。

⑥ 根据1934年6月份的调查，两路共有职工数14515人；1935年12月份的调查，两路共有职工数14477人。

⑦ 黄子方编《京沪沪杭甬铁路二十四年份医务卫生工作概述》，《公共卫生月刊》第2卷第6期，1936年12月，第484页。

⑧ 上海市通志馆年鉴委员会编《上海市年鉴》（下册），中华书局有限公司，1936，“P”第132页。

政府社会局对305户工人家庭的调查，1934年前后，上海市平均每户家庭年均花在医药方面的开支为7.958元。[①] 当我们将以上3个数字做一对比，便可知路局的职工平均医疗费用算是不低。

二　防疫与体检：规章保证下的长期制度

自1920年代末期，防疫的重要性已逐渐为民众所认识，愿意主动接种疫苗的人数也越来越多。上海有位名叫易景戴的医生曾说："从前应霍乱及脑膜炎预防液注射者，寥寥不可多见……迨今夏（1930年）防疫消息传出，霍乱预防液尚未购置齐备，而来院要求注射者，已日必多起。比院中开始工作，即纷至沓来，应接不暇。"[②] 在社会卫生观念大转变的背景下，加之路局积极颁布各类规章，防疫与体检逐渐成为一项长期制度。

就目前我们所了解的传染病种类看，例如天花、白喉等呼吸道传染病最易通过公共人群传播。为保障铁路职工及其眷属免于此类传染病之害，保证铁路的正常营运，1932年6月，铁道部颁布《铁路防疫章程》，详细规定了铁路防疫事业的内容、办法及应急等诸项措施，[③] 力求控制季节性传染病，并将其危害降至最低程度。

由于每年春季是流行性传染病的高发季节，因此路局规定每年3～5月是注射各类疫苗的时间。在牛痘接种期间（即3月1日～4月30日），规定"本路各医院、诊所医师，不分季节，随时为员工及其家属接种……各厂、栈、车站、扶轮学校等，应行种痘，数在五十人以上者，得由主管长官，预先函知本课，派医前往接种"。[④] 在霍乱伤寒混合疫苗接种期间（即4月1日～5月31日），路局规定"（一）呈请管理局通令各处署，转知各员工及其家属，前往沿线附近诊疗所注射。（二）本路各站，

---

① 上海市政府社会局编《上海市工人生活程度》，中华书局，1934，第74页。

② 易景戴：《我之防疫谈》，《社会医报》第123期，1930年8月，第1100～1101页。

③ 《铁路防疫章程》，《铁道公报》第266期，1932年6月6日，"法规"，第1～3页。

④ 《规定三月一日起至四月底为特别接种牛痘时期（本局训令通字第九六号，二十五年二月二十四日）》，《京沪沪杭甬铁路日刊》第1519号，1936年2月26日，第178页。

厂，办公室，警务段，及各学校等，如人数在五十人以上者，得由主管机关，预先函知本课，遴派医员，前往注射”。[①] 1931～1933 的统计，京沪、沪杭甬铁路职工的牛痘接种比例均不及 10%。1934～1935 年，按照京沪、沪杭甬铁路约有铁路职工 14500 人来算，就 1934 年数据来说，接种牛痘的比例大致为 18.0%，接种霍乱伤寒混合疫苗的比例大致为 26.3%。1935 年，接种牛痘的比例上升到了 50.1%，接种霍乱伤寒混合疫苗的比例上升到了 34.1%。[②] 京沪、沪杭甬铁路医务长邓真德[③]还亲赴两路各站、厂视察防疫卫生状况，并拟定防疫办法 7 条，要求切实执行。[④] 到 1937 年，路局为扩大预防工作起见，“经该局与上海市卫生局商准，自于四月一日起至月底止在三四等客车内，为旅客施种牛痘，以期普及”。[⑤]

夏秋两季同样也是流行性传染病的高发季节，其中疟疾最为常见。京沪、沪杭甬铁路所经之处，“多田亩池沼。疟蚊产卵，多在田亩池沼繁殖滋生。员工作息其地，夏秋之间，不为疟蚊侵害者几希（稀）”。[⑥] 由于在当时的社会环境下，公共卫生状况较差，要通过扑灭疟蚊及其幼虫、虫卵以起到防疟的工作无法开展，两路镇江医院的张理觉医生坦言：“防治之道，只有就既患者予以充分之治疗。”[⑦] 一般来说，当铁路职工罹患

① 《员工及家属注射霍乱伤寒疫苗办法：本局训令通字第二五九号》，《京沪沪杭甬铁路日刊》第 966 号，1934 年 5 月 4 日，第 31 页。

② 黄子方编《京沪沪杭甬铁路二十四年份医务卫生工作概述》，《公共卫生月刊》第 2 卷第 6 期，1936 年 12 月，第 493 页。此数字由笔者换算而来。

③ 邓真德（1893～?），广东英德人。先后毕业于美国约翰·霍普金斯大学公共卫生学院和北平协和医学院，医学博士。历任北京协和医院住院医生、广州公立医科大学内科教授、上海圣约翰大学校医主任及施医处主任等职。1930 年 12 月 12 日任京沪沪杭甬铁路卫生课课长，后兼任两路医务长。1934 年 9 月 10 日调任广州市卫生局局长。详见《各路最高卫生医务领袖资历调查表：民国二十一年一月份调查》，《铁道卫生季刊》第 1 卷第 3 期，1932 年 3 月，第 83 页；刘国铭主编，黄晋明等副主编《中国国民党百年人物全书》上册，团结出版社，2005，第 284 页。

④ 《邓真德注意两路防疫事宜》，《申报》第 21582 号，1933 年 5 月 14 日，第 3 张第 10 版。

⑤ 《两路为旅客种牛痘》，《申报》第 22952 号，1937 年 3 月 31 日，第 4 张第 15 版。

⑥ 张理觉：《京沪路疟疾调查报告》，《中华医学杂志》第 21 卷（全年合刊），中华医学会，1935，第 555 页。

⑦ 张理觉：《京沪路疟疾调查报告》，《中华医学杂志》第 21 卷（全年合刊），中华医学会，1935，第 556 页。

疟疾之后，各大铁路医院、诊疗所均会配给5~7日剂量的口服用奎宁（Quinine），治疗效果较佳。

除了职工防疫，开展职工体检也是路局针对职工卫生事业所开展的一项重要工作。沪杭甬铁路职工体检大致发端于1930年初，主要针对新进职工和特殊职工。[①] 当时，铁道部卫生处颁布了《铁道部卫生处管理各路卫生医务细则》，其中第二章第四条第八款明确规定需要为新进职工开展体格检查。[②] 在此之后，但凡新进员工都需要进行必要的体检，以了解该名员工的身体状况，检查项目主要有内科、眼耳喉鼻科、皮肤科等。路局每年举行一至两次职工体检，“检验员工体格事宜，前此系指定由上海医院主办，自医务区组织就绪后，依照医务区地段，分由镇江，上海，杭州三医院办理。二十三年份（1934）中，初验人数计共二千四百五十一人，内合格者二千零八十八人，不合格者三百七十一人。其缺点多系砂眼，近视，齿病及皮屑病等”。[③] 除有“急剧传染病者，精神病者，因残废导致不能服务者”[④]，其余的体检不合格者将酌情考虑录用与否。[⑤] 1935年，路局扩大了体检人群的范围，将路局的全部新老职工、甚至沿线各站脚夫和客车茶役等都纳入体检范围。[⑥] 路局不仅每年组织固定时间开展体检，如遇某职工出于自身原因临时需要体检的，亦可自行前往上海、杭州、镇江三所铁路医院。体检结果证明书一式两份，医院留存一份，本人留存一份。[⑦]

为特殊人群检查有无肺结核及毒瘾，也是铁路职工体检的另一项内

① 特殊职工主要指曾染结核病和曾染烟（毒）瘾的两类人群。

② 《铁道部卫生处管理各路卫生医务细则：十九年一月十六日部令公布》，《铁道公报》第33期，1930年1月18日，“法规”，第4页。

③ 黄子方：《最近过去一年之医务卫生概况（下）》，《京沪沪杭甬铁路日刊》第1269号，1935年5月3日，第19页。

④ 《铁道部训令第四七六一号》，《铁道公报》第532期，1933年4月17日，“命令”，第4页。

⑤ 关于这一问题，详见《制发复验员工体格证明书：本局训令通字第三三七号》，《京沪沪杭甬铁路日刊》第1003号，1934年6月18日，第115页。

⑥ 黄子方编《京沪沪杭甬铁路二十三年份医务卫生工作概述》，《中华医学杂志》第21卷（全年合刊），中华医学会，1935，第922页。

⑦ 《员工可自动请验体格》，《京沪沪杭甬铁路日刊》第1143号，1934年12月3日，第11页。

容。“本部为谋防杜此项疾病（肺结核）传染起见，兹特制定‘各铁路员工肺结核病调查表’一种……仰即转饬该路卫生医务机关，限于四个月内，将全路所有染患该项疾病之员工，一一依式填妥呈部为要”。[①] 令我们感到遗憾的是，铁道部“借筹救济”[②] 的承诺并没有实现，但凡确诊为结核病的职工，最终都直接被路局解雇了事。在当时的铁路职工中，有少数旧染烟（毒）瘾，且不能戒，给日常工作与路局声誉带来极大的负面影响。为了铁路事业的发展，铁道部于1929年通令各路局，彻查职工有无烟（毒）瘾，采取“每人须出具同级三人之保结，汇报备案”[③] 的办法。1934年，“各路调验事务，各由该路卫生医务主管机关，负责办理，并应指定自办之医院一处，兼办烟癖检验事宜”。[④] 不过，检查职工有无烟（毒）瘾的工作仅是采取抽样的方式。从1930～1935年，总共抽查铁路职工225人，[⑤] 查出有烟瘾者61人，并一律革职不用。[⑥]

三　卫生教育：常识普及与习惯训练

自1930年代初起，路局对于铁路职工卫生教育工作较为重视，“责成各路卫生课或医官，就各该路情形实行，提倡工人卫生教育”。[⑦] 开展职工卫生教育工作，既在于为铁路职工及其眷属普及科学的卫生常识，又在于督促他们养成良好的卫生习惯。基于此，路局着重开展了以下几大工作。

第一，编印卫生宣传刊物，向铁路职工普及卫生常识。“由卫生课调查员工最常患之病症，编成浅说，述明疾病‘原因’‘症状’及‘预防

---

① 《铁道部训令第七五五号》，《铁道公报》第735期，1933年12月12日，“命令”，第1页。

② 《铁部调查各路员工肺结核病》，《申报》第21792号，1933年12月12日，第2张第6版。

③ 《铁部澈查路员烟癖》，《申报》第20340号，1929年11月6日，第2张第7版。

④ 《各铁路员工烟癖调验办法》，《京沪沪杭甬铁路日刊》第1063号，1934年8月29日，第186页。

⑤ 据估计，抽查的225名铁路职工，均系旧染烟（毒）瘾之人。

⑥ 黄子方编《京沪沪杭甬铁路二十四年份医务卫生工作概述》，《公共卫生月刊》第2卷第6期，1936年12月，第492页。

⑦ 铁道部编《铁道部工作报告（中华民国二十年一月份）》，出版地、出版时间不详，第11页，国家图书馆缩微中心库藏。

方法’。”[①] “由卫生课按时编印关于卫生，及预防时疫传染各项图画，小册，传单，标语等，分发张贴。并在两路日刊，每星期发表关于卫生防疫文字，以资宣传。”[②] 仅在 1933 年 7 月至 1934 年 4 月间就“编发卫生小册一万零三百本。防病浅说三十种，计二十三万五千份”。[③] 同时将“年来陆续编撰卫生常识及疾病浅说……分印单行本，随时分发，用资宣传……此外复印制各种卫生图画，装成镜框，悬挂车站及各医院诊所，以供众览”。[④]

第二，开办急救训练，为铁路职工教授卫生实践技能。自 1933 年起，路局遵照铁道部颁布的《各路急病创伤救急训练纲要》，组织救急训练班，要求各站站长、车长、长警、监工、机厂工人等，均需受训。[⑤] 路局警察署对本路警士开办的急救训练，参照南京市卫生局于 1929 年 1 月核定的卫生警士训练课程，主要教授“救急法、担架术、绷带学、救急应用药物述要”共 4 门。在 1932 年 7 月～1933 年 6 月的一年时间里，沪杭甬铁路警察处理了多起意外事件，急救 59 人，[⑥] 从一个侧面展示了急救训练之功效。1935 年，“按照往年办法，由各处署继续选送员司、工警，分往镇江、上海、杭州三医院训练，计受训练者共三百九十二人，其中有一百五十三人，试验合格，给予证书”。[⑦]

第三，设立公共卫生护士，对铁路职工进行家庭卫生指导。公共卫生护士的主要职责在于采用科学的原则，为家庭、团体“矫正缺点预防疾病，

---

① 《京沪沪杭甬铁路管理局卫生工作概况》，《医药评论》第 6 卷第 2 期，1934 年 2 月，第 61 页。

② 铁道部参事厅第四组编《铁道年鉴》第 2 卷第 2 册，铁道部秘书厅图书室，1935，第 1115 页。

③ 黄子方：《京沪沪杭甬铁路最近医务卫生状况》，《医药评论》第 7 卷第 6 期，1935 年 6 月，第 25 页。

④ 黄子方编《京沪沪杭甬铁路二十四年份医务卫生工作概述》，《公共卫生月刊》第 2 卷第 6 期，1936 年 12 月，第 494 页。

⑤ 铁道部秘书处编《铁道年鉴》第 3 卷，商务印书馆，1936，第 1114 页。

⑥ 铁道部参事厅第四组编《铁道年鉴》第 2 卷第 1 册，铁道部秘书厅图书室，1935，第 427 页。

⑦ 黄子方编《京沪沪杭甬铁路二十四年份医务卫生工作概述》，《公共卫生月刊》第 2 卷第 6 期，1936 年 12 月，第 492 页。

增进健康，及教育民众，护理病人”。[①] 在借鉴西方的实际经验之后，1934年7月，“本局（京沪沪杭甬铁路管理局）……特委派宗焕琴女士……为总务处卫生课公共卫生护士，专任员工家庭卫生指导职务”。[②] 同年10月，宗护士“亲往员工家庭作婴儿沐浴示教，并切实指示保育婴儿应有之常识，先后计二次。又举行产前检查二次及指导产前产后之卫生与护理方法十五次”。[③] 截至抗战前夕，路局卫生课共聘有5名公共卫生护士，在1935年共进行家庭疾病处置21次，受众人数19人；家庭卫生演讲63次，受众人数377人；进行家庭卫生谈话1299次，受众人数1496人；进行家庭卫生调查23次，受众人数75人；举办家庭母亲会4次，受众人数80人。[④]

第四，进行职工卫生测验与职工家属儿童健康比赛。铁路职工卫生测验由路局卫生课主办，主要为“引起同人注意卫生之兴趣，达到提倡公众卫生的目的”。[⑤] 职工卫生测验首次于1934年4月1日举办，规定每月举办一次，截至1936年5月共举办24次。从参加人数来看，第一次卫生测验参加人数仅有94人，第九次参加人数上升到121人，到第二十三次参加人数已达到238人。[⑥] 职工卫生测验在一定程度上达到了“引起同人注意卫生之兴趣”的目的。路局卫生课于1933年开始举办儿童健康比赛，“此项比赛目的有二：（一）检验儿童体格，其有疾病或缺点者，俾可早日矫治。（二）借以指导家庭卫生习惯，及育婴方法”。[⑦] 1935年6

① 花新人：《什么是公共卫生》，《卫生半月刊》第2卷第9期，1935年5月，第68页。

② 《派卫生课护士宗焕琴指导员工家庭卫生》，《京沪沪杭甬铁路日刊》第1041号，1934年8月2日，第13页。

③ 《本路公共卫生护士十月份重要工作经过》，《京沪沪杭甬铁路日刊》第1130号，1934年11月17日，第106页。

④ 黄子方编《京沪沪杭甬铁路二十四年份医务卫生工作概述》，《公共卫生月刊》第2卷第6期，1936年12月，第495～496页。

⑤ 胡敬侃：《对于举行卫生常识测验之意见》，《京沪沪杭甬铁路日刊》第979号，1934年5月21日，第131页。

⑥ 《第一次卫生常识测验揭晓——徐竞新、邵卓然两君得第一奖》，《京沪沪杭甬铁路日刊》第954号，1934年4月20日，第129页；《第九次卫生常识测验揭晓》，《京沪沪杭甬铁路日刊》第1158号，1934年12月20日，第131页；《第二十三次卫生常识测验揭晓》，《京沪沪杭甬铁路日刊》第1538号，1936年3月20日，第124页；因未能查找到第二十四次卫生常识测验的资料，所以只能使用第二十三次卫生常识测验的数据。

⑦ 黄子方编《京沪沪杭甬铁路二十四年份医务卫生工作概述》，《公共卫生月刊》第2卷第6期，1936年12月，第494页。

月1日举办的职工家属儿童健康比赛是其中较具规模的一次。比赛地设在上海新亚酒店7楼大礼堂，参赛者众多。比赛组委会先从所有参赛儿童中挑选出体格相对健壮的共20名，再由评审对这20名儿童体格的优缺点逐一进行评价，最终评选出5名优胜者，并由路局副局长、沪杭甬铁路管理局代局长吴绍曾为其颁奖。①

第五，举行卫生运动。卫生运动由铁道部总务司卫生课于1932年号召发起，暂定每年4月1日于各路分别举行，初衷是“指示他们（以铁路职工为主），引导他们，督率他们，向健康的途径求生活”。② 不过受客观条件的制约，京沪、沪杭甬铁路直到1934年4月1日方才举行了第一次规模甚巨的卫生运动。“特备宣传车三辆，分别由上（海）北（站）至常州，由南京至常州，由上北至闸口，沿线实施宣传”，“并于四周车窗上满贴各种疾病之传染，如‘接触’‘器具’‘空气’‘水’‘食物’‘泥土’‘昆虫’‘畜类’数种图画，指明疾病之传染不外上列数种，促人注意于卫生之不可忽视”。③“文字方面，则编印卫生运动特刊，暨关于卫生及预防时疫传染各项图说、小册、传单、标语等，分发各处署，各车站、机厂、列车，及旅客等。言语方面，则向旅客及本路员工作通俗演讲。”④ 第二次卫生运动于1935年4月1日举行，在北站大门口悬挂横幅，上书“京沪、沪杭甬铁路卫生运动会”字样。“全线各站，亦同样布置，站内张贴各种卫生图表及宣传文字，每一大站派有宣传员演讲。宣传列车三辆，附挂京沪及沪杭客车，随车宣传。”⑤ 至于第三、四次卫生运动，虽然于1936年和1937年的4月1日举行，但无论从规模还是从影响力来说，已不及从前。

---

① 《两路举行员工家属儿童健康赛》，《申报》第22307号，1935年6月3日，第4张第13版。

② 朱森基：《为卫生运动向铁路员工们进一言》，《铁路卫生季刊》第1卷第3期，1932年3月，第19页。

③ 《卫生运动大会出发各站宣传纪略》，《京沪沪杭甬铁路日刊》第939号，1934年4月3日，第12页。

④ 《京沪沪杭甬两路之卫生运动》，《卫生月刊》第4卷第5期，1934年5月，第232页。

⑤ 《京沪沪杭甬路昨日卫生运动》，《申报》第22247号，1935年4月2日，第3张第9版。

结　语

不可否认，近代中国的铁路事业曾出现过两次发展高潮，第一次高潮大致在19世纪末20世纪初，这一次的铁路事业发展以筑新路、争利权为主；第二次高潮大致在1928～1937年，这一次铁路事业的发展除了整顿旧路、推进营运事业之外，更注重对各项制度的完善，并着力为铁路事业的后续发展提供可能。其中，各路局对于铁路职工卫生事业的完善与发展，尤其是一项值得探讨的工作。

沪杭甬铁路职工卫生事业在1928～1937年间为我们展现出了鲜明的发展风貌。第一，沪杭甬铁路职工卫生事业得以完善的重要前提，在于路局相关领导的重视。“两路医务的改进，和员工的卫生教育，及环境卫生的改良……路局已自动负起责任，积极进行。”① 1933年5月，京沪沪杭甬铁路卫生课改组，一切卫生事务均由卫生课管理。后又成立了整理卫生事宜委员会，“自该会成立以来，关于卫生上一切整理改进，进行极为便利”。② 路局局长黄伯樵、副局长吴绍曾认为：“身体又好，精神又充足，当然于职务大有裨益，在公家既可谓用得其人，在员工本身也易有升擢的机会。”③ 而且从具体事实来看，无论是铁路新医院落成时的莅临、接种疫苗期间的指导、儿童健康比赛的亲临，都说明了路局领导主观上对于铁路职工卫生事业的发展持积极态度。同时，领导们也意识到发展铁路职工卫生事业还是一项成本小，收益高的投资，“凡在此公家所费甚微，而于员工则得益甚巨”。④

第二，判断沪杭甬铁路职工卫生事业发展与否的标准，在于铁路职

① 胡宣明：《本路员工的健康问题》，《京沪沪杭甬铁路日刊》第951号，1934年4月17日，第108页。

② 《京沪沪杭甬铁路管理局卫生工作概况》，《医药评论》第6卷第2期，1934年2月，第61页。

③ 黄伯樵、吴绍曾：《对于京沪沪杭甬铁路员工福利之商榷》，《京沪沪杭甬铁路日刊》第946号，1934年4月11日，第66页。

④ 《一个五年间之京沪沪杭甬铁路总务行政》，出版者、出版地不详，1940，第123页，上海图书馆近代图书库藏。

工身体健康的情况，而这一情况分别可以用量化的数据和进步的健康观念以反映。首先，就量化的数据而言。据统计，在沪杭甬铁路职工卫生事业开展初期，职工病假日数颇多，对铁路的正常营运起到较大的负面影响。自 1933 年开始，情况方有所好转。1933 年两路职工的病假日数为 91983 日，1934 年减少到 50089 日，1935 年减少到 41809 日。[①] 按照两路职工数 14500 人计算，1933～1935 年平均每人每年病假日数分别为 6.34 日、3.45 日、2.88 日。铁路职工病假日数得以减少的主要原因，“一部份（分）当系医疗技术改进及厉行预防工作之结果”；[②] 其次，就进步的健康观念而言。民国时期的广大百姓、包括路局职工，大都“以为健康是他们应有的命分”，[③] 每当身体出现异样时便怨天尤人。在路局的铁路职工卫生事业推动之下，不少人开始认识到健康的身体是可以通过自身的努力和路局兴办的职工卫生事业得到充分保障，于是逐步摒弃“生死有命”的消极健康观，并代之以“人定实可以胜天”的积极健康观。[④] 通过本实证研究，我们不难发现，1928～1937 年间沪杭甬铁路职工卫生事业在路局开展的职工医疗、防疫与体检、卫生教育三项工作的共同合力下，取得了一定阶段性成果。

---

① 黄子方：《京沪沪杭甬铁路最近医务卫生状况》，《医药评论》第 7 卷第 6 期，1935 年 6 月，第 25 页；黄子方编《京沪沪杭甬铁路二十四年份医务卫生工作概述》，《公共卫生月刊》第 2 卷第 6 期，1936 年 12 月，第 487 页。

② 黄子方编《京沪沪杭甬铁路二十三年份医务卫生工作概述》，《中华医学杂志》第 21 卷（全年合刊），中华医学会，1935，第 916 页。

③ 《康健的代价》，《长虹》第 2 卷第 6 期，1936 年 8 月 15 日，第 25 页。

④ 贯因：《生活之规则化（下）》，《京沪沪杭甬铁路日刊》第 1530 号，1936 年 3 月 10 日，第 61 页。

述评　中国第二历史档案馆藏民国时期交通档案述略*

史料是历史研究的基石，历史档案是历史研究最重要的史料来源，可以说，如果没有历史档案，历史研究也将成为无米之炊。历史档案可以为历史研究提供更为丰富的、更为直接的原始依据，是印证各类史料或历史著述的重要根据，可以厘清许多重大历史事实，澄清一些不符合事实的传闻，解决一些有争议的史实，从而恢复历史的本来面目。中国第二历史档案馆典藏着浩瀚的档案史料，是研究中国现代史、中华民国史及各种专门史的资料宝库，馆藏中有关民国时期交通档案资料就多达10余万卷，涉及百余个交通机构，涵盖了1912～1949年整个民国时期。下面就馆藏交通档案做一简要梳理。

一　民国北京政府时期

民国北京政府时期交通档案留存下来的数量不多，主要集中典藏于交通部全宗中，共有档案213卷，形成于1912～1928年。主要内容有：该部法规汇编；该部官制及各厅、司分科章程；该部职员录、考绩表及有关人员任免、变动及受勋的文件；有关国有铁路建设、经营管理、债款以及民营铁路修筑的计划、报告等文件；有关电报、电话工程建设、经营管理的文件；有关邮政与邮政储金条例、议事录、报告；有关内河运输的文件；该部直辖各铁路1915年兴革事项表；各省区电报局各种报告、统计表及清册；有关中东路债款、经营管理及现状调查的文件；该

* 本节作者蔡全周，中国第二历史档案馆助理馆员；胡震亚，中国第二历史档案馆研究馆员。

部有关经费开支的文件；等等。

此外，部分铁路档案还散存于财政部、内务部、税务处、津浦铁路商货统捐局等全宗中。

二　南京国民政府时期

馆藏南京国民政府时期的交通档案数量浩瀚，内容十分丰富，主要典藏于以下全宗。

交通部：本全宗共有档案 27206 卷，形成于 1927～1949 年。主要内容有：该部及所属机构组织规程与主管人员交接的文件；有关该部及所属单位人员任免、考绩、奖惩、抚恤、退休的文件及职员录、表册；该部施政方针、行政和建设计划；该部各项会议记录；该部工作报告及视察报告；有关交通系统各业工会和其他团体活动的文件；有关出席国际劳工大会及国际交通会议的文件；交通事业概况表和交通资料；有关该部整理路、电、邮、航四政债务的文件；该部及所属各单位关于材料管理、购拨、储运的文件；各项交通法规；有关铁路、公路管理的章则、计划、报告、会议记录与统计图表；有关铁路、公路建筑、营运的文件；有关驿运的文件；有关邮电与邮汇的法规、会议记录、工作计划、报告与统计；有关邮件检查与查扣中共报纸、刊物的文件；有关水路、航空、运输建设、管理和营业的法规、章则、计划、报告和会议文件；有关接收日伪机构、物资和日本赔偿物资的文件；有关交通警察机构设置、人事、经费与工作活动的文件；有关中国、中央两航空公司起义的文件；有关投资交通事业，该部内、外债款的文件；该部及所属单位经临费预、决算书及年度营业决算书。

交通部平津区特派员办公处：本全宗共有档案 2123 卷，形成于 1943～1946 年。主要内容有：该处及所属机构的组织规程、组织系统表；有关该处及所属单位人员任免、考绩及主管人员名册、员工名册；有关接收日伪交通机构、资产的办法；有关平津区铁路运输和警务的文件；平津区铁路管理局 1947～1948 年工作计划与报告；有关平津区铁路工会和国民党党部组织、人事情况和活动的文件。

交通部京沪区特派员办公处：本全宗共有档案75卷，形成于1945～1946年。主要内容有：交通部等颁发的有关收复区日伪机关财产接收和处理的办法及接收机关的组织章程；交通部所属京沪区机关接收日伪邮政、电信、船舶、仓库等情况的报告、清册；有关商办轮船公司要求发还船舶、码头的文件；全国船舶调配协会函送的船舶调查报告书；中统局关于浦镇机四、经过的调查资料与报告等。

交通部第一、第二交通警察总局：本全宗共有档案364卷，形成于1945～1949年。主要内容有：第一、第二交警总局及其下属机构的组织条例、编制表；第一、第二交警总局及下属机构职员录、警官清册及人事管理的文件；两交警总局的工作报告和会议记录；有关交警部队配置、驻地、兵力等报表；中长铁路警察局及吉林、沈阳、绥大警务处有关处理刑事犯和违警案件的文件；有关“剿共”“防谍”的文件及军事情报；等等。

交通部铁路测量总处：本全宗共有档案35卷，形成于1943～1949年。主要内容有：该处及所属各总队的组织规程；有关该处人事和经费管理的文件；该处会议记录；测量业务法规；等等。

交通部上海材料储转处和材料储运总处：本全宗包括交通部上海材料储转处、上海材料储运总处、张华浜码头仓库管理处和上海汽车管理处等四机构形成的档案，共有972卷，形成于1945～1949年。主要内容有：上海材料储转处、上海材料储运总处及所属机构组织规程、办事细则；有关人事管理的规章和人员任免、考绩的文件与表册；两处的会议记录、工作计划与报告；有关接运日本赔偿物资的文件；有关交通器材购运、拨交的文件；有关船舶管理、租借的文件；有关码头、仓库建筑、管理的文件。张华浜码头仓库管理处的组织章程、会议记录、营业概算与码头仓库管理的文件。上海汽车管理处组织、人事文件和业务计划、报告；租车、修车合约与价让汽车材料的文件等。

交通部青岛材料储运处：本全宗共有档案187卷，形成于1946～1949年。主要内容有：该处组织规程和各种规章；有关该处人事管理的文件；有关交通器材购运、拨交的文件等。

交通部首都材料厂和钢铁配件厂：本全宗共有档案187卷，形成于

1946~1949 年。主要内容有：该厂组织规程；有关该厂人事和财务管理的文件；该厂业务计划与工作述要；有关占用民地的文件；有关接运、转运及仓储的文件；有关钢铁配件厂人事管理的文件；等等。

交通部港九材料购运处：本全宗共有档案 15 卷，形成于 1945~1949 年。主要内容有：该处租借场地储放器材的合约；有关购运交通器材与各方的来往文电；该处迁移台湾的筹备会议记录；等等。

台湾铁路局驻沪办事处：本全宗共有档案 26 卷，形成于 1946~1949 年。主要内容有：有关该处人事管理的文件；有关该处购运材料的文件；1948 年台北铁路现状；台北机厂概况；车线指南；等等。

铁道部：本全宗共有档案 1403 卷，形成于 1928~1938 年。主要内容有：该部职员录及有关人员任免的文件；有关该部及平汉、京汉、北宁等铁路局外籍职员任免文件；管理中英庚款董事会章程及会议记录；该部及平津、津浦、平汉、京沪、沪杭甬、胶济、陇海等铁路局向国内外借债筑路、购车的文件、报表；各铁路借款办法、债务合同和借债基金委员会会议记录；国有铁路借款分类总表与整理内外债务情况月报表；有关筑路工程的计划及工程情况报告；钱塘江大桥设计、工程情况报告及经费支出的文件；有关国有铁路清查财产及估产文件；该部财务委员会组织规章及会议记录；铁道警察总局及首都轮渡工程处的文件；等等。

京沪铁路局、津浦铁路局：本全宗共有档案 448 卷，形成于 1946~1949 年。

平汉铁路管理局北段管理处：本全宗包括交通部平津区特派员办公处石家庄分区接收委员会形成的档案，共有 1199 卷，形成于 1945~1949 年。

北宁铁路管理局：本全宗共有档案 2516 卷，形成于 1902~1938 年。

平津区铁路管理局：本全宗共有档案 5312 卷，形成于 1946~1949 年。主要内容有：该局及下属各单位组织规程与有关机构调整的文件；该局及下属各单位人员编制、局长、高级职员及工程技术人员任免、调动、叙薪的文件及员工名册；该局会议记录和属区范围内党政军联合办事处会议记录；该局工作计划、工作报告及下属单位业务报告；交通部天津区接收委员会办事处接收日伪资产的报告与表册；该局有关机务、工务、运务的报告，会议记录及客货运价表等；有关该局及所属单位财务的文件；有关铁路警务的文件；有关该局警务处搜集与解放军作战的文件；有关该局国民党党部和工会活动的会议记录、名册等文件。

浙赣铁路联合公司理事会：本全宗共有档案 632 卷，形成于 1935 ~ 1949 年。主要内容有：该公司章程、组织规程及有关公司所属机构设置、结束的文件；有关公司人事管理的文件；该公司和浙赣铁路局会议记录；浙赣铁路局呈报的各项规章、工作计划与报告；有关车务、工务、料务的文件；有关该公司所属煤矿生产管理的文件；有关向银行借款和募集建设公债的文件；各局及各段、站年度收支和营业预决算书；浙赣铁路东段管理处和桂林业务处成立、结束的文件、会议记录、工作报告和有关人事、经费、业务的文件等。

浙赣铁路管理局：本全宗共有档案 11734 卷，形成于 1937 ~ 1949 年。主要内容有：该局及所属机构组织规程、编制表与机构成立和结束的文件；该局沿革与概况；该局及所属机构员工名册及有关人员任免、调迁、训练、退休、考核的文件；该局及所属各处、段会议记录、工作计划与报告；有关该局国民党特别党部和工会活动的文件；有关工务、机务、营运、料务和警务的文件；该局 1944 ~ 1948 年经费预决算；该局所属各单位经费预算与报销的文件；有关该局西段管理处、玉山、桂林、上海办事处组织、人事、业务的文件；有关路政建设的建议，《浙赣路讯》《浙赣月刊》等资料。

华中铁路管理委员会杭暨段总办公处：本全宗共有档案 68 卷，形成于 1945 ~ 1946 年。主要内容有：有关该处组织成立和结束的文件；有关该处人事、经费管理的文件；该处会议记录；该处工作报告与计划；有关该处工务和运务的文件；接收日伪金华铁路管理局等机构物资的报告、表单。

京沪、沪杭甬铁路管理局（京沪区铁路管理局）：本全宗共有档案 14275 卷，形成于 1917 ~ 1949 年。主要内容有：该局及下属单位组织规章和历史沿革；有关日籍人员任用、解雇和遣送的文件；该局职员录及各级员工任用、迁调、考绩、奖惩、抚恤的文件；该局局务会议记录；该局工作计划及报告；外界对改进铁路事务的建议；有关该局国民党特别党部和工会活动的文件；有关防范中共活动的文件；有关租地合同和地权纠葛的文件；有关铁路警务与工人罢工情况的文件；京沪、沪杭甬两铁路预、概、决算书和各种会计报表；等等。

南浔铁路总公司（管理局）：本全宗共有档案40卷，形成于1916~1938年。主要内容有：有关该公司1916~1938年员司任免的文件。

津浦区铁路管理局：本全宗共有档案9358卷，形成于1918~1949年。主要内容有：该局所属各机构组织编制和机构调整的文件；津浦、胶济等铁路局的职员录与该局及所单位员工任免、调转、退休的文件及表册；有关该局国民党特别党部和工会活动的文件；该局规章汇编、工作计划及报告；该路局沿线地产登记及土地、岔道、房屋租赁的文件；有关运务、工务、机务、材料、财务的规章、计划、报告、统计表；该路局警务处组织系统表及其活动情况的文件；有关该路局公路运输的文件；浦兖段和各地办事处组织、人事、运输、工务、机务、材料的文件；等等。

津浦铁路管理局浦兖段管理处：本全宗共有档案90卷，形成于1946~1949年。主要内容有：有关该处及所属机构人事和经费管理的文件；国民政府颁发的“剿匪须知”和镇压学生与工人运动的法令；该处有关工务的文件；等等。

京赣铁路赣境工程管理处：本全宗共有档案3030卷，形成于1933~1937年。主要内容有：有关该处总务、人事、财务、工务、材料和警务的文件。

京赣铁路宣贵段工程局：本全宗共有档案2759卷，形成于1936~1937年。主要内容有：有关该局总务、财务、材料、工务、警务和人事的文件；有关反映红军活动的文件；等等。

商办江南铁路股份有限公司：本全宗共有档案250卷，形成于1933~1949年。主要内容有：该公司章程、概况及有关筑路经过的文件；该公司股东和职员名册及有关员工任免、调迁的文件；该公司移交清册；该公司股东会、董监事会和路务会议记录；该公司客运、货运、联运章则及关于运价及货运业务的文件；公司全线营业概数报告表；当涂大桥工程照片；京芜段复轨工程计划说明书；有关该公司修建铁路、房屋征用地亩、租借房屋的文件；购置汽车、材料的合同；该公司资产负债表、贷款合同、股东股票及工程概算等。

京赣铁路清理处和保管处：本全宗共有档案316卷，形成于1938～1946年。主要内容有：该处组织规程；有关抗战初期工作经过及损失估计概略；有关该处人事管理的文件；有关该处接收文卷、财物的文件；有关财务管理和材料拨借的文件；等等。

滇缅铁路工程局：本全宗共有档案1892卷，形成于1938～1941年。主要内容有：该局及下属机构的组织规程与有关机构成立、办理移交的文件；有关该局职员任免、调动、考绩、叙薪、奖惩的文件；交通部和该局的各项法规；该局会议记录、业务计划及工作报告；该局各工务总段的视察报告；有关征用地亩的办法、底图与清册；有关该路工务、运务、料务的章则、计划、报告表及蓝图等；该局及下属单位有关款项调拨、报销和薪费发放的文件；有关该局所属昆明和祥云办事处、昆明汽车修理厂和工务各总段的文件。

滇缅铁路工程局西段工程处：本全宗共有档案327卷，形成于1938～1940年。主要内容有：有关该处组织成立的文件；有关该处人事和经费管理的文件；该处工作计划与报告；该处所属各测量队的工作报告；有关各工务段组织、人事情况、征用土地、购置材料和汽车管理、运输的文件等。

滇缅铁路督办公署：本全宗共有档案1956卷，形成于1941～1949年。主要内容有：该署及所属机构组织规程和机构建立、裁并、职权划分的文件；该署及所属机构员工名册与有关人员任免、迁调、叙薪的文件；该署及所属单位的工作报告；有关视察线路工程和联络土司情况的报告；该署署务会议记录；杭立武关于向英、缅官方磋商兴建滇缅铁路情况的函件；曾养甫关于向英、美借款问题致蒋介石、宋子文的函件；有关该路工务、运输、机务、料务的文件；该署卫生处、粮食处工作计划、报告及业务文件；该署及所属单位概算书、计算书；有关经费领发的文件与稽核总报告；等等。

滇缅铁路督办公署第一工程处：本全宗共有档案174卷，形成于1940～1943年。主要内容有：该处及所属机构的组织规程；有关该处人事和经费管理的文件；该处会议记录；有关工程计划、预算、工程进度的文件与工程蓝图和材料等。

滇缅铁路督办公署第二工程处：本全宗共有档案 108 卷，形成于 1941～1943 年。主要内容有：该处及所属机构的组织规程；有关该处人事和经费管理的文件；该处会议记录；有关工程计划、工程进度、预算的文件和工程蓝图、材料等。

滇缅铁路督办公署第三工程处：本全宗共有档案 128 卷，形成于 1941～1943 年。主要内容有：该处及所属机构的组织规程；有关该处人事与经费管理的文件；该处会议记录；有关工程计划、预算、工程进度的文件及工程蓝图、材料等。

滇缅铁路督办公署第四工程处：本全宗共有档案 234 卷，形成于 1941～1943 年。主要内容有：该处及所属机构的组织规程；有关该处人事及经费管理的文件；该处会议记录；有关工程计划、预算、工程进度的文件及工程蓝图、材料等。

滇缅铁路督办公署驻缅甸办事处：本全宗共有档案 47 卷，形成于 1941～1943 年。主要内容有：有关该处人事和财务管理的文件；该处处务会议记录；有关器材采购和运输的文件；等等。

滇缅铁路督办公署驻昆明办事处：本全宗共有档案 18 卷，形成于 1940～1943 年。主要内容有：该处的组织规程；有关该处人事和经费管理的文件；等等。

川滇铁路公司总经理处：本全宗共有档案 1279 卷，形成于 1938～1950 年。主要内容有：川滇铁路公司组织条例；总经理处、叙昆铁路管理局及所属机构组织规程和机构变更的文件；该处及所属机构员工名册及有关人员铨叙、考绩的文件；川滇铁路公司理监事联席会议和总经理处处务会议记录；总经理沈昌关于接管滇越铁路问题与交通、军政等部的来往文电；叙昆铁路沿线经济及滇越铁路交通情况的调查报告；川滇铁路公司总经理与法国银团关于借款谈判的记录；有关借款问题与有关单位的来往文件；有关该公司工务、机务、料务和运务的章则、报告、合约等；川滇铁路公司和叙昆铁路工程局历年岁出岁入预决算书；等等。

滇越铁路滇段管理处：本全宗共有档案 344 卷，形成于 1943～1948

年。主要内容有：该处组织规程及结束移交的文件；该处及所属机构员工名册及人员铨叙、训练的文件；该处 1943 ~ 1947 年会议记录；该处工作报告和营业报告；中法滇越铁路合同及有关赎路估价的文件；关于接收滇越铁路和组织滇段管理处的文件；该处与法国滇段管理局长交涉的谈话记录；有关该处运务、机务、工务、料务的文件；该处概预算、营业收支报表及账务往来的文件；有关接收、拨让美援物资和在越日俘物资的文件；有关河碧段抢修工程总队和修复工程委员会组织、人事、财务和业务的文件等。

昆明区铁路管理局和个碧石铁路公司：本全宗共有档案 349 卷，形成于 1929 ~ 1954 年。主要内容有：昆明区铁路管理局及所属机构组织规程和有关人员任免、考绩的文件；该局局务会议和管理委员会议记录；该局财务、工务和段务会议记录；该局各项统计报表；有关该路局工务、运务和料务的文件；该路局预决算书，向银行透支款项和经费报销的文件。个碧石铁路公司组织规程、人员名册和员工任免的文件；公司董监事会、股东大会会议记录；有关购料及运输的文件；该路发行纸币的文件；等等。

滇缅铁路工程局孟定办事处：本全宗共有档案 70 卷，形成于 1940 年。主要内容有：该处及所属各工段的组织规程；有关机构成立和结束的文件；有关该处人事与经费管理的文件；有关各工务总段工程进展、征工、器材管理、运输和粮食供应的文件等。

粤汉区铁路管理局：本全宗共有档案 1120 卷，形成于 1945 ~ 1949 年。主要内容有：有关该局及所属长沙、武汉各办事处组织机构变迁的文件；该局及所属各办事处人员任免、调迁、受训的文件；该局局务会议记录、工作计划与工作报告；有关运务、机务、工务、财务和料务的文件；有关抗战后接收日伪资产与修复铁路的文件；交通部广东特派员办公处历次会议记录和接收铁路、公路、邮政、航空、航政的总报告与接收清册；有关该局材料处驻港办事处、长沙办事处、武汉办事处组织、人事、经费与业务活动的文件等。

陇海区铁路管理局：本全宗共有档案 3271 卷，形成于 1930 ~ 1949 年。主要内容有：该局及下属机构组织规程、系统表和有关机构设置、裁并的文件；该局职员录与有关员工任免、调迁、薪叙、奖惩、训练的文件；该局会议记录、工作计划、报告与各项业务统计表；有关该路局国民党特别党部活动的文件；交通部颁发的铁路业务法规与该局行政与业务法规；有关陇海铁路沿线社会和矿产、交通情况的调查报告及古迹照片；有关该路局运务、工务、机务、港务、料务的规章、计划、报告、统计表、合同等；路局警务处的组织、人事工作活动情况的文件及计划、报告；有关“防谍”工作的文件；有关轻便铁道管理的文件；有关该局附属西北林业公司、铜官与英豪煤矿组织、人事和业务管理的文件；该局财务规章、统计月报表和有关经费收支的文件等。

开封铁路局：本全宗包括交通部平津区特派员办公处开封分区接收委员办事处形成的档案，共有 81 卷，形成于 1945～1946 年。主要内容有：有关该局与开封办事处的人事、财务管理和机务方面的文件。

汴洛铁路局：本全宗共有档案 11 卷，形成于 1905～1911 年。主要内容有：有关该局购买土地、迁移坟墓的清册、文件；清邮传部关于铁路名称和地亩纳税的章程；等等。

清扬铁路局：本全宗共有档案 41 卷，形成于 1914～1932 年。主要内容有：清扬铁路路史；该局向陇秦豫海铁路总公所呈送的各项材料清册及有关文件；有关 1929 年陇海铁路局接收该局的文件；等等。

胶济铁路局：本全宗共有档案 125 卷，形成于 1929～1937 年。主要内容有：该局员工登记卡；铁道部和该局总稽核室关于材料、财务、工务和人事等问题的训令、报告与函件等。

淮南铁路局：本全宗共有档案 525 卷，形成于 1936～1948 年。主要内容有：该局组织章程；有关该局人事与财务管理的文件；有关该局路警处、国民党特别党部和工会组织活动的文件；该局工作报告；该局 1946～1948 年局务会议记录；有关车辆、器材采购与拨让的文件；有关客、货运输和工务问题的文件；淮南矿务公司地亩契据清册；等等。

徐州铁路局：本全宗共有档案 40 卷，形成于 1945～1949 年。主要内容有：有关该局人事管理的文件；有关该局工务、车务、警务方面的函电、报告。

平汉区铁路管理局：本全宗共有档案 2781 卷，形成于 1909～1949

年。主要内容有：该局组织规章与有关机构设置及变更的文件；该局及下属机构员工名册及有关人员任免、调派、考绩、奖惩、抚恤、退休的文件；该局会议记录、工作报告；该局国民党特别党部党员名册和有关组织活动的文件；军运条例及有关军运业务的文件；该局有关客、货运输及与招商局试办水陆联运的文件；有关机车调配、维修和清查的文件；有关工程设计报告、工程标准图及修筑站基、桥梁、站台工程的报告、合同；有关购料的章则、旬报、账表；有关路局警务的文件；该局借款合同及与汇丰等中外银行账务往来的文件。该局岁入岁出预决算书和营业收支账等。

湘黔铁路工程局：本全宗共有档案 15 卷，形成于 1936～1938 年。主要内容有：该局全线工程预算；各段工程设计图表；该局经费预算；等等。

湘桂黔铁路工程局：本全宗共有档案 57 卷，形成于 1943～1949 年。主要内容有：湘桂黔铁路简史；有关该局人事和财务管理的文件；该局局务会议记录和工作总结；有关该路局工务、运务的文件；有关该局国民党特别党部活动文件及政治情报；有关日军进犯湘桂时该路局撤退情况和复员经过的报告；等等。

成渝铁路工程局：本全宗共有档案 1273 卷，形成于 1936～1949 年。主要内容有：有关该局人事与经费管理的文件；有关该局器材、购料和警务事项的文件；有关地亩事项的文件；有关各总段工程承揽、招工和开标的文件；各总段工程预算；等等。

叙昆铁路工程局：本全宗共有档案 96 卷，形成于 1939～1945 年。主要内容有：隧道和桥涵工程规范书；有关征用昆明等 6 县市境内地亩清册和土地的证件；有关财务和料务管理的文件；有关该局工务第十五、十六总段人事和财务管理和工务的文件等。

门斋铁路公司：本全宗共有档案 182 卷，形成于 1918～1957 年。主要内容有：官商合办斋堂煤矿公司的采购执照、招股简章；该公司章程、细则；有关该公司立案的文件；有关购地筑路的文件；该公司股东和职员名册；有关工程进度的报告；有关公司劳资纠纷的文件；该公司工作报告和建筑图纸；该公司董、监会议和清理会议记录（包括 1949 年 10

月后的部分内容）等。

同蒲、正太、太原和晋冀铁路局：本全宗共有档案 102 卷，形成于 1937～1948 年。主要内容有：同蒲、正太、太原和晋冀铁路局的组织大纲、章程；各路局局务会议记录；有关各路局人事管理与机务、工务和运务的文件；北同蒲线 1946 年站务统计月报表；等等。

高线铁路公司：本全宗共有档案 25 卷，形成于 191～1930 年。主要内容有：该公司组织大纲、章程；该公司股东名册；该公司会议记录；该公司营业状况和发展计划；有关开砂计划和修筑线路的文件；该公司概算、预算、决算书等。

中国长春铁路管理局：本全宗共有档案 499 卷，形成于 1903～1949 年。主要内容有：中长铁路公司章程、理事会编制和管理局组织与员额的文件；1903～1933 年路局命令；1881～1921 年俄国铁路文件汇编；该局 1947 年工作概要；1929～1930 年业务活动总结报告；该局 1946～1947 年的大事记；该局理事会会议记录、理监会会议记录与局务会议记录；该局运则委员会会议记录、工程技术人员联合会会议记录与国际联运会议记录；该局预算表、决算报告与预算委员会会议记录；该局 1903～1935 年统计报告；等等。

吉林区铁路管理局：本全宗共有档案 292 卷，形成于 1946～1948 年。主要内容有：有关该局组织机构情况和人员任免的文件；该局局务会议记录；有关该局国民党特别党部和三青团活动的文件；该局 1946～1948 年公报；有关运务、电务、工务、财务的文件；有关土地产权纠纷和行车事故的文件；有关该局警务处组织、人事、防务和搜集情报的文件等。

锦州铁路管理局：本全宗共有档案 984 卷，形成于 1911～1950 年。主要内容有：有关该局及所属机构 1946～1949 年人事情况的文件；有关该局国民党特别党部和工会活动的文件；沈阳铁路局和锦州铁路局局报；1938～1944 年伪满锦州铁道局局报；1933～1944 年满铁调查局的调查月报；1927～1929 年南满铁道株式会社的调查月报；大连满蒙文化协会编印的满蒙月刊资料；等等。

东北地区铁路交通部门全宗汇集：本汇集包括：交通部东北区特派员办公处、东北运输总局、沈阳、沈海、吉长、吉敦、呼海、泗洮、泗昂、洮索铁路管理局等10单位形成的档案。共有344卷，形成于1908～1948年。主要内容有：交通部东北区特派员办公处、东北运输总局、中长铁路局的公报；沈海铁路局主管人员名录和有关人员任免的文件；有关沈阳、吉长、吉敦各铁路局组织和人事管理的文件；东北地区铁路、工厂、交通事业现状的调查报告；中长铁路接收和资产划分的文件；沈海铁路局局务会的文件和处理地亩纠纷的文件；1932年奉天省政府组织大纲和东北行政委员会关于成立伪满洲国的决议；东北交通委员会关于通缉中共党员的训令；有关铁路警务的文件；等等。

戚墅堰机车厂：本全宗共有档案381卷，形成于1932～1949年。主要内容有：该厂概况和法规；有关该厂人事管理的文件；该厂厂务会议记录；该厂工作报告；有关该厂国民党、三青团和工会活动的文件；有关车辆调查与维修的文件；有关配件、材料采购及运输的文件；有关该厂财务管理的文件；等等。

江岸车辆厂：本全宗共有档案282卷，形成于1936～1949年。主要内容有：该厂的组织概况和有关人事管理的文件；该厂各项会议记录和工作报告；有关机车修理、工务和材料购运的文件；有关该厂财务管理的文件；等等。

四方机厂：本全宗共有档案185卷，形成于1936～1949年。主要内容有：有关该厂厂史和沿革的文件；有关该厂人事管理的文件；该厂厂务会议记录；有关接收日伪工厂材料的清册及文件；有关该厂国民党区党部和工会活动的文件；等等。

三桥镇车辆修理厂：本全宗共有档案166卷，形成于1943～1949年。主要内容有：该厂的沿革及章则；有关该厂人事管理的文件；有关该厂国民党党务活动的文件；有关该厂生产活动的文件；等等。

皇姑屯机厂：本全宗共有档案277卷，形成于1938～1949年。主要内容有：有关该厂人事和财务管理的文件；有关该厂车辆生产、检修的文件；有关该厂材料购运及调拨的文件；等等。

南口铁路工厂本全宗共有档案42卷，形成于1921～1949年。主要内容有：该厂人事章则和人员名册；该厂统计报表；等等。

长辛店机厂：本全宗共有档案401卷，形成于1941～1949年。主要内容有：该厂沿革；有关该厂人事及财务管理的文件；有关该厂生产及材料的文件；等等。

天津信号厂：本全宗共有档案22卷，形成于1938～1949年。主要内容有：有关该厂组织机构和人员情况的文件；该厂规章制度；该厂会议记录；有关该厂房地产及生产设备的文件；等等。

交通部铁路总机厂：本全宗共有档案203卷，形成于1944～1949年。主要内容有：该厂组织规程及有关人事管理的文件；该厂会议记录；1944～1949年发布的各项训令；有关器材购运、调拨的文件；有关机车修理及制造的计划；该厂所属各厂会议记录和基建工程的文件；1947～1949年该厂的公报；该厂会计报表等财务文件。

交通部公路总局等公路机构：本汇集包括：全国经济委员会公路处、全国公路交通委员会、交通部公路总管理处、公路总局和公路运输总局、驿运总管理处、军委会运输会议、运输统制局、战时运输管理局以及各公路工程局、工程处、管理局、运输处等60多个公路机构形成的档案。共有7371卷，形成于1932～1949年。主要内容有：这些公路机构的组织规程和有关机构设立、改组、裁并、结束的文件；有关各机构人事管理的文件；有关公路运输的法规、章则；各公路机构的会议记录、工作计划、工作报告和各项统计图表；全国公路现状图及各省公路路线图；有关公路桥涵查勘、设计、修筑、养护管理的文件；有关公路客货运输的文件；有关公路警务和监理的文件；有关公路器材、燃料购运、分配的文件；有关开辟新国际线路的文件；有关驾驶人员训练和管理的文件；有关驿运管理的文件；各公路机构的预、决算与有关经费收支、管理的文件等。

公路总局第一运输处：本全宗共有档案441卷，形成于1929～1949年。主要内容有：该处关于营业、车辆管理和购车备料的文件；有关该处财务管理的文件；有关公路工会和该处工会成立的文件；该处工会代表大会记录、理监事名册和会员登记表；有关青沪汽车公司、锡沪汽车公司、沪太汽车公司人事情况、地产和运输业务的文件等。

公路总局第五运输处：本全宗共有档案45卷，形成于1942～1949年。主要内容有：有关该处组织情况和人事管理的文件；该处工会成立大会的记录和会员入会调查表；有关成都运输站重庆修理厂、重庆材料库人事、经费管理和业务联系的文件等。

公路总局汽车器材总处及上海区供应处：本全宗共有档案 2460 卷，形成于 1935～1950 年。主要内容有：有关该处及各地分处组织情况和人事、财务管理的文件；有关器材、油料购运、配售的章则及报表；有关接收日伪物资和工厂的文件；上海区供应处有关器材购运、调拨的文件等。

公路总局第四区公路工程管理局：本全宗共有档案 21 卷，形成于 1936～1947 年。主要内容有：该局辖线史略；各公路工程的踏勘报告、工程概况调查表和工程图纸；有关金沙江查勘、试航的报告等。

公路总局第五区公路工程管理局：本全宗共有档案 178 卷，形成于 1946～1949 年。主要内容有：该局组织规程；有关该局人事和财务管理的文件；该局会议记录与统计报表；有关各项公路工程的预、决算；各项工程图纸和调查表；该局所属第七总段的会议记录与有关人事、经费管理的文件以及有关工务的文件等。

公路总局第七区公路工程管理局：本全宗包括第七区公路工程管理局的前身西兰、西汉公路工程处、公路总处西北工程处、运输统制局西北公路工务局、西北公路管理处、西北公路管理局形成的档案，共有 364 卷，形成于 1946～1949 年。主要内容有：上述公路机构各项工程的计划、概算；有关工程施工和验收的文件；各项工程图表；各项工程调查报告；有关各机构经费和人事管理的文件；等等。

公路总局第八区公路工程管理局：本全宗共有档案 168 卷，形成于 1937～1949 年。主要内容有：有关该局组织情况和人事、财务管理的文件；有关该局工务的文件；有关接收日伪华北建设总署的档案（包括公路、水利等调查资料、工程图纸和职员录等）。

公路总局第一机械筑路总队：本全宗共有档案 634 卷，形成于1946～1949 年。主要内容有：有关该队人事和经费管理的文件；该队会议记录、工作计划和工作报告；宁、沪、杭三地养路计划；有关各项筑路工程的文件；有关机具领拨、租借和修理的文件等。

公路总局筑路机械管训处：本全宗共有档案 220 卷，形成于 1946～

1949 年。主要内容有：该处的组织规程；有关该处人事管理的文件；该处会议记录与工作报告；有关筑路机械、器材采购、租借、调拨和维修的文件；有关筑路机械性能的资料；有关开办训练班的文件；等等。

西康省交通局：本全宗共有档案 66 卷，形成于 1939 ~ 1949 年。主要内容有：该局的沿革；有关该局及所属各公路工程处的人事和经费管理的文件；有关康青公路踏勘情形的文件与工程计划书；雅富汉泸公路工程处的工程计划、预算、概算、工程报表及工作报告等。

川康公路管理局：本全宗共有档案 176 卷，形成于 1937 ~ 1946 年。主要内容有：该局及所属各机构的组织条例；有关该局人事管理的文件；该局工程进行概况和工作报告；该局工程计划与预算。

川康公路工程处：本全宗共有档案 57 卷，形成于 1938 ~ 1941 年。主要内容有：该处办事细则；有关该处人事管理的文件；有关各县筑路委员会组织情况的文件和该会会议记录；征工筑路规则；有关修筑公路的工程计划、标准及预算。

川康公路改善工程处：本全宗共有档案 251 卷，形成于 1939 ~ 1943 年。主要内容有：该处组织规程、组织系统表；有关该处人事管理的文件；该处会议记录、工作报告；该处工程计划和图表；该处所属各工程总段、分段的工程报告、图表；有关材料领发、购运和运输的文件等。

雅富汉泸公路工程处：本全宗共有档案 107 卷，形成于 1940 ~ 1943 年。主要内容有：该处组织规程和有关人事管理的文件；该处工程计划、图纸及月报表；有关材料问题的文件；该处预算、概算书表等。

康青公路康营段工程处：本全宗共有档案 37 卷，形成于 1941 ~ 1944 年。主要内容有：有关该处及所属第一总段组织情况、人事和经费管理的文件；该处工程计划、图纸；有关材料调拨的文件；等等。

康青公路营甘段工程处：本全宗共有档案 32 卷，形成于 1943 ~ 1944 年。主要内容有：有关该处组织情况和人事管理的文件；该处工作报告；该处工程计划及概算；工务报告；有关施工管理的文件；等等。

康青公路甘玉段工程处：本全宗共有档案 46 卷，形成于 1944 ~ 1945 年。主要内容有：该处的组织规程和服务规程；有关该处人事和财务管理的文件；该处工程概况和计划书；有关施工的报表和图纸；等等。

西祥公路工程处：本全宗共有档案30卷，形成于1941～1942年。主要内容有：该处职员名册；该处工程承揽单及决算书；该处地亩图、设计施工图和竣工图。

公路系统零散档案汇集：本汇集共有档案34卷，形成于1938～1948年。主要内容有：驿运总管理处、第七运输处、川中公路工程处、川陕公路管理局等单位有关人事、经费管理的零星文件。

交通部长江区航政局南京办事处：本全宗共有档案64卷，形成于1945～1949年。主要内容有：有关该处组织和人事管理的文件；船舶进口和轮船分类统计月报；有关码头管理、打捞沉船和调查码头仓库的文件；有关办理轮船申请航线及图籍证书的文件；有关船籍港变更登记及船舶所有权登记与产权纠纷的文件；有关船舶检丈、船员检定、航线分配和保障国有航权的文件；有关该处财务管理的文件；等等。

交通部南京港工程局：本全宗共有档案36卷，形成于1948～1949年。主要内容有：有关该局人事及经费管理的文件；该局会议记录与工作报告；该局工程计划；有关该局物资管理的文件。

交通部塘沽新港工程局：本全宗共有档案162卷，形成于1939～1948年。主要内容有：日伪时期塘沽新港的事业计划和工程图纸；交通部平津区特派员办公处港务组有关接收事宜和人事管理的文件；有关塘沽新港工程局及所属各机关、工厂的组织情况、经费和人事管理的文件；该局工作计划与工作月报；有关上海办事处组织情况、人事、财务管理和采购器材的文件。

中国桥梁公司：本全宗共有档案114卷，形成于1943～1949年。主要内容有：该公司的组织章程；该公司股份代表名册和股额；该公司及所属分公司、办事处员工名册；该公司创立会和董事会会议记录；公司1944～1948年业务报告；重庆缆车公司和柳州机器厂的组织规程；有关建筑桥梁工程的计划书、报告书和蓝图；有关购运器材的文件和会计报表；等等。

钱塘江大桥工程处：本全宗共有档案274卷，形成于1934～1949年。主要内容有：该处组织规程和有关大桥管理所成立的文件；有关该处人事管理的文件；钱塘江大桥地质报告和附近地质地形图；茅以升关于变更长江大桥设计事宜与美国人的来往文件；有关大桥设计、施工和修复工程的文件等。

中国油轮有限公司：本全宗共有档案949卷，形成于1947～1949年。主要内容有：有关该公司及下属单位组织成立、登记注册和启用印信的文件；有关董监事人选、员工调迁、聘用、考绩、奖惩、抚恤和雇用外籍船员的文件；有关申请加入上海市轮船商业同业公会和参加全国轮船公会联合会的文件；该公司章则；该公司董监会议记录、工作计划与报告；公司营运章则，业务会议记录及营业概况报告；有关设置灯塔、浮标及航运管理的文件；有关油轮遇险、搁浅、碰撞、打捞等海事善后处理的文件；有关油轮购置与管理的文件；有关工务管理和购料的文件；有关该公司股本筹集、经费概、预、决算、营业收支等财务文件。

招商局轮船股份有限公司：本全宗共有档案7075卷，形成于1872～1949年。主要内容有：该公司史略及事业概况；有关该局改组和股本筹集的文件；该公司所属机构组织规程和机构成立、结束的文件；有关该局及所属机构员工任免、考绩、奖惩、抚恤的文件；该局制定的各项章则；该公司理事会、监事会议记录；该局工作计划与报告；有关船只吨位、客货运量、港口、码头、栈埠的统计材料及图表；货运运量、运价、物资报关和损失理赔的文件；有关客运、军运及军运走私的文件；有关增辟新航线、沿海各港航道情况的文件；有关美英等国商人侵犯我国内河航权的文件；有关船舶制造、购入、修检、引水及打捞沉船的文件；有关海事处理的文件；有关栈埠管理和材料购运的文件；该局预算、决算与有关成本核算，业务费收支的文件；有关日本入侵损失的文件；等等。

交通部民用航空局：本全宗共有档案248卷，形成于1947～1949年。主要内容有：该局组织系统表及所属航站等级表；有关该局所属航站、办事处成立和结束的文件；该局人事法令及广州航站、上海办事处员工任免、调迁的文件；该局及所属机构工作计划、报告及会议记录；该局业务处工作报告及有关接收机场、航线、航班、通信联络的文件；有关外国飞机在中国机场降落、起飞与载客出入境的文件；有关查处飞机夹带军用品、鸦片等禁品的文件；有关飞行安全与飞机失事调查处理的文件；有关场站、仓库修建与管理的文件；有关场站征用土地及业主反征地的文件；有关器材调拨、领运的文件等。

交通部民用航空局专用电讯台：本全宗共有档案 75 卷，形成于 1947～1949 年。主要内容有：有关该台组织情况方面的文件；有关该台人事、经费管理的文件等。

中国航空股份有限公司：本全宗共有档案 700 卷，形成于 1935～1949 年。主要内容有：交通部与泛美航空公司合组中国航空公司的合同；该公司组织章则和组织系统表；有关该公司所属各办事处，航站成立与结束的文件；该公司人事规则及有关员工调遣、考绩、抚恤、退休的文件；该公司股东会、董事会会议记录与办事规则；该公司营业报告及营业收支表；有关航务、机务和器材问题的文件；该公司财务报表及向美国太平洋公司借款合同；有关员工罢工情形的文件；等等。

欧亚航空公司：本全宗共有档案 75 卷，形成于 1930～1943 年。主要内容有：该公司概况及章程；该公司及所属单位组织规程及机构变更的文件；有关该公司人事管理的文件；该公司董事会会议记录；交通部与德国汉莎航空公司订立的欧亚航空邮运合同；有关客货邮运的文件；有关飞机失事的文件；航空线里程、日期、价目表及有关客货运业务的文件；该公司移交中央航空公司清册；有关清算该公司资产负债的报告；等等。

中央航空运输公司：本全宗共有档案 570 卷，形成于 1943～1949 年。主要内容有：该公司组织大纲、组织规程与组织系统表；有关该公司下属航站成立、撤销和办理交接的文件；该公司人事规章、职员名册及员工任免、调遣的文件；公司理事会和业务检讨会议记录；该公司营业计划和工作报告；有关中国、中央两航空公司起义的文件；有关该公司参加国际空运协会的文件；中外航空运输协定和国际民航规则；有关营运的章则、办法、报告、计划及客货运输的文件；有关机务、航务规章、报告、统计等；有关器材购运、调拨、移交、借用的文件；该公司预、决算书、各项收支账及下属各站财务收支报告表等。

邮政总局：本全宗共有档案 17985 卷，形成于 1896～1949 年。主要内容有：该局及所属组织章则与有关机构设立、撤销及等级升降的文件；

该局及各邮区管理局职员录；有关邮政人员任免、调迁、奖惩、抚恤、训练的文件；邮政法及邮政规则；该局的各种通令、通函；该局工作计划、报告与政绩比较表；该局及部分省区邮局的会议记录；1934 年全国邮政会议记录及提案；邮务统计报表；有关邮件投递、收寄、查验、邮资、运输及邮用器具供应的章则、报告；有关筹设军邮组织、拟制军邮法令、章则及开展军邮业务的文件；有关邮件检查的办法和取缔私运邮件的规则；有关查扣中共宣传品及进步书刊的文件；有关邮路设置、里程、路线变更、断阻与修复的文件；有关抗日战争时期封锁陕甘宁边区邮路和解放战争时期与解放区通邮的文件；有关国际联邮的政策、条例、公约、协定及统计资料；有关邮务员工罢工的文件；邮政费用申请书和邮政收支情形统计表；该局概算、预算及决算书等。

台湾邮电管理局：本全宗共有档案 11 卷，形成于 1946 ~ 1949 年。主要内容有：该局台籍员工甄审名册；该局员工薪津单；该局公报；等等。

交通部电信总局：本全宗共有档案 11657 卷，形成于 1943 ~ 1949 年。主要内容有：该局及所属机构组织章则和有关机构成立、恢复、裁撤、等级核定的文件；该局及所属人事机构调查表、员工名册和人数统计表；有关电信员工任免、奖惩、考绩、抚恤的文件；电信法令、电政法令汇编；电信业务计划；该局及所属各区局的工作报告、政绩比较表；电信事业总报告及历年电信概况；该局及下属各区局、电信局的会议记录；有关接收日伪电信机构的报告及表册；有关 1943 ~ 1948 年各省市电信工人罢工的文件；有关工务、财务和电讯器材购运、供应的文件；有关国内电信业务的文件；国际电信公约及有关国际电信业务的文件；有关参加各种国际电信会议和组织的文件；交通部根据美国“租借法案”向美国订购电信器材的来往文件；该局关于洽购英国电信器材的合约；交通部驻印代表处关于电信器材运输及供应问题的周报；该局及各区电信局概算、预算、决算书与会计报告等。

交通部第一区电信管理局：本全宗共有档案 76 卷，形成于 1945 ~ 1948 年。

交通部第二区电信管理局：本全宗包括：交通部京沪区电信交通接收委员会办公处和苏、浙、皖邮政机构的档案，共有 2606 卷，形成于

1945～1949 年。

交通部第三区电信管理局：本全宗共有档案 185 卷，形成于 1933～1948 年。

交通部第四区电信管理局：本全宗共有档案 8040 卷，形成于 1945～1949 年。

交通部第五区电信管理局：本全宗共有档案 40 卷，形成于 1936～1949 年。

交通部第六区电信管理局：本全宗共有档案 3730 卷，形成于 1934～1949 年。

交通部第七区电信管理局：本全宗共有档案 2421 卷，形成于 1945～1949 年。

交通部第八区电信管理局：本全宗共有档案 38 卷，形成于 1937～1948 年。

交通部第九区电信管理局：本全宗共有档案 27 卷，形成于 1930～1948 年。

各电信机构残缺档案：本汇集共有档案 101 卷，形成于 1941～1949 年（九区共存有档案 17264 卷，1933～1949）。

交通部国际电台：本全宗共有档案 157 卷，形成于 1933～1949 年。主要内容有：有关该台及所属支台人事及财务管理的文件；该台业务计划及报告；有关机件装置、调幅及电路开放的文件；有关材料领拨、处理的文件等。

三　日伪时期

日伪南满铁道株式会社北支事务局：本全宗共有档案 636 卷，形成于 1930～1945 年。主要内容有：北支交通会社设立要纲；该局股东会及企划会议记录；有关各铁路局借款及债权、债务的文件；有关各铁路沿线经济价值的调查报告；该局关于我国东北、华北、西北、蒙疆等地经济情况的调查资料、图表；有关铁路运输、机务及工程的文件、图纸；有关各铁路线治安及警务的文件；该局事业费预、决算及有关经费收支的文件等。

日伪华北交通株式会社：本全宗共有档案 3596 卷，形成于 1936～1945 年。主要内容有：该会社及职务权限规章；有关该社人事制度及人事动态的文件；该会社股东会及评议员会会议记录、决议案；华北交通事业计划、概况报告及业务统计表；该社铁路营运报告；有关技术会议及客、货运输会议的文件；列车运输协定及事故调查；有关机车及车辆工厂业务调查；有关开设港口、修筑码头、河道的调查；有关铁路、公路建筑、线路改良及保养的文件；有关铁路警务及开展“爱路运动”的文件；有关铁路、航运等年度预决算、资金计划等。

日伪长城炭矿铁道株式会社：本全宗共有档案 129 卷，形成于1923～1945 年。主要内容有：该公司创业经过及组织章程；该会社股东会及董事会议事录和决议案；会社营业报告书；日籍职员名册、履历及身份证；有关采用和解雇矿工的文件；矿采炭作业报告、报表；有关煤炭装卸、运输、销售的文件；矿区图、煤层断面图及有关工程的文件；该矿铁道用地地券及土地清册；有关铁道股券、股息的文件；有关企业资金储入的文件、预算及账簿等。

日伪华北电信电话有限公司：本全宗共有档案 2490 卷，形成于 1936～1945 年。主要内容有：该公司组织条例及各部室分掌规程；公司社员录和有关人员任免、考核的文件；该公司五年计划、事业概况及报告书；电信事业概要和五年史稿；该公司各项会议记录、议事录；该公司股东大会报告书；有关电报、电话的规程及制度；华北电气通信计划及市外电话通话情况报告；该公司营业报表及营业收支预算；有关各项业务调查的文件；电气、电话工事计划及有关施工、线路架设、维护的文件；天津、青岛、济南、徐州等市内外电话基本建设计划；有关电信器材购买、调整及供给的文件等。

日伪华中铁道股份有限公司：本全宗共有档案 49 卷，形成于 1938～1945 年。主要内容有：华中铁道组织一览表；日籍主要职员名表；华中铁道股份有限公司及所属南京、上海、苏州铁道医院人员名册；上海、南京、蚌埠、金华管理局及常州工厂中、日方人员名册等。

汪伪政府交通部、铁道部、建设部：本全宗共有档案 53 卷，形成于

1938～1945年。主要内容有：建设部科长以上职员录；浙江电信局职工名册；建设都市产业整理计划书；尹山湖工程合同；安徽省建设厅1940年建设行政调查表；各省、市沿江码头、仓栈调查表；上海内河轮船公司等概况、营业报告及表册；有关调整中日合办各国策公司重要文件；中央农具制造实验厂材料、产品报表等。

结　语

学术研究离不开对新史料的发掘，现代史家无不重视史料的发掘。王国维就认为"古来新学问之起，大都由于新发见之赐"。傅斯年更是直言"史学便是史料学"，认为"史学的对象是史料，不是文词，不是伦理，不是神学，并且不是社会学。史学的工作是整理史料，不是作艺术的建设，不是做疏通的事业，不是去扶持或推倒这个运动，或那个主义"，喊出了"上穷碧落下黄泉，动手动脚找东西"的口号，开创了一代学术新风。季羡林将学术变动的原因归结为两点："一是新材料的发现，一是新观点、新方法的萌生。"数量众多、内容丰富的交通档案，使广大学人发掘新史料成为可能，本文旨在对馆藏交通档案做一简要梳理，冀望为学界同人提供一方发掘新史料的孔径。

附录　社会史视野下的中国近代交通与社会变迁*

——“第二届中国近代交通社会史学术研讨会”综述

2011年11月12日至15日，“第二届中国近代交通社会史学术研讨会”在杭州西子湖畔顺利举行。此次研讨会由南开大学历史学院、中国社会科学院《近代史研究》编辑部、杭州师范大学民国浙江史研究中心联合主办。来自复旦大学、南开大学、浙江大学、厦门大学、南京大学、华东师范大学、苏州大学、西南大学、中南民族大学、华中师范大学、东北师范大学、安徽师范大学、杭州师范大学、湖州师范学院、河南行政学院、苏州科技学院、浙江外国语学院、上海社会科学院、天津社会科学院、吉林省社会科学院、中国第二历史档案馆以及英国伦敦大学、台北“国史馆”等高校、科研机构的海内外学者40余人参会。大会共收到30多篇论文，内容涉近代交通领域的诸多方面，这些论文在一定程度上反映了当前中国近代交通社会史研究的现状和水平。会议从社会史的视角围绕“中国近代交通”主题，展开了充分的学术讨论和争鸣。

一　近代交通体系的成长

新式交通在中国的发生、发展具有一个曲折复杂的过程，如何在原有的交通格局内获得新的发展机会是新式交通诞生后面临的迫切问题。熊亚平（天津社会科学院）以1913~1933年的华北各铁路为中心，探讨了国内铁路联运制度与铁路运输业发展之间的内在联系。他指出，国内联运制度是应中国早期铁路运营的现实环境而产生的一种特殊制度。他

* 附录作者丁贤勇，杭州师范大学历史系教授；刘俊峰，杭州师范大学历史系副教授。

认为："联运制度与铁路运输业发展之间的关系，既从一个侧面揭示了制度创新与技术发展间的关系，又启示我们，逐渐完善相关制度安排，改善制度环境，实现制度安排、制度环境与先进技术之间的良性互动，是使先进技术发挥更大作用的有效途径之一。"

轮船的广泛运行改变了近代水运格局和交通网络，部分与会学者就近代航运业的发展，乃至当代中国港口的建设等问题进行了交流和探讨。吴松弟（复旦大学）在会议上发表的题为《中国近代的沿海港口与东亚的交通网络》的报告，从东亚视野出发，以海关档案为依托，对1840年以来近代沿海港口的对外进出口，尤其是对东亚各国的进出口状况进行分析，为我们揭示了近代东亚交通网络的变迁。王列辉（华东师范大学）把研究视野转向当代，他对中国当前沿海港口体系和三大集装箱港口群进行了分析，提出1990～2007年中国沿海港口体系分散化的同时，又出现集中化的趋势。中国沿海港口体系的分散化除了市场动力的作用外，主要由两种因素在推动。其一是10多年间，中国通过海运的进出口货物大量增加，导致对港口的需求增加；其二是在2002年后港口由中央地方双重管理改为由地方管理。

新式交通在中国的发展，实质上代表了一种新技术的转移和吸收。祝曙光（苏州科技学院）以日本为中心，考察了近代铁路技术向东亚国家转移的基本过程，并通过中日对比，指出了中国在吸收铁路新技术过程中遇到的困境和原因。在分析近代铁路技术向日本转移的基本过程后，他比较了中日两国之间的差别，指出中国铁路技术发展滞后的原因：一是先中国没有形成一个铁路技术官僚集团；二是在制定和统一铁路技术标准方面，中国严重滞后；三是国家政治局面的不稳定和其他技术系统的不匹配状态影响了铁路技术在中国的转移；四是日本文化具有很强的吸收能力，而中国长期以来向外输出技术和文化，当权者形成了妄自尊大、抱残守缺的心理。

二　近代交通发展中西方列强、政府、企业及企业家的角色

近代交通的发展变迁是诸多合力作用的结果，在中国近代交通迅猛发展的过程中，西方列强、政府、企业及企业家在不同历史时期、不同

行业，扮演着不尽相同的角色，发挥着各自独特的作用。

纵观近代交通的发展历程，处处可见西方列强的身影。朱荫贵（复旦大学）提交的《甲午战后外国列强在中国沿海航线上的争夺》一文，以甲午战后外国列强在中国沿海航线上的争夺为例进行了分析，他通过考察华南沿海线及汕厦南洋线外轮势力的扩展变化，以及华北及东北地区外轮势力的扩展斗争，指出主要帝国主义国家几乎都参与了在中国的利益争夺，从区域上看长江流域是列强争夺的焦点，从结果上看日本航运势力的崛起和迅猛增长最为突出。这突出反映了日本向外侵略扩张的特点，反映了日本与老牌侵略势力英国及其他列强在争夺中国权益中的矛盾冲突。

在近代交通的发展过程中，政府的作用不能忽视。朱从兵（苏州大学）以晚清株昭铁路的建设为例，分析了铁路建设进程中的政府、企业与社会之间的关系。他指出：株昭铁路10多年的筹建史表明了政府、社会和企业对铁路建设的诉求是不同的，这种歧异反映了晚清铁路建设合力的缺失，这在一定程度上影响了中国铁路建设史的进程。李玉（南京大学）以浙路公司“保汤”过程中对政府“违法”的控诉、邮传部对轮船招商局章程的大幅修改以及“铁路国有”过程中清政府法制信用的丧失为个案，分析了晚清政府在交通领域“不守法”的行为，指出一个国家的近代化，一方面是法制的近代化，另一方面也是法治的近代化。二者相辅相成，均与国家治理与社会建设密不可分，但其具体进程则又不一定同步。

更有学者从产权保护的角度，揭示出近代中国政府对铁路建设过程中产权的漠视，严重阻碍了铁路的发展。尹铁（浙江外国语学院）分析了清末民初铁路国有过程中产权保护的缺失，指出中国传统社会没有产权概念，近代中国没有对西方的产权制度引起足够重视，官督商办的企业管理机制，实质上是对产权制度的漠视。到收回利权运动及商办铁路公司兴起时，产权观念初步形成，保路运动就是这种产权观念的集中体现。

当然，政府的角色不一定始终是负面的。方新德、孙丽娜（浙江大学）分析了国民政府时期浙江公路建设经费来源，主要是省库自筹、向中央政府和社会进行融资，以及义务劳动和工赈，浙江的公路建设在1930年代有了较大的发展，对当地的社会和经济起了积极的促进作用。但这种发展相当程度上是出于非经济因素的考虑，与政治和军事密切相关。

还有部分学者就桥梁的建设和企业家轮船航运公司的经营活动展开的分析。简笙簧（台北“国史馆”）从钱塘江大桥建桥始议，桥址选择、勘测，经费筹措及部省分摊，成立工程处及处长人选，建桥设计、开标，桥梁兴筑和遭遇困难及解决办法，包商延期与部、省处置，大桥完工及战争应变，战时炸损和修复等方面分析了钱塘江桥兴筑、炸损与修复的过程，并指出：“建造钱塘江桥的首要贡献者，非曾养甫莫属，其次为承包桥墩工程的康益洋行，再其次为工程处长茅以升及所属人员。”

陶士和（杭州师范大学）对虞洽卿的轮船航运经营活动进行了分析，考察了他的多元化的经营方式、独特的经营谋略和敢于冒险勇于开拓的精神，指出在经济实践的过程中，他形成了一套独特的经营谋略和经营理念。正因如此，虞洽卿奠定了他在近代中国，尤其是在当时上海工商界的重要地位。

三　近代交通与区域近代化、城市化

近代交通业，尤其是铁路的发展，极大地冲击了传统的区域经济格局，它的发展不仅促进了铁路沿线新城市的崛起，更加快了区域近代化。与会学者分别就近代交通体系的发展对华北地区、江淮地区、郑州、东北地区的近代化及城市化的影响进行了探讨。

江沛（南开大学）在《近代交通体系初成与华北城市变动（1881～1937）》一文中分析了近代交通体系的初成与华北城市变动之间的关系，指出港口、铁路的兴建特别是铁路枢纽地运输业及工商业的发展，造就了交通功能型城市天津、青岛、石家庄、郑州的崛起，这类城市在空间结构、职能、规模及其区域分布上的变化，是华北区域经济与社会近代化进程中值得十分重视的现象。

马陵合（安徽师范大学）以津浦铁路改线为中心，就近代江淮地区铁路交通区位变化与社会经济变迁这一问题展开了研究，他认为津浦铁路是纵贯我国东部地区的南北交通动脉，清江浦、浦口、镇江在改线过程中交通区位的重要性发生巨大的转换。津浦线实际上是在运河运输并没有完全停止的情况下，偏离运河路线，重新确定了南北交通区位线，并形成近代意义的江淮地区经济核心区。

刘晖（河南行政学院）通过对平汉、陇海铁路的研究，考察了郑州区域中心地形成的原因及功能。他认为平汉、陇海铁路的筑成并交会于郑州，大大提升了郑州的交通区位优势。在外部商业圈的影响及其交互作用下，郑州依靠自然地理位置和交通地理位置的优势，逐渐成长为区域的经济中心地。

曲晓范（东北师范大学）的《中东铁路的修建于沿线地区的早期城市化——以滨洲线为中心》一文，以滨洲线为中心，考察了中东铁路的修建与沿线地区的早期城市化的关系，他认为中东铁路及其附属地的城市建设客观上促进了近代东北地区城市化的进程。这一事实再一次证明了交通运输是城市化兴起的原动力论点的正确性。

四　近代交通与城乡经济社会变迁

近代交通的发展对社会经济的影响是深刻的，它一方面改变着传统城乡经济格局、经济发展模式；另一方面也影响着人们的日常生活习惯。

李学功（湖州师范学院）以南浔为个案，从交通与市场的交互作用来窥视晚清民初江南市镇的变迁。他认为市场和航运交通对市镇经济社会的发展进步至关重要，一定意义上甚至是影响其崛起与发展的两股重要推力。明清时期南浔等江南市镇的勃兴，得益于以苏州为中心的传统内需型市场网络的支撑；南浔在近代的大放异彩，则得益于以上海为中心的新的外向型资本主义市场经济网络的支持，得益于欧美市场对生丝的大量需求。航运交通，则为市场的拓展、延伸，使江南各个分散的经济地理单元连接成为一个相互联系的整体，提供了实现的可能。

还有学者考察了近代交通与乡村经济发展之间的关系。丁贤勇（杭州师范大学）提交的论文《近代交通与乡村社会的商品流通：以浙江为中心》，以浙江为中心考察了近代交通与乡村社会的商品流通之间的关系。他指出，交通运输是商品生产和流通的物质基础，近代交通对1930年代浙江乡村社会商品流通影响至巨。在近代交通进入乡村社会的初期，它促进了农副土特产品的商品化，使乡民增收，成为农村的“输血管”；同时，它反助于列强倾销廉价商品，乡民生活水准下降，甚至因入不敷出而破产，成为农村的“吸血管”。近代交通改变了商品流通的时间、空间结构，使传统乡村的近代转型有了一个崭新起点。

余涛（华中师范大学）探讨了民国时期浙江的新式交通的发展与农村副业之间的关系。他认为，浙江自然环境优越，副业种类繁多，对维系农民生活起了重要作用。抗战前浙江新式交通如铁路、公路迅猛发展，突破了传统交通方式的限制，加速了新交通沿线农村副产品的流通，丰富了产品的流通形式，拓展了区域外市场，农村经济得以受惠。

谭刚（西南大学）以桐油、猪鬃、生丝和药材为中心，探讨了1937～1945年西南土产外销与大后方土产业的变迁。他指出，战时西南地区土产外销路线的变迁，直接影响了西南土产外销口岸贸易，上海土产外销地位下降，广州、龙州、蒙自、昆明等口岸的土产外销地位先后有所提高，西南土产外销主要口岸从战前的沿海口岸逐步向内陆口岸转移。战时西南土产外销路线的改变也大大削弱了沿海口岸与西南腹地间的经济联系，加大了战时西南土产外销的困难，迫使后方土产业从战前的外向化发展向内向化发展转变。

此外，还有学者就近代新式交通工具的出现对市民生活的影响，交通线路建设对水利的影响展开了探讨。徐涛（上海社会科学院）以自行车为切入点，微观展现了近代中国城市居民的审美情趣、社会心理、生活习性、消费观念等诸多方面之现代性演变，呈现出自行车对于近代中国人千差万别的存在意义。作者认为自行车普及于中国城市并非如想象中呈线性发展过程，而是不断与中国文化和具体国情相撞击，最终才完全融入中国城市社会生活之中。

五　近代交通与旅游、文卫事业

近代交通业的发展，缩短了时空距离，极大地改变了人们的生活方式。新式交通如何影响和改变人们生活，成为与会代表关注的热点之一。蒋晶晶（杭州师范大学）通过对沪杭线上的游览专车的考察，揭示了交通业对旅游业发展的巨大影响。她指出兴建铁路旅舍游览专车是民国时期沪杭铁路为促进铁路旅游发展的一项重要举措。铁路局开辟游览专车，吸引了众多旅游者。专车省时、省钱、省心的优势，既满足了民众的旅游需求，促进了旅游业的发展，也为路局增加了经济效益。

李婧（杭州师范大学），通过对民国时期杭州公共交通的考察，揭示了公共交通与都市旅游发展之间的关系。她认为公共交通是民国时期杭州城市交通的重要内容。杭州首条公共汽车路线从湖滨至灵隐，沿西湖而设，可见杭城公共交通的发展与都市旅游业密切相关。民国时期，杭州城市建设的不断深入与完善，人力车的便捷、公共汽车的快速廉价、小包车的强时效性成为推动杭州城市旅游功能提升的重要力量。

新式交通的发展不仅带来区域经济的变革，也促使了区域医疗教育事业的变迁。杨玄博（厦门大学），以民国沪杭甬铁路对区域医疗及教育事业的影响为例，探讨了铁路带来的深刻变革。他指出，沪杭甬铁路作为新式交通的代表，借由铁路将这两大事业移植到沿线各处，令往来客商、沿线民众和铁路职工得到了相对优良的受医疗权；令铁路职工和职工子女得到了相对平等的受教育权。

游记在研究中国近代交通史研究中的重要性，引起了与会代表的兴趣。周东华（杭州师范大学）以陈徽言《南越游记卷二·疠疡传染》为文本，分析了游记于交通社会史研究之意义。他指出，该文虽然短小精练，仅290字左右，然而对于今日的交通社会史而言，既可与其他稗官野史互证以补正史之阙，为研究提供生动有味之史料文本；又寓意劝惩，以其内含之微言大义，作交通社会史研究之生动个案。

此外，胡震亚（中国第二历史档案馆）在大会上所做的《中国第二历史档案馆馆藏交通档案述略》主题发言，不仅全面系统介绍了中国第二历史档案馆所藏的交通档案，还介绍了中国第二历史档案馆正在收集统计整理的有关基层档案馆馆藏民国档案的有关情况，这些宝贵的信息，为从事交通社会史研究的专家学者提供了丰富的史料线索。

还有一点需要说明，部分专家因为种种原因未能到会，但提交大会的论文也引起与会学者的关注。戴鞍钢（复旦大学）的论文《江河海联运与近代上海及长江三角洲城乡经济》分析了江河海联运在近代上海城乡经济的发展进程中的作用，他认为江河海联运直接推动了民族资本船舶修造业和上海港区、城区的扩大和郊区市镇的发展，密切了上海及长江三角洲城乡间的经济联系。苏全有（河南师范大学），考察了邮传部的借债筑路政策，他认为借债筑路政策存在明显的以夷制夷的企图，并取得了相当的成就。但是，成就的背后是失误，这主要是体现在经济领域。总体看来，借债筑路政策乃当时中国的必然选择。黄进华（哈尔滨工业大学）的论文从中东铁路的俄国属性出发，论证了中东铁路虽是沙俄侵略中国东北的产物，但在客观上带来了马列主义和俄国革命思想，并指出这对近代东北的社会变迁，特别是马克思主义的传播产生巨大作用。

六　研究展望

本次学术研讨会是中国近代交通社会史研究领域的一次盛会，与会专家学者在社会史视野下，对中国近代交通与社会变迁这一问题进行了充分而又深入的讨论、交流，会议成果丰硕，具体来说有以下几个特点。

一是与会代表视野开阔，选题多样，视角丰富。从提交的论文看，大家已经将视野从新式交通本身转移到近代交通同社会变迁的关系上来，正是这种视野的转换，使近代交通史的研究范围更加广阔。论文选题虽有涉及近代交通体系下的铁路、港口的发展过程、基本功能和作用，但更多的是对政府与近代交通发展变迁，近代交通与经济变迁，近代交通与城市发展、社会生活，国际视野下的近代交通等诸多内容的探讨。这些选题基本涵盖了近代中国社会转型过程中，近代交通发展变迁的主要内容和时代特征。

二是研究成果丰硕，观点新颖。随着学者视野的转换和研究领域的扩展，学者的问题意识更加强烈，成果也更加丰富。有研究者提出制度建设对铁路运输的重要作用；有学者对近代交通发展中晚清政府的角色进行分析，指出不同部门、机构之间的立场差异；也有学者对文本进行分析，对游记在交通社会史研究中的意义进行了阐释，指出了游记对交通社会史研究的重要意义。当然，这里列举的学术观点只是很小的一部分，此次研讨会涌现出的丰硕成果并不仅有这些。但我们必须承认，会议中涌现的成果为我们进一步拓展近代交通社会史创造了良好条件。

三是学术气氛浓厚，交流充分。尽管会期不长，但在会议的研讨中，气氛活跃，讨论激烈，抱有各种不同学术见地、不同观点的学者，都能够各抒己见、畅所欲言。如在近代交通在城市化中的作用、近代交通与农村经济发展的影响、政府在新式交通发展中的角色等问题上，与会代表就各自不同意见进行了很好的交流，这种讨论一定程度上深化了对这些问题的理解，也体现了此次会议的宗旨。

中国近代交通社会史研究取得的成绩是显著的，但问题也是存在的。从会议提交的论文看，有以下一些不足：学者对铁路关注得多，对其他新式交通方式关注较少；对新式交通方式关注得过多，对传统交通方式关注较少；对交通对城市的影响关注得多，对农村关注较少；个案研究比较多，比较研究较少。同时，在对行业组织、人物群体研究上也关注不够。此外，在南开大学的第一次中国近代交通社会史学术研讨会上，与会专家学者提出的“交通社会史能否作为一个学科或研究方向而存在？其研究的理论、方法、领域及与其他学科的关系如何界定？”等命题，在此次会议上依然无法给出明确答案，这些问题仍然需要大家进行深入思考和继续探讨、继续努力。与会的不少专家认为近代交通社会史应放在一个更为宏大的视野下进行研究，要考察近代交通变迁在新旧交通方式、行业之间、城乡之间、区域之间、国家之间的复杂性和多样性。

（本文原刊于《民国档案》2016 年第 3 期）

后　记

江沛教授振臂一呼之下，第一届中国近代交通社会史学术研讨会于2009年11月在南开大学顺利召开，从而开启了中国近代交通社会史研究的会议模式。会议约定每两年举行一次全国学术研讨会。2011年11月12～15日，美丽的杭州秋高气爽，第二届中国近代交通社会史学术研讨会在西子湖畔的花家山庄成功召开。

本届会议由杭州师范大学浙江省哲学社会科学重点研究基地民国浙江史研究中心、人文学院历史系，与南开大学历史学院、《近代史研究》编辑部共同举办。来自伦敦大学、日本关西大学、台北“国史馆”，中国社会科学院、中国第二历史档案馆、上海社会科学院、天津社会科学院、吉林省社会科学院，复旦大学、南开大学、浙江大学、华东师范大学、厦门大学、苏州大学、西南大学、华中师范大学、东北师范大学、中南民族大学、安徽师范大学、湖州师范学院等高校与科研机构的海内外嘉宾40余人参加会议。其中既有享誉海内外的老专家、老学者，也有成果丰硕的中年专家，又有崭露头角的青年博士。时光如梭，转瞬已10年，遥想当年办会种种，有恍如隔世之叹。当时中国近代交通社会史的研究刚刚起步，现如今在大家的共同努力下这一领域的研究持续深入。当年青葱博士，现如今多成老成教授。后续致力于中国近代交通社会史研究的青年学者，更是不断涌现。

10年来，江沛教授一直致力于将论集正式出版工作。在与会代表的共同努力下，在南开大学中外文明交叉科学中心的经费支持、杭州师范大学民国浙江史研究中心的大力协助、社会科学文献出版社的认真帮助下，经过约一年的努力，论集终于要和大家见面了。经江沛教授、出版社讨论，论文集以《交通、区位与近代中国经贸发展》为名正式出版。作者的工作单位、职称等，则按照所提供的最新资料进行注录。因出版授权等原因，少部分论文未能收录；也因编者原因，论文格式等未能完全统一，编者表示歉意。论文集编辑之际，南开大学历史学院博士生黄镔、曹梦真、杨雅丽及硕士生朱文浩参加了部分论文的资料及注释的核对工作，在此表示衷心感谢。

感谢为此付出努力的人！祝愿中国近代交通社会史研究蒸蒸日上！

丁贤勇

2021 年 6 月 13 日、2022 年 5 月 28 日

于杭州世纪新城寓所

图书在版编目(CIP)数据

交通、区位与近代中国经贸发展：第二届中国近代交通社会史研讨会论文集 / 丁贤勇，江沛，杨玄博主编．-- 北京：社会科学文献出版社，2022.12

（中国近代交通社会史丛书）

ISBN 978 -7 -5228 -0849 -9

Ⅰ.①交… Ⅱ.①丁… ②江… ③杨… Ⅲ.①交通运输史 - 中国 - 近代 - 文集 Ⅳ.①F512.9 -53

中国版本图书馆 CIP 数据核字(2022)第 186292 号

·中国近代交通社会史丛书·

交通、区位与近代中国经贸发展

——第二届中国近代交通社会史研讨会论文集

主　　编 / 丁贤勇　江　沛　杨玄博

出 版 人 / 王利民

责任编辑 / 石　岩

责任印制 / 王京美

出　　版 / 社会科学文献出版社·历史学分社（010）59367256

地址：北京市北三环中路甲 29 号院华龙大厦　邮编：100029

网址：www.ssap.com.cn

发　　行 / 社会科学文献出版社（010）59367028

印　　装 / 三河市东方印刷有限公司

规　　格 / 开 本：787mm × 1092mm　1/16

印 张：35.75　字 数：537 千字

版　　次 / 2022 年 12 月第 1 版　2022 年 12 月第 1 次印刷

书　　号 / ISBN 978 -7 -5228 -0849 -9

定　　价 / 168.00 元

读者服务电话：4008918866